PARADEIGMATA 36

PARADEIGMATA

Die Reihe *Paradeigmata* präsentiert historisch-systematisch fundierte Abhandlungen, Studien und Werke, die belegen, dass sich aus der strengen, geschichtsbewussten Anknüpfung an die philosophische Tradition innovative Modelle philosophischer Erkenntnis gewinnen lassen. Jede der in dieser Reihe veröffentlichten Arbeiten zeichnet sich dadurch aus, in inhaltlicher oder methodischer Hinsicht Modi philosophischen Denkens neu zu fassen, an neuen Thematiken zu erproben oder neu zu begründen.

INGA RÖMER

Das Begehren der
reinen praktischen Vernunft

Kants Ethik in phänomenologischer Sicht

FELIX MEINER VERLAG
HAMBURG

Bibliographische Information der Deutschen Nationalbibliothek

Die Deutsche Nationalbibliothek verzeichnet diese Publikation in der
Deutschen Nationalbibliographie; detaillierte bibliographische
Daten sind im Internet über ‹http://portal.dnb.de› abrufbar.
ISBN 978-3-7873-3429-2
ISBN eBook: 978-3-7873-3430-8

Gedruckt mit freundlicher Unterstützung des Förderungs- und
Beihilfefonds der VG Wort.

Inhalt

Vorwort 11

1. Einleitung 13

1.1 Kants Ethik heute 13
1.2 Methode 19
1.3 Gang der Untersuchung 21
   1.3.1 Phänomenologische Züge in Kants Ethik 21
   1.3.2 Das Problem der Intersubjektivität 24
   1.3.3 Kants Ethik in der phänomenologischen Bewegung 27

2. Kants Ethik 34

2.1 Die Suche nach dem Inhalt des Gesetzes: Wie lautet das Gesetz? 34
   2.1.1 Die Analyse der gemeinen sittlichen Vernunfterkenntnis
       in der *Grundlegung* als Phänomenologie des moralischen
       Bewusstseins 34
   2.1.2 Die Ableitungen des Gesetzesinhalts 48
   2.1.3 Das Gesetz und die Formeln des kategorischen Imperativs 60

2.2 Die Frage nach der Geltung des Gesetzes: Wie ist
   die Geltung des Gesetzes möglich? 73
   2.2.1 Das Deduktionsargument im dritten Abschnitt
       der Grundlegung 73
   2.2.2 Das Deduktionsargument in der Lehre vom Faktum
       der Vernunft 89
   2.2.3 Das oberste Prinzip der Tugendlehre und seine Deduktion 99

2.3 Freiheit als Selbstgesetzgebung 109
   2.3.1 Freiheit und Naturkausalität 109
   2.3.2 Praktische Freiheit und Freiheit als Autonomie 116
   2.3.3 Das Böse – die Aporie der Freiheit? 125

2.4 Die Anwendung des Gesetzes 141
   2.4.1 Was ist eine Maxime und wie wird sie gewonnen? 141

2.4.2 Wie werden Maximen moralisch beurteilt? 150
2.4.3 Zwei Maximen, die zu haben für den Menschen Pflicht ist 162

2.5 Gesetz und Gefühl 174
2.5.1 Achtung für das Gesetz 174
2.5.2 Des Menschen natürliche Gemütsanlagen zur Moralität 191
2.5.3 Das Gewissen als Selbstprüfungsinstanz der Vernunft 199

3. Kants Ethik in phänomenologischer Sicht 206

3.1 Die Kritik am Formalismus und das Programm einer Wertethik 206
3.1.1 Der Vorwurf des Formalismus und der Gefühlsfeindlichkeit
an Kant 206
3.1.2 Die materiale Wertethik und ihr Grundproblem 220
3.1.3 Der wertethische Personalismus und das Tragische im Ethischen 325
3.1.4 Zusatz: Ist Kant ein Wertrealist? 247

3.2 Heideggers radikalisierter Formalismus des jemeinigen Selbst 254
3.2.1 Formalismus des jemeinigen Selbst 255
3.2.2 Die Aporie des Mitseins in *Sein und Zeit* 270
3.2.3 Metaphysik der Existenz und die Frage nach der Ethik 284
3.2.4 Ethos des Denkens aus dem Maß des Seins 299

3.3 Sartres Formalismus des Begehrens der individuellen Freiheiten 307
3.3.1 Subjektivität als Freiheit und Begehren 311
3.3.2 Der Kampf der Freiheiten 325
3.3.3 Ist der Sartre des *Humanismus*-Vortrags ein Kantianer? 334
3.3.4 Perspektiven einer Moral der Freiheit in den *Cahiers pour
une morale* 342
3.3.5 Zusatz: Ist der späte Sartre ein Levinasianer? 359

3.4 Levinas' Erneuerung des Formalismus reiner praktischer Vernunft
als Begehren des Unendlichen im Anderen 366
3.4.1 Levinas über Kant: das Primat der reinen praktischen Vernunft 366
3.4.2 Das Selbst und die an-archische Vernunft 377
3.4.3 Die Illeität als Dimension ethischer Bedeutsamkeit im
Spannungsfeld zwischen Anderem und Drittem 391
3.4.4 Reine praktische Vernunft – vom Gesetz zum Begehren
des Unendlichen 405

4. Ausblick

Das Begehren der reinen praktischen Vernunft 414

Literaturverzeichnis 421

Personenverzeichnis 451

Für László Tengelyi (1954–2014)
in Dankbarkeit

~

Vorwort

Das vorliegende Buch ist die geringfügig überarbeitete Fassung meiner Habilitationsschrift, die im Jahre 2015 am damaligen »Fachbereich A: Geistes- und Kulturwissenschaften« der Bergischen Universität Wuppertal angenommen wurde.

Die hier vorgetragenen Gedanken haben in langjährigen Gesprächen mit László Tengelyi Konturen gewonnen. Er lehrte mich zu denken und zeigte mir, was die Philosophie auch heute noch sein kann, wenn sie in Aufmerksamkeit auf die Herausforderungen unserer Zeit systematisches Fragen mit historischer Forschung verbindet. Dem Gedenken an seinen philosophischen Geist, seine Ernsthaftigkeit und seinen weltbürgerlichen Sinn ist dieses Buch gewidmet.

Die Bemühungen um ein Verständnis der kantischen Philosophie wurden auf einschlägige Weise von Manfred Baum unterstützt, der mir unzählige Perspektiven eröffnet hat. Seine Auffassung, dass Kant nicht nur der größte, sondern auch der letzte wahrhafte Philosoph war, bewahrte mich davor, allzu vorschnell von einer Überwindung Kants durch seine Nachfolger und Kritiker auszugehen.

Von besonderer Bedeutung waren Gespräche mit Klaus Düsing, der schließlich auch eines der drei Gutachten verfasste. Seine umfassende Kenntnis der Philosophien Kants und seiner Nachfolger, seine Offenheit für phänomenologische Fragestellungen und sein lebendiger Geist haben mir in schwierigen Zeiten neuen Mut gegeben.

Meinen Kollegen am Philosophischen Seminar und an der jetzigen Fakultät I der Bergischen Universität Wuppertal danke ich für ihre Unterstützung und ihr Vertrauen; dies gilt ganz besonders für Gerald Hartung, der als Erstgutachter eingesprungen ist. Den Doktoranden und Studierenden danke ich für die ständige Herausforderung, die Dinge noch ein wenig klarer und tiefgreifender zu formulieren. Darüber hinaus haben zahlreiche Freunde und Kollegen die Entstehung dieser Arbeit begleitet und sie mit kleinen und großen Anregungen belebt; vor allem Éva John und Andreas Thomas danke ich für ihre Lektüre einiger Kapitel während der Abschlussphase. Ein besonderer Dank gilt Steven Crowell für sein fragenreiches Gutachten, das bereits den Weg zu zukünftigen Arbeiten weist. Schließlich möchte ich dem Verlag Meiner für die Aufnahme der Studie in die Reihe »Paradeigmata« und Marcel Simon-Gadhof für seine ebenso gründliche wie feinsinnige Lektorenarbeit einen aufrichtigen Dank aussprechen.

Grenoble, im Januar 2018   *Inga Römer*

»[E]s giebt also entweder gar kein oberes Begehrungsvermögen,
oder reine Vernunft muß für sich allein praktisch sein.«
Immanuel Kant, *Kritik der praktischen Vernunft*,
KpV, AA 5: 24.35-36

»Das Begehren ist Begehren des absolut Anderen.«
Emmanuel Levinas, *Totalité et infini*,
S. 4 (dt. 37)

»Vernunft als der-Eine-für-den-Anderen!«
Emmanuel Levinas, *Autrement qu'être ou au-delà de l'essence*,
S. 212 (dt. 362)

1. Einleitung

1.1 *Kants Ethik heute*

Kants Ethik ist im nunmehr dritten Jahrhundert nach ihrer Entstehung eine lebendige Philosophie.[1] Sowohl in der sogenannten »analytischen« als auch in der »kontinentalen« Tradition finden sich Denker, die Kants Ethik für mehr als eine historisch interessante Konzeption halten, in ihr vielmehr eine systematisch anschlussfähige, nicht selten sogar die überzeugendste Antwort auf das philosophische Problem der Ethik sehen. Diese grundlegende Sympathie für den kantischen Ansatz manifestiert sich heute in zwei unterschiedlichen Richtungen.

Auf der einen Seite stehen diejenigen, die in einer eingehenden und textnahen Auslegung der kantischen Schriften allererst ein Verständnis von Kants Ethik zu erarbeiten suchen. Jene unter diesen Interpreten, die nicht lediglich ein historisches Interesse an Kant haben, sind nicht selten der Auffassung, es sei bis heute durchaus noch nicht hinreichend geklärt, worin Kants Ethik überhaupt bestehe. In der Tradition von Klaus Reich und Julius Ebbinghaus einerseits und von Herbert James Paton andererseits suchen sie den kantischen Gedankengang mit historischer und systematischer Genauigkeit zu rekonstruieren, um ihn mittels einer archäologischen Abtragungsarbeit hinter den Lesarten der deutschen Idealisten und der Neukantianer entweder wieder oder sogar erstmals überhaupt sichtbar zu machen. Der leitende Grundgedanke dieser interpretierenden Kantianer ist oft der, dass Kants Ethik in sich selbst vermutlich überzeugender ist als jede andere Ethik, bisher jedoch noch nicht angemessen verstanden worden

---

1 Wenn wir hier und im Titel der Arbeit von »Kants Ethik« sprechen, so knüpfen wir einerseits an Kants eigene Bestimmung des Ausdrucks »Ethica« an, nehmen in die Bedeutung des Ausdrucks jedoch andererseits etwas auf, das Kant selbst nicht dazu rechnet. Mit Kant verstehen wir hier unter »Ethik« denjenigen Teil der Moralphilosophie, der sich vom Recht unterscheidet, insofern die Ethik im Unterschied zum Recht äußerer Gesetze nicht fähig ist. Vgl. Kant, Immanuel: *Metaphysik der Sitten*, MS, AA 6: 379.3 – 12. Während Kant jedoch allein die Tugendlehre der Metaphysik der Sitten als Ethik versteht, *nicht* jedoch die *kritische Grundlegung* jener Tugendlehre selbst mit zur Ethik rechnet, verwenden wir den Ausdruck »Kants Ethik« hier in einem so weiten Sinne, dass auch die *Grundlegung* der »Ethik« im kantischen Sinne selbst mit zu »Kants Ethik« gezählt wird. Dieser weitere und in diesem Sinne von Kant selbst abweichende Sprachgebrauch ist in Diskursen außerhalb der Kant-Forschung durchaus verbreitet. Wir behandeln zudem die *Grundlegung zur Metaphysik der Sitten* und die *Kritik der praktischen Vernunft* allein, *insofern* sie Grundlegungsschriften der kantischen *Ethik* sind, und enthalten uns bezüglich der kontrovers diskutierten Frage, ob diese beiden Schriften *moralphilosophische* Grundlegungsschriften für Ethik *und* Recht oder *nur* Grundlegungsschriften für die kantische *Ethik* sind.

sei und die Hauptaufgabe einer systematisch interessierten Ethik daher bei einer
Rekonstruktion der kantischen Konzeption ansetzen müsse. Zu dieser Richtung
können neben den genannten älteren Autoren etwa Lewis White Beck, Henry
Allison, Allen Wood, Dieter Schönecker, Bernd Ludwig, Manfred Baum und Heiner Klemme gezählt werden.

Auf der anderen Seite finden sich Vertreter einer kantianischen Ethik, die
in einer gewissen Abstandnahme vom kantischen Buchstaben, unter Rückgriff
auf einige seiner Ethik entnommene Argumentationsfiguren, eine kantianische
Ethik für unsere Zeit auszuarbeiten suchen. Der leitende Grundgedanke ist bei
ihnen, dass Kants Ethik durchaus die systematisch stärkste Konzeption ist, allerdings nicht lediglich in ihrer historisch überlieferten Form übernommen werden
kann. In einem kantianischen Geist sei vielmehr eine gewisse Aktualisierung
seiner Auffassung nötig. Dieser Grundgedanke hat zur Folge, dass die Vertreter dieser zweiten Richtung sich vorwiegend auf systematische Ausarbeitungen
und weniger auf eingehende Rekonstruktionen der kantischen Gedankengänge
konzentrieren. Im angelsächsischen Sprachraum sind viele, wenngleich nicht
alle dieser Kantianer aus der Schule von John Rawls hervorgegangen, der sich
seinerseits noch vorwiegend auf die politische Philosophie konzentriert hatte.
Genannt werden können hier etwa Onora O'Neill, Christine Korsgaard, Barbara
Herman, Marcia Baron, J. David Velleman, Stephen Darwall und auf deutscher
Seite Karl-Otto Apel, Jürgen Habermas und Ernst Tugendhat. Diese beiden unterschiedlichen Richtungen des Kantianismus in der Ethik machen deutlich, dass es
heute innerhalb der kantischen Tradition der Ethik umstritten ist, ob Kants
Auffassung lediglich zu rekonstruieren und dann direkt zu übernehmen ist oder
ob sie eine mehr oder weniger tiefgreifende Erneuerung erforderlich macht. Dass
Kants Ethik jedoch in ihren Grundzügen die systematisch fruchtbarste Perspektive innerhalb der Ethik eröffnet hat, ist ein gemeinsamer Grundgedanke.

Die vorliegende Untersuchung geht davon aus, dass in jenen Debatten um eine
zeitgenössisch tragfähige kantianische Ethik eine fruchtbare Perspektive bisher
vernachlässigt beziehungsweise geradezu unberücksichtigt blieb: die Perspektive
der Phänomenologie, jener Bewegung,[2] die durch Edmund Husserl begründet
und durch zahlreiche insbesondere deutsch- und französischsprachige Philo-

---

[2] Merleau-Ponty spricht am Ende des Vorwortes zur Phänomenologie der Wahrnehmung
davon, dass »die Phänomenologie eher als eine Bewegung denn als System und Lehre sich gibt.«
Merleau-Ponty, Maurice: *Phénoménologie de la perception*. Paris: Gallimard 2003 (= Collection
Tel), S. XVI (dt. *Phänomenologie der Wahrnehmung*, übersetzt von Rudolf Boehm. Berlin: de Gruyter 1974 (= Phänomenologisch-psychologische Forschungen. Bd. 7), S. 18). Wir übernehmen diesen Ausdruck einer ›Bewegung‹, da er sich zur Bezeichung der Vielfalt in der Ausgestaltung
phänomenologischer Philosophie bewährt hat.

sophen im zwanzigsten Jahrhundert weiterentwickelt wurde. Weshalb wurde diese Perspektive der phänomenologischen Bewegung bisher vernachlässigt?

Die Gründe für die Vernachlässigung der Phänomenologie innerhalb von zeitgenössischen Debatten um eine kantische oder kantianische Ethik sind ebenso naheliegend wie nachvollziehbar. Die erste einflussreiche Stellungnahme zu Kants Ethik aus der phänomenologischen Tradition stammt von Max Scheler. Sowohl seine Kritik an Kants »Formalismus« als auch seine eigene Auffassung einer materialen Wertethik erscheinen allerdings problematisch. Die Kritik an Kant beruht auf zahlreichen Missverständnissen, und das Programm einer materialen Wertethik sieht sich mit der Tendenz zu einem konservativen Wertedogmatismus konfrontiert, wenn es »a priori« eine material gefüllte Werttafel einzuführen sucht. In den Ansätzen etwa von Heidegger und Sartre hingegen erblickte man eine existenzialistische und damit radikal subjektivistische Reduktion des Ethischen, die von seiner Auflösung nicht weit entfernt schien. Während die phänomenologische materiale Wertethik zu einer nur vermeintlich philosophischen Begründung eines konservativen Wertekanons neigte und damit gleichsam zu viel begründen wollte, schien der »Existenzialismus« sich mit zu wenig zu begnügen, wenn er das Ethische an eine radikal subjektive Selbstbindung knüpfte. Bei Levinas schließlich vermutete man eine Phänomenologie des Ethischen, die das Ethische letztlich theologisch und damit heteronom fundierte, insofern es an den aus der Höhe kommenden Anspruch des Anderen gebunden war. Wertedogmatismus, existenzialistischer Subjektivismus und theologisierende Ethik schienen je für sich weit hinter Kants Ethik zurückzufallen, dessen Schriften zudem allenfalls oberflächlich und missverstehend rezipiert worden waren. Aus der Perspektive einer Kant nahe stehenden Ethik erschien die Phänomenologie als ein wenig interessanter Gesprächspartner, der tendenziell in den Beschreibungen konkreter Erfahrungen stecken bleibt, das Reflexionsniveau der kantischen Ethik nicht zu erreichen vermag und zu systematisch problematischen Positionen neigt.

Von phänomenologischer Seite aus hingegen hatte sich schon früh der Eindruck verbreitet, Scheler sei zwar womöglich im Detail fehlgegangen, habe jedoch im Grunde eine treffende Kritik an Kants kalter, gefühlsarmer und unpersönlicher Gesetzes- und Vernunftethik formuliert, die der individuellen Person und ihrem konkreten ethischen Leben sowie der wesentlichen Pluralität der Personen und Situationen nicht Rechnung zu tragen vermag. Selbst denjenigen, die sich Schelers Programm einer materialen Wertethik nicht anzuschließen vermochten, erschien es zumeist weitaus vielversprechender, bei einer Phänomenologie der jemeinigen ethischen Erfahrung anzusetzen als bei einer von Kant her überlieferten Ethik des einen vernünftigen Gesetzes, dessen Geltungsbedingungen in »abstrakten«, »von oben herab« operierenden Argumentationen einer kritischen Philosophie auszuweisen wären. Innerhalb der phänomenologischen Bewegung werden die Ansätze zu einer Ethik heute insbesondere in zwei Grundrichtungen weiterentwickelt. Zum einen ist eine gewisse Renaissance der Wertethik zu beobachten, im Rahmen derer Autoren wie Scheler oder Husserl mit aktuell vertretenen wertethischen oder realistischen Ethikansätzen aus der analytischen Tradition konfrontiert werden.[3] Zum anderen gibt es nach wie vor eine breite Sympathie für von Levinas inspirierte Ansätze zu einer Alteritätsethik, wie sie in Deutschland insbesondere von Bernhard Waldenfels weiterentwickelt wurde. Sowohl die wertethische als auch die alteritätsethische Richtung muten in ihrer Grundtendenz jedoch eher »anti-kantisch« an.[4]

Diese tief verankerte Skepsis, die Kantianer gegenüber Phänomenologen und Phänomenologen gegenüber Kantianern hegen, hat dazu geführt, dass es in Hinblick auf die Frage nach einer Ethik heute kaum einen ernsthaften gemeinsamen Diskurs von Kantianern und Phänomenologen gibt, innerhalb dessen sich die einen auf dem aktuellen Diskussionsstand der jeweils anderen bewegen würden. Ein derartiger gemeinsamer Diskurs, der auch die Phänomenologie in die Debatten um eine zeitgenössische kantianische Ethik mit einbezieht, ist jedoch längst überfällig. Dieses Desiderat zeigt sich sowohl im Ausgang von der Kant-Forschung und den zeitgenössischen analytischen Neo-Kantianismen als auch im Ausgang von der Phänomenologie.

Während sich die Forschung zu Kants Ethik lange Zeit hindurch vornehmlich auf die sogenannten Grundlegungsschriften – die *Grundlegung zur Metaphysik der Sitten* und die *Kritik der praktischen Vernunft* – konzentriert hatte, finden mittlerweile auch Kants *konkrete Ausarbeitungen* dieser Grundlegung in Tugendlehre, Anthropologie, Pädagogik, Handlungstheorie, Moralpsychologie, Motivationstheorie und Theorie der ethisch relevanten Urteilskraft verstärkte Aufmerksamkeit.[5] Diese vielfältige Hinwendung zum Konkreten aber lässt eine Auseinandersetzung mit phänomenologischen Ansätzen zur Ethik als eine fruchtbare Perspektive erscheinen. Im angelsächsischen Raum haben sich zudem eine Reihe von neo-kantianischen Ansätzen zur Ethik herauskristallisiert, die

---

[3] Vgl. etwa Rinofner-Kreidl, Sonja: »Moral Philosophy«, in: Luft, Sebastian/Overgaard, Sören (Hg.): *The Routledge Companion to Phenomenology.* London/New York: Routledge 2012, S. 417–428.

[4] Bei Waldenfels lässt sich allerdings durchaus eine gewisse, neuartige Renaissance einer von Kant inspirierten Gesetzesethik finden. Vgl. insbesondere Waldenfels, Bernhard: »Der blinde Fleck der Moral«, in: ders.: *Deutsch-Französische Gedankengänge.* Frankfurt am Main: Suhrkamp 1995, S. 409–423; ders.: »Die Stimme des Gesetzes«, in: ders.: *Antwortregister.* Frankfurt am Main: Suhrkamp 2007, S. 301–312 und ders.: *Schattenrisse der Moral.* Frankfurt am Main: Suhrkamp 2006. Auf den Ansatz von Waldenfels kommen wir im Kapitel über Levinas zurück.

[5] Vgl. den Forschungsüberblick in Römer, Inga: »Ethik bei Kant und in der Phänomenologie«, in: Römer, Inga (Hg.): *Affektivität und Ethik bei Kant und in der Phänomenologie.* Berlin/Boston: de Gruyter 2014, S. 1–15, hier S. 2 f.

Kants *Grundlegung* der Ethik im Ausgang von der Perspektive der Ersten Person Singular reformulieren wollen, wie es etwa bei Christine Korsgaard der Fall ist.[6] Dass eine philosophische Untersuchung im Ausgang von der Perspektive der Ersten Person Singular aber auch ein Hauptmerkmal phänomenologischer Vorgehensweise ist und die Phänomenologie hier ein interessanter Gesprächspartner sein könnte, um etwa einem gewissen Hang zum Intellektualismus entgegenzuwirken, wurde in der angelsächsischen Auseinandersetzung mit Kant mittlerweile auch durchaus bemerkt. So hat Jeanine Grenberg jüngst eine Untersuchung vorgelegt, in der sie die aus ihrer Sicht bei Kant selbst zu findende Konzentration auf die »gewöhnliche moralische Erfahrung« »phänomenologisch« zu betrachten sucht.[7] Allerdings kann keineswegs davon die Rede sein, dass hierbei bereits ein angemessenes Verständnis der Phänomenologie zugrunde gelegt wird. Grenberg selbst versteht unter »Phänomenologie« vage eine Konzentration auf subjektive Erfahrungen und Gefühle, ohne dass sie auf die große Tradition der Phänomenologie des zwanzigsten Jahrhunderts eigens eingeht.[8] Ihr Rezensent Frierson kritisiert zwar dieses Verständnis berechtigterweise als zu naiv, merkt dann jedoch an, dass es im Prinzip fruchtbar sei, das »what-it's-like-to-be-obligated«, an dem Kant selbst interessiert sei, zu untersuchen.[9] Mit dieser Formulierung aber reproduziert er wiederum ein klassisches Missverständnis der analytischen Tradition, innerhalb derer unter »Phänomenologie« im Ausgang von Thomas Nagels berühmtem Aufsatz »What is it like to be a bat?«[10] oftmals eine Auseinandersetzung mit Qualia verstanden wird. Diese Auffassung aber ist Lichtjahre von dem entfernt, was »Phänomenologie« innerhalb der von Husserl begründeten phänomenologischen Bewegung bedeutet. Alles spricht dafür, dass hier Perspektiven gerade eröffnet werden, die jedoch allererst noch eigens zu erschließen sind.

In umgekehrter Hinsicht kann aber Ähnliches durchaus auch im Ausgang von der phänomenologischen Tradition gesagt werden. Trotz der aktuellen Dominanz von wertethischen und alteritätsethischen Ansätzen war Kants Ethik von Scheler über Heidegger, Sartre und Levinas bis hin zu Waldenfels immer wie-

---

6 Vgl. insbesondere die Grundlegung in Korsgaard, Christine M.: *The Sources of Normativity.* Cambridge u. a.: Cambridge University Press 1996.

7 Vgl. Grenberg, Jeanine: *Kant's Defense of Common Moral Experience. A Phenomenological Account.* Cambridge: Cambridge University Press 2013.

8 In Grenbergs Literaturverzeichnis findet sich aus der phänomenologischen Tradition ausschließlich Husserl, von dem überdies lediglich die *Ideen I* angeführt werden.

9 Vgl. Frierson, Patrick: »Kant's Defense of Common Moral Experience: A Phenomenological Account« (Rezension des gleichnamigen Buches von Jeanine Grenberg), in: http://ndpr.nd.edu/ news/45503-kant-s-defense-of-common-moral-experience-a-phenomenological-account/ (23.10.2014).

10 Nagel, Thomas: »What is it like to be a bat?«, in: *The Philosophical Review* 83 (1974) 4, S. 435–450.

der ein zentraler Anknüpfungspunkt, von dem sich Phänomenologen nicht nur kritisch abgrenzten, sondern an den sie durchaus auch in unterschiedlichen Hinsichten affirmativ anzuknüpfen suchten. Trotz der Bedenken gegen einen womöglich zu großen Abstraktionsgrad des kantischen Argumentationsganges sahen nicht wenige Phänomenologen, dass seiner Ethik ein nahezu unerreichtes Reflexionsniveau zu eigen war, welches phänomenologische Untersuchungen nicht unterbieten sollten. Zwischen dieser Wertschätzung von Kants Ethik und dem Grade der tatsächlichen Auseinandersetzung mit ihr ist jedoch heute eine gewisse Diskrepanz zu beobachten. Es liegt bisher noch keine Studie vor, die sich vor dem Hintergrund des Standes der heutigen Kant-Forschung eingehend und zusammenhängend mit den einschlägigen phänomenologischen Rezeptionen der kantischen Ethik und ihren jeweiligen Akzentuierungen und Umarbeitungen befasst. Das hat zur Folge, dass der »Kant«, der phänomenologisch kritisiert oder auch affirmiert wird, oftmals ein ganz anderer ist als der Kant der zeitgenössischen Kant-Forschung. Zwar gibt es durchaus einige Untersuchungen, die sich mit Kants Ethik und jeweils einem Autor der phänomenologischen Bewegung auseinandersetzen;[11] mit Steven Crowell kann jedoch davon gesprochen werden, dass in Bezug auf Kants Ethik und die Phänomenologie »das Potenzial gegenseitiger Bereicherung bisher noch kaum erschlossen wurde.«[12] Die Auseinandersetzungen mit Kant und der Phänomenologie in Hinblick auf die Frage nach einer Ethik blieben bislang bis zu einem gewissen Grade hinter denen im Bereich der theoretischen Philosophie zurück,[13] obgleich die grundlegende Bedeutung Kants auch in Hinblick auf ethische Fragen im Grunde in der gesamten Entwicklung der phänomenologischen Bewegung anerkannt wurde.

---

[11] Insbesondere über Kant und Scheler wurde eine Reihe von Untersuchungen angestellt. Wir werden auf die angezeigten Studien in den jeweiligen Kapiteln des zweiten Teiles Bezug nehmen.

[12] Crowell, Steven: »Kant und die Phänomenologie«, übersetzt von Philip Flock, in: Römer, Inga (Hg.): *Affektivität und Ethik bei Kant und in der Phänomenologie*. Berlin/New York: de Gruyter 2014, S. 19–51, hier S. 41.

[13] Studien, die in erster Linie Kants theoretische Philosophie mit der Phänomenologie in Bezug setzen, sind etwa: Kern, Iso: *Husserl und Kant. Eine Untersuchung zu Husserls Verhältnis zu Kant und zum Neukantianismus*. Den Haag: Martinus Nijhoff 1964 (= Phaenomenologica. Bd. 16); Lohmar, Dieter: *Erfahrung und kategoriales Denken. Hume, Kant und Husserl über vorprädikative Erfahrung und prädikative Erkenntnis*. Dordrecht: Kluwer 1998 (= Phaenomenologica. Bd. 147); Benoist, Jocelyn: *Kant et les limites de la synthèse. Le sujet sensible*. Paris: PUF 1996; der Großteil der Aufsätze in Kerszberg, Pierre (Hg.): *De Kant à la phénoménologie*. Toulouse: Presses Universitaires du Mirail 2003 (= revue *kairos*. Bd. 22); Rockmore, Tom: *Kant and Phenomenology*. Chicago/London: The University of Chicago Press 2011; Pradelle, Dominique: *Par-delà la révolution copernicienne. Sujet transcendantal et facultés chez Kant et Husserl*. Paris: PUF 2012; ders.: *Généalogie de la raison. Essai sur l'historicité du sujet transcendantal de Kant à Heidegger*. Paris: PUF 2013.

1.2 Methode

Wenn die Phänomenologie aber als fruchtbarer Gesprächspartner in die Debatten um eine kantische oder kantianische Ethik eingebracht werden soll, so muss die Frage nach den methodischen Grundlagen gestellt werden, auf deren Basis ein solches Gespräch überhaupt möglich ist. Wie kann eine phänomenologische Untersuchung mit einer philosophiegeschichtlichen verbunden werden, ohne dass ein äußerlich bleibender Eklektizismus entsteht?

Spätestens seit dem Husserl der *Krisis*-Schrift und seit dem frühen Heidegger ist deutlich, dass eine phänomenologische Untersuchung zwar bei der jemeinigen Erfahrung aus der Perspektive der Ersten Person Singular ansetzt, die Geschichtlichkeit des Denkens dabei jedoch nicht ignorieren darf. Husserl setzt sich im Ausgang von der durch die neuzeitlichen Naturwissenschaften geprägten Weltauffassung eine Rückfrage in die Lebenswelt zum Ziel. Heidegger will hinter der Alltäglichkeit die verborgenen ontologischen Grundstrukturen des Daseins und hinter den Verstellungen der Metaphysikgeschichte die Frage nach dem Sinn von Sein zurückerobern. Beide suchen durch geschichtlich gewachsene Sinnstrukturen hindurch nach einem durch diese Sinnstrukturen zugleich angezeigten und verborgenen Sinn, der der lebendigen, jemeinigen Erfahrung entspringt. Dieser zugleich angezeigte und verborgene Sinn aber wird niemals rein für sich selbst, sondern immer nur in jenem *Spannungsfeld* zwischen *überlieferten Sinnstrukturen* und *jemeiniger Erfahrung* greifbar. Philosophiegeschichtliche Denkkonstellationen jedoch sind *selbst* fein ausgearbeitete überlieferte Sinnstrukturen, die unsere Erfahrung prägen, so dass die Phänomenologie *als solche* das Spannungsverhältnis zwischen jemeiniger Erfahrung und überlieferten Denkkonstellationen zu untersuchen hat. Weil einerseits eine Denkkonstellation immer auf lebendige Erfahrungen zurückweist und andererseits die jemeinige Erfahrung immer schon eine Erfahrung *mit* Denkkonstellationen ist, die uns aus der Tradition her erreichen, ist die Phänomenologie, mit László Tengelyi gesprochen, der »Ausdruck derjenigen Erfahrung […], die man mit der Philosophie im Leben macht«.[14] Wenn das aber so ist, dann kann sich der Phänomenologe als solcher nicht mit der naiven Analyse der jemeinigen Erfahrung begnügen, sondern er muss die seine Erfahrung durchziehenden Denkkonstellationen herausarbeiten, um deren Spannungsverhältnis zur jemeinigen Erfahrung ausdrücklich in den Blick zu nehmen. Nur das »Kontrastverhältnis« zwischen den überlieferten Denkkonstellationen und der jemeinigen Erfahrung ist die Basis für eine phänomeno-

---

14 Tengelyi, László: *Erfahrung und Ausdruck. Phänomenologie im Umbruch bei Husserl und seinen Nachfolgern.* Dordrecht: Springer 2007 (= Phaenomenologica. Bd. 180), S. 352.

logische Rekonfiguration überlieferter Theorien.[15] Neben dieser von Tengelyi in Anschluss an den späten Merleau-Ponty verwendeten »diakritischen Methode«[16] kann hier an Paul Ricœurs kritisch-hermeneutische Phänomenologie mit ihrem methodischen Prinzip der *voie longue* angeknüpft werden, in Hinblick auf das sich die phänomenologische Untersuchung in einer offenen Dialektik von Zugehörigkeit (*appartenance*) und Distanzierung (*distanciation*) zu bewegen hat, was ihr eine unaufhebbare, jedoch nicht viziöse Zirkelhaftigkeit einschreibt.[17]

Diese Auffassung einer nicht nur möglicherweise, sondern sogar *notwendig* auf die Philosophiegeschichte bezogenen Phänomenologie liegt der vorliegenden Arbeit und ihrer Gliederung zugrunde. Der erste Teil strebt eine Rekonstruktion der Hauptzüge von Kants Ethik an, um die Denkkonstellation greifbar zu machen, mit der es eine etwaige Rekonfiguration in phänomenologischer Sicht überhaupt zu tun hat. Dieser Rekonstruktionsversuch orientiert sich einerseits am Stand der heutigen Kant-Forschung und sucht andererseits herauszuarbeiten, bis zu welchem Grade durchaus von einem »phänomenologischen« Vorgehen bei Kant selbst gesprochen werden kann. Der zweite Teil wendet sich der Geschichte der Auseinandersetzungen mit Kant innerhalb der phänomenologischen Bewegung zu, um einerseits aufzuzeigen, wie Kants Ethik von den einzelnen Denkern verstanden wurde, und andererseits herauszuarbeiten, in welcher Weise diese Denker der phänomenologischen Tradition den kantischen Ansatz jeweils zu rekonfigurieren versucht haben. Erst im Spannungsfeld zwischen der Kant-Auffassung der zeitgenössischen Kant-Forschung, den Kant-Rezeptionen der phänomenologischen Tradition, den in der phänomenologischen Tradition entwickelten Rekonfigurationen der kantischen Ethik sowie der lebendigen Erfahrung aus der Perspektive der Ersten Person Singular kann heute systematisch eine kantianische Phänomenologie des Ethischen anvisiert werden. Philosophiegeschichte ohne systematisches Fragen ist ebenso »blind«, wie systematisches Fragen ohne Philosophiegeschichte »leer« bleibt; die notwendige Verflechtung von Philosophiegeschichte und systematischem Fragen gilt auch und gerade für die Phänomenologie, wenn sie nicht hinter ihre Gründungsfiguren zurückfallen und auf ein naives Unterfangen herabsinken will.

---

15 Ebd., S. 352.
16 Tengelyi, László: *Welt und Unendlichkeit. Zum Problem phänomenologischer Metaphysik.* Freiburg/München: Alber 2014, S. 301.
17 Vgl. dazu von der Verfasserin *Das Zeitdenken bei Husserl, Heidegger und Ricœur.* Dordrecht u. a.: Springer 2010 (= Phaenomenologica. Bd. 196), Kapitel 4.1 und zusammengefasst auf S. 512.

1.3 *Gang der Untersuchung*

1.3.1 Phänomenologische Züge in Kants Ethik

Im ersten Abschnitt der *Grundlegung zur Metaphysik der Sitten* findet sich bei Kant mit der Analyse der gemeinen sittlichen Vernunfterkenntnis ein Vorgehen, das in einem weiteren Sinne durchaus mit Tugendhat[18] als eine *Phänomenologie des natürlichen moralischen Bewusstseins* bezeichnet werden könnte. Durch diese »Phänomenologie« findet Kant das in uns immer schon fungierende oberste Gesetz, den kategorischen Imperativ. Er führt aber nicht nur diese »phänomenologische« Analyse durch, sondern er weist auch auf, dass und weshalb das natürliche sittliche Leben des Menschen *von selbst zu einer derartigen Analyse und damit hin zur Moralphilosophie drängt.* Der Grund ist ein Hang dazu, das in uns eigentlich deutlich fungierende Gesetz zu manipulieren, um es entweder zu verleugnen oder unseren Neigungen anzupassen. Im zweiten Abschnitt der *Grundlegung* zeigt Kant, dass der Inhalt des zuvor im Rahmen jener »phänomenologischen« Analyse aufgefundenen kategorischen Imperativs nicht nur das tatsächlich im Menschen fungierende Gesetz ist, sondern vielmehr als Inhalt aus dem bloßen Begriff des kategorischen Imperativs abgeleitet werden kann. Es lässt sich durchaus davon sprechen, dass Kant hier zeigt, inwiefern der *Wesensgehalt*, gewissermaßen im Husserl'schen Sinne des Wortes das *eidos* eines jeden möglichen kategorischen Imperativs, genau in jenem Inhalt besteht, den er im ersten Abschnitt durch »phänomenologische« Analyse des moralischen Bewusstseins als in uns Menschen immer schon fungierend ermittelt hatte.

Kants Deduktionsargumente, in denen es nicht mehr um die Frage nach dem Inhalt des Gesetzes, sondern um die Frage nach der Möglichkeit seiner Geltung geht, laufen auf Kants in der *Kritik der praktischen Vernunft* formulierte Lehre vom Faktum der Vernunft hinaus, in der er die These aufstellt, dass die Geltung des einzig möglichen obersten Gesetzes nur durch die wirkliche, tatsächlich fungierende Bestimmung der Willkür durch reine praktische Vernunft möglich ist. Die Geltung des Gesetzes hängt damit vom *lebendigen Vollzug*, vom Performativen, vom Fungieren einer die Willkür *legislativ bestimmenden* und ihr derart gebietenden reinen praktischen Vernunft ab. Dieser performative Vollzug bekundet sich, wenn er geschieht, im Bewusstsein der Geltung des moralischen Gesetzes. Dieses aber wiederum versteht Kant als *ratio cognoscendi* der *Freiheit*, welche als *Autonomie* das Vermögen ist, nach jenem selbstgegebenen Gesetz reiner praktischer Vernunft zu handeln. Der traditionellen Schwierigkeit, diesen Freiheitsbegriff mit dem Gedanken einer auch möglichen freien Annahme der

---

18 Vgl. Tugendhat, Ernst: *Vorlesungen über Ethik.* Frankfurt am Main: Suhrkamp 1993, S. 102.

gesetzeswidrigen obersten Maxime des Bösen zu vereinbaren, suchen wir unter Rückgriff auf den aus der phänomenologischen Bewegung bekannten Begriff des *Ereignisses* zu begegnen: Weil die Entscheidung für oder gegen die Ausübung jenes Vermögens zwar frei genannt, aber nicht selbst unter Bezugnahme auf ein Gesetz begründet werden kann, enthält die Freiheit bereits bei Kant ein unhintergehbares Ereignismoment, das die Zurechenbarkeit jedoch nicht gefährdet.

In Hinblick auf die Frage nach der konkreten Anwendung des obersten Gesetzes erscheint es uns schließlich von herausragender Bedeutung, dass das Gesetz für Kant eine Idee der Vernunft ist und als solche einen *prinzipiellen Überschuss* sogar gegenüber seinem Typus, erst recht jedoch gegenüber den in einem bestimmten Leben konkret erlaubten oder indirekt gebotenen Maximen und gegenüber den diesen Maximen korrespondierenden möglichen Handlungen aufweist. Es gibt damit eine *spannungsvolle Diskrepanz* zwischen dem konkreten ethischen Leben, seinen Handlungsprinzipien und Handlungen einerseits und dem prinzipiell in keinem möglichen endlichen System von Maximen aufgehenden Gesetz reiner praktischer Vernunft andererseits. Logisch versteht Kant Maximen in der Tradition seiner Vorgänger als Obersätze in praktischen Syllogismen, die in einer polysyllogistischen Verschachtelung zueinander stehen; moralpsychologisch scheint er sie als fungierende Willensprinzipien aufzufassen, die in unserem Handeln am Werk sind, dabei jedoch immer wieder neu anhand der empirischen Situationen und mit Hilfe der vom Besonderen zum Allgemeinen gehenden reflektierenden Urteilskraft gemäß dem obersten Gesetz zu ermitteln, zu konkretisieren und zu verändern sind. In diesem Prozess liegt eine *prinzipielle Unabgeschlossenheit*, die in jener unüberwindbaren Diskrepanz zwischen dem Gesetz reiner praktischer Vernunft und den endlichen Situationen unseres Lebens gründet. Kants Ethik ist damit nicht »leer«, sondern impliziert vielmehr der Möglichkeit nach eine *unendliche Fülle inhaltlicher Konkretionen*. Konkrete inhaltliche Pflichten ergeben sich aber jeweils erst im *Zusammenspiel des Vernunftgesetzes mit den Gegebenheiten eines menschlichen Lebens*; wie das möglich ist, zeigt Kant in der Tugendlehre der *Metaphysik der Sitten*, von der insbesondere die Einleitung einen in seiner Wichtigkeit kaum zu unterschätzenden Leitfaden zur so häufig vermissten »Füllung« des formalen Gesetzes liefert, indem sie etwa zeigt, wie Zwecke, die zu haben für den Menschen Pflicht ist, aus dem Zusammenspiel des obersten Gesetzes mit den Bedingungen der menschlichen Konstitution entspringen.

Das konkrete sittliche Leben ist Kant zufolge zudem durch das Gefühl der *Achtung für das Gesetz* geprägt. Wir versuchen zu zeigen, dass und inwiefern die systematischen Schwierigkeiten bei der Interpretation seines Achtungsbegriffes dadurch gelöst werden könnten, dass man Achtung als *Stimmung* versteht, die als solche das gesamte affektive Leben des Menschen durchzieht und jede Situation im Lichte der Moralität erscheinen lässt, womit ihr zugleich eine Triebfeder- und eine Situationserschließungsfunktion zukäme. Im Abschnitt XII der Einleitung in die Tugendlehre umreißt Kant zudem auf wenigen Seiten seine Auffassung davon, wie sich jenes allgemeine Gefühl der Achtung beim Menschen in moralisch relevanten Situationen konkretisiert. Ihm zufolge gibt es einige, den natürlichen Gemütsanlagen des Menschen zur Moralität entspringende Gefühle, die jeweils gefühlsmäßiger Ausdruck einer impliziten moralischen Beurteilung konkret gegebener Handlungssituationen darstellen. Diese in jenen Gefühlen zum Ausdruck kommenden Situationsurteile aber glauben wir als wesentliche Merkmale der gemeinen sittlichen Vernunfterkenntnis verstehen zu dürfen, von der Kants Untersuchung im ersten Abschnitt der *Grundlegung* ihren Ausgang nahm. Wenn diese Auslegung zutreffen sollte, dann gäbe es eine Art von *nicht viziöser, hermeneutischer Zirkularität* in Kants Argumentationsgang: Den gefühlsmäßig zugänglichen spontanen Urteilen der gemeinen sittlichen Vernunfterkenntnis, von denen Kant in seiner Untersuchung von 1785 ausgeht, weist er 1797 einen systematischen Ort in seiner Ethik zu; sie sind gleichsam das Erste für uns, aber das Letzte an sich. Kant geht damit von einer Analyse des gewöhnlichen moralischen Bewusstseins aus, findet in ihm den Gesetzesinhalt, zeigt, dass dieser der wesentliche Inhalt eines kategorischen Imperativs ist, legt die Bedingungen seiner Geltung im performativen Fungieren einer reinen praktischen Vernunft dar, weist die Art und den Spielraum seiner prinzipiell unabgeschlossenen Anwendung aus, zeigt die affektive Manifestation spezieller moralischer Urteile auf – und ordnet den zu Beginn aufgefundenen jemeinigen moralischen Erfahrungen des gewöhnlichen moralischen Bewusstseins damit einen systematischen Ort zu.

Kants Gedankengang, so hoffen wir damit zeigen zu können, gründet nicht in »abstrakten« Argumentationen, in denen sich die konkrete ethische Erfahrung nicht wiederzufinden vermag, sondern er beginnt und beendet seinen Gedankengang bei dem natürlichen moralischen Bewusstsein. Es ist überdies gerade Kant, der, ohne in einen Relativismus zu verfallen, der unendlichen und prinzipiellen Offenheit des konkreten ethischen Lebens Rechnung zu tragen vermochte. Und es ist durchaus Kant, der mit der Konzeption der Achtung und den den natürlichen Gemütsanlagen zur Moralität entspringenden Gefühlen eine Theorie des moralischen Gefühls vorgelegt hat, die dieses weder als eine natürliche Neigung zum Guten noch als einen moralischen Sinn für geheimnisvoll bleibende moralische Sachverhalte, aber nichtsdestotrotz als einen Indikator für das Gebotene, Verbotene und Erlaubte versteht.

1.3.2 Das Problem der Intersubjektivität

Wenn aber all dies von Kant selbst schon geleistet wurde, weshalb sich dann nicht mit Kants Ethik begnügen? Aus welchem Grunde könnte so etwas wie eine Erneuerung seiner Grundlegung der Ethik überhaupt nötig sein? Und weshalb sollte es vielversprechend sein, diese ausgerechnet aus der Perspektive der Phänomenologie zu entwickeln? Die Hypothese der vorliegenden Arbeit ist, dass eine derartige Erneuerung deshalb nötig wird, weil Kant das *Problem der Intersubjektivität* auf der fundamentalen Ebene einer Grundlegung der Ethik noch nicht hinreichend berücksichtigen konnte, insofern es erst in der nachkantischen Philosophie aufkam, die *Phänomenologie aber gerade dieses Problem besonders eindringlich in den Mittelpunkt stellt.* Es handelt sich dabei um das Problem, wie im Ausgang vom *konkreten, jemeinigen Selbst* der *andere und die anderen* begegnen und welche Konsequenzen sich daraus für eine Ethik ergeben. Insbesondere Husserl, Sartre und Levinas haben sich ausführlich mit dieser Frage befasst und sind auf unterschiedliche Weise der Auffassung, dass das jemeinige Selbst zwar grundlegend mit den anderen in Verbindung steht, gar durch sie wesentlich bestimmt ist, nichtsdestotrotz jedoch vom anderen, wie Husserl an einer berühmten Stelle formuliert, »abgrundtief geschieden«[19] bleibt. Entzugserfahrungen, die diese fundamentale Geschiedenheit bezeugen, müssen aus ihrer Sicht aber bereits bei der Grundlegung der Ethik Berücksichtigung finden.

Diese dem Intersubjektivitätsproblem entspringende Forderung jedoch scheint wiederum ein Gedanke zu sein, den heutige Kantianer und Phänomenologen durchaus teilen. Eine Reihe von Kant-Interpreten hat darauf hingewiesen – und wir werden an den gegebenen Stellen darauf eingehen –, dass Kant nicht eigens begründet, weshalb das ethisch geforderte »Wollen überhaupt« von vornherein notwendig als ein »Wollen für *alle* vernünftigen Wesen« zu verstehen ist sowie weshalb die Notwendigkeit, sich selbst als Zweck an sich zu schätzen, auf die Notwendigkeit führt, auch die anderen als Zwecke an sich zu schätzen. Derartige von Interpreten des zwanzigsten Jahrhunderts aufgedeckte »Begründungslücken« bei Kant entstehen aber nur und genau dann, wenn man das angezeigte Intersubjektivitätsproblem für ein fundamentales hält.

Es soll hier ganz und gar nicht behauptet werden, dass die Phänomenologie die einzige Strömung ist, innerhalb derer Versuche gemacht wurden, Kants Ethik vor dem Hintergrund des Intersubjektivitätsproblems respektive des Gedankens einer genuinen Pluralität der Subjekte zu erneuern. Insbesondere in Deutsch-

---

[19] Husserl, Edmund: *Zur Phänomenologie der Intersubjektivität. Texte aus dem Nachlass. Dritter Teil: 1929–1935*, hg. von Iso Kern. Den Haag: Martinus Nijhoff 1973 (= Husserliana. Bd. XV), S. 339.

land und in den USA sind prominente derartige Ansätze vorgelegt worden. In Deutschland entstanden diese vor allem im Umkreis und in der Nachfolge der Frankfurter Schule, wobei an erster Stelle die von Karl-Otto Apel und Jürgen Habermas entwickelte Diskursethik zu nennen ist.[20] Auf von dieser abweichende Weise hat Ernst Tugendhat eine Ethik angestrebt, zu deren wesentlichen Inspirationsquellen Kant gehört.[21] In den USA sind Erneuerungsversuche der kantischen Ethik insbesondere, allerdings nicht ausschließlich, im Umkreis und in der Nachfolge der von John Rawls angestoßenen Kant-Renaissance aufgekommen. Die grundlegendsten eigenständigen Erneuerungsversuche finden sich wohl bei Christine Korsgaard einerseits und Stephen Darwall andererseits.[22] Jene divergierenden zeitgenössischen Ansätze zu einer Erneuerung der kantischen Ethik vor dem Hintergrund des Intersubjektivitätsproblems müssen in der vorliegenden Arbeit unberücksichtigt bleiben. Sie weichen von Kant, voneinander und von den phänomenologischen Ansätzen zu stark ab und sind jeweils in sich selbst zu komplex, um sie gleichsam *en passant* mit behandeln zu können. Wir haben die von uns anvisierte phänomenologische Perspektive andernorts fragmentarisch mit einigen jener alternativen Konzeptionen konfrontiert[23] und hoffen, demnächst eine weitere Studie vorlegen zu können, in der die hier umrissene phänomenologische Perspektive weiter ausgearbeitet und systematisch mit den wichtigsten alternativen zeitgenössischen Positionen zu einer erneuerten kantianischen Ethik in Beziehung gesetzt wird.

Ausgeklammert bleiben müssen hier außerdem der nach Kant bereits bei Fichte präfigurierte Ansatz zu einer Philosophie der Intersubjektivität sowie

20 Vgl. insbesondere Apel, Karl-Otto: »Das Apriori der Kommunikationsgemeinschaft«, in: ders.: *Transformation der Philosophie. Band 2: Das Apriori der Kommunikationsgemeinschaft.* Frankfurt am Main: Suhrkamp 1973, S. 358–435; ders.: *Diskurs und Verantwortung. Das Problem des Übergangs zur postkonventionellen Moral.* Frankfurt am Main: Suhrkamp 1990; Habermas, Jürgen: *Moralbewußtsein und kommunikatives Handeln.* Frankfurt am Main: Suhrkamp 1983; ders.: *Erläuterungen zur Diskursethik.* Frankfurt am Main: Suhrkamp 1991.

21 Vgl. vor allem Tugendhat, Ernst: *Vorlesungen über Ethik,* a. a. O.

22 Vgl. das bereits erwähnte Begründungsprogramm in Korsgaard, Christine M.: *The Sources of Normativity,* a. a. O., sowie Darwall, Stephen: *The Second-Person Standpoint. Morality, Respect, and Accountability.* Cambridge, Massachusetts/London, England: Harvard University Press 2006.

23 Vgl. von der Verfasserin zu Korsgaard »Person und moralische Verbindlichkeit. Ein Dialog zwischen analytischer und phänomenologischer Tradition«, in: Römer, Inga/Wunsch, Matthias (Hg.): *Person: Anthropologische, phänomenologische und analytische Perspektiven.* Münster: mentis 2013, S. 343–362, hier S. 350–361, und zur Diskursethik »Worin gründet ethische Verbindlichkeit? Zur Alternative von diskursethischer und phänomenologischer Begründungsstrategie«, in: *Phänomenologische Forschungen* 2013, hg. von Dieter Lohmar und Dirk Fonfara, S. 237–247. Ansätze zu einem Dialog zwischen phänomenologischer und angelsächsischer neo-kantianischer Tradition finden sich bei Smith, William Hosmer: *The Phenomenology of Moral Normativity.* New York/London: Routledge 2012.

Hegels Philosophie der Anerkennung,[24] die bei diversen zeitgenössischen Denkern ihre Spuren hinterlassen und Weiterentwicklungen gefunden haben.[25] Des Weiteren können wir auch nicht diejenigen Linien verfolgen, welche von Kant zum weiteren Kontext des Neukantianismus und insbesondere dessen jüdisch inspirierten Perspektiven führen, womit auch Cohen, Natorp, Rosenzweig, Cassirer und Simmel unberücksichtigt bleiben.[26] In der vorliegenden Studie konzentrieren wir uns ausschließlich darauf, in der Auseinandersetzung mit Kant, der Kant-Forschung und den phänomenologischen Rezeptionen der kantischen Ethik eine mögliche phänomenologische Perspektive zur Erneuerung der kantischen Ethik vor dem Hintergrund der Intersubjektivitätsproblematik anzuzeigen.

---

[24] Fichte hat in der *Grundlage des Naturrechts nach Principien der Wissenschaftslehre 1796* (Berlin: de Gruyter 1971) den Gedanken einer für endliche Subjekte nötigen Aufforderung zur Selbsttätigkeit formuliert. Es bleibt allerdings, wie Axel Honneth hervorhebt, eine offene Frage, ob Fichte mit diesem Schritt tatsächlich den »monologischen Rahmen seiner *Wissenschaftslehre*« hin zu einer »intersubjektivistischen Konzeption« verlassen hat, weil es nicht sicher ist, ob die empirische Aufforderung eines endlichen Subjekts von ihm nicht letztlich doch auf ein allgemeines, transzendentales Subjekt zurückgeführt wird. Vgl. Honneth, Axel: »Die transzendentale Notwendigkeit von Intersubjektivität (Zweiter Lehrsatz: § 3)«, in: Merle, Jean-Christophe (Hg.): *Johann Gottlieb Fichte: Grundlage des Naturrechts.* Berlin: Akademie Verlag 2001 (= Klassiker Auslegen. Bd. 24), S. 63–80, hier S. 79. Vgl. zur Frage der Intersubjektivität bei Fichte und Hegel mit Blick auf die Phänomenologie Düsing, Edith: *Intersubjektivität und Selbstbewusstsein. Behavioristische, phänomenologische und idealistische Begründungstheorien bei Mead, Schütz, Fichte und Hegel.* Köln: Verlag für Philosophie Jürgen Dinter 1986. Klaus Düsing hat uns die Frage gestellt, ob auch Fichte und Hegel in ähnlicher Weise phänomenologisch gelesen werden könnten, wie wir es hier mit Kant versucht haben; wir hoffen, diese Frage in zukünftigen Arbeiten weiterverfolgen zu können.

[25] Vgl. vor allem Honneth, Axel: *Kampf um Anerkennung. Zur moralischen Grammatik sozialer Konflikte.* Frankfurt am Main: Suhrkamp 2003. Von phänomenologischer Seite aus gibt es bereits einige Versuche, an die Debatte um den Anerkennungsbegriff anzuknüpfen. Vgl. Ricœur, Paul: *Parcours de la reconnaissance. Trois études.* Paris: Stock 2004 (dt. *Wege der Anerkennung. Erkennen – Wiedererkennen – Anerkanntsein,* übersetzt Ulrike Bokelmann und Barbara Heber-Schärer. Frankfurt am Main: Suhrkamp 2006); Bedorf, Thomas: *Verkennende Anerkennung.* Frankfurt am Main: Suhrkamp 2010; Hetzel, Andreas/Quadflieg, Dirk/Salaverría, Heidi (Hg.): *Alterität und Anerkennung.* Baden-Baden: Nomos 2011. Unter den angelsächsischen Weiterführungen der kantischen Ethik ist diejenige von Stephen Darwall von Fichte inspiriert. Vgl. Darwall, Stephen: *The Second-Person Standpoint,* a. a. O.

[26] Wir danken Gerald Hartung dafür, uns auf die sowohl historische als auch systematische Bedeutung dieser Linien für den Kontext unserer Studie aufmerksam gemacht zu haben, und hoffen, diese Perspektiven in späteren Arbeiten aufgreifen zu können.

1.3.3 Kants Ethik in der phänomenologischen Bewegung

In welcher Weise aber haben die Denker der phänomenologischen Bewegung Kants Ethik im Ausgang vom jemeinigen Selbst und der Annahme einer genuinen Verschiedenheit der Subjekte zu rekonfigurieren versucht? Die Hypothese, die der vorliegenden Arbeit zugrunde liegt, ist, dass die in der phänomenologischen Tradition angestrebte *Erneuerung von Kants Ethik* weitestgehend in einer *Erneuerung des positiv verstandenen Formalismus* besteht. »Formalismus« ist Kant von Hegel bis Scheler immer wieder vorgeworfen worden und ist so etwas wie ein verbreitetes Schimpfwort für die kantische Ethik. Wenn man Kants »Formalismus« jedoch auf eine Kants eigenen Intentionen angemessenere Weise versteht, als Hegel und Scheler dies getan haben, dann ist er nicht »leer« und führt nicht zu absurden Ergebnissen, sondern vermag vielmehr eine Grundlegung der Ethik zu liefern, die einerseits dem Relativismus widersteht und andererseits nichtsdestotrotz der unendlichen Vielfalt des menschlichen Lebens Rechnung zu tragen vermag. Eine Erneuerung des kantischen Formalismus in einem derartigen, positiven Sinne des Wortes aber ist es, die der Sache nach eine Reihe von Philosophen der phänomenologischen Tradition in kritischer Distanz zum Programm einer materialen Wertethik selbst angestrebt haben. Es handelt sich dabei aus unserer Sicht um Heidegger, Sartre und Levinas.[27] Die phänomenologische Tradition von Heidegger bis Levinas wird hier als ein Ringen darum interpretiert, den kantischen Formalismus in der Ethik in jenem positiven Sinne und unter den Bedingungen der Intersubjektivität und radikalen Pluralität phänomenologisch auf neue Grundlagen zu stellen.

Am Anfang allerdings stand die Formalismus*kritik*. Zu Beginn der phänomenologischen Auseinandersetzungen mit Kants Ethik erschien Schelers Buch *Der Formalismus in der Ethik und die materiale Wertethik*. Neben einer problema-

---

[27] Man mag in dieser Auswahl Paul Ricœur vermissen, der in *Soi-même comme un autre* eine von ihm selbst so genannte »kleine Ethik« vorgelegt hat, innerhalb derer er Kant eine durchaus wichtige Rolle zuerkennt. Ricœur, Paul: *Soi-même comme un autre*. Paris: Seuil 1990, Studien 7–9, über Kant Studie 8 (dt. *Das Selbst als ein Anderer*, übersetzt von Jean Greisch in Zusammenarbeit mit Thomas Bedorf und Birgit Schaaff. München: Fink 1996 (= Übergänge. Bd. 26), Studien 7–9, über Kant Studie 8). Der Grund dafür, Ricœur in unserem Zusammenhang nicht zu behandeln, ist, dass sich seine Ethik ihrer Grundausrichtung nach in erster Linie an Aristoteles und Hegel und nicht an Kant orientiert. Kant wird im Mittelteil seiner kleinen Ethik für Ricœur wichtig, weil die primäre ethische Ausrichtung auf das gute Leben der sekundären Prüfung durch Normen nicht entbehren kann, bevor sie in einem dritten Schritt in die Situationsentscheidung einer praktischen Weisheit mündet. Es handelt sich bei Ricœur nicht um eine neue Ausarbeitung des kantischen Formalismus, sondern um eine Ethik des guten Lebens, innerhalb derer dem kantischen Formalismus eine gewisse Funktion eingeräumt wird, die jedoch weder die primäre noch die ultimative ist.

tischen Auslegung des kritisierten kantischen »Formalismus« ist auch Schelers eigenes Programm einer materialen Wertethik mit grundlegenden Schwierigkeiten verbunden. Das Grundproblem dieses Programms scheint in Folgendem zu liegen: Es wird deutlich gesehen, dass Werte nur dann als Grund der Ethik fungieren können, wenn sie mehr sind als bloße Noemata von zufälligen Wertgefühlen und den Status einer unbedingten moralischen Tatsache beanspruchen können; die offenbar unüberwindliche Schwierigkeit besteht aber darin, von dieser formalen Einsicht in die notwendige Unbedingtheit von Werten zu der konkreten Ermittlung materialer Werte mit diesem Status zu gelangen, der schon bei Scheler ausdrücklich der von *a priori* geltenden materialen Werten sein soll. Jeder erfühlte oder wertgenommene konkrete Wert, der »*a priori*« und in diesem Sinne unbedingt zu sein scheint, kann sich einer gewissen Zwielichtigkeit nicht erwehren, denn jeder derartige Wert steht im Verdacht, eine bloße Projektion von Wünschen zu sein, bestenfalls einem Konservatismus und schlimmstenfalls einer Ideologie Vorschub zu leisten. Trotz dieser grundlegenden Kritik ist das Ergebnis unserer Auseinandersetzung mit den verschiedenen Denkern der Wertethik nicht nur negativ. Die Wertethik hebt im Rahmen des wertethischen Personalismus die ethische Bedeutung der individuellen, jemeinigen Person deutlich in den Vordergrund und entdeckt zudem das Phänomen eines Tragischen im Ethischen, dem systematisch Rechnung zu tragen ist und das in der Tat nicht ohne Weiteres mit dem Hinweis auf Kants Satz *obligationes non colliduntur* abgewiesen werden kann. Die wertethische Auslegung dieser Einsichten jedoch verleiht ihnen angesichts der Grundschwierigkeit mit diesem Programm eine letztlich problematisch bleibende Gestalt.

Es ist Heidegger, dem aus unserer Sicht das Verdienst zukommt, den ersten Schritt in Richtung einer Erneuerung des kantischen Formalismus unternommen zu haben. In kritischer Abgrenzung zur materialen Wertethik strebt Heidegger im Umkreis seines Hauptwerkes *Sein und Zeit* zunächst nach einer phänomenologisch radikalisierten Neuformulierung des Formalismus, die diesen nicht als einen Formalismus reiner praktischer Vernunft, sondern als einen *Formalismus des jemeinigen Selbst* versteht. Dieser Formalismus des jemeinigen Selbst, der nach Heideggers Selbstverständnis in *Sein und Zeit* eine existenziale Grundlegung einer möglichen Ethik darstellt, eröffnet die Perspektive einer formalistisch gefassten phänomenologischen Ethik im Ausgang vom jemeinigen individuellen Dasein, das dieses nicht von vornherein schon mit einer fungierenden reinen praktischen Vernunft ausgestattet sieht. Heidegger scheitert jedoch daran, diese eröffnete Perspektive einer Ethik der jemeinigen Eigentlichkeit in Hinblick auf die Dimension des Mitseins auf eine überzeugende Weise auszuarbeiten. Das Ergebnis ist eine fundamentale Spannung in *Sein und Zeit*, eine *Aporie des Mitseins*, die darin besteht, dass Heidegger einerseits die Daseine in der Eigentlichkeit als existenzial radikal vereinzelt auffasst, dann jedoch von einer Verschmelzung ihrer eigentlichen Entwürfe zu einem gemeinsamen Geschick ausgeht. Diese Aporie des Mitseins hat bei späteren Denkern eine Reihe von Anknüpfungsversuchen an Heidegger hervorgebracht, die den Gedanken einer existenzialen Vereinzelung im Formalismus des jemeinigen Selbst mit Figuren der Alterität, der Intersubjektivität und der intersubjektiv fundierten Vernunft zu verknüpfen suchen, um Heideggers aporetischen Kurzschluss von der jemeinigen Eigentlichkeit auf das gemeinsame Geschick zu vermeiden. Bei Heidegger selbst bleibt eine tragfähige Perspektive auf eine Ethik des Mitseins im Ausgang vom Formalismus des jemeinigen Selbst jedoch sowohl in *Sein und Zeit* als auch in späteren Schriften ein Desiderat. In der metaphysischen Periode vom Ende der 1920er Jahre gibt Heidegger die frühere Perspektive des Entwurfes eines jemeinigen, ganz auf sich selbst zurückgeworfenen Daseins zugunsten der Perspektive eines metaphysischen Entwurfes des Menschen überhaupt auf und verschmilzt damit die individuellen eigentlichen Entwürfe zu einem metaphysischen Entwurf des Menschen. Zusammen mit der Aufhebung des Unterschieds von theoretischer und praktischer Vernunft im Rahmen seiner uminterpretierenden Auslegungen aus dem *Kantbuch* führt diese Konzeption auf eine *Ethik der Metaphysik*, in der der Mensch als solcher dazu aufgerufen ist, sein metaphysisches Wesen auszubilden und im Ausgang von einem metaphysischen Entwurf so auf das Seiende einzugehen, dass sich das Seiende in seinem An-sich zeigen kann und sein gelassen wird. Diese Ethik der Metaphysik vertieft Heidegger wiederum später im Zuge seines seinsgeschichtlichen Denkens zu einem *Ethos des Denkens*, in dem sich der Mensch das *Maß vom Sein zuweisen* lässt. Mit dieser Auffassung aber scheint Heidegger die Ethik beziehungsweise das Ethos vollends an das Geschichtliche des Seinsgeschicks auszuliefern, ohne die Möglichkeit einer kritischen Distanznahme von dem je geschichtlich sich Schickenden einzuräumen. Trotz der Schwierigkeiten, die bereits bei dem frühen Ansatz aufkamen, und trotz dieser späteren Wege, die in Hinblick auf die Frage nach dem Ethischen wohl doch als Irrwege bezeichnet werden müssen, bleibt es aus unserer Sicht Heideggers Verdienst, den ersten Schritt zu einer Erneuerung des kantischen Formalismus in der Ethik getan sowie die Phänomenologie von den Bahnen einer Wertethik weg und hin zur Arbeit am Formalismus gelenkt zu haben.

Es ist Sartre, von dem gesagt werden kann, er habe das Problem gleichsam dort wieder aufgenommen, wo es beim frühen Heidegger liegen geblieben war. Auch Sartre geht vom jemeinigen Selbst aus. Er fasst dieses jedoch als *radikale individuelle Freiheit* und als *Begehren* auf, hält durchgehend an dem Grundproblem der *Intersubjektivität* und damit der fundamentalen Geschiedenheit der Einzelnen fest, und er verfolgt die Frage nach einer *Ethik* auf eine *eigenständige*, von der Ontologie abgelöste Weise. In seinem ersten, 1943 unter deutscher Besatzung erschienenen Hauptwerk *L'être et le néant. Essai d'ontologie phénoméno-logique* entwickelt er am Rande der ontologischen Betrachtungen zunächst die Perspektive einer *Ethik des authentischen jemeinigen Begehrens,* die als ein *For-malismus der individuellen Freiheit als authentisches Begehren* verstanden wer-den kann. Obgleich Sartre bereits in *L'être et le néant* auch eine intersubjektive Ethik wechselseitiger Anerkennung der Freiheiten und ihres Begehrens anvisiert, bleibt diese Perspektive im Ausgang von den ontologischen Grundlagen jenes ersten Hauptwerkes rätselhaft, insofern die *Intersubjektivität* des Für-andere-Seins dort ausschließlich als *Kampf* der Freiheiten und ihres Begehrens aufge-fasst wird. In Spannung zu diesem Konfliktmodell der Intersubjektivität stehen auch die Ausführungen aus dem 1945 gehaltenen Vortrag »Der Existentialismus ist ein Humanismus«, in dem Sartre eine deutlich kantianisch anmutende Per-spektive auf eine Ethik entwickelt. Mithilfe der 1947/48 verfassten Notizhefte *Cahiers pour une morale* lässt sich jedoch zeigen, in welcher Weise Sartre seine Intersubjektivitätstheorie so weiterentwickelt, dass sie die im Vortrag angedeu-tete kantianische Gestalt einer Ethik durchaus zulässt. Die im Vortrag skizzierte Perspektive einer formalistischen Moral wechselseitiger Anerkennung der indivi-duellen Freiheiten und ihres Begehrens wird in den *Cahiers* so konkretisiert, dass die Konzeption einer wechselseitigen Anerkennung über den *Ausdruck* der Frei-heiten und ihres Begehrens aufscheint, ein Ausdruck, der von Sartre nach dem Modell des *Werkes* verstanden wird. In einer derartigen intersubjektiven Werk-beziehung gibt es im Unterschied zu dem Konfliktmodell des ersten Hauptwerkes ein intersubjektiv strukturiertes Begehren ohne Entfremdung, ein Begehren, das über den verstandenen Ausdruck der anderen Freiheit deren Zwecke unmittelbar übernimmt und allererst einen auf eine etwaige Freiheitseinschränkung bezo-genen Grund benötigt, diese Übernahme zurückzuweisen. Sartres Auffassung des Begehrens löst sich nun auch von dem Wertbegriff, dem im Hauptwerk noch eine zentrale Funktion zukam, wenngleich der Wertbegriff wegen seiner intrin-sischen Entfremdungstendenz schon dort in Frage gestellt wurde. Im Ausgang von den *Cahiers* wird derart ein *Formalismus des authentischen Begehrens indivi-dueller Freiheiten* sichtbar, der auch die *intersubjektive* Dimension des Ethischen zu berücksichtigen vermag. Aus unserer Sicht ist dies diejenige Perspektive, von der Sartre auch in seiner ›realistischen‹ Phase nicht vollends ablässt und zu der er am Ende seines Lebens zurückkehrt. In dem späten Interview mit Benny Lévy sehen wir im Unterschied zu Bernard-Henry Lévy keinen ›levinasianischen‹ Sar-tre, sondern vielmehr einen Sartre, der sich inhaltlich auf seine Versuche aus den *Cahiers* rückbesinnt. Sartres ethischer Formalismus des authentischen Begeh-rens individueller Freiheiten ist jedoch in letzter Instanz in einem bestimmten Sinne eher *cartesianisch* als kantianisch. Indem Sartre Descartes' voluntaristisch gefasste göttliche Freiheit dem einzelnen Menschen zuschreibt, macht er alles von der individuellen Freiheit des Einzelnen abhängig. Dies hat zwei wesentliche Konsequenzen für seine Reflexionen zur Ethik. Zum einen fasst er die individuelle Freiheit derart absolut, dass es – im Unterschied zu Heideggers hereinbrechendem Gewissensruf zum eigentlichen Selbstseinkönnen – *keinen Aufruf zur Authentizität* gibt und geben kann. Weil aber das Gebot, das eigene Begehren in authentischer Weise zu verfolgen und sich dabei zu Anderen in Form der Werkbeziehung konkreter Anerkennung zu verhalten, von der Urwahl einer authentischen Existenzweise abhängt, wird jenes Gebot zu einem bloß *hypothetischen*. Zum anderen impliziert diese Auffassung, dass das Gebot, den Anderen in Form der Werkbeziehung anerkennen zu sollen, aus meiner Urwahl der Authentizität folgt, womit die Verantwortung für den Anderen zu einer *erweiterten Selbstverantwortung* wird. Diese erweiterte Selbstverantwortung aber neigt zu einer gewissen Überbewertung moralischer Selbstachtung, der die Tendenz zu einem moralischen Eigendünkel nicht ganz abgesprochen werden kann. Sartres Formalismus des Begehrens individueller Freiheiten ist ein *cartesisch inspirierter, intersubjektiver, humanistischer Voluntarismus ohne reine praktische Vernunft*, in dem das Ethische von der jemeinigen Urwahl der Authentizität abhängt.

Es ist Levinas, in dessen spätem Denken wir die tiefgreifendste phänomenologische Erneuerung des kantischen Formalismus erblicken. Nachdem er Kant gegenüber zunächst eine vorwiegend kritische Haltung eingenommen hatte, entdeckt Levinas zu Beginn der 1970er Jahre in Kants praktischer Philosophie einen unmittelbaren Vorläufer seines eigenen Denkens: In Kants reiner praktischer Vernunft und ihrem Primat erkennt er eine Figur des »Jenseits des Seins«, eines ethisch bedeutenden, vernünftig zu nennenden Sinnes jenseits des Seins, der alle endlichen Ordnungen grundlegend übersteigt und infiltriert. Wenn man Levinas' wenige Ausführungen über Kants praktische Philosophie aber zum Leitfaden der Interpretation seiner Phänomenologie des Ethischen nimmt, so wird deutlich, dass und inwiefern diese als phänomenologische Umarbeitung des kantischen Formalismus verstanden werden kann. Levinas' Ansatz erscheint dann nicht als eine theologisierende, heteronome, irrationale Ethik, die zu einem Hyperaltruismus und einer Opferethik tendiert, sondern als eine phänomenologische Vertiefung der kantischen Ethik reiner praktischer Vernunft, die ihren Ausgang beim jemeinigen Selbst nimmt und das Problem der Intersubjektivität auf grundlegender Ebene berücksichtigt. In seinem Spätwerk versteht Levinas das *Selbst über eine von ihm so genannte an-archische Vernunft, die durch den unvordenklichen Anspruch des Anderen immer schon als ein für das Selbst konstitutives Moment gestiftet wurde und im das bloße Bedürfnis überschreitenden Begehren des Selbst verankert ist.* Das Begehren einer derart neu formulierten reinen praktischen Vernunft stellt ein das Sein hin zur *Dimension ethischen Bedeutens* überschreitendes *dés-inter-esse-ment* dar, das Levinas in Kants *intérêt désintéressé* der reinen praktischen Vernunft vorgeprägt sieht und das er selbst als ein *Begehren des Unendlichen* fasst. Die derart im Begehren verankerte reine praktische Vernunft differenziert sich Levinas zufolge in einem unaufhebbaren *Spannungsfeld zwischen Anspruch des Anderen und Anspruch des Dritten*, wobei wir – im Rahmen einer Auseinandersetzung mit einschlägigen Levinas-Rezeptionen – die *Illeität* als jene *Dimension ethischer Bedeutsamkeit* und damit als Levinas' Umarbeitung des Gedankens einer reinen praktischen Vernunft interpretieren, innerhalb derer sich die im konkreten ethischen Leben unaufhebbare Spannung zwischen Anspruch des Anderen und Anspruch des Dritten in einer permanenten doppelten wechselseitigen Störung manifestiert. Diese Levinas'sche Umarbeitung des kantischen Gedankens einer reinen praktischen Vernunft impliziert gegenüber Kant eine *Akzentverschiebung weg vom Gesetzesgedanken und hin zum Unendlichen*, wobei letzteres Moment Kant allerdings keineswegs fremd ist. Wenn Levinas die reine praktische Vernunft als im Begehren des Unendlichen verankert auffasst, dann knüpft er damit an *Kants Gedanken an, dass ein oberes Begehrungsvermögen, das diesen Namen verdient, durch die das Endliche der reinen Anschauungsformen von Raum und Zeit überschreitende, praktisch werdende reine Vernunft bestimmt* sei. Aus unserer Sicht gelingt damit innerhalb der phänomenologischen Bewegung erst Levinas der erste Schritt in Richtung einer Grundlegung zu einer phänomenologischen Erneuerung des kantischen Formalismus im Ausgang vom jemeinigen Selbst und unter Berücksichtigung des Problems der Intersubjektivität, weil erst bei Levinas die im Begehren des Selbst immer schon verankerte Verantwortung zu einer Verantwortung für den Anderen wird, die einerseits nicht als Verlängerung einer Selbstverantwortung erscheint und die andererseits das Moment einer spezifisch ethischen, ihrerseits neuartig konzipierten reinen praktischen Vernunft bewahrt. Sichtbar wird derart die Perspektive einer phänomenologischen *Ethik des Begehrens der reinen praktischen Vernunft*. Der Genitiv ist hierbei weder im Sinne eines *genitivus subjectivus* noch im Sinne eines *genitivus objectivus* zu verstehen, denn weder ist die reine praktische Vernunft selbst das Subjekt des Begehrens, noch ist sie das Objekt des Begehrens. Es handelt sich bei dem im Titel vorliegender Arbeit gebrauchten Ausdruck vielmehr um ein *durch reine praktische Vernunft bestimmtes Begehren*. Die drei als Motto vorangestellten Zitate kündigen den Bogen der gesamten Untersuchung an, an deren Ende bei Levinas eine neuartige, phänomenologische Gestalt dieser kantischen Figur aufgezeigt wird. Im Unterschied zu Kant zählt Levinas das Fungieren jener reinen praktischen Vernunft jedoch nicht mehr zu den natürlichen Anlagen des Guten im Menschen, sondern sieht das Prekäre ihres Stiftungsereignisses, das im Zeitalter des Nihilismus zu schillern scheint und vom Ausbleiben beziehungsweise Verschwinden stets bedroht ist. Dass es das Ethische überhaupt gibt, hängt für Levinas wie für Kant vom *performativen Vollzug* einer fungierenden reinen praktischen Vernunft ab, die niemandem andemonstriert werden kann, der sie nicht in seiner jemeinigen Erfahrung auszumachen vermag.

Mancher Kantianer wird womöglich die Untersuchungen des ersten Teiles tendenziös finden, weil Kant hier gewissermaßen als ein Phänomenologe *avant la lettre* dargestellt wird. So manchem Phänomenologen wiederum dürfte es voreingenommen erscheinen, jene im zweiten Teil erörterten Denker größtenteils als phänomenologische Kantianer aufzufassen. Wir hoffen jedoch, dass die in dieser Studie gewiss zu findende Einseitigkeit eine ist, durch die sowohl Kant als auch die Phänomenologie des zwanzigsten Jahrhunderts in Bezug auf die Frage nach einer Ethik in einem neuen und vielleicht attraktiveren Licht erscheinen.

2. Kants Ethik

2.1 *Die Suche nach dem Inhalt des Gesetzes:*
Wie lautet das Gesetz?

2.1.1 Die Analyse der gemeinen sittlichen Vernunfterkenntnis in der Grundlegung als Phänomenologie des moralischen Bewusstseins

Es hat etwas höchst Merkwürdiges auf sich mit der im Jahre 1785 erschienenen *Grundlegung zur Metaphysik der Sitten.* Diese Schrift ist eines der am meisten rezipierten Werke der Philosophiegeschichte, sie wird bis heute oft als die wichtigste Schrift Kants zur Ethik behandelt – und doch ist sie eine Schrift, die gleichsam aus dem System der kritischen Werke Kants herausfällt. Innerhalb der kritischen Systematik enthalten die *Kritik der praktischen Vernunft*, die Tugendlehre der *Metaphysik der Sitten* sowie die *Anthropologie in pragmatischer Hinsicht*, in gewissem Sinne auch die in wesentlichen Zügen anthropologisch grundgelegte *Religionsschrift* die umfassende Entwicklung einer kritischen Ethik in Bezug auf den Menschen. Die *Grundlegung* hingegen ist das erste veröffentlichte Werk, in dem Kant sich *ausschließlich* mit moralphilosophischen Fragen befasst, und er tut dies auch bereits weitestgehend auf kritischem Niveau; nichtsdestotrotz ist diese Schrift ein äußerst heterogenes und über die Maßen komprimiertes Werk, in dem Kant erstens im großen Bogen die Thematik einer Kritik, hier noch der *reinen* praktischen Vernunft, einer Metaphysik der Sitten, sogar noch einer Anthropologie anschneidet, zweitens zugleich pädagogische Ambitionen hat und daher allgemeinverständlich zu schreiben sucht sowie drittens auch noch einen kritischen Kommentar zu Ciceros *De officiis* und Garves Kommentar dazu entwickelt, ohne dass er dies ausdrücklich sagt.[1] Die Verflechtung dieser drei Ambitionen Kants

---

1 Klaus Reich zufolge war es der Platonismus in der Gestalt, in der Kant ihn aus Mendelssohns Buch *Phädon oder über die Unsterblichkeit der Seele* kennengelernt hatte, welcher Kants Bruch mit seiner früheren, von ihm selbst rückblickend und abschätzig als »Epikureismus« bezeichneten Moralphilosophie bewirkte; aus der Perspektive eines derartigen Platonismus habe Kant sich dann in der *Grundlegung* an der kurze Zeit zuvor von ihm gelesenen Schrift *De officiis* von Cicero abgearbeitet, ein Klassiker der stoischen Tradition, der auf der verloren gegangenen Abhandlung des Panaitios von Rhodos *Peri tou kathekontos* basiert und von Garve übersetzt und kommentiert worden war. Vgl. Reich, Klaus: »Kant und die Ethik der Griechen«, in: Reich, Klaus: *Gesammelte Schriften*, mit Einleitung und Annotationen aus dem Nachlass hg. von Manfred Baum, Udo Rameil, Klaus Reisinger und Gertrud Scholz. Hamburg: Meiner 2001, S. 113–146. Reich zitiert einen Briefwechsel zwischen Hamann und Herder aus dem Jahr 1784, in

ist dafür verantwortlich, dass die *Grundlegung* oberflächlich gesehen zwar verständlicher erscheint als die späteren, systematischen Werke, tatsächlich jedoch wohl schwieriger und jedenfalls außerordentlich irreführend ist.[2]

Trotz dieses problematischen Status der *Grundlegung* wollen wir unsere Auseinandersetzung mit Kants Ethik bei ihr beginnen, weil Kants pädagogische Ambitionen sowie seine Auseinandersetzung mit Garves Cicero ihn in dieser Schrift dazu geführt haben, das kritische Problem einer Grundlegung der Ethik im Ausgang von einer Analyse der »gemeinen sittlichen Vernunfterkenntnis« zu behandeln. Mit Tugendhat ließe sich diesbezüglich aber durchaus auch von einer »Phänomenologie des natürlichen moralischen Bewußtseins«[3] sprechen. Aus phänomenologischer Sicht darf es vielleicht trotz aller Schwierigkeiten mit der Schrift von 1785 als ein historischer Glücksfall bezeichnet werden, dass Kant sich in jener Zeit aufgrund von besonderen, seiner Systematik eigentlich äußerlichen Gesichtspunkten dazu veranlasst sah, eine der Phänomenologie nahe stehende Vorgehensweise zu verfolgen, die in den späteren Schriften so nicht mehr wiederkehrt.

Kant beginnt seine Untersuchung in der *Grundlegung* mit einer Analyse des in der gemeinen moralischen Praxis immer schon als Leitfaden fungierenden Gesetzes. In der Vorrede zur *Kritik der praktischen Vernunft* schreibt er in einer Anmerkung, ein Rezensent habe ihm vorgeworfen, dass in der *Grundlegung* »kein neues Princip der Moralität, sondern nur eine n e u e F o r m e l aufgestellt worden« sei.[4] Kants Antwort ist, dass dieser Rezensent »es besser getroffen« habe, »als er wohl selbst gemeint haben mag«,[5] denn der Philosoph könne und solle überhaupt keine Ethik erfinden. Er habe sich vielmehr an dem in der gemei-

dem Hamann schreibt, »Kant soll an einer Antikritik – doch er weiß den Titel selbst noch nicht – über Garvens Cicero arbeiten«. Zitiert bei Reich, Klaus: »Kant und die Ethik der Griechen«, a.a.O., S.130.

2 Wie sich diese drei Ambitionen in der *Grundlegung* verflechten, habe ich näher zu zeigen versucht in »Die Formeln des kategorischen Imperativs in der *Grundlegung*. Eine Kritik der Interpretation von Klaus Reich und Julius Ebbinghaus«, in: Egger, Mario (Hg.): *Philosophieren nach Kant. Neue Wege zum Verständnis von Kants Transzendental- und Moralphilosophie*. New York/ Boston: de Gruyter 2014, S.191–209.

3 Tugendhat, Ernst: *Vorlesungen über Ethik*, a.a.O., S.102. Claude Piché spricht davon, dass Kant in seinen Hauptschriften zur praktischen Philosophie eine »Phänomenologie der moralischen Erfahrung« verfolgt, die der von ihm selbst so bezeichneten »Phänomenologie« aus dem vierten Hauptstück der *Metaphysischen Anfangsgründe der Naturwissenschaft* analog sei (vgl. MAN, AA 4: 477.11–13), wo der Ausdruck eine Methode zur Herausarbeitung des *a priori* in der phänomenalen Erfahrung bezeichne. Vgl. Piché, Claude: »La phénoménologie de l'expérience morale chez Kant«, in: Kerszberg, Pierre (Hg.): *De Kant à la phénoménologie*. Toulouse: Presses Universitaires du Mirail 2003 (= revue *kairos*. Bd. 22), S.123–150, hier S.124 f.

4 Kant, Immanuel: *Kritik der praktischen Vernunft*, KpV, AA 5: 8.29–31.

5 KpV, AA 5: 8.28–29.

nen Menschenvernunft anzutreffenden »Compasse«[6] zu orientieren und dessen gebrauchtes, aber nicht abgesondert gedachtes Prinzip zu ermitteln. Kants Frage ist also: An welchem Prinzip beziehungsweise Gesetz orientiert sich unsere moralische Praxis *de facto* immer schon, auch wenn wir uns dieses Prinzip bisher noch nicht deutlich vor Augen gestellt haben? Erfragt ist dabei nicht das Prinzip, das wir in unserer moralischen Praxis tatsächlich *befolgen*, sondern dasjenige Prinzip, welches wir in unserer moralischen Praxis faktisch immer schon *als verbindlich anerkannt* haben, unabhängig davon ob wir es auch befolgen oder nicht. Analysiert werden nicht die in der Lebenswelt faktisch realisierten Fälle sittlich guten Handelns,[7] sondern analysiert wird ein sich an uns richtender und von uns akzeptierter sittlicher Anspruch. Das »Phänomen« des fungierenden Gesetzes in der moralischen Praxis ist das *faktische Fungieren eines als verbindlich bewussten Sollensanspruches* und nicht das faktische Vorkommen sittlich guter Handlungen.

Diese Analyse des fungierenden Kompasses der gemeinen Menschenvernunft kann jedoch Kant zufolge allenfalls auf ein Prinzip führen, dass *de facto* von den Menschen anerkannt wird. Es ist damit noch nicht die Frage beantwortet, ob es auch *zu Recht* als geltend anerkannt wird. In der *Kritik der reinen Vernunft* unterscheidet Kant zu Beginn des Deduktionskapitels unter Berufung auf »[d]ie Rechtslehrer [...] die Frage über das, was Rechtens ist (quid iuris), von der, die die Thatsache angeht (quid facti)«.[8] Eine derartige Unterscheidung müsse auch in der Ethik berücksichtigt werden: Über den Aufweis der faktischen Geltung eines Prinzips hinaus seien die Bedingungen der Möglichkeit seiner rechtmäßigen Geltung gesondert nachzuweisen. In der Vorrede zur *Grundlegung* formuliert Kant in diesem doppelten Sinne das Ziel der »Aufsuchung und Festsetzung d e s o b e r s t e n P r i n c i p s d e r M o r a l i t ä t«.[9] Die ›Aufsuchung‹ verweist auf das Auffinden des Inhalts des faktisch unter den Menschen fungierenden Prinzips der Moralität; die ›Festsetzung‹ hat die Möglichkeitsbedingungen der rechtmäßigen Geltung beziehungsweise der Verbindlichkeit dieses fungierenden Prinzips aufzuweisen.[10]

---

6 Kant, Immanuel: *Grundlegung zur Metaphysik der Sitten*, GMS, AA 4: 404.1.

7 Ohnehin ist es laut Kant gar »schlechterdings unmöglich, durch Erfahrung einen einzigen Fall mit völliger Gewißheit auszumachen« (GMS, AA 4: 407.1–2), in dem wahrhaft sittlich gut gehandelt wurde.

8 Kant, Immanuel: *Kritik der reinen Vernunft*, KrV, AA 3: 99.15–17 (B 116).

9 GMS, AA 4: 392.3–4.

10 In der zweiten Auflage der *Kritik der reinen Vernunft* unterscheidet Kant eine metaphysische Deduktion von einer transzendentalen Deduktion. Vgl. KrV, AA 3: 124.14–18 (B 159). Während die erste die Entdeckung und Bestimmung der Kategorien bezeichnet, geht es in der zweiten um den Nachweis der Gültigkeit der Kategorien für jede mögliche Erfahrung von Gegenständen. Diese Unterscheidung lässt sich Beck zufolge auf Kants praktische Philosophie über-

In einem einzigen Satz erwähnt Kant in der Vorrede auch die »Methode«, die seines Erachtens »die schicklichste sei, wenn man vom gemeinen Erkenntnisse zur Bestimmung des obersten Princips desselben analytisch und wiederum zurück von der Prüfung dieses Princips und den Quellen desselben zur gemeinen Erkenntniß, darin sein Gebrauch angetroffen wird, synthetisch den Weg nehmen will«.[11] Dieser Satz kann als ein Hinweis darauf verstanden werden, dass Kant in der *Grundlegung* eine analytische, regressive und eine synthetische, progressive Methode verwendet,[12] wobei erstere die Analyse der gemeinen sittlichen Vernunfterkenntnis hin zum faktisch in ihr fungierenden Prinzip bezeichnet, während letztere den Ausweis der Möglichkeitsbedingungen der Geltung jenes obersten Prinzips meint. Für eine derartige Interpretation gibt es weitere Anhaltspunkte am Ende des zweiten Abschnitts, wenn Kant dort schreibt: »Die-

tragen, wenngleich Kant diese Terminologie dort nicht gebraucht. Eine metaphysische Deduktion würde demnach das Gesetz ausfindig machen, während eine transzendentale Deduktion seine Gültigkeit nachwiese. Vgl. Beck, Lewis White: *Kants »Kritik der praktischen Vernunft«. Ein Kommentar*, übersetzt von Karl-Heinz Ilting. München: Fink 1974, S.109f. Sowohl Paton als auch Allison verstehen schon die Deduktion der *Grundlegung* als eine derartige transzendentale Deduktion. Vgl. Paton, H.J.: *Der kategorische Imperativ. Eine Untersuchung über Kants Moralphilosophie*. Berlin: de Gruyter 1962, S.250f.; Allison, Henry E.: *Kant's Theory of Freedom*. Cambridge u.a.: Cambridge University Press 1990, S.279, Anmerkung 1. Brandt hingegen verweist darauf, dass Kant »das Wort ›transzendental‹ nicht in der Grundlegung« benutzt, und er hebt hervor, »daß Kant selbst sich« im Zusammenhang der praktischen Fragestellung »strikt jeder Einmischung in die transzendentalphilosophische Problemstellung enthält«. Brandt, Reinhard: »Der Zirkel im dritten Abschnitt von Kants Grundlegung zur Metaphysik der Sitten«, in: Oberer, Hariolf/Seel, Gerhard (Hg.): *Kant. Analysen – Probleme – Kritik*. Würzburg: Königshausen & Neumann 1988, S.169–191, hier S.183 und 183, Fußnote 14. Trotz zahlreicher bedeutsamer Analogien zwischen den Grundlagen der theoretischen und der praktischen Philosophie zählt Kant selbst in der Tat die Moralphilosophie in der *Kritik der reinen Vernunft* ausdrücklich *nicht* zur Transzendentalphilosophie, weil sie nicht ohne Bezug auf Empirie formuliert werden kann: »Daher, obzwar die obersten Grundsätze der Moralität, und die Grundbegriffe derselben, Erkenntnisse a priori sind, so gehören sie doch nicht in die Transcendental-Philosophie, weil sie die Begriffe der Lust und Unlust, der Begierden und Neigungen etc., die insgesamt empirischen Ursprungs sind, zwar selbst nicht zum Grunde ihrer Vorschriften legen, aber doch im Begriffe der Pflicht als Hinderniß, das überwunden, oder als Anreitz, der nicht zum Bewegungsgrunde gemacht werden soll, nothwendig in die Abfassung des Systems der reinen Sittlichkeit mit hineinziehen müssen. Daher ist die Transcendental-Philosophie eine Weltweisheit der reinen, bloß spekulativen Vernunft. Denn alles Praktische, sofern es Triebfedern enthält, bezieht sich auf Gefühle, welche zu empirischen Erkenntnisquellen gehören.« KrV, AA 3: 45.21–32 (B 28f.) Dass sämtliche Triebfedern zur Empirie gehören, gilt zwar seit der Einführung der Lehre von der Achtung in der *Grundlegung* nicht mehr; dass die Pflicht nicht ohne der Moralität widerstreitende, empirische Neigungen gedacht werden kann, ist hingegen auch noch für die späteren Schriften zutreffend.

11 GMS, AA 4: 392.17–22.

12 Vgl. zu den Ausdrücken »regressiv« und »progressiv« Paton, H.J.: *Der kategorische Imperativ*, a.a.O., S.12f.

ser Abschnitt war also eben so, wie der erste bloß analytisch.«[13] Wolle man allerdings sichergehen, dass die »Sittlichkeit kein Hirngespinst sei«, so müsse man zu einem »möglichen synthetischen Gebrauch der reinen praktischen Vernunft« vordringen, der erst im dritten Abschnitt Erörterung fände.[14] Die ersten beiden Abschnitte folgen, so lässt sich auf der Basis dieser Bemerkungen Kants sagen, einer analytischen, der dritte Abschnitt einer synthetischen Methode.[15] Weitere Unterstützung erfährt diese Interpretation durch den Umstand, dass Kant in den zwei Jahre vor der *Grundlegung* erschienenen *Prolegomena* ausdrücklich von einer analytischen und synthetischen Methode spricht: »Analytische Methode, sofern sie der synthetischen entgegengesetzt ist, ist ganz was anderes als ein Inbegriff analytischer Sätze: sie bedeutet nur, daß man von dem, was gesucht wird, als ob es gegeben sei, ausgeht und zu den Bedingungen aufsteigt, unter denen es allein möglich.«[16]

Allerdings gibt es noch einen anderen methodischen Gesichtspunkt, der an derselben Textstelle von Kant eingebracht wird: die Einteilung der Schrift und ihr Verfahren der Übergänge.[17] Um diesen weiteren Aspekt terminologisch von dem zuerst genannten zu unterscheiden, werden wir im Folgenden von der von Kant verwendeten analytischen und synthetischen »Methode« sprechen, während wir den Ausdruck »Verfahren« für die Strategie der Einteilung und der Übergänge der *Grundlegung* verwenden. Kants in der Vorrede zur *Grundlegung* angezeigtes Verfahren besteht im Konkreten darin, im ersten Abschnitt von der gemeinen sittlichen Vernunfterkenntnis zur philosophischen, im zweiten Abschnitt von der populären Moralphilosophie zur Metaphysik der Sitten und im dritten Abschnitt

---

13 GMS, AA 4: 445.7–8.

14 GMS, AA 4: 445.8,11–12.

15 Tugendhat versteht den zweiten Abschnitt bereits als synthetisch, »weil er wirklich von etwas Prinzipiellem, das gleichwohl für das gewöhnliche moralische Bewußtsein nicht auf der Hand liegt, sondern einer philosophischen Einsicht und Unterscheidung bedarf, ausgeht«. Tugendhat, Ernst: *Vorlesungen über Ethik*, a.a.O., S.102. Dies scheint jedoch sowohl sachlich als auch angesichts der zitierten Formulierungen Kants am Ende des zweiten Abschnittes nicht haltbar zu sein.

16 Kant, Immanuel: *Prolegomena zu einer jeden künftigen Metaphysik die als Wissenschaft wird auftreten können*, Prol, AA 4: 276.28–32.

17 Schönecker und Wood vertreten die – von unserer abweichende – Auffassung, dass sich Kant bereits mit dem Ausdruck »Methode« auf die Einteilung der *Grundlegung* und ihr Verfahren der Übergänge bezieht und es daher keineswegs Kants »Methode« sei, die von ihm am Ende der Vorrede als einerseits »analytisch« und andererseits »synthetisch« bezeichnet wird. Vgl. Schönecker, Dieter/Wood, Allen W.: *Kants »Grundlegung zur Metaphysik der Sitten«. Ein einführender Kommentar*. Paderborn u.a.: Schöningh ³2007, S.16. Vgl. auch Kraft, Bernd/Schönecker, Dieter: »Einleitung«, in: Kant, Immanuel: *Grundlegung zur Metaphysik der Sitten*, hg. von Bernd Kraft und Dieter Schönecker. Hamburg: Meiner 1999 (= Philosophische Bibliothek. Bd. 519), S.VII–XXXIX, hier S.XV.

von der Metaphysik der Sitten zur Kritik der reinen praktischen Vernunft überzugehen. Auffällig ist, dass die Anordnung der Übergänge nicht selbst eine line-
are Reihenfolge bildet, sondern vielmehr einen Bruch enthält: Der erste Abschnitt
geht zur philosophischen Vernunfterkenntnis über und der zweite Abschnitt
setzt bei der populären Moralphilosophie an. Wir haben es hier aber keinesfalls
nur mit zwei Namen für dasselbe zu tun. Vielmehr hängt alles davon ab, die philosophische Vernunfterkenntnis von der populären Moralphilosophie zu unterscheiden. Es kann aus unserer Sicht davon gesprochen werden, dass Kants »Phänomenologie des moralischen Bewusstseins« von sich aus auf jene methodische
Unterteilung und jenes Verfahren der Übergänge führt. Inwiefern dies so ist, sei
nun erörtert, bevor sich das folgende Kapitel im engeren Sinne den konkreten
Ableitungen des Gesetzes mithilfe der analytischen Methode zuwendet.

Kant verfolgt in den ersten beiden Abschnitten zwei verschiedene Wege
zum Gesetzesinhalt, auf denen er auf zwei verschiedene Weisen die analytische
Methode zum Einsatz bringt. Im ersten Abschnitt findet er das Gesetz durch
eine Analyse der gemeinen sittlichen Vernunfterkenntnis. In dieser entdeckt
er zunächst die Auffassung, dass »überall nichts in der Welt, ja überhaupt auch
außer derselben zu denken möglich [ist], was ohne Einschränkung für gut könnte
gehalten werden, als allein ein guter Wille«.[18] Um diesen Begriff des guten
Willens, »so wie er schon dem natürlichen gesunden Verstande beiwohnt«, aufzu-
klären, wendet sich Kant dem Begriff der Pflicht zu, weil dieser »den eines guten
Willens, obzwar unter gewissen subjectiven Einschränkungen und Hindernissen,
enthält«.[19] Der zentrale Begriff der gemeinen sittlichen Vernunfterkenntnis ist
für Kant dieser Begriff der Pflicht, aus dem er das Gesetz in der Folge analytisch
zu entwickeln sucht. Lassen sich aber nicht, so könnte ein Einwand lauten, völlig
unterschiedliche Sittlichkeitsauffassungen in der »gemeinen Vernunfterkenntnis« finden? Ist es notwendig, den Pflichtbegriff ins Zentrum zu stellen? Wie
kann Kant dem Verdacht begegnen, er fände in der gemeinen Vernunfterkenntnis
bloß den Begriff und später dann das Gesetz, das er selbst vorher hineingelegt
hat?

Kant behauptet im ersten Abschnitt nicht schlichtweg, dass der Pflichtbegriff der fungierende Grundbegriff der gemeinen sittlichen Vernunfterkenntnis sei, sondern er sucht dies mithilfe eines *Ausschlussverfahrens* zu zeigen. Das
heißt, sein analytisches Verfahren beginnt hier nicht einfach bei einer Analyse
des Pflichtbegriffs, sondern es beginnt bereits bei verschiedenen vermeintlichen
Intuitionen der gemeinen sittlichen Vernunfterkenntnis, so dass wir in einem
terminologisch unspezifischen Sinne durchaus von einer »*allgemeinen* Phäno-

---

18 GMS, AA 4: 393.5–7.
19 GMS, AA 4: 397.2–3,7–8.

menologie des natürlichen moralischen Bewusstseins« sprechen können.[20] Bei diesen anderen vermeintlichen Intuitionen führt seine Analyse jedoch dazu, sie als Kandidaten für einen Begriff wahrhafter gemeiner sittlicher Vernunfterkenntnis *auszuschließen*. Die Eingangspassage des ersten Abschnitts vollzieht diesen ersten Schritt der Analyse: Talente des Geistes (Verstand, Witz, Urteilskraft) oder Eigenschaften des Temperaments (Mut, Entschlossenheit, Beharrlichkeit im Vorsatze) würden nur oberflächlich als gut empfunden. Wenn sie jedoch mit einem komplexeren Erfahrungsschatz konfrontiert wird, so sehe die gemeine sittliche Vernunfterkenntnis selbst ein, dass diese Talente und Eigenschaften auch »äußerst böse«[21] werden können, wenn sie nicht als mit einem guten Willen verknüpft, sondern beispielsweise als Talente und Eigenschaften eines Mörders gedacht werden. Sie sind nur bedingt, d. i. unter der Bedingung eines guten Willens, gut.[22] Auch die Glücksgaben wie Macht, Reichtum, Ehre und Gesundheit können bei einem Mörder dazu führen, dass das Verbrechen nur umso besser ausgeführt wird. Kant allerdings nennt bei seiner Ablehnung der Glückseligkeit noch einen weiteren Aspekt, der ein anderes, zusätzliches Argument darstellt: Glückseligkeit könne in den »Übermuth«[23] führen. »Übermut« aber ist das deutsche Wort für ὕβρις, worunter allgemein ein anmaßendes, übermäßiges Vertrauen des Menschen auf seine eigenen Kräfte verstanden werden kann. Ohne dass Kant selbst ausdrücklich darauf zu sprechen kommt, ließe sich hierbei an eine Überheblichkeit denken, in der jemand sein ganzes Glück – im Sinne des englischen *happiness* – seinem eigenen Verdienst zuschreibt, obgleich er es zu wesentlichen Teilen einfach seinem Glück – im Sinne des englischen *luck* – verdankt, und der in dieser (Selbst-)Verkennung der Auffassung ist, es sei ganz in Ordnung mit dem Unglück der anderen Menschen, da diese dies eben

---

[20] Tugendhat, Ernst: *Vorlesungen über Ethik*, a. a. O., S. 102, Hervorhebung I. R. Tugendhat selbst ist zwar der Auffassung, Kant gehe »hier freilich nicht von einer allgemeinen Phänomenologie des natürlichen moralischen Bewußtseins aus, sondern von *einem* Aspekt dieses Bewußtseins, von dem er meint annehmen zu können, daß er ihm von jedermann zugestanden würde«. Tugendhat, Ernst: *Vorlesungen über Ethik*, a. a. O., S. 102. Meines Erachtens untersucht Kant jedoch umfassend das »natürliche moralische Bewusstsein«, dessen Halbwahrheiten er aufzudecken sucht, um den einen wahrhaften Aspekt dieses Bewusstseins herauszuarbeiten. Dass er die Schrift mit einem Satz über den guten Willen beginnt, bedeutet nicht, dass er andere Aspekte des moralischen Bewusstseins nicht analysiert.

[21] GMS, AA 4: 392.11.

[22] Kant nimmt in den ersten beiden Absätzen des ersten Abschnitts implizit Stellung zu den Kardinaltugenden, d. h. Besonnenheit – Tapferkeit – Weisheit – Gerechtigkeit, von denen er allein die Gerechtigkeit nicht diskutiert: Diese Auslassung scheint kein Zufall zu sein, denn die Gerechtigkeit kann als Eigenschaft des guten Willens selbst betrachtet werden und macht unter ihrer Bedingung die drei anderen Kardinaltugenden erst zu etwas Gutem. Hierin lässt sich platonisches Gedankengut wiedererkennen.

[23] GMS, AA 4: 393.17.

gleichermaßen verdient hätten wie er sein Glück. In seiner Hybris könnte er sich gar jedem sittlichen Anspruch überlegen fühlen. Ein derartiger Übermut würde eine bereits bestehende Unsittlichkeit nicht nur verstärken – wie im Falle des talentierten Mörders –, sondern diese allererst herbeiführen.

Es ist dieses Ausschlussverfahren, welches letztlich allein den Begriff des guten Willens beziehungsweise, unter den Bedingungen eines mit Sinnlichkeit ausgestatteten vernünftigen Wesens, den Begriff der Pflicht *übrig lässt*. Allerdings stellt sich die Frage, was in Kants Ausschlussverfahren über die auszuschließenden Kandidaten entscheidet? Welchen Maßstab legt er an? Die Antwort lautet: Es ist die sittliche Intuition des »vernünftige[n] unparteiische[n] Zuschauer[s]«[24]. Die Bedingung der Unparteilichkeit ist das Hume'sche Kriterium:[25] Der Zuschauer muss bei seinem sittlichen Urteil persönlich und situativ bedingte Vorurteile oder Voreingenommenheiten außer Kraft setzen, um allein gemäß seinem allgemein menschlichen moralischen Sinn zu handeln. Die Bedingung der Vernünftigkeit hingegen weist über Hume hinaus:[26] Aus Kants Sicht gehört zum moralischen Bewusstsein selbst bereits die der Vernunft entspringende Auffassung, dass der gute Wille auch dann das einzige uneingeschränkt Gute wäre, wenn sich unsere menschliche Natur zufällig mit anderen Gefühlstendenzen ausgestattet fände.

Dieser Aspekt des moralischen Bewusstseins aber impliziert bereits die *diesem eigene* Auffassung, dass das, was es *wirklich* für uneingeschränkt gut hält, auch das aus Vernunftgründen einzig *mögliche* uneingeschränkt Gute darstellt. Letz-

---

[24] GMS, AA 4: 393.19–20. Rawls hat diese Figur des vernünftigen unparteiischen Zuschauers sowohl in seiner Kant-Interpretation als auch in seiner eigenen Theorie der Gerechtigkeit zu derjenigen des »völlig ideale[n], vernünftige[n] und rationale[n] Akteur[s]« ausgebaut. Rawls, John: *Lectures on the History of Moral Philosophy*, hg. von Barbara Herman. Cambridge, Massachusetts/London, England: Harvard University Press ²2003, S.151 (dt. *Geschichte der Moralphilosophie. Hume – Leibniz – Kant – Hegel*, hg. von Barbara Herman, übersetzt von Joachim Schulte. Frankfurt am Main: Suhrkamp 2004, S.211).

[25] Vgl. den *judicious spectator* bei Hume, David: *A Treatise of Human Nature*, hg. David Fate Norton und Mary J. Norton. New York: Oxford University Press 2000, S.371–373. Bei Adam Smith, der seine eigene Ethik auf die Hume'sche Ethik aufbaut, findet sich mit dem *impartial spectator* eine ähnliche Figur. Dieser ist »the man within the breast, the supposed impartial spectator, the great judge and arbiter of our conduct. [...] his voice will never deceive us.« Smith, Adam: *The Theory of Moral Sentiments*. Mineola/New York: Dover Publications 2006, S.228.

[26] In Kants Stellungnahme zur französischen Revolution lässt sich eine gewisse Analogie zu dieser partiellen Wertschätzung Humes sehen: Die »Denkungsart der Zuschauer« der französischen Revolution versteht Kant als ein Geschichtszeichen, das das »Fortschreiten zum Besseren« hoffen lässt und selbst schon ein Fortschritt ist, wenngleich die Zuschauer zunächst noch dem Enthusiasmus, der »Theilnehmung am Guten mit Affect«, unterliegen. Kant, Immanuel: *Der Streit der Fakultäten*, SF, AA 7: 85.9,16; 86.6. Der enthusiastische Zuschauer, der sich noch zu einem vernünftig einsehenden Menschen verwandeln muss, steht in einer gewissen Analogie zu dem unparteiischen Zuschauer der Ethik des *moral sense*, der noch um das Kriterium der Vernunft zu ergänzen ist.

teres auszuweisen macht sich Kant im zweiten Abschnitt zur Aufgabe, in dem er die analytische Methode auf eine zweite Weise anwendet. In jenem Abschnitt liefert er eine Analyse des praktischen Vernunftvermögens überhaupt beziehungsweise eine Analyse des Begriffs eines vernünftigen Wesens mit einem Willen überhaupt. Worin positiv die Vernünftigkeit des vernünftigen unparteiischen Zuschauers besteht, wird erst dort entwickelt, und erst dort wird begründet, dass das im moralischen Bewusstsein wirklich fungierende Gesetz auch in der Tat das aus Vernunftgründen einzig mögliche Gesetz ist. Dieser Überschritt vom in der gemeinen sittlichen Vernunfterkenntnis wirklich fungierenden Gesetz hin zu der Annahme, dieses sei auch das einzig mögliche Gesetz, ist aber kein Einfall des Philosophen, sondern er ist vielmehr aus jener »Phänomenologie des moralischen Bewusstseins« selbst gewonnen: Unser aller Bewusstsein, so meint Kant, enthält nicht nur tatsächlich ein deutlich fungierendes Prinzip, sondern hält dieses Prinzip auch selbst schon insgeheim für das einzig mögliche. Es ist dieser »phänomenologische« Befund, in dem die im zweiten Abschnitt erfolgende Analyse des Begriffs eines vernünftigen Wesens mit einem Willen überhaupt gründet.

Der Maßstab des vernünftigen unparteiischen Zuschauers stellt also insgesamt keine willkürliche Voraussetzung des Philosophen dar, sondern die Menschen sind sich in ihrer moralischen Praxis implizit immer schon selbst dessen bewusst, dass *allein* ein vernünftiger unparteiischer Zuschauer über Sittlichkeit entscheiden kann. *Sie selbst*, und nicht bloß der Philosoph Immanuel Kant, tendierten dazu, die verschiedenen Sittlichkeitsauffassungen hin zu den Begriffen des guten Willens und der Pflicht zu überschreiten und dabei den vernünftigen unparteiischen Zuschauer als Maßstab zu nehmen.[27] Kants »Phänomenologie des moralischen Bewusstseins« führt ihn derart zu der Auffassung, dass die lebendige moralische Praxis selbst in etwas besteht, das man als eine *immanente Selbstüberschreitung* bezeichnen könnte. In dieser immanenten Selbstüberschreitung übersteigt der Mensch im Rahmen seiner alltäglichen Praxis seine unmittelbaren Neigungen und vermeintlichen sittlichen Intuitionen immer schon hin zu der Sicht des vernünftigen unparteiischen Zuschauers, der das tatsächlich fungierende und aus Vernunftgründen einzig mögliche Gesetz immer schon zu seinem Maßstab nimmt. Kant entdeckt allerdings über den Weg seiner »phänomenologischen« Analyse noch eine weitere Tendenz im gewöhnlichen moralischen Bewusstsein: Die alltägliche Praxis enthält nicht nur in sich selbst immer schon diese Selbstüberschreitung der momentanen Neigungen und nächsten Intuitionen hin zu dem vernünftigen unparteiischen Betrachter, sondern sie hat überdies das Bedürfnis, über sich selbst schlechthin hinauszugehen und die durch diesen Betrachter herausgefilterten wahren Begriffe der Sittlichkeit in einer Moralphilo-

---

27 Vgl. beispielsweise GMS, AA 4: 424.34.

sophie zu klären und in ihrer Geltung eigens zu begründen. Mit anderen Worten, Kant entdeckt in der moralischen Praxis selbst das, was man eine Tendenz zu einer *transzendenten Selbstüberschreitung* nennen könnte. In dieser geht die Praxis über sich selbst als Praxis hinaus hin zu einer Philosophie der Moral. Woher aber stammt diese Tendenz zu einer derartigen transzendenten Selbstüberschreitung?

Dieses Bedürfnis, so meint Kant, hat seinen Grund in einer »natürliche[n] Dialektik«,[28] der die moralische Praxis ständig zu verfallen droht. In der *Kritik der reinen Vernunft* definiert Kant ›Dialektik‹ als eine »Logik des Scheins«, bei welcher »der Irrthum nur durch den unbemerkten Einfluß der Sinnlichkeit auf den Verstand bewirkt werde, wodurch es geschieht, daß die subjectiven Gründe des Urtheils mit den objectiven zusammenfließen«.[29] Auf ähnliche Weise handelt es sich bei der in der *Grundlegung* erwähnten Dialektik um einen unbemerkten Einfluss der Sinnlichkeit auf die praktische Vernunft, durch den subjektive Gründe für objektive Gründe gehalten werden. Kant definiert sie folgendermaßen: Sie sei ein »Hang, wider jene strenge Gesetze der Pflicht zu vernünfteln und ihre Gültigkeit, wenigstens ihre Reinigkeit und Strenge in Zweifel zu ziehen und sie wo möglich unsern Wünschen und Neigungen angemessener zu machen«.[30] Das »liebe Selbst«, auf das man allenthalben stoße,[31] gebe sich gleichsam fälschlicherweise für den vernünftigen unparteiischen Betrachter aus. Grundsätzlich hätten die Menschen zwar das Prinzip der Sittlichkeit »jederzeit wirklich vor Augen« und gebrauchten es auch »zum Richtmaße ihrer Beurtheilung«,[32] da sie sich seines rechtmäßigen Anspruches eigentlich immer schon bewusst sind. Aber es richteten sich auch noch andere Ansprüche an den Menschen, nämlich »ungestüme[…] und dabei so billig scheinende[…] Ansprüche« der Neigungen.[33] Weil nicht nur die Ansprüche der Sittlichkeit, sondern auch die ungestümen Ansprüche der Neigungen billig erscheinen und weil sich zudem die Ansprüche der Neigungen »durch kein Gebot wollen aufheben lassen«, entsteht eine »Verlegenheit«, eine relative Unsicherheit im Menschen.[34] Diese Unsicherheit ist allerdings nur relativ, denn eigentlich ist sich der Mensch des Primats des sittlichen Anspruchs völlig bewusst. Da er aber aufgrund seiner sinnlich-naturhaften Seite so gerne ein Primat der Neigungen annehmen würde, gibt er leicht der Versuchung nach, darüber nachzudenken, ob nicht doch vielleicht die so billig scheinenden Nei-

---

28 Ebd., S.405.13.
29 KrV, AA 3: 234.9; 235.1–3.
30 GMS, AA 4: 405.13–16.
31 Ebd., S.407.25–26.
32 Ebd., S.403.36–37,37.
33 Ebd., S.405.11.
34 Ebd., S.405.12,27–28.

gungen einen rechtmäßigen Anspruch erheben.[35] Kant nennt in einem einzigen
Satz – dem oben zitierten – drei Folgen dieses ›Hanges zum Vernünfteln‹:

Die erste mögliche Folge ist, dass die Gültigkeit der Pflichtgesetze überhaupt
in Zweifel gezogen wird. In diesem Falle versuchen wir, uns davon zu überzeugen, dass die Pflichtgesetze gar nicht gelten. Eine derartige Strategie könnte etwa
darin bestehen, eine Theorie der Moral auszubilden, die diese in einem nietzsche-
anischen Sinne als einen verdeckten, mit anderen Mitteln weitergeführten bloßen
Machtkampf oder aber als einen schieren Selektionsvorzug im darwinistischen
Überlebenskampf versteht.

Die zweite mögliche Folge ist, bloß die Reinheit und Strenge der Pflichtgesetze
zu bezweifeln. Dieser Fall ist nach Kant subtiler und vor allem viel alltäglicher: Es
handelt sich dabei um eine Art »Dialektik der Ausnahme«[36]. Dieser von Gadamer
gebrauchte Ausdruck verweist auf die von Kant beschriebene menschliche Tendenz, das Sittengesetz zwar anzuerkennen, aber »für uns oder (auch nur für diesesmal) zum Vorteil unserer Neigung davon eine A u s n a h m e zu machen«.[37] Es
wird hier eine »Zweideutigkeit«[38] in den Beurteilungsmaßstab eingeführt, indem
der Mensch sich und die anderen mit zweierlei Maß misst. Tut er dies, so verwandelt er »die Allgemeinheit des Prinzips (universalitas) in eine bloße Gemeingültigkeit (generalitas)«[39] und reduziert dadurch die notwendige Allgemeinheit
des Sittengesetzes zu einer empirischen Gemeingültigkeit, von der er sich selbst,
zumindest hin und wieder, ausnimmt.

---

[35] Treffend stellt Piché heraus, dass diese natürliche Dialektik auf einen Schein führt, der
nicht nur dem transzendentalen Schein der ersten Kritik bis zu einem gewissen Grade verwandt
ist, sondern auch dem Schein des sich zunächst und zumeist Zeigenden, von dem Heidegger in
den methodischen Betrachtungen aus *Sein und Zeit* spricht und aufgrund dessen die Phänomenologie aus seiner Sicht notwendigerweise eine hermeneutische, auslegende, irreführende Verstellungen abtragende Phänomenologie sein muss. Vgl. Heidegger, Martin: *Sein und Zeit*. Tübingen: Max Niemeyer Verlag [17]1993, § 7. Vgl. Piché, Claude: »La phénoménologie de l'expérience
morale chez Kant«, a.a.O., S.149 f.

[36] Gadamer, Hans-Georg: »Über die Möglichkeit einer philosophischen Ethik«, in: Engelhardt,
Paulus (Hg.): *Sein und Ethos. Untersuchungen zur Grundlegung der Ethik*. Mainz: Matthias-Gründewald-Verlag 1963 (= Walberger Studien. Philosophische Reihe. Bd. I), S.11–24, hier S.15.

[37] GMS, AA 4: 424.19–20.

[38] Ebd., S.405.29. Heideggers Begriff der »Zweideutigkeit« des Man kann durchaus in einer
gewissen Analogie zu dieser kantischen Konzeption gesehen werden. Vgl. Heidegger, Martin:
Sein und Zeit, a.a.O., § 37. »Unter der Maske des Füreinander spielt ein Gegeneinander« (a.a.O.,
175), so wie sich bei Kant unter der Maske der Sittlichkeit das Böse verbirgt.

[39] GMS, AA 4: 424.30–31. Mit dieser Allgemeinheit ist eine Notwendigkeit verknüpft, die auf
Apriorität, Unbedingtheit und Ausnahmslosigkeit verweist. Vgl. die Vorrede der *Grundlegung*
sowie dazu Schönecker, Dieter/Wood, Allen W.: *Kants »Grundlegung zur Metaphysik der Sitten«*,
a.a.O., S.24–33; Scarano, Nico: »Necessity and apriority in Kant's moral philosophy: an interpretation of the Groundwork's preface (GMS, 387–392)«, in: Horn, Christoph/Schönecker, Dieter
(Hg.): *Groundwork for the Metaphysics of Morals*. Berlin: de Gruyter 2006, S.3–22.

Die dritte mögliche Folge besteht darin, dass wir versuchen, die Pflichtgesetze unseren Wünschen und Neigungen angemessener zu machen. Wir manipulieren die Pflicht so, dass das, was bloß Neigung ist, in unseren Augen den Anschein der Pflicht gewinnt. Dies ist nach Kant eine besondere »Tücke des menschlichen Herzens«, welche der *Religionsschrift* zufolge darin liegt, »sich wegen seiner eigenen guten oder bösen Gesinnungen selbst zu betrügen« und sich in seiner »Unredlichkeit [...] selbst blauen Dunst vorzumachen«.[40] Der böse Mensch redet sich ein, sittlich gut zu sein.

Zu diesen drei »Vernünfteleien« haben wir Menschen laut Kant einen »Hang«. Mit dieser Bezeichnung nimmt Kant in der *Grundlegung* einen Gedanken bereits rudimentär vorweg, den er in der *Religionsschrift* ausführlich unter dem Titel eines ›Hanges zum Bösen‹ entfaltet.[41] In den unter den Menschen weit verbreiteten drei Typen der Vernünftelei zeigt sich, dass die Menschen im Allgemeinen dazu tendieren, die sittliche Ordnung der Triebfedern zu verkehren und sich diesbezüglich letztlich auch noch »blauen Dunst vorzumachen«. Haben sie diese Dynamik der Selbsttäuschung jedoch einmal in Gang gesetzt, verstellen sie sich immer mehr die Sicht auf das moralisch Gebotene, womit es erst recht immer schwieriger wird, dieses auch zu erfüllen. Während die *Religionsschrift* eingehend den Begriff des Hanges zum Bösen erörtert, zeigt die *Grundlegung* zunächst nur das entsprechende Phänomen im moralischen Bewusstsein an.

Wir können nun zu der Frage zurückkehren, woher die Tendenz zu einer transzendenten Selbstüberschreitung der moralischen Praxis hin zur Moralphilosophie rührt. Die beiden grundlegenden Voraussetzungen für diese Selbstüberschreitung sind: Der Mensch erkennt das moralische Gesetz an; er verspürt in sich aber auch den Hang zu jener natürlichen Dialektik. Diese innere Spannung führt laut Kant dazu, dass der Mensch gegen ein Verfallen an die natürliche Dialektik ankämpft, weil ihm im Zuge der Anerkennung des moralischen Gesetzes bewusst ist, dass er ihr nicht verfallen darf. Diesen Kampf aber kann er durch die Entwicklung einer Moralphilosophie führen, die ihm das einzig mögliche Prinzip sowie seine unbedingte Gültigkeit klar vor Augen stellt und damit jede Vernünftelei unterbindet beziehungsweise zumindest erheblich erschwert. Weil es »die

---

40 Kant, Immanuel: *Die Religion innerhalb der Grenzen der bloßen Vernunft*, RGV, AA 6: 38.23–24.

41 Daher ist es nicht ganz zutreffend, wenn Rogozinski davon spricht, dass die der Sittlichkeit gegenstrebige Kraft – und mit ihr der »Abgrund der Metaphysik« – in Kants moralphilosophischen Hauptschriften »verborgen« bleibe und lediglich in vorkritischen Schriften wie derjenigen über die negativen Größen sowie in der späten *Religionsschrift* vorkomme. Vgl. Rogozinski, Jacob: *Le don de la loi. Kant et l'énigme de l'éthique*. Paris: Presses Universitaires de France 1999, S. 28, S. 37.

gemeine praktische Vernunft am Ende nicht gutheißen kann«[42], wenn die strengen Pflichtgesetze in ihrem Grund verdorben und um ihre ganze Würde gebracht werden, wird sie »aus praktischen Gründen angetrieben, aus ihrem Kreise zu gehen und einen Schritt ins Feld einer praktischen Philosophie zu thun«[43]. Es sind diese der moralischen Praxis selbst internen Gründe, die den Menschen dazu treiben, eine Eindeutigkeit in ethischen Fragen mithilfe der Moralphilosophie zu suchen.[44]

Weshalb aber geht Kant in der *Grundlegung* anhand seiner analytischen Methode nicht linear vor? Weshalb geht er im ersten Abschnitt zur philosophischen Vernunfterkenntnis über und nimmt im zweiten Abschnitt bei der populären sittlichen Weltweisheit seinen Ausgangspunkt? Warum gibt es diesen Bruch? Weshalb geht er im zweiten Abschnitt nicht direkt dazu über, »das praktische Vernunftvermögen von seinen allgemeinen Bestimmungsregeln an bis dahin, wo aus ihm der Begriff der Pflicht entspringt«,[45] zu untersuchen?

Der Grund für dieses Verfahren scheint zu sein, dass aus Kants Sicht die bisherige Moralphilosophie die ihr von der moralischen Praxis gestellte Aufgabe einer Klärung des fungierenden Moralprinzips nicht erfüllt hat, sondern viel-

---

[42] GMS, AA 4: 405.18–19.

[43] Ebd., S. 405.22–24. Kant sagt damit mehr als Aristoteles. Schon Aristoteles weist zu Beginn der *Nikomachischen Ethik* auf die Bedeutung der Ethik für das Leben hin und sieht diese darin, dass sie dem Menschen sein Ziel klar vor Augen stellt. Ein erkanntes Ziel aber könnten wir »wie Bogenschützen« besser treffen als ein unerkanntes. Aristoteles: *Die Nikomachische Ethik.* Griechisch-deutsch, übersetzt von Olof Gigon, neu hg. von Rainer Nickel. Düsseldorf: Artemis & Winkler ²2007, S. 9 (1094a). Laut Kant aber tappt der Mensch ohne Moralphilosophie nicht nur im Dunkeln, sondern ist darüber hinaus in Gefahr, der natürlichen Dialektik zu verfallen. Das Problem ist nicht nur, dass er ohne Moralphilosophie das Ziel nicht sieht, sondern dass er es sich ausdrücklich verstellt.

[44] Im Zuge seiner Suche nach Motiven für die phänomenologische Reduktion hat Eugen Fink vertreten, dass die Heimwelt selbst Motive zur Infragestellung der heimweltlichen Normalität und zum Hinaustreten in eine transzendentale Betrachtung enthält. Husserl hingegen hat diesen Vorschlag Finks nicht akzeptiert, weil er der Auffassung war, dass man durch Infragestellung der eigenen Heimwelt niemals zu einer transzendentalen Betrachtung hinauskommen könne. Motive zu dieser könnte allenfalls ein Einbruch einer Fremdwelt in die Heimwelt liefern, wie er zuerst bei den milesischen Griechen geschah. Vgl. Luft, Sebastian: »*Phänomenologie der Phänomenologie*«. *Systematik und Methodologie der Phänomenologie in der Auseinandersetzung zwischen Husserl und Fink.* Dordrecht: Kluwer 2002 (= Phaenomenologica. Bd. 166), Kapitel 2. In der Debatte zwischen Husserl und Fink geht es zwar um die Motive zur Einnahme einer transzendentalen Betrachtung überhaupt und nicht nur des praktischen Bereichs, aber in Bezug auf den praktischen Bereich lässt sich für Kant in einer gewissen Analogie zu Fink sagen, dass er in der *Grundlegung* die Motive für eine Überschreitung der moralischen Praxis hin zu einer Moralphilosophie *a priori* in der moralischen Praxis selbst ausmacht. Nicht erst die Konfrontation mit einer Fremdwelt lässt uns danach fragen, was »an sich« und nicht nur »bei uns« das sittlich Gute ist, sondern die Instabilität unserer eigenen moralischen Praxis selbst lässt diese Frage aufkommen.

[45] GMS, AA 4: 412.23–24.

mehr einen Auswuchs der natürlichen Dialektik darstellt. Nicht nur in der moralischen Alltagspraxis liegt die Gefahr zur Ausbildung jener Dialektik, sondern es »entspinnt sich eben sowohl in der praktischen gemeinen Vernunft, wenn sie sich *cultivirt*, unvermerkt eine Dialektik«[46], und eben dies ist in der populären sittlichen Weltweisheit Kant zufolge bisher geschehen. Sie hat durch eine Vermengung der reinen Moralprinzipien mit der Empirie zur Verdunkelung des Sittlichkeitsphänomens beigetragen. Das Vernünfteln und die Selbsttäuschung haben in ihr gleichsam Schule gemacht und sich den Anschein einer ehrwürdigen Moralphilosophie gegeben, die sie jedoch überhaupt nicht ist. Diese misslungene transzendente Selbstüberschreitung der moralischen Praxis aber ist nicht nur ein theoretischer Fehler, sondern hat fatale praktische Konsequenzen: Nicht nur trägt sie nicht zu einer Stärkung der Moralität unter den Menschen bei, sondern sie schwächt selbige sogar aktiv, indem sie Wasser auf die Mühlen des Vernünftelns gießt. Aufgrund dieser fatalen Konsequenzen für die moralische Praxis wird es verständlich, weshalb Kant zur Kennzeichnung der populären sittlichen Weltweisheit äußerst heftige Ausdrücke gebraucht, wie beispielsweise, dass es sich bei ihr um »einen ekelhaften Mischmasch« oder um einen »zusammengeflickten Bastard« handele.[47]

Die populäre sittliche Weltweisheit ist damit die in der menschlichen Praxis selbst angelegte, misslungene transzendente Selbstüberschreitung der moralischen Praxis hin zu einer vernünftelnden, sittlich verderblichen und nur vermeintlichen Moralphilosophie. Weil das aber so ist, kann gesagt werden, dass der Ausgangspunkt des zweiten Abschnitts der *Grundlegung* gleichsam das misslungene Ergebnis einer transzendenten Selbstüberschreitung wäre, die Kant selbst auf gelingende Weise im ersten Abschnitt begonnen hatte. Im ersten Abschnitt wird mit dem Übergang von der gemeinen sittlichen Vernunfterkenntnis zur philoso-

---

46 Ebd., S.405.30–32, Kursivierung I.R. Kant könnte bei seiner Kritik der populären sittlichen Weltweisheit zwar an zeitgenössische Moralphilosophen wie Garve, Sulzer, Feder oder Platner gedacht haben. Es ist aber wohl kein Zufall, dass Kant hier niemanden namentlich erwähnt, handelt es sich doch um eine der menschlichen Praxis entspringende, prinzipiell begründete Verirrung und nicht bloß um den persönlichen Fehler einiger Moralphilosophen. Ähnlich wie die Vertreter der Thesen und der Antithesen, die Kant im Rahmen der Antinomienlehre anvisiert, keine persönlichen Fehler begehen, sondern einer Verirrungstendenz der Vernunft im Menschen überhaupt verfallen, verfallen jene populären Moralphilosophen einer in der menschlichen Praxis angelegten Verirrungstendenz. Bei jenen Moralphilosophen allerdings geschieht keine Selbst*über*schätzung der Vernunft, sondern vielmehr eine Selbst*unter*schätzung, in der so getan wird, als gäbe es gar keine *reine* praktische Vernunft. Außerdem handelt es sich bei dem in der Moralphilosophie aufkommenden Schein nicht um einen schlechthin unvermeidlichen Schein wie in der theoretischen Vernunft; während der theoretische Schein auch nach seiner Aufklärung bleibt und nur verhindert werden kann, dass er »betrüge« (KrV, AA 3: 237.1), kann der moralphilosophische Schein nach seiner Aufklärung verschwinden.

47 GMS, AA 4: 409.30; 426.18–19.

phischen die gelungene Selbstüberschreitung der moralischen Praxis hin zu einer wahren Moralphilosophie vorbereitet, während der in der Vergangenheit erfolgte, jedoch sich selbst verfehlende Gang einer derartigen Selbstüberschreitung von der gemeinen sittlichen Vernunfterkenntnis zur populären sittlichen Weltweisheit führte. Aufgrund dieser bisherigen Verirrung der Philosophie in die populäre sittliche Weltweisheit gilt es laut Kant, in der Moralphilosophie einen neuen Anfang zu machen, der unverstellt an die gemeine sittliche Vernunfterkenntnis anknüpft und sie zu einer Metaphysik der Sitten ausarbeitet. Mit diesem neuen Anfang verbunden aber ist eine Art ›Destruktion‹ des Ansatzes der populären sittlichen Weltweisheit, die zudem insofern eine ›Dekonstruktion‹ ist, als sie nicht nur zerstört, sondern auch den Wahrheitsgehalt der populären sittlichen Weltweisheit herausarbeitet. Jene ›Dekonstruktion‹ der populären sittlichen Weltweisheit hin zur wahren Metaphysik der Sitten aber enthält der zweite Abschnitt der *Grundlegung*. Der dritte Abschnitt schließlich legt mittels der synthetischen Methode die Möglichkeitsbedingungen der Geltung jenes obersten Gesetzes dar, eine Aufgabe, die ebenfalls der transzendenten Selbstüberschreitung zur Moralphilosophie entspringt: Um dem sittlichen Vernünfteln zu begegnen, muss nicht nur der Inhalt des einzig möglichen Gesetzes ausgewiesen, sondern müssen auch die Bedingungen der Möglichkeit seiner Geltung dargelegt werden.

Sämtliche Analysen des ersten und zweiten Abschnittes sowie auch noch die Deduktion im dritten Abschnitt erwachsen aus Kants Sicht aus der moralischen Praxis selbst und laufen in sie »zurück«[48], indem sie sie bestärken und stabilisieren.

2.1.2 Die Ableitungen des Gesetzesinhalts

Kants Auffassung, dass es in der Ethik um die »Aufsuchung und Festsetzung« eines *Gesetzes* geht, ist keineswegs selbstverständlich. Schopenhauer formuliert den Verdacht, dass das Gesetzesdenken ein theologisches Relikt sei, in dessen Hintergrund der Dekalog, das alttestamentarische Bild des vom Berg mit der Gesetzestafel herabsteigenden Moses, stehe.[49] Das kantische Gesetz sei so etwas

---

48 Ebd., S. 392.19.

49 Vgl. Schopenhauer, Arthur: »Preisschrift über die Grundlage der Moral«, in: ders.: *Kleinere Schriften*. Zürich: Haffmans 1988, S. 459–631, hier S. 478. Bereits Hölderlin hatte am Neujahrstage des Jahres 1799 an seinen Bruder geschrieben: »Kant ist der Moses unserer Nation, der sie aus der ägyptischen Erschlaffung in die freie einsame Wüste seiner Speculation führt, und das energische Gesez vom heiligen Berge bringt.« Hölderlin, Friedrich: *1797–1799. Frankfurt – Homburg. Erster Plan zum Empedokles. Oden. Horaz. Hyperion II*, hg. von D. E. Sattler. München: Luchterhand Literaturverlag 2004 (= Sämtliche Werke, Briefe und Dokumente in zeitlicher Folge. Bd. 6),

wie eine religiöse Offenbarungsgestalt und fungiere als ein »Delphischer Tempel im menschlichen Gemüth, aus dessen finsterem Heiligthum Orakelsprüche, zwar leider nicht was geschehen *wird*, aber doch was geschehen *soll*, untrüglich verkündigen«.[50] Als Wegbereiter Nietzsches wähnt Schopenhauer in jenem orakelhaften Gesetzesbefehl die Grundlage einer Sklavenmoral, die sich selbst verkennt.[51] Vor dem Hintergrund eines derartigen Verdachts gegenüber der kantischen Ethik werden zwei Fragen besonders dringlich: Wie begründet Kant, dass im Zentrum der Ethik überhaupt ein Gesetz steht? Und wie begründet er den genauen Inhalt dieses Gesetzes? Im Folgenden sei zunächst die zweite Frage erörtert, bevor wir auf die erste zurückkommen.

In den beiden sogenannten moralphilosophischen Grundlegungsschriften finden sich gleich drei verschiedene Ableitungen des Gesetzesinhalts. Die erste Ableitung steht im ersten Abschnitt der *Grundlegung*, die zweite im zweiten Abschnitt derselben Schrift und die dritte im ersten Hauptstück der Analytik der reinen praktischen Vernunft aus der *Kritik der praktischen Vernunft*. Aus phänomenologischer Sicht ist zunächst die erste Ableitung von besonderer Bedeutung, weil Kant dort den Gesetzesinhalt im Ausgang von jener von Tugendhat so genannten »Phänomenologie des natürlichen moralischen Bewusstseins« gewinnt.[52] Aus der gemeinen sittlichen Vernunfterkenntnis das Gesetz ›heraus-zusuchen‹ ist aus Kants Sicht nicht schwieriger, als »[a]us dem gemeinen Erkenntnisse die Begriffe heraus[zu]suchen, welche gar keine besondere Erfahrung zum Grunde liegen haben und gleichwohl in aller Erfahrungserkenntniß vorkommen, von der sie gleichsam die bloße Form der Verknüpfung ausmachen«, was seinerseits »kein größeres Nachdenken oder mehr Einsicht voraus[setzte], als aus einer Sprache Regeln des wirklichen Gebrauchs der Wörter überhaupt heraussuchen und so Elemente zu einer Grammatik zusammenzutragen«.[53] Welche Schritte der Analyse jener gemeinen sittlichen Vernunfterkenntnis führen Kant zur ersten

---

S. 190. Vgl. zum Thema außerdem die Erzählung von Thomas Mann »Das Gesetz«, in: Mann, Thomas: *Sämtliche Erzählungen. Band 2.* Berlin: S. Fischer [7]2000, S. 329–395.

   50 Schopenhauer, Arthur: »Preisschrift über die Grundlage der Moral«, a. a. O., S. 502.

   51 Vgl. ebd., S. 490. Nietzsche, Friedrich: »Zur Genealogie der Moral«, in: ders.: *Jenseits von Gut und Böse. Zur Genealogie der Moral*, hg. Giorgio Colli und Mazzino Montinari. München: dtv [9]2007, S. 245–412.

   52 Mit Paton ließe sich das auch so formulieren, dass Kant den kategorischen Imperativ in seiner negativen Formulierung dort aus den »gewöhnlichen moralischen Urteilen« zu entwickeln sucht, deren Implikat er ist. Paton, H. J.: *Der kategorische Imperativ*, a. a. O., S. 156. Und mit Schönecker, Wood und Köhl ließe sich sagen, dass Kant dort das Gesetz durch eine »Analyse moralischer Motivation« herausarbeitet. Schönecker, Dieter/Wood, Allen W.: *Kants »Grundlegung zur Metaphysik der Sitten«*, a. a. O., S. 93. Vgl. Köhl, Harald: »The derivation of the moral law (GMS, 402, 420 f.)«, in: Horn, Christoph/Schönecker, Dieter (Hg.): *Groundwork for the Metaphysics of Morals*, in Kooperation mit Corinna Mieth. Berlin/New York: de Gruyter 2006, S. 93–117, hier S. 101.

   53 Prol, AA 4: 322.33–35; 323.1–4.

Formulierung des Gesetzes? Wie lautet der Gedankengang, der zur ersten Ableitung des Gesetzesinhalts führt?

Wir haben bereits in dem vorangehenden Kapitel gesehen, inwiefern er in den Absätzen 1–2 per Ausschlussverfahren zeigt, *dass* unsere moralischen Intuitionen letztlich nur den *guten Willen* für »ohne Einschränkung [...] gut« halten. »Talente des Geistes« sowie »Eigenschaften des Temperaments« beurteilen wir als gut, aber nicht ohne Einschränkung gut, weil sie im Gebrauch eines nicht guten Willens nicht nur ihre Güte verlieren, sondern sogar das Übel vermehren können. Auch die Glückseligkeit ist nur eingeschränkt gut, denn bei einem Bösewicht wird sie nicht als gut beurteilt und zudem kann sie selbst zu einer Überheblichkeit führen, angesichts derer wir sie nicht mehr schätzen würden. Und schließlich lässt das »kalte Blut« eines besonnenen Bösewichts ihn uns noch »verabscheuungswürdiger« erscheinen, als wenn er sich von Affekten hätte mitreißen lassen.

Absatz 3 zeigt, *wodurch* der gute Wille als uneingeschränkt gut erfahren wird: »allein durch das Wollen« und nicht »durch das, was er bewirkt oder ausrichtet, nicht durch seine Tauglichkeit zu Erreichung irgend eines vorgesetzten Zweckes«. Es ist nicht seine Eignung zur Erreichung irgendeines gegebenen Zweckes, der die Güte des Willens ausmacht, sondern allein sein Wollen selbst, dessen Beschaffenheit an dieser Stelle noch unbestimmt bleibt.

In Absatz 8[54] beginnt Kant damit, den Begriff des guten Willens »zu entwickeln«, und zwar anhand des Begriffs der *Pflicht*. Dies ist möglich, weil letzterer den Begriff eines guten Willens »obzwar unter gewissen subjectiven Einschränkungen und Hindernissen, enthält«: Der Begriff der Pflicht ist der umfassendere und »enthält« den Begriff des guten Willens, weil unvollkommene Wesen wie wir Menschen nicht immer nach dem guten Willen handeln, sondern *zusätzlich* solchen Neigungen unterworfen sind, die häufig mit dem guten Willen in Konflikt geraten. Dieser begriffliche Zusammenhang macht es möglich, den Begriff des guten Willens über denjenigen der Pflicht zu untersuchen. Zugleich mit diesem begrifflichen Argument liefert Kant jedoch auch ein phänomenologisches Argument, das wir als dasjenige einer *Kontrasterfahrung* bezeichnen könnten: Weil

---

54 Wir übergehen Absatz 4–7. Das dort entwickelte Argument scheint für den Argumentationsgang des ersten Abschnitts der *Grundlegung* nicht wesentlich zu sein. Kant versucht mit ihm offenbar eine Gegenposition, die der Wolffianer und von Garve, *aus dieser selbst heraus* zu widerlegen. Die Textpassage kann so verstanden werden, dass Kant hier nicht selbst, wie es häufig angenommen wurde, mit naturteleologischen Prämissen operiert, sondern dass er in polemischer Absicht zeigt, inwiefern *selbst* unter naturteleologischen Prämissen die Behauptung, Vernunft habe den Zweck der Glückseligkeitssteigerung, abwegig sei. Vgl. zu dieser Auslegung Allison, Henry E.: *Kant's* Groundwork for the Metaphysics of Morals. *A Commentary*. Oxford u. a.: Oxford University Press 2011, S. 81.

der Begriff der Pflicht die angezeigte Spannung enthält, vermag er den guten Willen »durch Abstechung [zu] heben und desto heller hervorscheinen [zu] lassen«. Was der gute Wille ist, kann man recht eigentlich erst über die Kontrasterfahrung der Pflicht bestimmen, denn wir Menschen erfahren den guten Willen als verbindlich für uns und damit als Pflicht.

Die Absätze 9–16 untersuchen den Begriff der Pflicht anhand dieser Kontrasterfahrung. Kant betrachtet hier konkrete Fälle, um herauszuarbeiten, in welcher Art von Fällen wir meinen, jemand habe »aus Pflicht« gehandelt. Was eine pflichtmäßige Handlung aus Pflicht kennzeichnet, soll »durch Abstechung« in Erfahrung gebracht werden und dazu muss selbige deutlich von einer pflichtwidrigen und einer bloß pflichtmäßigen Handlung unterschieden werden. Kant setzt hier voraus, dass die gemeine sittliche Vernunfterkenntnis von selbst diese Unterscheidungen macht: Sie sortiere pflichtwidrige Handlungen als Kandidaten für eine Handlung aus Pflicht sofort aus. Sie erfasse auch deutlich, dass pflichtmäßige Handlungen, zu denen keine unmittelbare, aber eine mittelbare Neigung besteht, nicht in Frage kommen (vgl. das Beispiel des ehrlichen Krämers). Schwierig wird es für die gemeine sittliche Vernunfterkenntnis erst, wenn sie eine Handlung als pflichtmäßig erfasst, zu der der Handelnde *auch* eine *un*mittelbare Neigung hat. Um der gemeinen sittlichen Vernunfterkenntnis hier Klarheit zu schaffen und das »Juwel«[55] des guten Willens für sich strahlen zu lassen, sucht Kant die in dieser Erfahrung vermengt enthaltenen Momente analytisch voneinander zu isolieren. Dies geschieht durch eine Art Gedankenexperiment, zu dem Kant seinen Leser anhält: Wir müssten uns fragen, ob der Handelnde die Handlung (z. B. der Selbsterhaltung oder der Wohltätigkeit) auch dann noch ausüben würde, wenn seine unmittelbare Neigung zu ihr verschwände; fällt die Antwort in diesem Gedankenexperiment positiv aus, so haben wir es mit einer Handlung aus Pflicht zu tun. Kant spezifiziert diejenigen Erfahrungen, die bei diesen Einsichten der gemeinen sittlichen Vernunfterkenntnis von Bedeutung sind: Ist eine Handlung eine pflichtmäßige Handlung aus Pflicht, so erfahren wir »Hochschätzung«[56] für sie; ist sie eine bloß pflichtmäßige Handlung, so billigen oder lieben wir sie.[57] Die pflichtwidrigen Handlungen hingegen sind mit der Erfahrung der Missbilligung verknüpft.

Kant formuliert im Zusammenhang der Analyse der Pflicht ausdrücklich einen zweiten und einen dritten »Satz«. Der in Absatz 14 formulierte zweite Satz lautet: »eine Handlung aus Pflicht hat ihren moralischen Wert n i c h t i n d e r A b s i c h t, welche dadurch erreicht werden soll, sondern in der Maxime, nach

---

55 GMS, AA 4: 394.25.
56 Ebd., S. 398.18.
57 Vgl. Ebd., S. 400.24.

der sie beschlossen wird«. Der in Absatz 15 vorgetragene dritte Satz ist: »Pflicht ist die Nothwendigkeit einer Handlung aus Achtung fürs Gesetz.« Dass Kant den ersten Satz nicht eigens kennzeichnet, hat dazu geführt, dass es bis heute strittig ist, worin dieser erste Satz besteht.[58] Der deutlichste Anhaltspunkt zu seiner Auffindung ist, dass Kant ausdrücklich sagt, der dritte Satz sei eine »Folgerung aus beiden vorigen«.[59] Wir wollen dafür argumentieren, dass jener gesuchte erste Satz der erste Satz von Absatz 3 ist, wobei das Entscheidende in diesem Satz dies ist: »Der gute Wille ist [...] allein durch das Wollen, d. i. an sich, gut«.[60] Damit aber ist der erste Satz kein Satz über die Pflicht, sondern über den guten Willen. Was ist der Zusammenhang zwischen diesen drei Sätzen, und wie ›folgt‹ der dritte Satz aus den ersten beiden? Im ersten Satz geht es um einen guten Willen überhaupt, der noch nicht in der spezifischen Hinsicht auf den Pflichtbegriff, d. h. noch nicht als guter Wille eines unvollkommenen Wesens betrachtet wird. Von diesem guten Willen überhaupt wird gesagt, dass er allein durch das Wollen gut ist. Dieser Satz kann als der gesuchte erste Satz fungieren, weil Kant in ihm implizit bereits vorwegnimmt, was er erst später eigens entwickelt: ›Allein durch das Wollen gut‹ zu sein bedeutet ›allein durch das formelle Prinzip des Wollens gut‹ beziehungsweise ›allein durch das Gesetz des Wollens gut‹ zu sein. Der zweite Satz ist hingegen auf den Pflichtbegriff und auf das unvollkommene Wesen bezogen: Unvollkommene Wesen handeln nach Maximen, mithilfe derer sie irgendwelche Absichten, d. h. Zwecke verfolgen; die moralische Güte einer von ihnen vollzogenen Handlung aus Pflicht liegt jedoch nicht in diesen Zwecken, sondern in der Maxime, die ihrer Erreichung zugrunde liegt; dass der moralische Wert einer Handlung aus Pflicht in der Maxime liegt, heißt aber, dass er nur in der Form der Maxime und nicht ihrer Materie zu finden ist. Wenn nun aber der gute Wille überhaupt ›allein durch das Gesetz seines Wollens gut‹ ist und die moralische Güte einer von einem unvollkommenen Wesen begangenen Handlung aus Pflicht allein in der Form seiner Maxime liegt, dann ist dessen Handlung aus Pflicht eine Handlung, deren Maxime in ihrer Form das Gesetz des guten Willens zugrunde legt, d. h. eine Handlung aus Achtung für das Gesetz

---

58 Ausführlich erörtert wird diese Schwierigkeit u. a. von Allison, Henry E.: *Kant's* Groundwork for the Metaphysics of Morals, a. a. O., S. 121–126 oder von Schönecker, Dieter/Wood, Allen W.: *Kants »Grundlegung zur Metaphysik der Sitten«*, a. a. O., S. 60–62. Es gibt aber auch Kommentatoren, die diese Frage gar nicht stellen, sondern einfach einen Satz, den sie für den ersten Satz halten, formulieren. So Rawls, John: *Lectures on the History of Moral Philosophy*, a. a. O., S. 152 (dt. 213). Und Tugendhat, Ernst: *Vorlesungen über Ethik*, a. a. O., S. 110

59 GMS, AA 4: 400.17.

60 Ebd., S. 394.13–15. Baum zeigt, dass bereits Pistorius in seiner Rezension diesen Satz als den ersten Satz identifiziert hat. Vgl. Baum, Manfred: »Sittlichkeit und Freiheit in Kants *Grundlegung*«, in: Engelhard, Kristina/Heidemann, Dietmar H. (Hg.): *Ethikbegründungen zwischen Universalismus und Relativismus*. Berlin/New York: de Gruyter 2005, S. 183–202, hier S. 186.

des an sich guten Willens. Der Nötigungscharakter der Pflicht, die praktische ›Notwendigkeit‹ des dritten Satzes, entspringt dem Umstand, dass das unvollkommene Wesen seinen Maximen nicht immer schon von selbst die Form eines Gesetzes gibt, sondern dazu allererst verbunden wird.

Im Zusammenhang der Formulierung des zweiten und dritten Satzes aber schreitet Kant mit der Ableitung des Gesetzesinhalts aus der gemeinen sittlichen Vernunfterkenntnis insofern voran, als er den Gedanken, der gute Wille sei »allein durch das Wollen […] gut«, spezifiziert durch den Gedanken, dass der gute Wille durch »das formelle Princip des Wollens überhaupt bestimmt« sei und dies wiederum dahingehend ausdeutet, dass der gute Wille durch ein »praktische[s] Gesetz« bestimmt sei.[61] In Absatz 17 stellt er im Anschluss daran schließlich die Frage: »Was kann das aber wohl für ein Gesetz sein […]?« Und seine Antwort ist: »Da ich den Willen aller Antriebe beraubet habe, die ihm aus der Befolgung irgend eines Gesetzes entspringen könnten, so bleibt nichts als die allgemeine Gesetzmäßigkeit der Handlungen überhaupt übrig, welche allein dem Willen zum Princip dienen soll, d. i. ich soll niemals anders verfahren als so, d a ß i c h a u c h w o l l e n k ö n n e, m e i n e M a x i m e s o l l e e i n a l l g e m e i n e s G e s e t z w e r d e n.« Das ist die erste Formulierung des kategorischen Imperativs, womit die erste Ableitung des Gesetzesinhaltes abgeschlossen ist.

Nicht wenige Kommentatoren meinen, diese erste Ableitung des Gesetzesinhalts sei misslungen, bestenfalls »irreführend«[62], tauge jedenfalls für sich allein nicht zum Nachweis des formulierten fungierenden Gesetzes in unserer moralischen Alltagspraxis. Zwei kritische Einwände werden besonders häufig gegen Kants Ableitung formuliert. Wie lauten sie?

Der erste Einwand vertritt die Auffassung, Kant habe in seiner Analyse der gemeinen sittlichen Vernunfterkenntnis zwar überzeugend dargelegt, dass eine moralisch gute Handlung diejenige ist, die eine Übereinstimmung mit einem moralischen Gesetz aufweist. Er habe jedoch unzulässigerweise von dem Gedanken einer *Übereinstimmung mit einem moralischen Gesetz* auf den Gedanken einer *allgemeinen Gesetzmäßigkeit des Gesetzes selbst* geschlossen. Kant habe nicht eigens gezeigt, dass und inwiefern aus der Forderung nach *Übereinstimmung mit einem moralischen Gesetz* die Forderung nach einer *allgemeinen Gesetzmäßigkeit der Maximen* im Sinne einer gesetzesartigen Form von Maximen folge.[63] Eine Variante dieser Kritik besteht in folgender Formulierung: Kant habe

---

61 GMS, AA 4: 394.15; 400.13–14,33.

62 In letzterer Weise formulieren Paton, H. J.: *Der kategorische Imperativ*, a.a.O., S.74 und Rawls, John: *Lectures on the History of Moral Philosophy*, a.a.O., S.157 (dt. 218).

63 Diese Kritik vertreten dem Überblick von Köhl zufolge Bruce Aune, Allen W. Wood und Henry Allison. Vgl. Köhl, Harald: »The derivation of the moral law«, a.a.O. Allerdings hält Allison Kants Ableitung des Gesetzes in seinem 2011 veröffentlichten Kommentar zur *Grundlegung* für

zwar überzeugend nachgewiesen, dass das moralische Motiv nicht in einem Interesse an dem Ergebnis der Handlung bestehen könne, sondern in der Achtung für
ein moralisches Gesetz liegen müsse; er habe jedoch nicht zeigen können, dass
von der Bedingung eines derart interessefreien *Motivs* auf eine dem *Gesetz selbst*
eigene Freiheit von materieller Bestimmung geschlossen werden könne.[64]

Dieser Einwand ließe sich ausräumen, wenn man zeigen könnte, dass ein interessefreies Motiv der von Kant angezeigten Art *nur dann* überhaupt möglich ist,
wenn das Gesetz selbst, mit dem es Übereinstimmung sucht, frei von materieller
Bestimmung ist. Das aber lässt sich zeigen, denn wenn wir von einem inhaltlich
bestimmten Gesetz ausgehen, so überträgt sich dieser Inhalt unumgänglich auf
das Motiv der Handlung; ich führe die Handlung dann nicht mehr allein aus dem
Motiv der Übereinstimmung mit dem Gesetz aus, sondern auch, weil ich eine
unmittelbare oder mittelbare Neigung zu dem Inhalt des Gesetzes habe. Wenn
das Gesetz beispielsweise ein Gesetz der Wohltätigkeit wäre, so entstünde folgende Frage: Weshalb soll mein Motiv die Übereinstimmung mit *diesem* Gesetz
sein? Zwei und nur zwei Antworten wären nach Kant möglich: Erstens, weil ich
eine Neigung zur Wohltätigkeit habe; zweitens, weil ich selbst keine Neigung zur
Wohltätigkeit habe, jemand anderes aber das Gesetz der Wohltätigkeit gebietet
und ich aus Furcht oder aus Spekulation auf mögliche Vorteile seinem Gesetz
gehorche. In beiden Fällen überträgt sich der Inhalt des Gesetzes, das eine Mal
direkt, das andere Mal indirekt, auf das Motiv und lässt das Motiv nicht mehr
interessefrei sein. Das aber bedeutet, dass es ein interessefreies Motiv der Übereinstimmung mit dem Gesetz überhaupt nur dann geben kann, wenn das Gesetz
selbst nicht inhaltlich bestimmt ist.[65]

Der zweite Einwand ist der gravierende. Er betrifft bereits ein früheres Sta-
dium der Ableitung des Gesetzesinhalts und wurde von Paton und Tugendhat
formuliert, ist aber auch in Korsgaards Begründung moralischer Verbindlichkeit impliziert. Paton zufolge habe Kant zwar zeigen können, dass einer moralischen Handlung ein irgendwie universales Prinzip zugrunde liegen muss. Weil
Kant jedoch im ersten Abschnitt der *Grundlegung* noch nicht die genaue Bedeutung dieser Universalität habe klären können, bleibe es dort unverständlich, wie

---

erfolgreich und formuliert eine Selbstkritik in Bezug auf seine frühere Interpretation. Vgl. Allison,
Henry E.: *Kant's* Groundwork for the Metaphysics of Morals, a.a.O., S.138, Fußnote 30.

64 Vgl. Schönecker, Dieter/Wood, Allen W.: *Kants »Grundlegung zur Metaphysik der Sitten«*,
a.a.O., S.93, sowie Wood, Allen W.: *Kant's Ethical Thought*. Cambridge: Cambridge University
Press 1999, S.48.

65 Korsgaard formuliert in diesem Sinne:»For, if there were an outside source of legal character, then that source, rather than legal character itself, would be what makes the action right.
Instead, the maxim's legal character must be intrinsic: it must have what I shall call a ›lawlike‹
form.«« Korsgaard, Christine M.: *Creating the Kingdom of Ends*. Cambridge u.a.: Cambridge University Press 1996, S.61.

er von der Universalität einer Maxime im Sinne ihrer Anwendbarkeit auf verschiedene, gleichartige Situationen auf die Universalität im Sinne einer Gültigkeit für alle vernünftig handelnden Wesen habe schließen können.[66] Tugendhat sieht gleich einen mehrfachen Bruch in Kants Argumentationsgang: Die aus der Phänomenologie des natürlichen moralischen Bewusstseins gewonnene Einsicht sei ursprünglich lediglich, dass nur der Wille überhaupt uneingeschränkt gut sei; dieses *Wollen überhaupt* sei »ein Wollen […], wie ich mich selbst verstehen will«[67]; diese Einsicht erlaube es aber keineswegs, darauf zu schließen, dass dieser Wille überhaupt von einem *formellen Prinzip vernünftigen* Wollens bestimmt sei; die Bedeutung des Begriffs eines formellen Prinzips des Willens sei zudem unklar und man könne von ihm keineswegs auf den selbst vieldeutigen Gedanken einer *allgemeinen Gesetzmäßigkeit* schließen; und schließlich bleibe der Übergang von der allgemeinen Gesetzmäßigkeit zur Formulierung des kategorischen Imperativs im ersten Abschnitt der *Grundlegung* arbiträr.[68]

Der problematische Übergang in Kants Argumentationsgang liegt in dem Schritt vom Gedanken eines allein durch das Wollen guten Willens zu der Bestimmung dieses Wollens über ein formelles Prinzip vernünftigen Wollens im Sinne einer allgemeinen Gesetzmäßigkeit für alle vernünftigen Wesen. Worin aber kann der Grund dafür gesehen werden, dass Kommentatoren aus dem zwanzigsten Jahrhundert diesen Schritt für das Scheitern der ersten Gesetzesableitung verantwortlich machen, während Kant selbst ihn offenbar für unproblematisch hielt? Weshalb halten sie ein weiteres Argument dort für erforderlich, wo Kant kein Begründungsdesiderat sah?

Diese Diskrepanz ist aus unserer Sicht auf eine Verschiebung der Problemstellung zurückzuführen, die mit Fichtes Abhandlung über das Naturrecht erstmals aufkommt, im zwanzigsten Jahrhundert zentral wird und einen besonders herausragenden Stellenwert innerhalb der Phänomenologie, vor allem bei Husserl, Sartre und Levinas, einnimmt. Es handelt sich um das Problem der Intersubjektivität. Dieses Problem kommt dann auf, wenn die grundlegende Verschiedenheit zwischen den einzelnen Subjekten in den Mittelpunkt gestellt wird, anstatt von einer gemeinsamen Wesensbestimmung eines Subjekts überhaupt auszugehen. Um dieses Problem zu behandeln, gehen die genannten Phänomenologen von der jemeinigen Erfahrung aus und fragen danach, wie in ihr ein Anderer begegnet. Alles, was über den Anderen, mein Verhältnis zu ihm und sein Verhältnis zu anderen Anderen gesagt werden kann, muss aus phänomenologischer Sicht im Ausgang von der Perspektive der Ersten Person Singular entwickelt werden.

---

66 Vgl. Paton, H. J.: *Der kategorische Imperativ*, a.a.O., S.74.

67 Tugendhat, Ernst: *Vorlesungen über Ethik*, a.a.O., S.125.

68 Vgl. ebd., S.128–130. Zum letzten Punkt vgl. auch Wood, Allen, W.: *Kant's Ethical Thought*, a.a.O., S.48.

Aber auch für jene Kommentatoren des zwanzigsten Jahrhunderts, die nicht der Phänomenologie zuzurechnen sind, wird das Problem der Intersubjektivität und damit der Verschiedenheit zwischen den einzelnen Subjekten so zentral, dass sie in Kants Ableitung des Gesetzesinhalts eine Begründungslücke ausmachen, die dieser selbst nicht gesehen hat. Wie genau sieht diese Begründungslücke in der ersten Ableitung des Gesetzesinhalts aus, wenn man jenes Problem der Intersubjektivität berücksichtigt?

Geht man von der singulären, jemeinigen Subjektivität aus, so führt Kants Argumentationsgang, wie es Paton formuliert, nur zu der Universalität einer Maxime im Sinne ihrer Anwendbarkeit auf verschiedene, gleichartige Situationen, d. h. zu der Universalität eines Maßstabes, den ich für *mein* eigenes Leben *im Ganzen* anzuerkennen bereit bin. Mit Tugendhat formuliert führt Kants Argument nur auf ein ›Wollen, wie ich mich selbst verstehen will‹, was er für »eine der tiefsten Einsichten der Kantischen Moralphilosophie« hält.[69] In Korsgaards kantianischer Begründung moralischer Verbindlichkeit ist dieser Einwand gegen Kants erste Gesetzesableitung implizit ebenfalls vorhanden, obgleich sie ihn als eine Kritik an der Reichweite von Kants Ableitung des Gesetzes aus der Freiheit im Rahmen der zweiten Sektion des dritten Abschnitts der *Grundlegung* formuliert. Für Korsgaard kann aus der notwendigen Annahme der Freiheit beim Urteilen und Handeln nur gefolgert werden, dass ich mich im freien Handeln an *irgendeinem* Gesetz oder Prinzip orientieren muss, das mein *eigenes* ist, auf dieser Stufe der Argumentation jedoch auch das Gesetz eines Egoisten sein kann. Deshalb definiert sie den kategorischen Imperativ Kant gegenüber um: Der kategorische Imperativ sei lediglich dasjenige Gesetz, das befiehlt, nur nach Maximen zu handeln, von denen ich als das Wesen mit dieser *spezifischen* praktischen Identität, d. h. mit diesen spezifischen Lebensmaximen, wollen kann, dass sie Gesetze für *meinen* ganzen Lebenswandel werden.[70] Korsgaards Verwendung des Ausdrucks ›Gesetz‹ ist hier besonders aufschlussreich: Mit ›Gesetz‹ meint sie in diesem Zusammenhang noch nicht ein Gesetz für alle vernünftigen Wesen, sondern lediglich ein Gesetz für mich, das heißt das, was Kant ›Maxime‹ nennt;[71]

---

69 Tugendhat, Ernst: *Vorlesungen über Ethik*, a.a.O., S.125.

70 Vgl. Korsgaard, Christine M.: *The Sources of Normativity*, a.a.O., S.98f., S.113.

71 Korsgaards Konzeption ist in der Tat *in nuce* schon bei Bittner vorweggenommen. Für Bittner »[sind] Maximen […] Lebensregeln: sie sprechen aus, was für ein Mensch ich sein will« und werden von ihm als »subjektive Gesetz[e]« verstanden, die eine »›natürliche Autonomie‹« und dementsprechend eine »›natürliche[...] Moralität‹« ausdrücken. Bittner, Rüdiger: »Maximen«, in: *Akten des 4. Internationalen Kant-Kongresses Mainz 6.-10. April 1974. Teil II.2*, hg. von Gerhard Funke. Berlin/New York: de Gruyter 1974, S.485–498, hier S.489, S.492, S.494. Dieser Kant fremde Gebrauch der Termini ›Gesetz‹, ›Autonomie‹ und ›Moralität‹ erlaubt es Bittner, der kantischen Ethik eine aristotelische Ethik zu integrieren, wie es später auch Korsgaard tut. Vgl. zu letzterem a.a.O., S.489.

sie kann den Ausdruck ›Gesetz‹ aber zur Bezeichnung der bloßen ›Universalität‹ der Maxime verwenden, weil sie in ihrer Argumentation aus der Perspektive der Ersten Person Singular zunächst von der Intersubjektivität abstrahiert. Allererst die Begegnung mit anderen Menschen und ihren Handlungsgründen ließe die Frage nach einer weiter reichenden Universalität entstehen, und erst diese Begegnung führe schließlich zu der Forderung, die bloße Universalität des Gesetzes für mich zu einer Universalität des Gesetzes für alle vernünftigen Wesen auszuweiten; zu der Begründung dieses Gesetzes jedoch sei ein gesonderter Argumentationsgang erforderlich.[72]

Kant jedoch stellt sich dieses Problem eines Übergangs von der jemeinigen Subjektivität zur Intersubjektivität nicht eigens. Daher ist aus seiner Sicht ein ›Gesetz für mich‹ schlichtweg ein widersprüchlicher Begriff. Ein Gesetz ist für Kant *per definitionem* ein Gesetz *für alle vernünftigen Wesen.*[73] Der problematische Übergang in der ersten Ableitung des Gesetzesinhalts ist für Kant selbst deshalb nicht problematisch, weil er von vornherein zwei Dinge voraussetzt: Erstens, wir suchen nach einem *Gesetz*, und zweitens, dieses Gesetz ist *per definitionem* ein Gesetz *für alle vernünftigen Wesen*. Da das aber seine Prämissen sind, kann das Gesetz des ›Wollens überhaupt‹ nur der kategorische Imperativ sein, weil so etwas wie das ›Wollen überhaupt‹ eines Egoisten einfach kein Wollen *überhaupt* wäre, sondern ein auf meine subjektive Lebenssphäre eingeschränktes Wollen. Weil Kant aber derart als *Prämisse* voraussetzt, dass wir nach einem Gesetz suchen und dieses nur ein Gesetz für alle vernünftigen Wesen sein kann, gelingt ihm auch eine durchaus schlüssige Ableitung des Gesetzesinhalts. Die Schwierigkeit besteht aber darin, dass uns seine Prämisse als Prämisse nicht mehr zu überzeugen vermag,[74] sondern wir nach einer eigenständigen Begründung des Übergangs von einer ›universalen Gesetzmäßigkeit für mich‹ zu einer ›universalen Gesetzmäßigkeit für jedes vernünftige Wesen‹ verlangen. Es sind jene beiden Prämissen Kants, die aus phänomenologischer Sicht unbegründet sind; sie sind als Prämissen unphänomenologisch, weil sie etwas voraussetzen, das allererst im Ausgang von der Perspektive der Ersten Person Singular ausgewiesen werden müsste.

---

72 Korsgaard entwickelt ihn getrennt in der vierten Vorlesung von *The Sources of Normativity*.

73 Im § 1 der *Kritik der praktischen Vernunft* definiert Kant »[p]raktische G r u n d s ä t z e« seien nur dann überhaupt »praktische G e s e t z e, wenn« ihre Bedingung »als objektiv, d. i. für den Willen jedes vernünftigen Wesens gültig, erkannt wird.« Anderenfalls sind sie bloß »subjectiv oder M a x i m e n«. KpV, AA 5: 19.77–12.

74 Köhl beginnt sein eigenes, von Kant inspiriertes Argument ausdrücklich mit der Formulierung der Prämisse: »Even if we don't (yet) know the wording of the moral law, we know that we are searching for a law« und führt diese Prämisse unter denjenigen Prämissen Kants auf, die uns heute problematisch anmuten. Köhl, Harald: »The derivation of the moral law (GMS, 402, 420 f.)«, a. a. O., S. 94, vgl. S. 114.

Weil diese Schwierigkeit für Kant selbst keine war, findet sich für sie auch keine Lösung in den beiden anderen Ableitungen des Gesetzesinhalts. Die zweite und die dritte Ableitung setzen sogar mehr voraus und gehen im Wesentlichen begriffs- und nicht erfahrungsanalytisch vor. Die begriffsanalytische Ableitung des kategorischen Imperativs aus dem zweiten Abschnitt der *Grundlegung* ist allerdings eine, die nach unserer Interpretation durchaus in der »Phänomenologie des moralischen Bewusstseins« aus dem ersten Abschnitt gründet. Kant fragt im zweiten Abschnitt nach demjenigen Imperativ, der als oberstes Prinzip in Frage kommt und gelangt zu der These, dass es allein der kategorische Imperativ sein kann, weil sämtliche hypothetischen Imperative von nicht notwendigen Bedingungen abhängen. Er versucht dann, den Inhalt des kategorischen Imperativs allein aus seinem *Begriff*, dem Begriff eines kategorischen Imperativs, abzuleiten. Diese zweite Ableitung des Gesetzesinhalts aus dem Begriff kann aber durchaus so verstanden werden, dass Kant hier nach dem *Wesen*, gleichsam dem *eidos*, eines kategorischen Imperativs überhaupt fragt. Wenn sich zeigen ließe, dass das im ersten Abschnitt durch die Analyse des gewöhnlichen moralischen Bewusstseins herausgefilterte Gesetz nicht nur ein zufällig im menschlichen Bewusstsein fungierender kategorischer Imperativ ist, sondern vielmehr das Wesen eines kategorischen Imperativs überhaupt enthält, dann ist das im menschlichen Bewusstsein fungierende Gesetz das einzig mögliche Gesetz eines sinnlichen und vernünftigen Wesens mit einem Willen überhaupt. Diese Identität von im menschlichen Bewusstsein tatsächlich fungierendem Gesetz und aus dem Begriff des kategorischen Imperativs ermitteltem Gesetz aber ist in der Tat das Ergebnis von Kants zweiter Ableitung. Der Begriff des kategorischen Imperativs, so heißt es dort, »enthält« genau zwei Momente: zum einen das Gesetz, welches im Unterschied zu den Prinzipien hypothetischer Imperative »keine Bedingung enthält, auf die es eingeschränkt war«, und zum anderen »die Nothwendigkeit der Maxime [...], diesem Gesetze gemäß zu sein«.[75] Aus diesen zwei Momenten folgert er, dass nichts anderes übrig bleibe »als die Allgemeinheit eines Gesetzes überhaupt«, woraus er wiederum den weiteren Schluss zieht, dass es nur einen einzigen kategorischen Imperativ geben kann: »handle nur nach derjenigen Maxime, durch die du zugleich wollen kannst, daß sie ein allgemeines Gesetz werde.«[76] Der Gesetzesbegriff aber, der laut Kant in dem Begriff eines kategorischen Imperativs enthalten ist, ist für ihn auch hier *schon* der Begriff eines Gesetzes *für alle vernünftigen Wesen*.

In § 4 der *Kritik der praktischen Vernunft* formuliert Kant die Frage, unter welchen Bedingungen bloß subjektive Maximen als allgemeine praktische Gesetze

---

75 GMS, AA 4: 420.28; 421.1–2; 420.28–421.1.
76 Ebd., S. 421.7–8.

gedacht werden können. Anders als im ersten Abschnitt der *Grundlegung* fragt er nicht mehr, mit *welchem* Gesetz die Maximen übereinstimmen müssen, sondern die Frage ist von vornherein, wie sie selbst *als* praktische Gesetze gedacht werden können, wobei bereits der § 1 »praktische Gesetze« als Grundsätze *definiert*, deren Bedingung als »für den Willen *jedes vernünftigen Wesens* gültig erkannt wird«. (Hervorhebung I. R.) Weil Maximen aber nur einen empirisch bedingten Gegenstand und eine Form haben, könnten sie bloß in Hinblick auf ihre Form zum Gesetz taugen, weswegen Kant in § 7 das »Grundgesetz der reinen praktischen Vernunft« so formuliert: »Handle so, daß die Maxime deines Willens jederzeit zugleich als Princip einer allgemeinen Gesetzgebung gelten könne.«[77]

Wir können jetzt aber auch auf die erste der beiden eingangs gestellten Fragen zurückkommen: Wie begründet Kant, dass im Zentrum der Ethik überhaupt ein Gesetz steht? Die Ableitung des Gesetzesinhalts zeigt, dass er in dieser Hinsicht gar kein Begründungsdesiderat sieht, sondern von vornherein voraussetzt, *dass* wir nach einem Gesetz suchen, welches *per definitionem* ein Gesetz für alle vernünftigen Wesen sein muss. Kants Frage ist nur, *wie* es lautet und wie seine rechtmäßige Autorität begründet werden kann. Das Hauptproblem, welches den kontroversen Einschätzungen von Kants Ableitung des Gesetzesinhalts[78] letztlich zugrunde liegt, ist, dass für Kant als Prinzip eines ›Wollens überhaupt‹ von vornherein überhaupt nur ein ›*Gesetz* für *alle vernünftigen Wesen*‹ in Frage kommt, weil er sich das historisch erst später aufkommende Problem der Intersubjektivität noch nicht eigens stellt. Spätere Kommentatoren hingegen fragen im Ausgang von der Perspektive der Ersten Person Singular, die auch und gerade die Perspektive der Phänomenologie ist, weshalb das Prinzip *meines* ›Wollens überhaupt‹, das Prinzip dessen, wie ich mich selbst verstehen will (Tugendhat),

---

[77] KpV, AA 5: 30.37–39.

[78] Die meisten derjenigen Interpreten, welche in der Ableitung aus dem ersten Abschnitt der *Grundlegung* eine Lücke sehen, machen auch in der Ableitung des zweiten Abschnitts ein Scheitern der Argumentation aus. Vgl. beispielsweise Schönecker, Dieter/Wood, Allen W.: *Kants »Grundlegung zur Metaphysik der Sitten«*, a. a. O., S. 128. Allison hält allerdings das Argument aus der *Kritik der praktischen Vernunft* für erfolgreich: »[T]he gap is there successfully filled by means of the introduction of transcendental freedom (which in the Groundwork is appealed to only in connection with the justification, not the derivation, of the categorical imperative).« Allison, Henry E.: »On the presumed gap in the derivation of the categorical imperative«, in: ders.: *Idealism and Freedom. Essays on Kant's Theoretical and Practical Philosophy*. New York: Cambridge University Press 1996, S. 143–154, hier S. 144. Köhl bestreitet allerdings, dass die transzendentale Freiheit in der zweiten Kritik als Prämisse der Ableitung des Gesetzesinhalts fungiert: »I read this proof as follows: Kant goes from the thesis of § 4 to his conclusion in § 7. §§ 5/6, where transcendental freedom is introduced, is an interlude«. Köhl, Harald: »The derivation of the moral law (GMS, 402, 420 f.)«, a. a. O., S. 111. Wie erwähnt hat Allison allerdings später in seinem 2011 erschienenen Kommentar auch schon die Ableitung aus der *Grundlegung* für erfolgreich gehalten.

beziehungsweise das Prinzip meiner praktischen Identität (Korsgaard), praktisch *notwendig* ein *Gesetz* für den Willen eines *jeden vernünftigen Wesens* sein können muss. Die Frage, die eine heute an Kant anknüpfende Ethik beantworten muss, ist, ob und inwiefern diese aus einer nachfichteanischen Perspektive virulent werdende Begründungslücke in Kants Ableitungen des Gesetzesinhalts gefüllt werden kann. Es ist diese Herausforderung, mit der auch die phänomenologischen Anknüpfungsversuche an Kant seit Heidegger ringen.

2.1.3 Das Gesetz und die Formeln des kategorischen Imperativs

Die Frage nach der Ableitung des Gesetzesinhalts wird dadurch noch weiter verkompliziert, dass Kant das Gesetz nicht nur in zahlreichen, unterschiedlichen Formulierungen vorträgt, sondern in der *Grundlegung* sogar ausdrücklich mehrere Formeln des kategorischen Imperativs voneinander unterscheidet, die völlig unterschiedliche Gesichtspunkte akzentuieren. Es ist seit Patons Interpretation zwar ein gewisser Konsens darüber erreicht worden, dass im zweiten Abschnitt der *Grundlegung* im Wesentlichen fünf Formeln voneinander zu unterscheiden sind: die allgemeine Formel des kategorischen Imperativs, ihre Variante in der Naturgesetzformel, die Mensch-Zweck-Formel, die Autonomieformel sowie deren Variante in der Reich-der-Zwecke-Formel.[79] Über die Funktion dieser verschiedenen Formeln und ihr Verhältnis zueinander besteht hingegen größte Uneinigkeit.[80] Weshalb trägt Kant den kategorischen Imperativ in der *Grundlegung* in

---

[79] Vgl. Paton, H.J.: *Der kategorische Imperativ*, a.a.O., Kapitel XIII.

[80] Klaus Reich und Julius Ebbinghaus meinen, es gebe eigentlich nur »vier Formeln, eine[...] ›allgemeine[...]‹ und drei ›spezielle‹«, wobei die drei speziellen die Naturgesetzformel, die Mensch-Zweck-Formel und die Reich-der-Zwecke-Formel seien und lediglich die Funktion hätten, die Hauptformel zu veranschaulichen. Reich, Klaus: »Kant und die Ethik der Griechen (1935)«, a.a.O., S.136. Ebbinghaus formuliert besonders deutlich, dass die Veranschaulichung abhängig sei von der aus der Stoa stammenden, von Kant aber nicht selbst vertretenen »dogmatisch-metaphysischen Voraussetzung [...], daß die Natur in den Bedingungen ihrer Möglichkeit auf die mögliche Realisierung der natürlichen Zwecke des menschlichen Lebens teleologisch bezogen ist.« Ebbinghaus, Julius: »VI. [Die Formeln des kategorischen Impertivs in Kants ›Grundlegung zur Metaphysik der Sitten‹]«, in: ders.: *Philosophische Studien aus dem Nachlaß*, in Verbindung mit Manfred Baum hg. von Udo Rameil. Würzburg: Königshausen & Neumann 2013, S.457–463, hier S.460. Außerdem vertritt er die Auffassung, die Autonomieformel sei überhaupt gar keine Formel, weil sie nicht das *principium dijudicationis* betreffe, sondern lediglich die allgemeine Formel um ein *principium executionis* ergänze. Vgl. a.a.O., S.462f. Mit der Interpretation von Reich und Ebbinghaus habe ich mich ausführlich auseinandergesetzt in: »Die Formeln des kategorischen Imperativs in der *Grundlegung*«, a.a.O. Allen Wood hingegen schlägt eine völlig andere Interpretation vor, wenn er meint, die Autonomie-Formel stelle systematisch sogar die Hauptformel dar, während die bei der Ableitung des kategorischen Imperativs aus seinem Begriff zuerst genannte

verschiedenen Formeln vor? In welchem systematischen Zusammenhang stehen diese Formeln zueinander? Will Kant lediglich die Hauptformel durch weitere Formeln veranschaulichen? Ist gar eine der später in der Schrift angeführten Formeln die eigentliche Hauptformel, während die erste Formel letztlich untergeordnete Bedeutung hat?

Die Interpretationshypothese, die im Folgenden vertreten werden soll, ist, dass Kant in der *Grundlegung* mit den verschiedenen Formeln des kategorischen Imperativs eine Skizze des Gesamtprogramms einer kritischen Ethik vorlegt, die später in der *Kritik der praktischen Vernunft* grundgelegt, in der Tugendlehre der *Metaphysik der Sitten* ausgeführt und in der anthropologisch fundierten *Religionsschrift* konkretisiert wird.[81] Wenn Kant in der Vorrede formuliert, in der *Grundlegung* ginge es um die ›Aufsuchung und Festsetzung des obersten Prinzips der Moralität‹, dann suggeriert dies, die *Grundlegung* sei ausschließlich eine Vorfassung der Analytik der *Kritik der praktischen Vernunft* und nichts weiter. Dieser Eindruck trügt jedoch, denn die *Grundlegung* enthält darüber hinaus auch schon eine Vorfassung der Einleitung in die Tugendlehre der späteren *Metaphysik der Sitten* und sogar noch den Ausblick in anthropologische Überlegungen, wie sie später in der *Religionsschrift* ausgeführt werden. Dass die verschiedenen Formeln des kategorischen Imperativs *in nuce* Kants Skizze des Gesamtprogramms einer kritischen Ethik enthalten, wird nur deshalb in der *Grundlegung* nicht recht deutlich, weil er in dieser Schrift – neben der kritischen Grundlegung der Ethik – auch noch zwei andere Ziele verfolgt: das pädagogische Ziel, das Grundprinzip der

Formel sowie die Naturgesetzformel von der Zweck-an-sich-selbst-Formel und der Autonomie-Formel abhängig seien. Vgl. Wood, Allen W.: *Kant's Ethical Thought*, a.a.O., S.76–190. Rawls wiederum ordnet die Naturgesetzformel, die Zweck-an-sich-selbst-Formel und die Autonomieformel verschiedenen Standpunkten zu, von denen aus die moralische Situation jeweils betrachtet werde. Bei der Naturgesetzformel »sehen wir eine moralische Situation vom Standpunkt des Akteurs«. Bei der Zweck-an-sich-selbst-Formel »werden wir durch den kategorischen Imperativ dazu bewogen, uns selbst und andere Personen als von unserer vorgeschlagenen Handlung Betroffene zu betrachten.« Und bei der Autonomieformel »kommen wir wieder auf den Standpunkt des Akteurs zurück. Diesmal ist der Akteur aber nicht jemand, der moralischen Forderungen unterworfen ist, sondern jemand, der gleichsam allgemeine Gesetze erläßt.« Rawls, John: *Lectures on the History of Moral Philosophy*, a.a.O., S.183 (dt. 249). Eine beachtenswerte, abermals anders angelegte Interpretation findet sich neuerdings bei Henry Allison, für den das »organizing principle« des zweiten Abschnitts und damit auch des Verhältnisses der verschiedenen Formeln ist »to provide a complete construction of the concept of the categorical imperative on the basis of a progressive analysis of the concept of a finite rational agent«. Vgl. Allison, Henry E.: *Kant's Groundwork for the Metaphysics of Morals*, a.a.O., S.237.

[81] Wir knüpfen mit dieser Interpretation im Ansatz an die Auslegung Schmuckers an, der bereits im Jahr 1955 vertreten hat, dass Kant die Mensch-Zweck-Formel und die Autonomieformel im Bereich einer Metaphysik der Sitten lokalisiert. Vgl. Schmucker, Josef: »Der Formalismus und die materialen Zweckprinzipien in der Ethik Kants«, in: Lotz, Johannes B. (Hg.): *Kant und die Scholastik heute*. Pullach bei München: Verlag Berchmanskolleg 1955, S.155–205.

Ethik möglichst verständlich und für jedermann eingängig darzustellen, sowie eine Art ›Dekonstruktion‹ der stoischen Pflichtenlehre anhand einer Auseinandersetzung mit Ciceros *De officiis* vorzunehmen, innerhalb derer er das ›Wahre‹ in diesem zu seiner Zeit einschlägigen Buch der Moralphilosophie[82] herauszuarbeiten sucht. In diesem Rahmen aber haben die verschiedenen Formeln *auch* eine Veranschaulichungsfunktion, und sie haben *auch* die Funktion, das aus Kants Sicht Treffende an den stoischen Grundprinzipien der Ethik herauszustellen. Die Verflechtung jener drei ganz unterschiedlichen Anliegen aber macht die *Grundlegung* zu einem von Grund auf heterogenen Werk. Wie lässt sich unsere Interpretationshypothese begründen, die verschiedenen Formeln des kategorischen Imperativs enthielten *in nuce* das Gesamtprogramm einer kritischen Ethik?

Im vorangehenden Kapitel haben wir gesehen, dass Kant den Inhalt des kategorischen Imperativs im zweiten Abschnitt der *Grundlegung* ein zweites Mal ableitet, und zwar aus seinem bloßen Begriff, was ihn zu der allgemeinen Formel des kategorischen Imperativs führt: »h a n d l e   n u r   n a c h   d e r j e n i g e n M a x i m e ,   d u r c h   d i e   d u   z u g l e i c h   w o l l e n   k a n n s t ,   d a ß   s i e   e i n   a l l g e m e i n e s   G e s e t z   w e r d e .«[83] Um »anz[uz]eigen […], was wir dadurch denken und was dieser Begriff sagen wolle«,[84] fügt Kant sogleich die Naturgesetzformel hinzu, eingeleitet mit den Worten, »der allgemeine Imperativ der Pflicht [könnte] auch so lauten«: »h a n d l e   s o ,   a l s   o b   d i e   M a x i m e   d e i n e r   H a n d l u n g   d u r c h   d e i n e n   W i l l e n   z u m   **a l l g e m e i n e n   N a t u r g e s e t z e**   w e r d e n s o l l t e .«[85] Weshalb der Imperativ ›auch so lauten‹ könne, erläutert Kant mit folgenden Worten: »Weil die Allgemeinheit des Gesetzes, wornach Wirkungen geschehen, dasjenige ausmacht, was eigentlich N a t u r   im allgemeinsten Verstande (der Form nach), d. i. das Dasein der Dinge, heißt, so fern es nach allgemeinen Gesetzen bestimmt ist […]«.[86] In dieser Formulierung liegt aus unserer Sicht eine Vorfassung des Gedankens einer *Typisierung* des allgemeinen Gesetzes mithilfe der Form des Naturgesetzes, den Kant in der zweiten Kritik ausdrücklich formuliert. Dort heißt es: Es »hat das Sittengesetz kein anderes die Anwendung desselben auf Gegenstände der Natur vermittelndes Erkenntnißvermögen, als den Verstand […], welcher einer Idee der Vernunft nicht ein S c h e m a   der Sinnlichkeit, sondern ein Gesetz, aber doch ein solches, das an Gegenständen der Sinne in concreto dargestellt werden kann, mithin ein Naturgesetz, aber nur seiner Form nach, als Gesetz zum Behuf der Urtheilskraft unterlegen kann, und

82 Vgl. Reich, Klaus: »Kant und die Ethik der Griechen (1935)«, a. a. O., S. 130.
83 GMS, AA 4: 421.7–8.
84 Ebd., S. 421.12–13.
85 Ebd., S. 421.18–20.
86 Ebd., S. 421.14–17.

dieses können wir daher den Typus des Sittengesetzes nennen.«[87] Wenn man zudem beachtet, dass es in der *Grundlegung* die Naturgesetzformel ist, anhand derer Kant die vier Beispiele für Pflichten erstmals erörtert, so scheint schon für die *Grundlegung* zu gelten, dass die Anwendung des Vernunftgesetzes auf Gegenstände der Natur, d. h. auf Handlungen, nur mithilfe der Naturgesetzformel möglich ist. Die Formulierung der *Grundlegung* ›könnte auch so lauten‹ wäre damit gleichsam zu lesen als ›könnte in typisierter Form auch so lauten‹.[88]

An diesem ersten Übergang von der allgemeinen Formel zur Naturgesetzformel aber ist etwas ganz Entscheidendes hervorzuheben: Das Sittengesetz enthält als Idee der Vernunft stets einen *Überschuss* gegenüber seiner Typisierung. Als Idee der Vernunft kann es nur gedacht werden, und wir denken es als das Gesetz der Gesetzmäßigkeit überhaupt. Aber was das konkret bedeutet, was ›dieser Begriff sagen wolle‹, erfassen wir so noch nicht. Denken wir uns das Vernunftgesetz der Gesetzmäßigkeit überhaupt als Idee, so wissen wir weder, wie wir es auf unsere menschlichen Verhältnisse, das heißt auf die Welt der Handlungen und ihre Grundsätze überhaupt beziehen, noch, wie wir aus ihm konkrete Handlungsrichtlinien gewinnen können. Um das Vernunftgesetz auf die Welt unserer Handlung anzuwenden, müssen wir es typisieren. Und diese Typisierung geschieht laut Kant dadurch, dass wir uns an dem Naturgesetz seiner Form nach orientieren. Dieser Überschuss des Vernunftgesetzes wird in der Forschung zumeist zugunsten der Frage, *welche* Form des Naturgesetzes Kant beim Typus meint, zurückgedrängt. Auf letztere Frage kommen wir in Kapitel 2.4 zurück. An dieser Stelle geht es uns darum, jenen prinzipiell nicht zu tilgenden *Überschusscharakter des Vernunftgesetzes* über jegliche Form der Typisierung und damit

---

87 KpV, AA 5: 69.12–19.

88 Bei Ebbinghaus heißt es zwar: »(NB! Die Rolle, die das Naturgesetz als ›Typus‹ in der ›Kritik der praktischen Vernunft‹ [...] spielt, gehört *nicht* in die ›Grundlegung‹[...])«. Ebbinghaus, Julius: »VI. [Die Formeln des kategorischen Imperativs in Kants ›Grundlegung zur Metaphysik der Sitten‹]«, a. a. O., S. 460, Hervorhebung I. R. Ebbinghaus' Grund für diese Behauptung ist aber, dass die Funktion der Naturgesetzformel in einer Veranschaulichung der allgemeinen Formel liege, der Typus aber im Unterschied zum Schema gerade keine Veranschaulichung bedeute. Kant sagt jedoch schon in der *Grundlegung* ausdrücklich, dass die Formeln »eine Idee der Vernunft der Anschauung (*nach einer gewissen Analogie*) [...] näher [...] bringen.« GMS, AA 4: 436.12–13, Kursivierung I. R. Die Rede von einer »Analogie« aber verweist darauf, dass Kant mit jener Veranschaulichungsfunktion weniger ein direkt veranschaulichendes Schema als ein indirekt veranschaulichendes Symbol im Sinn hat. Das Symbol definiert er später in der *Kritik der Urteilskraft* als eine symbolische Hypotypose, in der ein Begriff, der von der Vernunft nur gedacht werden kann und dem daher »keine sinnliche Anschauung angemessen sein kann«, doch per Analogie mit dem Schematisierungsverfahren eine »indirecte Darstellung[...] des Begriffs [...] vermittelst einer Analogie« zulässt, in der allein die »Form der Reflexion« in einem Bilde veranschaulicht wird. Das »Bild« wäre in der *Grundlegung* das der Natur. Kant, Immanuel: *Kritik der Urtheilskraft*, KU, AA 5: 351.27; 352.10,11; 351.31.

über jegliche Form der Beziehung und Anwendung auf menschliche Handlungs-
verhältnisse hervorzuheben.[89]

Weshalb formuliert Kant im Anschluss an die allgemeine Formel des kategorischen Imperativs und die Naturgesetzformel die Mensch-Zweck-Formel? Was
ist die Funktion der Mensch-Zweck-Formel, und in welchem Verhältnis steht sie
zu den beiden zuvor genannten Formeln? In der Mensch-Zweck-Formel formuliert Kant den kategorischen Imperativ aus der Perspektive einer kritisch geläu-
terten Metaphysik der Sitten. Während die spätere *Kritik der praktischen Vernunft*
zu zeigen sucht, dass es ein Vermögen reiner praktischer Vernunft tatsächlich
gibt, liefert die Einleitung in die *Metaphysischen Anfangsgründe der Tugendlehre*
die Grundprinzipien des Systems in seinem ethischen Teil. Eben diese Einteilung findet sich in einer Vorfassung aber auch schon im zweiten Abschnitt der
Grundlegung, in dem Kant zu einer Metaphysik der Sitten übergeht. Der Übergang wird von Kant deutlich markiert und findet sich nach der Formulierung
der ersten beiden Formeln und vor der Formulierung der Mensch-Zweck-Formel
an folgender Stelle: »Die Frage ist also diese: ist es ein nothwendiges Gesetz f ü r
a l l e v e r n ü n f t i g e We s e n , ihre Handlungen jederzeit nach solchen Maximen zu beurtheilen, von denen sie selbst wollen können, daß sie zu allgemeinen
Gesetzen dienen sollen? Wenn es ein solches ist, so muß es (völlig a priori) schon
mit dem Begriffe des Willens eines vernünftigen Wesens überhaupt verbunden
sein. Um aber diese Verknüpfung zu entdecken, muß man, so sehr man sich auch
sträubt, einen Schritt hinaus thun, nämlich zur […] Metaphysik der Sitten.«[90]
Während Kant 1797 ausdrücklich formuliert, dass die Metaphysik der Sitten einer
praktischen Philosophie zugrunde liegt, die »nicht Natur, sondern die Freiheit
der Willkür zum Objecte hat«,[91] heißt es bereits 1785, »die Metaphysik der Sitten soll die Idee und die Principien eines möglichen r e i n e n Willens untersu-

---

89 Krüger zufolge ist »die Typik […] das *Grundproblem* der praktischen Philosophie.« Krüger,
Gerhard: *Philosophie und Moral in der Kantischen Kritik.* Tübingen: J.C.B. Mohr (Paul Siebeck)
²1967, S.83. In einer gewissen Analogie dazu, wie Heidegger die gesamte kritische Philosophie
im Schematismus der transzendentalen Einbildungskraft gründen lassen will, sucht Krüger die
kritische praktische Philosophie im Ganzen in der Typik zu fundieren. Nicht nur bezeichnet er die
»Menschheit« in Abweichung von Kant als einen »zweite[n] Typus« (S.89), sondern aus Krügers
Sicht hätte Kant die gesamte Kritik, Metaphysik und Anthropologie seiner praktischen Philosophie aus der Typik heraus verstehen und entfalten sollen, insofern jene das grundlegende Prinzip
der Anwendung beziehungsweise der konkreten Entfaltung der Moralität des Menschen sei. In
seiner so gearteten Neuausrichtung des kantischen Ansatzes schreibt Krüger der von uns oben
hervorgehobenen Kluft zwischen dem Vernunftgesetz und seiner Anwendung eine herausragende Rolle zu, insofern das Gesetz als »*Vernunft*gesetz« stets einen Überschuss aufweise
gegenüber dem »*Inhalt*, welcher in der Anwendung, also dem Typus, besteht«. A.a.O., S.89.
90 GMS, AA 4: 426.22–30.
91 MS, AA 6: 216.30.

chen«.[92] Obgleich Kant wiederholt, und so auch im oben angeführten Zitat, ganz allgemein von dem ›Willen eines vernünftigen Wesens‹ spricht, betrifft die metaphysische Untersuchung der *Grundlegung* tatsächlich nur den Willen eines endlichen vernünftigen Wesens und wird von Kant sogar tendenziell auf den »menschlichen Willen[...]«[93] zugespitzt. Es ist letztlich auch der menschliche Wille, der 1797 Gegenstand der »Anthroponomie« der Tugendlehre sein wird, »welche von der unbedingt gesetzgebenden Vernunft aufgestellt« und in Beziehung zur Beschaffenheit des Menschen gesetzt wird.[94] Kants Ziel im zweiten Abschnitt nach dem Übergang zur Metaphysik der Sitten ist also, das Objekt ›Wille eines endlichen beziehungsweise menschlichen vernünftigen Wesens‹ zu untersuchen, um dessen Verknüpfung mit dem zuvor formulierten Gesetz nachzuweisen. Es handelt sich in diesem Grundriss einer Metaphysik der Sitten um eine Verknüpfung des zuvor gefundenen Gesetzes mit dem Gegenstandsbereich der endlichen beziehungsweise menschlichen vernünftigen Wesen mit einem Willen. Wie erreicht Kant diese Verknüpfung beziehungsweise wie weist er sie nach?

Der endliche Wille ist so beschaffen, dass er sich »der Vorstellung gewisser Gesetze gemäß« zum Handeln bestimmt, wobei er allerdings außer dem Gesetz auch einen »Zweck« benötigt, der ihm »zum objectiven Grunde seiner Selbstbestimmung dient«.[95] Der durch den kategorischen Imperativ bestimmte Wille aber muss einen Zweck haben, der nicht bloß subjektiv ist, sondern der »durch bloße Vernunft gegeben wird« und »für alle vernünftige Wesen gleich« gilt: ein »Zweck an sich selbst«.[96] Wenn Kant in diesem Zusammenhang sagt, »nur in ihm allein« würde »der Grund eines möglichen kategorischen Imperativs [...] liegen«,[97] so ist das so zu verstehen, dass es angesichts eines Willens, der immer einen Zweck benötigt, um zu handeln, einen Zweck an sich selbst geben muss, wenn es »einen kategorischen Imperativ geben soll«.[98] Mit anderen Worten, *wenn* der kategorische Imperativ auf den metaphysischen Gegenstandsbereich der endlichen vernünftigen Wesen mit einem Willen bezogen werden können soll, so muss es einen Zweck an sich selbst geben. *Dass* es diesen gibt und welcher er ist, wird von Kant im zweiten Abschnitt der *Grundlegung* zunächst als eine bloße Behauptung aufgestellt: »Nun sage ich: der Mensch und überhaupt jedes vernünftige Wesen existirt als Zweck an sich selbst« beziehungsweise, etwas

---

92 GMS, AA 4: 390.34–35.
93 Ebd., S. 428.35.
94 MS, AA 6: 406.3–4.
95 GMS, AA 4: 427.19–20,23,22.
96 Ebd., S. 427.23,24; 428.4.
97 Ebd., S. 428.5–6.
98 Ebd., S. 428.35.

später, »die vernünftige Natur existirt als Zweck an sich selbst.«[99] Wie begründet Kant diese Behauptung?

Die Begründung dieser Behauptung findet sich verteilt auf den zweiten und dritten Abschnitt. Im zweiten Abschnitt formuliert Kant zunächst ein »Postulat«, zu dem er bemerkt: »Im letzten Abschnitte wird man die Gründe dazu finden.«[100] Das Postulat in Bezug auf das Existieren der vernünftigen Natur als Zweck an sich selbst lautet: »So stellt sich nothwendig der Mensch sein eignes Dasein vor [...]. So stellt sich aber auch jedes andere vernünftige Wesen sein Dasein zufolge eben desselben Vernunftgrundes, der auch für mich gilt, vor«.[101] Inwiefern das so ist, begründet Kant offenbar in der zweiten Sektion des dritten Abschnittes.[102] Wir werden uns mit dem Argumentationsgang des dritten Abschnitts im nächsten Kapitel gesondert befassen und nehmen an dieser Stelle lediglich den Gedanken vorweg, der aus unserer Sicht als Begründung des oben genannten Postulats fungiert. Kant, so unsere Interpretationshypothese, geht im dritten Abschnitt davon aus, dass der Mensch in seinem Handeln beansprucht, einen Willen zu haben, der nach selbstgesetzten Zwecken handelt; dieser Anspruch aber zwingt den Menschen dazu, auch die Freiheit seines Willens vorauszusetzen; anderenfalls würde er sich in einen performativen Widerspruch verwickeln, da ein unfreier Wille gar nicht nach selbstgesetzten Zwecken handeln würde. Inwiefern ist dieser Gedanke nun eine Begründung für das zuvor angeführte Postulat? Wenn ich den Anspruch erhebe, nach selbst gesetzten Zwecken zu handeln, dann sind alle gesetzten Zwecke relativ auf mein Zwecksetzungsvermögen. Dieses Zwecksetzungsvermögen selbst jedoch muss ich in jeder Zwecksetzung auch selbst als Zweck setzen,[103] weil ich mich andernfalls in einen performativen Widerspruch verwickelte. Ich kann nicht kohärent einen Zweck setzen und zugleich die Quelle dieses Zweckes nicht zum Zweck nehmen. Da das Zwecksetzungsvermögen als Quelle aller Zwecke aber der einzige Zweck ist, der *nicht relativ* auf etwas anderes ist und zugleich *notwendig* in jeder fungierenden Zwecksetzungstätigkeit zum Zweck genommen werden muss, ist das Zwecksetzungsvermögen ein Zweck *an sich selbst*. Da jede Zwecksetzung aber eine Wertsetzung ist, ist der Zweck an

---

99 Ebd., S. 428.7–8; 429.2–3.

100 Ebd., S. 429.35–36.

101 Ebd., S. 429.3–7.

102 Schon Paton vertritt diese Interpretation: »Zur Rechtfertigung dieser Behauptung werden wir, ziemlich unbestimmt, auf Kapitel III der Grundlegung verwiesen. Ich glaube, daß Kant damit den Abschnitt über die notwendige Voraussetzung der Freiheit meint«. Paton, H.J.: *Der kategorische Imperativ*, a.a.O, S. 214.

103 Steigleder spricht in dieser Hinsicht von einer »Selbstbezüglichkeit reiner praktischer Vernunft«, die er für »den Kern der Moralphilosophie Kants« hält. Steigleder, Klaus: *Kants Moralphilosophie. Die Selbstbezüglichkeit reiner praktischer Vernunft.* Stuttgart: Metzler 2002, S. 64.

sich selbst zugleich ein *absoluter Wert*.[104] Dieser Argumentationsgang stellt eine Vorfassung der Deduktion des Tugendprinzips aus der Einleitung in die Tugendlehre dar, mit der wir uns in Kapitel 2.2.3 befassen werden; dort bestimmt Kant die reine praktische Vernunft im Menschen als ein Vermögen der Zwecke überhaupt, das sich selbst als Zwecksetzungsvermögen zum Zweck setzen muss, wenn es sie geben soll.

In diesem Argumentationsgang der *Grundlegung* aber wird deutlich, dass Kant das Zweck-an-sich-Sein des Menschen weder als eine realontologische Eigenschaft des Menschen versteht[105] noch auf einen absoluten Wert des Menschen zurückführt, der im Rahmen eines rationalen Intuitionismus schlichtweg erschaut oder erfahren werden müsste.[106] Für Kant hängt das Zweck-an-sich-Sein des Menschen vielmehr davon ab, dass der Mensch im *performativen Vollzug* seiner Existenz den *Anspruch erhebt*, einen Willen zu haben und nach selbst gesetzten Zwecken zu handeln.[107] Wenn Kant davon spricht, dass der Mensch als Zweck an sich selbst »existiert«, so verwendet er den Existenzbegriff an dieser Stelle tatsächlich eher im Heidegger'schen Sinne der Existenz als Vollzug als im Sinne eines bloßen Dass des Vorhandenseins. Kants Argument ist ein Performa-

---

104 Schönecker und Wood meinen: »In GMS III findet sich dann ein Argument dafür, warum vernünftige Wesen sich tatsächlich für *frei* im Denken und im Wollen halten müssen. Es wird aber überhaupt nicht begründet, weshalb vernünftigen Wesen *deshalb* der Status zukommt, *absolut wertvoll* zu sein und *Würde* zu besitzen.« Schönecker, Dieter/Wood, Allen W.: *Kants »Grundlegung zur Metaphysik der Sitten«*, a.a.O., S.147. Hier gibt es aber aus unserer Sicht keine Begründungslücke bei Kant, weil das freie Wollen zugleich ein Zwecksetzungsvermögen ist, das sich selbst zum unbedingten Zweck nehmen muss, und jede Zwecksetzung zugleich immer auch eine Wertsetzung ist, die wiederum die Setzung des absoluten Werts des Zwecksetzungsvermögens selbst impliziert.

105 Tugendhat versteht das Zweck-an-sich-selbst-Sein als eine realontologische Eigenschaft des Menschen und kritisiert Kant dafür. Er meint, »durch eine angebliche Qualität, die den Menschen schon an sich zukomme«, werde bei Kant »das Gebot fälschlich ontologisiert«. Tugendhat, Ernst: *Vorlesungen über Ethik*, a.a.O., S.145. Das ist aber aus unserer Sicht gerade nicht der Fall.

106 Schönecker und Wood meinen, dass die Auslegung von Kants Gedankengang letztlich dazu zwinge, die absolute Werthaftigkeit des Menschen als eine schlichtweg erfahrene zu verstehen: »Doch daß es Werte gibt, ist etwas, das wir nur verstehen können, wenn wir Werte *erfahren*.« Schönecker, Dieter/Wood, Allen: *Kants »Grundlegung zur Metaphysik der Sitten«*, a.a.O., S.155. Aus unserer Sicht ist Kant jedoch kein rationaler Intuitionist in diesem Sinne. Vgl. dazu das Kapitel 3.1.4 sowie von der Verfasserin »Gibt es einen kantianischen Intuitionismus in der Ethik?«, in: Rinofner-Kreidl/Wiltsche, Harald A. (Hg.): *Analytic and Continental Philosophy. Methods and Perspectives. Proceedings of the 37th International Wittgenstein Symposium*. Berlin/Boston: de Gruyter 2016 (= Publications of the Austrian Ludwig Wittgenstein Society. New Series. Bd. 23), S.370–379.

107 Willaschek hebt dieses performative Moment hervor, wenn er schreibt: »Eine Person zu sein, heißt, den Anspruch zu *stellen*, das eigene Leben selbst zu führen, und sich damit dem Anspruch *auszusetzen*, es auch wirklich zu tun.« Willaschek, Marcus: *Praktische Vernunft. Handlungstheorie und Moralbegründung bei Kant*. Stuttgart/Weimar: Metzler 1992, S.283.

tivitätsargument, das das Existieren als Zweck an sich selbst an den performativ erhobenen Anspruch, ein freies Zwecksetzungsvermögen zu haben, bindet. Die »Menschheit« im Menschen aber sieht Kant in eben jenem Anspruch, ein freies Zwecksetzungsvermögen zu haben und zu betätigen.[108] Sowohl für das Zweck-an-sich-Sein und die Menschheit als auch für die Würde des Menschen ist es gleichgültig, ob der Mensch diesen von ihm selbst erhobenen Anspruch auch tatsächlich *erfüllt*; gerade weil er ihn in der Regel nicht erfüllt, wird das Sittengesetz zu einem kategorischen *Imperativ*, der den Menschen dazu *nötigt*, seinem eigenen Anspruch auch zu entsprechen.[109]

---

[108] Es gibt in Kants Texten eine gewisse Mehrdeutigkeit in Bezug auf die Frage, ob das Zweck-an-sich-Sein und die Menschheit an das Setzen *irgendwelcher* oder aber an das Setzen *moralisch guter* Zwecke geknüpft ist. So schreibt Kant beispielsweise in der *Grundlegung*, dem Menschen und jedem vernünftigen Wesen komme ein »allgemeine[r] Z w e c k s v o r z u g [...]« (GMS, AA 4: 431.27) zu, weil er »das Subject aller Zwecke« (GMS, AA 4: 431.12–13) sei. Etwas später heißt es jedoch, dass der Zweck an sich selbst »das Subject aller möglichen Zwecke selbst sein« müsse, »*weil* dieses zugleich das Subject eines möglichen schlechterdings guten Willens ist« (GMS, AA 4: 437.31–32, Kursivierung I. R.). Und an einer Stelle der *Kritik der praktischen Vernunft* heißt es schließlich: »nur der Mensch und mit ihm jedes vernünftige Geschöpf ist Z w e c k a n s i c h s e l b s t. Er ist nämlich das Subject des moralischen Gesetzes« (KpV, AA5: 87.18–20). Diese Mehrdeutigkeit findet sich in der kommentierenden Literatur wieder. So ist Korsgaard der Auffassung, Kant meine mit ›Menschheit‹ als solche nur das *generelle* Vermögen, einen Zweck zu setzen, das durch moralisch gute Zwecksetzung lediglich perfektioniert würde. Korsgaard, Christine M.: *Creating the Kingdom of Ends*, a. a. O., S. 114. Schönecker und Wood hingegen meinen, dass mit dem Begriff ›Menschheit‹ »der Status vernünftiger Wesen, *moralisch* handeln zu *kön-nen*«, (meine Hervorhebungen) gemeint sei. Schönecker, Dieter/Wood, Allen W.: *Kants »Grundlegung zur Metaphysik der Sitten«*, a. a. O., S. 151. Kerstein privilegiert ebenfalls Kants Aussage, die Menschheit sei das Subjekt eines *möglichen* absolut guten Willens. Vgl. Kerstein, Samuel J.: »Deriving the formula of humanity (GMS, 427–437)«, in: Horn, Christoph/Schönecker, Dieter (Hg.): *Groundwork for the Metaphysics of Morals*, in Kooperation mit Corinna Mieth. Berlin/New York: de Gruyter 2006, S. 200–220, hier insbesondere S. 220. Unsere Auffassung ist derjenigen von Schönecker, Wood und Kerstein näher als derjenigen von Korsgaard, allerdings ist das Zweck-an-sich-Sein, und damit auch die Menschheit und die Würde, aus unserer Sicht nicht an das bloße Moralisch-handeln-*Können* oder gar die *bloße Möglichkeit* dazu gebunden, sondern an den *im Existieren erhobenen Anspruch*, nach selbstgesetzten Zwecken zu handeln.

[109] Die hier vorgeschlagene Interpretation des Anspruchs auf ein selbständiges Zwecksetzungsvermögen vermeidet damit auch zwei inakzeptable alternative Interpretationen, indem sie gleichsam einen Mittelweg zwischen jenen beiden einschlägt. 1) Bindet man die Würde an das *tatsächliche* Handeln nach selbstgesetzten, moralisch guten Zwecken, dann hätte unter Kants pessimistischem Menschenbild kaum ein Mensch Würde. Außerdem ergäbe sich ein problematischer Zirkel, weil das Zweck-an-sich-Sein als metaphysische Bedingung des kategorischen Imperativs die Erfüllung desselben bereits voraussetzen würde. 2) Eine *bloße, nicht reine* praktische Vernunft hingegen, die lediglich die Erreichung fremder, vorgegebener Zwecke optimiert und noch nicht einmal das Vermögen der Autonomie impliziert, ist aus Kants Sicht aber wiederum nicht hinreichend, um dem Menschen Würde zu verleihen, denn »die Würde der Menschheit besteht eben in dieser Fähigkeit, allgemein gesetzgebend [...] zu sein«. GMS, AA 4: 440.10–13.

Mit der bisherigen Rekonstruktion von Kants Gedankengang lässt sich jedoch nur zeigen, dass ich aus der Perspektive der Ersten Person Singular *mich selbst* beziehungsweise mein Zwecksetzungsvermögen als Zweck an sich setzen muss, wenn ich den Anspruch, aus selbstgesetzten Zwecken zu handeln, kohärent erheben will. Weshalb aber muss ich *auch den anderen Menschen* beziehungsweise dessen Zwecksetzungsvermögen als Zweck an sich selbst setzen? Genau an dieser Stelle scheint sich eine zweite Begründungslücke in Kants Argumentationsgang aufzutun; so wie der oben erörterte Sprung bei der ersten Ableitung des Gesetzesinhalts entsteht auch sie, wenn man das Problem der Intersubjektivität für fundamental hält. Folgende, jetzt im Ganzen zitierte Passage enthält Kants Argument und führt direkt auf die Formulierung der Mensch-Zweck-Formel: »[D]ie vernünftige Natur existiert als Zweck an sich selbst. So stellt sich notwendig der Mensch sein eignes Dasein vor; so fern ist es also ein subjektives Prinzip menschlicher Handlungen. So stellt sich aber auch jedes andere vernünftige Wesen sein Dasein, zufolge eben desselben Vernunftgrundes, der auch für mich gilt, vor; also ist es zugleich ein objektives Prinzip, woraus, als einem obersten praktischen Grunde, alle Gesetze des Willens müssen abgeleitet werden können. Der praktische Imperativ wird also folgender sein: Handle so, daß du die Menschheit, sowohl in deiner Person, als in der Person eines jeden andern jederzeit zugleich als Zweck, niemals bloß als Mittel brauchst.«[110] In diesem Argument schließt Kant aus dem Umstand, dass *jeder einzelne Mensch für sich sich selbst* als Zweck an sich vorstellen muss und sich demnach als solcher behandeln soll, darauf, dass *alle Menschen sich gegenseitig füreinander* als Zweck an sich selbst vorstellen müssen und dementsprechend behandeln sollen. Bereits Paton kommentiert: »Das ist zu knapp, um verständlich zu sein, und sieht aus wie ein Trugschluß, der eines John Stuart Mill würdig wäre. Man könnte glauben, Kant versuche zu beweisen, weil jedermann ein selbstsüchtiges Interesse an seinem eigenen Wohlergehen nimmt, daher müssten alle Menschen ein Interessen an dem Wohlergehen aller nehmen.«[111] Aus der Sicht von Kommentatoren des zwanzigsten Jahrhunderts fehlt bei Kant in diesem Argumentationsgang ein Argument, das begründen würde, weshalb ich von mir aus gesehen auch den anderen als Zweck an sich vorstellen und behandeln soll.[112] Es wäre zu zeigen, dass und inwiefern mich der

---

110 Ebd., S. 429.10–12.
111 Paton, H. J.: *Der kategorische Imperativ*, a. a. O., S. 214. Paton meint dann jedoch, dass Kant diesen Trugschluss verhindern könne, indem er darauf verweist, dass derselbe Vernunftgrund in mir und im anderen Menschen den Schluss auf das Zweck-an-sich-selbst-Sein sowie auf das objektive Prinzip des Zweck-an-sich-selbst-Seins erlaube.
112 Korsgaard etwa meint, sobald ein anderer Mensch spricht, könne ich gar nicht umhin, seine Worte als Gründe eines Zwecke setzenden Wesens zu hören, und müsse diese daher und

andere so angeht, dass eine praktische Notwendigkeit entspringt, ihn als Zweck an sich selbst zu achten.

Halten wir einen Moment inne, bevor wir uns den beiden letzten Formeln, der Autonomieformel und der Reich-der-Zwecke-Formel, zuwenden, um zunächst die phänomenologischen Implikationen des bisher Gesagten zusammenzufassen. Im vorangehenden Kapitel haben wir gesehen, dass Kant im ersten Abschnitt der *Grundlegung* bei der Ableitung des Gesetzesinhalts zwar gleichsam phänomenologisch vorgeht, jedoch keine eigenständige Begründung des Übergangs von einer ›universalen Gesetzmäßigkeit für mich‹ zu einer ›universalen Gesetzmäßigkeit für jedes vernünftige Wesen‹ liefert, weil er immer schon voraussetzt, dass ein universales Gesetz ein Gesetz für alle vernünftigen Wesen ist. Wenn man dies jedoch nicht voraussetzt und sich das Problem der Intersubjektivität eines Gesetzes eigens stellt, fehlt bei Kant eine Begründung dafür, dass ich in meiner moralischen Praxis von der Nötigung zu einer ›Universalität für mich‹ notwendig zu einer ›Universalität für jedes vernünftige Wesen‹ gelange. In diesem Kapitel hingegen haben wir gesehen, dass Kant im Bereich einer Metaphysik der Sitten bei der Ableitung der Mensch-Zweck-Formel nicht hinreichend zum Thema macht, weshalb ich nicht nur mich selbst, sondern auch den anderen als Zweck an sich selbst vorstellen und behandeln muss. Aus phänomenologischer Sicht bleibt damit ein wesentlicher Schritt bei der Ableitung der Mensch-Zweck-Formel unbegründet, denn es wäre eigens zu erörtern, inwiefern ich aus meiner jemeinigen Perspektive von den anderen so betroffen werde, dass eine praktische Notwendigkeit entspringt, sie ebenfalls als Zwecke an sich selbst zu achten. Es sind diese beiden, aus einer phänomenologischen Perspektive und damit unter den Bedingungen des Intersubjektivitätsproblems entstehenden Begründungslücken in Kants Argumentationsgängen, die aus phänomenologischer Sicht zu einer erneuten Erörterung oder gar zu einer Revision anhalten. Wie die Phänomenologie des zwanzigsten Jahrhunderts mit diesen Problemen umgegangen ist, werden wir im zweiten Teil erörtern.

Was ist schließlich die Funktion der Autonomieformel und der Reich-der-Zwecke-Formel, und in welchem Verhältnis stehen sie zu den vorangehenden

---

aufgrund der unhintergehbaren Öffentlichkeit der Gründe in meinem eigenen, auf die Praxis gerichteten Reflexionsprozess mit berücksichtigen. Vgl. Korsgaard, Christine M.: *The Sources of Normativity*, a. a. O., 4. Vorlesung. Darwall wiederum vertritt die Auffassung, dass die Menschen innerhalb von reziproken Ich-Du-Verhältnissen wechselseitig Aufforderungen aneinander richteten, mit denen sie den Anspruch erhöben, dem jeweils anderen normative Handlungsgründe, mit Darwall ›zweit-personale Gründe‹, zu liefern, die überhaupt nur zwischen freien Wesen ausgetauscht werden könnten, so dass der andere von mir innerhalb dieser Praxis notwendig als freies Wesen aufgefasst werden muss. Vgl. Darwall, Stephen: *The Second-Person Standpoint*, a. a. O.

Formeln? Die Autonomieformel als »dritte[...] Formel des Princips«[113] wird von Kant so eingeführt, dass er auf die allgemeine Formel (beziehungsweise die Naturgesetzformel) sowie auf die Mensch-Zweck-Formel Bezug nimmt und dann formuliert, »*hieraus folgt* nun das dritte praktische Princip des Willens, als oberste Bedingung der Zusammenstimmung desselben mit der allgemeinen praktischen Vernunft«.[114] Wie folgt es daraus? Der Wille eines endlichen beziehungsweise menschlichen vernünftigen Wesens soll sich gemäß der allgemeinen Formel und der typisierten Naturgesetzformel bestimmen, und zwar so, dass sein Zweck dabei ein Zweck an sich selbst ist. Da er aber selbst, wie auch jedes andere vernünftige Wesen mit einem Willen, nur deshalb Zweck an sich selbst ist, weil er einen Anspruch auf ein selbständiges Zwecksetzungsvermögen erhebt, folgt daraus, dass er sich selbst sowie alle anderen, denselben Anspruch erhebende Menschen nur dadurch als Zweck an sich selbst behandeln kann, dass er sich selbst Gesetze gibt, die auch für alle anderen Zwecke an sich selbst selbst gegebene Gesetze sein können: »die Idee des Willens jedes vernünftigen Wesens als eines allgemein gesetzgebenden Willens«.[115] Die auf diese Weise aus den vorangehenden Formeln ›folgende‹ Autonomie-Formel ist wie schon die Mensch-Zweck-Formel eine Formel, die in den Bereich der Metaphysik der Sitten gehört. In ihr aber wird auch deutlich, dass die Mensch-Zweck-Formel nicht von der Naturgesetzformel isoliert werden kann, sondern stets im Zusammenhang mit ihr angewendet werden muss, worauf wir in Kapitel 2.4.2 zurückkommen.

Von dem »Begriff eines jeden vernünftigen Wesens, das sich durch alle Maximen seines Willens als allgemein gesetzgebend betrachten muß, um aus diesem Gesichtspunkte sich selbst und seine Handlungen zu beurteilen«, sagt Kant, er »*führt auf* einen ihm anhängenden sehr fruchtbaren Begriff, nämlich den eines Reichs der Zwecke«, wobei er »unter einem Reiche die systematische Verbindung verschiedener vernünftiger Wesen durch gemeinschaftliche Gesetze« verstehen wolle.[116] Dieser Begriff wiederum führt Kant auf eine weitere »Formel, nämlich: daß alle Maximen aus eigener Gesetzgebung zu einem möglichen Reiche der Zwecke, als einem Reiche der Natur, zusammenstimmen sollen«.[117] Auffällig ist bei dieser »Formel«, dass Kant sie im Vergleich zu den anderen Formeln weniger als eigenständige Formel herausstellt; sie wird weder gesperrt gedruckt noch ausdrücklich als Imperativ mit dem Eingangswort »Handle« formuliert.[118]

---

[113] GMS, AA 4: 432.2.

[114] Ebd., S. 431.14–16, Kursivierung I. R.

[115] Ebd., S. 431.16–18.

[116] Ebd., S. 433.15–16,17–18, Kursivierung I. R.

[117] Ebd., S. 436.23–26.

[118] Das gilt auch für die zweite Stelle, an der Kant sie vorträgt, wo es heißt: »Demnach muß ein jedes vernünftige Wesen so handeln, als ob es durch seine Maximen jederzeit ein gesetzge-

Unsere Hypothese ist, dass Kant das deshalb so macht, weil die Reich-der-Zwe-
cke-Formel nur noch zum Teil in die Metaphysik der Sitten gehört, zu einem
anderen Teil jedoch bereits in die allgemeine Anthropologie und die konkrete
Empirie ausgreift. Der Gedanke eines Reichs der Zwecke gehört insofern in die
Metaphysik der Sitten, als jenes »ein Ideal«[119] ist. Es ist das gedachte Ideal eines
»Ganze[n] aller Zwecke (sowohl der vernünftigen Wesen als Zwecke an sich, als
auch der eigenen Zwecke, die ein jedes sich selbst setzen mag) in systematischer
Verknüpfung«.[120] Es ist das Ideal »eine[r] vollständige[n] Bestimmung
aller Maximen«, insofern diese in systematischer Verknüpfung stehen. Dieses
Ideal ist zwar die anhand des Begriffes eines Reiches der Zwecke vergegenständlichte Vernunftidee. Aber ihm kann im Rahmen einer bloßen Metaphysik der
Sitten keine konkrete Gestalt gegeben werden, weil die ›eigenen Zwecke, die ein
jedes vernünftige Wesen sich selbst setzen mag‹ und die im Reich der Zwecke zu
koordinieren sind, a priori nicht ausgemacht werden können. Wie wir in Kapitel
2.4.3 sehen werden, lassen sich die Zwecke an sich selbst im Rahmen einer Metaphysik der Sitten, die nur mit dem Begriff des Willens eines endlichen beziehungsweise menschlichen vernünftigen Wesens operiert, konkretisieren zu den
beiden Zwecken, die zu haben Pflicht ist: eigene Vollkommenheit und fremde
Glückseligkeit. Aber schon allgemeine anthropologische Bestimmungen, wie
der in der *Religionsschrift* thematisierte Umstand, dass der Mensch als empirisches Gattungswesen ein Wesen ist, das in Gemeinschaft lebt, innerhalb derer
schon die bloße Anwesenheit der anderen genügt, um den Einzelnen durch Laster
der Gesellschaft sittlich zu verderben,[121] ist ein Umstand, der für die konkrete
Errichtung eines Reichs der Zwecke von Bedeutung ist, jedoch für Kant nicht in
die Metaphysik gehört. Eine vollständige Konkretisierung des Reichs der Zwecke hingegen müsste sogar noch über eine allgemeine empirische Anthropologie
hinaus auch auf die individuellen Zwecke eingehen, die ein jeder sich im Rahmen seines Strebens nach Glückseligkeit setzt. Da Glückseligkeit aber »nicht ein
Ideal der Vernunft, sondern der Einbildungskraft ist, was bloß auf empirischen
Gründen beruht«,[122] kann jenes Ideal eines systematisch geordneten Reichs aller
Zwecke im Rahmen einer bloßen Metaphysik der Sitten gar nicht konkretisiert
werden. Wenn man seine gebotene Konkretisierung und Realisierung aber tatsächlich befolgen will, so muss man »jede Maxime des Willens als allgemein

---

bendes Glied im allgemeinen Reiche der Zwecke wäre.« Ebd., S. 438.18–21. Auch die Autonomieformel wird im Text nicht mit »Handle...« begonnen, aber sie wird – sogar mehrfach – gesperrt
gedruckt.

119 Ebd., S. 433.32.
120 Ebd., S. 433.21–24.
121 Vgl. RGV, AA 6: 93.27–94.1–6.
122 GMS, AA 4: 418.36–37.

gesetzgebend auf jeden anderen Willen und auch auf jede Handlung gegen sich selbst« beziehen, beziehungsweise man wird »seine Maximen jederzeit aus dem Gesichtspunkte seiner selbst, zugleich aber auch jedes andern vernünftigen als gesetzgebenden Wesens [...] nehmen [...] müssen«.[123] Diese Formulierungen nehmen die Maxime der Urteilskraft vorweg, die Kant in der *Kritik der Urteilskraft* mit den Worten »[a]n der Stelle jedes andern denken« ausdrückt.[124] Wenn ich in meinem Handeln das Ideal des Reichs der Zwecke zum Leitfaden meiner moralischen Praxis mache, dann muss ich meine universalisierbaren Maximen immer auch auf diejenigen Maximen beziehen, die ich für die Maximen der anderen halte. Wie schon das Vernunftgesetz selbst aber weist auch das Ideal des Reichs der Zwecke jenen prinzipiellen *Überschuss* über jedes endliche System konkreter Maximen auf.[125] In dem Gedanken eines Ideals des Reichs der Zwecke rekonfiguriert Kant den stoischen Gedanken einer menschlichen Gemeinschaft auf eine kritische Weise, wodurch das Vernunftideal jenes Reiches als ständiger Leitfaden meiner moralischen Praxis fungieren soll, ohne allerdings jemals vollständig erfüllt zu sein.

2.2 Die Frage nach der Geltung des Gesetzes: Wie ist die Geltung des Gesetzes möglich?

2.2.1 Das Deduktionsargument im dritten Abschnitt der *Grundlegung*

Am Ende des zweiten Abschnittes der *Grundlegung* ist deutlich, wie das oberste Gesetz der Moralität lautet und wie es im Rahmen einer Metaphysik der Sitten in verschiedenen Formeln variiert werden kann. Etwas Entscheidendes steht nach jenen ersten beiden, analytischen Abschnitten jedoch noch aus: Die Beantwortung der Frage »[w]ie ein solcher synthetischer praktischer Satz a priori möglich und warum er notwendig sei«.[126] Um zu zeigen, »[d]aß nun Sittlichkeit kein Hirngespinst« ist, muss ein »mögliche[r] synthetische[r] Gebrauch der reinen praktischen Vernunft« nachgewiesen werden, denn allein dieser würde belegen, dass »der kategorische Imperativ und mit ihm die Autonomie des Willens wahr und als ein Princip a priori schlechterdings

---

[123] Ebd., S. 434.25–27; 438: 13–16.

[124] KU, AA 5: 294.17. S. 390. Von Hannah Arendt wurde diese Maxime der Urteilskraft auf die politische Philosophie bezogen. Vgl. Arendt, Hannah: *Das Urteilen*. München: Piper 2012.

[125] Diese Spannung von Ideal und empirischer Konkretisierung findet sich im dritten Stück der *Religionsschrift* in der Differenz von unsichtbarer und sichtbarer Kirche wieder.

[126] GMS, AA 4: 444.35–36.

nothwendig ist«.[127] Nur durch einen solchen möglichen synthetischen Gebrauch der reinen praktischen Vernunft könnte die in der Vorrede erwähnte »Festsetzung« des obersten Moralprinzips erreicht werden. Vor dem Hintergrund der ihre Grenzen überschreitenden theoretischen Vernunft formuliert Kant hier zunächst analog für die praktische Vernunft, dass die Untersuchung eines möglichen synthetischen Gebrauchs der reinen praktischen Vernunft mit einer »Kritik dieses Vernunftvermögens selbst« beginnen müsse, deren »Hauptzüge« er im dritten Abschnitt darzustellen gedenkt.[128] Auf diese Ankündigung hin folgt der Argumentationsgang des dritten Abschnittes der *Grundlegung*.

In diesem in der Forschung höchst umstrittenen Abschnitt trägt Kant ein Argument vor, bei dem ihm offensichtlich irgendeine Art von Analogie zu dem Argument vorschwebt, das er in der *Kritik der reinen Vernunft* im Rahmen der transzendentalen Deduktion vorgebracht hatte. Zahlreiche Fragen werden in Hinblick auf die Interpretation dieses Deduktionsargumentes aus dem dritten Abschnitt jedoch kontrovers diskutiert: Was ist es genau, das Kant deduziert?[129] Wie sind die einzelnen Schritte seines Deduktionsargumentes zu verstehen? Was bedeutet in diesem Zusammenhang ›Deduktion‹ und was soll diese leisten? In welchem Verhältnis steht das Deduktionsargument der *Grundlegung* zu der in der *Kritik der praktischen Vernunft* entwickelten These vom Faktum der Vernunft? Gibt es zwischen jenen beiden Argumentationsgängen einen radikalen Bruch,[130] oder lässt sich mindestens eine Kontinuität feststellen?[131] Und falls diese bei-

---

[127] Ebd., S. 445.8,11–12,9–11.

[128] GMS, AA 4: 445.13,15.

[129] Kant spricht ausdrücklich sowohl von der »Deduction des Begriffs der Freiheit« (ebd., S. 447.22–23) als auch von der »Deduction des obersten Princips der Moralität« (ebd., S. 463.21–22) und scheint überdies eine Deduktion des kategorischen Imperativs anzustreben. Ludwig allerdings hält die Rede von einer »Deduktion des kategorischen Imperativs« in Hinblick auf Kants *Grundlegung* für »ein rezeptionsgeschichtliches Artefakt, d.h. eine ihre eigenständige Wirksamkeit entfaltende Interpretenerfindung ohne irgendein *fundamentum in re*«. Ludwig, Bernd: »Was wird in Kants *Grundlegung* eigentlich deduziert? Über einen Grund der vermeintlichen Dunkelheit des ›Dritten Abschnitts‹«, in: *Jahrbuch für Recht und Ethik* 16 (2009), S. 431–463, hier S. 457.

[130] Die These eines Bruches vertreten unter anderen Ameriks und Rawls. Vgl. Ameriks, Karl: *Kant's Theory of Mind*. Oxford: Oxford University Press 1982, Kapitel 6. Vgl. Rawls, John: *Lectures on the History of Moral Philosophy*, a.a.O., S. 261 f. (dt. 344).

[131] Die These mindestens einer Kontinuität vertreten etwa Paton, Henrich und Beck. Vgl. Paton, H.J.: *Der kategorische Imperativ*, a.a.O., Kapitel XXIV. Vgl. Henrich, Dieter: »Die Deduktion des Sittengesetzes. Über die Gründe der Dunkelheit des letzten Abschnittes von Kants ›Grundlegung zur Metaphysik der Sitten‹«, in: Schwan, Alexander (Hg.): *Denken im Schatten des Nihilismus. Festschrift für Wilhelm Weischedel zum 70. Geburtstag*. Darmstadt: Wissenschaftliche Buchgesellschaft 1975, S. 55–112. Hier ist zu lesen: »Dennoch stehen in der ›Grundlegung‹ de facto alle die Argumente schon bereit, welche die Position der zweiten Kritik vollständig begründen würden.« A.a.O., S. 85. Vgl. ders.: »Der Begriff der sittlichen Einsicht und Kants Lehre vom Faktum

den Argumentationsgänge einander ausschließende Alternativen darstellen, ist das Argument aus der *Grundlegung* oder das aus der zweiten Kritik systematisch fruchtbarer?[132] Es sind diese Fragen, auf die wir in diesem und dem nächsten Kapitel Antworten zu finden suchen. Beginnen wir mit einer Rekonstruktion des Deduktionsargumentes aus dem dritten Abschnitt der *Grundlegung*.

In der ersten Sektion des dritten Abschnitts formuliert Kant das, was Allison die »Reziprozitätsthese« genannt hat:[133] »ein freier Wille und ein Wille unter sittlichen Gesetzen [ist] einerlei.«[134] Es handelt sich dabei um »Wechselbegriffe«[135], wie Kant etwas später formuliert. Weil Freiheit ein Kausalitätsbegriff ist, Kausalität stets auf ein Gesetz bezogen werden muss, das Gesetz der Freiheit aber nicht das Naturgesetz sein kann und in den analytischen Ableitungen des Gesetzesinhalts in den ersten beiden Abschnitten nur ein einziges alternatives Gesetz gefunden werden konnte, muss das Gesetz der Kausalität aus Freiheit das sittliche Gesetz sein beziehungsweise die sittlichen Gesetze, die aus ihm gewonnen werden können. Ein freier Wille kann nicht anders gedacht werden denn als ein unter sittlichen Gesetzen stehender – aber nicht notwendig sie befolgender – Wille, und ein unter sittlichen Gesetzen stehender Wille kann nicht anders gedacht werden denn als ein freier Wille.[136] Wegen dieser Untrennbarkeit von Freiheit und Gesetz

der Vernunft«, in: Prauss, Gerold (Hg.): *Kant. Zur Deutung seiner Theorie von Erkennen und Handeln*. Köln: Kiepenheuer & Witsch 1973, S. 223–254. Henrich schreibt hier gar: »Der Sache nach ist die Lehre vom Faktum der Vernunft auch in der ›Grundlegung‹ schon enthalten. Aber sie ist noch nicht in aller Klarheit ausgeführt«. A.a.O., S. 253, Anmerkung 25. Vgl. Beck, Lewis White: *Kants »Kritik der praktischen Vernunft«*, a.a.O., Kapitel X. Einen umfassenden Überblick darüber, welche Forscher welches Verhältnis zwischen den beiden Positionen ausmachen, gibt Schönecker. Vgl. Schönecker, Dieter: *Grundlegung III. Die Deduktion des kategorischen Imperativs*. Freiburg/München: Alber 1999, S. 398. Schönecker selbst meint, dass »die meisten Autoren der Auffassung [sind], daß Kant seine Position geändert hat«. A.a.O., S. 398.

132 Für das Erstere plädieren Prauss und Grünewald. Für das zweite sprechen sich unter anderen Henrich, Allison und Rawls aus. Vgl. Prauss, Gerold: *Kant über Freiheit als Autonomie*. Frankfurt am Main: Klostermann 1983 (= Philosophische Abhandlungen. Bd. 51); Grünewald, Bernward: »Praktische Vernunft, Modalität und transzendentale Einheit. Das Problem einer transzendentalen Deduktion des Sittengesetzes«, in: Oberer, Hariolf/Seel, Gerhard (Hg.): *Kant. Analysen – Probleme – Kritik*. Würzburg: Königshausen & Neumann 1988, S. 127–167. Vgl. Henrich: »Der Begriff der sittlichen Einsicht und Kants Lehre vom Faktum der Vernunft«, a.a.O.; ders.: »Das Prinzip der Kantischen Ethik«, in: *Philosophische Rundschau* 2 (1954/55), S. 20–37; Allison, Henry E.: *Kant's Theory of Freedom*, a.a.O., Kapitel 13; Rawls, John: *Lectures on the History of Moral Philosophy*, a.a.O., S. 253–272 (dt. 335–357).

133 Vgl. Allison, Henry E.: *Kant's Theory of Freedom*, a.a.O., S. 201–214.

134 GMS, AA 4: 447.6–7.

135 Ebd., S. 450.24.

136 Es handelt sich hier um ein bipolares Wechselverhältnis, was Allison dazu führt, Schöneckers Rede von einer »Analytizitätsthese«, die lediglich ein einseitiges Bedingungsverhältnis nahelege, zurückzuweisen. Vgl. Allison, Henry E.: *Kant's* Groundwork for the Metaphysics of Morals, a.a.O., S. 294–296.

kann »die Freiheit des Willens« nur »Autonomie« sein, »d. i. die Eigenschaft des Willens, sich selbst ein Gesetz zu sein«.[137]

Sofort nach der Formulierung dieser ›Reziprozitätsthese‹ sucht Kant einer Überschätzung der Reichweite dieser These vorzubeugen: Durch jenes begriffsanalytische Wechselverhältnis sei das Prinzip der Sittlichkeit als ein *synthetischer* Satz a priori noch keineswegs in seiner Möglichkeit begründet. Bereits an dieser Stelle stellt sich die Frage, ob sich die von Kant formulierte Problemstellung auf das Prinzip der Sittlichkeit *nur* in Gestalt des kategorischen Imperativs bezieht oder aber *vielmehr* beziehungsweise *auch* auf das Prinzip der Sittlichkeit in Gestalt des moralischen Gesetzes überhaupt, wie es auch für heilige Wesen gilt. Es ist oft angenommen worden, dass sich das von Kant hier erwähnte Moment des Synthetischen auf die Beziehung *a priori* des Moralgesetzes auf sinnlich-vernünftige Wesen und damit ausschließlich auf den kategorischen Imperativ bezieht.[138] Das ist jedoch aus unserer Sicht nicht der Fall. Wie Allison jüngst vertreten hat, sind *sowohl* das moralische Gesetz *als auch* der kategorische Imperativ synthetische Sätze a priori.[139] Das Moment des Synthetischen, welches über bloße begriffsanalytische Verhältnisse hinausweist, liegt nicht in der Beziehung *a priori* des Gesetzes auf die Sinnlichkeit sinnlich-vernünftiger Wesen, sondern es liegt in der *Geltung* des Gesetzes selbst. In der Deduktion der ersten Kritik fragt Kant danach, wie den zunächst leer bloß gedachten Verstandeskategorien objektive Realität verliehen werden kann, das heißt wie gezeigt werden kann, dass sie Möglichkeitsbedingungen des Gegenstandes der Erfahrung überhaupt sind. In der *Grundlegung* fragt Kant, wie dem zunächst leer bloß gedachten Gesetz objektive Realität verliehen werden kann, und das heißt hier zu zeigen, was die Möglichkeitsbedingungen seiner Geltung sind. So wie die erste Kritik nach den Bedingungen der Möglichkeit der Gegenstände der Erfahrung fragt, fragt die *Grundlegung* nach den Bedingungen der Möglichkeit der Geltung des Gesetzes. Die Frage nach der Möglichkeit der Geltung des Gesetzes aber ist nicht auf den kategorischen Imperativ beschränkt, sondern betrifft auch das moralische Gesetz überhaupt. Es geht also im dritten Abschnitt mindestens um eine »Doppeldeduktion«[140], eigentlich jedoch sogar um eine ›Tripeldeduktion‹, weil Kant über die beiden erwähnten Deduktionen hinaus auch noch eine »Deduktion des Begriffs der Freiheit« anstrebt. Dass Kant aber immer wieder auch so

---

137 GMS, AA 4: 446.24–447.1–2.

138 So etwa Schönecker, Dieter/Wood, Allen: Kants *»Grundlegung zur Metaphysik der Sitten«*, a.a.O., S.175.

139 Vgl. Allison, Henry E.: *Kant's* Groundwork for the Metaphysics of Morals, a.a.O., S.274. Unsere gesamte Interpretation des dritten Abschnitts verdankt wesentliche Einsichten diesem hervorragenden Kommentar.

140 Ebd., S.275.

spricht, als ginge es um eine einzige Deduktion, ist darauf zurückzuführen, dass die Deduktion des kategorischen Imperativs die Deduktion des moralischen Gesetzes als einen Teilaspekt enthält und letztere wiederum in sich die Deduktion des Begriffs der Freiheit als einen ihrer Teile umfasst. Wir kommen nach der Erörterung der dritten Sektion auf die Bedeutung und den Zusammenhang dieser drei Deduktionen zurück.

Nach den Vorarbeiten in der ersten Sektion beginnt Kant das eigentliche Deduktionsargument in der zweiten Sektion[141] mit zwei Behauptungen: »Ich sage nun: Ein jedes Wesen, das nicht anders als u n t e r d e r I d e e d e r F r e i h e i t handeln kann, ist eben darum, in praktischer Rücksicht, wirklich frei, d. i. es gelten für dasselbe alle Gesetze, die mit der Freiheit unzertrennlich verbunden sind, ebenso, als ob sein Wille auch an sich selbst, und in der theoretischen Philosophie gültig, für frei erklärt würde.« Und: »Nun behaupte ich: daß wir jedem vernünftigen Wesen, das einen Willen hat, nothwendig auch die Idee der Freiheit leihen müssen, unter der es allein handle.«[142] Die letztere Behauptung begründet Kant abermals durch ein Argument, das mit dem Gedanken eines performativen Widerspruchs operiert und in verschiedenen Formen vor Kant von Epikur und Descartes, und nach Kant in gewisser Weise auch von Husserl in dessen Psychologismuskritik gebraucht wurde. Es lautet: »Nun kann man sich unmöglich eine Vernunft denken, die mit ihrem eigenen Bewußtsein in Ansehung ihrer Urtheile anderwärts her eine Lenkung empfinge, denn alsdann würde das Subject nicht seiner Vernunft, sondern einem Antriebe die Bestimmung der Urtheilskraft zuschreiben. Sie muß sich selbst als Urheberin ihrer Principien ansehen unabhängig von fremden Einflüssen, folglich muß sie als praktische Vernunft, oder als Wille eines vernünftigen Wesens von ihr selbst als frei angesehen werden; d. i. der Wille desselben kann nur unter der Idee der Freiheit ein eigener Wille sein und muß also in praktischer Absicht allen vernünftigen Wesen beigelegt werden.«[143]

---

[141] Unseres Erachtens beginnt mit der zweiten Sektion die eigentliche »Kritik der reinen praktischen Vernunft«, zu der der dritte Abschnitt seinem Titel gemäß übergeht. Wenn man allerdings die Problemstellung der Kritik am Ende der ersten Sektion schon selbst mit zur Kritik rechnet, so kann man auch mit Henrich sagen, »[d]er Teil von Kants Überlegungen, die etwa noch einem Übergang zur ›Kritik der praktischen Vernunft‹ zuzurechnen wären, endet bereits nach einer Seite« des dritten Abschnittes. Henrich, Dieter: »Die Deduktion des Sittengesetzes«, a.a.O., S. 57. Brandt hingegen ist der davon abweichenden Auffassung, der Übergang erfolge erst in der dritten Sektion: »Der Überschritt wird dort vollzogen, wo Kant die Unterscheidung von Ding an sich und Erscheinung einführt, dies geschieht in der 3. Sektion an der Stelle, an der die Auflösung des Zirkels beginnt«. Brandt, Reinhard: »Der Zirkel im dritten Abschnitt von Kants Grundlegung zur Metaphysik der Sitten«, a.a.O., S. 180f. So auch Schönecker, Dieter/Wood, Allen: *Kants »Grundlegung zur Metaphysik der Sitten«*, a.a.O., S. 197.

[142] GMS, AA 4: 448.4−9,9−11.

[143] Ebd., S. 448.13−22.

Dieses Argument gilt nicht nur für den Menschen oder für sinnlich-vernünftige Wesen, sondern für alle vernünftigen Wesen mit einem Willen. Es kann jedoch *ausschließlich* aus der Perspektive der Ersten Person Singular formuliert werden: Wenn ich als vernünftiges Wesen den Anspruch erhebe, einen *eigenen* Willen zu haben, dann kann ich bei Strafe eines performativen Widerspruchs nicht umhin, mir selbst auch Freiheit zuzuschreiben, die wiederum ihrerseits, wie in der ersten Sektion gezeigt, Selbstgesetzgebung im Sinne der Autonomie bedeutet. Das heißt, wenn ich mir *einen eigenen Willen anmaße*, wie Kant auf den letzten Seiten der Schrift formuliert,[144] dann muss ich mir auch Freiheit und damit wiederum auch das Stehen unter sittlichen Gesetzen zuschreiben. Der Ausgangspunkt der drei Deduktionen ist der *performative Anspruch* eines vernünftigen Wesens, einen eigenen Willen zu haben:[145] Wenn ich beanspruche, einen eigenen Willen zu haben, dann beanspruche ich nichts anderes, als reine praktische Vernunft zu haben, und eben dieser Anspruch auf eine reine praktische Vernunft zwingt mich dazu, mich unter der Idee der Freiheit zu verstehen,[146] obgleich sich diese theoretisch nicht beweisen lässt. Mit diesem ersten Schritt ist noch keine der drei Deduktionen beendet.

---

144 Vgl. ebd., S. 457.25.

145 Aus unserer Sicht leitet Kant weder die Freiheit im Sinne der sittlichen Autonomie unzulässigerweise aus der Freiheit im theoretischen Urteilen ab, noch formuliert er implizit schon die These vom Faktum der Vernunft und leitet dementsprechend die Freiheit als Autonomie aus dem unbedingten sittlichen Anspruch ab. Sein Ausgangspunkt in der *Grundlegung* ist weder das theoretische Urteilen noch die Gegebenheit eines unbedingten sittlichen Anspruchs, sondern die Anmaßung eines eigenen Willens durch ein vernünftiges Wesen. Um dem Argument nicht jenen Fehler einer Ableitung der Freiheit als Autonomie aus der Freiheit im Urteilen der zuerst genannten Interpretation unterstellen zu müssen, ist wiederholt versucht worden, Kants Argument aus der *Grundlegung* auf eine Formulierung aus seiner »Recension von Schulz's Versuch einer Anleitung zur Sittenlehre« von 1783 zu beziehen, wo es heißt: »Eben so muß er auch die Freiheit des Willens im Handeln voraus setzen, ohne welche es keine Sitten gibt«. Kant, Immanuel: »Recension von Schulz's Versuch einer Anleitung zur Sittenlehre für alle Menschen«, RezSchulz, AA 8: 14.13–14. Sowohl Henrich als auch Schönecker/Wood ziehen diesen Satz aus der Rezension zur Interpretation der zweiten Sektion heran. Vgl. Henrich, Dieter: »Die Deduktion des Sittengesetzes«, a.a.O., S. 68 und Schönecker, Dieter/Wood, Allen W.: *Kants »Grundlegung zur Metaphysik der Sitten«*, a.a.O., S. 187. Jene Passage aus der Rezension jedoch legt eher den Ausgangspunkt bei der Gegebenheit des sittlichen Anspruchs im Faktum der Vernunft nahe und nicht den von Kant in der *Grundlegung* ausdrücklich formulierten Ausgangspunkt der Anmaßung eines eigenen Willens.

146 Henrich hebt in seiner Interpretation hervor, dass Kant die »Evidenz, daß wir einen Willen haben«, dem »sittlichen Bewußtsein« zurechnet und es nahelege, »jene Evidenz vom Freiheitsbewußtsein noch zu unterscheiden«. Henrich, Dieter: »Die Deduktion des Sittengesetzes«, a.a.O., S. 88. Dass der Anspruch, einen eigenen Willen zu haben, nicht ein direktes Bewusstsein der Freiheit bedeutet, die Freiheit vielmehr erst aus jenem Anspruch erschlossen wird, ist für Kant von zentraler Bedeutung.

Bevor wir mit der Rekonstruktion von Kants Gedankengang fortfahren, wollen wir eine kurze Zwischenbemerkung einfügen. Im soeben rekonstruierten Argument schließt Kant von dem Anspruch, einen eigenen Willen zu haben, auf die Voraussetzung der Freiheit und von dort aus auf das moralische Gesetz als Gesetz der Gesetzmäßigkeit der Maxime für alle vernünftigen Wesen. Hier aber wiederholt sich zwangsläufig jener Sprung im Argument, den wir aus phänomenologischer Sicht bereits bei der ersten Ableitung des Gesetzesinhalts festgestellt haben: Genauso wenig wie es aus phänomenologischer Sicht im Ausgang von der Perspektive der Ersten Person Singular dort verständlich war, weshalb die Universalität im Prinzip meines Willens nicht nur eine Universalität im Sinne der Anwendbarkeit auf mein ganzes Leben, sondern eine Universalität im Sinne einer Anwendbarkeit für alle vernünftigen Wesen sein soll, ist es hier unverständlich, weshalb man vom Anspruch, einen eigenen Willen zu haben, auf die Bestimmung dieses Willens durch das Gesetz der Gesetzmäßigkeit der Maxime für alle vernünftigen Wesen gelangen soll. Weil Kant sich im Deduktionsargument aber auf die zuvor schon geleistete Ableitung des Gesetzesinhalts stützt, gelangt er auch bei der Deduktion vom Anspruch, einen eigenen Willen zu haben, zu der These, dass dieser Wille nur ein eigener sein kann, wenn er durch das zuvor in seinem Inhalt abgeleitete moralische Gesetz bestimmt ist. Der Sprung im Argument bei der ersten Ableitung des Gesetzesinhalts wiederholt sich in der Deduktion der Geltung des Gesetzes.

In der dritten Sektion wartet Kant mit einem Zirkelverdacht auf, der zahlreichen Interpreten so große Schwierigkeiten bereitete, dass einige keinen anderen Ausweg wussten, als Kant grobe Irrtümer, Fehler oder Verwirrungen zu unterstellen. Dass Kant nichts dergleichen vorzuwerfen ist, sondern die dritte Sektion vielmehr die Deduktion sowohl der Freiheit als auch des moralischen Gesetzes abschließt und die Deduktion des kategorischen Imperativs voranbringt, ist die Hypothese des folgenden Rekonstruktionsversuches. Zu Beginn der dritten Sektion formuliert Kant eine Frage, von der er meint, dass sie in den ersten beiden Sektionen noch nicht beantwortet worden sei: »Warum aber soll ich mich denn diesem Princip unterwerfen«, beziehungsweise »woher das moralische Gesetz verbinde«.[147] Diese Frage erstaunt insofern, als man geneigt ist antworten zu wollen: Das moralische Gesetz verbindet mich, weil die Freiheit eine notwendige Voraussetzung meines Anspruchs, einen eigenen Willen zu haben, ist und als Freiheit das moralische Gesetz bereits impliziert – und eben dies hatte Kant doch gerade schon gezeigt. Kant selbst jedoch ist der Auffassung, dass dieser bisher entwickelte Argumentationsgang noch nicht hinreicht, um die Frage nach dem Woher der Verbindlichkeit des moralischen Gesetzes zu beant-

---

[147] GMS, AA 4: 449.11–12; 450.16.

worten. Vielmehr zeige sich auf dem bisherigen Stand der Argumentation »eine Art von Zirkel«, den Kant bei seiner ersten Nennung so formuliert: »Wir nehmen uns in der Ordnung der wirkenden Ursachen als frei an, um uns in der Ordnung der Zwecke unter sittlichen Gesetzen zu denken, und wir denken uns nachher als diesen Gesetzen unterworfen, weil wir uns die Freiheit des Willens beigelegt haben«.[148] Das Problem ist offenbar, dass wir uns als frei denken müssen, ohne dass diese Annahme schon hinreichend fundiert wäre.[149] Was aber ist der Grund dafür, und was genau fehlt im Argument aus Kants Sicht?

Der Grund für die offene Frage nach dem Woher der Verbindlichkeit ist nicht, dass Kant in der dritten Sektion das in der zweiten Sektion gegebene Argument nunmehr doch für ungültig hält.[150] Vielmehr ist das Argument der zwei-

---

[148] Ebd., S. 450.18,19–23.

[149] Eine der Fragen in Bezug auf diese Sektion ist, ob es sich bei dem von Kant vorgetragenen Einwand um einen *circulus in probando* handelt oder um eine *petitio principii*. Obgleich Kant sowohl von einem »Zirkel« als auch von der »Erbittung eines Princips« (ebd., S. 453.4,9) spricht und der Einwand in der Tat auch in beiden Fassungen formuliert werden kann, bringt die Fassung der *petitio principii* das Problem besser zum Ausdruck: Es liegt darin, dass die Berechtigung der Annahme der Freiheit nicht hinreichend begründet wurde. Diese Interpretation der *petitio* priorisiert Allison, Henry E.: *Kant's* Groundwork for the Metaphysics of Morals, a. a. O., S. 315. Im von Kant verwendeten Logik-Handbuch sind die beiden Schlussformen so definiert: »Wenn ein Schlusssatz aus Vordersätzen hergeleitet wird, welche ebenso ungewiß sind, als er selbst, so werden die Beweisthümer erbettelt (petitio principii seu quaesiti). Wenn aber ein Schlusssatz zu seinem eigenen Vordersatze angenommen wird, so nennt man diesen Fehler die Wiederkehr im Beweise (circulus in probando)«. Meier, Georg Friedrich: *Auszug aus der Vernunftlehre.* Halle 1752, § 411 (wiederabgedruckt in AA 16, S. 774). Brandt, Schönecker, Wood und andere haben diese Definition aus dem Handbuch herangezogen. Vgl. Brandt, Reinhard: »Der Zirkel im dritten Abschnitt von Kants Grundlegung zur Metaphysik der Sitten«, a. a. O., S. 181 und Schönecker, Dieter/Wood, Allen W.: *Kants »Grundlegung zur Metaphysik der Sitten«*, a. a. O., S. 194.

[150] Paton und Henrich erwägen, dass Kant in der dritten Sektion bemerkt, dass sich die transzendentale Freiheit im Sinne der Autonomie doch nicht aus der bloß logischen Freiheit im Urteilen ableiten lasse, wie es die zweite Sektion versucht habe. »Vielleicht dämmerte ihm, als er zu diesem Einwand kam, daß die Voraussetzung der Freiheit des Willens tatsächlich auf moralischen Erwägungen beruht«. Paton, H. J.: *Der kategorische Imperativ,* a. a. O., S. 279. »Längst wäre [der Zirkelverdacht] abgewiesen, wäre die Ableitung transzendentaler Freiheit aus der logischen im formalen Sinne zwingend.« Henrich, Dieter: »Die Deduktion des Sittengesetzes«, a. a. O., S. 70. Paton selbst schreibt jedoch in Anschluss an seine oben zitierte Erwägung: »aber es ist wohl ungewöhnlich, daß jemand das gute Argument beantwortet, das zu gebrauchen er vergaß, und doch die Tatsache übersieht, daß seine Antwort ohne Bedeutung ist für das schlechte Argument, dessen er sich allein ausdrücklich bediente.« Paton, H. J.: *Der kategorische Imperativ,* a. a. O., S. 279. McCarthy kommentiert Paton: »Unusual indeed! Kant would surely have to have been a fool to have presented an argument in § 4 and then only a few paragraphs later in § 9 to have offered a rebuttal which is irrelevant to § 4.« McCarthy, Michael H.: »The objection of circularity«, in: *Kant-Studien* 76 (1985) 1–4, S. 28–42, hier S. 32. Brandt zitiert Schmucker mit den Worten: »Kant gesteht frei, daß seine versuchte Deduktion des Sittengesetzes zum mindesten den Schein eines Zirkelschlusses oder einer petitio principii an sich habe«, und fügt selbst hinzu: »Kant tappt

ten Sektion durchaus gültig, aber für sich selbst genommen unzureichend, um die gestellte Frage zu beantworten. Es zeigt zwar, *dass* ein vernünftiges Wesen mit einem Willen sich Freiheit zuschreiben muss, wenn es keinen performativen Widerspruch begehen will. Es hat jedoch noch nicht gezeigt, *was das heißt*.[151] Wenn wir aber nicht zeigen können, vor welchem Hintergrund eine solche Annahme der Freiheit tatsächlich eine Berechtigung hat, bleibt sie ein *bloß leerer Gedanke*,[152] wenngleich einer, zu dem uns der Anspruch auf einen eigenen Willen nötigt. Ein derartiger bloßer Gedanke genügt aber nicht, um die erfragten Bedingungen der Möglichkeit der Gesetzesgeltung verständlich zu machen. Dazu ist die Einführung des transzendentalen Idealismus nötig.

Es ist unumstritten, dass die Einführung des transzendentalen Idealismus die »Auskunft«[153] aus dem Zirkel beziehungsweise der *petitio* und damit aus dem Bereich der bloß leeren Gedanken weisen soll. Darüber, *wie* diese ›Auskunft‹ geschieht, was sie bedeutet und ob Kant diesbezüglich überhaupt ein haltbares Argument vorträgt, besteht hingegen keine Einigkeit. Das Interpretationsproblem entsteht deshalb, weil Kant in seiner ›Auskunft‹ aus dem Zirkel den transzendentalen Idealismus über die zwei Perspektiven des menschlichen Bewusstseins und »die bemerkte Verschiedenheit zwischen den Vorstellungen,

blind in seine Gedanken, die er nicht kennt, bevor er sie liest, und die er dann als ganz oder halb zirkulär beurteilt – muß man dem Autor der Grundlegung dies antun?« Brandt, Reinhard: »Der Zirkel im dritten Abschnitt von Kants Grundlegung zur Metaphysik der Sitten«, a.a.O., S. 170, Fußnote.

[151] Ludwig formuliert dies in dieser Weise: »Wenn es uns nicht gelänge, verständlich zu machen, was es heißt, dem vermeintlich vernünftigen Wesen die Freiheit, wie Kant sagt, ›beizulegen‹, dann nützte es eben auch gar nichts, dass wir ihm die Freiheit beilegen *müssen*, denn wir verstünden einfach nicht, was das bedeuten könnte, und die Selbstzuschreibung eines Willens erwiese sich damit als eine bloße *façon de parler*, ein leeres Spiel mit Vorstellungen«. Ludwig, Bernd: »Was wird in Kants *Grundlegung* eigentlich deduziert?«, a.a.O., S. 440.

[152] Brandt vertritt die These, dass der Zirkel von einer bloß analytischen – und nicht kritischen – Metaphysik der Sitten begangen wird: Wenn diese bloß analytische Philosophie einen Realitätsbeweis zu erbringen suche, begehe sie einen »dialektische[n] Trugschluß«. Brandt, Reinhard: »Der Zirkel im dritten Abschnitt von Kants Grundlegung zur Metaphysik der Sitten«, a.a.O., S. 181. Da Kant aber nicht selbst Anhänger einer solchen dogmatischen Metaphysik sei, kritisiere er hier eine Position, die er nicht selbst vertrete. Allison hat gegen diesen Vorschlag – mit dem er seiner Richtung nach einverstanden ist – eingewendet, dass Kant bei der Formulierung des Zirkelverdachts mit Überlegungen operiert, die er nicht von einer ihm fremden, dogmatischen Metaphysik – z.B. derjenigen Wolffs – übernimmt, sondern die wesentliche Momente seiner eigenen kritischen Position enthalten. Vgl. Allison, Henry E.: *Kant's Theory of Freedom*, a.a.O., S. 220. Diese beiden Gedanken scheinen sich aber im Grunde nicht zu widersprechen: Kant kritisiert durchaus sich selbst, aber nicht weil er sein vorheriges Argument nun doch für ungültig hält, sondern weil es für sich genommen unvollständig bleibt – und *würde* man es bei ihm belassen, geriete man in der Tat in eine dogmatische Metaphysik.

[153] GMS, AA 4: 450.30.

die uns anders woher gegeben werden, und dabei wir leidend sind, von denen, die wir lediglich aus uns selbst hervorbringen, und dabei wir unsere Thätigkeit beweisen«,[154] einführt. Es *sieht so aus*, als würde er sagen wollen, dass unser Bemerken einer Selbsttätigkeit bei gewissen unserer Vorstellungen einen *Beweis* für unsere Zugehörigkeit zu einer intelligiblen Welt und damit zugleich einen Beweis für unsere Freiheit liefert.[155] Dieser Anschein trügt jedoch. Kant nimmt hier nicht Fichtes Auffassung von der Freiheit als einer »sinnliche[n] Vorstellung der Selbsttätigkeit«[156] vorweg. Vielmehr geht es ihm mit der Einführung des transzendentalen Idealismus darum zu zeigen, dass Freiheit *mehr* als ein bloß leerer Gedanke ist, wenn man eine Sinnenwelt von einer Verstandeswelt unterscheidet, *ohne* dass dadurch jedoch eine Erkenntnis der Freiheit erreicht werden kann. Wenn Kant in der dritten Sektion auf die zwei Perspektiven des menschlichen Bewusstseins Bezug nimmt, so ist das genauso wenig als ein Beweis der Wirklichkeit der Freiheit zu verstehen wie seine Bezugnahme auf die doppelte Selbst-

---

154 Ebd., S. 451.9–12.

155 Schönecker und Wood meinen in der Tat: »Unabhängig vom moralischen Gesetz *erkennt* der Mensch also seine Zugehörigkeit zur intelligiblen Welt und damit auch seine Freiheit.« Schönecker, Dieter/Wood, Allen W.: *Kants »Grundlegung zur Metaphysik der Sitten«,* a. a. O., S. 191, Kursivierung I. R. Ludwig versteht Kants Argument ähnlich, meint jedoch, dass Kant mit ihm einen echten Fehler begeht, wenn er die Einführung der Zwei-Welten-Lehre über das menschliche Bewusstsein vollzieht. Dass es im Rahmen der kritischen Philosophie einen Fehler darstellt, ein unmittelbares Bewusstsein der intelligiblen Welt und der Freiheit anzunehmen, sei Kant erst durch Pistorius' Rezension von Schulzes Erläuterungen der *Kritik der reinen Vernunft* deutlich geworden. Kant bemerke erst durch Pistorius' Rezension, dass die Argumentation der *Grundlegung* »den Rückfall in einen *dogmatischen Rationalismus* ein[leitet]«, und gestalte *deshalb* seine Freiheitslehre in der zweiten Auflage der ersten Kritik und in der *Kritik der praktischen Vernunft* radikal um. Ludwig, Bernd: »Die ›consequente Denkungsart der speculativen Kritik‹. Kants radikale Umgestaltung seiner Freiheitslehre im Jahre 1786 und die Folgen für die Kritische Philosophie im Ganzen«, in: *Deutsche Zeitschrift für Philosophie* 58 (2010) 4, S. 595–628, hier S. 610, des Weiteren insbesondere S. 609–613. Die Schwierigkeit mit dieser Interpretation ist, dass sie Kant einen schweren, das Herzstück der Lehre von der dritten Antinomie betreffenden Fehler vorwerfen muss, den man Kant angesichts der Bedeutung der dritten Antinomie für die kritische Philosophie kaum zutrauen sollte. Wie wir weiter unten sehen werden, ist es aber genau dieser ihm unterstellte Fehler, vor dem Kant in der Sektion über die äußerste Grenze der praktischen Philosophie ganz ausdrücklich warnt – dass er ihn selbst kurz zuvor begangen hat, erscheint angesichts dessen nahezu ausgeschlossen.

156 »Das Bild der Tätigkeit überhaupt [...] wird bei dem Leser vorausgesetzt, und lässt sich keinem andemonstrieren, der es nicht in der Anschauung seiner selbst findet.« Fichte, Johann Gottlieb: *Das System der Sittenlehre nach den Prinzipien der Wissenschaftslehre (1798).* Hamburg: Meiner 1995, S. 8. Die Absolute Tätigkeit aber nenne man »auch Freiheit. Freiheit ist die sinnliche Vorstellung der Selbsttätigkeit« (a. a. O., S. 9). »Was wollen heiße wird als bekannt vorausgesetzt. Dieser Begriff ist keiner Realerklärung fähig, und er bedarf keiner. Jeder muß in sich selbst, durch intellektuelle Anschauung, innewerden, was er bedeute, und er wird es ohne alle Schwierigkeit vermögen.« A. a. O., S. 19.

aufassung des Menschen in der Auflösung der dritten Antinomie, wo explizit gesagt wird, »daß wir hiedurch *nicht* die Wirklichkeit der Freiheit [...] haben darthun wollen.«[157] Sowohl hier als auch dort fungiert diese doppelte Perspektive des Menschen auf sich selbst *nicht* als Beweis der Wirklichkeit der Freiheit, sondern der Zusammenhang ist viel weniger eng: *Einerseits* zeigt die Auflösung der dritten Antinomie durch den transzendentalen Idealismus, dass Freiheit nicht unmöglich ist, und *andererseits* zeigt die Erfahrung,[158] dass der Mensch in seiner doppelten Selbstauffassung sich Freiheit zuschreibt, während wir »[b]ei der leblosen, oder bloß thierisch belebten Natur [...] keinen Grund [finden], irgend ein Vermögen uns anders als bloß sinnlich bedingt zu denken.«[159] Jene Erfahrung ist zwar kein Beweis für die Wirklichkeit der Freiheit. Aber die durch den transzendentalen Idealismus erwiesene Nichtunmöglichkeit der Freiheit zeigt, dass wir nicht dazu gezwungen sind, die von uns in unserer Praxis notwendig gemachte Annahme der Freiheit als eine bloße Illusion zu betrachten.

Am Ende der dritten Sektion ist sowohl die Deduktion des Begriffs der Freiheit aus der reinen praktischen Vernunft als auch die Deduktion des moralischen Gesetzes abgeschlossen. Nur die Deduktion des kategorischen Imperativs steht noch aus. Bevor wir uns Letzterer zuwenden, wollen wir herausarbeiten, inwiefern mit den beiden ersten Deduktionen die Frage, woher das moralische Gesetz verbinde, aus Kants Sicht beantwortet ist. Dazu müssen wir zunächst zum Ende der ersten Sektion zurückkehren. Dort spricht Kant vom Prinzip der Sittlichkeit als einem »synthetische[n] Satz«, dessen Synthetizität Kant so erläutert: »ein schlechterdings guter Wille ist derjenige, dessen Maxime jederzeit sich selbst, als allgemeines Gesetz betrachtet, in sich enthalten kann, denn durch Zergliederung des Begriffs von einem schlechthin guten Willen kann jene Eigenschaft der Maxime nicht gefunden werden.«[160] Jener synthetische Satz sei vielmehr nur möglich durch ein »dritte[s]«, das den Begriff von einem schlechthin guten

---

157 KrV, AA 3: 377.3–5 (B 585 f.), Kursivierung I. R. Vgl. zur doppelten Selbstauffassung des Menschen insbesondere ebd., S. 370.33–371.1–14 (B 574 f.). Ein wichtiger Unterschied zwischen erster Kritik und *Grundlegung* ist in dieser Hinsicht, dass Kant in der ersten Kritik noch meint, alle Imperative, *auch* die hypothetischen, ließen sich mit der Freiheit in Verbindung bringen, während die Reziprozitätsthese der *Grundlegung* Freiheit *nur* noch mit dem Gesetz der Autonomie beziehungsweise dem kategorischen Imperativ verknüpft, das Kant erst in der *Grundlegung* entwickelt. Vgl. ebd., S. 371.15–17 (B 575).

158 Ausdrücklich heißt es in der Auflösung der dritten Antinomie zu Beginn der Erörterung des Menschen und seines doppelten Selbstverständnisses: »Laßt uns dieses auf Erfahrung anwenden.« Ebd., S. 370.32 (B 574). Dabei aber gilt: Beispiele »aus dem empirischen Gebrauch« der Freiheit aber »sind zu transcendentalen Behauptungen untauglich« und können damit die transzendentale Freiheit überhaupt nicht belegen. Ebd., S. 375.13–14,15–16 (B 582).

159 Ebd., S. 370.37–371.1–2 (B 574).

160 GMS, AA 4: 447.10,10–14.

Willen mit der Eigenschaft der Maxime, sich selbst als allgemeines Gesetz zu betrachten, verknüpft. Was dieses Dritte sei, sagt Kant nicht, aber er deutet an, dass der positive Begriff der Freiheit dieses Dritte »schafft« beziehungsweise dass die Freiheit auf es »weiset«.[161]

Dieses Dritte aber ist der Gedanke einer intelligiblen Welt.[162] Er beschließt sowohl die Deduktion des Begriffs der Freiheit als auch die Deduktion des moralischen Gesetzes. Die »Deduction des Begriffs der Freiheit aus der reinen praktischen Vernunft«[163] wird durch den Gedanken der intelligiblen Welt insofern abgeschlossen, als jener Gedanke zeigt, dass die notwendige Voraussetzung unseres Anspruchs auf einen eigenen Willen nicht etwas Unmögliches voraussetzt. Aber auch die Deduktion des moralischen Gesetzes wird durch den Gedanken einer intelligiblen Welt zum Abschluss gebracht. Die intelligible Welt ist das gesuchte Dritte, das den guten Willen und sein analytisch bereits aufgefundenes Gesetz mit der Eigenschaft der Maxime, sich selbst als Gesetz zu betrachten, verknüpft. Der Gedanke einer intelligiblen Welt ist insofern die Bedingung der Möglichkeit der Geltung des moralischen Gesetzes als eines synthetischen Satzes *a priori*, weil in dieser Welt das moralische Gesetz das Gesetz für die Maximen aller an ihr beteiligten vernünftigen Wesen mit einem Willen ist. Das Synthetische im moralischen Gesetz als einem synthetischen Satz *a priori* ist die *a priori* mögliche Verknüpfung des Gesetzes mit der Maxime durch den Gedanken einer intelligiblen Welt. In Bezug auf rein vernünftige Wesen mit einem Willen, die als Wesen gedacht werden, die *ausschließlich* zu der intelligiblen Welt gehören, bedeutet dies, dass ihre Maxime automatisch die Form des in jener Welt geltenden Gesetzes annimmt. Aber jene Verknüpfung von Gesetz und Maxime ist auch bei jenen Wesen nur über den Gedanken einer intelligiblen Welt möglich. Weil der Gedanke der intelligiblen Welt in diesem Sinne die Bedingung der Möglichkeit der Geltung des Gesetzes ist, ist mit der dritten Sektion auch die Deduktion des moralischen Gesetzes abgeschlossen.

Mit dieser Deduktion des moralischen Gesetzes ist jedoch die Deduktion des kategorischen Imperativs noch nicht beendet, weil in einer Deduktion des kategorischen Imperativs *zusätzlich* gezeigt werden muss, was die Bedingung der Möglichkeit jener *Nötigung* beziehungsweise jenes *Imperativ*charakters ist, mit

---

161 Ebd., S.447.17,21.
162 Diese Auffassung vertreten Fleischer, Beck und Allison. Vgl. Fleischer, Margot: »Das Problem der Begründung des kategorischen Imperativs bei Kant«, in: Engelhardt, Paulus (Hg.): *Sein und Ethos. Untersuchungen zur Grundlegung der Ethik*. Mainz: Matthias-Gründewald-Verlag 1963 (= Walberger Studien. Philosophische Reihe. Bd. I), S.387–404, hier S.394; Beck, Lewis White: *Kants »Kritik der praktischen Vernunft«*, a.a.O., S.165; Allison, Henry E.: *Kant's Theory of Freedom*, a.a.O., S.215.
163 GMS, AA 4: 447.22–23.

der beziehungsweise mit dem *ausschließlich* solche vernünftige Wesen mit einem Willen konfrontiert sind, die *auch* Sinnlichkeit haben und sich daher in jener doppelten Perspektive verstehen, auf die die dritte Sektion bereits eingegangen war. Diesen noch fehlenden Nachweis sucht Kant in der vierten Sektion zu liefern, die damit die Antwort auf die in ihrem Titel gestellte Frage »Wie ist ein kategorischer Imperativ möglich?« gibt. Wenn wir uns in jener doppelten Perspektive betrachten, so führt dies laut Kant zunächst nur dazu, dass wir uns als Teil der intelligiblen Welt so betrachten müssten, als würden unsere Handlungen dem Prinzip der Autonomie vollkommen gemäß sein, während wir uns bei der Selbstbetrachtung als Teil der Sinnenwelt als vollkommen durch Naturgesetze anzusehen hätten. Nun ist aber weder das eine noch das andere ausschließlich der Fall, sondern wir betrachten uns gerade als Teil von beiden Welten und wollen verstehen, wie es möglich ist, dass in uns die intelligible Welt die sinnliche Welt nötigt. Kants Antwort auf diese Frage ist: »Weil aber die Verstandes welt den Grund der Sinnenwelt, mithin auch der Gesetze derselben enthält, also in Ansehung meines Willens (der ganz zur Verstandeswelt gehört) unmittelbar gesetzgebend ist und also auch als solche gedacht werden muß, so werde ich mich als Intelligenz, obgleich andererseits wie ein zur Sinnenwelt gehöriges Wesen, dennoch dem Gesetze der ersteren, d. i. der Vernunft, die in der Idee der Freiheit das Gesetz derselben enthält, und also der Autonomie des Willens unterworfen erkennen, folglich die Gesetze der Verstandeswelt für mich als Imperativen und die diesem Princip gemäße Handlungen als Pflichten ansehen müssen.«[164] Wie Kants Hervorhebung deutlich macht, ist die Bedingung der Möglichkeit des Nötigungscharakters, die Verstandeswelt als Grund der Sinnenwelt zu denken. In welchem Sinne aber ist die Verstandeswelt als *Grund* der Sinnenwelt zu denken? In welcher Weise *bestimmt* sie in diesem praktischen Zusammenhang die Sinnenwelt? Kant erläutert dies nicht.[165] Daher stellt sich auch hier ein Interpretationsproblem. Die Schwierigkeit ist, dass es in Ermangelung näherer Erläuterungen nahe liegt, jenes Grundsein auf das Verhältnis von Ding an sich und Erscheinung zu beziehen. Das aber führt zu abwegigen Ergebnissen, denn die Verstandeswelt bestimmt im Praktischen die Sinnenwelt ganz offensichtlich nicht in derselben Weise, denn sonst würden unsere Handlungen automatisch dem Sittengesetz entsprechen und es gäbe jene Nötigung gar nicht,

---

164 Ebd., S. 453.31–35–454.1–5.

165 Bei Henrich heißt es, Kant biete »nicht die Spur eines Vorschlags an, wie sich die Subordination des sinnlich affizierten Willens unter den intelligiblen Willen denken läßt«. Henrich, Dieter: »Die Deduktion des Sittengesetzes«, a.a.O., S. 97. Schönecker und Wood meinen, es sei »völlig unklar, wie jenes ›allgemeine Prinzip‹ [daß die Verstandeswelt Grund (der Gesetze) der Sinnenwelt ist, I. R.] tatsächlich auf den Willen angewendet wird«. Schönecker, Dieter/Wood, Allen W.: *Kants »Grundlegung zur Metaphysik der Sitten«*, a.a.O., S. 205.

die durch das Argument gerade verständlich gemacht werden soll. Eine sachlich angemessene Lösung, wenngleich Kant sie meines Wissens nirgends ausdrücklich entfaltet, scheint darin zu liegen, das Bestimmungsverhältnis im Sinne einer *causa exemplaris* zu verstehen.[166] Die Bestimmung der Sinnenwelt durch die Verstandeswelt wäre eine solche, in der die Vorstellung der intelligiblen Welt und des in ihr geltenden Gesetzes die Exemplarursache für die Wirkung ist, dass sich das sinnlich-vernünftige Wesen zu einer Maximenwahl nach diesem Gesetz genötigt findet. Es handelt sich um eine Idee, die bewegt.[167] Jene Interpretation durch den Begriff der *causa exemplaris* wird indirekt dadurch bestätigt, dass Kant am Ende der vierten Sektion sagt, jedermann, selbst noch »der ärgste Bösewicht, wenn er nur sonst Vernunft zu brauchen gewohnt ist«, würde angesichts von »Beispiele[n] der Redlichkeit in Absichten«, die man ihm vorlegt, wünschen, »daß er auch so gesinnt sein möchte«.[168] Dieser konkrete »praktische Gebrauch der gemeinen Menschenvernunft bestätigt« laut Kant aber »die Richtigkeit dieser Deduktion«, weswegen wir jene Ausführung über den Menschen und selbst den ärgsten Bösewicht durchaus als Erläuterung des Deduktionsargument verstehen dürfen. Die Vorhaltung von exempelhaften Beispielen wirkt auf den Menschen im Sinne einer *causa exemplaris*. Mit dieser Erläuterung, wie der Nötigungscharakter möglich ist, ist auch die Deduktion des kategorischen Imperativs abgeschlossen.

Die letzte Sektion vor der Schlussanmerkung behandelt den Status der geleisteten Deduktion. Obgleich sie für sich genommen fast so umfangreich ist wie die ersten vier Sektionen, wird sie in den Interpretationen des dritten Abschnitts zumeist vernachlässigt. Zu Unrecht. In dieser fünften Sektion macht Kant nicht nur deutlich, was er mit seinen Deduktionen geleistet zu haben beansprucht, sondern er stellt in erster Linie heraus, was er *nicht* geleistet zu haben beansprucht.

---

[166] Diese Interpretationsidee stammt von Manfred Baum. Der Begriff der *causa exemplaris* vereint gleichsam auf herausragende Weise platonisches und stoisches Gedankengut, weil er von Seneca als fünfter Ursachentyp begriffen wird und zum Verständnis der Wirkungsweise der platonischen Ideen herangezogen werden kann. Vgl. Seneca, L. Annaeus: *Epistulae morales ad Lucilium. Briefe an Lucilius. Band I. Lateinisch-deutsch*, hg. und übersetzt von Gerhard Fink. Düsseldorf: Artemis & Winkler 2007, S. 354/355. Da platonisches und stoisches Gedankengut aber zwei Haupteinflüsse für Kant sind, vermittelt unter anderen über Mendelssohn und Garve, erscheint die Hypothese einer stillschweigenden Verwendung des Gedankens der *causa exemplaris* durch Kant keineswegs abwegig.

[167] Diese Interpretation des Bestimmungsverhältnisses als *causa exemplaris* hat darüber hinaus den großen Vorzug, mit einem gleichsam »weichen« Begriff des transzendentalen Idealismus auszukommen. Es ist in ihr nicht nötig, mit dem metaphysisch aufgeladenen Begriff zweier existierender Welten zu operieren, sondern es genügt in einem bestimmten Sinne die – von Kant *de facto* in der *Grundlegung* auch allein herangezogene – Zwei-Standpunkt-Lehre, insofern der Mensch sich *vorstellt*, wirklich einer intelligiblen Welt anzugehören. Vgl. GMS, AA 4: 450.30–34; 452.23–30.

[168] Ebd., S. 454.21–22,23,26–27.

Mit der Herausarbeitung der äußersten Grenze der praktischen Philosophie markiert er die Grenze der Reichweite seiner eigenen Deduktion. Zwei Dinge habe die Deduktion zeigen können, eine Sache kann sie nicht leisten. Kant fasst dies in folgender Passage zusammen, deren Teile im Folgenden mit Ziffern versehen seien, um sie leichter kommentieren zu können: »Die Frage also: (1) wie ein kategorischer Imperativ möglich sei, kann zwar so weit beantwortet werden, als man (2) die einzige Voraussetzung angeben kann, unter der er allein möglich ist, nämlich die Idee der Freiheit, imgleichen (3) als man die Nothwendigkeit dieser Voraussetzung einsehen kann, (4) welches zum praktischen Gebrauche der Vernunft, d. i. zur Überzeugung von der Gültigkeit dieses Imperativs, mithin auch des sittlichen Gesetzes hinreichend ist, (5) aber wie diese Voraussetzung selbst möglich sei, läßt sich durch keine menschliche Vernunft jemals einsehen.«[169] In (1) wiederholt Kant zunächst die Frage der umfassendsten Deduktion, um die es im Vorangehenden ging: die Frage der Deduktion des kategorischen Imperativs. In (2) und (3) gibt er die beiden Dinge an, die die Deduktion tatsächlich leisten konnte: Zum einen (2) konnte gezeigt werden, dass die *Idee* der Freiheit, und mit ihr die Idee einer intelligiblen Welt, eine Bedingung der Möglichkeit der Geltung des kategorischen Imperativs ist; zum anderen (3) konnte gezeigt werden, dass ein vernünftiges Wesen, das sich einen Willen anmaßt, die Freiheit bei sich notwendig voraussetzen muss. (2) wird zusätzlich dadurch gestützt, dass jene Voraussetzung der Idee der Freiheit nicht unmöglich beziehungsweise keine bloße Illusion ist, weil die spekulative Philosophie mit der Auflösung der dritten Antinomie die Nichtunmöglichkeit der Freiheit nachgewiesen hat, woran Kant zu Beginn der fünften Sektion bereits erinnert hatte. In (4) sagt Kant, dass diese beiden Leistungen zum praktischen Vernunftgebrauch und zur Beantwortung der Deduktionsfrage völlig hinreichen, wenngleich die Frage, (5) »wie Freiheit möglich sei«,[170] nicht beantwortet werden könne. Die theoretische Philosophie konnte zeigen, dass Freiheit nicht unmöglich ist, und deshalb darf die praktische Philosophie ruhig mit der Idee der Freiheit operieren, die in ihrem Bereich als notwendige Voraussetzung des Anspruchs auf einen Willen fungiert. Unter der Bedingung der Idee der Freiheit und des Gedankens der intelligiblen Welt sowie unter der Bedingung von sinnlich-vernünftigen Wesen, die den Anspruch auf einen Willen erheben, ist der kategorische Imperativ *möglich*. Das ist die Antwort der *Grundlegung* auf die Frage nach der Deduktion des kategorischen Imperativs. Insofern wir Menschen aber *tatsächlich* solche Wesen sind, gilt der kategorische Imperativ für uns auch *wirklich*. Die Grenze der geleisteten Deduktion aber, die Kant als eine äußerste Grenze der praktischen Philosophie bezeichnet, ist der

---

[169] Ebd., S. 461.7–14.
[170] Ebd., S. 459.2.

Sache nach eigentlich eine Grenze der *theoretischen* Philosophie: Die Möglichkeit der Kausalität aus Freiheit kann nicht erklärt werden; zu einer Erklärung dieser Art von Kausalität müssten Ursache und Wirkung in irgendeiner möglichen Erfahrung gegeben werden können; das aber ist bei der transzendentalen Freiheit unmöglich. Freiheit kann daher unmöglich erkannt werden. Kant warnt uns, seine Deduktion nicht zu überschätzen: Wir dürften sie auf keinen Fall so verstehen, dass in ihr die Bedingung der Möglichkeit der Kausalität aus Freiheit angegeben wäre. Er fügt aber hinzu, dass dies in Bezug auf das Deduktionsproblem auch gar kein Problem darstelle, denn für den praktischen Gebrauch sei die gelungene »Vertheidigung« der Idee der Freiheit gegen diejenigen, »die tiefer in das Wesen der Dinge geschaut zu haben vorgeben, und darum die Freiheit dreust vor unmöglich erklären«,[171] völlig hinreichend.

Weil die Möglichkeit der Kausalität aus Freiheit schon der *Grundlegung* zufolge aus den genannten Gründen nicht deduziert werden kann und »[d]aher […] Freiheit nur eine I d e e der Vernunft [ist], deren objective Realität an sich zweifelhaft ist«, sagt Kant in der *Kritik der praktischen Vernunft*, es könne »die objective Realität des moralischen Gesetzes durch keine Deduction, durch alle Anstrengung der *theoretischen, speculativen* oder empirisch unterstützten Vernunft, bewiesen […] werden«,[172] denn dazu müsste die objektive Realität des Gesetzes aus der Möglichkeit der Kausalität aus Freiheit theoretisch deduziert werden, was unmöglich ist. Es handelt sich bei diesem Satz aus der zweiten Kritik *nicht* um eine Selbstkritik Kants, die seinen Gedankengang der *Grundlegung* betrifft, sondern er *wiederholt* vielmehr *denselben* Gedanken, den er schon in der fünften Sektion des dritten Abschnitts der *Grundlegung* formuliert hat: Die theoretische, spekulative Vernunft kann die objektive Realität der Freiheit und des Gesetzes nicht deduzieren, weil sie die Kausalität aus Freiheit, deren Gesetz das moralische ist, in ihrer Möglichkeit nicht zu erklären vermag.[173] Der Unterschied zwischen der *Grundlegung* und der zweiten Kritik liegt nicht darin, dass Kant 1785 eine Deduktion des Gesetzes für möglich hält und 1787 nicht mehr. Er liegt nicht darin, dass die *Grundlegung* eine Art Beweis der Freiheit liefert, aus dem dann das moralische Gesetz deduziert würde, während Kant nach einem Sinneswandel in der zweiten Kritik einen derartigen Beweis und die entsprechende Deduktion nunmehr für unmöglich hält. Die zentralen Unterschiede zwischen beiden Schriften sind aus unserer Sicht vielmehr darauf zurückzuführen, dass

---

171 Ebd., S.459.16–18.

172 Ebd., S.455.24–26; KpV, AA 5: 47.15–19, Kursivierungen I.R.

173 Diese Auslegung der zitierten Passage aus der zweiten Kritik erwägt etwa O'Neill, Onora: »Autonomy and the fact of reason in the *Kritik der praktischen Vernunft* (§§ 7–8, 30–41)«, in: Höffe, Otfried (Hg.): *Immanuel Kant. Kritik der praktischen Vernunft.* Berlin: Akademie Verlag 2002, S.81–97, hier S.97.

Kant in der *Grundlegung* das Problem einer *praktischen* Vernunft noch nicht hinreichend eigenständig und losgelöst von der Problemstellung der theoretischen Vernunft bearbeitet. Erst in der zweiten Kritik entdeckt er, dass er auf der Basis einer Herausarbeitung des Eigentümlichen der spezifisch *praktischen* Vernunft sein Deduktionsargument so weiterentwickeln kann, dass es letztlich einen stärkeren – und nicht schwächeren – Anspruch zu erheben vermag als das Deduktionsargument aus der *Grundlegung*. Das ambitioniertere Argument ist das aus der zweiten Kritik, wie wir jetzt zu zeigen versuchen wollen.

2.2.2 Das Deduktionsargument in der Lehre vom Faktum der Vernunft

Zum Zeitpunkt der Abfassung der *Grundlegung* war Kant der Meinung, dass er die 1785 unter dem Titel einer »Kritik der reinen praktischen Vernunft« entwickelten Gedanken einer zweiten Edition der *Kritik der reinen Vernunft* als Appendix integrieren könnte, um sich auf dieser Basis dann direkt einer Metaphysik der Sitten zuzuwenden. 1787 aber legt er neben jener zweiten Edition der ersten Kritik ein eigenständiges Buch vor, das zudem den verkürzten Titel »Kritik der praktischen Vernunft« trägt. Um zu verstehen, wie Kant von seinem Deduktionsargument der *Grundlegung* zur Lehre vom Faktum der Vernunft gelangt, ist zunächst auf jenen Wandel in der Architektonik des Systems einzugehen. Insbesondere zwischen 1786 und 1787 findet eine Weiterentwicklung des kritischen Systems statt, bei der nicht zuletzt Kants Rezensenten eine Rolle spielen. Letzteres ist nicht so sehr deshalb der Fall, weil sie ihn auf Fehler aufmerksam machen würden, die er dann korrigiert,[174] sondern weil sie Kant durch ihre Einwände zu einer Neuformulierung seiner Problemstellung anregen und ihn die Notwendigkeit einer eigenständigen Kritik der praktischen Vernunft entdecken lassen. Wir wollen für unsere Zwecke nur auf eine einzige, besonders wichtige Rezension über die *Grundlegung* eingehen, die Hermann Andreas Pistorius im Jahr 1786 vorgelegt hat, und auch in dieser nur einen einzigen Gedanken herausgreifen.[175]

Der Haupteinwand von Pistorius gegen die *Grundlegung* ist, dass jenes von Kant behauptete kategorische Gesetz »ganz undenkbar« sei; es könne »kein anderes sittliches Gesetz als ein hypothetisches« geben, denn es käme »immer erst darauf an, ob sein Gesetz [d. i. das Gesetz des Willens, I. R.] auch gut sei«.[176]

---

174 Wie Ludwig meint. Vgl. Ludwig, Bernd: »Die ›consequente Denkungsart der speculativen Kritik««, a.a.O.

175 Vgl. Pistorius, Hermann Andreas: »Rezension der ›Grundlegung zur Metaphysik der Sitten‹ (1786)«, in: Bittner, Rüdiger/Cramer, Konrad (Hg.): *Materialien zu Kants ›Kritik der praktischen Vernunft‹*. Frankfurt am Main: Suhrkamp 1975, S.144–160.

176 Ebd., S.152, S.153, S.154.

Diesen Einwand kann man aber auch so formulieren: Pistorius behauptet, dass es reine praktische Vernunft gar nicht gebe, sondern lediglich bloß praktische Vernunft. Es erscheint nicht abwegig, anzunehmen, dass genau dieser Einwand Kant auf den Gedanken gebracht hat, dass er das Problem bei der praktischen Vernunft anders, nämlich umgekehrt stellen muss als bei der theoretischen Vernunft. Während die theoretische Vernunft dazu tendiert, ihre Kompetenzen zu überschätzen, tendiert die praktische Vernunft dazu, sich zu unterschätzen, indem sie leugnet, dass es *reine* praktische Vernunft überhaupt geben kann. Daher bedarf es in der praktischen Philosophie, wie Kant in der Einleitung zur zweiten Kritik ausführt, keiner »Kritik der r e i n e n   p r a k t i s c h e n, sondern nur der p r a k - t i s c h e n Vernunft überhaupt«, wobei Letztere »die Obligenheit [hat], die empirisch bedingte Vernunft von der Anmaßung abzuhalten, ausschließungsweise den Bestimmungsgrund des Willens allein abgeben zu wollen«.[177] Genau diese Unterschätzung der praktischen Vernunft ist bei Pistorius konkret zu besichtigen. Um Pistorius' Einwand abzuweisen, der *zugleich* ein natürlicher Einwand der noch nicht kritisch reflektierten praktischen Vernunft überhaupt ist, muss gezeigt werden, *dass es reine* praktische Vernunft *gebe*.[178] Genau das aber leistet die Lehre vom Faktum der Vernunft.

Diese, für die praktische Vernunft spezifische Problemstellung hatte Kant in der *Grundlegung* noch nicht erreicht. Die fünfte Sektion des dritten Abschnitts kann so verstanden werden, dass Kant dort eine Kritik der reinen *praktischen* Vernunft anstrebt, die jedoch tatsächlich eine Kritik der reinen *spekulativen* Vernunft ist, weil sie *de facto* und im Unterschied zu Kants dortigem Selbstverständnis nicht die äußerste Grenze der *praktischen* Philosophie, sondern vielmehr die Grenze der theoretischen Philosophie betrifft, wie wir oben bereits gesehen haben. Dass das so ist und die praktische Philosophie eine ganz andere Problemstellung verlangt, sieht Kant erst in der zweiten Kritik, vermutlich angeregt durch Pistorius' Rezension.[179]

---

[177] KpV, AA 5: 15.26–27; 16.4–6.

[178] »Denn reine [d.i. reine praktische, I.R.] Vernunft, wenn allererst dargetan worden, daß es solche gebe, bedarf keiner Kritik.« Ebd., S.16.1–2.

[179] Es gibt weitere zentrale Stücke der zweiten Kritik, die als Antwort auf Pistorius gelesen werden können. Obgleich Kant Pistorius nicht namentlich erwähnt, ist er offenbar jener in der Vorrede erwähnte »wahrheitliebende[...] und scharfe[...], dabei also doch immer achtungwürdige[...] Recensent[...]« der *Grundlegung*, der dieser Schrift den »Einwurf« gemacht hat, »d a ß   d e r Begriff des Guten dort nicht (wie es seiner Meinung nach nöthig gewesen wäre) v o r   d e m m o r a l i s c h e n   P r i n c i p   f e s t g e s e t z t   w o r d e n«. Ebd., S.8.25–27–9.1–2. Vgl. Pistorius, Hermann Andreas: »Rezension der ›Grundlegung zur Metaphysik der Sitten‹ (1786)«, a.a.O., S.145: »Hierbei wünschte ich nun, daß es dem Verf. beliebt hätte, vor allen Dingen den allgemeinen Begriff von dem, was gut ist, zu erörtern, und was er darunter versteht, näher zu bestimmen, denn offenbar müßten wir uns erst hierüber einverstehen, ehe wir über den absoluten Wert eines

Kant verzichtet aber aus unserer Sicht in der zweiten Kritik im Rahmen dieser neuen Problemstellung keineswegs auf das Unternehmen einer Deduktion der Geltung des moralischen Gesetzes, verstanden in einem *weiteren, spezifisch praktischen* Sinne. Der Ausdruck ›Deduktion‹ ist einerseits ein *terminus technicus* bei Kant, anderseits handelt es sich bei ihm jedoch um keinen ein für alle Mal eng definierten Begriff.[180] Wenn Kant im Deduktionskapitel der zweiten Kritik behauptet, »die objective Realität des moralischen Gesetzes [kann] durch keine Deduction, durch alle Anstrengung der *theoretischen, spekulativen* oder empirisch unterstützten Vernunft, bewiesen« werden und von »*dieser* vergeblich gesuchten Deduction des moralischen Prinzips« spricht,[181] so beziehen sich diese Zurückweisungen einer Deduktion des moralischen Gesetzes auf den Deduktionstyp der theoretischen Philosophie, wie im ersten Zitat auch ausdrücklich gesagt wird. Wie wir in Kapitel 2.2.1 bereits gezeigt haben, hatte Kant schon in der fünften Sektion des dritten Abschnitts der *Grundlegung* in diesem *engen* Sinne von ›Deduktion‹ gesprochen, und es ist diese Art von Deduktion, die er sowohl dort als auch hier für unmöglich erklärt. Er hatte in der *Grundlegung* jedoch

guten Willens etwas ausmachen können.« Diesem ›Einwurf‹ aber, so Kant ausdrücklich, hoffe er »in dem zweiten Hauptstücke der Analytik [...] Genüge gethan« (Ebd., S. 9.15–16) zu haben, jenem Hauptstück, in dem er ausführt, »daß nämlich der Begriff des Guten und Bösen nicht vor dem moralischen Gesetze (dem er dem Anschein nach so gar zum Grunde gelegt werden müßte [wie Pistorius meint, Hinzuf. I.R.]), sondern nur (wie hier auch geschieht) nach demselben und durch dasselbe bestimmt werden müsse«. Ebd., S. 62.37–63.1–4. Diese ausdrückliche Verhältnisbestimmung von reiner praktischer Vernunft, die es gibt, und ihrem Gegenstand aber führt Kant zur Entdeckung einer eigenen Dialektik der reinen praktischen Vernunft, die »als reine praktische Vernunft zu dem praktisch Bedingten (was auf Neigungen und Naturbedürfniß beruht) ebenfalls das Unbedingte [sucht], und zwar nicht als Bestimmungsgrund des Willens, sondern, wenn dieser auch (im moralischen Gesetze) gegeben worden, die unbedingte Totalität des Gegenstandes der reinen praktischen Vernunft, unter dem Namen des **höchsten Guts**«. Ebd., S. 108.7–12. Die zwei in der Antinomie der praktischen Vernunft zurückgewiesenen Thesen der Epikureer und der Stoiker machen auf umgekehrte Weise denselben Fehler, dass sie Glückseligkeit und Tugend beziehungsweise Tugend und Glückseligkeit als analytisch miteinander verknüpft verstehen; denselben Fehler aber macht durchaus auch Pistorius, so dass auch die Antinomie als Kritik an ihm gelesen werden kann. Klemme meint, die Entdeckung der Antinomie der praktischen Vernunft sei der entscheidende Schritt gewesen, der Kant dazu bewogen habe, eine eigenständige Kritik der praktischen Vernunft zu schreiben. Vgl. Klemme, Heiner F.: »The origin and aim of Kant's *Critique of Practical Reason*«, in: Reath Andrews/Timmermann, Jens (Hg.): *Kant's ›Critique of Practical Reason‹. A Critical Guide.* Cambridge: Cambridge University Press 2010, S. 11–30, hier S. 18.

    180 Ludwig verweist darauf, dass »Deduktion« bei Kant zwar ein »*terminus technicus* der Kritischen Philosophie« sei, zugleich jedoch häufig »nur für ›Ableitung‹ bzw. ›Rechtfertigung‹ in einem ganz untechnischen Sinne« gebraucht werde, was darauf schließen ließe, dass »[t]erminologische Trennschärfe [...] von Kant in dieser Frage offenkundig nicht intendiert« sei. Ludwig, Bernd: »Was wird in Kants *Grundlegung* eigentlich deduziert?«, a.a.O., S. 433.

    181 KpV, AA 5: 47.15–19,22, Kursivierungen I.R.

in den ersten vier Sektionen des dritten Abschnittes eine ausführliche Deduktion des Begriffs der Freiheit, des moralischen Gesetzes und des kategorischen Imperativs vorgetragen, bei denen er ›Deduktion‹ in einem *weiteren, spezifisch praktischen* Sinne gebraucht hatte. In einem solchen weiteren, spezifisch praktischen Sinne aber handelt es sich auch bei dem in der zweiten Kritik vorgetragenen Argumentationsgang um eine Deduktion des moralischen Gesetzes und des kategorischen Imperativs. Diese neue Deduktion des moralischen Gesetzes im weiteren Sinne aber enthält eine Deduktion der Freiheit aus dem Bewusstsein der Geltung des moralischen Gesetzes, von der allein im Text ausdrücklich die Rede ist.

Kants Deduktionsargument beginnt systematisch mit der Formulierung der Frage, die eine Deduktion im Rahmen der praktischen Philosophie zu beantworten hat. Während die Deduktionsfrage in der theoretischen Philosophie lautet, »wie reine Vernunft [...] a priori Objekte e r k e n n e n«, lautet sie in der praktischen Philosophie »sehr verschieden«, nämlich »wie sie [die reine Vernunft] unmittelbar ein Bestimmungsgrund des Willens [...] sein könne«.[182] Während die transzendentale Deduktion der ersten Kritik eine »Erklärung der Art [ist, I. R.], wie sich Begriffe a priori auf Gegenstände beziehen können«[183], wäre die Deduktion in der praktischen Philosophie die Antwort auf die Frage »nur, wie Vernunft die Maxime des Willens bestimmen könne«[184]. Mit anderen Worten, die Frage lautet in der praktischen Philosophie: ›Wie ist es möglich, dass reine praktische Vernunft die Willkür bestimmt?‹[185]

Um diese Deduktionsfrage nach der *Möglichkeit* der Bestimmung der Willkür durch reine praktische Vernunft zu beantworten, muss die Kritik der praktischen Vernunft laut Kant jedoch »von reinen praktischen Gesetzen und deren *Wirklichkeit* anfangen«.[186] Die Deduktionsfrage nach der Möglichkeit kann nur im Ausgang von der Wirklichkeit beantwortet werden:[187] Das wirkliche Bewusstsein der Geltung des moralischen Gesetzes ist nur dadurch möglich, dass eine Kausalität aus Freiheit, in der die reine praktische Vernunft die Willkür bestimmt, stattfindet, weshalb Kant die »Freiheit die Bedingung« bezie-

---

[182] Ebd., S. 44.36–37; 45.4; 44.37–45.1–3.

[183] KrV, AA 3: 100.5–6 (B 117).

[184] KpV, AA 5: 45.18–19.

[185] Wir verwenden bei der Formulierung der Frage Kants terminologische Unterscheidung von Wille, als reiner praktischer Vernunft, einerseits und Willkür, als Vermögen der Wahl der Maximen und Handlungen, andererseits. Kant führt diese Unterscheidung zwar terminologisch erst in der *Metaphysik der Sitten* ein (vgl. MS, AA 6: 213.14–26), operiert jedoch der Sache nach bereits hier mit ihr.

[186] KpV, AA 5: 46.5–6, Kursivierungen I. R.

[187] Ein Argument von der Wirklichkeit zur Möglichkeit hatte Kant schon einmal, nämlich im *Einzig möglichen Beweisgrund*, an zentraler Stelle verwendet.

hungsweise die »ratio essendi des moralischen Gesetzes« nennt; wenn jenes Bewusstsein aber nur so möglich ist, dann darf aus seiner Wirklichkeit auf die Wirklichkeit der Kausalität aus Freiheit geschlossen werden, weshalb »das moralische Gesetz [...] die ratio cognoscendi der Freiheit« ist; wenn derart aber die Wirklichkeit der Kausalität aus Freiheit belegt werden kann, ist auch schon ihre Möglichkeit belegt, denn alles, was wirklich ist, ist auch möglich.[188] Vor dem Hintergrund dieses Argumentationsgangs kann Kant von einem ›Faktum der Vernunft‹ sprechen. Was bedeutet in diesem Zusammenhang ›Faktum der Vernunft‹?

Der Ausdruck ›Faktum der Vernunft‹ ist mit einer Mehrdeutigkeit behaftet, die die Interpreten immer wieder herausgefordert hat, letztlich jedoch insofern unproblematisch zu sein scheint, als Kant alle drei in Frage kommenden Bedeutungen akzeptiert und für systematisch miteinander verknüpft hält. Worin besteht zunächst diese Mehrdeutigkeit? Kant spricht einerseits so, als sei das Faktum der Vernunft die *Tat* der reinen praktischen Vernunft *selbst* bei der Bestimmung der Willkür; so ist die Rede von einem »Factum, worin sich *reine Vernunft bei uns in der That* praktisch beweiset«.[189] Andererseits scheint das Faktum der Vernunft das *Ergebnis* jener Tat der reinen praktischen Vernunft bei der Bestimmung der Willkür zu sein, wenn es heißt, man könne »das *Bewußtsein dieses Grundgesetzes* ein Factum der Vernunft nennen« oder »das *moralische Gesetz* [ist] gleichsam als ein Factum der reinen Vernunft [...] gegeben«.[190] Die beiden zuletzt angeführten Bestimmungen unterscheiden sich noch einmal voneinander, weil das Bewusstsein des Gesetzes nicht dasselbe ist wie das Gesetz selbst. Wir wenden uns zunächst dem Unterschied zwischen Tat und Ergebnis einer Tat zu und kommen weiter unten auf den Unterschied zwischen Bewusstsein des Gesetzes und Gesetz zurück.

Jene erste Doppeldeutigkeit im Ausdruck ›Faktum der Vernunft‹ übernimmt Kant offenbar von der Bedeutung, die der Ausdruck ›*factum*‹ in Baumgartens *Metaphysik* hat. Baumgarten definiert im § 701 seiner *Metaphysik*: »Die wirkende Ursach einer freyen Handlung und durch dieselbe ist *ein Urheber* (auctor), und *so wohl* die freye Handlung *als auch* die Würkungen derselben sind die *Thaten* (facta).«[191] Bei Kant aber bedeutet das, dass der Ausdruck ›Faktum der Vernunft‹

---

188 KpV, AA 5: 4.29,32,32–33.

189 Ebd., S.42.6–7, Kursivierungen I.R.

190 Ebd., S.31.24; 47.11–13, Kursivierungen I.R.

191 Baumgarten, Alexander Gottlieb: *Metaphysik*, übersetzt von Ge. Friedr. Meier, Anmerkungen von Joh. Aug. Eberhard. Jena: Dietrich Scheglmann Reprints 2004 (= Klassiker der Metaphysik. Bd. 1), § 701, Kursivierung I.R. Zitiert bei Wolff, Michael: »Warum das Faktum der Vernunft ein Faktum ist. Auflösung einiger Verständnisschwierigkeiten in Kants Grundlegung der Moral«, in: *Deutsche Zeitschrift für Philosophie* (2009) 4, S.511–549, hier S.534.

sowohl die freie Tat[192] der reinen praktischen Vernunft bei der Bestimmung der Willkür *als auch* die Wirkung derselben in Gestalt des Bewusstseins der Geltung des moralischen Gesetzes bezeichnet. Die Frage, ob das Faktum der Vernunft als Tat oder als Tatsache zu verstehen ist, stellt damit vor keine Alternative, denn das Faktum der Vernunft ist im angegebenen Sinne sowohl Tat (Handlung) als auch Tatsache (Wirkung).[193]

Der zentrale Stein des Anstoßes in Bezug auf die Lehre vom Faktum der Vernunft aber scheint in der zweiten Doppeldeutigkeit zu liegen. Es hat den Anschein, als würde Kant von der Wirklichkeit des *Bewusstseins* der Geltung des Gesetzes unmittelbar auf die Wirklichkeit der *Geltung des Gesetzes* selbst schließen.[194] Das sieht aus wie eine gigantische Erschleichung des Herzstücks seiner Moralphilosophie und hat ihm den größten Spott und die härtesten Vorwürfe eingebracht. Es handle sich um eine »erschlichene und ertrotzte *Unmittelbarkeit der praktischen Vernunft*«;[195] Kant habe, »als es mit ehrlicher Arbeit nicht gut fortwollte, zum Diebstahl Zuflucht«[196] genommen; das Faktum der Vernunft sei ein »Skandal der Transzendentalphilosophie«, ein »papierne[r] Drache«[197] und letztlich nicht mehr als eine »psychologische Naturtatsache […], wie der gestirnte

---

[192] In der »Einleitung in die Metaphysik der Sitten« definiert Kant die »That (factum)« als eine Handlung, deren »Urheber« eine »causa *libera*« ist. MS, AA 6: 227.23,22, Kursivierung I. R.

[193] Dass Kants Rede vom Faktum diese doppelte Konnotation hat, meinen Wolff, Michael: »Warum das Faktum der Vernunft ein Faktum ist«, a. a. O.; Steigleder, Klaus: *Kants Moralphilosophie*, a. a. O., S.105, und Willaschek, Marcus: *Praktische Vernunft*, a. a. O., S.181.

[194] Es sei angemerkt, dass jenes Bewusstsein der Geltung weder schon die spezifische Nötigung eines Imperativs, die es nur für sinnlich-vernünftige Wesen gibt, enthält, noch ist es bereits die Achtung, die es ebenfalls nur für sinnlich-vernünftige Wesen gibt. Schönecker vertritt die Auffassung, dass wir laut Kant durch das Gefühl der Achtung die Geltung des moralischen Gesetzes erkennen. Vgl. Schönecker, Dieter: »Das gefühlte Faktum der Vernunft. Skizze einer Interpretation und Verteidigung«, in: *Deutsche Zeitschrift für Philosophie* (2013) 1, S.91–107 (wieder abgedruckt in: Römer, Inga (Hg.): *Affektivität und Ethik bei Kant und in der Phänomenologie*. Berlin/Boston: de Gruyter 2014, S.55–77). In einem weiteren Aufsatz interpretiert er sogar die vier ästhetischen Vorbegriffe des Abschnitts XII der Einleitung in die Tugendlehre als notwendige Bedingungen des Bewusstseins der Geltung des moralischen Gesetzes. Vgl. Schönecker, Dieter: »Kant's moral intuitionism: the fact of reason and moral predispositions«, in: *Kant Studies Online* 2013, S.1–38, hier S.26–36. Das ist aus unserer Sicht nicht Kants These. Die Achtung ist ein in nur auch sinnlichen Wesen vorkommendes ästhetisches Komplement des Bewusstseins der Geltung des Gesetzes und hat als Exekutionsprinzip des Gesetzes eine zentrale Bedeutung. Sie dient jedoch nicht dazu, die Bedingungen der Geltung des Gesetzes beziehungsweise diese Geltung selbst zu belegen, weswegen ihr im Abschnitt über die Deduktion auch gar keine Rolle zukommt, sondern sie erst im Rahmen der moralischen Ästhetik des Triebfederkapitels Behandlung findet.

[195] Schopenhauer, Arthur: »Preisschrift über die Grundlage der Moral«, a. a. O., S.503.

[196] Bittner, Rüdiger: *Moralisches Gebot oder Autonomie*. Freiburg/München: Alber 1983 (= Reihe: Praktische Philosophie. Bd. 18), S.142.

[197] Böhme, Hartmut/Böhme, Gernot: *Das Andere der Vernunft. Zur Entwicklung von Rationalitätsstrukturen am Beispiel Kants*. Frankfurt am Main: Suhrkamp 1983, S.345, S.346.

Himmel über mir eine physikalische«.[198] Kant selbst aber schließt keineswegs »ohne Begründung«[199] vom Bewusstsein der Geltung auf die Geltung selbst, sondern hat ein ebenso komplexes wie originelles Argument für jenen Übergang. Worin besteht dieses Argument?

Kants Argument für jenen Übergang enthält eine Erläuterung dessen, wie Geltung im Rahmen der Moralität allein möglich ist, und es stützt sich bei dieser Erläuterung auf eine weit gefasste Analogie zwischen der geometrischen Konstruktion und der Tat der reinen praktischen Vernunft. Letztere Analogie hat Michael Wolff herausgearbeitet.[200] Die Postulate der Geometrie geben praktische Regeln an, wie einem Begriffe Realität verliehen werden kann, wobei der Gegenstand überhaupt erst durch die Anwendung des Verfahrens zustande kommt. Kant aber versteht das Grundgesetz der reinen praktischen Vernunft als ein »praktische[s] Postulat[…]«,[201] laut Wolff eine terminologische Erfindung Kants.[202] Worin liegt die Analogie zwischen geometrischen und praktischen Postulaten? So wie in der geometrischen Konstruktion der Gegenstand erst durch die Anwendung des Verfahrens überhaupt zustande kommt, wird auch die Geltung des Gesetzes allererst durch die die Willkür bestimmende Tat der reinen praktischen Vernunft erzeugt.[203] Ähnlich wie dem Begriff des Kreises erst dadurch Realität verliehen werden kann, dass er konstruiert wird, kann dem moralischen Gesetz erst dadurch praktische Realität im Sinne der Geltung verliehen werden, dass die reine praktische Vernunft die Willkür bestimmt. Die Grenze dieser weit gefassten Analogie ist zweifach: Zum einen wird in der Geometrie dem Begriff dadurch Realität verliehen, dass sein Gegenstand durch Kon-

---

198 Horkheimer, Max/Adorno, Theodor W.: *Dialektik der Aufklärung. Philosophische Fragmente.* Frankfurt am Main: Fischer 1969, S. 101.

199 Bittner, Rüdiger: *Moralisches Gebot oder Autonomie*, a.a.O., S. 142.

200 Vgl. Wolff, Michael: »Warum das Faktum der Vernunft ein Faktum ist«, a.a.O.

201 KpV, AA 5: 46.11.

202 Wolff, Michael: »Warum das Faktum der Vernunft ein Faktum ist«, a.a.O., S. 524.

203 Wie Wolff denke ich, dass sich Kants Deduktion in der zweiten Kritik sowohl auf die Geltung des moralischen Gesetzes als auch auf die Geltung des kategorischen Imperativs bezieht. Allerdings scheint mir, dass sich dies nicht an dem von Wolff gemachten terminologischen Unterschied zwischen dem »Sittengesetz«, mit dem Kant hier den kategorischen Imperativ meine, und dem »Grundgesetz«, das für Kant hier das moralische Gesetz im Allgemeinen sei, festmachen lässt. Vgl. ebd., S. 524 f. Dagegen, das »Sittengesetz« als kategorischen Imperativ zu verstehen, spricht nicht nur Kants sonstige Verwendungsweise dieses Wortes, sondern jene Auslegung ist auch in der von Wolff zitierten Passage selbst nicht zwingend. Dort heißt es, »[r]eine Vernunft ist für sich allein praktisch, und giebt (dem Menschen) ein allgemeines Gesetz, welches wir das S i t t e n g e s e t z nennen.« KpV, AA 5: 31.36–37. Dass Kant den Ausdruck »dem Menschen« in Klammern setzt, bedeutet hier meines Erachtens, dass er die Schlussfolgerung, die dieser Satz darstellt, *sowohl* auf reine vernünftige Wesen mit einem Willen *als auch* auf auch sinnliche Wesen wie den Menschen beziehen will.

struktion in der Anschauung hervorgebracht wird, während die Hervorbringung der Geltung des Gesetzes mittels der Bestimmung der Willkür durch die
reine praktische Vernunft auf Anschauung nicht bezogen ist;[204] zum anderen
wird die betreffende Handlungsweise bei den praktischen Postulaten im Unterschied zu den geometrischen Postulaten nicht lediglich als möglich postuliert
(*wenn* du einen Kreis ziehen willst, *dann...*), sondern als eine unbedingt erfolgende Synthesishandlung vorgestellt, in der die reine praktische Vernunft die
Willkür bestimmt. Diese weit gefasste Analogie zur geometrischen Konstruktion aber zeigt, dass praktische Realität beziehungsweise Geltung eines Gesetzes
in der praktischen Philosophie überhaupt *nur so möglich* ist, dass sie *wirklich*
von einer fungierenden reinen praktischen Vernunft hervorgebracht wird, die
die Willkür bestimmt. Der ›Gegenstand‹ der Geltung ist *nur* durch die *wirkliche*
Bestimmung der Willkür durch reine praktische Vernunft *möglich*. Es kommt
auf die *Performativität des tatsächlichen Vollzugs* der Willkürbestimmung durch
reine praktische Vernunft an. Da sich die Wirklichkeit dieser Tat reiner praktischer Vernunft aber erschließen lässt aus ihrer Wirkung, dem Bewusstsein der
Geltung des moralischen Gesetzes, kann durchaus von jenem *Bewusstsein* auf die
Geltung selbst geschlossen werden: Wenn die Tat der reinen praktischen Vernunft
bei der Bestimmung der Willkür den ›Gegenstand‹ der Geltung des Gesetzes hervorbringt, dann darf von dem jene Tat bezeugenden Bewusstsein der Geltung des
Gesetzes durchaus auf die Geltung des Gesetzes selbst geschlossen werden.

Jenes Bewusstsein der Geltung des moralischen Gesetzes erlaubt es jedoch
nicht nur, darauf zu schließen, *dass* eine freie Tat der reinen praktischen Vernunft
wirklich stattgefunden hat und damit auch möglich sein muss, sondern es erlaubt
auch eine »positive Bestimmung«[205] dieser Kausalität aus Freiheit und damit eine
Deduktion der Freiheit, die in der theoretischen Philosophie unmöglich war. Das
Bewusstsein der Geltung des moralischen Gesetzes fungiert in der praktischen

---

[204] In der Methodenlehre der ersten Kritik warnt Kant ausführlich davor, die mathematische
Vernunfterkenntnis durch Konstruktion mit der philosophischen Vernunfterkenntnis durch
Begriffe zu verwechseln. Vgl. KrV, AA 3: 468.25–483.32 (B 740–766). Er hat dort eine Alternative
im Blick, zu der die Faktumslehre der zweiten Kritik gleichsam ein Drittes darstellt. Mathematik
kann ihre Gegenstände a priori in der Anschauung konstruieren. Philosophie als theoretische
Transzendentalphilosophie kann das nicht, weil die objektive Realität ihrer Begriffe von den
Bedingungen der Möglichkeit der Erfahrung abhängt und daher vermittelt ist durch die »Erfahrung, die nach jenen synthetischen Grundsätzen allererst möglich wird«. Ebd., S.473.27–28
(B 749). Die reine praktische Vernunft in ihrer gesetzgebenden Bestimmung der Willkür ist aber
weder eine Konstruktion, die auf Anschauung a priori bezogen ist, noch ist sie bei der Realisierung ihrer Begriffe auf die Vermittlung der Erfahrung, von der sie die Bedingungen der Möglichkeit eruieren müsste, angewiesen. Die im spezifisch praktischen Sinne objektive Realität des
moralischen Gesetzes – womit die Möglichkeit seiner Geltung gemeint ist – kann völlig *a priori*
ohne Anschauungs- und Erfahrungsbezug philosophisch gesichert werden.
[205] KpV, AA 5: 48.9.

Philosophie als »Princip der Deduction der Freiheit«,[206] weil es der Vernunftidee der Freiheit »zum erstenmale objective, obgleich nur praktische Realität
zu geben vermag und ihren transcendenten Gebrauch in einen immanenten (im Felde der Erfahrung durch Ideen selbst wirkende Ursachen zu sein)
verwandelt«.[207] Die positive Bestimmung, die objektive Realität im praktischen
Sinne, die »Bedeutung«[208], die Kant der Kausalität aus Freiheit nun verleihen zu
können glaubt, ist aber aus unserer Sicht jene bereits in der *Grundlegung*, dort
allerdings als bloß gedachte, in den Blick gekommene Kausalität im Sinne der
causa exemplaris. Im Bewusstsein der Geltung des Gesetzes wird bezeugt, dass
uns eine bloße Idee, nämlich die des moralischen Gesetzes, bewegt: In ihm wird
deutlich, dass »die Idee des Gesetzes einer Causalität (des Willens) selbst Causalität hat«.[209] Nichts anderes als dies ist die Kausalität aus Freiheit der reinen praktischen Vernunft: Sie wirkt, indem sie in der Willkür den Wunsch nach einem
Wollen gemäß diesem Gesetz hervorruft. Warum eine bloße Idee diese Kausalität
hat, kann theoretisch nicht erklärt werden, aber das Bewusstsein der Geltung des
Gesetzes bezeugt, dass sie möglich ist, weil sie wirklich ist, als *causa exemplaris*.

In Kants Lehre vom Faktum der Vernunft findet sich ein Deduktionsargument, das in gleich mehrfacher Hinsicht einen Fortschritt gegenüber dem Deduktionsargument der *Grundlegung* darstellt. Sowohl die *Grundlegung* als auch die
zweite Kritik stützen sich auf den Nachweis der ersten Kritik, dass Freiheit nicht
unmöglich ist. Im Weiteren aber gibt es zwei deutliche Unterschiede. Der erste
Unterschied liegt darin, dass die zweite Kritik deutlich mehr über die Freiheit
sagen zu können glaubt als die *Grundlegung*. Die *Grundlegung* zeigt lediglich,
dass wir in unserem Anspruch auf einen eigenen Willen die Voraussetzung der
Freiheit und damit auch der Geltung des Gesetzes für uns machen müssen, wenn
wir uns nicht widersprechen wollen, und dass diese notwendige Annahme der
Praxis wenigstens nicht aus theoretischen Gründen als illusionär zurückgewiesen werden muss. Eine positive Bestimmung dieser Kausalität aus Freiheit
hält Kant hier aber noch nicht für möglich, was er in der fünften Sektion des
dritten Abschnitts mit der Erinnerung an die entsprechenden Ergebnisse der
ersten Kritik eigens betont. In der zweiten Kritik hingegen stellt er im Rahmen
einer Deduktion der Freiheit aus dem moralischen Gesetz die These auf, dass
das Bewusstsein der Geltung des Gesetzes sowohl die Wirklichkeit der Freiheit
bezeugt als auch die Art ihrer Kausalität positiv bestimmt, als eine Kausalität der
Idee des Gesetzes, die wir als *causa exemplaris* interpretiert haben. Der zweite
Unterschied betrifft die Antwort auf die Frage nach der Deduktion des mora-

---

[206] Ebd., S. 48.2.
[207] Ebd., S. 48.13–16.
[208] Ebd., S. 50.10.
[209] Ebd., S. 50.12–13.

lischen Gesetzes als eines synthetischen Satzes *a priori*. Um die Möglichkeit der Geltung zu begründen, begnügt sich Kant in der *Grundlegung* mit dem Hinweis, dass ich mich bei der in der Praxis notwendig zu machenden Freiheitsvoraussetzung in Gedanken in eine intelligible Welt versetze, in der das moralische Gesetz das Gesetz für alle an ihr beteiligten Wesen ist, wobei jener Gedanke wegen des in der ersten Kritik vorgelegten Nachweises der Nichtunmöglichkeit einer solchen intelligiblen Freiheit und ihres Gesetzes nicht als Illusion bezeichnet werden muss. In der zweiten Kritik hingegen gibt es nach unserer Lesart nicht überhaupt keine Deduktion des moralischen Gesetzes, sondern vielmehr eine Vertiefung und Verstärkung des Deduktionsarguments der *Grundlegung*. Das ist insofern der Fall, als Kant nun vertritt, das moralische Gesetz als ein synthetischer Satz *a priori* sei nur dadurch möglich, dass er in seiner Geltung, d. i. seiner Synthetizität, von der reinen praktischen Vernunft in ihrer Bestimmung der Willkür hervorgebracht wird. Damit aber beantwortet Kant die Frage nach der Deduktion des moralischen Gesetzes: Die Geltung des moralischen Gesetzes ist möglich durch die freie Tat der die Willkür bestimmenden Vernunft, deren Wirklichkeit sich im Bewusstsein der Geltung des Gesetzes bekundet. Während die *Grundlegung* in der fünften Sektion des dritten Abschnitts noch meint, die Deduktion habe ihre Grenze darin, dass die Möglichkeit der Kausalität aus Freiheit nicht erklärt werden könne, erkennt Kant in der zweiten Kritik, dass das überhaupt keine Grenze der *praktischen* Philosophie ist (sondern der theoretischen), weil wir, erstens, die Kausalität aus Freiheit in einem praktischen Sinne doch positiv bestimmen können, und zweitens, weil es zum Eigentümlichen der praktischen Philosophie gehört, dass ihre synthetischen Sätze *a priori* gar *nicht* als Möglichkeitsbedingungen von etwas der Möglichkeit nach in der Anschauung Gegebenem in ihrer objektiven Realität gerechtfertigt werden *können*, sondern es vielmehr *zur Natur der Sache gehört*, dass die Geltung des obersten synthetischen Grundsatzes *a priori* allein und *ausschließlich* durch die Tat reiner praktischer Vernunft bei der Willkürbestimmung unmittelbar erzeugt werden kann.

Sollte diese Rekonstruktion der beiden Deduktionsargumente von 1785 und von 1787 aber zutreffend sein, so würde die Auffassung, Kant habe in der *Grundlegung* eine starke Begründung der Gesetzesgeltung versucht, während er sich in der zweiten Kritik nach einer Selbstkorrektur mit der schwächeren These eines bloßen Faktums der Gesetzesgeltung begnüge, die Sachlage nicht nur verkennen, sondern gleichsam umdrehen.[210] Auch wäre es völlig verkehrt, die Lehre vom Faktum der Vernunft als eine Resignation Kants vor einem nun plötz-

---

210 Jene weit verbreitete Interpretation findet sich jüngst noch einmal bei Timmermann, der schreibt, »that the second *Critique* declares the deduction of the *Groundwork* to be unnecessarily and unrealistically ambitious«, weshalb gelte: »Kant is retreating in the later work.« Timmermann, Jens: »Reversal or retreat? Kant's deductions of freedom and morality«, in: Reath,

lich für unlösbar gehaltenen Problem zu verstehen. Die Lehre vom Faktum der Vernunft ist keine Resignation, sondern sie ist die Antwort auf das Problem einer für die praktische Philosophie spezifischen Deduktion des moralischen Gesetzes.

Hinter Kants komplexem Gedankengang verbirgt sich aber ein einfacher Grundgedanke: *Moralische Geltung kann nur auf fungierender Selbstgesetzgebung beruhen.* Die Geltung des moralischen Gesetzes als eines synthetisch-praktischen Satzes *a priori* kann weder theoretisch bewiesen werden, noch lässt sie sich auf die Gesetzgebung eines anderen, der Natur beispielsweise oder Gott, zurückführen. Sie ist nur möglich aus einer *tatsächlich* performativ als willkürbestimmend fungierenden reinen praktischen Vernunft. Die Lehre vom Faktum der Vernunft ist daher weder Skandal noch Erschleichung, sondern die einzig angemessene Antwort auf das Deduktionsproblem der praktischen Philosophie. Damit aber rückt ein Aspekt ins Zentrum, der aus phänomenologischer Sicht von besonderer Bedeutung ist: Die Geltung des moralischen Gesetzes für mich ist davon abhängig, *dass* in mir wirklich fungierende reine praktische Vernunft meine Willkür bestimmt; da aber diese tätige reine praktische Vernunft nur im Ausgang vom Bewusstsein der Geltung des moralischen Gesetzes bezeugt werden kann, hängt die gesamte Geltung der Moralität letztlich von der Wirklichkeit jenes Bewusstseins ab. Hat jemand dieses Bewusstsein nicht – und macht sich nicht nur blauen Dunst vor –, dann kann ihm die Geltung des Gesetzes durch kein Argument der Welt andemonstriert werden. Kant hält diese Konsequenz allerdings noch für unproblematisch: Er ist der Überzeugung, dass jeder Mensch in sich dieses Bewusstsein doch finden wird. Während geometrische Postulate hypothetisch sind (*wenn du einen Kreis ziehen willst, dann...*), sind praktische Postulate ihm zufolge deshalb kategorisch, weil fungierende reine praktische Vernunft die Gesetzesgeltung unbedingt hervorbringt. Ähnlich wie Aristoteles die *energeia* als das Prinzip des tätigen Werdens in einem Wesen versteht, betrachtet Kant die Vernunft als eine sich im Menschen entfaltende Tätigkeit der Willkürbestimmung. Für Kant steht es noch außer Zweifel, *dass* es *reine* praktische Vernunft wirklich *gibt*.

2.2.3 Das oberste Prinzip der Tugendlehre und seine Deduktion

Es hat etwas durchaus Merkwürdiges auf sich mit dem Rezeptionsschicksal von Kants Tugendlehre, die er 1797 in der *Metaphysik der Sitten* vorgelegt hat. Bis vor nicht allzu langer Zeit erblickte man in ihr zumeist eine Schrift mit gravierenden

Andrews/Timmermann, Jens (Hg.): *Kant's Critique of Practical Reason. A Critical Guide.* Cambridge u. a.: Cambridge University Press 2010, S. 73–89, hier S. 89.

systematischen Schwächen,[211] die man einer gewissen Senilität des alternden Kant zuzuschreiben geneigt war, und meistens fand man überdies, seine Tugendlehre sei ohnehin nicht viel mehr als ein zweifelhafter Katalog größtenteils überholter Tugenden. Erst im Kontext einer Renaissance der aristotelischen Tugendethik bei MacIntyre, Williams, Foot, Nussbaum und anderen besann man sich in der von den Neoaristotelikern kritisierten kantischen Tradition näher darauf, dass auch Kant eine Tugendlehre geschrieben hatte. Von vereinzelten früheren Auseinandersetzungen einmal abgesehen,[212] begann die Renaissance der kantischen Tugendlehre noch nach derjenigen der Rechtslehre erst vor ungefähr fünfzehn Jahren.[213] Mit dem Ausdruck ›Tugendlehre‹ bezieht sich Kant allerdings nicht auf eine spezifisch Aristoteles nahestehende Ethik,[214] sondern er übernimmt diesen Terminus halbherzig[215] aus der durch Thomasius begonnenen Tradition, um die Ethik überhaupt vom Recht zu unterscheiden. ›Tugendlehre‹ bedeutet für Kant ›Ethik‹. Die Ethik aber versteht er als eine »Anthroponomie«, eine »von der unbedingt gesetzgebenden Vernunft aufgestellte[e]«[216] Lehre von den Prinzipien der moralischen Gesetzgebung *für den Menschen*. Die Anthroponomie ist *angewandte* reine Moralphilosophie, die Kant in einer konzeptuellen Analogie zur angewandten reinen Mathematik versteht: So wie die angewandte Mathematik

---

[211] Vgl. noch Ludwig, Bernd: *Kants Rechtslehre*. Hamburg: Meiner 1988, S. 1 ff. sowie ders.: »Einleitung«, in: Kant, Immanuel: *Metaphysische Anfangsgründe der Tugendlehre. Metaphysik der Sitten. Zweiter Teil*, neu hg. und eingeleitet von B. Ludwig. Hamburg: Meiner 1990, S. XIII–XXVIII, hier S. XVII.

[212] Zu nennen sind hier insbesondere der ganz frühe Kommentar von Tieftrunk, Johann Heinrich: *Philosophische Untersuchungen über die Tugendlehre zur Erläuterung und Beurtheilung der metaphysischen Anfangsgründe der Tugendlehre vom Herrn Prof. Imm. Kant*. Halle: Rengersche Buchhandlung 1798, sowie die Monographie von Gregor, Mary J.: *Laws of Freedom. A Study of Kant's Method of Applying the Categorical Imperative in the* Metaphysik der Sitten. Oxford: Basil Blackwell 1963.

[213] Vgl. im Jahr 2002 Timmons, Mark (Hg.): *Kant's Metaphysics of Morals. Interpretative Essays*. Oxford u.a.: Oxford University Press 2002; im Jahr 2004 Esser, Andrea: *Eine Ethik für Endliche. Kants Tugendlehre in der Gegenwart*. Stuttgart-Bad Cannstatt: frommann-holzboog 2004 (= Spekulation und Erfahrung. Texte und Untersuchungen zum Deutschen Idealismus. Abteilung II: Untersuchungen. Bd. 53); im Jahr 2008 Betzler, Monika (Hg.): *Kant's Ethics of Virtue*. Berlin/New York: de Gruyter 2008; und im Jahr 2013 Trampota, Andreas/Sensen, Oliver/Timmermann, Jens (Hg.): *Kant's »Tugendlehre«. A Comprehensive Commentary*. Berlin/Boston: de Gruyter 2013.

[214] Für einen Vergleich und durchaus auch eine Annäherung von Kant und Aristoteles siehe Sherman, Nancy: *Making a Necessity of Virtue. Aristotle and Kant on Virtue*. Cambridge: Cambridge University Press 1997.

[215] Vgl. »(dem *man* im Deutschen den Namen Tugendlehre *angemessen gefunden hat*): so daß jetzt das System der allgemeinen Pflichtenlehre in das der Rechtslehre (ius), welche äußerer Gesetze fähig ist, und der Tugendlehre (Ethica) eingetheilt wird, die deren nicht fähig ist; *wobei es denn auch sein Bewenden haben mag.*« MS, AA 6: 379.7–12, Kursivierungen I. R.

[216] Ebd., S. 406.3–4.

auf empirische Messungen rekurrieren muss, ohne dadurch selbst eine empirische Wissenschaft zu werden, rekurriert auch die Anthroponomie auf die empirisch zu ermittelnde Natur des Menschen, ohne selbst eine empirische Wissenschaft zu sein.[217]

Als verwunderlich aber darf gelten, dass Kant von Anfang an der bis heute hartnäckig sich erhaltende Vorwurf des inhaltsleeren Formalismus gemacht wurde, ohne dass man der Tugendlehre, die das materiale Komplement zum ›Formalismus‹ enthält, überhaupt Aufmerksamkeit widmete. Weiterhin erstaunlich ist, dass im Zuge der ausgiebigen Rezeption der *Grundlegung* Interpreten nicht selten zu der Auffassung gelangten, die Mensch-Zweck-Formel sei von herausragender Bedeutung, sogar womöglich – im Unterschied zu Kants eigener Auffassung – wichtiger als die allgemeine Formel und die Naturgesetzformel, ohne dass man der Verortung dieser Formel in einer Metaphysik der Sitten, die systematisch erst in der Tugendlehre entfaltet wird, eigens Beachtung schenkte. Im Zuge dieser merkwürdigen Rezeptionsgeschichte, in der der Tugendlehre bei weitem nicht die Aufmerksamkeit zuteil wurde, die sie verdient hätte, blieb aber auch verdeckt, dass Kant in ihr ein *eigenes Prinzip der Ethik* formuliert und dessen Geltung durch eine *eigene Deduktion* rechtfertigt: Es handelt sich um das im Abschnitt IX. der »Einleitung zur Tugendlehre« vorgetragene »oberste Princip der Tugendlehre« und seine »Deduction«.[218] Wie Kant zu diesem Prinzip und seiner Deduktion gelangt, wollen wir nun erörtern. Weil dieses Prinzip in der Rezeption bisher wenig Beachtung gefunden hat, behandeln wir hier zur Erleichterung des Verständnisses die Ableitung seines Inhalts und seine Deduktion zusammen in einem Kapitel.

Kant zeigt zunächst, dass und inwiefern das oberste Prinzip der Moralität in seiner Anwendung auf den Menschen zu der Definition der »Ethik« als »System der Zwecke der reinen praktischen Vernunft« führt.[219] Das Argument hat drei Schritte. Erstens stellt sich das moralische Gesetz für den Menschen aufgrund

---

[217] Von der *Anthroponomie* als Lehre von den *Prinzipien der Anwendung der reinen Moralphilosophie auf die Natur des Menschen* unterscheidet Kant die »moralische Anthropologie«, welche es lediglich mit den »Bedingungen der Ausführung der Gesetze« der Metaphysik der Sitten in der menschlichen Natur zu tun hat und den Bereich der moralischen Erziehung betrifft. Ebd., S. 217.10–11,12. Daher hat die Metaphysik als Anthroponomie einen systematischen Vorrang vor der moralischen Anthropologie: »[E]ine Metaphysik der Sitten kann nicht auf Anthropologie gegründet, aber doch auf sie angewandt werden.« Ebd., S. 217.6–8. Dass es insgesamt keinen Widerspruch gibt zwischen Kants nicht-empirischer Grundlegung der Moral sowie seinem transzendentalen Freiheitsbegriff einerseits und der moralischen Relevanz der ihrerseits empirischen Anthropologie hat insbesondere Frierson gezeigt. Vgl. Frierson, Patrick R.: *Freedom and Anthropology in Kant's Moral Philosophy*. Cambridge u. a.: Cambridge University Press 2010.

[218] MS, AA 6: 395.15,23.

[219] Ebd., S. 381.18–19.

seiner auch sinnlichen Natur als ein Imperativ dar, mit dem der Pflichtcharakter verknüpft ist. Zweitens könne es sich im Unterschied zum Recht bei dieser Pflicht in der Ethik aufgrund der Autonomie des Menschen nur um eine Selbstverpflichtung, einen Selbstzwang handeln, dessen Erfolg gerade die Tugend definiert. Drittens benötigt dieser ethische Selbstzwang »noch eine Materie (einen Gegenstand der freien Willkür), einen Zweck der reinen Vernunft, der zugleich als objectiv-nothwendiger Zweck, d. i für den Menschen als Pflicht vorgestellt wird«.[220] Die letztere Notwendigkeit ist darin begründet, dass beim Menschen »die sinnlichen Neigungen zu Zwecken (als der Materie der Willkür) verleiten, die der Pflicht zuwider sein können«, und »die gesetzgebende Vernunft ihrem Einfluß nicht anders wehren [kann], als wiederum durch einen entgegengesetzten moralischen Zweck, der also von der Neigung unabhängig a priori gegeben sein muß«.[221] Die Ethik aber ist eben die Lehre von diesen Zwecken der reinen praktischen Vernunft im Menschen, die zugleich Zwecke sind, die zu haben für den Menschen Pflicht ist. Bereits im ersten Abschnitt der Einleitung ist damit deutlich, dass Kant in seiner Ethik nicht nur materiale Zwecke zulässt, sondern die Ethik sogar gerade heraus als die Lehre von den Zwecken der reinen praktischen Vernunft *definiert*.

Gleich nach dieser begriffsanalytischen Einleitung aber stellt Kant am Ende des Abschnitts I. eine Deduktionsfrage: »Wie ist aber ein solcher Zweck möglich?«[222] Mit welcher Berechtigung kann »die objective Realität des Begriffs«[223] eines Zweckes, den zu haben Pflicht ist, angenommen werden? Die Antwort auf diese Frage gibt erst der Abschnitt IX., und zwar mittels einer Deduktion des obersten Prinzips der Tugendlehre. In den Abschnitten dazwischen folgt Kant offenbar einer ähnlichen Methode wie in den Grundlegungsschriften: Zunächst liefert er im Rahmen der analytischen Methode Erörterungen und Expositionen, die ihn schließlich zur Formulierung des obersten Prinzips der Tugendlehre hinführen, während sich daran mittels einer synthetischen Methode eine Deduktion dieses Tugendprinzips anschließt, die dessen objektive Realität nachweisen soll. Es sind insbesondere drei Momente, die Kants über die analytische Methode erreichte Formulierung des obersten Prinzips der Tugendlehre vorbereiten.[224]

An erster Stelle steht eine Bestimmung des Verhältnisses zwischen Pflicht und Zweck. Die Ethik, so Kant, »kann nicht von den Zwecken ausgehen, die der Mensch sich setzen mag, und darnach über seine zu nehmende Maximen, d. i.

---

220 Ebd., S. 380.22–25.
221 Ebd., S. 380.25–26–381.1–3.
222 Ebd., S. 382.1.
223 Ebd., S. 382.4.
224 Wir gehen in diesem Kapitel nicht auf die beiden konkreten Zwecke, die zu haben Pflicht ist, ein. Sie werden in Kapitel 2.4.3 Beachtung finden.

über seine Pflicht verfügen; denn das wären empirische Gründe der Maximen, die keinen Pflichtbegriff abgeben«.[225] Dieser Satz wiederholt den ersten Lehrsatz der zweiten Kritik: »Alle praktische Principien, die ein Object (Materie) des Begehrungsvermögens als Bestimmungsgrund des Willens voraussetzen, sind insgesammt empirisch und können keine praktische Gesetze abgeben.«[226] Die Schlussfolgerung, die Kant nun daraus zieht, ist: »Also wird in der Ethik der Pflichtbegriff auf Zwecke leiten und die Maximen in Ansehung der Zwecke, die wir uns setzen sollen, nach moralischen Grundsätzen begründen müssen.«[227] Angesichts der in der zweiten Kritik entwickelten Grundlegung der Ethik können die gebotenen Zwecke der Ethik nur solche sein, die aus der Anwendung des moralischen Gesetzes als eines kategorischen Imperativs auf den Menschen entspringen. Die Ethik als Zwecklehre *kann* nur eine *Folge* aus der Anwendung des aus den Grundlegungsschriften bekannten moralischen Gesetzes auf den Menschen sein.

An zweiter Stelle zeigt Kant, weshalb die Formulierung eines spezifischen Tugendprinzips eine *notwendige* Konsequenz der Anwendung des moralischen Gesetzes auf den Menschen ist. Die Faktumslehre hat gezeigt, *dass* »es freie Handlungen giebt«; weil jede Handlung als Handlung aber notwendig auch einen Zweck hat, *muss* es Zwecke für jene freien Handlungen geben, es muss »auch Zwecke geben, auf welche als Object jene gerichtet sind.«[228] Gäbe es keinen einzigen Zweck freier Handlungen, wäre »alle Sittenlehre auf[gehoben]«.[229] Es muss aber laut Kant nicht nur »einen solchen Zweck«, sondern auch »einen ihm correspondierenden kategorischen Imperativ geben.«[230] Der kategorische Imperativ, von dem hier die Rede ist, ist nicht der aus den Grundlegungsschriften bekannte kategorische Imperativ, sondern es handelt sich um einen kategorischen Imperativ für

---

[225] Ebd., S. 382.17–21.

[226] KpV, AA 5: 21.14–16.

[227] MS, AA 6: 382.24–27.

[228] Ebd., S. 385.11,12.

[229] Ebd., S. 385.17–18. Allison meint, Kant könne nur begründen, dass die reine praktische Vernunft einige derjenigen Zwecke zu den ihrigen machen können muss, die ihr von der empirisch zufällige Zwecke wählenden Willkür vorgelegt wurden; er könne jedoch nicht begründen, dass reine praktische Vernunft aus sich heraus eigene Zwecke setzen können muss. Vgl. Allison, Henry E.: *Idealism and Freedom. Essays on Kant's Theoretical and Practical Philosophy.* Cambridge u. a.: Cambridge University Press 1996, S. 156–158. Aus unserer Sicht ist aber doch Kants stärkere These, die Vernunft müsse eigene Zwecke setzen können, begründet, weil es *a priori* nicht ausgeschlossen ist, dass sich reine praktische Vernunft mit einer Willkür konfrontiert findet, die ihr *ausschließlich* pflichtwidrige Maximen zur Auswahl vorlegt. In diesem Falle wäre reine praktische Vernunft machtlos und es würde sie als ein Zwecke setzendes Vermögen nicht geben können. Deshalb muss sie eigene Zwecke setzen können.

[230] MS, AA 6: 385.10,10–11.

Zwecke, die zu haben Pflicht ist. Es ist dieser kategorische Imperativ, den Kant im Abschnitt IX. das oberste Prinzip der Tugendlehre nennt.

An dritter Stelle erläutert Kant, was jenes gesuchte Tugendprinzip gegenüber dem aus den Grundlegungsschriften bekannten kategorischen Imperativ *mehr* leistet. In Bezug auf jenen kategorischen Imperativ werden die Maximen »als solche subjective Grundsätze angesehen, die sich zu einer allgemeinen Gesetzgebung *bloß* qualificiren; welches nur ein negatives Princip (einem Gesetz überhaupt nicht zu widerstreiten) ist.«[231] Jener kategorische Imperativ gebietet aus sich heraus positiv keine einzige Maxime. Er ist lediglich ein Selektionsprinzip für Maximen, die ihm jedoch zunächst vorgelegt werden müssen, damit er sie als erlaubt, verboten oder geboten klassifizieren kann.[232] Bei ihm können die Maximen der Handlungen zunächst »willkürlich sein und stehen nur unter der *einschränkenden* Bedingung der *Habilität* zu einer allgemeinen Gesetzgebung, als formalem Princip der Handlungen.«[233] Das Tugendprinzip als oberster kategorischer Imperativ der Ethik aber muss ein Gesetz für die *Annehmung* beziehungsweise das *Haben* von Maximen sein. Wenn es einen Zweck, den zu haben Pflicht ist, gibt, und es muss einen solchen geben, wenn es Moralität geben soll, dann muss dieser Zweck ein solcher sein, der »es zu einem Gesetz machen kann eine solche Maxime zu *haben*«.[234] Das Tugendprinzip muss ein Gesetz sein, das das Haben von spezifischen Maximen gebietet. Die Ethik ist damit eine Lehre, in der Gesetze für das Haben von Maximen formuliert werden. Während die Ethik damit mehr leistet als der kategorische Imperativ der Grundlegungsschriften, der ein bloßes Selektionsprinzip für Maximen war, leistet sie in einem bestimmten Sinne weniger als das Recht: Denn das Recht gibt »Gesetze für die Handlungen«, die Ethik »*nur* für die Maximen der Handlungen«, wie es im Titel des Abschnitts VI. heißt.[235] Es ist das Wesen der Ethik, eine ›materiale‹ Lehre von den Zwecken der reinen praktischen Vernunft im Menschen zu sein. Es wäre allerdings ein Missverständnis, in ihr eine Art Handbuch der Lebensführung zu suchen, denn sie vermag keine einzige Handlung zu gebieten.

Diese drei Überlegungen führen Kant zur Formulierung des gesuchten Tugendprinzips: »Das oberste Princip der Tugendlehre ist: handle nach einer

---

231 Ebd., S. 389.7–9, Kursivierung I. R.

232 Longuenesse bezeichnet den kategorischen Imperativ daher als ein »*second-order principle*: its role is to evaluate the rules we already have, resulting from the hypothetical premises expressing prudential and instrumental relations of ends and means«. Longuenesse, Béatrice: »Moral judgment as a judgment of reason«, in: dies.: *Kant on the Human Standpoint*. Cambridge u. a.: Cambridge University Press 2005, S. 236–264, hier S. 251.

233 MS, AA 6: 389.27–29, Kursivierungen I. R.

234 Ebd., S. 389.23–24, Kursivierung I. R.

235 Ebd., S. 388.32,33, Kursivierung I. R.

Maxime der Zwecke, die zu *haben* für jedermann ein allgemeines Gesetz sein kann.«[236] Weshalb meint Kant, dass das gesuchte Gesetz genau so lauten muss? Was ist der Unterschied zum kategorischen Imperativ der Grundlegungsschriften? Der Unterschied zum kategorischen Imperativ der Grundlegungsschriften liegt nicht darin, dass in ihm nur von Maximen, im Tugendprinzip aber von Maximen der Zwecke die Rede ist, denn Maximen haben immer einen Zweck.[237] Der Unterschied liegt vielmehr darin, dass im kategorischen Imperativ der Grundlegungsschriften geboten wird, *nur* nach *solchen* Maximen zu handeln, die sich zu einer allgemeinen Gesetzgebung *eignen*, während das Tugendprinzip das *Handeln* nach Maximen gebietet, *die zu haben* ein allgemeines Gesetz sein kann. Dort ging es um ein negatives Selektionsprinzip für Maximen, hier um ein positives Annehmungsprinzip für Maximen. Inwiefern aber muss das Tugendprinzip genau so lauten, wie Kant es formuliert? Es muss so lauten, weil es die zuvor erörterten Bedingungen eines Tugendprinzips erfüllt und keinen weiteren Gedanken enthält: Das Tugendprinzip muss sich auf den kategorischen Imperativ der Grundlegungsschriften gründen, es muss zwingend aus seiner Anwendung auf den Menschen folgen und es muss selbst als ein kategorischer Imperativ formuliert werden, der Zwecke zur Annehmung gebietet. Genau diese drei Bedingungen, und nichts mehr, erfüllt das Tugendprinzip.

Was aber kommt als ein solcher Zweck, den zu haben für jedermann, d. i. für jeden Menschen, ein allgemeines Gesetz sein kann, in Frage? Aus Kants Sicht kommt nur ein einziger Zweck in Frage: *der Mensch selbst*. Der Mensch ist der einzige Zweck, den zu haben jedem Menschen geboten werden kann, der Mensch sei »sowohl sich selbst als Andern Zweck«.[238] Was es bedeutet, sich selbst und andere zum Zweck zu setzen, spezifiziert Kant in den beiden konkreten Zwecken, eigene Vollkommenheit und fremde Glückseligkeit, und es sind diese beiden Zwecke, aus denen er dann wiederum die im Hauptteil der Tugendlehre angeführten Pflichten der Ethik ableiten zu können meint.[239] Schon in der *Grundlegung* hatte Kant den Menschen als Zweck an sich selbst ausgezeichnet, weil der Mensch den Anspruch erhebt, nach selbstgesetzten Zwecken zu handeln und sich in seiner

---

[236] Ebd., S. 395.15–16, Kursivierung I. R.

[237] Bei Gregor heißt es: »Without an end, there is no maxim« bzw. »action on a maxim« und »action toward an end« seien »merely two ways of saying the same thing. To determine choice according to a maxim is to set an end« Gregor, Mary J.: *Laws of Freedom*, a. a. O., S. 81, S. 86. Und bei Allison ist zu lesen: »to make something one's end is just to adopt a maxim to act in ways which will serve to realize this end.« Allison, Henry E.: *Idealism and Freedom*, a. a. O., S. 165. Was eine Maxime ist, wird in Kapitel 2.4.1 eigens behandelt.

[238] MS, AA 6: 395.16–17.

[239] »Daß die Ethik Pflichten enthalte, zu deren Beobachtung man von andern nicht (physisch) gezwungen werden kann, ist blos die Folge daraus, daß sie eine Lehre der Zwecke ist«. Ebd., S. 381.20–23.

zwecksetzenden Tätigkeit notwendig selbst als den einzigen nicht relativen Zweck verstehen muss. Während die Mensch-Zweck-Formel der *Grundlegung* jedoch noch als Selektionsprinzip formuliert ist, erhält sie erst im Tugendprinzip die Gestalt eines Grundprinzips der Ethik. Kant scheint auf diesen Unterschied zwischen *Grundlegung* und Tugendlehre Bezug zu nehmen, wenn er schreibt, »es ist *nicht genug*, daß er [der Mensch, I. R.] weder sich selbst noch andere blos als Mittel zu brauchen befugt ist (*dabei er doch gegen sie auch indifferent sein kann*), sondern den Menschen überhaupt sich zum Zwecke *zu machen* ist an sich selbst des Menschen Pflicht«.[240] Das Tugendprinzip ist stärker als die Mensch-Zweck-Formel: Die Mensch-Zweck-Formel gebietet, dass *wenn* man in Bezug auf Menschen handelt, *dann* nur so, dass man den Menschen als Zweck behandelt; das Tugendprinzip gebietet *direkt*, sich den Menschen zum Zweck zu setzen.

Das Tugendprinzip aber ist Kant zufolge ein synthetischer Satz *a priori*. Er unterscheidet das allein aus dem Begriff äußerer Freiheit gewonnene analytische oberste Prinzip der Rechtslehre von dem synthetischen obersten Prinzip der Tugendlehre. Die Synthetizität des Tugendprinzips begründet er damit, dass im Tugendprinzip der Begriff der äußeren Freiheit mit einem Zweck, den es zur Pflicht macht, »verknüpft«[241] wird. Als synthetischer Satz *a priori* aber verlangt das Tugendprinzip nach einer Deduktion. Die Deduktion betrifft den Aufweis der Möglichkeit, wie reine Vernunft einen Zweck als Materie vorschreiben kann.[242] Das Deduktionsproblem hatte Kant bereits im Abschnitt I. in Gestalt der Frage ›Wie ist ein Zweck, den zu haben Pflicht ist, möglich?‹ formuliert. Die Antwort auf die Deduktionsfrage findet sich in höchst komprimierter Form in einem einzigen Absatz:

> Was im Verhältniß der Menschen zu sich selbst und anderen Zweck sein k a n n, das i s t Zweck vor der reinen praktischen Vernunft; denn sie ist ein Vermögen der Zwecke überhaupt, in Ansehung derselben indifferent sein, d. i. kein Interesse daran zu nehmen, ist also ein Widerspruch: weil sie alsdann auch nicht die Maximen zu Handlungen (als welche letztere jederzeit einen Zweck enthalten) bestimmen, mithin keine praktische Vernunft sein würde. Die reine Vernunft aber kann a priori keine Zwecke gebieten, als nur so fern sie solche zugleich als Pflicht ankündigt; welche Pflicht alsdann Tugendpflicht heißt.[243]

---

240 Ebd., S. 395.18 – 21, Kursivierungen I. R.
241 Ebd., S. 396.13.
242 Vgl. Tieftrunk, Johann Heinrich: *Philosophische Untersuchungen über die Tugendlehre*, a. a. O., S. 125.
243 MS, AA 6: 395.24 – 32.

Diese Deduktion versteht Kant als eine »Deduktion aus der reinen praktischen Vernunft«. Vorausgesetzt ist in ihr, was die Faktumslehre der zweiten Kritik gezeigt hat, nämlich *dass* es *reine* praktische Vernunft *gibt*. Weil die Wirklichkeit der reinen praktischen Vernunft aber nicht bewiesen werden kann, »verstattet« auch das sich auf sie gründende Tugendprinzip »keinen Beweis«.[244] Während die reine praktische Vernunft jedoch in der zweiten Kritik als die gesetzgebende Instanz verstanden wurde, die die ihrerseits Maximen und damit Zwecke wählende Willkür bestimmt, definiert Kant sie in der Tugendlehre selbst als ein Vermögen der Zwecke. Diese neue Definition der reinen praktischen Vernunft ist aber eine Definition der reinen praktischen Vernunft *im Menschen*. Wenn es reine praktische Vernunft im Menschen gibt, dann muss sie als ein Vermögen gedacht werden, das den pflichtwidrigen Neigungen des Menschen durch eigene Zwecke zu wehren vermag. Erst die Natur der menschlichen Handlung verlangt es von der reinen praktischen Vernunft, Zwecke zu setzen.[245] Der dritte Terminus, der den Begriff der äußeren Freiheit beziehungsweise das analytische Rechtsprinzip mit einem Zweck, den zu haben Pflicht ist, verknüpft und das synthetische Tugendprinzip hervorbringt, ist im Rahmen dieser Deduktion daher offenbar die Natur der menschlichen Handlung, in der nicht nur pflichtwidrige Maximen von der Willkür erwogen und angenommen werden können, sondern es sogar *a priori* möglich ist, dass der reinen praktischen Vernunft ausschließlich pflichtwidrige Maximen zur Prüfung vorgelegt werden.[246]

Die Zwecke der reinen praktischen Vernunft im Menschen *können* laut Kant nur solche sein, die im Verhältnis des Menschen zu sich selbst und anderen Zwecke sein können. Ein Zweck, der im Verhältnis des Menschen zu sich selbst und anderen Zweck sein kann, ist laut Kant allein der Mensch selbst. Die Menschheit im Menschen ist ihm zufolge aber das Zwecksetzungsvermögen, mit dem der Mensch den Anspruch darauf erhebt, nach selbstgesetzten Zwecken zu handeln, wie es bereits die *Grundlegung* vertreten hat. Aus den eben genannten Gründen bestimmt Kant in der Tugendlehre die reine praktische Vernunft selbst als das

---

[244] Ebd., S. 395.22,23. Tieftrunk geht auf diesen Aspekt ein, indem er erläutert, man könne das Tugendprinzip »erörtern und deduciren, aber nicht beweisen. Nicht beweisen, weil er als Grundsatz der Tugendlehre ein kategorischer Imperativ ist, mithin sich durch die reine Vernunft als die Quelle der Principien beurkundet. Ihn beweisen wollen, würde so viel heißen, als: ihn auf eine höhere Bedingung zurück führen wollen; das wäre aber eben so viel, als sagen: der Vernunftbefehl sey kein unbedingter.« Tieftrunk, Johann Heinrich: *Philosophische Untersuchungen über die Tugendlehre*, a. a. O., S. 123.

[245] »The point of this deduction is that it is the nature of human action itself [...] that requires pure pratical reason to posit ends.« Gregor, Mary J.: *Laws of Freedom*, a. a. O., S. 88 f.

[246] Gregor spricht daher in Hinblick auf die Deduktion des Tugendprinzips von einer »›transcendental deduction‹ in which the nature of human action itself is the ›third term‹ connecting the principle of action and the principle of ends«. Ebd., S. 88.

Vermögen der Zwecke überhaupt. Wenn aber der einzige Zweck, der im Verhältnis des Menschen zu sich selbst und anderen Zweck sein kann, der Mensch
selbst ist und die Menschheit des Menschen in der reinen praktischen Vernunft als Zwecksetzungsvermögen besteht, *dann ist der einzige mögliche Zweck
der reinen praktischen Vernunft im Menschen die reine praktische Vernunft im
Menschen selbst.* Kant geht offenbar von einer *Selbstreferentialität der reinen
praktischen Vernunft im Menschen* aus, innerhalb derer die reine praktische Vernunft als Zwecksetzungsvermögen nur sich selbst, genauer gesagt ihre eigene
Erhaltung und Beförderung als Zwecksetzungsvermögen, zum Zweck setzen
kann.[247]

Weil es aber erstens reine praktische Vernunft gibt und zweitens reine praktische Vernunft im Menschen Zwecke haben muss, sind die *möglichen* Zwecke
der reinen praktischen Vernunft auch schon ihre *wirklichen* Zwecke: Denn würde
die reine praktische Vernunft an keinem ihr möglichen Zweck Interesse nehmen,
dann wäre sie keine reine praktische Vernunft und dann gäbe es keine reine praktische Vernunft. Daher hat die reine praktische Vernunft im Menschen *wirklich*
den Zweck ihrer eigenen Erhaltung und Beförderung. Die notwendigen Zwecke
der reinen praktischen Vernunft im Menschen aber sind für den Menschen, der
nicht nur ein vernünftiges, sondern auch ein sinnliches Wesen ist, *Pflichten*, weshalb reine praktische Vernunft die Zwecke, die sie hat, für den Menschen zu
Zwecken macht, die zu haben Pflicht ist. Diese Zwecke, die zu haben für den
Menschen Pflicht ist, nennt Kant ›Tugendpflichten‹.

Mit dem Tugendprinzip und dieser seiner Deduktion aber bestimmt Kant
direkt ein oberstes ›materiales‹ Prinzip der Ethik, insofern dieses Prinzip
bestimmte Maximen der Zwecke zur Annehmung gebietet: Der oberste Zweck
der Ethik ist die Förderung und Erhaltung des Zwecksetzungsvermögens im
Menschen. Es kann überhaupt keine Rede davon sein, dass der moralisch gute
Mensch Kant zufolge nichts wolle, die Leere wolle, die reine Form oder das bloß
formale Gesetz wolle. Sein Zweck ist weder die Leere noch das formale Gesetz,
sondern das Zwecksetzungsvermögen im Menschen, wobei Kant die genauere
Bedeutung dieses Zweckes in der Tugendlehre weiter spezifiziert. Weil der
Zweck der reinen praktischen Vernunft im Menschen aber auf der *Performativität* der reinen praktischen Vernunft in ihrer wirklichen, Zwecke setzenden
Tätigkeit beruht, ist der Zweck, der zu haben Pflicht ist, ein notwendiger Zweck
einer wirklichen, fungierenden, tätigen reinen praktischen Vernunft und nicht
ein Zweck, der wie im rationalen Intuitionismus und Realismus als ein oberster
absoluter Wert erschaut, erfühlt oder wertgenommen wird. Wenn man Kant in

---

247 Dass in diesem Zusammenhang der Gedanke einer Selbstreferentialität der reinen praktischen Vernunft zentral ist, ist eine Interpretationshypothese von Manfred Baum.

Hinblick auf diese Ableitung und Deduktion des obersten Prinzips der Ethik als Tugendlehre etwas vorwerfen kann, dann wohl in erster Linie, dass seine Darstellung nun noch verkürzter und verworrener ausfällt, nicht aber dass der Gedankengang systematisch hinter das Niveau der Grundlegungsschriften zurückfällt.

Aus phänomenologischer Sicht wiederholt sich jedoch bei der Ableitung des Tugendprinzips jene Schwierigkeit, die sich bereits im Zusammenhang der Ableitung der Mensch-Zweck-Formel in der *Grundlegung* ergab. Bei der Erörterung jener Formel hatten wir gesehen, dass Kant nicht hinreichend begründet, weshalb der Umstand, dass jedes Zwecke setzende Wesen notwendig *sich selbst* als Zweck an sich verstehen und behandeln muss, dazu führen soll, dass diese Zwecke setzenden Wesen notwendig auch *einander* als Zwecke an sich verstehen und behandeln sollen. Dieser Sprung im Argument scheint sich aber in der Deduktion des Tugendprinzips zu wiederholen. Auch hier ist aus der Perspektive der Ersten Person Singular nicht ohne Weiteres einsichtig, weshalb die reine praktische Vernunft *in mir*, die sich selbst in mir notwendig zum Zweck setzen muss, auch zugleich schon die reine praktische Vernunft *in den anderen* Menschen zum Zweck setzen muss. Um diesen Übergang zu begründen, bedarf es eines zusätzlichen Arguments, das Kant nach unserer Interpretation deshalb nicht liefert, weil er sich das Problem der Intersubjektivität auf grundlegender Ebene nicht stellt.

Zusammengefasst sind die beiden Hauptschwierigkeiten, die sich aus phänomenologischer Sicht in Kants Argumentationsgang ergeben, also diese: Weshalb ist das ›universale Gesetz für mich‹ notwendig ein ›universales Gesetz für alle vernünftigen Wesen‹? Und weshalb muss ich auch die Menschheit in den anderen und damit deren Zwecksetzungsvermögen als Zweck an sich selbst behandeln und nicht nur meine eigene Menschheit und mein eigenes Zwecksetzungsvermögen zum Zweck nehmen? Dass diese beiden Schwierigkeiten für die phänomenologischen Rezeptionen der kantischen Ethik von grundlegender Bedeutung sind, ist die Hypothese, die unserem zweiten Teil zugrunde liegt.

2.3 Freiheit als Selbstgesetzgebung

2.3.1 Freiheit und Naturkausalität

Die Freiheit ist für Kant in erster Linie ein Problem der theoretischen Philosophie und erst in zweiter Hinsicht eine Frage der praktischen Philosophie. Allerdings hat das theoretische Problem insofern eine fundamentale Bedeutung für die praktische Philosophie, als die theoretische Unmöglichkeit der Freiheit Moralität unmöglich machen würde. Alles hängt also für die praktische Philosophie davon ab, dass die theoretische Philosophie zumindest die Nichtunmöglichkeit beziehungsweise die logische Möglichkeit der Freiheit nachzuweisen vermag. Das aber vermag sie laut Kant durchaus.

Zum Thema wird die Freiheit erstmals im Rahmen der dritten Antinomie der reinen spekulativen Vernunft, wo sie zunächst als kosmologische Freiheit in den Blick kommt. Die von Kant identifizierte Antinomie ist die zwischen der Thesis »Die Causalität nach Gesetzen der Natur ist nicht die einzige, aus welcher die Erscheinungen der Welt insgesammt abgeleitet werden können. Es ist noch eine Causalität durch Freiheit zu Erklärung derselben anzunehmen nothwendig« und der Antithesis »Es ist keine Freiheit, sondern alles in der Welt geschieht lediglich nach Gesetzen der Natur«.[248] Der indirekte Beweis für die Thesis besteht in dem Aufweis, dass die Antithesis nicht wahr sein kann, weil nicht widerspruchsfrei formuliert werden kann, dass *alles* nach Naturgesetzen geschieht. Nicht alles kann nach Naturgesetzen geschehen, denn wenn man keine Freiheit als ersten Anfang annimmt, es gar »keine Vollständigkeit der Reihe auf der Seite der von einander abstammenden Ursachen«[249] geben und man somit von »alles« gar nicht reden kann. Der Beweis für die Antithesis wiederum liegt in dem Aufweis, dass die Thesis nicht wahr sein kann, weil die Annahme einer Freiheit eine Störung des naturkausalen Zusammenhanges bedeuten würde und damit »keine Einheit der Erfahrung möglich«[250] wäre. Kants Auflösung dieser Pattsituation der reinen spekulativen Vernunft liegt in der Einführung einer bestimmten Form des Kompatibilismus[251] von Naturkausalität und Kausalität aus Freiheit, der sich auf den transzendentalen Idealismus und dessen Unterscheidung zwischen Erscheinungen und Dingen an sich selbst stützt.

Kant beginnt die Auflösung der dritten Antinomie mit der Behauptung, dass man sich überhaupt »nur zweierlei Causalität in Ansehung dessen, was geschieht, denken [kann], entweder nach der N a t u r , oder aus F r e i h e i t«.[252] Kausalität

[248] KrV, AA 3: 308.4–7 (B 472); 309.4–5 (B 473).

[249] Ebd., S.308.20–21 (B 474).

[250] Ebd., S.309.21 (B 475).

[251] Wie bereits häufig hervorgehoben wurde, lässt sich Kants Theorie nicht einfach auf einer Seite der Alternative ›Kompatibilismus oder Inkompatibilismus‹ einordnen, weil seine Argumentation für eine durch Freiheit nicht zu durchbrechende Naturkausalität einen gewissen Inkompatibilismus behauptet, seine Argumentation für die Nichtunmöglichkeit und später auch praktische Wirklichkeit der Freiheit trotz dieses primären Inkompatibilismus hingegen einen Kompatibilismus darstellt. Wood hat daher in einer etwas paradoxen Wendung davon gesprochen, dass Kant für die »compatibility of compatibilism and incompatibilism« plädiert. Wood, Allen: »Kant's Compatiblism«, in: ders: *Self and Nature in Kant's Philosophy*. Ithaca, New York u.a.: Cornell University Press 1984, S.73–101, hier S.74.

[252] KrV, AA 3: 362.29–30 (B 560).

nach der Natur sei »die Verknüpfung eines Zustandes mit einem vorigen in der Sinnenwelt, worauf jener nach einer Regel folgt.«[253] Unter »Freiheit im kosmologischen Verstande« versteht Kant »das Vermögen, einen Zustand von selbst anzufangen, deren Causalität also nicht nach dem Naturgesetze wiederum unter einer anderen Ursache steht, welche sie der Zeit nach bestimmte«.[254] Kants ›Kompatibilismus‹ besteht darin, dass er meint, jene Kausalität nach der Natur und jene Kausalität aus Freiheit könnten in einer und derselben Handlung »von einander unabhängig und durch einander ungestört stattfinden«[255], wobei ›Handlung‹ hier nicht allein im engen Sinne einer menschlichen Handlung gefasst werden darf. Dieselbe Handlung könne als Wirkung einer Kausalität aus Freiheit *und* als Wirkung einer Kausalität nach der Natur gedacht werden. Es geht in der gesamten Auflösung der dritten Antinomie *nicht* darum zu zeigen, dass es eine Kausalität aus Freiheit *wirklich* gibt, sondern es geht allein darum, aufzuweisen, dass die Bestimmung einer Handlung *sowohl* durch eine Kausalität aus Freiheit *als auch* durch eine Kausalität nach der Natur *nicht denkunmöglich* ist. Die Frage bei der Auflösung der dritten Antinomie ist allein: Wie kann es *gedacht* werden, dass ein und dieselbe Handlung frei *und* naturgesetzlich bestimmt ist?

Kants Behauptung einer denkbaren Doppelbestimmung einer Handlung durch eine Kausalität aus Freiheit einerseits und eine Kausalität nach dem Naturgesetz andererseits legt zwei Einwände nahe. Zum einen kann es den Anschein haben, als habe jene Kausalität aus Freiheit allenfalls den Status einer Supervenienz über der Kausalität nach dem Naturgesetz. Wenn es in der Erscheinungswelt eine durchgängige Kausalität nach dem Naturgesetz gibt, dann scheint eine Kausalität aus Freiheit, die die einzelnen Glieder dieser Reihe ebenfalls verursacht, lediglich eine denkbare Supervenienzfreiheit zu sein, durch deren Nichtvorhandensein sich nichts an der naturkausal bestimmten Reihe der erscheinenden Handlungen ändern würde. Wenn Freiheit aber nur als eine supervenierende Kausalität gedacht werden kann, mit deren Wirken der naturkausale Verlauf nicht anders verläuft als ohne sie, dann scheint der Name der Freiheit ein zu großes Wort für das Gemeinte zu sein. Sie wäre nicht mehr als ein bloßes Epiphänomen des kausal bestimmten Naturverlaufs. Zum anderen kann es den Anschein haben, als müsse Kant in der Auflösung der dritten Antinomie nun endgültig von einer Zwei-Welten-Lehre ausgehen und könne sich nicht mehr mit einer bloßen Zwei-Standpunkt-Lehre des transzendentalen Idealismus begnügen. Wenn von einer Kausalität aus Freiheit die Rede ist, so könne damit nur eine in einer intelligiblen Welt angesiedelte Freiheit gemeint sein, die aus ihrem von der Erscheinungs-

253 Ebd., S.363.1–2 (B 560).
254 Ebd., S.363.8–11 (B 561).
255 Ebd., S.377.11 (B 585).

welt unabhängigen Bereich in den Bereich der Erscheinungen hineinwirkt. Diese Annahme einer intelligiblen Welt aber scheint einen zu großen metaphysischen Ballast zu implizieren, um die Denkbarkeit der Freiheit an sie zu binden. Dass weder das erste Problem noch das zweite Problem in Kants Auflösung der dritten Antinomie tatsächlich besteht, wollen wir im Folgenden zu zeigen versuchen.

Um dem ersten Einwand, die gedachte Kausalität aus Freiheit sei eine bloße Supervenienzfreiheit und damit keine eigentliche Freiheit, zu begegnen, müssen wir zunächst auf Kants Begriff der Kausalität nach dem Naturgesetz eingehen. In der Auflösung der dritten Antinomie heißt es: »Die Richtigkeit jenes Grundsatzes von dem durchgängigen Zusammenhange aller Begebenheiten der Sinnenwelt nach unwandelbaren Naturgesetzen steht schon als ein Grundsatz der transcendentalen Analytik fest und leidet keinen Abbruch.«[256] Mit jenem Grundsatz meint Kant offensichtlich die zweite Analogie der Erfahrung: »Alle Veränderungen geschehen nach dem Gesetze der Verknüpfung der Ursache und Wirkung.«[257] Welcher Art ist aber diese Naturkausalität der zweiten Analogie der Erfahrung, von der Kant behauptet, sie sei einerseits ein Grundsatz der Erfahrung überhaupt und andererseits kompatibel mit einer Kausalität aus Freiheit?

Das Kausalitätsprinzip gehört zu den synthetischen Grundsätzen *a priori*, weil allein durch den Verstandesbegriff der Kausalität Erfahrung von einer *objektiven* Veränderung in der Zeit möglich wird. Wenn Erfahrung von Veränderungen im Sinne von objektiven Urteilen über eine »Succession im Object«[258] möglich sein soll, ist es notwendig davon auszugehen, dass die Vorstellungen, die ich von den an den Veränderungen beteiligten Zuständen habe, in einer *notwendigen*, weil *unumkehrbaren* Reihenfolge stehen, denn andernfalls hätten wir es mit einem bloßen subjektiven »Spiel der Vorstellungen [...], das sich auf gar kein Object bezöge«, zu tun.[259] Die Bedingung der Möglichkeit für eine Erkenntnis von einer *objektiven* Veränderung in der Zeit ist daher »d i e V o r s t e l l u n g e i n e r n o t h w e n d i g e n V e r k n ü p f u n g d e r W a h r n e h m u n g e n«,[260] die als in einer *unumkehrbaren* Reihenfolge stehend begriffen werden: »das Verhältnis zwischen den beiden Zuständen [muß] so gedacht werden, daß dadurch als nothwendig bestimmt wird, welcher derselben vorher, welcher nachher und nicht umgekehrt müsse gesetzt werden.«[261] Diese Notwendigkeit im Sinne der Unumkehrbarkeit aber ist empirisch nicht nachweisbar, sondern kann nur mithilfe eines Verstandesbegriffes gedacht werden, und dieser Begriff ist die Kategorie der Kausalität.

---

[256] Ebd., S. 365.8–11 (B 564).
[257] Ebd., S. 166.32–33 (B 232).
[258] Ebd., S. 172.16 (B 242).
[259] Ebd., S. 171.4–5 (B 239).
[260] Ebd., S. 158.15–17 (B 218).
[261] Ebd., S. 167.29–31 (B 234).

Daraus folgt der Grundsatz der Zeitfolge nach dem Gesetz der Kausalität, dass alle objektiven Veränderungen notwendig nach dem Gesetz der Verknüpfung von Ursache und Wirkung geschehen. Der Kausalitätsgrundsatz ist damit konstitutiv für Erfahrung, weil wir ohne ihn objektive Veränderungen nicht vom Spiel unserer Vorstellungen unterscheiden können.

Entscheidend für das Freiheitsproblem ist, dass mit dem transzendentalen Grundsatz der Kausalität *kein Prädeterminismus*, noch nicht einmal ein irgendwie transzendental modifizierter, behauptet wird. Das ist deshalb nicht der Fall, weil der Grundsatz der Kausalität zwar konstitutiv für die Erfahrung ist, aber *nur regulativ* in Bezug auf die *Anschauung*.[262] Wenn wir von einer Veränderung behaupten, dass sie objektiv ist, dann müssen wir voraussetzen, dass sie Wirkung einer Ursache ist. Das heißt aber nur, dass wir im Ausgang von einer gegebenen Wirkung *rückwärts* und *empirisch* nach ihrer Ursache *suchen* müssen, nicht dass die Ursache im Rahmen einer ewig prädeterminierten Kausalkette schon vorläge.[263] Der transzendentale Grundsatz der Kausalität ist nicht mehr als eine Regel für die *Suche* nach Ursachen zu einem gegebenen Ereignis. Im Rahmen der Auflösung der ersten Antinomie jedoch hatte Kant bereits gezeigt, dass eine derartige Suche *prinzipiell nicht abschließbar* ist: »[D]ie Reihe der Bedingungen zu einem gegebenen Bedingten *[kann] nicht*, als Weltreihe, g a n z g e g e b e n werden«, weshalb »der Begriff von der Weltgröße *nur durch den Regressus* und *nicht vor demselben* in einer collectiven Anschauung gegeben [ist]«.[264] Der transzendentale Grundsatz der Kausalität besagt also, dass ich annehmen muss, jede objektive Begebenheit habe eine Ursache; welche das aber ist, kann ich nur in einer prinzipiell unabschließbaren empirischen Suche und daher nie ein für alle Mal herausfinden. Mit anderen Worten, wenn Erfahrung möglich sein soll, dann muss ich davon ausgehen, dass jedes Ereignis in der Natur eine Ursache hat, auf die es nach einer Regel folgt; das bedeutet aber ganz und gar nicht, dass der Prädeterminismus wahr ist. Weil er für die Anschauung nur ein regulatives Prinzip ist, vermag

---

[262] Das hat Jochen Bojanowski in seinem hervorragenden Buch über Kants Freiheitsbegriff in einer kritischen Auseinandersetzung mit der Forschungsliteratur herausgearbeitet. Vgl. Bojanowski, Jochen: *Kants Theorie der Freiheit. Rekonstruktion und Rehabilitierung*. Berlin/New York: de Gruyter 2006 (= Kantstudien. Ergänzungshefte. Bd. 151), S. 148.

[263] Diese kantische Auffassung von der Kausalität ist bereits bei Cicero vorbereitet, wenn dieser eine Kausalität zu denken versucht, bei der die Wirkung »nicht durch ewige, aus der Naturnotwendigkeit hervorgehende Ursachen«, nicht durch »einen von Ewigkeit herrührenden Kausalnexus« erzeugt ist, aber nichtsdestotrotz »nicht ohne Ursachen« ist. Die Ursache sei, »was das zur Folge hat, wofür es die Ursache ist«, und es ist »[d]ie Art und Weise des Ergebnisses [...], die die Ursache erschließt«. Cicero, Marcus Tullius: *Über das Schicksal / De fato*. Lateinischdeutsch, hg. und übersetzt von Karl Bayer. Düsseldorf/Zürich: Artemis & Winkler 2000, S. 34, S. 35, S. 53, S. 55 (X 19, X 20, XV 35, XVI 37).

[264] KrV, AA 3: 357.16–20 (B 550 f.), Kursivierungen I. R.

der transzendentale Grundsatz der Kausalität jedoch auch nicht zu behaupten, dass *gleiche* Ursachen notwendig *gleiche* Wirkungen haben. Dass gleiche Ursachen gleiche Wirkungen haben, wie es in speziellen Kausalgesetzen behauptet wird, kann nur durch *empirische* Forschung nachgewiesen werden, diese aber vermag wiederum niemals einen *notwendigen* Zusammenhang zwischen gleichen Ursachen und gleichen Wirkungen zu belegen.[265]

Mit *diesem* transzendentalen Grundsatz der Kausalität ist die Kausalität aus Freiheit Kant zufolge kompatibel. Was aber ist das für eine Kausalität aus Freiheit, die in der Auflösung der dritten Antinomien nur in ihrer Denkmöglichkeit belegt werden soll? Es handelt sich um eine Kausalität, die »auf bloßen Gründen des Verstandes beruht«, um einen »bloß das Denken im reinen Verstande« betreffenden »intelligibele[n] Grund«, wenngleich »die Wirkungen dieses Denkens und Handelns des reinen Verstandes in den Erscheinungen angetroffen werden«.[266] Es handelt sich um einen »i n t e l l i g i b e l e n   C h a r a k t e r«[267], d. i. für Kant ein intelligibles Gesetz der Kausalität, das wir uns als Ursache des allein erkennbaren empirischen Charakters und seines Gesetzes der Naturkausalität denken. »Bisweilen aber finden wir«, meint Kant, »oder *glauben* wenigstens zu finden, daß die *Ideen der Vernunft wirklich Causalität* in Ansehung der Handlungen *des Menschen* als Erscheinungen *bewiesen haben*«.[268] Das heißt, wir *denken* uns die Sache in Bezug auf uns Menschen so, dass *Ideen der Vernunft* in Bezug auf unsere Handlungen *Kausalität haben* können. Dies muss aber nicht so verstanden werden, dass hier Entitäten einer intelligiblen Welt im Sinne einer *causa efficiens* auf die Erscheinungswelt einwirken. Vielversprechender erscheint es, die bereits erwähnte Idee einer *causa exemplaris* heranzuziehen, in Bezug auf die lediglich der Gedanke einer intelligiblen Welt hinreicht. Was Kant unter dem bloßen Begriff einer Kausalität aus Freiheit denkt, ist die Kausalität eines Grundes, eines Gedankens, einer Idee von einer Kausalität aus Freiheit. Kausalität aus Freiheit könne so gedacht werden, dass hier ein Grund, ein Gedanke oder eine Idee der Kausalität selbst Kausalität hat. Gründe, Gedanken oder Ideen aber sind nichts, das sich in der Zeit und im Rahmen von naturkausalen Zusammenhängen antreffen lässt; derjenige, der das behauptete, beginge einen Kategorienfehler. Zwar ist die Vorstellung eines Grundes, die Vorstellung eines Gedankens oder die Vorstellung einer Idee eine Begebenheit in der Zeit, nach deren naturkausaler Ursache sich zumindest sinnvoll fragen lässt, nicht aber der Grund, der Gedanke oder die Idee selbst.[269] Phänomenologisch gesprochen ist die Noesis ein Bewusstseins-

265 Vgl. auch dazu Bojanowski, Jochen: *Kants Theorie der Freiheit*, a. a. O., S. 153.
266 KrV, AA 3: 370.10,22 – 23,24 – 26 (B 573, 574).
267 Ebd., S. 367.1 (B 567).
268 Ebd., S. 373.11 – 14 (B 578), Kursivierungen I. R.
269 Allerdings ist für Kant die Psychologie aufgrund der Nichtmathematisierbarkeit ihrer

erlebnis in der Zeit, das Noema jedoch kann als das Intendierte durchaus ein Gegenstand sein, der nicht in der Zeit vorkommt, wie es beispielsweise – Husserls erstes Untersuchungsfeld – bei logischen Gesetzen der Fall ist. Kants Gedanke ist, dass eine Idee Kausalität haben kann, indem sie denjenigen, der eine Vorstellung von ihr hat, dazu bewegt, ihr gemäß handeln zu wollen. Die Idee ist Exemplarursache insofern, als sie als eine Formvorlage fungiert, der derjenige, der durch sie bewegt wird, nachzueifern sucht. Es genügt die bloße Idee von einem zeitlosen Grund, um zu bewegen, ohne dass eine metaphysische Entität einer rein intelligiblen Welt angenommen werden müsste, wenn diese Idee im Sinne einer *causa exemplaris* als bewegend gedacht wird.

Nehmen wir diese beiden Ausführungen zur Naturkausalität und zur Kausalität aus Freiheit aber zusammen, so sehen wir, dass Freiheit weder ein bloßes Epiphänomen ist noch auf eine, wenngleich bloß gedachte, Verankerung in einer metaphysisch unabhängigen intelligiblen Welt angewiesen bleibt. Wenn ich eine Vorstellung von einem *Grund* habe, dann denke ich mir die Sache so, dass mich dieser in sich selbst zeitlose Grund bewegt und dadurch als Grund Kausalität hat. Ich denke es mir so, dass in mir eine Kausalität aus Freiheit stattfindet, wenn ich mich von einem Grund und nicht von bloßer Naturkausalität bewegt finde. Meine *Vorstellung* des Grundes aber findet in der Zeit statt und ich kann empirisch nach Ursachen für sie suchen. Die empirische Psychologie macht sich genau dies zur Aufgabe. Dass ich aber empirisch Ursachen auffinden kann, in Bezug auf die meine jetzige Vorstellung als Wirkung aufgefasst werden kann, bedeutet weder, dass meine Vorstellung Wirkung eines prädeterminierten Kausalnexus ist, noch, dass sie nach einem notwendigen speziellen Kausalgesetz aus ihrer Ursache gefolgt wäre. *Hätte ich einen anderen Grund gehabt, so wäre ich anders bewegt worden und hätte eine andere Vorstellung gehabt, die in einer anderen Weise auf Ursachen zurückgeführt worden wäre.* Damit aber ist Freiheit keineswegs als ein bloßes Epiphänomen der Naturgesetzlichkeit gedacht, und sie muss auch nicht als geheimnisvolle Ursache in eine metaphysisch unabhängige Welt versetzt werden. Es genügt die Interpretation, *dass eine Idee mich im Sinne der causa exemplaris bewegen kann* und ich *für die Vorstellung dieser Idee in der Natur nach Ursachen*

Gegenstände keine eigentliche Naturwissenschaft. In der Vorrede zu den *Metaphysischen Anfangsgründen der Naturwissenschaft* heißt es ausdrücklich: »Noch weiter aber, als selbst Chemie muß empirische Seelenlehre jederzeit von dem Range einer eigentlich so zu nennenden Naturwissenschaft entfernt bleiben« (Kant, Immanuel: *Metaphysische Anfangsgründe der Naturwissenschaft*, MAN, AA 4: 471.11–13). Das liegt in erster Linie daran, dass sie es mit dem inneren Sinn zu tun hat, auf den aufgrund der Eindimensionalität der Zeit die Mathematik nicht anwendbar ist. Darüber hinaus aber kann ich in ihr nach Kant auch nicht experimentieren, weil ich das Mannigfaltige der inneren Anschauung nicht beliebig absondern und verknüpfen kann. Und schließlich verändere, alteriere und verstelle auch jede Beobachtung bereits den Gegenstand der Beobachtung.

suchen kann und muss. Es ist dieser Gedanke, der Kant zufolge keinen Widerspruch enthält: Der transzendentale Grundsatz der Kausalität als Bedingung der Möglichkeit von Erfahrung ist mit der logischen Möglichkeit der Kausalität aus Freiheit vereinbar.

In der angeführten Interpretation haben wir bereits die Denkbarkeit der Freiheit *auf uns selbst* und damit auf den Menschen und seine denkbare Freiheit bezogen. Eben dies tut Kant selbst in der Auflösung der dritten Antinomie, wenn er zur Illustration zeigt, dass wir uns so eine Kausalität aus Freiheit gemeinhin beim Menschen tatsächlich denken. Im Folgenden wenden wir uns dem Problem der Freiheit des Menschen zu, so wie es von Kant in der auf die Ethik abzielenden praktischen Philosophie behandelt wird.

2.3.2 Praktische Freiheit und Freiheit als Autonomie

Unter den zahlreichen Freiheitsbegriffen, die Kant voneinander abhebt,[270] ist für unseren Zusammenhang eine Unterscheidung von besonderer Bedeutung: diejenige zwischen einer praktischen Freiheit und einer Freiheit im Sinne der Autonomie. Der Begriff der praktischen Freiheit findet sich insbesondere in der ersten Kritik und bezeichnet eine Freiheit, von der wir durch Erfahrung wissen;[271] die Freiheit als Autonomie hingegen kann nicht erfahren werden, sondern ist der zweiten Kritik zufolge allein durch das Bewusstsein der Geltung des moralischen Gesetzes belegbar. Diese beiden Freiheitsbegriffe bestehen bei Kant aber nicht einfach nebeneinander, sondern sie weisen auf eine Entwicklungsgeschichte seiner Freiheitskonzeption hin, in der Kant zunächst nur mit dem Begriff praktischer Freiheit operiert und erst später zu dem Gedanken einer praktisch belegbaren Freiheit als Autonomie gelangt. In phänomenologischer Sicht aber lässt sich sagen, dass sich bei Kant mit der praktischen Freiheit und der Freiheit als Autonomie zwei verschiedene phänomenologisch relevante Zugänge zur Freiheit finden: der erste über die *innere Erfahrung der Freiheit*, der zweite über das *Bewusstsein der Geltung des moralischen Gesetzes*, wobei der erste aus Kants Sicht nicht stark genug ist, um die für die Ethik notwendige transzendentale Freiheit zu belegen.

---

270 Baum unterscheidet »die praktische und die transzendentale, die negative und die positive, Freiheit als intelligible Kausalität einer intelligiblen Ursache und die kosmologische Freiheit, die innere und die äußere, die Freiheit der Willkür bzw. des Willens, die Handlungsfreiheit, das Postulat der Freiheit und die Autonomie«. Baum, Manfred: »Freiheit und Verbindlichkeit in Kants Moralphilosophie«, in: *Jahrbuch für Recht und Ethik* 13 (2005), S. 31–43, hier S. 33.
271 Vgl. KrV, AA 3: 521.14–15 (B 830): »Die praktische Freiheit kann durch Erfahrung bewiesen werden.«

Wenden wir uns zunächst der praktischen Freiheit zu, so wie Kant sie in der ersten Kritik versteht. Im Rahmen der Auflösung der dritten Antinomie definiert Kant die »Freiheit im praktischen Verstande« als »die Unabhängigkeit der Willkür von der Nöthigung durch Antriebe der Sinnlichkeit. Denn eine Willkür ist sinnlich, sofern sie pathologisch (durch Bewegursachen der Sinnlichkeit) afficirt ist; sie heißt thierisch (arbitrium brutum), wenn sie pathologisch necessitirt werden kann. Die menschliche Willkür ist zwar ein arbitrium sensitivum, aber nicht brutum, sondern liberum, weil Sinnlichkeit ihre Handlung nicht nothwendig macht, sondern dem Menschen ein Vermögen beiwohnt, sich unabhängig von der Nöthigung durch sinnliche Antriebe von selbst zu bestimmen.«[272] Sowohl das negative als auch das positive Moment in diesem Begriff einer praktischen Freiheit lässt sich aus Kants Sicht durch Erfahrung belegen: Erfahrung zeigt uns, dass wir durch sinnliche Bewegursachen nicht »nezessitiert« werden, und sie zeigt uns, dass wir uns von selbst zu etwas bestimmen können. Wenn es in der Anmerkung zur Thesis heißt, ich könne »völlig frei und ohne den nothwendig bestimmenden Einfluß der Naturursachen, von meinem Stuhle aufstehe[n]«[273], so ist dies für Kant eine Erfahrungstatsache. Empirische Erfahrungen aber »sind zu transcendentalen Behauptungen untauglich«,[274] weswegen diese Erfahrung zwar die praktische Freiheit, nicht aber die transzendentale Freiheit beweist. Dass wir aber nicht nur praktische Freiheit im negativen Sinne der Freiheit von einer Nezessitierung durch sinnliche Antriebe haben, sondern auch eine praktische Freiheit im positiven Sinne, ist dadurch bewiesen, dass wir das subjektive Bewusstsein haben, durch Gründe der Vernunft positiv bestimmt zu sein, Gründe, die den Imperativen entspringen, mit denen wir in unserer Praxis zu tun haben: »Daß diese Vernunft nun Causalität habe, wenigstens wir uns eine dergleichen an ihr *vorstellen*, ist aus den Imperativen klar, welche wir in allem Praktischen den ausübenden Kräften als Regeln aufgeben. Das Sollen drückt eine Art von Nothwendigkeit und Verknüpfung mit Gründen aus, die in der ganzen Natur sonst nicht vorkommt.«[275] Auch diese positive Freiheit ist aber eine *bloß erfahrene* Freiheit, die die transzendentale Freiheit in keiner Hinsicht zu belegen vermag. Dass das so ist und Kant hier keineswegs die Faktumslehre vorwegnimmt, wird durch die beiden von uns kursivierten Stellen deutlich: Wir *stellen* uns eine Kausalität der Vernunft nur *vor*, ohne dass wir sie in irgendeiner Form belegen können; der Grund dieser Vorstellung aber ist die Konfrontation mit *sowohl* kategorischen *als auch* hypothetischen Imperativen, was durch den Plural ›Imperativen‹ deutlich wird. Dass aber mit diesem Plural tatsächlich nicht

---

272 Ebd., S. 363,28–29,29–34–364.1–3 (B 562).
273 Ebd., S. 312.10–12 (B 478).
274 Ebd., S. 375.15–16 (B 582).
275 Ebd., S. 371.15–19 (B 575), Kursivierungen I. R.

verschiedene kategorische Imperative, sondern kategorische und hypothetische Imperative gemeint sind, wird durch eine Stelle in der Methodenlehre deutlich, wo Kant unter »objektive[n] Gesetze[n] der Freiheit« *sowohl* »pragmatische Gesetze des freien Verhaltens« *als auch* »reine praktische Gesetze, deren Zweck durch die Vernunft völlig a priori gegeben ist«, versteht.[276] Kurzum, wir Menschen machen die Erfahrung, durch Antriebe der Sinnlichkeit nicht nezessitiert zu werden und uns gemäß den Geboten von Imperativen bestimmen zu können. Weder die eine noch die andere Freiheitserfahrung aber reicht aus, um die transzendentale Freiheit zu beweisen, weswegen Kant die ganze Betrachtung mit der Erinnerung schließt: »Man muß wohl bemerken: daß wir hiedurch nicht die Wirklichkeit der Freiheit als eines der Vermögen, welche die Ursache von den Erscheinungen unserer Sinnenwelt enthalten, haben darthun wollen«, denn »aus der Erfahrung [können] [wir] niemals auf etwas, was gar nicht nach Erfahrungsgesetzen gedacht werden muß [d. i. darf, I. R.], schließen«.[277]

Wenn aber von dieser erfahrenen praktischen Freiheit nicht auf die transzendentale Freiheit geschlossen werden darf, welches Verhältnis besteht dann zwischen diesen beiden Freiheitsbegriffen? Die Beantwortung dieser Frage hat insofern vor Schwierigkeiten gestellt, als es einen Widerspruch zwischen einer Bemerkung Kants innerhalb der Auflösung der dritten Antinomie und einer seiner Formulierungen in der Methodenlehre zu geben scheint. In der Auflösung der dritten Antinomie heißt es, »daß auf diese transcendentale Idee der Freiheit sich der praktische Begriff derselben gründe«, so dass »die Aufhebung der transcendentalen Freiheit zugleich alle praktische Freiheit vertilgen [würde]«.[278] Im Kanon der reinen Vernunft aus der Methodenlehre ist hingegen zu lesen: »Die Frage wegen der transcendentalen Freiheit betrifft bloß das speculative Wissen, welche wir als ganz gleichgültig bei Seite setzen können, wenn es um das Praktische zu thun ist, und worüber in der Antinomie der reinen Vernunft schon hinreichende Erörterung zu finden ist.«[279] Es scheint so, als würde Kant in der Antinomienlehre von einer Aufhebung der transzendentalen Freiheit direkt auf die Vernichtung der praktischen Freiheit schließen, während er in der Methodenlehre meint, eine Aufhebung der transzendentalen Freiheit wäre gleichgültig in Bezug auf die praktische Freiheit, da an letzterer auch im Falle einer Aufhebung der transzendentalen Freiheit unbeschadet weiter festgehalten werden könne. Dieses »*Kanonproblem*«[280] lässt sich aber vielleicht doch auflösen,

---

[276] Ebd., S. 521.22; 520.8–9,11–12 (B 830, 828).

[277] Ebd., S. 377.3–5,18–19 (B 585 f.).

[278] Ebd., S. 363.25–26; 364.8–9 (B 561, 562).

[279] Ebd., S. 522.10–14 (B 831 f.).

[280] Schönecker, Dieter: *Kants Begriff transzendentaler und praktischer Freiheit. Eine entwicklungsgeschichtliche Studie.* Berlin/New York: de Gruyter 2005 (= Kantstudien. Ergänzungshefte.

wenn man in den Vordergrund stellt, dass Kant in den beiden Passagen aus unterschiedlichen Perspektiven spricht.[281] In der Antinomienlehre ist die Perspektive eine theoretische, und aus dieser Perspektive würde die praktische Freiheit als Freiheit in der Tat vernichtet, wenn die logische Unmöglichkeit transzendentaler Freiheit nachgewiesen würde. In der Methodenlehre hingegen ist die Perspektive eine praktische, und ob »das, was in Absicht auf sinnliche Antriebe Freiheit heißt, in Ansehung höherer und entfernterer wirkenden Ursachen nicht wiederum Natur sein möge, das geht uns im Praktischen, da wir nur die Vernunft um die Vorschrift des Verhaltens zunächst befragen, nichts an, sondern ist eine bloß speculative Frage, die wir, so lange als unsere Absicht aufs Thun oder Lassen gerichtet ist, bei Seite setzen können«.[282] Solange wir auf das ›Tun und Lassen‹ der Praxis gerichtet sind, stellen wir uns die spekulative Frage nach der transzendentalen Freiheit nicht und können uns mit derjenigen Freiheit begnügen, die wir erfahren; wenn wir die spekulative Frage jedoch stellen und die Antwort auf sie die Unmöglichkeit der transzendentalen Freiheit wäre, dann könnten wir aus theoretischer Sicht das, was wir in der Erfahrung der Praxis ›praktische Freiheit‹ nennen, nicht mehr rechtmäßig als ›Freiheit‹ bezeichnen, obgleich sich an jener Erfahrung selbst kaum etwas ändern würde. Um jedoch in Bezug auf die erfahrene praktische Freiheit tatsächlich von ›Freiheit‹ und nicht nur von einer Illusion von Freiheit sprechen zu können, ist es notwendig, dass die transzendentale Freiheit zumindest nicht unmöglich ist. Das Verhältnis zwischen erfahrbarer praktischer Freiheit und transzendentaler Freiheit ist daher folgendes: Die praktische Freiheit gründet insofern in der transzendentalen Freiheit, als nur an ihr als Freiheit im eigentlichen Sinne festgehalten werden kann, wenn die transzendentale Freiheit nicht als unmöglich erwiesen wurde; die transzendentale Freiheit kann aber durch die Erfahrung praktischer Freiheit nicht bewiesen werden. Die bloße Erfahrung, durch sinnliche Antriebe nicht nezessitiert zu sein und sich durch Gründe, die Imperativen entspringen, bestimmen zu können, reicht nicht dazu

---

Bd. 149), S. vi. Das ganze Buch von Schönecker behandelt ausschließlich dieses Kanonproblem, das, wie Bojanowski zeigt (Bojanowski, Jochen: *Kants Theorie der Freiheit*, a.a.O., S. 193), in der einen oder anderen Form seit mindestens 1899 Thema der Kant-Forschung ist. Schönecker unterscheidet zwei Schwierigkeiten im Kanonproblem, wovon er die zweite Schwierigkeit für »unlösbar« hält. Sie bestehe darin, »daß in der Dialektik die transzendental-praktische Freiheit als Grundlage der Moral verstanden wird. Im Kanon heißt es aber, die Frage nach der transzendentalen Freiheit gehe uns ›im Praktischen nichts an‹.« (ebd., S. 166) Diese Schwierigkeit sei deshalb unlösbar, weil »die naturalisierte Freiheit ›als eine von den Naturursachen‹ schlechterdings keine Grundlage für moralische Gesetze sein [kann]« (ebd., S. 173), woraus Schönecker schließt, dass »eine gemäßigte patchwork-These für den Kanon der KrV als belegt gelten [darf]« (ebd.).

[281] Diesen Lösungsweg schlägt Bojanowski vor. Vgl. Bojanowski, Jochen: *Kants Theorie der Freiheit*, a.a.O., S. 202.

[282] KrV, AA 3: 521.28–33 (B 831).

aus, die Wirklichkeit der transzendentalen Freiheit zu beweisen – noch nicht einmal in einem spezifisch praktischen Sinne.

Die *Grundlegung* enthält ein Übergangsstadium zwischen der Freiheitskonzeption der ersten Kritik und der Freiheitskonzeption der zweiten Kritik. Das Neue liegt in ihr darin, dass Kant in der *Grundlegung* zum ersten Mal das endgültige moralische Gesetz formuliert[283] und die Freiheit nun ausschließlich in Bezug auf dieses moralische Gesetz denkt. Während Kant die praktische Freiheit der ersten Kritik auf sämtliche Imperative bezogen hatte, hat die *Grundlegung* eine Freiheit zum Gegenstand, deren Gesetz kein anderes sein kann als das in dieser Schrift erstmals formulierte und abgeleitete moralische Gesetz. Wie wir in der Auseinandersetzung mit dem Deduktionsargument des dritten Abschnitts gesehen haben, hält Kant 1785 jedoch in einem anderen Sinne noch an der Konzeption der ersten Kritik fest. Die erste Kritik belegt die Nichtunmöglichkeit der transzendentalen Freiheit und erörtert eine praktische Freiheit, die in der menschlichen Praxis angenommen wird, aber die transzendentale Freiheit nicht zu beweisen vermag. Obgleich Kant in der *Grundlegung* eigens zeigt, dass die Freiheit eine notwendige Voraussetzung unseres in der Praxis erhobenen Anspruchs auf einen Willen ist, ist die transzendentale Freiheit durch dieses Argument nicht mehr belegt als durch die praktische Freiheit der ersten Kritik. Diejenige Freiheit, von der im dritten Abschnitt der *Grundlegung* die Rede ist, ist zwar bereits eine Freiheit der Autonomie, das ist das Neue gegenüber der ersten Kritik; diese Freiheit der Autonomie ist aber noch nicht in ihrer praktischen Realität belegt, das ist die Kontinuität zur ersten Kritik.

Kants ausgereifte Theorie der Freiheit findet sich erst in der zweiten Kritik. Wie wir in der obigen Auseinandersetzung mit der Faktumslehre gesehen haben, lässt sich der zweiten Kritik zufolge aufgrund der Wirklichkeit des Bewusstseins der Geltung des moralischen Gesetzes dem bisher bloßen Gedanken einer transzendentalen Kausalität aus Freiheit erstmals eine positive Bestimmung und damit objektive Realität, wenngleich nur im praktischen Sinne, verleihen. Das wirkliche Bewusstsein der Geltung des moralischen Gesetzes ist keine Freiheitserfahrung mehr, die sich naturkausal erklären lässt, sondern es muss als die Wirkung einer Bestimmung meiner Willkür durch reine praktische Vernunft in mir verstanden werden. In jenem Bewusstsein wird bezeugt, dass eine bloße Idee, nämlich die Idee des moralischen Gesetzes, Kausalität haben kann, und Letzteres kann sie, weil sie *de facto* jene Kausalität im Sinne der *causa exemplaris* hat. Die Selbstgesetzgebung, die in dieser Bestimmung stattfindet, ist keine bloß logische Möglichkeit mehr; sie ist vielmehr in ihrer Wirklichkeit belegt, und von

---

[283] In der ersten Kritik lautete es noch: »Thue das, wodurch du würdig wirst, glücklich zu sein.« Ebd., S. 525.12–13 (B 836f.).

der Wirklichkeit kann auch auf ihre Möglichkeit, d. h. ihre objektive Realität in praktischem Sinne, geschlossen werden. Mit anderen Worten, es ist möglich, dass der Mensch autonom ist, weil er es wirklich ist, weil er wirklich von der bloßen Idee des moralischen Gesetzes im Sinne einer *causa exemplaris* bestimmt wird – und eben diese Bestimmung ist es, die durch die Wirklichkeit des Bewusstseins der Geltung des moralischen Gesetzes bezeugt wird. Wessen Freiheit aber wird durch dieses Bewusstsein belegt? Von wessen Freiheit handelt die Faktumslehre? Wer oder was ist frei?

In Bezug auf diese Frage findet sich eine gewisse Zweideutigkeit in der zweiten Kritik. In erster Linie ist diejenige Kausalität aus Freiheit, welche in der Faktumslehre positiv bestimmt wird, eine Kausalität aus *Freiheit der reinen praktischen Vernunft*. Es ist die reine praktische Vernunft, die als Gesetzgeberin durch ihre legislative Tat die freie Handlung einer Bestimmung der Willkür vollzieht. Die Autonomie ist in diesem Sinne eigentlich eine »A u t o n o m i e d e r r e i n e n p r a k - t i s c h e n V e r n u n f t«[284]. In dem berühmten Galgenbeispiel allerdings ist die Freiheit, um die es dort geht, offenbar die *Freiheit des Menschen*, und zwar desjenigen Mannes, dem sein Fürst die Todesstrafe androht, sollte er sich nicht dazu bereit erklären, »ein falsches Zeugniß wider einen ehrlichen Mann«[285] abzulegen. Von diesem Manne sagt Kant: »Er urtheilt also, daß er etwas kann, darum, weil er sich bewußt ist, daß er es soll, und erkennt in sich die Freiheit, die ihm sonst ohne das moralische Gesetz unbekannt geblieben wäre.«[286] Das heißt, er erkennt über sein Bewusstsein der Geltung des moralischen Gesetzes, dass er das Vermögen hat, seinem Sollensanspruch zu entsprechen: Aus der praktischen Notwendigkeit im Sollensanspruch folgt die praktische Möglichkeit im Vermögen. Freiheit als Vermögen, dem Gebot des moralischen Gesetzes zu entsprechen, ist aber offenbar etwas anderes als die Freiheit der das Gesetz allererst gebenden reinen praktischen Vernunft. Eine Art Freiheit der Exekutive des Menschen steht einer Art Freiheit der Legislative der reinen praktischen Vernunft gegenüber. Dass diese Zweideutigkeit aber in der zweiten Kritik von Kant nicht eigens erörtert wird, scheint darauf zurückführbar zu sein, dass Kant zwar sachlich, jedoch noch nicht

---

[284] KpV, AA 5: 43.22–23.

[285] Ebd., S. 30.28–29.

[286] Ebd., S. 30.33–35. Seit Schiller wird dieser Gedanke immer wieder durch den Ausdruck »Du kannst, denn du sollst!« wiedergegeben. Schiller, Friedrich: »Die Philosophen«, in: ders.: *Sämtliche Gedichte und Balladen*. Frankfurt am Main/Leipzig: Insel Verlag 2004, S. 213–215, hier S. 214. Diese Formulierung in der Perspektive der Zweiten Person Singular gibt aber das nicht angemessen wieder, was im Rahmen von Kants Argument notwendig aus der Perspektive der Ersten Person Singular formuliert werden muss: Passender wäre daher der Ausdruck ›Ich kann, denn ich soll‹.

der Terminologie nach mit der ausdrücklich erst in der *Metaphysik der Sitten* eingeführten Unterscheidung zwischen Wille und Willkür operiert.

In der *Metaphysik der Sitten* definiert Kant: »Der Wille ist das Begehrungsvermögen, nicht sowohl (wie die Willkür) in Beziehung auf die Handlung, als
vielmehr auf den Bestimmungsgrund der Willkür zur Handlung betrachtet, und
hat selber vor sich eigentlich keinen Bestimmungsgrund, sondern ist, sofern sie
die Willkür bestimmen kann, die praktische Vernunft selbst.«[287] Kant ergänzt
etwas später: »Von dem Willen gehen die Gesetze aus; von der Willkür die
Maximen.«[288] An dieser zweiten Stelle aber präzisiert er weiterhin: »Die letztere ist im Menschen eine freie Willkür; der Wille, der auf nichts Anderes, als
bloß auf Gesetz geht, kann weder frei noch unfrei genannt werden, weil er nicht
auf Handlungen, sondern unmittelbar auf die Gesetzgebung für die Maxime der
Handlungen (also die praktische Vernunft selbst) geht, daher auch schlechterdings nothwendig und selbst keiner Nöthigung f ä h i g ist. Nur die W i l l k ü r also
kann f r e i genannt werden.«[289] Das aber heißt: Der Wille ist als reine praktische
Vernunft die durch Gesetzgebung bestimmende Instanz und als solche weder
frei noch unfrei, während die Willkür allein Freiheit hat und als freie Willkür
das Vermögen ist, gemäß dem Bestimmungsgrund des Willens Maximen zu bilden und zu handeln. Wir haben es also nicht mit zwei Arten von Freiheit zu
tun, einer legislativen und einer exekutiven, sondern allein mit der Freiheit der
Willkür, während der Wille als reine praktische Vernunft in Bezug auf den Freiheitsbegriff neutral ist.[290] Die Freiheit des Menschen, von der im Galgenbeispiel
der zweiten Kritik die Rede ist, ist der Sache nach offenbar eben diese Freiheit
der Willkür, verstanden als Vermögen, dem unabweisbaren Anspruch des moralischen Gesetzes Folge zu leisten.

Von der praktischen Freiheit hingegen ist in der zweiten Kritik nur noch ein
einziges Mal, und zwar im Kapitel über die »Kritische Beleuchtung der Analy-

---

[287] MS, AA 6: 213.22–26.

[288] Ebd., S.226.4–5.

[289] Ebd., S.226.5–11.

[290] Das jedenfalls ist Kants endgültige Stellungnahme in der veröffentlichten *Metaphysik der
Sitten*. In den Vorarbeiten zu diesem Werk hatte Kant noch davon gesprochen, dass der Wille
»auf eine andere Art frei« sei als die Willkür. Vgl. Kant, Immanuel: »Aus den Vorarbeiten zur Einleitung in die ›Metaphysik der Sitten‹ (vor 1797)«, in: Bittner, Rüdiger/Cramer, Konrad (Hg.): *Materialien zu Kants ›Kritik der praktischen Vernunft‹*. Frankfurt am Main: Suhrkamp 1975, S.308–309,
hier S.309. Dies hat diverse Kommentatoren dazu veranlasst, in der Unterscheidung von Wille
und Willkür *zwei* verschiedene Freiheitsbegriffe zu entdecken, denjenigen der Autonomie und
denjenigen der absoluten Spontaneität. Diese Interpretation läuft jedoch zumindest der veröffentlichten Erklärung Kants, der Wille selbst sei *nicht* frei, zuwider. Vgl. Bojanowski, Jochen: »Kant
und das Problem der Zurechenbarkeit«, in: *Zeitschrift für philosophische Forschung* 61 (2007) 2,
S.207–228, hier S.214.

tik der reinen praktischen Vernunft«, die Rede. Kant wiederholt hier den seit der ersten Kritik bekannten Gedanken, dass die erfahrbare praktische Freiheit nicht dazu hinreicht, die Möglichkeit transzendentaler Freiheit zu beweisen und dadurch eine theoretische Deduktion des moralischen Gesetzes zu erreichen. Er spricht hier im Konditional: »[W]enn man die Möglichkeit der Freiheit einer wirkenden Ursache *einsähe*, man auch [...] die Nothwendigkeit des moralischen Gesetzes [...] einsehen *würde*« und wegen der Unzertrennlichkeit der Begriffe der Freiheit und des moralischen Gesetzes »praktische Freiheit auch durch Unabhängigkeit des Willens von jedem anderen außer allein dem moralischen Gesetze definiren *könnte*«.[291] Weil man aber die Möglichkeit einer Kausalität aus Freiheit theoretisch *nicht* einsehen kann, kann man auch die erfahrene praktische Freiheit *nicht* durch ›Unabhängigkeit des Willens von jedem anderen, außer allein dem moralischen Gesetze‹ definieren. Mit anderen Worten, die bloß erfahrene praktische Freiheit reicht nicht aus, um die transzendentale Freiheit zu beweisen, sie vermag daher nicht als Grundlage einer theoretischen Deduktion des moralischen Gesetzes zu fungieren und kann selbst infolgedessen nicht als Unabhängigkeit des Willens von allen anderen Gesetzen außer dem moralischen Gesetz bestimmt werden. Kurzum, die praktische Freiheit ist nicht hinreichend, um die für die Moralität nötige Freiheit zu belegen, denn als Erfahrung ist sie ein Phänomen, das sich nach der Kausalität der Natur theoretisch erklären lässt. Weil Kant aber in der zweiten Kritik einen Weg gefunden hat, die transzendentale Freiheit im Kontext der praktischen Philosophie positiv zu bestimmen, tritt der Begriff einer bloß praktischen Freiheit in den Hintergrund.

Weil die praktische Freiheit nach der Naturkausalität erklärt werden kann, unterscheidet sie sich auch nicht wesentlich von der komparativen Freiheit und der psychologischen Freiheit, von denen Kant in der zweiten Kritik ebenfalls spricht. Nach dem »c o m p a r a t i v e n Begriffe von Freiheit« heißt »das bisweilen freie Wirkung [...], davon der bestimmende Naturgrund i n n e r l i c h im wirkenden Wesen liegt«.[292] Dieser komparative Begriff der Freiheit ist der Freiheitsbegriff der Stoa, von Chrysipp und Cicero, denen zufolge ich dann frei bin, wenn ich dem Gesetz meiner inneren Natur folge. Wie die praktische Freiheit ist aber diese komparative Freiheit eine naturkausal erklärbare Freiheit. Nicht anders steht es mit der »psychologische[n] Freiheit«, wie sie zu Kants Zeiten beispielsweise Feder vertreten hat, denn als eine »blos innere[...] Verkettung der Vorstellungen der Seele« ist sie naturkausal erklärbar.[293] Es ist ganz gleichgültig, ob man

---

291 KpV, AA 5: 93.32–36; 93.37–94.1–2, Kursivierungen I. R.
292 Ebd., S. 96.3,3–5.
293 Ebd., S. 96.35,36.

die Vorstellung einer nach inneren Ursachen handelnden Freiheit auf die Materie
oder das Gemüt des Menschen bezieht, weil sie in jedem Falle nach der Kausalität
der Natur erklärbar sind; im einen Fall wäre der Mensch ein »Automaton materiale«, im anderen Fall ein Leibniz'scher automaton »spirituale« – in beiden Fällen
jedoch bliebe diese Freiheit »die Freiheit eines Bratenwenders [...], der auch, wenn
er einmal aufgezogen worden, von selbst seine Bewegungen verrichtet«.[294] Weder
erfahrene praktische Freiheit noch psychologische Freiheit, noch komparative
Freiheit irgendeiner Art genügen, um die für die Moralität nötige transzendentale
Freiheit zu belegen. Das vermag allein das Bewusstsein der Geltung des moralischen Gesetzes. Die innerlich erfahrene Freiheit könnte eine Illusion sein; die
durch den Anspruch des moralischen Gesetzes entdeckte Freiheit aber ist keine
Illusion, denn jener wirkliche Anspruch ist nur möglich, weil der Wille als reine
praktische Vernunft mittels des einzig möglichen moralischen Gesetzes performativ wirklich meine Willkür bestimmt.

Der moralphilosophisch einschlägige Begriff der Freiheit ist der Begriff der
Freiheit als Autonomie, die durch das Bewusstsein der Geltung des moralischen
Gesetzes praktisch bestimmt und belegt wird. Wir haben allerdings gesehen, dass
es in der zweiten Kritik eine gewisse Zweideutigkeit des moralisch relevanten
Freiheitsbegriffes gibt, insofern diese Freiheit einerseits eine Freiheit der die Willkür bestimmenden reinen praktischen Vernunft, andererseits aber eine Freiheit
des Menschen im Sinnes eines Vermögens, dem moralischen Gesetz zu entsprechen, bedeutet. Durch die Heranziehung der *Metaphysik der Sitten* und ihrer
Unterscheidung von Wille und Willkür haben wir zwar gezeigt, dass sich diese
Zweideutigkeit bei Kant letztlich zugunsten der Freiheit der Willkür als Vermögen, dem Gesetz zu entsprechen, auflösen lässt. Aber auch mit dieser Bestimmung scheint eine Schwierigkeit verbunden zu sein, die man tatsächlich nicht
selten für eine unauflösliche Aporie der kantischen Freiheitstheorie gehalten hat:
Wenn die Freiheit als ein Vermögen, dem moralischen Gesetz zu *entsprechen*,
verstanden wird, wie können dann moralisch verwerfliche Taten dem Menschen
zugerechnet werden? Ist der Mensch nicht frei, wenn er das moralische Gesetz
missachtet? Wenn er aber in diesem Fall nicht frei ist, wie kann er dann für seine
moralisch verwerfliche Tat verantwortlich gemacht werden? Dieses Problem der
Zurechnung moralisch verwerflicher Taten wird von Kant am eingehendsten im
ersten Stück der *Religionsschrift* behandelt, im Zusammenhang einer philosophischen Stellungnahme zur Erbsündenlehre und der Frage nach dem Bösen.

---

294 Ebd., S. 97.14,15,19–20.

2.3.3 Das Böse – die Aporie der Freiheit?

Eine der größten Herausforderungen für die kantische Freiheitstheorie scheint in der Frage nach einer ›Freiheit zum Bösen‹ zu liegen. Die Hauptschwierigkeit wurde *in nuce* darin gesehen, dass Kant Freiheit als Kausalität bestimmt, eine Kausalität ein Gesetz braucht und das Gesetz der Freiheit ihm zufolge das moralische Gesetz ist; im Ausgang von diesen Prämissen aber erschien es naheliegend anzunehmen, dass man nach Kant nur dann frei sein kann, wenn man dem moralischen Gesetz *folgt*. Das aber hielt man für eine inakzeptable Konsequenz einer Freiheitstheorie, weil dann allenfalls die moralisch guten Taten dem Handelnden zugerechnet werden könnten. Diese Überlegung hat zahlreiche Kritiker dazu geführt, Freiheit neu zu bestimmen, und zwar als ein Vermögen zum Guten und zum Bösen, als ein Vermögen, für oder gegen das moralische Gesetz zu handeln. Der prominenteste Vorschlag einer derartigen Neubestimmung des Freiheitsbegriffes gegenüber seiner kantischen Fassung ist wohl der von Schelling. In Schellings *Freiheitsschrift* von 1809 heißt es, der »reale und lebendige Begriff« der Freiheit sei, »daß sie ein Vermögen des Guten und des Bösen sei«.[295] In der Linie dieser Schelling'schen Kritik an Kant stehen im zwanzigsten Jahrhundert unter anderen Martin Heidegger, Nicolai Hartmann, Hans Reiner, Gerold Prauss und Ernst Tugendhat.[296]

Allerdings grenzt sich diese Rezeptionslinie nicht nur von Kant ab, sondern findet vielmehr insofern bei Kant selbst Anknüpfungspunkte für ihre Auffassung, als dieser im ersten Stück der *Religionsschrift* genau jene Freiheit zum Guten und zum Bösen einzuführen scheint, die seine Kritiker in den früheren Schriften vermisst hatten. Die Schwierigkeit aber besteht darin, diese vermeintlich neue Freiheitskonzeption Kants mit seiner alten Freiheitskonzeption in Beziehung zu bringen. Hat Kant letztlich doch zwei Freiheitsbegriffe? Oder hat Kant seine Freiheitskonzeption verändert und dabei einen früheren gegen einen späteren Freiheitsbegriff ausgetauscht? Hat er womöglich sogar mehrfach seine Auffassung geändert? Wenn er aber einen einzigen Freiheitsbegriff hat und seine Freiheitstheorie seit der zweiten Kritik im Wesentlichen unverändert bleibt, wie sind dann

---

[295] Schelling, Friedrich Wilhelm Joseph: *Philosophische Untersuchungen über das Wesen der menschlichen Freiheit und die damit zusammenhängenden Gegenstände*, hg. von Thomas Buchheim. Hamburg: Meiner 1997, S. 25 (SW 352).

[296] Vgl. Heidegger, Martin: *Schelling: Vom Wesen der menschlichen Freiheit*, hg. von Ingrid Schüßler. Frankfurt am Main: Klostermann 1988 (= Gesamtausgabe. Bd. 42); Hartmann, Nicolai: *Ethik*. Berlin: de Gruyter ⁴1962, 3. Teil.; Reiner, Hans: *Der Grund der sittlichen Bindung und das sittlich Gute. Ein Versuch, das Kantische Sittengesetz auf dem Boden seiner heutigen Gegner zu erneuern*. Halle: Niemeyer 1932; Prauss, Gerold: *Kant über Freiheit als Autonomie*, a. a. O.; Tugendhat, Ernst: *Vorlesungen über Ethik*, a. a. O., S. 159 f. Vgl. außerdem die Verweise auf Weiterführungen bei Beck, Allison und Willaschek in Bojanowski, Jochen: *Kants Theorie der Freiheit*, a. a. O., S. 239.

jene zwei Aspekte seines Freiheitsbegriffes miteinander vereinbar? Wie kann Freiheit zugleich Autonomie bedeuten und eine Wahl für oder wider das Gesetz implizieren? Es ist Gerold Prauss, der in einer eingehenden Auseinandersetzung mit den kantischen Schriften letztlich zu einem für Kant besonders ungünstigen Ergebnis gekommen ist: Kant sei sich des Problems der Zurechnung moralisch böser Taten erst in der *Religionsschrift* bewusst geworden, hätte seine Freiheitstheorie daraufhin gegenüber der zweiten Kritik verändert, sich jedoch letztlich mit einer nochmaligen Revision seines Freiheitsbegriffes in der *Metaphysik der Sitten* in einer »Verzweiflungstat [...] selbst *ad absurdum*«[297] geführt. Zwingen die kantischen Schriften aber tatsächlich zu einem derart vernichtenden Urteil? Hat Kant wirklich mehrfach seine Auffassung geändert und ist dabei doch nie zu einem systematisch überzeugenden Freiheitsbegriff gelangt? Wie ist es möglich, dass Kant selbst offenbar jene Schwierigkeiten gar nicht als solche ansah, die in den Augen seiner Kritiker seine gesamte Freiheitstheorie zum Einsturz bringen?

Aus unserer Sicht hat Kant seit der zweiten Kritik dieselbe, durchaus kohärente und auch systematisch durchaus überzeugende Freiheitstheorie vertreten.[298] Um zu zeigen, inwiefern das der Fall ist, wollen wir etwas weiter ausholen und zunächst an den Ursprung der Debatte zurückkehren, die bereits zu Kants Lebzeiten auf eine besonders aufschlussreiche Weise begonnen hat und anhand derer sich zeigen lässt, welche beiden großen Traditionslinien Kant in seiner Freiheitstheorie miteinander verknüpft. An jenem Ursprung stehen zwei radikal voneinander abweichende Interpretationen der kantischen Freiheitstheorie, diejenige von Carl Christian Ehrhard Schmid einerseits und diejenige von Carl Leonhard Reinhold andererseits. Sowohl Schmid als auch Reinhold sind der Auffassung, lediglich darzulegen, was Kant vertritt. Sie kommen dabei jedoch zu völlig unterschiedlichen Ergebnissen. Während Schmid der stoischen Tradition näher steht, führt Reinhold die christliche Tradition weiter. Kant allerdings, der noch zu diesen Interpretationen seiner Schriften Stellung nehmen konnte, ist weder mit Schmid noch mit Reinhold einverstanden, sondern vertritt seinerseits einen dritten Weg, der beide Traditionslinien zu integrieren sucht. Wir beginnen mit einer kurzen Skizze des stoischen und des christlichen Freiheitsbegriffs, erörtern dann die Debatte zwischen Schmid und Reinhold, um schließlich zu Kants eigenem Integrationsversuch zu kommen.

---

297 Prauss, Gerold: *Kant über Freiheit als Autonomie*, a.a.O., S.111.

298 In Bezug auf die generelle Auffassung, Kants Freiheitsbegriff lasse sich auch in Bezug auf das Problem der Zurechnung verteidigen, stimmen wir mit Bojanowski überein. Vgl. Bojanowski, Jochen:»Kant und das Problem der Zurechenbarkeit«, in: *Zeitschrift für philosophische Forschung* 61/2 (2007), S.207–228.

Eine pointierte Darstellung der stoischen Freiheitsauffassung findet sich in Ciceros Schrift *De fato*.[299] Ciceros eng an Chrysipp anknüpfende Auffassung der Freiheit besteht in dem Gedanken, eine Handlung sei genau dann frei, wenn ihr eine im Handelnden liegende, innere Ursache zugrunde liegt, die zudem nicht Glied in einem prädeterminierten, geschlossenen Kausalnexus ist, sondern lediglich Teil einer lückenlosen Kausalkette, bei der jeweils nur rückwärts von gegebenen Wirkungen auf ihre Ursachen geschlossen werden kann. Cicero greift Chrysipps Unterscheidung von Haupt- und Nebenursachen auf, was es ihm erlaubt, einen äußeren Anstoß beziehungsweise Eindruck nur als Nebenursache einer Handlung aufzufassen, die zu ihrem Zustandekommen auf die zusätzliche, innere Ursache des Handelnden angewiesen bleibt. So wie der Kreisel, einmal von außen angestoßen, sich aufgrund des Gesetzes seiner eigenen Natur dreht, so handelt der Mensch, einmal von außen durch einen Sinneseindruck »angestoßen«, frei durch das Gesetz seiner eigenen, inneren Natur, das im stoischen Monismus wiederum als Moment des Weltlogos begriffen wird. Wie die Stoiker, so weist auch Cicero vehement einen Freiheitsbegriff zurück, der Freiheit als eine Handlung *ohne* Ursache versteht. Eine Handlung ohne Ursache, wie sie die Epikureer zu denken versuchen, ist aus der Sicht der Stoiker nicht frei, sondern schlichtweg Zufall.

Mit dem Christentum verwandelt sich das Problem. Der Mensch wird nun nicht mehr als Moment eines monistischen Weltlogos gedacht, sondern als ein Wesen, das sich *für oder gegen* das göttliche Gesetz, für das göttliche Gesetz oder für das Gesetz des Fleisches entscheiden kann und das für diese Entscheidung zum Guten oder zum Bösen auch verantwortlich gemacht werden können muss. Die Entwicklung der Position von Augustinus von der frühen Schrift *De libero arbitrio*[300] bis in seine spätesten Schriften hinein macht sowohl dieses neue Freiheitsverständnis als auch die Schwierigkeiten mit ihm deutlich. Während es in der frühen Schrift im Vordergrund steht, dass sich der Mensch aus seiner eigenen Freiheit heraus zur Abweichung vom oder Befolgung des göttlichen Gesetzes entschieden hat, tendiert der späte Augustinus nahezu zu einer Auflösung der menschlichen Freiheit, wenn er im Streit mit Pelagius – aus dem er siegreich hervorgeht – für eine physische Übertragung der Erbsünde und für eine Erlösung von derselben allein durch göttliche Gnade eintritt. Abstrahiert man von den spezifisch theologischen Problemen, so lässt sich in dieser Entwicklung ein philosophisches Grundproblem ausmachen: Der Begriff einer Freiheit als eines liberum arbitrium zum Guten oder zum Bösen führt auf die Frage, aus welchem Grund

---

[299] Vgl. Cicero, Marcus Tullius: *Über das Schicksal / De fato*, a.a.O.

[300] Vgl. Augustinus: *De libero arbitrio – Der freie Wille*, zweisprachige Ausgabe, eingeleitet, übersetzt und hg. von Johannes Brachtendorf. Paderborn u.a.: Ferdinand Schöningh 2006.

sich die Freiheit zum Guten oder zum Bösen entscheidet, denn um die Zurechenbarkeit der Entscheidung zu gewährleisten, darf die Entscheidung nicht aus einem
gleichsam epikureischen Zufall heraus geschehen; wenn Augustinus jedoch auf
diese Frage mit zunehmender Deutlichkeit den Grund der Erbsünde und den
Grund der Gnade anführt, scheint er damit die Freiheit tendenziell zu eliminieren.

Im Spannungsfeld dieser beiden Positionen aber scheint sich eine *Aporie der
Freiheit* anzuzeigen: Die stoisch-ciceronische Freiheitsauffassung versteht Freiheit als Handlung nach einem inneren Gesetz, das Moment eines Weltgesetzes
ist, wobei es jedoch fragwürdig erscheint, ob der Mensch die Bezeichnung »frei«
verdient, wenn er, angestoßen von einem Eindruck, gleichsam automatisch nach
einem Naturgesetz »loshandelt«, wie der Kreisel, einmal in Bewegung versetzt,
»loskreist«; die christlich-augustinische Freiheitsauffassung hingegen denkt den
freien Willen zwar als ein gegenüber zwei Gesetzen eigenständiges Vermögen der
Entscheidung zum Guten oder zum Bösen, sieht sich jedoch vom Problem der
Grundlosigkeit dieser Entscheidung bedroht, was bei Augustinus nur deshalb
nicht in den Vordergrund tritt, weil er die Freiheit letztlich in Erbsünden- und
Gnadenlehre so gut wie auflöst.

Diese Aporie der Freiheit im Spannungsfeld von Stoa und Christentum aber
ist es, die in der Auseinandersetzung zwischen Carl Christian Ehrhard Schmid
und Carl Leonhard Reinhold auf pointierte Weise zum Vorschein kommt. Carl
Christian Ehrhard Schmid gelangt 1790 in seiner Auslegung von Kants Freiheitsbegriff zu einer Interpretation, die man als eine Art dualistisch modifizierte Konzeption des stoischen Freiheitsbegriffes verstehen kann. Schmid nennt sie die
These eines »*[i]ntelligible[n] Fatalismus*«[301]. Während im Bereich der Natur Notwendigkeit nach Naturgesetzen besteht, bestünde im Bereich der Freiheit Notwendigkeit nach dem moralischen Gesetz. Das moralische Gesetz aber müsse
»als ein wesentliches Gesetz meines übersinnlichen Ich«[302] betrachtet werden,
nach dem dieses als freies Ich handelt. Da sich jedoch offenbar »nicht in allen
wahrnehmbaren Handlungen gleiche Vernunfttätigkeit, gleiche Moralität [offen-
bart]«, sieht sich Schmid dazu gezwungen, anzunehmen, dass es Gründe gäbe,
die dazu in der Lage sind, »*die Wirkungen der Vernunft in der Erscheinung* einzuschränken«, die bewirken, dass die Vernunft in bestimmten Fällen »*nicht wirken [konnte]*«.[303] Obgleich wir diese Gründe nicht erkennen könnten, müssten

---

[301] Schmid, Carl Christian Erhard: »Determinismus und Freiheit (1790)«, in: Bittner, Rüdiger/
Cramer, Konrad (Hg.): *Materialien zu Kants ›Kritik der praktischen Vernunft‹*. Frankfurt am Main:
Suhrkamp 1975, S. 241–251, hier S. 250. Schmid knüpft in seiner Interpretation an seinen Lehrer
Johann August Heinrich Ulrich an. Vgl. Ulrich, Johann August Heinrich: *Eleutheriologie, oder über
Freyheit und Nothwendigkeit*. Jena: 1788.
[302] Schmid, Carl Christian Erhard: »Determinismus und Freiheit (1790)«, a. a. O., S. 248.
[303] Ebd., S. 249.

wir voraussetzen, dass es solche Gründe, die die Vernunftwirkungen in den Fällen moralisch verwerflicher Handlung einschränken, gibt, denn ohne derartige Gründe hätten wir es mit einem bloßen Zufall von Moralität oder Immoralität zu tun. »Die Ausnahmen« von der Moralität aber hängen damit laut Schmid »*nicht* von unserm Willen ab, weil sie in etwas gegründet sind, was über die Grenzen unsrer möglichen Erkenntnis hinausliegt«.[304] Während die monistischen Stoiker Freiheit im Handeln nach dem Gesetz meiner inneren Natur sehen, nimmt Schmid zwar zwei Gesetze an, sieht die Freiheit jedoch gemäß seinem intelligiblen Fatalismus im notwendigen Handeln nach dem Gesetz meines übersinnlichen Ich; die Abweichungen vom Moralgesetz aber hängen ihm zufolge von unserem Willen äußerlichen, von uns unerkennbaren Gründen ab.

Carl Leonhard Reinhold wendet sich gegen den Determinismus der Leibnizianer und der neueren Kantianer, wobei er Schmid offensichtlich zu den Letzteren zählt. Die Deterministen sähen die Freiheit in der moralischen Notwendigkeit, d. h. in der unvermeidlichen Nötigung des Willens durch Vernunft. Die sittliche Handlung sei, so Reinhold 1792, »als bloße Wirkung dieser Vernunft zugleich notwendig und frei«.[305] Die unsittliche Handlung hätten zwar einige von ihnen als ebenfalls frei bezeichnet, was jedoch eine »ungeheure Inkonsequenz«[306] gewesen sei, da die Person im Determinismus in der unsittlichen Handlung lediglich durch den Instinkt genötigt würde. Reinhold schreibt nun, es sei »nur *Einer*« unter den Deterministen »konsequent genug gewesen«,[307] um die aus der deterministischen Position folgenden Konsequenzen einzugestehen. Obgleich Reinhold Schmid an dieser Stelle nicht ausdrücklich nennt, bezieht er sich offenbar auf ihn, wenn er die Position dieses ›einen Konsequenten‹ referiert: »daß der Wille nur in Rücksicht auf die *sittlichen* Handlungen frei und der Grund der *unsittlichen* außer dem Willen in äußern Hindernissen und Schranken der Freiheit aufzusuchen sei«.[308] Eben dies *ist* die Auffassung Schmids. Reinholds Kritik an dieser Schmid'schen Auffassung ist nun, dass ihr zufolge Freiheit »lediglich in einer *zufälligen*, auf gewisse Fälle eingeschränkten Unabhängigkeit von

---

304 Ebd., S. 250, Kursivierung I. R.

305 Reinhold, Carl Leonhard: »Erörterung des Begriffs von der Freiheit des Willens (1792)«, in: Bittner, Rüdiger/Cramer, Konrad (Hg.): *Materialien zu Kants ›Kritik der praktischen Vernunft‹*. Frankfurt am Main: Suhrkamp 1975, S. 252–274, hier S. 269. Es ist unsicher, inwiefern Reinhold in seiner Auffassung bereits von dem ersten Stück der *Religionsschrift* beeinflusst war. Wahrscheinlich ist, dass er seine eigene Konzeption in der Auseinandersetzung mit Ulrich und Schmid entwickelt hat, dabei jedoch systematisch einen Gedanken der *Religionsschrift* behandelt. Vgl. dazu Bojanowski, Jochen: *Kants Theorie der Freiheit*, a. a. O., S. 232 f.

306 Reinhold, Carl Leonhard: »Erörterung des Begriffs von der Freiheit des Willens (1792)«, a. a. O., S. 268.

307 Ebd., S. 269.

308 Ebd.

äußerm Zwang« bestünde.[309] Damit aber müsste sowohl die sittliche als auch die
unsittliche Handlung »allein der Anwesenheit oder Abwesenheit« jener Hindernisse »zugerechnet werden«.[310] Wie gehandelt wird, hänge letztlich nicht von der
handelnden Person selbst ab, sondern von der Anwesenheit oder Abwesenheit
von Hindernissen, die ihrem Willen äußerlich sind. Damit aber sei der Freiheitsbegriff der Deterministen kein eigentlicher *Freiheits*begriff.

Die Freiheit des Willens, so lautet Reinholds eigene, in der christlichen Tradition stehende Auffassung, bestehe negativ nicht allein in der Unabhängigkeit
der Person von der Nötigung durch die Instinkte, sondern sie bestehe *auch in der
Unabhängigkeit von der Nötigung durch die praktische Vernunft*. Positiv verstanden sei sie »das Vermögen der Selbstbestimmung durch *Willkür für oder gegen
das praktische Gesetz*«.[311] Es gäbe zwei Typen von Ansprüchen, die des eigennützigen und die des uneigennützigen Triebes, die mit zwei Gesetzen und zwei Typen
von »*veranlassenden* Gründe[n]« verbunden seien; die positive Freiheit aber sei
diejenige selbständige Instanz, die einige dieser bloß veranlassenden Gründe
»zu bestimmenden« erhebt.[312] Diese Loslösung der Freiheit vom Moralgesetz
rückt Reinholds Freiheitsbegriff in unmittelbare Nähe zum Begriff der Freiheit
als *libertas indifferentiae*, die sich von dem Problem einer gleichgültigen und
damit zufälligen, grundlosen Freiheit bedroht sieht. Wie Buridans Esel scheint
die Indifferenzfreiheit aus Mangel an Bestimmungsgründen zwischen den
Handlungsoptionen gleichsam zu ›verhungern‹. Reinhold ist sich dieser Schwierigkeit bewusst und sucht seine Position von derjenigen der »Äquilibristen«[313]
abzugrenzen. Die Freiheit, so sein Hauptargument, ist nicht lediglich negative
Unabhängigkeit vom Bestimmtwerden durch die einen oder die anderen Gründe,
sondern sie ist positiv das »Vermögen, einen von den veranlassenden Gründen
zum bestimmenden zu erheben«, welches genau dann aktualisiert wird, wenn
die Freiheit *selbst* »der letzte denkbare Grund« der freien Handlung und »die
absolute, die erste Ursache« derselben ist.[314] Während Augustinus die Wahlfreiheit zwischen Gut und Böse letztlich in Erbsünde und Prädestination aufzulösen
droht, versucht Reinhold den christlichen Begriff einer Freiheit zum Guten und

---

[309] Ebd., S. 269, Hervorhebung I. R.

[310] Ebd., S. 269.

[311] Ebd., S. 256, Kurisivierung I. R.

[312] Ebd., S. 258. Bei Hans Reiner findet sich eine analoge Unterscheidung, wenn jener die
Willensstellungnahme dem Entschluss gegenüberstellt. Vgl. Reiner, Hans: *Der Grund der sittlichen Bindung und das sittlich Gute. Ein Versuch, das Kantische Sittengesetz auf dem Boden seiner
heutigen Gegner zu erneuern.* Halle: Niemeyer 1932, S. 5.

[313] Reinhold, Carl Leonhard: »Erörterung des Begriffs von der Freiheit des Willens (1792)«,
a. a. O., S. 258.

[314] Ebd., S. 260, S. 262.

zum Bösen sowohl von der Notwendigkeit als auch vom Zufall zu befreien, indem er die Freiheit selbst als den Grund der Wahl bestimmt.

Wie nun steht Immanuel Kant zu diesen Auslegungen seiner Freiheitskonzeption, die diese einerseits nach dem stoischen, andererseits nach dem christlichen Vorbild interpretieren? Kant selbst versteht sich *weder* als intelligibler Fatalist wie Schmid *noch* als verfeinerter Indifferentist wie Reinhold. In einem gewissen Einverständnis mit Reinhold ist Kant gegen Schmid der Auffassung, dass die Freiheit nicht als eine fatalistische Determination durch das Sittengesetz verstanden werden kann, sondern lediglich ein *Vermögen* ist, dem Sittengesetz gemäß zu handeln. Freiheit ist Kant zufolge ein Potential, ein Vermögen, dem Vernunftgesetz zu entsprechen, nicht aber eine aktuale fatalistische Determination durch das Vernunftgesetz. Wir haben in der Auseinandersetzung mit den Deduktionsargumenten gesehen, dass die Bestimmung der Willkür durch reine praktische Vernunft und ihr Gesetz nicht im Sinne einer *causa efficiens*, sondern im Sinne einer *causa exemplaris* verstanden werden muss, so dass die Freiheit ein Vermögen ist, dem Ideal des moralischen Gesetzes zu folgen, das als vorgestelltes Ideal die Willkür zu bewegen vermag. Im Weiteren jedoch grenzt sich Kant von Reinhold scharf ab. Während Reinhold der Auffassung ist, Freiheit könne als »das Vermögen der Selbstbestimmung durch Willkür für oder gegen das praktische Gesetz« bestimmt werden, schreibt Kant in der *Metaphysik der Sitten*, offenbar an Reinholds Adresse gerichtet, ausdrücklich: »Die Freiheit der Willkür aber kann *nicht* durch das Vermögen der Wahl, für oder wider das Gesetz zu handeln (libertas indifferentiae), definirt werden – wie es wohl einige versucht haben«.[315] Reinhold, der seine Position für die kantische hielt, zeigt sich in einer Stellungnahme zur *Metaphysik der Sitten* erstaunt und verwirrt: Kants Erörterungen jener späten Schrift seien »entweder unverständlich oder unhaltbar«, denn nach den kantischen Ausführungen ließe sich die Frage danach, wie sowohl gute als auch böse Taten aus Freiheit erfolgten und somit dem Handelnden zugerechnet werden können, »entweder gar nicht oder nur nach den Prinzipien des intelligiblen Fatalismus beantworten«.[316] Dieses von Reinhold erstmals herausgestellte Problem ist bis heute bestimmend für die Rezeption der kantischen Freiheitstheorie. Wie aber hat Kant selbst in Kenntnis der Schmid'schen und der Reinhold'schen Positionen davon ausgehen können, einen dritten Weg jenseits von intelligiblem Fatalismus und verfeinertem Indifferentismus eingeschlagen zu haben? Weshalb ist er der

---

315 MS, AA 6: 226.12–14, Kursivierung I. R.

316 Reinhold, Carl Leonhard: »Einige Bemerkungen über die in der Einleitung zu den ›Metaphysischen Anfangsgründen der Rechtslehre‹ von I. Kant aufgestellten Begriffe von der Freiheit des Willens (1797)«, in: Bittner, Rüdiger/Cramer, Konrad (Hg): *Materialien zu Kants ›Kritik der praktischen Vernunft‹*. Frankfurt am Main: Suhrkamp 1975, S. 310–324, hier S. 311, S. 318.

Auffassung, dass sich die von Reinhold formulierte Aporie der Zurechenbarkeit für seinen eigenen Freiheitsbegriff nicht ergibt?

Um diese Fragen zu erörtern, müssen wir uns Kants Gedankengang im ersten Stück der *Religionsschrift* zuwenden, wo Kant eine Reinhold'sche Wahlfreiheit einzuführen scheint. Die *Religionsschrift* ist, ähnlich wie die *Grundlegung*, eine Schrift, in der Kant mehrere Ziele zugleich verfolgt.[317] Ein zentrales Ziel jedoch ist eine anthropologische Grundlegung der Religion, die zugleich eine anthropologische Anwendung der kantischen Moralphilosophie darstellt. Wenn Kant im ersten Stück der Frage nach dem radikalen Bösen in der menschlichen Natur nachgeht, so geschieht dies innerhalb einer anthropologischen Betrachtung, die zugleich die kritische Moralphilosophie auf das Problem des moralisch fehlgehenden Menschen anwendet und zur christlichen Lehre von der Erbsünde Stellung nimmt. In diesem Zusammenhang erörtert Kant, dass und wie moralisch verwerfliche Taten dem Menschen zugerechnet werden müssen und auch können.

Dass der Mensch als Gattungswesen betrachtet von Natur aus böse ist, belegt aus Kants Sicht die empirische Beobachtung des Menschen. »[B]ei der Menge schreiender Beispiele, welche uns die Erfahrung an den Thaten der Menschen vor Augen stellt«, könne man sich »den förmlichen Beweis ersparen«, denn empirisch zeige sich keinerlei Grund dafür, an der empirisch allgemeinen Bösartigkeit des Menschen zu zweifeln.[318] »[S]o früh, als sich nur immer der Gebrauch der Freiheit im Menschen äußert«,[319] lässt sich an ihm ein Hang zum Verstoß gegen das moralische Gesetz wahrnehmen. Diese empirische Erfahrungstatsache aber verlangt danach, gedacht zu werden. Wir Menschen verstoßen *de facto* »täglich«[320] gegen das Gesetz. Wie aber lässt sich jener empirisch beobachtete allgemeine Hang zum Bösen in der menschlichen Natur *denken*?

Um diese Frage zu beantworten, unternimmt Kant eine eingehende *Begriffsanalyse* des Hanges zum Bösen. Die Frage ist, welcher Begriff dazu tauglich ist, um jenen Hang zum Bösen in der menschlichen Natur widerspruchsfrei zu denken. Da das moralisch Böse seinem Begriffe nach »nur als Bestimmung der freien Willkür möglich ist, diese aber als gut oder böse nur durch ihre Maximen beurtheilt werden kann«, muss der Hang zum Bösen seinem Begriffe nach »in dem subjectiven Grunde der Möglichkeit der Abweichung der Maximen vom moralischen Gesetze bestehen«.[321] Dieser subjektive Grund aber kann nicht als

---

317 Höffe zählt »mindestens neun Lesarten«. Höffe, Otfried: »Einführung in Kants Religionsschrift«, in: Höffe, Otfried (Hg.): *Immanuel Kant. Die Religion innerhalb der Grenzen der bloßen Vernunft*. Berlin: Akademie Verlag 2011 (= Klassiker Auslegen. Bd. 41), S. 1–28, hier S. 17.

318 RGV, AA 6: 32.35.33.1–2.

319 Ebd., S. 38.2–3.

320 Ebd., S. 42.20.

321 Ebd., S. 29.5–7,7–9.

ein physischer Hang gedacht werden, denn ein physischer Hang zu irgendeinem bestimmten Freiheitsgebrauch würde aus Kants Sicht gerade diesen *Freiheits*gebrauch aufheben. Weil ein Hang aber nur entweder der Physis oder der Willkür angehören kann und nichts Drittes in Frage kommt, schließt Kant: »Also kann ein Hang zum Bösen nur dem moralischen Vermögen der Willkür ankleben.«[322] Der Hang zum Bösen mag zwar in der empirischen Beobachtung der Menschen wie angeboren aussehen, weil er sich so früh äußert und der Beobachter den Eindruck hat, es gäbe keine Lebensspanne ohne ihn, aber er darf nicht als angeboren vorgestellt werden, denn das würde eben jener Freiheit zuwider laufen, die die Faktumslehre schon bestimmt und belegt hatte. *Wie* aber kann dieser Hang selbst, und nicht nur die auf seiner Basis verübten Taten, als zugezogen vorgestellt werden? In welcher Weise kann es gedacht werden, dass schon der Hang zum Bösen der Willkür »anklebt«?

Weil einerseits »nichts sittlich (d. i. zurechnungsfähig-) böse [ist], als was unsere eigene T h a t ist«, andererseits jedoch »man unter dem Begriffe eines Hanges einen subjectiven Bestimmungsgrund der Willkür, d e r v o r j e d e r T h a t v o r - h e r g e h t , mithin selbst noch nicht T h a t ist«, versteht, muss die Begriffsklärung eines Hanges zum Bösen »zweierlei verschiedene[...] Bedeutung« von ›Tat‹ voneinander unterscheiden.[323] In der ersten Bedeutung meint ›Tat‹ den »Gebrauch der Freiheit [...], wodurch die oberste Maxime (dem Gesetze gemäß oder zuwider) in die Willkür aufgenommen« wird; in der zweiten Bedeutung bezieht sich ›Tat‹ auf den Gebrauch der Freiheit, »da die Handlungen selbst (ihrer Materie nach, d. i. die Objecte der Willkür betreffend) jener Maxime gemäß ausgeübt werden.«[324] Insofern »[d]er Hang zum Bösen [...] nun That in der ersten Bedeutung [ist]«,[325] muss die bei den Menschen beobachtete Prädisposition zum Bösen so gedacht werden, als hätte jeder einzelne Mensch sich diese Prädisposition in einer freien Tat zugezogen, indem er die oberste Maxime dem Gesetze zuwider in seine Willkür aufgenommen hat. Weil eine Gesetzeswidrigkeit der obersten Maxime aber alle weiteren, speziellen Maximen ebenfalls verdirbt, ist jene Annahme der gesetzwidrigen obersten Maxime »zugleich der formale Grund aller gesetzwid-

---

[322] Ebd., S. 31.13–14. Bereits an dieser Stelle ist deutlich, dass Kant mit einer Erbsünde, die physisch übertragen wird, nicht einverstanden sein kann. Direkt erwähnt Kant die theologische Erbsündenlehre und die darin erwogenen Übertragungsmodelle nur in einer Fußnote am Ende des ersten Stücks, nachdem er im Haupttext noch einmal hervorgehoben hat, dass die Idee einer Verbreitung und Fortsetzung des moralisch Bösen unter den Menschen durch »A n e r b u n g von den ersten Eltern« schlechthin »die unschicklichste« sei. Vgl. ebd., S. 40.11–12,11, und vgl. die Fußnote auf derselben Seite.

[323] Ebd., S. 31.14–15,16–18,20.

[324] Ebd., S. 31.22–24,24–26.

[325] Ebd., S. 31.26–27.

rigen That im zweiten Sinne genommen«.[326] Es folgt aus dem *bloßen Begriff* des moralisch Bösen, dass der Hang zum Bösen als durch die freie Annahme einer obersten gesetzwidrigen Maxime zugezogen gedacht werden muss. Dass er wie eine angeborene Prädisposition erscheint, die den Menschen zum Bösen verleitet, erläutert diese Begriffsanalyse dadurch, dass jene einmal angenommene oberste böse Maxime alle weiteren, konkreteren Maximen notwendig verdirbt. Letzteres ist auch der Grund dafür, weshalb Kant das Böse »radikal«[327] nennt: So wie eine verdorbene Wurzel den ganzen Baum verdirbt, verdirbt die oberste böse Maxime alle weiteren Maximen.

Kant differenziert diese Begriffsklärung eines Hanges zum Bösen, indem er sie von anderen, seines Erachtens unmöglichen Bestimmungen abgrenzt. So könne der Grund des Bösen nicht »in der Sinnlichkeit des Menschen und den daraus entspringenden natürlichen Neigungen gesetzt werden«.[328] Sinnlichkeit und die daraus entspringenden Neigungen sind einfach Natur und können als solche unserer Willkür nicht zugerechnet werden. Der Grund des Bösen kann aber auch »nicht in einer Verderbniß der moralisch-gesetzgebenden Vernunft gesetzt werden«.[329] Um das Böse auf eine verdorbene moralisch-gesetzgebende Vernunft zurückzuführen, müsste man sich selbst »als ein frei handelndes Wesen« denken, das doch zugleich entbunden ist von dem einzig möglichen Gesetz der Freiheit, dem moralischen Gesetz, und das »wäre so viel, als eine ohne alle Gesetze wirkende Ursache denken [...]: welches sich widerspricht«.[330] Kant formuliert zwar die anthropologische These, dass wir Menschen weder bloße Tiere noch Teufel sind, da wir weder einfach den Gegebenheiten unserer sinnlichen Natur folgen, noch den »Widerstreit gegen das Gesetz selbst zur Triebfeder«[331] machen. Noch entscheidender als diese empirische Feststellung ist jedoch, dass sowohl ein Böses aus Sinnlichkeit als auch ein Böses aus einer verdorbenen, boshaften Vernunft überhaupt *gar nicht gedacht* werden kann.[332] Der Hang zum Bösen im Menschen

---

[326] Ebd., S. 31.27–29.

[327] »Dieses Böse ist radical, weil es den Grund aller Maximen verdirbt«. Ebd., S. 37.11–12.

[328] Ebd., S. 34.19–20.

[329] Ebd., S. 35.9–10.

[330] Ebd., S. 35,13,14–17.

[331] Ebd., S. 35.22–23.

[332] Es gibt daher aus Kants Sicht auch keine Unbestimmtheit des Gesetzes in der Lehre vom Faktum der Vernunft, da es sich bei dem Gesetz, von dem ich ein Bewusstsein seiner Geltung habe, *nur* um das moralische Gesetz handeln *kann*. Kant hat in insgesamt drei Ableitungen des Gesetzesinhalts gezeigt, dass und weshalb als Gesetz der reinen praktischen Vernunft nur das moralische Gesetz in Frage kommt, und er urteilt auf dieser Basis in der *Religionsschrift*, dass der Gedanke einer verdorbenen moralisch-gesetzgebenden Vernunft einen Widerspruch enthält und daher noch nicht einmal widerspruchsfrei gedacht, geschweige denn in einer Lehre von einem Faktum einer bösen Vernunft bestimmt werden kann. Das phänomenologisch inspirierte

kann nur als eine Bösartigkeit gedacht werden, in der der Mensch *sowohl* die Selbstliebe *als auch* das moralische Gesetz als Triebfeder in seine Maxime aufnimmt, dabei jedoch so »die sittliche Ordnung der Triebfedern in der Aufnehmung derselben in seine Maximen umkehrt«,[333] dass er es sich erlaubt, gelegentlich vom Gebot des Gesetzes abzuweichen.

Auf der einen Seite steht eine empirische Erfahrung, auf der anderen Seite steht ein Begriff, der dieser Erfahrung allein zugrunde gelegt werden kann. Keineswegs nun aber kann von jener empirischen Erfahrung böser Menschen auf den Akt einer transzendentalen Freiheit geschlossen werden, in dem der Mensch die oberste Maxime des Bösen annehmen würde, denn bloße Erfahrungen vermögen weder die transzendentale Freiheit positiv zu bestimmen noch ihre Wirklichkeit zu belegen. Wir haben eine empirische Erfahrung böser Menschen auf der einen Seite und eine Begriffsklärung des Hanges zum moralisch Bösen auf der anderen Seite. Es gibt hier keinerlei Analogie zur Faktumslehre: Während dort von dem Bewusstsein der Geltung des moralischen Gesetzes auf eine freie Tat der reinen praktischen Vernunft und im Weiteren auf die Freiheit der Willkür selbst geschlossen werden konnte, kann hier im Ausgang von der empirischen Erfahrung böser Menschen nur geklärt werden, wie der bei ihnen vorgefundene Hang zum Bösen begrifflich widerspruchsfrei gedacht werden muss. Die »intel-

---

Buch von Rogozinski weicht genau in diesem Punkte von Kant ab. Rogozinski sieht bei Kant in der »Gabe des Gesetzes« (*Le don de la Loi* ist der Titel seiner Arbeit) ein »Rätsel« (*Kant et l'énigme de l'éthique* ist der Untertitel) oder ein »Paradox« auftauchen, welches darin bestünde, dass das Gesetz in seiner reinsten Form nichts bzw. nur noch Gesetz des Gesetzes sei: »Nichts als das Gesetz (*Loi*), das nicht mehr das Gesetz (*loi*) eines Anderen ist, weder das Gottes noch das des Subjekts, oder sogar des Seins, das von nichts anderem Gesetz (*loi*) ist als von sich selbst – *Lex index sui* –, das Gesetz (*Loi*) des Nichts (*Rien*) ist, Gesetz des Gesetzes (*Loi de la Loi*).« Rogozinski, Jacob: *Le don de la Loi*, a.a.O., S.123. Durch die Gabe des reinen Gesetzes aber fände die doppelte Operation einer Reduktion aller Bestimmungen und spezifischen Inhalte auf die reine Unbestimmtheit des Gesetzes statt, im Ausgang von welcher dann eine Neubestimmung jener Unbestimmtheit im Ausgang von der Gabe des reinen Gesetzes erfolgen könne. Der Moment des Umschlags zwischen Reduktion und Neubestimmung aber enthalte aufgrund der Leere des reinen Gesetzes selbst ein Moment »des bösen und verrückten Befehls *in* der Gabe des Gesetzes (*Loi*)«, das auf eine »Zusammengehörigkeit des Bösen und des Gesetzes (*Loi*)« verweise. Ebd., S.125. Kant habe das nicht gesehen, sondern in seiner Ethik sei, so Rogozinski in Anspielung auf eine Formulierung von Heidegger, ein »Zurückweichen vor dem Abgrund« zu finden. Ebd. Kant selbst zumindest sieht hier jedoch keinen erschreckenden Abgrund, sondern hält schon den bloßen Gedanken eines rein vernünftigen Gesetzes des Bösen beziehungsweise einer verdorbenen gesetzgebenden Vernunft für schlechthin widersprüchlich. Selbstredend kann man auch nach Kant *den Eindruck haben*, von einer boshaften Vernunft bestimmt zu sein, und man kann sich blauen Dunst darüber vormachen, dass die oberste Maxime des Bösen doch eigentlich eine des Guten sei; diese Erfahrung oder diese Selbsttäuschung würde aus Kants Sicht jedoch notwendig auf einer Illusion beruhen, weil sie in einem in sich widersprüchlichen Begriff gründet.

[333] RGV, AA 6: 36.24–25.

ligibele That«[334] ist bloß intelligibel, bloß denkbar, muss aber gedacht werden, wenn der Hang zum Bösen verständlich gemacht werden können soll. Im Ausgang von einer empirischen Erfahrung wird der Begriff aufgesucht, durch den diese Erfahrung allein widerspruchsfrei gedacht werden kann, ohne dass jedoch damit ein Akt der Freiheit positiv bestimmt und belegt wäre.

Diese »erkenntnistheoretische[...] Bescheidenheit«[335] Kants scheint in Bezug auf das Problem der Zurechenbarkeit jedoch nur zur Folge zu haben, dass sich das Problem auf die reine Begriffsebene verlagert. Einmal zugestanden, dass wir den Akt der Freiheit in der Annehmung der obersten bösen Maxime nicht bestimmen und belegen können, scheint nichtsdestotrotz die Frage bestehen zu bleiben, ob jene bloß gedachte Freiheit in diesem Akt der Freiheit auch nur begrifflich kohärent ist mit Kants Freiheitstheorie. Die Frage ist: Woher soll jener Akt der Freiheit bei der Wahl der obersten Maxime des Bösen seinen Bestimmungsgrund nehmen? Aus welchem Gesetz oder Prinzip nimmt er den Grund seiner Wahl, da jener Grund offenbar bei der Wahl des Bösen nicht das moralische Gesetz sein kann? Ist jener Akt der Freiheit letztlich nicht nur dann ein Akt der *Freiheit*, wenn er seinen Bestimmungsgrund dem moralischen Gesetz entnimmt und daher nur dann tatsächlich frei, wenn er das Gute wählt? Wenn das Gesetz der Kausalität aus Freiheit das moralische Gesetz ist, ist dann nicht nur jene Wahl frei, die diesem Gesetz folgt?

Diese Frage geht von falschen Voraussetzungen aus. Ihre Prämisse ist, dass die Wahl des Guten keine Schwierigkeiten bereitet, weil ihr Grund das Gesetz ist, während allein die Wahl des Bösen insofern problematisch ist, als ihr kein Gesetz als Grund zur Verfügung zu stehen scheint. Aus Kants Sicht gibt es aber einen prinzipiellen Grund, weshalb *weder* die Wahl der obersten guten *noch* die Wahl der obersten bösen Maxime begründet sein kann, sondern vielmehr beide *unerforschlich* bleiben müssen. In einer Fußnote zu Beginn des ersten Stückes heißt es: »Daß der erste subjective Grund der Annehmung moralischer Maximen unerforschlich sei, ist daraus schon vorläufig zu ersehen: daß, da diese Annehmung frei ist, der Grund derselben (warum ich z. B. eine böse und nicht vielmehr eine gute Maxime angenommen habe) in keiner Triebfeder der Natur, sondern immer wiederum in einer Maxime gesucht werden muß; und, da auch diese eben sowohl ihren Grund haben muß, außer der Maxime aber kein B e s t i m m u n g s g r u n d der freien Willkür angeführt werden soll und kann, man in der Reihe der subjectiven Bestimmungsgründe ins Unendliche immer weiter zurück gewiesen wird, ohne auf den ersten Grund kommen zu können.«[336] Der Grund der Annehmung

---

334 Ebd., S. 31.32.
335 Bojanowski, Jochen: »Kant und das Problem der Zurechenbarkeit«, a. a. O., S. 216.
336 RGV, AA 6: 21.29–37.

der obersten Maxime ist *in jedem Falle* unerforschlich, weil eine Begründung auf eine weitere Maxime zurückgreifen müsste, die dann ihrerseits die oberste wäre und so weiter *ad infinitum*: Der Mensch »enthält einen (uns *unerforschlichen*) ersten Grund der Annehmung *guter*, oder der Annehmung *böser* (gesetzwidriger) Maximen«.[337] In dieser Hinsicht gibt es überhaupt gar keine Asymmetrie zwischen der Annehmung einer obersten guten und der Annehmung einer obersten bösen Maxime. Es ist nicht so, dass die freie Annehmung der obersten guten Maxime das moralische Gesetz zum Bestimmungsgrund hätte, während allein die freie Annehmung der obersten bösen Maxime ohne Bestimmungsgrund bleibt. Vielmehr ist in *beiden* Fällen der Grund der Annahme der obersten Maxime aus dem genannten Grund prinzipiell unerforschlich.

Nur in einer *anderen* Hinsicht gibt es eine gewisse Asymmetrie, die Kant dazu führt, beim Menschen eine Anlage zum Guten von einem bloßen Hang zum Bösen zu unterscheiden. Wenn es, wie Kant behauptet, zum Menschen gehört, dass er das Bewusstsein der Geltung des moralischen Gesetzes hat, dann muss der Mensch das auch können, was er soll; das aber bedeutet, das Vermögen, die Achtung für das moralische Gesetz als eine »für sich hinreichende[...] Triebfeder der Willkür«[338] in seine Maxime aufnehmen zu können, muss konstitutiv zur Wesensbestimmung des Menschen gehören. Der Hang zum Bösen hingegen ist Kant zufolge zwar empirisch allgemein, aber »für die Menschheit überhaupt zufällig«.[339] Aus dem Faktum der Vernunft folgt in Bezug auf den Menschen, der als Mensch das Bewusstsein der Geltung des moralischen Gesetzes hat, allein, dass ihm als einem Menschen das Vermögen, dem moralischen Gesetz zu entsprechen, zu eigen ist. Der Hang zum Bösen kann aus der Anwendung der Faktumslehre auf den Menschen hingegen nicht gefolgert werden. Weil aber das Böse offenbar nichtsdestotrotz allgemein in uns ist, obgleich es nicht zu unserer Anlage gezählt werden kann, sagt Kant, »für uns ist also kein begreiflicher Grund da, woher das moralische Böse in uns zuerst gekommen sein könne«.[340] In Bezug auf die Anlage zum Guten wissen wir, dass wir sie haben müssen, weil sie aus der

---

[337] Ebd., S. 21.20–22, Kursivierungen I. R.

[338] Ebd., S. 27.28–29.

[339] Ebd., S. 28.29.

[340] Ebd., S. 43.21–22. In Bezug auf *dieses* Problem gibt es bei Schelling einschlägige Weiterführungen gegenüber Kant. Schelling führt das Woher des Bösen auf den Eigenwillen zurück, insofern dieser danach strebt, »das, was er nur in der Identität mit dem Universalwillen ist, als Partikularwille zu sein, das was er nur ist, inwiefern er im Centro bleibt [...], auch in der Peripherie oder als Geschöpf zu sein«. Der Grund des so gearteten Strebens des menschlichen Eigenwillens aber liegt Schelling zufolge in der Angst des Lebens: »Die Angst des Lebens selbst treibt den Menschen aus dem Centrum, in das er erschaffen worden«. Schelling, Friedrich Wilhelm Joseph: *Philosophische Untersuchungen über das Wesen der menschlichen Freiheit*, a. a. O., S. 37 (SW 365), S. 53 (SW 381).

Anwendung der Faktumslehre auf den Menschen folgt; in Bezug auf den Hang
zum Bösen gibt es keinerlei Notwendigkeit, sondern nur empirische Allgemeinheit, die sich begrifflich verständlich machen lässt.

Im Unterschied zu seinen Kritikern meint Kant nun aber, dass die *Definition*
der Freiheit als Vermögen, nach dem selbstgegebenen Gesetz reiner praktischer
Vernunft zu handeln, und der anthropologisch notwendig gewordene *Zusatz* von
der als frei zu denkenden intelligiblen Tat, in der der Mensch die oberste Maxime
dem Gesetz gemäß oder zuwider wählt, einander keineswegs widersprechen.
Kant hat nicht zunächst einen dualistisch modifizierten stoischen Freiheitsbegriff, bekehrt sich dann zu einem christlichen Freiheitsbegriff, um schließlich
doch zu einem eher stoischen Freiheitsbegriff zurückzukehren. Vielmehr ist er
der Auffassung, dass sich im Rahmen der Anwendung der kritischen Moralphilosophie auf die Anthropologie dem christlichen Freiheitsbegriff der Wahl zwischen Gut und Böse ein Ort zuweisen lässt, ohne dass jedoch der christliche Freiheitsbegriff selbst zur Definition der Freiheit taugt. Die Definition der Freiheit
ist, dass sie ein Vermögen ist, dem selbstgegebenen Gesetz der reinen praktischen
Vernunft gemäß zu handeln; da sich in Hinblick auf die Ausübung dieses Frei-
heitsvermögens durch den Menschen jedoch zeigt, dass er manchmal die oberste
Maxime des Guten, allzu oft aber die oberste Maxime des Bösen wählt, muss im
Rahmen der Anthropologie der Gedanke einer freien Wahl der obersten Maxime
dem Gesetz gemäß oder zuwider ergänzt werden. Aus Kants Sicht ändert dieser anthropologische Zusatz jedoch nichts an der Definition der Freiheit. Reinholds Fehler ist daher in Kants Augen, dass Reinhold jenen anthropologischen,
auf Erfahrung zurückgreifenden Zusatz zur Freiheitstheorie zur Definition
der Freiheit selbst macht, wodurch er den Begriff transzendentaler Freiheit mit
Erfahrung vermengt und eine »Bastarderklärung (definitio hybrida)« hervorbringt, »welche den Begriff im falschen Licht darstellt«.[341] Jene als frei zu den-
kende Wahl der obersten Maxime gehört lediglich zur »Ausübung« der Freiheit,
»wie sie die Erfahrung lehrt« und im Rahmen der Anthropologie zum Thema
gemacht werden kann.[342] Das Problem in Schmids intelligiblem Fatalismus ist
aus Kants Sicht, dass Schmid Freiheit als eine aktuale Determination durch das
moralische Gesetz und nicht, wie es nach Kant richtig wäre, als ein bloßes Vermögen, dem moralischen Gesetz gemäß zu handeln, definiert. Die Schwierigkeit
mit Reinholds Auffassung hingegen ist, dass er einen anthropologischen Zusatz
zur Freiheitstheorie zur Definition der transzendentalen Freiheit erklärt. Mit
seinem eigenen, dritten Weg aber versucht Kant eine Integration beider Traditionslinien, der stoischen und der christlichen, zu leisten, indem er über einen

---

341 MS, AA 6: 227.7–8,8–9.
342 Ebd., S. 227,6,7.

platonisch inspirierten Perspektivendualismus die Freiheit als Vermögen, dem selbstgegebenen Vernunftgesetz gemäß zu handeln, definiert, und dieser Definition im Rahmen der Anthropologie den dort moralphilosophisch notwendig werdenden Gedanken einer Wahl der obersten Maxime zum Guten oder zum Bösen hinzufügt. Ist aber das Problem der Zurechenbarkeit damit gelöst, wie Kant selbst es annimmt?

Um die systematische Fruchtbarkeit dieses von Kant vorgeschlagenen dritten und integrativen Weges aufzuzeigen und um dafür zu argumentieren, dass er in der Tat auch das Problem der Zurechenbarkeit durchaus auf eine zufrieden stellende Art und Weise zu beantworten vermag, erscheint es uns weiterführend, vom kantischen Buchstaben abzuweichen und auf einen aus der phänomenologischen Tradition bekannten Begriff zurückzugreifen: den des *Ereignisses*. Unsere Hypothese ist: Es gibt ein unhintergehbares Ereignismoment in der Freiheit, das jedoch die Zurechenbarkeit der menschlichen Taten nicht unmöglich macht. Dieses unhintergehbare Ereignismoment liegt darin, dass der Grund der Wahl der obersten Maxime aus den von Kant angezeigten Gründen prinzipiell nicht angegeben werden kann, wodurch diese freie Wahl notwendig ab-gründig ist.[343] Das heißt jedoch nicht, dass die Wahl durch Naturgesetze erklärt werden kann, und es heißt auch nicht, dass sie aus einem bloßen Zufall heraus geschieht. Die Wahl geschieht vielmehr als ein Ereignis, das als solches eine Bindung an eine der beiden obersten Maximen stiftet. Dieses Stiftungsereignis einer ereignishaften Wahl aber muss aus moralphilosophisch-anthropologischen Gründen als frei und damit als ein Ereignis *der Freiheit* gedacht werden, um Moralität und Zurechenbarkeit beim Menschen denken zu können. Weil das Ereignis der Stiftung einer Bindung aber weder durch Naturkausalität erklärbar ist noch auf einen Zufall reduziert zu werden braucht, kann es durchaus als Ereignis der Freiheit gedacht werden. Folgt man Kant, ist dieses Ereignismoment bei der Freiheit aber nicht das, was die Freiheit im Kern definiert, sondern lediglich eine Abgründigkeit, die ihrer Ausübung in der Welt anhaftet. Der Kern der Freiheit ist, dass sie ein Vermögen ist, gemäß dem Gesetz der reinen praktischen Vernunft zu handeln. Das aber bedeutet, der Mensch ist erst dann wahrhaft frei, wenn er sich nicht mehr als zerrissen erfährt, sondern das ganz will, was er schon halb will,

---

343 David Espinet hat soeben eine Studie vorgelegt, in der er den Begriff des Ereignisses zum Leitfaden einer Auslegung von Kants Denken im Ganzen macht: Espinet, David: *Ereigniskritik. Zu einer Grundfigur der Moderne bei Kant.* Berlin/Boston: de Gruyter 2017 (= Deutsche Zeitschrift für Philosophie. Sonderbände. Bd. 39). Jene Studie ist nach dem Abschluss der inhaltlichen Arbeit an unserem Buch erschienen und konnte daher nicht mehr eigens berücksichtigt werden. Es sei jedoch zumindest angemerkt, dass wir den Ereignisbegriff hier nur zur Auslegung jenes bestimmten Momentes der kantischen Freiheitskonzeption heranziehen, wohingegen Espinet jenem Begriff eine weitaus grundlegendere Bedeutung zu geben sucht.

nämlich nach dem Gesetz der reinen praktischen Vernunft in ihm zu agieren.[344] Anthropologisch gesehen gibt es auch für Kant durchaus Grade der Freiheit, so heißt es beispielsweise in der *Metaphysik der Sitten*: »Je weniger der Mensch physisch, je mehr er dagegen moralisch (durch die bloße Vorstellung der Pflicht) kann gezwungen werden, *desto freier* ist er«; derjenige »beweist [...] seine Freiheit *im höchsten Grade*«, der »der Stimme der Pflicht nicht widerstehen kann«.[345] Die wahre Freiheit des Menschen besteht in der Übereinstimmung seiner Maximen mit dem moralischen Gesetz reiner praktischer Vernunft, das er als das Gesetz seines »eigentliche[n] Selbst«[346], wie die *Grundlegung* sagt, begreift; ob er zu dieser wahren Freiheit auch tatsächlich gelangt, hängt jedoch von einem Ereignis der Freiheit ab, in dem die Bindung an die oberste Maxime des Guten tatsächlich geschieht. Jenes Ereignis der Freiheit kann jedoch auch eine Bindung an die Maxime des Bösen hervorrufen und dann ist die Ausübung des eigentlichen Vermögens der Freiheit gescheitert.

In der Unerforschlichkeit der ersten Wahl kann insofern eine unauflösbare Aporie gesehen werden, als in der prinzipiellen Unausweichlichkeit dieser Unerforschlichkeit die Ab-gründigkeit der Freiheit zutage tritt. Weil die Unerforschlichkeit der ersten Wahl jedoch als Ereignis der Freiheit verstanden werden kann, das sich als Ereignis der Bindung an eine oberste Maxime weder durch Naturgesetze erklären lässt noch auf Zufall reduziert werden muss, impliziert die Aporie der Unerforschlichkeit doch keine unauflösbare Aporie für die kantische Freiheitstheorie. Vielmehr ist es Kant, der die unausweichliche Aporie der Unerforschlichkeit der ersten Wahl erstmals deutlich herausgestellt hat und sie als solche in seine Freiheitstheorie integriert.

---

[344] Bei Harry Frankfurt gibt es eine gewisse Erneuerung des kantischen Freiheitsbegriffes, der dieses augustinische Moment mit einbezieht. Frankfurt zufolge ist ein freier Mensch nicht jemand, der dies oder jenes wählen kann, sondern er ist derjenige, der nicht innerlich zerrissen ist, sondern dessen Wille genau der ist, den er auch haben möchte. Vgl. Frankfurt, Harry G.: »Willensfreiheit und der Begriff der Person«, in: ders.: *Freiheit und Selbstbestimmung. Ausgewählte Texte*, hg. von Monika Betzler und Barbara Guckes. Berlin: Akademie Verlag 2001, S. 65–83.

[345] MS, AA 6: 382.28–29,34–35, Kursivierungen I.R.

[346] GMS, AA 4: 457.34.

2.4 Die Anwendung des Gesetzes

2.4.1 Was ist eine Maxime und wie wird sie gewonnen?

Die Forderung des Grundgesetzes der reinen praktischen Vernunft, so zu handeln, »daß die Maxime deines Willens jederzeit zugleich als Prinzip einer allgemeinen Gesetzgebung gelten könne«,[347] schreibt dem Begriff der Maxime einen herausragenden Stellenwert zu: Nur Wesen, die nach Maximen handeln, sind überhaupt der Moralität fähig, weil nur an sie die Forderung gerichtet werden kann, ihren Maximen die Form der Gesetzmäßigkeit zu verleihen. Trotz dieser zentralen Bedeutung der Maxime in Kants Ethik hat Kant weder den Begriff der Maxime selbst noch die Art und Weise ihrer Gewinnung in seinen moralphilosophischen Hauptschriften eigens zum Thema gemacht. Dass Kant nicht eingehend erörtert, was eine Maxime ist, scheint darauf zurückgeführt werden zu können, dass er den Maximenbegriff von Wolff und Baumgarten übernimmt und schlichtweg für bekannt hält. Die Frage nach der Gewinnung der Maxime hingegen gehört aus seiner Sicht in die empirische Psychologie und hat daher in den moralphilosophischen Hauptschriften keinen Ort. Wenn man jedoch die für Kants Ethik zentrale Frage erörtern will, ob und inwiefern der kategorische Imperativ als moralisches Prinzip der Maximenprüfung tauglich ist, muss man zunächst herausarbeiten, was Kant überhaupt unter einer Maxime versteht sowie wie und weshalb Maximen aus seiner Sicht im Zuge des menschlichen Lebens gewonnen werden. Diesen beiden Fragen wollen wir uns im Folgenden zuwenden.

Was ist eine Maxime? Kants bekannteste Definition der Maxime findet sich wohl im ersten Paragraphen der zweiten Kritik, wo er Maximen als praktische Grundsätze definiert, »welche eine allgemeine Bestimmung des Willens enthalten, die mehrere praktische Regeln unter sich hat«, und die insofern »subjectiv« sind, als »die Bedingung nur als für den Willen des Subjects gültig von ihm angesehen wird«.[348] Eine Maxime ist, wie schon die *Grundlegung* definiert, »das subjective Princip des Wollens«[349]. Dass Kant hier einfach mit Definitionen aufwartet, deutet darauf hin, dass er die Maxime so zu verstehen gedenkt, wie es seine Vorgänger bereits getan haben, und zwar als die *obere Prämisse in einem praktischen Syllogismus*. Baumgarten, nach dessen *Ethica Philosophica* Kant Vorlesungen gehalten hat, definiert die Maxime als »maioribus propositionibus syllogismorum practicorum«[350], und Kant selbst greift in seinen Vorlesungen auf diese Definition zurück, wenn er Maximen als praktische subjektive Prin-

---

[347] KpV, AA 5: 30.38–39.
[348] Ebd., S.19.7–8,9,9–10.
[349] GMS, AA 4: 400.34.
[350] Baumgarten, Alexander Gottlieb: *Ethica Philosophica*. Halae Magdeburgicae 1763, § 246.

zipien bestimmt, weil sie die oberen Prämissen in einem praktischen Syllogismus seien.[351] Christian Wolff hat in seiner *Deutschen Ethik* sowohl dargelegt, was die Maxime als jene obere Prämisse innerhalb eines praktischen Syllogismus sei, als auch wie man die Maxime, die jemand hat, auffindet.[352] Obgleich Kant in Bezug auf das Grundprinzip der Ethik kein Wolffianer ist, scheint er in Bezug auf das Maximenverständnis weitestgehend mit ihm einverstanden zu sein, weshalb wir uns Wolffs Maximenverständnis hier ausführlicher zuwenden wollen.

Wolff zufolge kann der Mensch nichts tun oder auch nur wollen, ohne einen Beweggrund zu haben, welcher in einer Vorstellung des Guten bestünde. Um aber etwas als gut zu beurteilen, benötige der Mensch eine Maxime. Weil das aber so ist, muss der Mensch gewisse Maximen haben, nach denen er sein Wollen und Tun einrichtet. Wolff geht keineswegs davon aus, dass der Mensch sich seiner Maximen stets voll bewusst ist, vielmehr scheint es ihm geradezu der Normalfall zu sein, dass der Mensch seine Maximen »nicht deutlich erkennet«.[353] Wie schon Leibniz geht Wolff davon aus, dass es so etwas wie unbewusste Vorstellungen gibt. Gerade weil seine Maximen dem Menschen in der Regel nicht voll bewusst vor Augen stehen, entsteht die Frage, wie wir sie auffinden können. Wolff meint, dass wir die Maxime, die jemand hat, im Ausgang von seiner unmittelbaren Vorstellung eines spezifischen Guten ermitteln können, indem wir vom Hintersatz und Untersatz auf den Obersatz schließen. Der praktische Syllogismus ist dabei folgender:

Obersatz	»Eine Sache oder Begebenheit, die so und so beschaffen, ist gut«.
	(*d. i. Maxime*)
Untersatz	»Diese Sache oder Begebenheit ist so und so beschaffen«.
Hintersatz	»Derowegen ist sie gut«.[354]

Was uns zunächst gegeben ist, ist laut Wolff die mit einem bestimmten positiven Affekt verbundene Vorstellung einer Sache (Hintersatz). Wenn wir diese Vorstellung näher untersuchten, sähen wir, auf welche Beschaffenheit der Sache die Aufmerksamkeit gerichtet ist und damit in welcher Hinsicht (Untersatz) die

---

351 »Maximen, principia practice subjectiva weil sie propositio major in practischen Syllogismen seyn würden«. Kant, Immanuel: Vorlesungen über Metaphysik, Metaphysik Dohna, V-Met/Dohna, AA 28/2.1: 678.22–23.

352 Wolff, Christian: *Vernünftige Gedancken von der Menschen Thun und Lassen, zu Beförderung ihrer Glückseeligkeit, den Liebhabern der Wahrheit mitgetheilet.* Halle im Magdeburgischen: Renger 1747, §§ 190–193. Die Hinweise auf Baumgarten, Wolff und Kants Vorlesungen entnehme ich der hervorragenden Studie von Richard McCarty: *Kant's Theory of Action.* Oxford: Oxford University Press 2009, S. 5.

353 Wolff, Christian: *Vernünftige Gedancken von der Menschen Thun und Lassen,* a. a. O., § 190.

354 Ebd., § 193.

Sache als gut vorgestellt wird. Wenn wir aber wissen, aufgrund welcher Beschaffenheiten eine Sache (Untersatz) als gut vorgestellt wird (Hintersatz), könnten wir den Obersatz und damit die Maxime erschließen, nach der der Mensch insgeheim geurteilt haben muss. Sucht man zu erklären, »was in der Seele vorgehet«, wenn jemand etwas will oder tut, »so ist hier ein völliger Vernunft-Schluß anzutreffen« – auch wenn dieser Vernunftschluss dem wollenden Menschen keineswegs klar und deutlich bewusst ist.[355]

Kant scheint in mehrfacher Hinsicht an dieses Wolff'sche Grundmodell anzuknüpfen. Erstens scheint er wie Wolff davon auszugehen, dass der Mensch als Mensch so beschaffen ist, dass er nach Maximen handelt. Daher formuliert er in der anthropologisch grundgelegten *Religionsschrift* die von Allison so genannte »Inkorporationsthese«: »die Freiheit der Willkür ist von der ganz eigentümlichen Beschaffenheit, daß sie durch keine Triebfeder zu einer Handlung bestimmt werden kann, als nur sofern der Mensch sie in seine Maxime aufgenommen hat (es sich zur allgemeinen Regel gemacht hat, nach der er sich verhalten will)«.[356] Zweitens scheint Kant, wie Wolff in Anknüpfung an Leibniz, der Auffassung zu sein, dass Maximen zwar rationale Obersätze in Vernunftschlüssen sind, trotzdem jedoch dem Menschen nicht transparent vor Augen stehen müssen. Bekannt ist die Stelle aus der *Grundlegung*, an der es heißt, es sei »schlechterdings unmöglich, durch Erfahrung einen einzigen Fall mit völliger Gewißheit auszumachen, da die Maxime einer sonst pflichtmäßigen Handlung lediglich auf moralischen Gründen und auf der Vorstellung seiner Pflicht beruhet habe«, denn »selbst durch die angestrengteste Prüfung« können wir »hinter die geheimen Triebfedern niemals völlig kommen«.[357] Maximen sind für Kant *fungierende Willensprinzipien*, sozusagen *inkorporierte Handlungsprinzipien*, nach denen wir rational urteilen und wollen, die uns jedoch sehr häufig nicht ganz und gar durchsichtig vor Augen stehen. Es scheint naheliegend, den Maximen in den meisten Fällen eine Art der Bewusstheit zuzuschreiben, die dem ähnelt, was in der Phänomenologie ein »vorreflexives Selbstbewusstsein« genannt wird; sie sind weder schlechthin unbewusst noch stehen sie dem Handelnden in einem reflexiven, selbsttransparenten Sinne vor Augen, sondern sie sind in seinem vorreflexiven Selbstbewusstsein verankert; deshalb aber sind sie, obgleich als Maximen stets von mir angenommen, in den meisten Fällen mit jener partiellen Opa-

---

[355] Ebd., § 192.

[356] RGV, AA 6: 23.3–24.1–4. Vgl. zur »Incorporation Thesis« Allison, Henry E.: *Kant's Theory of Freedom*, a.a.O., S. 40.

[357] GMS, AA 4: 407.1–4,12–13,13–14. Es erscheint uns daher nicht zutreffend, wie Köhl zu behaupten, »Maximen zu haben, heißt für Kant offenbar, sich *bewußt* entschlossen zu haben, so-und-so zu handeln«. Köhl, Harald: *Kants Gesinnungsethik*. Berlin: de Gruyter 1990, S. 47, Kursivierung I.R.

zität verbunden und können sogar in einer etwaigen Reflexion nicht mit völliger Gewissheit transparent gemacht werden.[358] Drittens scheint Kant durchaus das Grundschema zur Formulierung einer Maxime von Wolff zu übernehmen (»Eine Sache oder Begebenheit, die so und so beschaffen, ist gut«), wenngleich er dieses einfache Schema komplexer ausgestaltet.[359] Einerseits kann nicht nur eine Sache oder Begebenheit, sondern auch ein Zweck oder eine Handlungsweise als gut vorgestellt werden, und andererseits scheint Kant davon auszugehen, dass sich Maximen verschiedener Allgemeinheitsgrade[360] bei einem vernünftigen Wesen ineinander verschachteln und sich zu einem Polysyllogismus vereinen.[361] Das legt insbesondere seine anthropologisch grundgelegte *Religionsschrift* nahe, in der das Böse deshalb für radikal erklärt wird, weil es ›wurzelhaft‹ alle weiteren, spezielleren Maximen verdirbt. In einem solchen baumartigen Polysyllogismus würde die oberste Maxime den größten Allgemeinheitsgrad aufweisen und lautet

[358] Diese Interpretation schlägt Allison vor, der zwischen einem »reflexive self-consciousness« erster Ordnung und einem »reflective self-consciousness« zweiter Ordnung unterscheidet und den Maximen eine Bewusstheit im Sinne des *reflexive self-consciousness* zuschreibt. Diese Unterscheidung bildet aber genau die phänomenologische Unterscheidung zwischen einem vorreflexiven und einem reflexiven Selbstbewusstsein ab. Dass Allison das auch sieht, zeigt sein Verweis auf Sartre. Vgl. Allison, Henry E.: *Kant's* Groundwork for the Metaphysics of Morals, a.a.O., S. 99–101. Wenn Herman in Anschluss an O'Neill hervorhebt, »that the maxim need not be conscious or antecedent to the action«, so ist dies nach unserer Interpretation insofern richtig, als vor der Handlung kein reflexives Bewusstsein über die Maxime bestehen muss, sondern ein vorreflexives Bewusstsein der Maxime genügt. Herman, Barbara: *Morality as Rationality. A Study of Kant's Ethics.* New York/London: Garland Publishing 1990, S. 71. Maximen können auch durchaus mit Willaschek als »habitualisierte vernünftige Entscheidungen, die es ermöglichen, ohne langes Nachdenken und trotzdem in Übereinstimmung mit den eigenen vernünftigen Interessen zu handeln«, bestimmt werden. Willaschek, Marcus: *Praktische Vernunft,* a.a.O., S. 76. Allerdings müssten sie als habitualisierte vernünftige Entscheidungen verstanden werden, denen in vielen Fällen gar kein reflexives, sondern nur ein vorreflexives Bewusstsein der Maxime vorausgeht.

[359] Vgl. zu dieser These McCarty, Richard: *Kant's Theory of Action,* a.a.O., S. 7–9.

[360] Diejenigen Maximen, die Kant selbst anführt, sind von sehr unterschiedlichem Allgemeinheitsgrad: Von der allgemeinsten Maxime des Guten oder des Bösen in der *Religionsschrift* bis hin zur »Maxime [...], daß man unter andern in der Wahl der Farben zu Kleid und Weste sich genau nach den Blumen richten müsse.« Borowski, L. E.: »Darstellung des Lebens und Charakters Immanuel Kants. Von Kant selbst genau revidiert und berichtigt«, in: Gross, Felix (Hg.): *Immanuel Kant. Sein Leben in Darstellungen von Zeitgenossen. Die Biographien von L. E. Borowski, R. B. Jachmann und A. C. Wasianski,* reprografischer Nachdruck der Ausgabe Berlin 1912, Darmstadt 1980, S. 1–115, hier S. 56. Dieses Beispiel Kants für eine Maxime zitiert Thurnherr, bei dem sich auch viele weitere Beispiele für Maximen sowie Definitionen der Maxime aus Kants Schriften versammelt finden. Vgl. Thurnherr, Urs: *Die Ästhetik der Existenz. Über den Begriff der Maxime und die Bildung von Maximen bei Kant.* Tübingen/Basel: Francke 1994, S. 32–36, hier S. 32.

[361] Vgl. auch dazu McCarty, Richard: *Kant's Theory of Action,* a.a.O., S. 7, und das Beispiel für einen Polysyllogismus auf S. 7 f.

Kant zufolge beim Menschen entweder »Allein meine Glückseligkeit (d. i. meine Selbstliebe) ist uneingeschränkt gut« oder aber »Allein das Wollen nach dem Sittengesetz ist uneingeschränkt gut«. Sämtliche speziellere Maximen sind diesen beiden obersten Maximen untergeordnet, insofern sie durch die Vermittlung von erfahrungsbasierten Urteilen als geeignete Mittel zum Handeln nach den obersten Maximen verstanden werden. Ein Beispiel für einen kleineren Polysyllogismus könnte sein:

1. Allein meine Glückseligkeit ist uneingeschränkt gut (Maxime I).
2. Durch falsche Versprechen kann ich in manchen Situationen meine Glückseligkeit vermehren (Urteil I).
3. Falsche Versprechen zu geben, ist in manchen Situationen gut (Maxime II).
4. Durch falsche Versprechen, von denen keiner erfährt, kann ich meine Glückseligkeit vermehren (Urteil II).
5. Falsche Versprechen zu geben, von denen keiner erfährt, ist gut (Maxime III).

Es ist dieses Verständnis von fungierenden, polysyllogistisch verschachtelten Maximen, das Kant zu Grunde zu legen scheint.[362]

---

[362] Es gibt in der Forschungsliteratur eine ganze Reihe von Vorschlägen, die Maxime zu verstehen. Thurnherr definiert: »Die praktische Maxime bei Kant stellt einen von der Vernunft zuhanden der Willkür für die Ausübung von deren Vermögen entwickelten, ›generalen‹ Grundsatz dar, welcher hingegen für die Willkür selbst aus ihrer subjektiven Perspektive ein Gesetz bildet und durch deren Anerkennung sie resp. das betreffende Subjekt sich selbstbindend (neustisches Moment) die Regel vorgibt (tropisches Moment), beim Eintreten eines umrisshaft festgelegten Lebensumstandes einen bestimmten Typos von Handlung (phrastisches Moment) zu verwirklichen, damit durch ein solches Handeln eine wesentliche Intention der Vernunft, ein spezifisches Vernunftinteresse befördert werden kann.« Thurnherr, Urs: *Die Ästhetik der Existenz*, a. a. O., S. 66 f. Herman definiert das, was sie »generic maxims« nennt, als »a type of action-justification pair: to do x-type action for y-type reason«. Herman, Barbara: *The Practice of Moral Judgment*. Cambridge, Massachusetts/London, England: Harvard University Press 1993, S. 147. Köhl zufolge ist die »semantische Form [...], die alle Maximen haben: (M) P will, wenn sie in Situationen vom Typ S ist, eine Handlung vom Typ a ausführen. (Oder: In Situationen wie S will P a tun.)« Köhl, Harald: *Kants Gesinnungsethik*, a. a. O., S. 50 f. Bei Korsgaard heißt es: »A maxim of action will therefore usually have the form ›I will do Action-A in order to achieve Purpose-P.‹« Korsgaard, Christine M.: *Creating the Kingdom of Ends*, a. a. O., S. 57 f. Die unterschiedlichen Vorschläge von Köhl und Korsgaard hat Schwartz miteinander verglichen in Schwartz, Maria: *Der Begriff der Maxime bei Kant. Eine Untersuchung des Maximenbegriffs in Kants praktischer Philosophie*. Berlin: LIT Verlag 2006. Henry Allison integriert gleichsam Köhls und Korsgaards Vorschläge, wenn er das Schema der Maxime so wiedergibt: »When in S-type situations, perform A-type actions in order to attain end E.« Allison, Henry E.: *Kant's Groundwork for the Metaphysics of Morals*, a. a. O., S. 198. Der Versuch von McCarty, Kants Maximenverständnis im Ausgang von Wolff und mithilfe des Gedankens eines Polysyllogismus zu erschließen, erscheint uns jedoch der vielversprechendste zu sein.

Bisher haben wir erörtert, was Kant unter einer Maxime versteht und wie man die Maxime, die ein Mensch hat, durch das von Wolff angezeigte Verfahren ermitteln kann. Eine zweite Frage ist, wie Kant zufolge Maximen gewonnen werden. In der *Grundlegung* finden wir zunächst die Auskunft, dass diese Frage nicht in den Bereich einer Metaphysik der Sitten gehört, denn »da haben wir nicht nöthig, über die Gründe Untersuchung anzustellen, warum etwas gefällt oder mißfällt, wie das Vergnügen der bloßen Empfindung vom Geschmacke, und ob dieser von einem allgemeinen Wohlgefallen der Vernunft unterschieden sei; worauf Gefühl der Lust und Unlust beruhe, und wie hieraus Begierden und Neigungen, aus diesen aber durch Mitwirkung der Vernunft Maximen entspringen; denn das gehört alles zu einer empirischen Seelenlehre, welche den zweiten Theil der Naturlehre ausmachen würde, wenn man sie als Philosophie der Natur betrachtet, so fern sie auf empirischen Gesetzen gegründet ist.«[363] Um zu erfahren, ›worauf Gefühl der Lust und Unlust beruhe, und wie hieraus Begierden und Neigungen, aus diesen aber, durch Mitwirkung der Vernunft, Maximen entspringen‹, muss man sich also Kants empirischen Betrachtungen über Psychologie, Anthropologie und Pädagogik zuwenden. In der *Anthropologie* unterscheidet Kant zwei beziehungsweise vier Arten des Gefühls der Lust und Unlust: eine sinnliche Lust, die als Vergnügen durch den Sinn und als Geschmack durch die Einbildungskraft entspringt, und die intellektuelle Lust, die entweder durch darstellbare Begriffe oder aber durch Ideen hervorgerufen wird.[364] Auf der Basis derartiger Lustgefühle kann etwas als gut vorgestellt werden, was Bedingung für die Entstehung einer »Begierde (appetitio)« ist, die Kant als »die Selbstbestimmung der Kraft eines Subjects durch die Vorstellung von etwas Künftigem als einer Wirkung derselben« definiert.[365] Die Begierde ist dann eine »Neigung«, wenn sie eine »habituelle sinnliche Begierde« wird.[366] Damit aber eine Maxime entspringt, ist, wie es die *Grundlegung* bereits formuliert und wie es auch von Wolff behauptet wird, zusätzlich Vernunft nötig. Die Vernunft hat als bloß praktische Vernunft dabei zunächst die Funktion, die verschiedenen Bestrebungen der Begierde so zu koordinieren, dass der natürliche Zweck des Menschen, die Glückseligkeit, verstanden als »ein Maximum des Wohlbefindens, in meinem gegenwärtigen und jedem zukünftigen Zustande«[367], erreicht werden kann. Im Ausgang von den vorliegenden Begierden einerseits und den Kenntnissen über die Welt andererseits entwickelt die Vernunft mittels der vom Besonderen zum

---

363 GMS, AA 4: 427.4–12.
364 Kant, Immanuel: *Anthropologie in pragmatischer Hinsicht*, Anth, AA 7: 230.4–8.
365 Anth, AA 7: 251.3,3–5.
366 Ebd., S. 251.5.
367 GMS, AA 4: 418.7–9.

Allgemeinen gehenden reflektierenden Urteilskraft[368] Maximen als allgemeine Grundsätze des Handelns für den gesamten Lebenswandel eines Menschen. Sie achtet dabei darauf, dass hypothetische Imperative der Geschicklichkeit und der Klugheit befolgt werden, so dass ein kohärentes, auf maximale Glückseligkeit ausgerichtetes Wollen und Handeln zustande kommt. Sollte unsere obige Erörterung des Maximenbegriffs zutreffen, muss diese Ermittlung von Maximen durch die Vernunft durchaus nicht voll bewusst erfolgen, sondern kann in der fungierenden Praxis implizit statthaben.

Obgleich Kant jene vier Arten der Lust, die dem Begehrungsvermögen zugrunde liegen können, voneinander unterscheidet, ist die empirisch und ontogenetisch primäre Lust aus seiner Sicht die sinnliche Lust beziehungsweise als habitualisierte sinnliche Begierde die Neigung. Die erste Herausforderung im Leben eines Menschen besteht noch diesseits der Moralität darin, überhaupt nach Maximen zu handeln. Insbesondere in Kants Vorlesung über Pädagogik wird dies deutlich. Der Mensch hat Kant zufolge von Natur aus einen »Hang zur Freiheit«, der sich beim Kinde zunächst in einer »Wildheit« äußert, in der es »jeder Laune [folgt]« und jeden seiner »Einfälle wirklich auch und augenblicklich in Ausübung bring[t]«.[369] Es ist gleichsam Spielball seiner Affekte, die als solche »im Subject die Ü b e r l e g u n g (die Vernunftvorstellung, ob man sich ihm überlassen oder weigern solle) nicht aufkommen« lassen.[370] Das Kind hat jedoch auf der Basis seines natürlichen Hanges zur Freiheit auch eine »Freiheitsneigung«, die »die heftigste« Leidenschaft »unter allen am Naturmenschen« ist.[371] Als Leidenschaft aber ist sie für Kant eine »Neigung, durch welche die Vernunft verhindert wird, sie in Ansehung einer gewissen Wahl mit der Summe aller Neigungen zu vergleichen«.[372] Während sowohl das Sichüberlassen an Affekte als auch das Sichmitreißenlassen von Leidenschaften den Einfluss auch nur der instrumentellen Vernunft auf das Wollen und Handeln unterbinden, ist der Affekt nur eine vorübergehende Behinderung der Überlegung, während die Leidenschaft eine dauerhafte Hemmung der Vernunft mit sich bringt. Um die Freiheitsneigung im

---

[368] Vgl. KU, AA 5: 179.24–26. Thurnherr erörtert ausführlich die Frage, welche Funktion der reflektierenden Urteilskraft bei der Bildung von Maximen zugeschrieben werden könnte. Vgl. Thurnherr, Urs: *Die Ästhetik der Existenz*, a.a.O., S.83–90.

[369] Kant, Immanuel: *Pädagogik*, Päd, AA 9: 442.17,30,21,15–16.

[370] Anth, AA 7: 251.17–19.

[371] Ebd., S.268.13,14,14. Diese Heftigkeit zeigt sich Kant zufolge sofort nach der Geburt: »Ja das Kind, welches sich nur eben dem mütterlichen Schooße entwunden hat, scheint zum Unterschiede von allen andern Thieren, blos deswegen mit lautem Geschrei in die Welt zu treten: weil es sein Unvermögen, sich seiner Gliedmaßen zu bedienen, für Zwang ansieht und so seinen Anspruch auf Freiheit (wovon kein anderes Thier eine Vorstellung hat) sofort ankündigt.« Ebd., S.268.26–31.

[372] Ebd., S.265.27–29.

Kinde zu einer wahrhaften Freiheit und damit in letzter Instanz zur Autonomie auszubilden, ist es nach Kant zunächst nötig, dahin zu sehen, »daß das Kind sich gewöhne, nach Maximen und nicht nach gewissen Triebfedern zu handeln«, wobei »[d]ie Maximen […] aus dem Menschen selbst entstehen [müssen]«.[373] Das pädagogische Bemühen im frühen Kindesalter müsse dahin gehen, den jungen Menschen dazu zu erziehen, nicht nach momentanen Einfällen, Affekten oder gar Leidenschaften zu handeln, sondern mit Überlegung, nach selbst gebildeten Maximen beziehungsweise nach Gründen.

Sobald ein Mensch aber überhaupt nach Maximen handelt, setzt Kant zufolge auch das Bewusstsein der Geltung des Sittengesetzes ein.[374] Nach Maximen zu wollen ist allerdings Bedingung dafür, von dem Gesetz überhaupt angesprochen werden zu können. Ich muss ein Selbst der Selbstliebe mit seiner obersten Maxime der eigenen Glückseligkeit schon haben, um überhaupt vom Gesetz dazu aufgefordert werden zu können, diese Maxime so abzuändern, dass sie ein allgemeines Gesetz werden könne. Wer nicht nach Maximen will und handelt, ist kein Wesen, das durch moralische Ansprüche verbunden werden kann. Wie es die Inkorporationsthese zeigt, ist Kant jedoch der Meinung, der Mensch sei als Erwachsener schlichtweg so beschaffen, dass er nach Maximen handelt. An dieser Stelle gibt es allerdings eine gewisse Zweideutigkeit bei Kant. Einerseits formuliert er die Inkorporationsthese, nach der der Mensch als Mensch so beschaffen ist, dass keine Triebfeder in ihm wirksam wird, ohne dass er sie in seine Maxime aufgenommen hat; andererseits jedoch heißt es »[d]erjenigen unter den Menschen, die nach G r u n d s ä t z e n verfahren, sind nur sehr w e n i g e «.[375] Des Weiteren ist es einerseits das Ziel, einen Charakter und damit eine »praktische konsequente Denkungsart nach unveränderlichen Maximen« auszubilden;[376] andererseits aber sind sämtliche spezielle Maximen auf die empirisch zu ermittelnden und wandelbaren Umstände und Begierden bezogen, so dass eine wahrhafte Unveränderlichkeit der Maximen zu einem Starrsinn führen würde, der sich an die individuellen Umstände der Handlungssituationen nicht anzupassen vermag, sondern vielmehr sämtliche neu aufkommenden Fälle mittels der bestimmenden Urteilskraft pedantisch unter die schon gegebenen Maximen subsumiert. Wie ließe sich diese doppelte Spannung auflösen?

---

[373] Päd, AA 9: 480.9–10; 481.3.

[374] »Also ist es das m o r a l i s c h e G e s e t z , dessen wir uns unmittelbar bewußt werden (so bald wir uns Maximen des Willens entwerfen)«. KpV, AA 5: 29.33–35.

[375] Kant, Immanuel: »Beobachtungen über das Gefühl des Schönen und Erhabenen«, GSE, AA 2: 227.4–6.

[376] Eine umfassende Studie zu Kants Begriff des moralischen Charakters ist Munzel, G. Felicitas: *Kant's Conception of Moral Character. The »Critical« Link of Morality, Anthropology, and Reflective Judgment.* Chicago/London: The University of Chicago Press 1999.

Kant scheint zum einen zu meinen, dass wir als Menschen zwar so beschaffen sind, dass wir nicht anders können, als nach Maximen und damit nach Gründen zu handeln, viele von uns jedoch die Maximen und Gründe ihres Handelns im zeitlichen Verlauf des Lebens häufig ohne Grund abändern. Diese grundlose Abänderung der Maximen wäre eine solche, in der nicht nur die Maximen den neu aufkommenden Situationen gemäß spezifiziert oder rekonzipiert werden, sondern sie wäre ein unbegründeter Wechsel von Maximen, der unzusammenhängend erfolgt: Heute sehe ich die Welt so und morgen eben anders, ohne dass ich angeben könnte, weshalb meine heutige Sicht der Welt die treffendere ist als die gestrige und meine heutige Maxime daher der gestrigen vorzuziehen ist. Ich schwanke dann grundlos hin und her zwischen verschiedenen Auffassungen der Welt und es widerfährt mir, »wie in einem Mückenschwarm bald hiehin bald dahin abzuspringen«.[377] Wenn die von Kant demgegenüber geforderte Unveränderlichkeit der Maximen aber nicht zu einem den empirisch wechselnden Umständen nicht Rechnung tragenden Starrsinn werden soll, dann muss sie so verstanden werden, dass es zwar Spezifizierungen und Neuformulierungen von speziellen Maximen in Bezug auf neu aufkommende Umstände geben kann, sogar ständig geben muss, diese jedoch in Beziehung gesetzt werden können müssen zu den vorherigen Maximen. Der Weg zwischen einem ›Abspringen wie in einem Mückenschwarm‹ und unflexibler Starrköpfigkeit wäre ein solcher, in dem ich – phänomenologisch gesprochen – den Erfahrungsweg angeben kann, der es nötig machte, von jener alten speziellen zu dieser neuen speziellen Maxime überzugehen. Dass Kant dies selbst aber so verstanden haben könnte, deutet sich darin an, dass er den Kern des Charakters, jener ›praktischen konsequenten Denkungsart nach unveränderlichen Maximen‹ in der obersten Maxime sieht, die die gesamte Denkungsart vereinheitlichend bestimmt. Derart spricht er davon, dass die »Gründung eines Charakters [...] absolute Einheit des innern Princips des Lebenswandels überhaupt« sei.[378] Die oberste Maxime aber gibt das innere Prinzip eines Lebenswandels so vor, dass sie jeder spezifischen Maxime zugrunde liegt, auch wenn es nötig wird, die einzelnen, spezifischen Maximen den wechselnden Umständen und Begierden des empirischen Lebens anzupassen. Der Polysyllogismus der Maximen ist in sich flexibel, wenngleich die allgemeinste, oberste Maxime unverändert bleibt, solange nicht eine vollständige Revolution in der Gesinnung erfolgt. Es handelt sich dabei um ein *dynamisches Wechselspiel* zwischen Urteilen über die Welt, Begierden und speziellen Maximen, das jedoch unter einer konstanten obersten Maxime erfolgt und einen in der Praxis fungierenden, konsistenten Polysyllogis-

---

377 Anth, AA 7: 292.12–13.
378 Ebd., S. 295.1–2.

mus impliziert, dessen Abänderungen nicht grundlos und sprunghaft erfolgen.
Auf diese Weise aber lässt sich eine in der Lebenswelt notwendige Flexibilität
der speziellen Maximen denken, die doch nicht die von Kant kritisierte Prinzipienlosigkeit wäre. In diesem innerhalb der Empirie unumgänglichen dynamischen Wechselspiel aber wird zudem abermals deutlich, dass das Gesetz sowie
auch die allgemeine oberste Maxime, ihm gemäß zu handeln, einen *Überschuss*
über jede konkrete Maxime, Handlung und Handlungssituation aufweist und
derart das sittliche Leben in einer unaufhebbaren dynamischen Offenheit stattfindet.

2.4.2 Wie werden Maximen moralisch beurteilt?

Das moralische Gesetz fordert, nur nach solchen Maximen des Willens zu handeln, die jederzeit zugleich als Prinzip einer allgemeinen Gesetzgebung gelten
können. *Wann* eine Maxime aber diese Forderung erfüllt beziehungsweise nicht
erfüllt und *in welcher Weise* sie es tut beziehungsweise nicht tut, ist eine der am
meisten diskutierten Fragen in der Rezeption der kantischen Ethik. Was bedeutet
es, dass eine Maxime als Prinzip einer allgemeinen Gesetzgebung gelten kann
beziehungsweise dass sie es nicht kann? Wie kann das moralische Gesetz auf
konkrete Maximen angewendet werden?
   Wir haben bereits gesehen, dass das Sittengesetz selbst als Idee der Vernunft
stets einen Überschuss gegenüber jeglicher Form der Anwendung auf konkrete
menschliche Maximen enthält. Um aber überhaupt anwendbar zu sein, muss jenes
Gesetz als Idee der Vernunft zunächst typisiert werden. Wie dies zu geschehen
hat, erörtert Kant in dem Kapitel über die Typik der reinen praktischen Urteilskraft aus der zweiten Kritik, in der es heißt, »das Sittengesetz« habe »kein anderes
die Anwendung desselben auf Gegenstände der Natur vermittelndes Erkenntnißvermögen, als den Verstand (nicht die Einbildungskraft), welcher einer Idee
der Vernunft nicht ein S c h e m a der Sinnlichkeit, sondern ein Gesetz, aber doch
ein solches, das an Gegenständen der Sinne in concreto dargestellt werden kann,
mithin ein Naturgesetz, aber nur seiner Form nach, als Gesetz zum Behuf der
Urtheilskraft unterlegen kann, und dieses können wir daher den T y p u s des
Sittengesetzes nennen«.[379] Kant ist also der Auffassung, dass das Naturgesetz seiner Form nach, und das heißt für ihn »blos die F o r m d e r G e s e t z m ä ß i g k e i t
überhaupt«,[380] den Typus der Anwendung jenes Gesetzes als Idee der Vernunft
auf Maximen bereitstellen kann.

---

[379] KpV, AA 5: 69.12–19.
[380] Ebd., S. 70.13.

Die Herausforderung besteht allerdings darin zu verstehen, was im *praktischen* Gebrauche der Vernunft unter dieser ›bloßen‹ Form der Gesetzmäßigkeit überhaupt‹ zu verstehen ist. Da Kant einerseits diese Frage nicht eigens ausführlich behandelt, andererseits jedoch zahlreiche Beispiele für gesetzeskonforme und insbesondere gesetzeswidrige Maximen gibt, von denen viele problematisch und zudem untereinander nicht kohärent zu sein scheinen, besteht in Bezug auf diese Frage nicht nur Uneinigkeit zwischen den Kommentatoren, sondern ihre oft behauptete Unlösbarkeit hat seit Hegel nicht selten dazu geführt, Kants Ethik für unanwendbar und damit letztlich für unhaltbar zu erklären. Aufgrund von Kants häufig irreführenden, mindestens jedoch verkürzten Erläuterungen seiner Beispiele hat man es in der Forschung ratsam gefunden, in einem gewissen Abstand vom Buchstaben der kantischen Schriften darüber nachzudenken, worin jene Gesetzmäßigkeit der Maxime der Sache nach auf systematisch überzeugende Weise bestehen könnte. Diesem Vorbild wollen wir hier folgen.

Zunächst müssen wir auf einige Begriffe eingehen, die Kant aus der Psychologie seiner Zeit heranzieht. In einer Fußnote in der Vorrede zur zweiten Kritik definiert er das Begehrungsvermögen als das Vermögen eines Wesens, »durch seine Vorstellungen Ursache von der Wirklichkeit der Gegenstände dieser Vorstellungen zu sein,«[381] und wenn das Begehrungsvermögen ein »Begehrungsvermögen nach Begriffen« ist und »mit dem Bewußtsein des Vermögens einer Handlung zur Hervorbringung des Objects verbunden ist, heißt es Willkür«.[382] Die nach Maximen handelnde Willkür ist also ein Vermögen, selbst Ursache zu sein und gemäß von Vorstellungen des Guten, die in der Maxime formuliert werden, diesen Vorstellungen entsprechende Wirkungen hervorzubringen. Das moralische Gesetz nun fordert, dass die Maxime, nach der meine Willkür Ursache einer in ihrer Maxime als gut gesetzten Wirkung ist, die Struktur eines allgemeinen Gesetzes haben muss. Ziehen wir zur weiteren Erörterung das Beispiel des falschen Versprechens aus der *Grundlegung* heran, so wie es von Kant anhand der Naturgesetzformel erörtert wird. In diesem Beispiel, wenn wir es gemäß der oben vertretenen Interpretation der polysyllogistischen Maximenkonstellationen formulieren, habe ich die oberste Maxime »Meine Glückseligkeit ist gut« und die darunter fallende speziellere Maxime »Falsche Versprechen sind in Notfällen gut«, wobei diese beiden Maximen verbunden sind durch das Urteil »Falsche Versprechen befördern in Notfällen meine Glückseligkeit«. Diese Maximenkonstellation, die von Kant abgekürzt in eine Maxime zusammengezogen wird, kann ihm zufolge deshalb nicht als allgemeines Gesetz gedacht werden, weil meine Willkür mittels dieser Maxime Ursache zu sein ver-

---

381 KpV, AA 5: 9.21–22; vgl. MS, AA 6: 211.6–7.
382 Ebd., S. 213.14,17–18.

sucht für die Wirkung der Steigerung meiner eigenen Glückseligkeit, obgleich diese Wirkung mittels dieser Maxime nicht hervorgebracht werden kann, wenn die Maxime allgemeines Gesetz wäre. Kant schreibt: »Denn die Allgemeinheit eines Gesetzes, daß jeder, nachdem er in Noth zu sein glaubt, versprechen könne, was ihm einfällt, mit dem Vorsatz, es nicht zu halten, würde das Versprechen und *den Zweck, den man damit haben mag, selbst unmöglich machen*, indem niemand glauben würde, daß ihm was versprochen sei«.[383] Meine Willkür könnte mittels jener Maxime, wenn sie ein allgemeines Gesetz wäre, nicht Ursache der von ihr intendierten Wirkung sein, da aus meiner eigenen Sicht die Wirkung auf diese Weise gar nicht hervorgebracht werden könnte. Die Wirkung kann aus meiner eigenen Sicht nur dann erzeugt werden, wenn ich mit meiner Maxime für mich eine *Ausnahme* mache, das heißt wenn die Maxime kein allgemeines Gesetz, sondern ausschließlich *mein* subjektiver Grundsatz ist: »Wenn wir nun auf uns selbst bei jeder Übertretung einer Pflicht Acht haben, so finden wir, daß wir wirklich nicht wollen, es solle unsere Maxime ein allgemeines Gesetz werden, denn das ist uns unmöglich, sondern das Gegentheil derselben soll vielmehr allgemein ein Gesetz bleiben; nur nehmen wir uns die Freiheit, für uns oder (auch nur für diesesmal) zum Vortheil unserer Neigung davon eine A u s n a h m e zu machen.«[384]

Die erste Frage, die sich aufdrängt, ist die nach der *Art* des *Naturgesetzes seiner Form* nach. *Welche* Form der Naturgesetzmäßigkeit ist Kant zufolge im praktischen Gebrauch der Vernunft bei der Anwendung des Gesetzes auf Maximen von Bedeutung? Handelt es sich um eine mechanische oder um eine teleologische Form? Da Maximen als solche einen Zweck formulieren, haben sie in sich selbst bereits eine teleologische Struktur, weshalb es naheliegend ist, die gemeinte Naturgesetzmäßigkeit als eine teleologische zu verstehen. Die teleologische Gesetzmäßigkeit der Maxime wäre so zu denken, dass die Willkür sich in ihrer Maxime einen Zweck setzt, den sie mittels dieser Maxime erreichen will, was sie genau dann nicht vermag, wenn jene Maxime, als allgemeines Gesetz gedacht, als Mittel zur Erreichung des anvisierten Zweckes ungeeignet ist. Es ist hierbei von herausragender Bedeutung, dass es in der gemeinten teleologischen Auslegung der Gesetzesform um eine teleologische Form *innerhalb* der Maxime geht, die einen gemäß einem Prinzip zu verfolgenden Zweck formuliert, der bei einer gesetzeswidrigen Maxime mittels dieser als allgemeines Gesetz gedachten Maxime nicht erreicht werden könnte. Keineswegs handelt es sich um eine dogmatisch behauptete Teleologie in der Natur, zu der eine gesetzeswidrige Maxime dann im Widerspruch stünde. Letztere Auslegung suggeriert Kant zwar in der Tat insbesondere in seiner Erörterung der Selbstmordmaxime im ersten Beispiel

---

383 GMS, AA 4: 422.31–35, Kursivierung I. R.
384 Ebd., S. 424.15–20.

der *Grundlegung*, weshalb es auch als »[o]ne of the few truly non-contentious claims in Kant scholarship and interpretation« gilt, dass Kants Argumentation in Bezug auf das Beispiel der Selbstmordmaxime im Rahmen der Naturgesetzformel »unsuccessful« sei.[385] Die Heterogenität der *Grundlegung*, in der Kant unter anderem zugleich ein systematisches und ein pädagogisches Ziel verfolgt, scheint jedoch die von Klaus Reich vorgeschlagene Interpretation zuzulassen, dass Kant mit jener – höchst irreführenden – Erläuterung des Widerspruchs bei der Selbstmordmaxime vielmehr das pädagogische Ziel einer Veranschaulichung anhand der aus seiner Sicht besten überlieferten, das ist der stoischen Moralphilosophie, versucht habe, die ihrerseits von einer teleologisch geordneten Natur ausgeht,[386] obgleich er jenen Widerspruch aus seiner eigenen, kritischen Perspektive als einen Widerspruch *innerhalb* der teleologisch strukturierten Maxime selbst hätte erläutern müssen, bei dem von einer teleologisch geordneten Natur gar nicht ausgegangen wird.[387] Die von Kant gemeinte Form der Naturgesetzmäßigkeit der Maxime wäre also durchaus eine teleologische, ohne dass er damit jedoch die problematische Annahme einer teleologisch strukturierten Natur macht.

Die mit der Frage nach der Art der Form der Gesetzmäßigkeit zusammenhängende und auch bereits ansatzweise erörterte zweite Frage ist, um welche *Art* des *Widerspruches* es sich in einer gesetzeswidrigen Maxime handelt. Wie bereits hervorgehoben, ist es erstens von Bedeutung, dass es sich um einen Widerspruch handelt, der sich *innerhalb* der Maxime selbst ergibt, wenn sie allgemeines Gesetz würde. Der Widerspruch liegt ganz gewiss nicht, wie es Hegel meint, zwischen einer schon feststehenden Pflicht und einer dieser zuwider laufenden Tat.[388] Der Widerspruch liegt aber auch nicht, wie es Kant leider selbst im Selbstmordbeispiel der *Grundlegung* suggeriert, zwischen einem schon feststehenden – im Beispiel noch dazu teleologischen – Gesetz der Natur und der Maxime. Zweitens handelt es sich bei dem in Frage stehenden Widerspruch um einen Widerspruch, der sich

385 Allison, Henry E.: *Kant's* Groundwork for the Metaphysics of Morals, a.a.O., S.184. Für eine teleologische Interpretation des Naturgesetzcharakters bei allen vier Beispielen der *Grundlegung* vgl. Paton, H.J.: *Der kategorische Imperativ*, a.a.O., S.177–186, und Ebbinghaus, Julius: »Die Formeln des kategorischen Imperativs und die Ableitung inhaltlich bestimmter Pflichten«, in: ders.: *Philosophie der Freiheit. Praktische Philosophie: 1955–1972*, hg. von Georg Geismann und Hariolf Oberer. Bonn: Bouvier 1999 (= Gesammelte Schriften. Bd. II), S.209–229.

386 Dies ist die These von Klaus Reich: »Kant und die Ethik der Griechen«, a.a.O., S.138.

387 Vgl. noch einmal meine Auseinandersetzung mit der Interpretation von Reich in »Die Formeln des kategorischen Imperativs in der *Grundlegung*«, a.a.O.

388 In Bezug auf Kants Depositumbeispiel aus der zweiten Kritik formuliert Hegel in diesem Sinne: »Wenn es sonst für sich fest und vorausgesetzt ist, daß Eigentum und Menschenleben sein und respektiert werden soll, dann ist es ein Widerspruch, einen Diebstahl oder Mord zu begehen«. Hegel, Georg Wilhelm Friedrich: *Grundlinien der Philosophie des Rechts*, hg. von Eva Moldenhauer und Karl Markus Michel. Frankfurt: Suhrkamp ⁵1996 (= Werke. Bd. 7), S.253.

aus *meiner eigenen Perspektive* ergibt und damit lediglich *meinem* Begehrungsvermögen nach dieser Maxime zu eigen ist. Um jenen Widerspruch in meiner Willkür auszumachen, muss ich nicht wissen, was jedermann oder irgendeiner tatsächlich will.[389] Das Ethische liegt diesseits des Politischen und des Rechtlichen und hat es nicht mit Pflichten und Gesetzen zu tun, die in einem politischen Raum ausgehandelt werden können oder gar müssen.[390] Um die Maxime des falschen Versprechens als gesetzeswidrig zu identifizieren, muss ich nicht empirisch soziologische Untersuchungen darüber anstellen, was die Menschen in meinem Umfeld tatsächlich tun würden, wenn jene Maxime allgemeines Gesetz würde,[391] sondern es ist bei dem maximeninhärenten Widerspruch allein relevant, dass *ich* will, meine Mitmenschen sollen nach der Maxime ›Falsche Versprechen sind nicht gut‹ handeln, während nur ich selbst nach der Maxime ›Falsche Versprechen sind gut‹ handeln darf; ob ich mich dabei *de facto* in Gesellschaft von radikal Leichtgläubigen oder Gleichgültigen befinde, ist für jenen Widerspruch nicht relevant. Der Widerspruch besteht aber auch nicht darin, dass die Maxime als allgemeines Gesetz konzipiert keinen Anwendungsfall mehr fände. Weder geht es darum, dass ein falsches Versprechen überhaupt kein Versprechen ist beziehungsweise ein angeeignetes Depositum gar kein Despositum,[392] noch geht es darum, dass ein allgemeines Gesetz der Wohltätigkeit die Armen verschwinden lassen oder alle arm machen und dem Wohltätigkeitsgesetz die Anwendungsfälle

[389] Das hebt O'Neill hervor. Vgl. O'Neill, Onora: »Consistency in action«, in: dies.: *Constructions of Reason. Explorations of Kant's Practical Philosophy.* Cambridge u.a.: Cambridge University Press 1989, S. 81–104.

[390] Diesen m. E. kantischen Gedanken formuliert Tugendhat in seiner Kritik an Habermas, wenn er diesem eine Vermengung der Sphären des Moralischen und des Politischen im Diskursprinzip vorwirft. Vgl. Tugendhat, Ernst: »Sprache und Ethik«, in: ders.: *Philosophische Aufsätze.* Frankfurt am Main: Suhrkamp 1992, S. 275–313, sowie ders.: *Vorlesungen über Ethik*, a.a.O., S. 170 ff. Habermas' »Annahme, daß konkrete moralische Fragen durch einen realen Diskurs entschieden werden können oder gar sollen, erscheint nicht nur unbegründet, sondern auch abwegig«, denn »die moralische Entscheidung muß ich selbst treffen«. A.a.O., S. 171, S. 172.

[391] Zu dieser soziologisch-konsequentialistischen Lesart tendiert Rawls. In seiner Erörterung des »KI-Verfahrens« stellt er die These auf, dass wir im letzten Schritt des kantischen Verfahrens das von uns entwickelte Als-ob-Naturgesetz »den schon gegebenen Naturgesetzen (gemäß unserem Verständnis dieser Gesetze) hinzufügen« sollen, um »uns dann möglichst gut [zu] überlegen, wie die Ordnung der Natur wohl beschaffen sein mag, sobald die Wirkungen des neu hinzugefügten Naturgesetzes genügend Zeit gehabt haben, um zum Tragen zu kommen.« Rawls, John: *Lectures on the History of Moral Philosophy*, a.a.O., S. 169 (dt. 232).

[392] Höffe versteht den Widerspruch in diesem Sinne als einen logischen Widerspruch aus semantischen Gründen: »Dort, wo ein Depositum via Ableugnen das zum Begriff unverzichtbare, sogar entscheidende Moment der ›fremden‹ Sache verliert, wird es in seinem ›Wesen‹, fremdes Eigentum zu sein, zerstört, eben, wie Kant sagt, vernichtet.« Höffe, Otfried: »Die Form der Maximen als Bestimmungsgrund«, in: ders. (Hg.): *Immanuel Kant. Kritik der praktischen Vernunft.* Berlin: Akademie Verlag 2002 (= Klassiker Auslegen. Bd. 26), S. 63–80, hier S. 70–75.

entziehen würde.[393] Sondern es geht um einen *praktischen Widerspruch der Willkür mit sich selbst*, den wir auch als eine *Selbstspaltung der Willkür* bezeichnen könnten.[394] Wenn die Willkür gemäß der universalisierten Maxime des falschen Versprechens die eigene Glückseligkeit steigern will, so will sie falsche Versprechen, um ihr Ziel zu verfolgen, und sie will sie zugleich nicht, um ihr Ziel verfolgen zu können. Aus dem Gesichtspunkt der Vernunft betrachtet will ich dann, »daß ein gewisses Princip objectiv als allgemeines Gesetz nothwendig sei und doch subjectiv nicht allgemein gelten, sondern Ausnahmen verstatten sollte«.[395]

Kant unterscheidet in der *Grundlegung* Maximen, die »ohne Widerspruch nicht einmal als allgemeines Naturgesetz g e d a c h t werden« können,[396] von Maximen, die ohne Widerspruch als allgemeines Naturgesetz nicht *gewollt* werden können. Ein Widerspruch im Denken dient zur Identifikation von vollkommenen Pflichten, ein Widerspruch im Wollen zur Identifikation von unvollkommenen Pflichten. Das Beispiel des falschen Versprechens impliziert laut Kant einen Widerspruch im Denken. Die Maxime des falschen Versprechens, als allgemeines Gesetz gedacht, mache den Zweck, den man mit dem falschen Versprechen haben mag, selbst *unmöglich*. Das aber heißt, die Willkür vernichtet oder verunmöglicht sich selbst durch diese Maxime als allgemeines Gesetz gedacht, weil sie durch sie ihren Zweck gleichsam zugleich will und nicht will. Der Widerspruch in der Willkür kann hier zugleich als ein logischer Widerspruch formuliert werden, denn ich habe die Maxime ›Falsche Versprechen als Mittel zur Bereicherung sind gut‹ und zugleich die Maxime ›Falsche Versprechen als Mittel

---

[393] Das ist eine weitere Auslegung Hegels: »Wird es gedacht, daß den Armen allgemein geholfen werde, so gibt es entweder gar keine Armen mehr oder lauter Arme, und da bleiben keine, die helfen können, und so fiele in beiden Fällen die Hilfe weg; die Maxime also, als allgemein gedacht, hebt sich selbst auf.« Hegel, Georg Wilhelm Friedrich: »Über die wissenschaftlichen Behandlungsarten des Naturrechts, seine Stelle in der praktischen Philosophie und sein Verhältnis zu den positiven Rechtswissenschaften«, in: ders.: *Jenaer Schriften 1801–1807*, hg. von Eva Moldenhauer und Karl Markus Michel. Frankfurt am Main: Suhrkamp 1986 (= Werke. Bd. 2), S. 434–530, hier S. 466.

[394] Unsere Auffassung des Widerspruchs als eines praktischen Widerspruchs ist dem Grundgedanken nach mit derjenigen Korsgaards identisch, wenngleich sie sich nicht im Detail mit dieser deckt. Vgl. Korsgaard, Christine M.: »Kant's formula of universal law«, in: dies.: *Creating the Kingdom of Ends*. Cambridge u.a.: Cambridge University Press 1996, S. 77–105. Unsere wesentlichen Abweichungen betreffen zwei Punkte: Zum einen meinen wir, dass der praktische Widerspruch auch bei unvollkommenen Pflichten ein solcher ist, der in der universalisierten Maxime selbst liegt, und erst sekundär ein Widerspruch zwischen einem wesentlichen Zweck des menschlichen Willens und einer einzelnen Maxime, was für Korsgaard primär ist. Zum anderen sind wir der Auffassung, dass der praktische Widerspruch in einem bestimmten Sinne auch als ein logischer Widerspruch formuliert werden kann (s.u.).

[395] GMS, AA 4: 424.23–25.

[396] Ebd., S.424.4–5.

zur Bereicherung sind nicht gut‹, wobei die Willkür in der ersten Maxime eine subjektive Ausnahme für sich selbst von der zweiten Maxime macht, die sie, ausgenommen für sich selbst, als allgemeines Gesetz will, das jedoch mit einer Ausnahme nur noch eine bloße Gemeingültigkeit bewahrt.[397]

Im Zusammenhang des Beispiels der Wohltätigkeit, das eines der beiden Beispiele für unvollkommene Pflichten ist, ist der Widerspruch, der bei der Maxime der Nicht-Wohltätigkeit entsteht, nur ein Widerspruch im Wollen. Die tragfähigere Erläuterung dieses Widerspruchs findet sich in der *Metaphysik der Sitten* in Kants Erörterung der fremden Glückseligkeit als eines Zweckes der reinen praktischen Vernunft im Menschen.[398] Als Mensch, so Kants dortige Erklärung, habe ich immer wirklich den Zweck der eigenen Glückseligkeit beziehungsweise die Maxime der eigenen Glückseligkeit. Dazu gehöre es jedoch, dass ich will, andere sollten mich, zumindest in der Not, bei der Verfolgung dieses Zweckes unterstützen. Wenn ich aber eine Maxime der Nicht-Wohltätigkeit habe, dann enthält diese insofern einen praktischen Widerspruch der Willkür, als ich durch sie, als allgemeines Gesetz gedacht, zugleich will und nicht will, dass Menschen einander helfen. Der praktische Widerspruch in der Willkür ist hier jedoch nur ein Widerspruch im Wollen, weil die Willkür mit der Maxime der Nicht-Wohltätigkeit durchaus die eigene Glückseligkeit anstreben kann, jedoch sich in diesem Streben selbst bis zu einem gewissen Grade unterwandert, weil sie den Beitrag der anderen dazu nicht widerspruchsfrei wollen kann. Der Widerspruch in der Maxime als allgemeines Gesetz gedacht betrifft hier nur einen Teil der Maxime und ist daher kein logischer Widerspruch im Denken: Wenn die Maxime ›Meine Glückseligkeit ist gut‹, worin laut Kant die Maxime impliziert ist ›Menschen in Not zu helfen ist gut‹, zugleich mit der Maxime ›Menschen in Not zu helfen ist nicht gut‹ angenommen wird, so gibt es zwischen der ersten und der dritten Maxime nur einen teilweisen Widerspruch, aufgrund dessen der insgesamt schwächere Widerspruch im Wollen entsteht.

---

[397] Diese Art des logischen Widerspruches in der Willkür selbst ist weder mit dem von Höffe gemeinten semantischen Widerspruch identisch, demzufolge sich durch die entsprechenden gesetzeswidrigen Maximen der *Begriff* des Versprechens oder Depositums aufheben würde, noch mit dem von Korsgaard erwähnten praxisbezogenen logischen Widerspruch, demzufolge sich durch die entsprechenden gesetzeswidrigen Maximen die *Praxis* des Versprechens aufheben würde. Vgl. Höffe, Otfried: »Die Form der Maximen als Bestimmungsgrund«, a.a.O., S. 70–75; Korsgaard, Christine M.: »Kant's formula of universal law«, a.a.O., S. 81–87, insbesondere S. 86.

[398] Vgl. MS, AA 6: 393 f. Die Erläuterung in der *Grundlegung* mutet zumindest dem Wortlaut nach kontraktualistisch an und ist daher eher irreführend: »Denn ein Wille, der dieses beschlösse, würde sich selbst widerstreiten, indem der Fälle sich doch manche eräugnen können, wo er anderer Liebe und Theilnehmung bedarf, und wo er durch ein solches aus seinem eigenen Willen entsprungenes Naturgesetz sich selbst alle Hoffnung des Beistandes, den er sich wünscht, rauben würde.« GMS, AA 4: 423.31–35.

Eine dritte zentrale Frage in Hinblick auf die Anwendung des Gesetzes auf Maximen betrifft *Art* und *Anzahl* der *Klassen von Maximen*, die sich in Bezug auf das moralische Gesetz ergeben. Es ist von großer Bedeutung zu sehen, dass es nicht nur zwei, sondern drei Klassen gibt: vom Gesetz verbotene, gebotene und erlaubte Maximen. Diejenigen Maximen, die nicht als allgemeines Gesetz gedacht oder gewollt werden können, sind verboten. Diejenigen Maximen aber, die als allgemeines Gesetz gedacht oder gewollt werden können, sind nicht etwa geboten, sondern sie sind lediglich erlaubt. Das aber heißt, sie dürfen angenommen werden, müssen es jedoch nicht. Während die Maximenprüfung anhand des Gesetzes verbotene und erlaubte Maximen direkt zu identifizieren vermag, ist dies bei gebotenen Maximen nicht möglich. Diese sind in jedem Falle nur indirekt zu ermitteln, wobei die Frage ist, in welcher Weise dies geschieht. Sicher ist, dass eine dem Gesetz zur Prüfung vorgelegte Maxime nicht direkt als geboten ausgewiesen werden kann, sondern nur über den indirekten Weg einer verbotenen Maxime. Es braucht dann offenbar ein zweites Prinzip, eine Art Hilfsprinzip, um im Ausgang vom Gesetz auch gebotene Maximen identifizieren zu können. Kant formuliert dieses Hilfsprinzip nicht ausdrücklich, aber es scheint, dass es ein im Rahmen der deontischen Logik formuliertes und von Kant implizit gebrauchtes Prinzip der Äquivalenz ist, dem zufolge ›verboten Non-M‹ äquivalent ist mit ›geboten M‹ und daher ›geboten M‹ schlichtweg eingesetzt werden kann für ›verboten Non-M‹, um von verbotenen zu gebotenen Maximen zu gelangen.[399] Das aber bedeutet in Hinblick auf die Lebenspraxis: Sobald ein Mensch in seinen spezifischen Lebensumständen eine Maxime als Handlungsprinzip in Erwägung zieht und diese Maxime sich als verboten erweist, gebietet es ihm das Gesetz, das praktische Gegenteil jener verbotenen Maxime in seine Willkür aufzunehmen. Das formale Gesetz gebietet, verbietet oder erlaubt also aus sich heraus keine inhaltlich spezifischen Maximen, sondern bleibt darauf angewiesen, dass ihm inhaltlich spezifische Maximen zur Beurteilung vorgelegt werden; wenn ihm aber einmal Maximen vorgelegt werden, und dies geschieht in den Erwägungen der Lebenspraxis ständig, dann vermag er sie direkt als verboten

---

[399] Das ist die Auffassung von Theodor Ebert. Vgl. Ebert, Theodor: »Kants kategorischer Imperativ und die Kriterien gebotener, verbotener und freigestellter Handlungen«, in: *Kant-Studien* 68 (1976), S. 570–583, hier S. 578. Allison meint, dass das Hilfsprinzip von Kant in der *Metaphysik der Sitten* mit dem obersten Prinzip der Tugendlehre formuliert werde, durch welches allererst positiv das Haben von Maximen einer bestimmten Art geboten wird. Vgl. Allison, *Idealism and Freedom*, a.a.O., S.167. Das Tugendprinzip aber kann nur deshalb positiv das Haben von Maximen gebieten, weil es dem Menschen mit reiner praktischer Vernunft und Glückseligkeitsstreben verboten ist, die Maximen der Selbstverwahrlosung und der Nicht-Wohltätigkeit zu haben; auch das positive Gebot des Habens von Maximen in der Tugendlehre folgt erst über das von Ebert ermittelte Äquivalenzprinzip.

oder erlaubt und indirekt, unter Heranziehung jenes deontischen Hilfsprinzips der Äquivalenz, als geboten zu beurteilen.

In Bezug auf die – umfangreiche! – Klasse der erlaubten Maximen bleibt die Frage zu erörtern, ob es sich bei ihnen um *adiaphora* handelt. Den Begriff des ›adiaphoron‹ scheint Kant im Zusammenhang der Ethik in mindestens zwei Bedeutungen zu verwenden. In der Einleitung zur Tugendlehre kritisiert er in einem leicht spöttischen Tone den ›Phantastisch-Tugendhaften‹: »Phantastisch-tugendhaft aber kann doch der genannt werden, der keine in Ansehung der Moralität gleichgültige Dinge (adiaphora) einräumt und sich alle seine Schritte und Tritte mit Pflichten als mit Fußangeln bestreut und es nicht gleichgültig findet, ob ich mich mit Fleisch oder Fisch, mit Bier oder Wein, wenn mir beides bekommt, nähre; eine Mikrologie, welche, wenn man sie in die Lehre der Tugend aufnähme, die Herrschaft derselben zur Tyrannei machen würde.«[400] In einer Fußnote der *Religionsschrift* hingegen heißt es, dass ein *adiaphoron morale* eine Handlung wäre, die gar nicht durch die Tat einer Freiheit hervorgebracht wurde und damit in gar keiner Beziehung zum sittlichen Gesetz steht: »Eine moralisch-gleichgültige Handlung (adiaphoron morale) würde eine bloß aus Naturgesetzen erfolgende Handlung sein, die also aufs sittliche Gesetz, als Gesetz der Freiheit, in gar keiner Beziehung steht: indem sie kein Factum ist und in Ansehung ihrer weder Gebot, noch Verbot, noch auch Erlaubniß (gesetzliche Befugniß) statt findet, oder nöthig ist.«[401] Im ersten Zitat will Kant offenbar sagen, dass es natürlich *adiaphora* gibt, im Sinne von gleichgültigen Dingen, die das moralische Gesetz weder verbietet noch gebietet, sondern lediglich erlaubt. Im zweiten Zitat hingegen meint Kant, dass es *adiaphora* im Sinne von moral-neutralen Handlungen beim Menschen nicht gibt, weil es »nichts Mittleres« gibt »zwischen einer bösen und guten Gesinnung«.[402] Wenn der Mensch – gemäß der Inkorporationsthese – so beschaffen ist, dass seine Freiheit der Willkür ›durch keine Triebfeder zu einer Handlung bestimmt werden kann, als nur sofern der Mensch sie in seine Maxime aufgenommen hat‹, das Gesetz aber fordert, dass er diesen Maximen die Form der Gesetzmäßigkeit verleihe, dann erfolgt jede menschliche Handlung nach einer Maxime, die einen Bezug auf das Gesetz hat. Kants These in beiden Schriften scheint zu sein, dass es in der Ethik *adiaphora* im Sinne von lediglich erlaubten, nicht aber gebotenen oder verbotenen Maximen gibt, während es jedoch keine *adiaphora* im Sinne von bloß erlaubten Maximen gibt, die in gar keiner Beziehung zum Gesetz stehen.[403]

---

[400] MS, AA 6: 409.13–19.

[401] RGV, AA 6: 23.13–17.

[402] Ebd., S. 23.11–12,10.

[403] Die Frage nach Kants Verständnis der *adiaphora* ist komplizierter, wenn man sie auch auf die Rechtslehre ausdehnt. Insbesondere findet sich in der sowohl in die Tugend- als auch in die

Es ist hier nicht der Ort, auf die zahlreichen Beispiele einzugehen, die einerseits Kant selbst für gesetzeswidrige und gesetzeskonforme Maximen anführt und die andererseits seitens der kommentierenden Literatur hinzugefügt wurden, um die Tauglichkeit des Maximenprüfungsverfahrens anhand des kategorischen Imperativs auf die Probe zu stellen. Auf einen grundlegenden Einwand wollen wir jedoch noch eingehen, der die Tauglichkeit von Kants Verfahren in Frage stellt. Es handelt sich um den Einwand, dass das Maximenprüfungsverfahren anhand des kategorischen Imperativs sogenannte »false positives« und »false negatives« generiert,[404] d. h. Maximen als mindestens erlaubt beurteilt, die es offensichtlich nicht sind, und Maximen als verboten beurteilt, die offensichtlich erlaubt sind, wenn die Maximen sehr spezifisch formuliert werden. Ein Beispiel für einen »false positive« wäre etwa: ›Alle behinderten Säuglinge zu töten ist gut, weil ich mir so die Last ihrer Betreuung erspare.‹ Wenn ich mich in Bezug auf diese Maxime frage, ob ich sie als ein allgemeines Gesetz denken und wollen kann, so scheint die Antwort positiv auszufallen, denn ich kann widerspruchsfrei jene Tötungsmaxime denken und wollen, da ich kein behinderter Säugling bin und auch mit Sicherheit nie einer sein werde. Sollte dies aber tatsächlich das Ergebnis sein, so wäre Kants Maximenprüfungsverfahren problematisch, weil es kontra-intuitive Ergebnisse produziert. Um diesem Einwand zu begegnen, könnte man nun einerseits darauf verweisen, dass die das Maximenprüfungsverfahren verwendende Person von ihrer spezifischen Situation (dass sie ein gesunder Erwachsener ist) absehen und sich als reines Vernunftwesen betrachten müsse. Der Einwand gegen diesen Lösungsvorschlag besteht jedoch in der Bemerkung, dass nicht verständlich ist, was es heißen könnte, das immer auf konkrete Maximen bezogene Verfahren, in dem ich einen Widerspruch in meinem eigenen Willen aufspüren müsste, als reines Vernunftwesen zu vollziehen. Eine alternative Strategie zur Abwehr jenes Einwands der »false positives«

Rechtslehre einführenden Einleitung in die *Metaphysik der Sitten* eine Passage über die *adiaphora*, die in diesem erweiteren Kontext Auslegung verlangt: »Eine Handlung, die weder geboten noch verboten ist, ist bloß er l au b t, weil es in Ansehung ihrer gar kein die Freiheit (Befugniß) einschränkendes Gesetz und also auch keine Pflicht giebt. Eine solche Handlung heißt sittlich-gleichgültig (indifferens, adiaphoron, res merae facultatis). Man kann fragen: ob es dergleichen gebe, und, wenn es solche giebt, ob dazu, daß es jemanden freistehe, etwas nach seinem Belieben zu thun oder zu lassen, außer dem Gebotgesetze (lex praeceptiva, lex mandati) und dem Verbotgesetze (lex prohibitiva, lex vetiti) noch ein Erlaubnißgesetz (lex permissiva) erforderlich sei. Wenn dieses ist, so würde die Befugniß nicht allemal eine gleichgültige Handlung (adiaphoron) betreffen; denn zu einer solchen, wenn man sie nach sittlichen Gesetzen betrachtet, würde kein besonderes Gesetz erfordert werden.« MS, AA 6: 223.5–17. Zum Erlaubnisgesetz in der Rechtslehre vgl. Hruschka, Joachim: »The permissive law of practical reason in Kant's *Metaphysics of Morals*«, in: *Law and Philosophy* 23 (2004) 1, S. 45–72.

404 Vgl. dazu Herman, Barbara: *The Practice of Moral Judgment*, a. a. O., Kapitel 7.

ist, darauf zu verweisen, dass für Kant *nur* Maximen geprüft werden können, Maximen aber *allgemeine* praktische Grundsätze sind, »die mehrere praktische Regeln unter sich«[405] haben, so dass sich ein Handlungsprinzip wie das obige allenfalls auf der Allgemeinheitsstufe von Regeln befände und daher wegen seiner zu starken Spezifikation gar nicht geprüft werden könne.[406] Diese Lösung scheint jedoch dem Problem lediglich auszuweichen. Einschlägiger kann dem Problem der »false positives« durch Kants Konzept der polysyllogistischen Maximenkonstellation begegnet werden. Die Maxime ›Alle behinderten Säuglinge zu töten ist gut, weil ich mir so die Last ihrer Betreuung erspare‹ ist keine isolierte Maxime, sondern steht in einer polysyllogistisch strukturierten Maximenkonstellation, deren oberste Maxime ist ›Meine Glückseligkeit ist unbedingt gut‹, worunter auch fällt ›Am Leben zu bleiben ist gut‹; die spezifische Maxime der Säuglingstötung steht insofern unter jener obersten Maxime, als ich sie durch die Vermittlung entsprechender Urteile als ein probates Mittel zur Beförderung meiner Glückseligkeit auffasse. Jene oberste Maxime der unbedingten Güte meiner Glückseligkeit lässt sich aber nicht universalisieren, weil ich in ihr, wie Kant in der Tugendlehre ausführt, will, dass die anderen meine Zwecke unterstützen, und dies lässt sich nur so universalisieren, dass ich auch dazu bereit bin, ihre Zwecke zu unterstützen – wozu die Vernichtung ihres Zwecksetzungsvermögens durch Tötung ganz sicher nicht gehört. In unserer Lebenspraxis aber sind Maximen als fungierende Prinzipien unserer Willkür immer schon im Sinne jener polysyllogistischen Maximenkonstellation präsent, auch wenn wir uns diese niemals transparent vor Augen führen: Wir wissen unmittelbar, dass das Handeln nach jener spezifischen Tötungsmaxime verboten ist, weil diese Maxime eine Spezifikation der obersten Maxime der unbedingten Güte der eigenen Glückseligkeit ist.

Auch der Einwand der »false negatives« aber scheint sich auf diese Weise beantworten zu lassen. Ein Beispiel sind die von Herman so genannten »›timing‹ or ›coordination‹ maxims«, von denen eine lauten könnte: »B knows that the best time to play tennis is Sunday morning when her neighbors are in church. At all other times the courts are crowded. B acts on a maxim of playing tennis Sundays at 10:00. If everyone acted as B does, the courts would be crowded Sunday mornings as well as all other times. What makes B's maxim rational is her knowledge

---

[405] KpV, AA 5: 19.8.

[406] O'Neill und Höffe führen diese Lösung an. Um die Allgemeinheit von Maximen zu erläutern, schreibt O'Neill, Maximen seien »underlying or fundamental intentions or principles«. O'Neill, Onora: »Consistency in action«, a.a.O., S.97. Höffe beruft sich direkt auf die kantische Definition und hebt hervor: »Schon eine Regel ist etwas Allgemeines, eine Maxime daher eine Allgemeinheit zweiter Stufe«. Höffe, Otfried: »Die Form der Maximen als Bestimmungsgrund«, a.a.O., S.70.

that others can be counted on not to act on the same maxim.«[407] Es sieht so aus, als werde diese intuitiv völlig unproblematische, erlaubte Maxime durch den kategorischen Imperativ verboten. Auch zu diesem Ergebnis kommt man aber nur, wenn man unberücksichtigt lässt, in welcher polysyllogistischen Maximen-konstellation diese spezifische Maxime steht. Die der spezifischen Tennismaxime übergeordneten Maximen könnten zum Beispiel so formuliert werden: ›Meine Glückseligkeit zu fördern ist gut, so lange dies der Achtung für das Gesetz nicht entgegensteht‹ und ›Mir die frei gewählten Gewohnheiten der anderen zunutze zu machen, um meine Glückseligkeit in den Grenzen des vom Gesetz Erlaubten zu befördern, ist gut‹. Die Tennismaxime wäre dann nur eine Spezifikation jener zuletzt genannten, durchaus universalisierbaren und vom Gesetz erlaubten Maxime. Ob ich aber dann speziell sonntags um 10 Uhr oder donnerstags um 18 Uhr Tennis spiele oder aber überhaupt nicht Tennis spiele, ist mir völlig frei-gestellt im Sinne des *adiaphoron* eines vom Gesetz Erlaubten.

Die vorangehenden Betrachtungen haben zu zeigen versucht, dass und inwie-fern das Maximenprüfungsverfahren anhand der Universalisierungsformel beziehungsweise der typisierten Naturgesetzformel plausibel angewendet wer-den kann. Von zentraler Bedeutung war dabei, dass der *Handelnde selbst* dieses Beurteilungsverfahren aus der *Perspektive der Ersten Person Singular* in Bezug auf *sein eigenes Begehrungsvermögen* vollziehen muss, mit dem Ziel, praktische Widersprüche, das heißt Selbstspaltungen in seiner Willkür auszumachen und zu vermeiden, die in einem bestimmten Sinne auch als logische Widersprüche formuliert werden können. Dabei muss der Handelnde seine Maximen stets in ihrer *polysyllogistischen Konstellation und nicht isoliert* voneinander überprüfen, was in unserer Lebenspraxis auch implizit ständig zu geschehen scheint. Schließ-lich war es von besonderer Relevanz, dass es für Kant neben verbotenen und gebotenen auch *erlaubte* Maximen gibt, die einen großen Bereich des vom Gesetz Erlaubten und damit Freigestellten ausmachen. Bereits in der *Grundlegung* aller-dings werden die Universalisierungsformel und die Naturgesetzformel durch eine im Zusammenhang einer Metaphysik der Sitten vorgetragene zweite Formel, die Mensch-Zweck-Formel ergänzt, von der Kant dort sagt, dass die in ihr themati-sierte Menschheit »die oberste einschränkende Bedingung der Freiheit der Hand-lungen eines jeden Menschen ist«.[408] Für Kant ist jene zweite Formel damit nur eine die ersten beiden Formeln in Bezug auf die Metaphysik *ergänzende* Formel, die nicht isoliert von, sondern komplementär zu jenen beiden anzuwenden ist. Was jenes Einschränkungs- und Ergänzungsverhältnis jedoch im Bereich der Metaphysik der Sitten genau bedeutet, führt Kant recht eigentlich erst in der

---

[407] Herman, Barbara: *The Practice of Moral Judgment*, a.a.O., S.138.
[408] GMS, AA 4: 430.29–431.1.

Tugendlehre aus, wenn er die zwei Zwecke der reinen praktischen Vernunft im Menschen ableitet.

2.4.3 Zwei Maximen, die zu haben für den Menschen Pflicht ist

In Kapitel 2.2.3 haben wir gesehen, dass Kant in der Anthroponomie der *Metaphysik der Sitten* aus der Anwendung des moralischen Gesetzes auf den Menschen ein oberstes Prinzip der Tugendlehre ableitet, das lautet:»handle nach einer Maxime der Zwecke, die zu haben für jedermann ein allgemeines Gesetz sein kann.«[409] Derjenige Zweck aber, den sich die reine praktische Vernunft als Zwecksetzungsvermögen in jedem Menschen notwendig setzen muss, wenn sie sich nicht selbst vernichten will, war der Mensch selbst als ein kraft seiner Menschheit Zwecke setzendes Wesen, das den Anspruch erhebt, nach selbstgesetzten Zwecken zu handeln:»den Menschen überhaupt sich zum Zwecke zu machen ist an sich selbst des Menschen Pflicht.«[410] Während die Mensch-Zweck-Formel der *Grundlegung* noch als ein Selektionsprinzip für vorgelegte Maximen formuliert ist, ist das Tugendprinzip ein Prinzip für das Haben von Maximen, wobei die oberste anthroponomisch gebotene Maxime sich den Menschen selbst zum Zweck setzt. Was aber bedeutet es für den Menschen, sich den Menschen selbst zum Zweck zu setzen? Oder, mit den Worten der *Grundlegung*, was heißt es, den Menschen als Zweck an sich selbst zu brauchen? Die Antwort auf diese Frage gibt Kant in der Einleitung zur Tugendlehre mit der Formulierung von zwei Zwecken, die zu haben für den Menschen Pflicht ist: eigene Vollkommenheit und fremde Glückseligkeit. Obgleich Kant dies nicht eigens entwickelt, scheint er zu meinen, dass diese beiden Zwecke aus dem Tugendprinzip abgeleitet werden können.[411] Wie

---

[409] MS, AA 6: 395.15–16.

[410] Ebd., S. 395.20–21.

[411] Eine andere These vertreten Gregor und Allison. Sie meinen, dass die Zwecke der reinen praktischen Vernunft aus der in der zweiten Kritik formulierten Theorie des höchsten Gutes entwickelt bzw. gar abgeleitet sind. Gregor formuliert:»Kant's argument to obligatory ends is, essentially, an elaboration of his remark, in the second *Critique*, that while the moral law is itself indifferent to ends, reverence for the law leads to the duty of promoting the *summum bonum.*« Gregor, Mary J.: *Laws of Freedom*, a.a.O., S. 85. Und bei Allison heißt es gar im Sinne einer Ableitung:»The two generic obligatory ends which Kant affirms, namely, one's own perfection and the happiness of others, are derived from the conception of the *Summum Bonum.*« Allison, Henry E.: *Idealism and Freedom*, a.a.O., S. 164. Die Theorie des höchsten Gutes wird von Kant selbst allerdings im Zusammenhang der Begründung jener zwei Zwecke überhaupt nicht herangezogen. Er schreibt ihr darüber hinaus, zumindest auf expliziter Ebene, in der Tugendlehre keinerlei tragende Funktion zu. Wir sind daher der Auffassung, dass die Theorie der Zwecke der reinen praktischen Vernunft nicht aus der Theorie des höchsten Gutes abgeleitet oder auch nur entwickelt ist, wenngleich der Inhalt des höchsten Gutes einen Bezug zu den Inhalten der Zwecke der reinen

in anderen Schriften Kants geht auch in der Einleitung zur Tugendlehre eine
Exposition einer Deduktion voran, wobei hier die Exposition die beiden Zwecke
exponiert und die Deduktion das Prinzip der Tugendlehre betrifft, in dem aber,
so unsere Hypothese, die zuvor exponierten Zwecke ihrer Rechtmäßigkeit nach
gründen. So wie Kant in der zweiten Kritik zunächst das Problem der »Exposition des obersten Grundsatzes der praktischen Vernunft« und erst dann das
Problem der »Deduction« angeht, so lässt er auch hier eine Exposition einer
Deduktion vorangehen.[412] Wie aber lässt sich diese von Kant nicht explizit im
Text durchgeführte Ableitung der beiden Zwecke aus dem Tugendprinzip systematisch rekonstruieren?

Bei jener Ableitung operiert Kant mit einigen Prämissen. Erstens setzt er
voraus, dass reine praktische Vernunft in mir fungierend tätig ist; dies war das
Ergebnis aus der Lehre vom Faktum der Vernunft. Zweitens setzt er voraus, dass
ich als Mensch wirklich den Zweck der eigenen Glückseligkeit habe, da dies zur
Beschaffenheit des Menschen als solchem gehört. Drittens macht er die Voraussetzung, dass ich als Mensch physisch und moralisch unvollkommen bin, da
ich zwar die Perfektion meines Glückseligkeitsstrebens und die Perfektion der
Moralität ständig erstrebe, aber nie vollständig erreiche. Und viertens schließlich
setzt er voraus, dass es aus meiner Sicht andere Menschen gibt, in denen ebenfalls reine praktische Vernunft fungierend tätig ist, die ebenfalls ein wirkliches
Streben nach ihrer eigenen Glückseligkeit haben und die ebenfalls in derselben
doppelten Weise unvollkommen sind wie ich selbst. Aus diesen Prämissen, die
wir als anthroponomische Prämissen bezeichnen könnten, und dem aus dem
Tugendprinzip folgenden Gebot, sich den Menschen selbst zum Zweck zu setzen,
folgen nach unserer Lesart die beiden Zwecke, die zu haben Pflicht ist.

Beide Zwecke werden zunächst in Abschnitt V erläutert und dann in Abschnitt
VIII exponiert. Der Hauptgedanke bei Kants Erläuterung der eigenen Vollkommenheit als eines Zweckes, den zu haben Pflicht ist, besteht darin, diese Pflicht
als eine Pflicht zur Vervollkommnung des eigenen Zwecksetzungsvermögens
zu verstehen. Es handelt sich um die Pflicht zur »Cultur seines Vermögens
(oder der Naturanlage), in welchem der Verstand als Vermögen der Begriffe,
mithin auch deren, die auf Pflicht gehen, das oberste ist, zugleich aber auch
seines Willens (sittlicher Denkungsart) aller Pflicht überhaupt ein Gnüge zu
thun«.[413] Dieses doppelte Gebot der Selbstvervollkommnung aber folgt direkt
aus den oben genannten anthroponomischen Prämissen und dem Tugendprinzip: Um in mir selbst die reine praktische Vernunft als Zwecksetzungsvermögen

---

praktischen Vernunft hat und zugleich über Letztere hinausgeht. Vgl. zu Letzterem Gregor, Mary
J.: *Laws of Freedom*, a. a. O., S. 93.

[412] KpV, AA 5: 46.16,20.

[413] MS, AA 6: 387.1 – 5.

zu erhalten und zu befördern, muss ich mir jene doppelte Selbstvervollkommnung zum Ziel setzen. In jener Doppelung aber wird deutlich, dass die aus dem Tugendprinzip folgende moralische Notwendigkeit, sich das Zwecksetzungsvermögen des Menschen zum Ziel zu setzen, die Vervollkommnung auch der »technisch-praktische[n] Vernunft«[414] impliziert. Weil es mir die in mir fungierende reine praktische Vernunft gebietet, sie als das Zwecksetzungsvermögen in mir zu erhalten und zu befördern, ich zugleich jedoch nicht wissen kann, welche Zwecke ich im Laufe meines Lebens setzen und verfolgen will sowie in welche Lebenslagen ich kommen werde, soll ich alle meine Vermögen möglichst weit ausbilden, um in jeder eventuell auftretenden Lebenslage fähig zu sein, die Zwecke, die ich mir einmal setzen möchte, zu verfolgen.[415] Ich soll meine sämtlichen Vermögen bestmöglich und möglichst vielseitig ausbilden, mich selbst kennenlernen, die Verhältnisse in der Welt studieren, mein Gefühl und meine Urteilskraft kultivieren, um mein Zwecksetzungsvermögen noch in der unvorhergesehensten Lebenssituation erfolgreich ausüben zu können. Tue ich dies nicht, laufe ich Gefahr, in eine Lebenslage zu geraten, die mein Zwecksetzungsvermögen schwächt oder gar vernichtet, und dies würde eine Unterminierung meiner reinen praktischen Vernunft als Zwecksetzungsvermögen bedeuten, was diese selbst in mir nicht widerspruchsfrei wollen kann. Außerdem gehört es zu meiner sittlichen Selbstkultivierung, dass ich meine eigene Glückseligkeit so weit verfolge, wie es nötig ist, um nicht in Versuchung zum moralisch Verwerflichen zu geraten; die Förderung der eigenen Glückseligkeit ist eine indirekte Pflicht als »das erlaubte Mittel«[416] zur Wegräumung der Hindernisse der Sittlichkeit des Subjekts. Die Vollkommenheit der anderen Menschen hingegen kann ich mir nicht zum Zweck machen, »[d]enn darin besteht eben die Vollkommenheit eines andern Menschen, als einer Person, daß er selbst vermögend ist sich seinen Zweck nach seinen eigenen Begriffen von Pflicht zu setzen, und es widerspricht sich, zu fordern (mir zur Pflicht zu machen), daß ich etwas thun soll, was kein anderer als er selbst tun kann«.[417] In Bezug auf die Vollkommenheit der anderen Menschen habe ich nur eine »negative Pflicht«, »nichts zu thun, was nach der Natur des Menschen Verleitung sein könnte zu dem, worüber ihn sein Gewissen nachher peinigen kann, welches man Skandal nennt«.[418] Dass im Gebot, sich die eigene Vollkommenheit in dieser umfassenden Weise zum Zweck zu setzen, aber geboten wird,

414 Ebd., S. 387.9.
415 Esser spricht in diesem Zusammenhang unter Rückgriff auf eine in heutigen bildungspolitischen Diskussionen gebräuchliche Terminologie von der »Aneignung von sogenannten ›Schlüsselkompetenzen‹«. Esser, Andrea: *Eine Ethik für Endliche*, a.a.O., S. 326.
416 MS, AA 6: 388.24.
417 Ebd., S. 386.10–14.
418 Ebd., S. 394.3,8–10.

sein Zwecksetzungsvermögen möglichst umfangreich und damit auch in Bezug auf das eigene Streben nach Glückseligkeit auszubilden, zeigt deutlich, dass das moralische Ideal für Kant letztlich nicht in einer Bekämpfung, sondern in einer *Integration* des eigenen Glückseligkeitsstrebens in die Moralität liegt.[419]

Der Zweck der fremden Glückseligkeit, den zu haben Pflicht ist, besteht nach Kants Erläuterung in der Pflicht, auf »die Glückseligkeit a n d e r e r Menschen« so hinzuwirken, dass ich mir »d e r e n (erlaubten) Z w e c k [...] auch zu dem m e i n i g e n mache«.[420] Die fremde Glückseligkeit zu befördern heißt demnach nicht, den anderen mit Geschenken zu überhäufen und ihn als ein Wesen zu betrachten, dessen Zustand durch milde Gaben möglichst angenehm zu gestalten ist. Vielmehr setze ich mir des anderen Glückseligkeit nur dann wirklich zum Zweck, wenn ich seine moralisch erlaubten, wahrhaften Zwecke kenne und diese so zu meinen Zwecken mache, dass sein Zwecksetzungsvermögen – und damit in letzter Instanz seine Autonomie – gestärkt wird.[421] Was ich also befördern soll, ist nicht die Annehmlichkeit des Zustandes, sondern das Zwecksetzungs-vermögen des anderen Menschen. Damit ist aber auch schon deutlich, inwiefern die Pflicht, sich fremde Glückseligkeit zum Zweck zu setzen, aus den anthropo-nomischen Prämissen und dem Tugendprinzip folgt: Die Pflicht zur Stärkung des Zwecksetzungsvermögens des Menschen kann in Bezug auf die anderen Menschen nur eine Pflicht zur Förderung ihres auf Glückseligkeit ausgerichte-ten Zwecksetzungsvermögens sein. Die Pflicht, sich fremde Glückseligkeit zum Zweck zu setzen, folgt jedoch, wie wir oben schon gezeigt haben, auch bereits aus

---

[419] Daher sind die Versuche, neo-aristotelische oder in einem weiteren Sinne teleologische Ansätze in der Ethik in einen neo-kantianischen Ansatz zu integrieren, Kants eigenem Ansatz gar nicht fremd. Vgl. zu derartigen Versuchen Korsgaard, Christine M.: *The Sources of Normativity*, a. a. O., Kapitel 2 und 3, sowie neuerdings die ethik-typologische Studie von Bambauer, Chris-toph: *Deontologie und Teleologie in der kantischen Ethik.* Freiburg/München: Alber 2011, aber auch den von Kant ausgehenden, integrativen Ansatz zur Ethik bei Düsing, etwa in Düsing, Klaus: »Kants Ethik in der Philosophie der Gegenwart«, in: Heidemann, Dietmar H./Engelhard, Kristina (Hg.): *Warum Kant heute? Systematische Bedeutung und Rezeption seiner Philosophie in der Gegenwart.* Berlin/New York: de Gruyter 2004, S. 231–263, sowie umfassend in der Monographie *Fundamente der Ethik. Unzeitgemäße typologische und subjektivitätstheoretische Untersuchungen.* Stuttgart-Bad Cannstatt: frommann-holzboog 2005 (= problemata. Bd. 152).

[420] MS, AA 6: 388.6–7,7–8.

[421] Es ist eine weitere Frage, *wie* ich diese Forderung tatsächlich zu realisieren vermag. Mit dieser Frage habe ich mich aus einer phänomenologischen Perspektive befasst in: »Kann ich die Zwecke des Anderen zu meinen Zwecken machen? – Phänomenologische Überlegungen zu einer Kantischen Forderung«, in: Breyer, Thiemo (Hg.): *Grenzen der Empathie. Philosophische, psycho-logische und anthropologische Perspektiven.* München: Fink 2013 (= Übergänge. Bd. 63), S. 333–350. Esser spricht davon, »daß man einem anderen auch als kritischer Ratgeber und Beobachter seines Handelns zur Verfügung stehen sollte«. Esser, Andrea: *Eine Ethik für Endliche*, a. a. O., S. 343 f.

der Anwendung des kategorischen Imperativs auf den Menschen als eines nach
Glückseligkeit strebenden Wesens, denn meine Maxime der Verfolgung eigener
Glückseligkeit, zu der der Wunsch nach Hilfe anderer im Notfalle gehört, quali-
fiziert sich nur so als allgemeines Gesetz, dass ich mir auch die Glückseligkeit der
anderen zum Zweck setze.[422]

Beide Zwecke, die zu haben Pflicht ist, eigene Vollkommenheit und fremde
Glückseligkeit, sind Kant zufolge *weite* Pflichten, und als weite Pflichten werden diese beiden sogenannten Tugendpflichten im Abschnitt VIII der Einleitung
exponiert. Es handelt sich bei ihnen insofern um weite Pflichten, als sie einen –
immensen – *Spielraum* dafür lassen, in welcher Art man sie verfolgt und wie
weit man bei ihrer Verfolgung geht. In Bezug auf die eigene Vollkommenheit
»schreibt kein Vernunftprinzip bestimmt vor«, »[w]ie weit man in Bearbeitung
(Erweiterung oder Berichtigung seines Verstandesvermögens, d. i. in Kenntnissen
oder in Kunstfähigkeit) gehen solle«, »auch macht die Verschiedenheit der Lagen,
worin Menschen kommen können, die Wahl der Art der Beschäftigung, dazu er
sein Talent anbauen soll, sehr willkürlich«.[423] Und in Hinsicht auf die fremde
Glückseligkeit ist es »unmöglich bestimmte Grenzen anzugeben: wie weit das
gehen könne. Es kommt sehr darauf an, was für jeden nach seiner Empfindungs-
art wahres Bedürfniß sein werde, welches zu bestimmen jedem selbst überlassen
bleiben muß.«[424] Dass diese weiten Pflichten einen Spielraum geben, bedeutet
also keineswegs, dass sie Ausnahmen erlauben (das tun sie nicht), sondern dass
Art und Ausmaß ihrer Erfüllung notwendig unbestimmt bleibt.

Diese Unbestimmtheit gründet in erster Linie darin, dass die Ethik laut Kant
nur Gesetze für Maximen, nicht aber für Handlungen gibt.[425] Damit aber wird im
Rahmen der Ethik keine einzige Handlung verboten oder geboten, weil sich die
Gesetze der Ethik gar nicht auf Handlungen beziehen. Im Rahmen von Kants
Ethik ist es von vornherein unmöglich, so etwas zu behaupten wie ›Selbstmord ist
verboten‹, da der Selbstmord eine Handlung ist und nur bestimmte Maximen des
Selbstmords verboten sein können.[426] Welche konkreten Handlungen ich gemäß
einer moralisch erlaubten oder gebotenen Maxime vollziehe, lässt die Ethik offen.

---

[422] Vgl. MS, AA 6: 393.

[423] Ebd., S. 392.11–12,13–15.

[424] Ebd., S. 393.26–29.

[425] Die Überschrift des Abschnitts VI der Einleitung in die Tugendlehre formuliert diese
These: »Die Ethik giebt nicht Gesetze für die Handlungen (denn das tut das Ius), sondern nur für
die Maximen der Handlungen«. Ebd., S. 388.32–33.

[426] Das erste der vier Beispiele aus dem zweiten Abschnitt der *Grundlegung* ist ein Beispiel
für eine verbotene Maxime des Selbstmordes. Im Rahmen der Kasuistik des Hauptteils der
Tugendlehre aber erwägt Kant Maximen der Selbsttötung, die erlaubt sein könnten, wie ein
Selbstmord, um das Vaterland zu retten, um einem ungerechten Todesurteil oder dem Ausbruch
der Tollwut im eigenen Körper zuvorzukommen. Vgl. Ebd., S. 423 f.

Aber nicht nur in Bezug auf die Wahl der Handlungen, sondern auch noch in Bezug auf die Wahl der konkreten Maximen gibt es einen immensen Spielraum, denn die beiden aus dem Tugendprinzip abgeleiteten Grundtugendpflichten können mittels einer Vielzahl ganz unterschiedlicher konkreter Maximen verfolgt werden, deren spezifische Ausgestaltung von den Lebensumständen abhängt, in denen sich jemand befindet. In Bezug auf die Frage nach dem Verhältnis der beiden Grundtugendpflichten zu den unter ihnen formulierbaren konkreten Maximen ist allerdings noch auf eine weitere Funktion der Exposition jener beiden Grundtugendpflichten einzugehen, die Kant im Sinn zu haben scheint.

In der Ästhetik der ersten Kritik spricht Kant von einer »t r a n s c e n d e n - t a l e n   E r ö r t e r u n g« der Begriffe des Raumes und der Zeit und definiert jene transzendentale Erörterung als »die Erklärung eines Begriffs als eines Princips, woraus die Möglichkeit anderer synthetischer Erkenntnisse a priori eingesehen werden kann«.[427] ›Erörterung‹ und ›Exposition‹ aber sind Synonyme, auch für Kant. Es scheint nun so zu sein, dass Kant meint, so wie Raum und Zeit Grundprinzipien sind, aus denen die Möglichkeit weiterer synthetischer Erkenntnisse *a priori* eingesehen werden kann, sind die beiden Grundtugendpflichten eigene Vollkommenheit und fremde Glückseligkeit anthroponomische Grundprinzipien, aus denen weitere anthroponomische Pflichten, und zwar die einzelnen im Hauptteil der Tugendlehre formulierten Pflichten, abgeleitet werden können. In der Einleitung spricht Kant immer wieder so, als gebe es mehr als zwei Tugendpflichten,[428] ohne dass er auf das Verhältnis jener zwei Tugendpflichten, die wir hier zur Unterscheidung Grundtugendpflichten genannt haben, zu den speziellen Tugendpflichten eingeht. Er scheint dieses Verhältnis jedoch als eines der anthroponomischen Ableitung der Tugendpflichten des Hauptteiles aus den Grundtugendpflichten der Einleitung zu verstehen.

Für den heutigen Leser muten nun aber zumindest einige der von Kant im Hauptteil angeführten Tugendpflichten überholt an, ein Umstand, der nicht zuletzt mit dafür verantwortlich sein dürfte, dass Kants Tugendlehre bis vor wenigen Jahren fast vollständig unerörtert blieb. Ziehen wir als Beispiel eine der heute besonders anachronistisch wirkenden Tugendpflichten heran: das Verbot der »wohllüstigen Selbstschändung«. Kant ist der Auffassung, dass eine Maxime wollüstiger Selbstschändung deshalb nicht erlaubt sein kann, weil durch sie das

---

[427] KrV, AA 3: 54.3,3–5 (B 41).

[428] Er sagt, es gebe »*mehrere*« Tugendpflichten und daher »auch *verschiedene* Tugenden«, womit mehr als zwei gemeint sein dürften. MS, AA 6: 383.15,15, Kursivierungen I.R. An einer anderen Stelle formuliert er, das moralische Gefühl sei »eine sittliche Vollkommenheit [...], *jeden besonderen* Zweck, der zugleich Pflicht ist, sich zum Gegenstande zu machen«, womit offenbar ebenfalls auf vielzählige, konkrete Zwecke dieser Art verwiesen wird. MS, AA 6: 387.21–23, Kursivierung I.R.

Zwecksetzungsvermögen im Menschen vernichtet wird, indem dieser »seine Persönlichkeit dadurch (wegwerfend) aufgibt, indem er sich blos zum Mittel der
Befriedigung thierischer Triebe braucht« und sich dadurch »zum ekelhaften
Gegenstande [...] macht«.[429] Abgesehen davon, dass Kant zu Beginn jenes Paragraphen naturteleologisch zu argumentieren scheint und vor der Anführung des
eigentlichen Arguments seine Skandalisierung durch den bloßen Gedanken jenes
von ihm tabuisierten Lasters, bei dem »selbst die Nennung eines solchen Lasters
bei seinem eigene Namen für unsittlich gehalten wird«,[430] kundtut, erscheint
uns Kants Argumentation auf der Basis seiner *eigenen* systematischen Prämissen des Gebotes der Erhaltung und Förderung des Zwecksetzungsvermögens
keineswegs zwingend. Aus Letzterem könnte, wie zum Beispiel Esser meint, »die
Forderung einer Kultivierung des eigenen Sexuallebens abgeleitet werden, d. h.
die Verwandlung des auf die Reproduktion der Gattung reduzierten Sexualver-
haltens in Erotik, die ihm erst eine personale Qualität zu gibt.«[431] Dies ist ein
besonders deutliches Beispiel dafür, dass und wie die in ihrer Einleitung vorgetragene Grundkonzeption der Tugendlehre durchaus zu anderen konkreten Tugendpflichten zu führen vermag, als Kant selbst in ihrem Hauptteil entwickelt. Dass
uns konkrete Pflichten, die er behauptet, zeitgebunden und für uns irrelevant
erscheinen, zwingt daher nicht schon zu dem Schluss, dass seine Tugendlehre für
eine heutige Ethik systematisch nicht fruchtbar gemacht werden kann. Vielmehr
erscheint es vielversprechend, danach zu fragen, was unter heutigen empirischen
Bedingungen wahrhaft als Förderung und was als Behinderung des Zwecksetz-
zungsvermögens des Menschen gelten kann.

Die Tugendlehre stellt jedoch in Hinblick auf jenen behaupteten Spielraum
in Bezug auf Handlungen und konkrete Maximen auch noch vor eine textliche
Schwierigkeit: In der Einleitung scheint Kant zu behaupten, in der Ethik gebe
es nur weite Pflichten, während er im ersten Buch des ersten Teils der Elemen-
tarlehre ausführlich von »den vollkommenen Pflichten gegen sich selbst« handelt.[432] Da das Begriffspaar ›weite – enge Pflicht‹ aber eigentlich dem Begriffspaar
›unvollkommene – vollkommene Pflicht‹ entspricht, scheint sich hier ein Widerspruch zwischen Einleitung und Hauptteil aufzutun, da die Einleitung sämtliche

429 Ebd., S. 425.24–26, 35–36.

430 Ebd., S. 425.10–11.

431 Esser, Andrea: *Eine Ethik für Endliche*, a. a. O., S. 358.

432 Bei Esser heißt es, Kants Ausführungen zur Unterteilung der Tugendlehre in vollkommene
und unvollkommene und in enge und weite Pflichten sei »ausgesprochen verwirrend« und
zumindest auf den ersten Blick nicht ohne Weiteres kohärent. Ebd., S. 345. Gregor weist darauf
hin, dass man von Kant angesichts der die Tugendpflichten als weite Pflichten bestimmenden
Einleitung eine Erklärung dafür verlangt, weshalb ein großer Teil der Tugendlehre von vollkommenen Pflichten gegen sich selbst handelt, Kant eine derartige Erklärung jedoch nirgends liefert.
Vgl. Gregor, Mary J.: *Laws of Freedom*, a. a. O., S. 113 (zitiert auch bei Esser, S. 345).

ethischen Pflichten zu weiten Pflichten erklärt, während der Hauptteil doch eine ganze Reihe von vollkommenen ethischen Pflichten anführt. Diese Unterteilung enthält jedoch dann keinen Widerspruch, wenn man sie so versteht, dass Kant in der Einleitung einen Unterschied *zwischen* ethischen Pflichten und Rechtspflichten einführt, während er im Hauptteil eine Unterdifferenzierung *innerhalb* der Klasse der ethischen Pflichten vornimmt.[433] Sämtliche ethischen Pflichten sind weite Pflichten, weil sie sich nur auf Maximen, nicht aber – wie die Rechtspflichten – auf Handlungen beziehen;[434] unter diesen weiten ethischen Pflichten gibt es aber weite unvollkommene und weite vollkommene Pflichten. Das Unterscheidungsmerkmal dieser beiden spezifisch ethischen Pflichttypen scheint eines zu sein, das auf der Ebene der Tugendlehre den Unterschied zwischen dem Widerspruch auch im Denken und dem Widerspruch bloß im Wollen aufnimmt: Vollkommen sind unter den ethischen Pflichten jene, bei denen die Zuwiderhandlung das Zwecksetzungsvermögen sowie damit die reine praktische Vernunft und die Freiheit des Menschen überhaupt aufheben würde; die unvollkommenen ethischen Pflichten hingegen sind jene, bei deren Zuwiderhandlung das menschliche Zwecksetzungsvermögen zwar nicht aufgehoben, wohl aber geschwächt bzw. nicht befördert wird.[435] Die Annahme der Maxime willkürlicher Selbstentleibung etwa würde bedeuten, dass sich mein Zwecksetzungsvermögen den Zweck seiner eigenen Vernichtung setzt, weil es ohne Leib nicht fungieren kann. Die Annahme der Maxime der Faulheit hingegen hätte nicht die Vernichtung, sondern lediglich die Schwächung und Nichtausbildung meines Zwecksetzungsvermögens zur Folge. Auch in Bezug auf die Befolgung der weiten vollkommenen Pflichten aber gibt es Kant zufolge, wie bei allen ethischen Pflichten, einen Spielraum und eine Kasuistik, denn zwar ist beispielsweise die Annahme jener Maxime der Selbsterhaltung aus den angegebenen Gründen geboten, aber durch welche konkreten Maximen und Handlungen ich dieses Ziel verfolge, bleibt mir freigestellt; es bleibt kasuistisch sogar offen, ob die Maxime der Selbsterhaltung als Maxime der Erhaltung des eigenen Zwecksetzungsvermögens manchmal nicht eine Selbstentleibung oder Selbsttötung zumindest erlaubt,

---

433 Ludwig zeigt mithilfe eines Schemas, inwiefern »die Einleitung die Unterscheidung von ›vollkommenen‹/›unvollkommenen‹ Pflichten außerhalb der Ethik ansetzt«, nämlich dem Unterschied zwischen Recht und Ethik entsprechend fasst, während »sie im Haupttext selbst (auch) interner Gliederungsgesichtspunkt« der Ethik sei. Ludwig, Bernd: »Einleitung«, a.a.O., S.XXII.

434 Ludwig meint, die vollkommenen ethischen Pflichten gegen sich selbst unterschieden sich darin von Rechtspflichten, dass sie zwar Handlungsverbote seien, im Unterschied zu Letzteren jedoch nicht die Freiheit anderer beträfen. Vgl. ebd., S.XXI, Fußnote 12. Das scheint uns nicht das Unterscheidungsmerkmal zu sein, da für Kant ethische Pflichten *per definitionem* nicht auf Handlungen, sondern auf Maximen bezogen sind.

435 Unsere Interpretation hält sich eng an diejenige von Esser. Vgl. Esser, Andrea: *Eine Ethik für Endliche*, a.a.O., S.344–370.

wenn ich mit dieser einer heteronom erwirkten Einschränkung oder Vernichtung meines Zwecksetzungsvermögens zuvorzukommen versuche.

Diese Ausführungen Kants aus der Tugendlehre aber klären, inwiefern und in welchem Sinne der Gedanke des Menschen als eines Zweckes an sich selbst in der *Grundlegung* die zweite Formel des kategorischen Imperativs und in der Tugendlehre das Tugendprinzip als ein die Universalisierungs- bzw. Naturgesetz- formel *ergänzendes* Prinzip hervorbringt, das in Bezug auf die Anwendung jener ersten Formeln *einschränkend* wirkt: Die beiden anthroponomischen Grund- tugendpflichten, die aus der Anwendung des kategorischen Imperativs auf den Menschen und dann aus dem Tugendprinzip abgeleitet wurden, gebieten mir als Menschen unter anderen Menschen von vornherein, meine Maximenwahl ent- sprechend dieser beiden Grundprinzipien einzugrenzen. Während es beim kate- gorischen Imperativ als einem bloßen Selektionsprinzip für Maximen zunächst völlig freigestellt ist, welche Maximen dem Gesetz zur Prüfung vorgelegt werden, grenzt das Tugendprinzip und grenzen die beiden anthroponomischen Grund- prinzipien den Spielraum der in Frage kommenden Maximen von vornherein ein, das allerdings nur in jenem angezeigten, äußerst weiten Sinne. Nicht mehr beliebige Maximen, die in Bezug auf das Maximenprüfungsverfahren der Uni- versalisierungs- und Naturgesetzformel erlaubt sind, sind auch in Bezug auf die anthroponomischen Grundprinzipien erlaubt, da diese den Spielraum des Erlaubten durch das positive Gebot des Habens bestimmter Maximentypen limi- tieren. Wie schon die *Grundlegung* hervorhebt, ist die Universalisierungsformel die Hauptformel, anhand derer die Maximen auf ihre Verbotenheit, Gebotenheit und Erlaubtheit zu testen sind; sie hat das unaufhebbare Primat und kann weder durch die Mensch-Zweck-Formel noch das Tugendprinzip ersetzt werden. Aber die Mensch-Zweck-Formel und das Tugendprinzip mit den beiden aus ihm fol- genden Grundtugendpflichten sind anthroponomische Zusatzprinzipien, die für den Menschen unter Menschen gelten und vom Menschen bei seiner Maximen- wahl ergänzend heranzuziehen sind. Weder die Mensch-Zweck-Formel noch das Tugendprinzip aber können isoliert von der die Gesetzmäßigkeit der Maxime fordernden Formel angewendet werden.

Das moralische Gesetz gebietet mir also über das Tugendprinzip und die bei- den Grundtugendpflichten, mir den Menschen, wo er mir nur begegnet, in sei- nem Zwecksetzungsvermögen zum Zwecke zu setzen. In letzter Instanz gebietet es mir damit, mein Handeln auf das Ideal eines Reichs der Zwecke hin auszurich- ten, das als »Beziehungspunkt der Vereinigung aller Zwecke«[436] der Menschen gedacht wird. Die anthropologisch grundgelegte *Religionsschrift* formuliert den durch das moralische Gesetz eingeführten synthetischen Satz *a priori*: »mache

---

436 RGV, AA 6:5.24–25.

das höchste in der Welt mögliche Gut zu deinem Endzweck!«[437] Dieses Gebot aber hat der Mensch so zu erfüllen, dass er seine konkrete Maximenwahl der Universalisierungsprüfung unterzieht und sie zugleich durch die anthroponomischen Grundprinzipien einschränkt; wenn er dies tut, verfolgt er das Ziel, das höchste in der Welt mögliche Gut zu erreichen. Dass die Vereinigung von moralischer Vollkommenheit und dieser Glückswürdigkeit entsprechender Glückseligkeit der Menschen durch menschliche Kräfte allein nicht realisiert werden kann, führt auf die der Moralphilosophie anhängende religionsphilosophische Idee eines gerechten und allmächtigen Schöpfers. In meinem konkreten Handeln in der Welt habe ich mich jedoch an dem Ideal einer vollständigen Koordination und Vervollkommnung des Zwecksetzungsvermögens aller Menschen zu orientieren und meine gesetzestauglichen Handlungsmaximen entsprechend zu wählen. Alles hängt hier von mir und meiner Perspektive ab: Ich muss meine Willkür zu einer mit sich selbst übereinstimmenden Willkür machen, ich muss beurteilen, wie ich mein Zwecksetzungsvermögen und das meiner Mitmenschen am besten fördern kann, und ich muss mir stets aufs Neue die Frage stellen, wie ich dazu beizutragen vermag, die Verhältnisse in der Welt dem Ideal des Reichs der Zwecke näherzubringen.

Dass aber in der ethisch idealen Beziehung zwischen den Menschen nicht nur ein Abstand zwischen mir und dem anderen Menschen bleibt, sondern auch ethisch notwendig ist, wird in Kants Auszeichnung und Bestimmung der Freundschaft deutlich. Als ethisches Ideal einer zwischenmenschlichen Beziehung, das aber doch wie ein schwarzer Schwan hin und wieder einmal in der Welt vorkommt, ist die Freundschaft für Kant »die Vereinigung zweier Personen durch gleiche wechselseitige Liebe und Achtung«.[438] Das fragile Gleichgewicht zwischen Liebe und Achtung bindet mich an den anderen Menschen und erhält zugleich den für die Wahrung der Selbständigkeit eines jeden notwendigen Abstand. Das ethische Ideal eines Reichs der Zwecke ist damit nicht das einer Verschmelzung, wie sie etwa Hegel in seinen Jugendschriften denkt,[439] sondern

---

[437] Ebd., S. 7.31–32.

[438] Ebd., S. 469.17–18.

[439] Diesen Unterschied zwischen Kant und Hegel stellt Löwith am Ende seiner Habilitationsschrift pointiert heraus: »Der formale Ausdruck des radikalen Unterschieds von Hegels Metaphysik der Liebe und Kants Moral der Achtung ist also, dass Hegel die ›Realität des Unterschieds‹ von Ich und Du, des einen und andern, im wahren Sein der Liebe als einer völligen Vereinigung oder E i n h e i t für aufgehoben erklärt, während Kant die Wahrheit der menschlichen Verhältnisse gerade dadurch gesichert sieht, dass die gegenseitige Achtung als ein Prinzip der U n t e r s c h e i d u n g die Vereinigungstendenz der Wechselliebe positiv einschränkt.« Löwith, Karl: *Das Individuum in der Rolle des Mitmenschen. Ein Beitrag zur anthropologischen Grundlegung der ethischen Probleme*, hg. und mit einer Einführung versehen von Giovanni Tidona. Freiburg/München: Alber 2013 (= dialogik. Bd. 6), S. 257.

es ist ein Miteinander der teilnehmenden Empfindung[440] und des tätigen Wohlwollens, das zugleich stets in einem respektvollen Abstand dem anderen Menschen seine Andersheit und seine ihm eigene Autonomie belässt.

Kein göttliches Gesetz, keine Natur, keine Werttafel und auch kein politischer
Diskurs zeigt mir nach Kants Ethik, was ich tun soll, sondern dies muss ich selbst
ganz persönlich in meiner täglichen Begegnung mit einer Vielzahl von häufig
undurchsichtigen Situationen und mir unzureichend bekannten Menschen immer
wieder neu erwägen und entscheiden. Die Ethik ist für Kant – im Unterschied zu
dem auf Handlungen und den allgemeinen Willen bezogenen Recht – eine persönliche, sozusagen ›jemeinige‹ Angelegenheit. Als eine solche ist sie jedoch in
mehrfacher Hinsicht zugleich eine *unendliche Aufgabe*. Erstens bleibt das *System
der konkreten Tugendpflichten* aus systematischen Gründen *unabschließbar*.[441]
Weil *a priori* weder bestimmt werden kann, welchen lebensweltlichen Situationen
ein Mensch ausgesetzt sein wird, noch mit welchen konkreten Glückseligkeits-
bestrebungen er in sich selbst und anderen Menschen konfrontiert sein wird, ist
es im Rahmen von Kants Systematik prinzipiell unmöglich, philosophisch einen
ein für alle Mal feststehenden Tugendkatalog vorzulegen. Zweitens aber sind ethische Pflichten als *per definitionem* weite, auf Maximen bezogene Pflichten niemals, auch nicht mit einer moralisch noch so hochzuschätzenden Handlung ein
für alle Mal erfüllt. Der Spielraum, den sie gewähren, bedeutet nicht nur, dass
ethische Pflichten keine konkreten Handlungen vorschreiben, sondern auch, dass
sie durch keine einzelne konkrete Handlung abschließend erfüllt werden können. In Bezug auf die Grundpflicht, fremde Glückseligkeit zu befördern, ist mir
eine prinzipielle Offenheit für die Bedürfnisse und Zwecksetzungen der anderen
Menschen sowie eine Bereitschaft, ihnen zu helfen, geboten;[442] konkret kann von
mir jeweils nicht mehr verlangt werden, als in meiner Macht steht, aber nichtsdestotrotz geht die Maxime der Wohltätigkeit mit einem ständigen Bewusstsein
einher, mit der mir auferlegten Aufgabe noch nicht fertig zu sein. Wir können
hier durchaus, mit Vorblick auf Levinas, von einer *ethischen Unruhe* sprechen,
die auf eine *Unendlichkeit der ethischen Verbundenheit* hindeutet. Weil schon für
Kant mit keiner bestimmten Handlung meine Pflicht zur Beförderung fremder
Glückseligkeit endgültig erfüllt ist, ist diese Pflicht gleichsam *endlos*.[443] Weil die
ethischen Pflichten als weite Pflichten in dieser Weise endlos sind, gibt es für

---

440 Vgl. MS, AA 6: 456.
441 Esser hebt diesen wichtigen Umstand hervor, dass aus systematischen Gründen »Tugendpflichten nicht abschließend bestimmt werden [können] und kein abgeschlossenes vollständiges
System präsentiert werden« kann, weil stets »auf die empirische Faktizität Rücksicht genommen
werden muß«. Esser, Andrea: *Eine Ethik für Endliche*, a.a.O., S. 389.
442 Diese Auslegung findet sich bei Allison, Henry E.: *Idealism and Freedom*, a.a.O., S. 165.
443 Diese Endlosigkeit heben sowohl Baron als auch Allison hervor. Vgl. Baron, Marcia: »Kan-

Kant auch keine, heute in Anknüpfung an die theologische Tradition sogenannten supererogatorischen Handlungen, also Handlungen, die in einem positiven Sinne mehr tun, als die Pflicht verlangt, denn jedes Mehr an Wohltun verbleibt noch innerhalb des Spielraums der weiten Pflicht.[444]

Allerdings gibt es für Kant durchaus ethisch notwendige *Hierarchien zwischen den spezifischen Maximen*, die sich beispielsweise im Rahmen der Grundtugendpflicht zur Beförderung fremder Glückseligkeit ergeben. Ausdrücklich spricht er von »der Einschränkung einer Pflichtmaxime durch die andere (z. B. die allgemeine Nächstenliebe durch die Elternliebe)«.[445] Als Menschen haben wir allen anderen Menschen gegenüber die Pflicht zur Wohltätigkeit, zur praktischen Liebe; aber unseren Eltern schulden wir eine solche in einem höheren Maße als den uns fremden Menschen. Der Grund dafür ist, dass wir ihnen gegenüber eine »Pflicht der Dankbarkeit« haben, eine Dankbarkeit, die Kant definiert als »die Verehrung einer Person wegen einer uns erwiesenen Wohlthat«.[446] Je mehr Gutes uns ein Mensch getan hat und je uneigennütziger dies geschehen ist, desto mehr Dankbarkeit schulden wir ihm – auch wenn es sich um einen längst verstorbenen Vorfahren, etwa einen alten Philosophen, handelt.

Die prinzipielle systematische Unabgeschlossenheit der philosophischen Ethik einerseits und die Unendlichkeit der ethischen Pflichten als weiter Pflichten, die zudem mannigfache komplexe Hierarchien erfordern, andererseits stellen jeden Einzelnen in seinem jemeinigen Leben immer wieder vor große Herausforderungen und machen es stets auf ein Neues notwendig, mit Bedacht kasuistische Fragen zu erörtern. Die zwei Zwecke, die zu haben für den Menschen Pflicht ist, sind so weit gefasst, dass sie einen prinzipiell endlosen Bereich konkreter gesetzesförmiger, d. i. erlaubter und gebotener Maximen zulassen, denen nichtsdestotrotz in der angezeigten Weise die formale Struktur reiner praktischer Vernunft vorgeschrieben ist.

tian ethics and supererogation«, in: *The Journal of Philosophy* 84 (1987), S. 237–262, hier S. 250; Allison, Henry E.: *Idealism and Freedom*, a. a. O., S. 165 f.

[444] Dass es in Kants Ethik keine supererogatorischen Handlungen gibt und die Klasse der vermeintlich supererogatorischen Handlungen mit Kant überzeugend unter die unvollkommenen Pflichten subsumiert werden kann, hat Marcia Baron in kritischer Auseinandersetzung mit der abweichenden Interpretation von Thomas Hill herausgearbeitet. Vgl. Baron, Marcia: »Kantian ethics and supererogation«, a. a. O.; Hill, Thomas: »Kant on imperfect duty and supererogation«, in: *Kant-Studien* 62 (1971), S. 55–76.

[445] MS, AA 6: 390.11–12.

[446] Ebd., S. 454.31–32.

2.5 *Gesetz und Gefühl*

2.5.1 Achtung für das Gesetz

Kants These, die »Achtung fürs moralische Gesetz ist also die einzige und zugleich unbezweifelte moralische Triebfeder«,[447] ist das Ergebnis einer langen Auseinandersetzung mit der Frage nach dem Ort des Gefühls im Rahmen einer Grundlegung der Ethik. Wir können hier nicht im Detail auf die Entwicklungsgeschichte der kantischen Ethik eingehen, wollen aber zunächst zwei Etappen der vorkritischen Ethik herausgreifen, um das Eigentümliche der kritischen Position klarer herausstellen zu können. Es handelt sich um die Jahre 1764 und 1781. Aus dem Jahr 1764 stammen die Preisschrift »Untersuchung über die Deutlichkeit der Grundsätze der natürlichen Theologie und der Moral« und die Schrift »Beobachtungen über das Gefühl des Schönen und Erhabenen«. In diesen beiden Schriften kommt das Gefühl als ein, beziehungsweise sogar das Beurteilungsprinzip der Moral in den Blick. In der Preisschrift von 1764 meint Kant, es müsse »noch allererst ausgemacht werden [...], ob lediglich das Erkenntnißvermögen oder das Gefühl (der erste innere Grund des Begehrungsvermögens) die erste Grundsätze« der praktischen Weltweisheit enthielten.[448] Aufgrund dieser Unentschiedenheit tendiert er in dieser Schrift vorerst zu einer Begründung der Moral durch *zwei* oberste Beurteilungsprinzipientypen: Der, von Wolff übernommene, *formale* Grundsatz »Thue das Vollkommenste, was durch dich möglich ist«, sei aufgrund seiner bloßen Formalität zu ergänzen durch *materiale*, dem Gefühl entsprungene Grundsätze, von denen es so viele gibt, wie im Menschen »viele einfache Empfindungen des Guten anzutreffen sind«.[449] In den »Beobachtungen...« scheint Kant zunächst dem Gefühl den Vorzug zu geben und dieses zudem zu einem einzigen Gefühl zusammenzufassen, wenn er dort schreibt: »Demnach kann wahre Tugend nur auf Grundsätze gepropft werden [...]. Diese Grundsätze sind nicht speculativische Regeln, sondern das Bewußtsein eines Gefühls, das in jedem menschlichen Busen lebt und sich viel weiter als auf die besondere Gründe des Mitleidens und der Gefälligkeit erstreckt. Ich glaube, ich fasse alles zusammen, wenn ich sage: es sei das **Gefühl von der Schönheit und der Würde der menschlichen Natur**.«[450] Was diesen beiden Schriften von 1764 gemeinsam ist, ist der Umstand, dass Kant in ihnen unter »Gefühl« offenbar das versteht, was die britischen Empiristen den »*moral sense*« nennen. Es handelt sich dabei um

---

[447] KpV, AA 5: 78.20–21.

[448] Kant, Immanuel: »Untersuchung über die Deutlichkeit der Grundsätze der natürlichen Theologie und der Moral«, UD, AA 2: 300.31–33.

[449] Ebd., S.299.10,33.

[450] GSE, AA 2: 217.11–17.

einen *Sinn* als Erkenntnisorgan. Weil das Gefühl von Kant hier als moralischer Sinn und damit als eigentümliches, moralisches Erkenntnisorgan aufgefasst wird, vermag es als Beurteilungsprinzip des Moralischen zu fungieren.

Von einer derartigen Gefühlsmoral nimmt Kant zugunsten einer Verstandes- oder Vernunftmoral vielleicht schon Mitte der 1760er Jahre, sicher jedoch 1770 in seiner Dissertation Abstand.[451] Als Beurteilungsprinzip der Moral kommt das Gefühl ab diesem Zeitpunkt für Kant nicht mehr in Frage. Nichtsdestotrotz bleibt ein das Gefühl betreffendes Problem für ihn virulent, das noch Hume als Kritik an einer rationalistischen Begründung der Ethik formuliert hatte. Es handelt sich um das Problem eines Exekutionsprinzips der Moral, das eine rein rationalistische Ethik nicht lösen könne. Der empiristische Einwand gegen die Rationalisten geht auf eine lange Tradition zurück. In Abgrenzung zu Sokrates' Rationalismus in der Moral heißt es bereits bei Aristoteles in der *Nikomachischen Ethik*, dass Vernunft allein nicht bewegen könne; Augustinus stellt im achten Buch der *Bekenntnisse* auf plastische Weise dar, dass die Einsicht längst noch nicht genügt, um den Willen zu bewegen; und Hume formuliert in Hinblick auf Schlüsse des Verstandes die skeptische These: »But where the truths which they discover are indifferent, and beget no desire or aversion, they can have no influence on conduct and behaviour.«[452] In seiner in den 1770er Jahren gehaltenen Vorlesung über Moralphilosophie verwendet Kant zur Unterscheidung der Fragen nach dem Prinzip der Beurteilung der Moral einerseits und dem Prinzip der Ausführung der Moral andererseits die Termini *principium dijudicationis* und *principium executionis*: »Wir haben hier [unter dem Titel »Vom obersten principio der Moralitaet«, I. R.] zuerst auf zwey Stükke zu sehen, auf das principium der Diiudication der Verbindlichkeit, und auf das principium der Execution oder

---

451 Schmucker vertritt die These, dass Kants kritische Ethik seit Mitte der 1760er Jahre in ihren Grundzügen schon vorliegt. Vgl. Schmucker, Josef: *Die Ursprünge der Ethik Kants in seinen vorkritischen Schriften und Reflektionen.* Meisenheim am Glan: Verlag Anton Hain 1961 (= Monographien zur philosophischen Forschung. Bd. XXIII). Kühn zeigt, inwiefern 1770 in Kants Inauguraldissertation die Entscheidung in Bezug auf die Frage nach dem Ursprung des obersten Prinzips der Moral zugunsten des Verstandes beziehungsweise der Vernunft – die Kant hier noch nicht systematisch voneinander unterscheidet – und gegen das Gefühl gefallen ist. Vgl. Kühn, Manfred: »The moral dimension of Kant's inaugural dissertation: a new perspective on the ›Great Light of 1769‹?«, in: Robinson, Hoke (Hg.): *Proceedings of the Eighth International Kant Congress.* Memphis 1995, vol. I. Milwaukee: Marquette University Press 1995, S. 373–392. Allison datiert »Kant's decisive turn from an empirical, anthropological to a rationalist, *a priori* approach to philosophy in general« ebenfalls auf die Dissertation von 1770. Allison, Henry E.: *Kant's* Groundwork for the Metaphysics of Morals, a. a. O., S. 14.

452 Vgl. Aristoteles, *Nikomachische Ethik*, a. a. O., S. 241 (1139b); Augustinus: *Bekenntnisse.* Stuttgart: Reclam 1989, 8. Buch; Hume, David: *An Enquiry Concerning the Principles of Morals*, hg. von Tom L. Beauchamp. Oxford/New York: Oxford University Press 1998, S. 75.

Leistung der Verbindlichkeit.«[453] Obgleich Kant in dieser Zeit weder über das kritische Gesetz der Moralität noch über die kritische Konzeption der Triebfeder zu verfügen scheint, hat sich das Problem verschoben. Das Gefühl kommt jetzt nicht mehr als moralisches Erkenntnisorgan eines spezifisch moralischen Sinnes in den Blick, sondern als Kandidat zur Beantwortung des Exekutionsproblems.

Kants Antwort auf das Exekutionsproblem ist aber noch 1781 in der *Kritik der reinen Vernunft* auf vorkritischem Niveau.[454] Es heißt dort, die innere praktische Notwendigkeit der der Vernunft entsprungenen moralischen Gesetze machten die Annahme »eines weisen Weltregierers« notwendig, »um jenen Gesetzen Effect zu geben«.[455] Mit anderen Worten, es braucht die Furcht vor Gottes Strafe und die Hoffnung auf seine Belohnungen, »Verheißungen und Drohungen«,[456] um den Menschen dazu zu bewegen, den der Vernunft entsprungenen Gesetzen der Moralität Folge zu leisten.[457] Das Gefühl, dem hier eine Funktion zuerkannt wird, ist aber weder der moralische Sinn der früheren Schriften noch das reflexive Gefühl der kritischen Moralphilosophie, sondern es ist ein bloßes Gefühl für das Angenehme.

Die kritische Antwort auf das Exekutionsproblem der Moral formuliert Kant zum ersten Mal in der *Grundlegung* und arbeitet sie in der zweiten Kritik systematisch im Rahmen einer analog zur ersten Kritik, aber uneigentlich so genannten »Ästhetik der reinen praktischen Vernunft«[458] aus: Die ›einzige und zugleich unbezweifelte moralische Triebfeder‹ ist die Achtung für das moralische Gesetz. Mit dieser Lösung des Exekutionsproblems aber tritt Kants Verwendung der Ter-

---

453 Kant, Immanuel: *Vorlesung zur Moralphilosophie*, hg. von Werner Stark mit einer Einleitung von Manfred Kühn. Berlin: de Gruyter 2004, V-Mo/Kaehler(Stark), S. 55 f.

454 Vgl. Bojanowski, Jochen: *Kants Theorie der Freiheit*, a. a. O., S. 205, Fußnote.

455 KrV, AA 3: 531.3–4,4 (B 846).

456 Ebd., S. 527.4–5 (B 839).

457 Dieser »theologische[...] Eudaimonismus« wird von Hermann Schmitz sogar als ein »zynische[r] Eudaimonismus« bezeichnet, insofern es einen »grelle[n] Kontrast« zwischen dem hohen Anspruch eines unbedingt verbindlichen Vernunftgesetzes einerseits und andererseits dessen Kraftlosigkeit in Bezug auf die Ausführung, die letztlich egoistisch-eudaimonistische Klugheitsüberlegungen nötig macht, gebe. Zum »theologischen Eudaimonismus« vgl. Meyer, Herbert: *Kants transzendentale Freiheitslehre*. Freiburg/München: Alber 1996, S. 48; zum »zynischen Eudaimonismus« vgl. Schmitz, Hermann: *Was wollte Kant?* Bonn: Bouvier 1989, S. 90. Im Unterschied zu Schmitz, Meyer und Bojanowski sieht Allison im Kanon der ersten Kritik »not the crudely eudaemonistic [idea] [...] that we need an assurance of future rewards and punishments in order to have any incentive to follow the dictates of morality«, sondern Kants Auffassung sei es nur gewesen, dass »the belief in a future life, in which happiness will be rewarded commensurately to its deservedness, provides an important source of moral encouragement, apart from which moral effort could not be sustained«. Allison, Henry E.: *Kant's* Groundwork for the Metaphysics of Morals, a. a. O., S. 16.

458 KpV, AA 5: 90.14–15.

mini *principium dijudicationis* und *principium executions* zurück, und es ist nicht allzu schwierig, eine Vermutung darüber aufzustellen, weshalb er diese Begriffe nicht länger in den Vordergrund stellt: Es gibt nicht mehr zwei Prinzipien, sondern nur noch ein *einziges*, das moralische Gesetz; die Achtung ist kein zweites Prinzip neben dem Gesetz, sondern sie ist als Achtung für das Gesetz die Art und Weise, in der das Gesetz selbst Triebfeder wird.[459] Diese Art und Weise, wie das Gesetz Triebfeder wird, ist jedoch etwas, das wir nicht erkennen können, weil wir nicht erkennen können, wie eine Idee auf die Sinnlichkeit Kausalität ausüben kann. Daher »werden wir nicht den Grund, woher das moralische Gesetz in sich eine Triebfeder abgebe, sondern was, so fern es eine solche ist, sie im Gemüthe wirkt (besser zu sagen, wirken muß), a priori anzuzeigen haben.«[460] Das in diesem Satz angekündigte Programm des Triebfederkapitels der zweiten Kritik aber enthält eine gewisse Spannung, die sich in den Kommentaren zu Kants Achtungslehre widerspiegelt: Die Schwierigkeit liegt in dem Klammerzusatz. Versteht man Kant so, dass es, wie der Klammerzusatz ergänzt, darum geht zu zeigen, was das moralische Gesetz bei einem Wesen mit reiner praktischer Vernunft und Sinnlichkeit *a priori* im Gemüt bewirken *muss*, so würde die Aufgabe darin bestehen, im Ausgang von den bisher entwickelten Theoriestücken die einzig mögliche Triebfeder a priori *zu erschließen*.[461] Legt man den Interpretationsschwerpunkt jedoch auf den Hauptsatz, so bestünde die Aufgabe darin zu zeigen, was das moralische Gesetz bei einem Wesen mit reiner praktischer Vernunft und Sinnlichkeit *a priori* im Gemüt *bewirkt*. In diesem Fall, den wir hier priorisieren wollen, wäre das Ziel die Ausarbeitung von etwas, das man durch-

---

459 Weil es für den kritischen Kant außerhalb der Vernunft und ihrem Gesetz kein zusätzliches Ausführungsprinzip der Moral (wie bspw. Sanktionsvermeidung) gibt, er aber nichtsdestotrotz mit der Lehre von der Achtung die Notwendigkeit eines über das Dijudikationsprinzip hinausgehenden Theoriestücks behauptet, um die Verbindung zwischen Vernunft und bewegenden Motivationen verständlich zu machen, könnte Kant innerhalb der zeitgenössischen Debatte um Internalismus oder Externalismus in der Moral als ein differenzierter Internalist bezeichnet werden, denn seine These ist: Vernunft allein bewegt, aber nur vermittelst der Achtung. Vgl. zur Situierung Kants in dieser Debatte Scarano, Nico: »Moralisches Handeln. Zum dritten Hauptstück von Kants *Kritik der praktischen Vernunft* (71–89)«, in: Höffe, Otfried (Hg.): *Immanuel Kant. Kritik der praktischen Vernunft*. Berlin: Akademie Verlag 2002 (= Klassiker Auslegen. Bd. 26), S. 135–152, hier S. 148–151; Ameriks, Karl: »Kant and motivational externalism«, in: Klemme, Heiner/Kühn, Manfred/Schönecker, Dieter (Hg.): *Moralische Motivation. Kant und die Alternativen*. Hamburg: Meiner 2006 (= Kant-Forschungen. Bd. 16), S. 3–22, und Schadow, Steffi: *Achtung für das Gesetz. Moral und Motivation bei Kant*. Berlin/Boston: de Gruyter 2013 (= Kantstudien. Ergänzungshefte. Bd. 171), S. 304–307.

460 KpV, AA 5: 72.24–27.

461 Das ist die These von Bernd Ludwig. Vgl. Ludwig, Bernd: »›Ohne moralisches Gefühl ist kein Mensch...‹ – lebendige, vernünftige und sittliche Weltwesen bei Kant«, in: Römer, Inga (Hg.): *Affektivität und Ethik bei Kant und in der Phänomenologie*. Berlin: de Gruyter 2014, S. 117–142.

aus im engeren Sinne als »Phänomenologie der Achtung« und im weiteren Sinne als eine »Phänomenologie der moralischen Erfahrung« bezeichnen kann.[462] Der Ausgangspunkt der Untersuchung läge bei der Erfahrung – hier nicht in Kants terminologischem Sinne verwendet –, *dass* es *a priori* bei sinnlichen Wesen mit reiner praktischer Vernunft eine erfahrene Wirkung des Gesetzes im Gemüt *gibt*.

Kants »phänomenologische« Beobachtung ist diese: Sobald wir, die wir Wesen mit Sinnlichkeit und reiner praktischer Vernunft sind, die Vorstellung des Gesetzes und seiner Geltung haben, stellt sich in uns das Gefühl der Achtung für dieses Gesetz ein. Wenn der Wille als reine praktische Vernunft im Sinne einer *causa exemplaris* unsere Willkür bestimmt, dann resultiert als Wirkung der so gearteten Kausalbestimmung nicht nur das Sollen, sondern zugleich damit das Gefühl der Achtung für das Gesetz. Das ist so und das muss nach Kant auch so sein, weil wir anderenfalls das nicht könnten, was wir sollten, und eine praktische Notwendigkeit widersprüchlicherweise mit einer praktischen Unmöglichkeit einherginge. Dieser phänomenologischen Beobachtung Kants aber lässt sich sofort etwas Wesentliches entnehmen: Das Gefühl der Achtung für das Gesetz ist ein *reflexives Gefühl*, eine Art *Selbstgefühl* des moralischen Subjekts. Es handelt sich bei der Achtung nicht um einen Sinn, noch nicht einmal um einen Sinn, mittels dessen das Gesetz in seinem Inhalt oder in seiner Verbindlichkeit erkannt würde.[463] Sondern es handelt sich um eine Wirkung, die im Gefühl erzeugt wird,

---

462 Beide Ausdrücke benutzt Allison. Allison, Henry E.: *Kant's Theory of Freedom*, a.a.O., S.123, S.121.

463 Kant selbst zufolge hat die Achtung weder die Funktion, den Gesetzesinhalt zu erschließen, noch die Funktion, die Geltung des Gesetzes zu begründen, sondern sie ist in erster Linie mit der Triebfederfunktion betraut und hat allenfalls – wie auch wir unten vertreten werden – noch eine Situationserschließungsfunktion. Der Achtung wurde allerdings immer wieder eine grundlegendere Funktion zugeschrieben. So schreibt Heidegger in einer Annäherung der Achtung an das Faktum der Vernunft, die Achtung sei »die Art und Weise, in der mir das Gesetz als Gesetz allererst zugänglich wird«. Heidegger, Martin: *Die Grundprobleme der Phänomenologie*, hg. von Friedrich-Wilhelm von Herrmann. Frankfurt am Main: Klostermann 1975 (= Gesamtausgabe. Bd. 24), S.191. In dieselbe Richtung einer Annäherung von Faktum der Vernunft und Achtung gehen auf verschiedene Weisen Henrich, Walker und Schönecker. Vgl. Henrich, Dieter: »Das Problem der Grundlegung der Ethik bei Kant und im spekulativen Idealismus«, in: Engelhardt, Paulus (Hg.): *Sein und Ethos. Untersuchungen zur Grundlegung der Ethik*. Mainz: Matthias-Grünewald-Verlag 1963 (= Walberger Studien. Philosophische Reihe. Bd. I), S.350–386, hier S.374; Walker, Ralph C.S.: »Achtung in the *Grundlegung*«, in: Höffe, Otfried (Hg.): *Grundlegung zur Metaphysik der Sitten. Ein kooperativer Kommentar*. Frankfurt am Main: Klostermann ³2000, S.97–116, hier S.98; Schönecker, Dieter: »Das gefühlte Faktum der Vernunft«, a.a.O. Auf aus unserer Sicht adäquate Weise interpretieren das Verhältnis Lewis White Beck und Henry Allison: »Aber in Frage steht hier [bei der Frage, inwiefern das moralische Gesetz eine Triebfeder ist, I.R.] nicht die Autorität des moralischen Gesetzes; es geht um die Bedingungen, unter denen ein Wesen wie der Mensch an dem Gesetz ein Interesse nehmen oder das Gesetz als Triebfeder haben kann.« Beck, Lewis White: *Kants ›Kritik der praktischen Vernunft‹*, a.a.O., S.206. Das Triebfederkapitel setze

sobald die reine praktische Vernunft in uns unsere Willkür bestimmt. Das Sollen, das durch jene Bestimmung erzeugt wird, nimmt im Gefühl die Gestalt an, aus Achtung für das Gesetz handeln zu sollen. An dieser Stelle sind zwei Fragen voneinander zu unterscheiden. Erstens, was bedeutet es nach Kant, »aus Achtung für das Gesetz« zu handeln? Zweitens, was ist die Achtung selbst für ein Gefühl? Bevor wir auf die zweite Frage und damit auf Kants eigentliche »Phänomenologie der Achtung« eingehen, wollen wir uns zunächst der ersten Frage widmen, die in den Kommentaren zumeist im Vordergrund steht.

Kants Ausführungen in der *Grundlegung* haben dazu geführt, dass die Debatte um die moralische Triebfeder mittels der begrifflichen Opposition einerseits eines Handelns »aus Pflicht«, das synonym ist mit einem Handeln ›aus Achtung für das Gesetz‹, und andererseits eines Handelns »aus Neigung« geführt wird:[464] Ich soll aus Achtung für das Gesetz handeln und nicht aus Neigung. Die radikalste, allerdings auch ironische Zuspitzung einer daran anknüpfenden Kritik findet sich in Schillers berühmten Xenien, die Kant den Vorwurf einer radikalen Sinnesfeindlichkeit eingetragen haben: »*Gewissensskrupel*: Gerne dien' ich den Freunden, doch tu ich es leider mit Neigung, / Und so wurmt es mir oft, daß ich nicht tugendhaft bin. // *Entscheidung*: Da ist kein anderer Rat, du mußt suchen sie zu verachten, / Und mit Abscheu alsdann tun, wie die Pflicht dir gebeut.«[465] Schiller lässt es in seinem Spottvers so aussehen, als führe das *bloße Vorhandensein* irgendeiner Neigung zu einer potentiell moralisch guten Handlung Kant zufolge bereits automatisch dazu, die Ausführung dieser Handlung untugendhaft werden zu lassen. Naheliegend kann diese Interpretation angesichts von Kants Beispielen aus der *Grundlegung* erscheinen, in denen der moralisch gut Handelnde als jemand dargestellt wird, der keinerlei Neigungen zu der moralisch guten Handlung hat, sie aber nichtsdestotrotz aus Pflicht beziehungsweise aus Achtung für das Gesetz ausführt. Kant orientiert sich in seinen Beispielen aber *nicht* deshalb an Lebensmüden, Vergnügungssüchtigen und tödlich Unempfindlichen, weil das *Fehlen von Neigung* zu einer Tat die *notwendige Bedingung* für ihre moralische Güte ist, sondern weil sich anhand derartiger Beispiele, in denen offensichtlich keine Neigung zu einer Tat besteht, besonders *anschaulich zeigen* lässt, dass es Handlungen gibt, die nicht durch Neigung motiviert sind, sondern durch etwas anderes, nämlich den Gedanken der Pflicht. Man könnte hier von einem bloß methodischen Rigorismus sprechen, wenn der Ausdruck »Rigoris-

---

»both the exposition of the moral law and the establishment of its validity as a ›fact of reason‹« voraus, so dass die Aufgabe des Triebfederkapitels lediglich sei, »to explore the effects of the consciousness of the (valid) law on agents such as ourselves, who have a sensuous as well as a rational nature«. Allison, Henry E.: *Kant's Theory of Freedom*, a.a.O., S.121.

[464] GMS, AA 4: 398.1–2,6.

[465] Schiller, Friedrich: »Die Philosophen«, a.a.O., S.215.

mus« nicht in einem anderen Sinne von Kant selbst verwendet würde.[466] Sieht man aber zunächst, dass es sich in den Beispielen der *Grundlegung* lediglich um einen derartigen methodischen Rigorismus handelt, so ist das Fehlen von Neigung zu einer Tat nicht die notwendige Bedingung für ihre moralische Güte.[467] Mit anderen Worten, eine Handlung aus Achtung für das Gesetz darf durchaus von einer Neigung *begleitet* werden, solange sie nicht *aus Neigung* erfolgt.

Sofort stellt sich angesichts dieser Auffassung aber die Frage, in welchem Verhältnis Achtung und Neigung zueinander stehen müssen, damit von einer moralisch guten Handlung gesprochen werden kann. Eine erste Möglichkeit zur Klärung dieses Verhältnisses ist das *Kräftekonfliktmodell*.[468] Da Kant in seiner Moralpsychologie immer wieder auf Gedanken der Dynamik zurückgreift, die er in seinem Aufsatz über die negativen Kräfte ausführlich diskutiert hatte, kann seine Rede vom Widerstand, den die Achtung den Neigungen entgegenhält, die Auffassung nahe legen, es ginge bei dem Verhältnis von Neigungen und Achtung um ein dynamisches Verhältnis von Kräften: Die Kraft des Achtungsgefühls müsste dann schlichtweg *stärker* sein als die Kraft aller kopräsenten Neigungsgefühle, damit eine Handlung aus Achtung für das Gesetz zustande kommt. Diese Auffassung aber unterminiert die Freiheit, weil sie den Menschen geradeheraus dem Schicksal seiner Sinnlichkeit ausliefert. Alles, was ich tun könnte, wäre, die Vorstellung des moralischen Gesetzes und seiner Geltung zu fassen und zu hoffen, dass die daraus resultierende Achtung stärker ist als meine Neigungen. Ich würde gleichsam zur Beobachterin eines Ringkampfes, auf dessen Ausgang zugunsten der Achtung ich hoffen, aber keinen Einfluss nehmen könnte.

Dass Kant dieses Kräftekonfliktmodell *nicht* vertritt, belegt seine bereits mehrfach erwähnte Inkorporationsthese: Die Willkür des Menschen ist so

---

[466] Vgl. RGV, AA 6: 22.25.

[467] In der »ethische[n] Asketik« der Tugendlehre weist Kant ausdrücklich eine »Mönchsascetik« zurück, »welche aus abergläubischer Furcht, oder geheucheltem Abscheu an sich selbst mit Selbstpeinigung und Fleischeskreuzigung zu Werke geht«; sie »zweckt auch nicht auf Tugend, sondern auf schwärmerische Entsündigung ab, sich selbst Strafe aufzulegen und, anstatt sie moralisch (d. i. in Absicht auf die Besserung) zu bereuen, sie büßen zu wollen«. MS, AA 6: 484.18; 485.10,11−15. Ausdrücklich weist Kant Schillers Vorwurf einer »kartäuserartige[n] Gemüthsstimmung« des Tugendhaften in jener berühmten Fußnote der *Religionsschrift* zurück: »Die letztere sklavische Gemüthstimmung kann nie ohne einen verborgenen Haß des Gesetzes statt finden, und das fröhliche Herz in Befolgung seiner Pflicht (nicht die Behaglichkeit in Anerkennung desselben) ist ein Zeichen der Ächtheit tugendhafter Gesinnung«; ohne eine »fröhliche Gemüthstimmung« könne »man nie gewiß« sein, »das Gute auch lieb gewonnen, d. i. es in seine Maxime aufgenommen zu haben«. Diese Zufriedenheit des fröhlichen Herzens allerdings ist für Kant niemals eine bloß natürliche Neigung, sondern eine Stimmung, die sich »[n]ur nach bezwungenen Ungeheuern« einstellt. RGV, AA 6: 23.20−21; 24.24−27,31,32,32−33.

[468] Allison spricht von der »conflict-of-forces-conception of agency«. Allison, Henry E.: *Kant's Theory of Freedom*, a. a. O., S. 126.

beschaffen, dass sie niemals direkt durch eine bloß affektive Kraft bestimmt wird; um durch Triebfedern zu einer Handlung bestimmt zu werden, muss sie diese Triebfedern in einem Akt der Freiheit in ihre Maximen aufnehmen. Diese Aufnahme einer Triebfeder in eine Maxime aber kann so verstanden werden, dass darin eine Triebfeder *als* ein hinreichender Handlungsgrund aufgefasst wird.[469] Mit Husserl ließe sich sagen, eine bloß kraftvolle Hyle wird in diesem Akt durch eine Noese geformt und in die Auffassung jener Kraft als eines hinreichenden Handlungsgrundes verwandelt. Die so verstandene Inkorporationsthese aber könnte folgende Lösung des Problems nahelegen: Eine moralisch gute Handlung ist diejenige Handlung, in Bezug auf die ich die Achtung für das Gesetz als hinreichenden Handlungsgrund auffasse und in meine Maxime aufnehme, während sämtliche kopräsenten Neigungen zwar als Kräfte vorhanden sein, jedoch nicht in meine Maxime aufgenommen werden dürfen.

Wäre dies Kants Lösung – und wir werden sehen, dass sie es nicht ist –, würde seine Position immer noch mit einer grundlegenden Erfahrung kollidieren: Wir haben in der Regel den Eindruck, dass sich durchaus ein Satz formulieren lässt wie »Ich habe ihm geholfen, *weil* es Pflicht ist *und weil* ich ihn mag«, ohne dass der hierin besprochenen Hilfshandlung die moralische Hochschätzung abzusprechen wäre. Der Zusatz »weil ich ihn mag« würde jedoch darauf verweisen, dass die Neigung nicht nur als Kraft präsent ist, wie die eben angeführte Interpretation suggerierte, sondern *auch als Handlungsgrund* in die Maxime aufgenommen wurde. Es ist versucht worden, Kant eine Position zuzuschreiben, die dieser Erfahrung Rechnung zu tragen vermag und in der *sowohl* die Achtung *als auch* die Neigung als Handlungsgründe fungieren können, ohne dass die Handlung die moralische Güte verliert. Es handelt sich um das *Modell der Überdetermination* beziehungsweise der Überbestimmung moralisch guter Handlungen.[470] Kant meine, so lautet die Überlegung, dass die Achtung bei der moralisch guten Handlung zwar so hinreichender Handlungsgrund sein müsse, dass sie allein zu der betreffenden Handlung geführt hätte; die Handlung könne jedoch derart überbestimmt sein, dass neben der Achtung als hinreichendem Handlungsgrund *auch* noch ein Neigungsgefühl als für sich *ebenfalls hinreichender Handlungsgrund* präsent sei.[471] In einer auf diese Weise überbestimmten moralisch guten

---

469 Vgl. ebd.

470 Es ist in erster Linie Barbara Herman, die das Problem in der Terminologie der Überbestimmung formuliert hat. Vgl. u. a. Herman, Barbara: »On the value of acting from the motive of duty«, in: dies.: *The Practice of Moral Judgment.* Cambridge, Massachusetts/London, England: Harvard University Press 1993, S. 1–22.

471 Baron definiert den Gedanken einer überbestimmten, moralisch guten Handlung in dieser Weise. Mögliche Alternativen überbestimmter Handlungen, die jedoch nicht als Möglichkeiten überdeterminierter moralisch guter Handlungen in Frage kämen, wären: 1) Neigung als hin-

Handlung würde ich die Handlung ausführen, wenn die Neigung (meine Zuneigung) nicht da wäre,[472] ich würde sie aber auch ausführen, wenn die Achtung
nicht da wäre.

Das Modell der Überbestimmung vermag zwar den Kritikern Kants insofern
etwas entgegenzuhalten, als es Neigungen zu moralisch guten Handlungen nicht
nur überhaupt zulässt, sondern sie sogar als Handlungsgründe zulässt. Es scheint
jedoch insofern mit Kants eigener Auffassung zu kollidieren, als es Handlungen
zulässt, die zwei hinreichende Handlungsgründe haben, was in Kants Worten
so viel zu bedeuten scheint, wie dass sie *aus* Achtung für das Gesetz *und aus*
Neigung erfolgen. Aus Kants Sicht jedoch ist es unmöglich, dass eine Handlung
aus Achtung für das Gesetz *auch* eine Handlung aus Neigung ist. Aus diesem
Grund scheint seine Auffassung die Interpretation der Überbestimmung auszuschließen.[473] Nichtsdestotrotz drängt sich der Eindruck auf, dass die Über-
bestimmungstheoretiker einer sachlich richtigen Einsicht folgen: Wenn ich im
Rahmen von Kants Ansatz tatsächlich nicht sagen dürfte, dass ich die moralisch
gute, wohltätige Handlung zumindest auch deshalb ausgeführt habe, weil ich den
Wohltätigkeitsempfänger mag, so scheint dies unserer moralischen Erfahrung
entgegenzustehen. Hat Kant eine Antwort auf dieses Problem?

reichender Bestimmungsgrund und Achtung als präsenter, aber nicht hinreichender Bestimmungsgrund; dies ist offensichtlich kein Kandidat für eine moralisch gute, überbestimmte Handlung; 2) weder Neigung noch Achtung ist hinreichender Bestimmungsgrund, aber beide zusammen sind es (Baron nennt dies ›hybride‹ Handlungen); dies ist auch kein Kandidat für eine moralisch gute, überbestimmte Handlung, weil Achtung allein kein hinreichender Bestimmungsgrund
ist. Vgl. Baron, Marcia: »Overdetermined actions and imperfect duties«, in: Klemme, Heiner/
Kühn, Manfred/Schönecker, Dieter (Hg.): *Moralische Motivation. Kant und die Alternativen.* Hamburg: Meiner 2006 (= Kant-Forschungen. Bd. 16), S. 23–37, hier S. 24. 3) Achtung ist hinreichender
Bestimmungsgrund und Neigung ist kein hinreichender Bestimmungsgrund; dies ist eindeutig
eine moralisch gute Handlung, wobei jedoch die Rede von einer Überbestimmung deshalb unzu-
treffend ist, weil die Neigung allein die Handlung gerade nicht hervorgebracht hätte.

472 Eine weitere Frage ist hier, ob es für die moralische Güte der Handlung reicht, dass ich die
Handlung auch dann aus Achtung ausführen würde, wenn die Neigung *nicht* da wäre, oder ob
man sagen muss, dass ich die Handlung auch dann aus Achtung ausführen würde, wenn ihr
direkt *entgegenstehende* Neigungen präsent wären. Baron konfrontiert die Ansichten von Ben-
son und Herman, wobei ersterer die Auffassung vertrete, die Handlung sei nur dann moralisch
gut, wenn sie vom Handelnden unter *allen möglichen* Bedingungen aus Achtung ausgeführt
worden wäre, während Herman meint, sie sei bereits dann moralisch gut, wenn sie unter den
tatsächlich vorliegenden Bedingungen aus Achtung ausgeführt worden ist. Vgl. Baron, Marcia:
Kantian Ethics Almost Without Apology. Ithaca/London: Cornell University Press 1995, S. 174.

473 Das ist die Auffassung von Marcia Baron. Sie meint, aus Kants Sicht könne gar nicht von
überdeterminierten Handlungen gesprochen werden, weil jede Handlung nur ein einziges Motiv
hat, also entweder aus Pflicht oder aus Neigung erfolgt. Vgl. Baron, Marcia: »Overdetermined
actions and imperfect duties«, a.a.O. Dieselbe These vertrat Baron bereits in dies.: *Kantian Ethics
Almost Without Apology.* Ithaca/London: Cornell University Press 1995.

Er hat eine Antwort. Sie wird allerdings in der *Grundlegung* nicht recht deutlich, sondern findet sich am pointiertesten erst in der *Religionsschrift*. Hier macht Kant unmissverständlich deutlich, dass der Mensch *sowohl* die Neigungen *als auch* die Achtung in seine Maxime aufnimmt, und zwar *immer*: Der Mensch nehme »natürlicherweise *beide* in dieselbe auf«[474]. Mit anderen Worten, immer sind sowohl die Neigungen als auch die Achtung Handlungsgründe. Ob der Mensch gut oder böse sei, entscheide sich daher »nicht in dem Unterschiede der Triebfedern, die er in seine Maxime aufnimmt (nicht in dieser ihrer Materie), sondern in der U n t e r o r d n u n g (der Form derselben) [...]: w e l c h e v o n b e i d e n e r z u r B e d i n g u n g d e r a n d e r n m a c h t«.[475] »Aus Achtung für das Gesetz zu handeln« bedeutet damit, sowohl Achtung als auch Neigungen als Triebfedern in die Maxime aufzunehmen, die Achtung jedoch als *einschränkende Bedingung* der Triebfedern der Neigung zu behandeln, das heißt die Achtung als *unbedingten* Handlungsgrund, die Neigungen jedoch nur als *bedingte* Handlungsgründe zu behandeln. »Aus Neigung zu handeln« hingegen bedeutet, sowohl Achtung als auch Neigungen als Triebfedern in die Maxime aufzunehmen, sich jedoch einzuräumen, zuweilen Neigungen zu folgen, die dem vom Gesetz Gebotenen zuwiderlaufen, das heißt die Neigungen zuweilen als unbedingte Handlungsgründe zu behandeln und damit die Achtung zu einem bedingten Handlungsgrund zu degradieren. Über gut und böse entscheidet nicht der Inhalt der Triebfeder, sondern das Bedingungsverhältnis der Triebfedern. Dieses Bedingungsverhältnis aber findet seinen Ausdruck in dem jeweils gewählten obersten Prinzip, und *hier* gibt es für Kant *nur zwei Alternativen*: Ich kann das Gesetz zum obersten Prinzip meines Handelns machen, oder aber ich kann das Prinzip der Selbstliebe zum obersten Prinzip meines Handelns machen, das in diesem Falle zu einem Prinzip des Eigendünkels wird.[476] Der ausschließende Gegensatz ist für Kant nicht der zwischen Achtung und Neigung, sondern es ist der Gegensatz zwischen *zwei obersten Prinzipien*. Dann aber wird auch deutlich, weshalb ich Kant zufolge unmöglich »aus Achtung« und »aus Neigung« handeln kann, denn als Mensch kann ich nicht zugleich das Gesetz und die Neigungen zum unbedingten Handlungsgrund machen, sondern muss vielmehr zwangsläufig das eine dem anderen unterordnen. Wir können also nach Kant durchaus von einer moralisch guten Handlung sagen: »Ich habe ihm geholfen, weil es Pflicht ist *und* weil ich ihn mag«, ja dass ich ihn mag, kann sogar *in Absehung vom Gesetz* als völlig *hinreichender* Handlungsgrund betrachtet werden,[477] aber angesichts des Gesetzes und seiner Geltung für mich muss ich bei einer moralisch guten Handlung meine Zuneigung

---

474 RGV, AA 6: 36.13–14, Kursivierung I. R.
475 Ebd., S. 36.20–23.
476 Vgl. KpV, AA 5: 73.
477 Kant schreibt ausdrücklich, dass der Mensch natürlicherweise beide Triebfedern, Achtung

zum Wohltätigkeitsempfänger als lediglich bedingten Handlungsgrund behandeln. Versteht man die Überbestimmung nicht als eine Überbestimmung, in der eine Handlung aus Achtung und aus Neigung erfolgt, sondern als eine Überbestimmung einer Handlung durch verschiedene Triebfedern, die in der einen oder der anderen Ordnung in die Maxime aufgenommen werden, so vertritt Kant durchaus eine Überbestimmungstheorie. In diesem Sinne von Überbestimmung aber ist es durchaus treffend, mit Herman von überbestimmten, moralisch guten Handlungen zu sprechen, bei denen das Gesetz, wie Kant sagt, als »oberste Bedingung der Befriedigung der [Neigungen]« fungiert und, wie es bei Herman heißt, die Achtung als »einschränkende Bedingung[...]« aller der Selbstliebe entstammenden Handlungsgründe fungiert.[478]

Wie aber kann *ein Gefühl* als einschränkende Bedingung fungieren? Wie *das Gesetz* als einschränkende Bedingung der Neigungen fungiert, wissen wir bereits, denn das zeigt das Maximenprüfungsverfahren des kategorischen Imperativs. Wie aber kann die Achtung für das Gesetz *als Gefühl* die Funktion einer derartigen einschränkenden Bedingung der Neigungen übernehmen? Wie vermag die Achtung *affektiv* und nicht intellektuell als jene Grenzbestimmung zu fungieren? Diese Frage macht deutlich, dass wir bisher lediglich erörtert haben, was es heißt, »*aus* Achtung für das Gesetz« zu handeln, ohne jedoch schon auf Kants eigentliche »*Phänomenologie* der Achtung« und damit auf das Phänomen der Achtung selbst einzugehen. Dieser aber müssen wir uns nun zuwenden, um die eben gestellte Frage erörtern zu können. Was ist Kant zufolge der phänomenale Befund, der sich im menschlichen Gemüt beobachten lässt, sobald jene Achtung für das Gesetz gefühlt wird? Was fühlen wir, wenn wir uns des Gesetzes und seiner Geltung bewusst sind?

Die Voraussetzung für das Gefühl der Achtung ist zunächst die natürliche Selbstliebe. In der Selbstliebe hat der Mensch laut Kant ein natürliches Wohlwollen gegen sich selbst, in dem er sich natürlicherweise über alles schätzt. Sobald jedoch die Vorstellung des für uns verbindlichen moralischen Gesetzes aufkommt, geschehen laut Kant im Gemüt drei Dinge. Erstens wird allen gesetzeswidrigen Neigungen »Abbruch«[479] getan und meine Selbstliebe auf ein vernünftiges, gesetzeskonformes Maß eingeschränkt. Zweitens verwandelt sich die zuvor bloß natürliche und damit moralneutrale Selbstliebe in einen moralisch relevanten Hang zur Selbstschätzung, in der der Mensch seine Selbstliebe »zum

---

und Neigung, in seine Maxime aufnehme und »er auch *jede für sich, wenn sie allein wäre,* zur Willensbestimmung *hinreichend* finden würde«. RGV, AA 6: 36.14–15, Kursivierungen I.R.

478 Ebd., S.36.31. Herman, Barbara »On the value of acting from the motive of duty«, a.a.O., S.14. Im Original »limiting condition[...]«.

479 KpV, AA 5: 72.30.

unbedingten praktischen Princip macht«[480] und ihre Ansprüche damit denjenigen des moralischen Gesetzes vorzuziehen tendiert. Drittens schlägt aber die Vorstellung des verbindlichen Gesetzes jenen Hang zur Selbstschätzung, den Kant Eigendünkel nennt, sofort nieder. Jene Einschränkung der Selbstliebe und jene Niederschlagung des Eigendünkels gehen mit einem »Schmerz«[481] einher. Dieser Schmerz ist Kant zufolge eine Erfahrung der Demütigung unseres »pathologisch bestimmbare[n] Selbst«, das wir im Eigendünkel behandeln, »als ob es unser ganzes Selbst ausmachte.«[482] Diese schmerzhafte Demütigung meines pathologischen Selbst hat jedoch eine positive Kehrseite. Das Gefühl des Schmerzes als negative Wirkung der Vorstellung des verbindlichen Gesetzes wird Kant zufolge um ein »positive[s] Gefühl«[483] ergänzt, das den Namen der Achtung für das Gesetz verdiene. In diesem positiven Gefühl entdecke ich, dass mein sinnliches Selbst weder mein ganzes Selbst noch den besseren Teil desselben ausmacht, und erfahre eine Erhebung zu dem, was Kant in der *Grundlegung* das »eigentliche Selbst«[484] nennt: demjenigen Selbst, das sich autonom durch das moralische Gesetz seiner reinen praktischen Vernunft zu bestimmen vermag. Was aber ist die Quelle dieses positiven Gefühls?

Kant argumentiert diesbezüglich in der Sprache der Mechanik. *Hier*, bei der Frage nach dem *Phänomen* der Achtung im Gemüt, nicht aber bei der oben behandelten Frage nach dem Handeln *aus* Achtung, operiert er mit einem Kräftekonfliktmodell. Die Vorstellung des verbindlichen Gesetzes schaffe den der Kausalität aus Freiheit entgegenstehenden »Widerstand aus dem Wege«, was die »Wegräumung eines Hindernisses« bzw. eine »Wegschaffung des Gegengewichts« bedeute.[485] Die Beseitigung einer Gegenkraft aber komme »einer positiven Beförderung der Causalität gleich[...]«.[486] Kant bezieht sich hier implizit auf das mechanische Gesetz der Realopposition, das er in seiner Schrift über die negativen Größen zum Thema gemacht hatte: Wenn zwei gleiche Kräfte A

---

[480] Ebd., S.74.18–19.

[481] Ebd., S.73.5.

[482] Ebd., S.74.13–14. Allison hebt als einen der Unterschiede zwischen *Grundlegung* und zweiter Kritik in Behandlung der Achtung hervor, dass Kant in der ersten Schrift die Achtung in Analogie zu Furcht und Neigung stellt, während die zweite Kritik von Schmerz bzw. Demütigung und Erhebung spricht. Vgl. Allison, Henry E.: *Kant's* Groundwork for the Metaphysics of Morals, a.a.O., S.131, Fußnote sowie ders.: *Kant's Theory of Freedom*, a.a.O., S.123. Kant selbst erläutert, wie so oft, diese Änderung nicht. Ein möglicher Grund könnte jedoch sein, dass Furcht und Neigung noch eine starke Analogie zu der Furcht vor der göttlichen Strafe und der Hoffnung auf seine Belohnung aufweisen, während Demütigung und Erhebung eindeutig ein *Selbstverhältnis* abbilden.

[483] KpV, AA 5: 73.33.

[484] GMS, AA 4: 457.34.

[485] KpV, AA 5: 75.15,15; 76.3.

[486] Ebd., S.75.16.

und B einander entgegenwirken, so führt sowohl eine Erhöhung der Kraft A als auch eine Verminderung der Kraft B zu einer Wegstoßung von B. Bei der Achtung sei nicht Ersteres, sondern Letzteres der Fall: *Nicht* gehe die Vorstellung des verbindlichen Gesetzes mit einer ihr *eigenen positiven Kraft* einher, die so groß ist, dass sie eine »Wegstoßung« der Neigungen bewirkt, sondern diese Vorstellung vermag allein so der ihr eigenen Kausalität aus Freiheit Kraft zu verleihen, dass sie die *Kraft ihrer Hindernisse vermindert*.[487] Aus dieser Auffassung Kants folgt zunächst zweierlei. Zum einen ist die Achtung ein *Kontrastgefühl*, das als solches nur *in Bezug auf* die eingeschränkte und umgeformte Selbstliebe überhaupt möglich ist. Eine von jeglichem Bezug auf sinnliche Neigungen freie Achtung ist ein in sich widersprüchlicher Begriff. Zum anderen ist die Achtung kein direktes positives Gefühl für das Gesetz. Die Achtung kann *nicht als ein einzelnes, positives intentionales Gefühl verstanden werden, dessen intentionaler Gegenstand das moralische Gesetz wäre*. Kant formuliert ausdrücklich, dass für das »Gesetz gar kein Gefühl stattfindet«.[488] Weist aber die Achtung nicht trotzdem eine ganz eigentümliche Art der Intentionalität auf, eine Intentionalität, die einen gleichsam indirekten Charakter hat? Wie kann die Achtung jenen einschränkenden, niederschlagenden und zugleich jenen erhebenden Charakter haben und in dieser Spannung affektiv als einschränkende Bedingung der Neigungen nach dem Gesetz fungieren? Um diese Fragen zu beantworten, wollen wir einen Schritt über den kantischen »Buchstaben« hinaus hin zur Phänomenologie tun. Wir glauben jedoch, den kantischen »Geist« dabei nicht rundheraus zu verlassen.

Die Achtung für das Gesetz ist ein reflexives Gefühl, in dem das Selbst die innere Bestimmung seiner Willkür durch reine praktische Vernunft fühlt; das Resultat ist jenes spannungsvolle affektive Selbstverhältnis von Demütigung und Erhebung. Die Achtung ist damit kein partikulares Gefühl, das neben anderen partikularen Gefühlen vorkommt, sondern sie durchwirkt vielmehr das gesamte affektive Leben des Selbst. In der Achtung für das Gesetz tritt nicht ein einzelnes Gefühl zu bereits vorliegenden Gefühlen hinzu und konfligiert dann mit einigen oder gar allen von ihnen, sondern in der Achtung findet eine *Rekonfiguration der Sinnlichkeit im Ganzen* statt. Weil die Achtung derart die gesamte Sphäre des Affektiven durchwirkt, erscheint es möglich, ihr den Charakter einer *Stimmung*

---

[487] Dass die Achtung kein eigenständiges positives Gefühl ist, sondern vielmehr als eine Verschiebung der sinnlichen Gegebenheiten fungiert, erklärt auch, inwiefern »nach Kant die Moral sich dieselben sinnlichen Antriebskräfte zunutze macht, die seiner Konzeption entsprechend auch beim außermoralischen Handeln wirksam sind«, und inwiefern das »System der Neigungen […] letztlich […] auch die motivationale Grundlage für das moralische Handeln [bildet]«. Scarano, Nico: »Moralisches Handeln«, a.a.O., S.146.

[488] KpV, AA 5: 75.13–14.

zuzuschreiben.[489] Als Stimmung bezeichnet sie jedoch nicht nur ein umfassendes *affektives Selbstverhältnis*, sondern indirekt damit zugleich ein *affektives Verhältnis zur Welt*. Dieser Doppelcharakter der Stimmung als Selbst- und Weltverhältnis wird sowohl von Heidegger als auch von Husserl herausgestellt.

Die Stimmung oder »das Gestimmtsein«, so heißt es bei Heidegger, sei ein »gestimmtes Sichbefinden«, aber auch das, in dem »die primäre Entdeckung der Welt« stattfindet.[490] Husserl hebt hervor, dass ein Sichbefinden in einer guten Stimmung dazu führt, dass »alles in schönem Licht erschein[t]«.[491] Die Stimmung ist kein einzelnes Gefühl mit einem einzelnen intentionalen Gegenstand, auf dem sie zumindest aufruht, sie ist aber auch kein nicht-intentionaler bloßer Gefühlszustand. Vielmehr ist ihr insofern eine ganz eigentümliche Intentionalität zu eigen, als sie den Horizont der Welt im Ganzen affektiv durchstimmt und derart als eine bestimmte, *affektive Art der Horizontintentionalität* fungiert.[492] Die Stimmung ist diejenige affektive Horizontintentionalität, in deren »Licht« sämtliche Objekte und Einzelgefühle erscheinen. Das aber ist nur deshalb möglich, weil sie als Stimmung nicht rein sensuell, sondern schon sinnhaft ist. In der affektiven Horizontintentionalität der Stimmung kommt ein Sinnzusammenhang der Welt affektiv zur Gegebenheit, der in den Bereich des Vorprädikativen gehört. Vorprädikativ, aber nichtsdestotrotz sinnhaft, strukturiert jene affektive Horizontintentionalität der Stimmung die Art und Weise, in der sich mir die Welt und alles in ihr Begegnende erschließt. Was aber bedeutet es in Hinblick auf die Achtung für das Gesetz, wenn man sie als eine derartige Stimmung versteht?

Die spezifische Stimmung der Achtung für das Gesetz ist eine gleichsam »flackernde«[493] Horizontintentionalität, in der die Welt affektiv *zugleich* im

---

489 Für Heidegger ist in *Sein und Zeit* die Angst die Grundstimmung des Daseins, und es findet sich bei ihm der Versuch, seinen Angstbegriff und Kants Achtungsbegriff einander anzunähern, was auf eine Deutung der Achtung als Stimmung verweist. Vgl. dazu Lotz, Christian: »Achtung oder Angst? Zu Heideggers Auslegung des praktischen Selbstbewusstseins bei Kant«, in: Gerhardt, Volker/Horstmann, Rolf-Peter/Schumacher, Ralph (Hg.): *Kant und die Berliner Aufklärung. Akten des IX. Internationalen Kant-Kongresses. Band 5*. Berlin/New York: de Gruyter 2001, S. 551–563. Caputo macht einige Andeutungen, die in die Richtung einer Interpretation der Achtung als Stimmung weisen. Caputo, John D.: »Kant's Ethics in Phenomenological Perspective«, in: Seebohm, Thomas M./Kockelmans, Joseph J. (Hg.): *Kant and Phenomenology*. Washington D.C.: University Press of America, S. 129–146, hier S. 141, 145.

490 Heidegger, Martin: *Sein und Zeit*, a.a.O., S. 134, S. 135, S. 138.

491 Dies ist eine Textstelle aus der noch nicht veröffentlichten Husserliana-Edition »Studien zur Struktur des Bewusstseins«: Ms. A VI 12 II/72a. Ich danke dem Herausgeber Thomas Vongehr für die freundliche Genehmigung, diese Stelle zu zitieren.

492 Vgl. zur Interpretation der Stimmung als Horizont bei Husserl Lee, Nam-In: »Edmund Husserl's phenomenology of mood«, in: Depraz, Natalie/Zahavi, Dan (Hg.): *Alterity and Facticity. New Perspectives on Husserl*. Dordrecht u.a.: Kluwer 1998, S. 103–120, hier S. 113–118.

493 Heidegger spricht einmal von einem »unsteten, stimmungsmäßig flackernden Sehen der

Lichte des moralischen Gesetzes *und* im Lichte meiner Selbstliebe erscheint, während ein gefühlsmäßiges Bewusstsein davon besteht, dass der affektiv bewusste Horizont des Gesetzes die Grundlage für Handlungsentscheidungen bilden sollte. Ich sehe die Welt und alle möglichen Gegenstände meines Begehrens gleichsam doppelt, genauer gesagt mit einem doppelten Sinn versehen: Sie erscheinen mir mit demjenigen Sinn, den sie im Lichte meiner Selbstliebe haben, und sie erscheinen mir mit demjenigen Sinn, den sie im Lichte des Gesetzes haben.[494] Jede Situation, jedes Ding und jeder Mensch begegnet mir bereits auf affektiver, vorprädikativer Ebene mit einem schillernden Doppelsinn: als Gegenstand meiner Neigung oder Abneigung und als erlaubter, verbotener oder gebotener Gegenstand des Begehrens beziehungsweise als tendenziell zum Bereich erlaubter, verbotener oder gebotener Gegenstände gehörig, da ja eine konkrete Handlung und damit auch ein bestimmter intentionaler Gegenstand ethisch niemals geboten ist. Die gesteigerte Komplexität dieses affektiv bewussten Doppelsinnes der Welt und alles in ihr Vorkommenden rührt daher, dass in der Stimmung der Achtung auch immer schon affektiv bewusst ist, dass der im Lichte des Gesetzes aufkommende Sinn in Bezug auf die Grundlage für Handlungsentscheidungen den Vorrang haben soll.

Die Interpretation der Achtung als Stimmung, welche ein umfassendes affektives Selbst- und Weltverhältnis bezeichnet, scheint aber verständlich machen zu können, inwiefern die Achtung für das Gesetz nicht nur intellektuell, sondern *als Gefühl* die einschränkende Bedingung der Neigungen darzustellen vermag: In der Stimmung der Achtung erfasse ich mich selbst und die Welt vorprädikativ und affektiv im Lichte des die Neigungen einschränkenden Gesetzes, so dass sämtliche Neigungen neben ihrem Sinn als Neigungen oder Abneigungen auch den maximenbezogenen Sinn »erlaubt«, »verboten« oder »geboten« annehmen, wobei zugleich affektiv bewusst ist, dass der zweite und nicht der erste Sinn die primären Gründe für meine Handlungsentscheidungen liefern soll. Es wird bei dieser Einschränkung nicht die Neigung gegen die Achtung ausgetauscht, son-

---

›Welt‹«, in dem sich »das Zuhandene in seiner spezifischen Weltlichkeit, die an keinem Tag dieselbe ist«, zeige. Heidegger, Martin: *Sein und Zeit*, a.a.O., S.138.

[494] Die hier vorgelegte, phänomenologisch inspirierte Interpretation der Achtung als Stimmung schreibt der Achtung neben der Triebfederfunktion also *auch eine Erschließungsfunktion* zu. Diese Erschließungsfunktion des Gefühls ist der Kant-Forschung keineswegs fremd. Barbara Herman etwa hat im Rahmen eines kantianischen Ansatzes dem Gefühl eine besondere Rolle bei der Identifikation von moralisch relevanten Situationen zuerkannt. Herman, Barbara: *The Practice of Moral Judgment*; dies.: *Moral Literacy*. Cambridge, Massachusetts/London, England: Harvard University Press 2007. Aber auch Nancy Sherman, die neben Kant auf Aristoteles zurückgreift, hat diesen Aspekt betont. Vgl. Sherman, Nancy: *Making a Necessity of Virtue*, a.a.O. Vgl. dazu Frierson, Patrick: http://ndpr.nd.edu/news/45503-kant-s-defense-of-common-moral-experience-a-phenomenological-account/ (Abruf 23.10.2014).

dern dieselben Neigungen erscheinen mit einem anderen Sinn, der ihnen durch
die Stimmung der Achtung verliehen wird. Wenn reine praktische Vernunft in
mir meine Willkür bestimmt und das Sollen erzeugt, dann bedeutet dies, dass ich
in der dabei zugleich aufkommenden Achtung für das Gesetz mich selbst und die
Welt im Ganzen vorprädikativ und affektiv anders erfahre.[495]

Wir haben, so sagt Kant in seinem gewohnt großzügigen Umgang mit kritisierten Positionen, durchaus so etwas wie ein »moralisches Gefühl«[496], aber
man darf dies eben nicht als einen moralischen Sinn für Werte oder dergleichen (miss-)verstehen, sondern muss es als ein reflexives Gefühl begreifen, mit
dem indirekt eine neue, durch die reine praktische Vernunft geprägte Sicht der
Welt einhergeht. Die Achtung ist, heideggerianisch gesprochen, die Grundstimmung der Moralität, in der sich mir die moralische Relevanz der Welt affektiv
erschließt. Ob ich mich angesichts dieser Stimmung der Achtung dann tatsächlich dazu entschließe, *aus* Achtung zu handeln, das heißt, dem im Lichte des
Gesetzes aufkommenden Sinn der Welt bei meinen Handlungsentscheidungen
tatsächlich den Vorzug zu geben, ist eine ganz andere Frage. Ich kann durchaus
dem meiner Selbstliebe entspringenden Sinn der Welt den Vorzug geben, und laut
Kant tun wir Menschen das sogar ständig. Dann verschwindet die Achtung zwar
nicht, aber die »*Verstimmung* unserer Willkür in Ansehung der Art, subordi-
nierte Triebfedern zu oberst in ihre Maxime aufzunehmen«,[497] wird die affektive
Aufmerksamkeit auf den durch das Gesetz geprägten Sinn der Welt bereits auf

---

495 Im achtzehnten Jahrhundert ist die Grundbedeutung des deutschen Wortes ›Achtung‹ im
Wesentlichen äquivalent mit der des lateinischen Wortes ›*attentio*‹ (vgl. Henrich, Dieter: »Das
Problem der Grundlegung der Ethik bei Kant und im spekulativen Idealismus«, a.a.O., S.373), und
es ist eigentlich erst Kant, der diesem Ausdruck die eigentümlich moralische Bedeutung von
»Respekt« gegeben hat. ›Achtung‹ im ursprünglichen Sinne aber bedeutet in erster Linie Beachtung oder Aufmerksamkeit. Da Kant auch an diese Bedeutung anknüpft, lässt sich die Achtung
für das Gesetz durchaus auch als »die Aufmerksamkeit auf die möglichen Gründe, d.h. die möglichen Willensbestimmungen unseres Handelns«, interpretieren. Esser, Andrea: *Eine Ethik für
Endliche*, a.a.O., S.338. Als Aufmerksamkeit erstreckte sich die Achtung auch in dieser Interpretation über das ganze Feld der empirisch bedingten Sinnlichkeit, indem sie in diesem nach
gesetzeskonformen Handlungsgründen sucht. Obgleich diese Auslegung der Achtung als generelle Aufmerksamkeit auf gesetzeskonforme Handlungsgründe es vermeidet, die Achtung als ein
singuläres Gefühl neben anderen zu verstehen, und damit den Vorzug aufweist, der Ausbreitung
der Achtung über das ganze Feld der Sinnlichkeit Rechnung zu tragen, scheint sie nichtsdestotrotz mit einer gewissen Intellektualisierung der Achtung verbunden zu sein. Wenn man diese
Aufmerksamkeit jedoch als eine *affektive Stimmung der Aufmerksamkeit und Sensibilität* für
mögliche, gesetzeskonforme Handlungsgründe auffasst, scheint sie die Achtung für das Gesetz
sowohl in ihrer Allgemeinheit als auch in ihrem Gefühlscharakter fassen zu können.

496 KpV, AA 5: 75.18.

497 RGV, AA 6: 43.12–14, Kursivierung I.R.

Gefühlsebene stärker in den Hintergrund drängen und zu einer gewissen moralischen Ver-stimmung führen.

Sollte diese Interpretation der Achtung als stimmungshaftes Selbst- und Weltverhältnis aber mit Kants Konzeption *vereinbar* sein,[498] so ließe sich dem oft formulierten Intellektualismusvorwurf an die kantische Ethik etwas entgegenhalten: Die Achtung ist als stimmungshafte Horizontintentionalität die Art und Weise, in der die das Selbst bestimmende reine praktische Vernunft mittels des Gefühls die Welt erschließt. Es braucht keine Kenntnis des kategorischen Imperativs und kein Wissen um die moralischen Begriffe »erlaubt«, »verboten« und »geboten«, um lebensweltlich zu »sehen«, was moralisch richtig und falsch ist. Die im Selbst fungierende reine praktische Vernunft bestimmt die Willkür so, dass neben dem Sollen die stimmungshafte Horizontintentionalität der Achtung aufkommt, durch die die Welt und alle konkreten Situationen in ihr gefühlsmäßig und vorprädikativ im Lichte des Gesetzes wahrgenommen werden. Die Achtung wäre dann nicht nur ein vernunftgewirktes Gefühl, sondern sie wäre ein von der Vernunft gleichsam durchstimmtes Gefühl, das sinnhaft und vorprädikativ die moralisch relevante Welt erschließt. Dass Kant selbst aber vielleicht nicht allzu weit von einer derartigen Auffassung entfernt war, könnte seine »Phänomenologie« der gemeinen sittlichen Vernunfterkenntnis zu Beginn der *Grundlegung* nahelegen: Die gemeine sittliche Vernunfterkenntnis urteilt ständig, höchst treffsicher über moralisch richtig und falsch, obgleich sie sich das Vernunftgesetz und die mit ihm zusammenhängenden Begriffe niemals explizit vor Augen gestellt hat. Was aber ist jener bemerkenswerte »Kompass« des gemeinen Menschen anderes als eine mittels der Achtung fungierende reine praktischen Vernunft im Selbst?

Die Achtung ist zwar das Grundgefühl oder, in unserer Interpretation, die »Grundstimmung« in Kants Ethik, aber sie ist bei weitem nicht das einzige moralische Gefühl. Insbesondere in der Anthroponomie der Tugendlehre findet sich eine höchst bedeutsame Konkretisierung jenes allgemeinen moralischen Gefühls in Bezug auf den Menschen. Dieser wollen wir uns nun zuwenden.

---

[498] Höwing sieht in der moralisch relevanten praktischen Lust bei Kant eine ähnliche Art der Doppelung, wie wir sie hier für das Selbst- und Weltverhältnis in der Achtung behauptet haben. Einerseits beinhalte die praktische Lust »das Bewusstsein der subjektiven Zweckmäßigkeit eines Aktivitätszustandes im Hinblick auf die Ausübung unseres Begehrungs- bzw. Willensvermögens beim Handeln«, das im Falle der moralisch relevanten praktischen Lust die moralisch gute Ausübung jener Vermögen sein würde, und anderseits werden wir in der praktischen Lust »durch die evaluative Erfahrung, die wir in dieser Lust machen, affektiv auf jene Gegenstände unserer Vorstellungen aufmerksam, die wir nicht bloß als Mittel begehren«. Höwing, Thomas: *Praktische Lust. Kant über das Verhältnis von Fühlen, Begehren und praktischer Vernunft.* Berlin/Boston: de Gruyter 2013 (= Quellen und Studien zur Philosophie. Bd. 113), S. 254, S. 255.

2.5.2 Des Menschen natürliche Gemütsanlagen zur Moralität

Im Abschnitt XII der Einleitung in die Tugendlehre behauptet Kant, dass es beim Menschen vier »natürliche Gemütsanlagen (praedispositio), durch Pflichtbegriffe affiziert zu werden«, gibt: »das moralische Gefühl, das Gewissen, die Liebe des Nächsten und die Achtung für sich selbst (Selbstschätzung)«.[499] Dieser kurze Abschnitt mit dem Titel »Ästhetische Vorbegriffe der Empfänglichkeit des Gemüts für Pflichtbegriffe überhaupt« wirft eine ganze Reihe von interpretatorischen Fragen auf, die noch keineswegs als geklärt gelten können. In der folgenden Erörterung wollen wir zwei Fragen in den Mittelpunkt stellen: Was ist im Rahmen von Kants Ethik der systematische Status jener natürlichen Gemütsanlagen im Ganzen? Was ist die Bedeutung und die Funktion jeder einzelnen Gemütsanlage?

Während das Triebfederkapitel der zweiten Kritik sich ganz allgemein mit der Frage nach der Triebfeder eines Wesens mit reiner praktischer Vernunft und Sinnlichkeit befasst, geht es in jenem Abschnitt der Tugendlehre spezifisch um den *Menschen*. Dass es vier natürliche Gemütsanlagen im Menschen gibt, aufgrund derer dieser die Fähigkeit hat, von Begriffen der Pflicht überhaupt affiziert zu werden, ist eine *anthropologische Behauptung* Kants. Diese anthropologische Behauptung ist aber nicht aus der äußerlichen Beobachtung von Exemplaren der Gattung Mensch gewonnen, sondern sie ist aus der Wirkung erschlossen, die das Bewusstsein des Gesetzes und seiner Geltung auf das menschliche Gemüt hat. Für Kant gehört sie damit in den Bereich einer *Anthroponomie*. Man könnte jedoch auch sagen, dass es sich bei den Erörterungen jenes Abschnitts um eine *Phänomenologie des moralischen Bewusstseins im Menschen* handelt, aus der die Behauptung jener vier natürlichen Gemütsanlagen allererst extrahiert wird. Es handelt sich bei diesen Gemütsanlagen laut Kant um spezifische Eigenschaften des *menschlichen Gefühlsvermögens*, die den Menschen dazu befähigen, in seinem Gefühl durch Begriffe der Pflicht nicht nur überhaupt, sondern auch in den konkreten Situationen seines Lebens auf unterschiedliche, vielseitige Weise bewegt zu werden. Kants wenige Seiten zur Erörterung jener von ihm »ästhetisch«[500] genannten Gemütsanlagen enthalten den Kern einer komplexen »Ästhetik der reinen praktischen Vernunft« für den Menschen, die zeigt, wie der Mensch subjektiv in seinem Gefühl in konkreten Situationen durch die Vorstellung der Pflicht affiziert wird und dank dieser Affizierung zu einem Wesen wird, das überhaupt verpflichtet zu werden vermag. Weil diese natürlichen Gemütsanlagen subjektive *Bedingungen* der Empfänglichkeit für Pflichtbegriffe überhaupt sind,

---

[499] MS, AA 6: 399.6–7.
[500] Ebd., S. 399.10.

kann es eine Pflicht, sie überhaupt zu haben, nicht geben; lediglich eine Pflicht zu ihrer Kultivierung besteht für denjenigen Menschen, der schon, zumindest rudimentär, mit ihnen ausgestattet ist.

Das moralische Gefühl, das Kant in diesem Abschnitt behandelt, definiert er als »die Empfänglichkeit für Lust oder Unlust blos aus dem Bewußtsein der Übereinstimmung oder des Widerstreits unserer Handlung mit dem Pflichtgesetze«.[501] Es geht bei dieser Empfänglichkeit weder um ein moralisches Gefühl im Sinne des *moral sense* noch um das moralische Gefühl der Achtung für das Gesetz.[502] Vielmehr bezieht sich Kant mit dem Ausdruck »moralisches Gefühl« hier auf das moralische Gefühls*vermögen*, kraft dessen der Mensch die Fähigkeit hat, Lust zu empfinden, sobald er sich dessen bewusst ist, dass seine Handlung mit dem Pflichtgesetz übereinstimmt, beziehungsweise Unlust zu empfinden, wenn er sich dessen bewusst ist, dass seine Handlung mit dem Pflichtgesetz nicht übereinstimmt. In Kants Definition wird deutlich, dass es sich um ein Vermögen handelt, in Bezug auf *einzelne* Handlungen, denen jeweils bestimmte Maximen zugrunde liegen, in der angegebenen Weise Lust und Unlust zu empfinden. Nicht geht es hier lediglich um eine allgemeine Stimmung der Achtung für das Gesetz, in deren Licht jede einzelne Situation affektiv erscheint, sondern um die Fähigkeit, mit der Vorstellung jeder einzelnen, konkreten Handlung ein Gefühl der Lust beziehungsweise der Unlust zu verbinden. Erwäge ich als Mensch eine mögliche, jedoch pflichtwidrige Handlung, so verurteilt die praktische Vernunft als Richterin diese Handlung und es stellt sich sofort ein Gefühl der Unlust ein; erwäge ich eine mögliche, erlaubte oder gar geboten erscheinende Handlung, so spricht die praktische Vernunft als Richterin diese Handlung los, was sich mit einem Lustgefühl verbindet. Wäre der Mensch zur Empfindung dieses Gefühls nicht in der Lage, so »wäre er sittlich todt«, weil ihn die richtende reine praktische Vernunft dann nicht in »Bewegung« versetzen könnte.[503] Um auch Exekutionsprinzip sein zu können, ist das moralische Gesetz reiner praktischer Vernunft im Menschen darauf angewiesen, dass der Mensch ein Gefühlsvermögen hat, mithilfe dessen er in Bezug auf jede einzelne erwogene Handlung auch dem Richtspruch der reinen praktischen Vernunft nach dem moralischen Gesetz entsprechend bewegt zu werden vermag.

Wenn wir diese von Kant hier entwickelte Auffassung jedoch einerseits mit der oben erörterten Vorstellung vorreflexiv bewusster Maximen und andererseits

---

501	Ebd., S. 399.19–21.
502	Guyer allerdings meint, dass das, was Kant hier »moralisches Gefühl« nennt, dasselbe zu sein scheine, was er zuvor das Gefühl der Achtung nannte. Guyer, Paul: »Moral feelings in the *Metaphysics of Morals*«, in: Denis, Lara (Hg.): *Kant's Metaphysics of Morals. A Critical Guide.* Cambridge u. a.: Cambridge University Press 2010, S. 130–151, S. 138.
503	MS, AA 6: 400.11,18.

mit Kants Konzeption des Gefühls in der Kritik der ästhetischen Urteilskraft in Verbindung bringen,[504] so scheint diese Auffassung des menschlichen moralischen Gefühlsvermögens eine eigentümliche, *vorreflexive Beurteilung von erwogenen Handlungen zu implizieren, die sich im Gefühl manifestiert.* In der Kritik der ästhetischen Urteilskraft entwickelt Kant den Gedanken, dass sich im ästhetischen Urteil über das Schöne das Urteil über die Zweckmäßigkeit des schönen Gegenstandes für das harmonische, freie Spiel der Erkenntnisvermögen Verstand und Einbildungskraft im Gefühl manifestiert. Das Gefühl ist die Art und Weise, in der das Urteil über das Schöne bewusst wird.[505] Handelt es sich aber nicht um etwas Ähnliches bei der moralischen Beurteilung konkreter Handlungen im Lebensprozess? Wenn ich eine pflichtwidrige Handlung erwäge und sich unmittelbar ein Gefühl der Unlust einstellt, so scheint in diesem Gefühl das Urteil mit dem entsprechenden Richtspruch über die Nichtzweckmäßigkeit dieser Handlung für meine moralische Bestimmung zum Bewusstsein zu kommen. Weder urteilt dabei das Gefühl, noch erfasst ein moralischer Sinn den moralischen Status der erwogenen Handlung, sondern die implizite Beurteilung der erwogenen Handlungen nach dem moralischen Gesetz wird im Gefühl phänomenal bewusst.

Das Gewissen definiert Kant im Abschnitt XII als »die dem Menschen in jedem Fall eines Gesetzes seine Pflicht zum Lossprechen oder Verurteilen vorhaltende praktische Vernunft«.[506] Auch das Gewissen bezieht sich auf *einzelne* Fälle beziehungsweise einzelne, maximenbezogene Handlungen und wird von Kant in einer bestimmten Weise dem Gefühl zugerechnet. Es impliziert jedoch eine doppelte selbstreflexive Struktur. Der im Gefühl des Gewissens bewusst werdende Richtspruch der Vernunft bezieht sich *nicht direkt* auf das Verhältnis der Handlung zu meiner moralischen Bestimmung, sondern darauf, ob in dem gegebenen Fall der Beurteilungsprozess des in Frage stehenden Falles *mit aller Sorgfalt* vorgenommen wurde. Es handelt sich damit um einen Richtspruch zweiter Ordnung. Sobald der Mensch eine konkrete Handlung in Erwägung zieht,

504 Recki hat die grundlegende »Affinität von ästhetischem Gefühl und praktischer Vernunft bei Kant« eingehend herausgearbeitet. Vgl. Recki, Birgit: *Ästhetik der Sitten. Die Affinität von ästhetischem Gefühl und praktischer Vernunft bei Kant.* Frankfurt am Main: Klostermann 2001 (= Philosophische Abhandlungen. Bd. 81). Vgl. neuerdings auch Fœssel, Michaël: »Le respect: un sentiment esthétique?«, in: Calori, François/Fœssel, Michaël/Pradelle, Dominique (Hg.): *De la sensibilité. Les esthétiques de Kant.* Rennes: PUR 2014, S. 177–190.

505 Ginsborg formuliert: »So sind Lust und Urteil letztendlich ein- und dasselbe, obwohl wir auch ihr Verhältnis charakterisieren können, indem wir sagen, die Lust sei die phänomenologische Manifestation des Urteilsakts«. Ginsborg, Hannah: »Interesseloses Wohlgefallen und Allgemeinheit ohne Begriffe (§§ 1–9)«, in: Höffe, Otfried (Hg.): *Immanuel Kant. Kritik der Urteilskraft.* Berlin: Akademie Verlag 2008 (= Klassiker Auslegen. Bd. 33), S. 59–77, hier S. 74.

506 MS, AA 6: 400.27–28.

begeht oder schon begangen hat,[507] hält die praktische Vernunft dem Menschen seine Pflicht zur Lossprechung oder Verurteilung seiner selbst in Bezug auf diesen Erwägungs- und Entscheidungsprozess vor. Die praktische Vernunft ist hier nicht Richterin über die Handlungen, sondern Richterin über sich selbst, insofern sie die Oberaufsicht beim Beurteilungsprozess von konkreten Fällen hat. Dieser Richtspruch zweiter Stufe aber affiziert das Gefühlsvermögen, so dass er sich als Gefühl im Bewusstsein manifestiert. Die natürliche Gemütsanlage des Gewissens ist damit gleichsam ein Ohr, das das natürliche Menschenwesen für die sich selbst richtende praktische Vernunft in ihm hat. Damit aber ist das Gewissen keineswegs das Dijudikationsprinzip der Moralität, sondern es gehört zu den bei der Exekution der Moralität relevanten natürlichen Gemütsanlagen, insofern es den Menschen in den konkreten Situationen seines je individuellen Lebens zur Sorgfalt und Gewissenhaftigkeit beim Handeln zu bewegen vermag. Kants Auffassung des Gewissens ist jedoch weitaus komplexer und selbst das soeben Herausgestellte lässt sich den wenigen Bemerkungen im Abschnitt XII der Einleitung in die *Tugendlehre* nur dann entnehmen, wenn man sie vor dem Hintergrund anderer Passagen liest. Wir werden auf Kants Gewissenslehre im folgenden Kapitel gesondert zurückkommen.

Die dritte von Kant behandelte natürliche Gemütsanlage ist die Menschenliebe beziehungsweise die Liebe des Nächsten. In diesem Unterabschnitt grenzt Kant verschiedene Arten von Liebe gegeneinander ab und es ist nicht unmittelbar ersichtlich, *welche* der voneinander unterschiedenen Arten der Liebe er für die als ästhetische Bedingung der Moralität fungierende natürliche Gemütsanlage des Menschen hält. Es scheint jedoch die »Liebe des W o h l g e f a l l e n s (amor complacentiae)« zu sein, die Kant als eine derartige Gemütsanlage auszuzeichnen gedenkt.[508] Das »W o h l w o l l e n (amor benevolentiae) [...] kann als ein Thun, einem Pflichtgesetz unterworfen sein«; und wer die Pflicht des Wohltuns »oft ausübt [...], kommt endlich wohl gar dahin, den, welchem er wohl gethan hat, wirklich zu lieben«.[509] Obgleich Kant den im Titel des Unterabschnitts stehenden Ausdruck »Menschenliebe« für jene aus dem regelmäßigen Wohltun entsprin-

---

[507] In seinen Vorlesungen der 1770er Jahre unterscheidet Kant ein »Gewissen vor der That, in der That und nach der That; vor der That ist das Gewissen zwar noch kräfftig den Menschen von der That abzuführen, in der That aber noch stärker und nach der That am stärksten«. V-Mo/Kaehler(Stark), S. 196.

[508] MS, AA 6: 402.22. Schönecker und Baum meinen, dass Kant die *amor complacentiae* als jene Menschenliebe versteht, die ein ästhetischer Vorbegriff ist. Vgl. Schönecker, Dieter: »Kant über Menschenliebe als moralische Gemütsanlage«, in: *Archiv für Geschichte der Philosophie* (2010) 2, S. 133–175; Baum, Manfred: »Kant über die Empfänglichkeit des Gemüts für Pflichtbegriffe überhaupt«, in: Römer, Inga (Hg.): *Affektivität und Ethik bei Kant und in der Phänomenologie*. Berlin/Boston: de Gruyter 2014, S. 101–116, hier S. 112.

[509] MS, AA 6: 401.27–28,14–16.

gende »Fertigkeit der Neigung zum Wohlthun überhaupt« verwendet,[510] kann diese Art der Menschenliebe nicht jene ästhetische, subjektive Bedingung der Empfänglichkeit für Pflichtbegriffe sein,[511] weil sie allererst einer schon erfolgten regelmäßigen Pflichtbefolgung zu entspringen vermag. Es kann aber nicht etwas *Bedingung* der Verbindlichkeit durch Pflichtbegriffe sein, das erst die *Konsequenz* der Befolgung einer Verbindlichkeit darstellt. Zu dem eigentlichen ästhetischen Vorbegriff, der *amor complacentiae*, die »allein direct sein« könne, sagt Kant allerdings nur einen einzigen Satz: »Zu dieser aber (als einer unmittelbar mit der Vorstellung der Existenz eines Gegenstandes verbundenen Lust) eine Pflicht zu haben, d. i. zur Lust woran genöthigt werden zu müssen, ist ein Widerspruch.«[512] Dieser Satz formuliert im Wesentlichen die für alle ästhetischen Vorbegriffe geltende These, dass man zu einer *amor complacentiae* nicht verpflichtet werden kann, sagt jedoch kaum etwas darüber, worin sie eigentlich selbst besteht. Was aber versteht Kant unter jener *amor complacentiae*? Die Menschenliebe der *amor complacentiae* ist eine Liebe des Wohlgefallens am Menschen, die sich nicht auf empirische Menschenkenntnis stützt.[513] Eine solche empirische Menschenkenntnis dürfte laut Kant in der Tat kaum dazu führen, die Menschengattung »sonderlich liebenswürdig«[514] zu finden. Die Liebe des Wohlgefallens ist vielmehr eine Lust, die sich unmittelbar an die Vorstellung der Existenz eines Menschen *als Menschen* knüpft. In einer Vorlesungsnachschrift heißt es: »Amor complacentiae ist die Liebe wo ich jemanden werthschätze wegen seiner Eigenschaften. [...]. Alle Menschen können uns nicht wohlgefallen. Die Menschheit an sich muß / uns doch aber wohlgefallen.«[515] Und in der Tat scheint sich die in der *Tugendlehre* gemeinte Liebe des Wohlgefallens auf die *Menschheit* im Menschen zu richten. Das aber bedeutet, dass ich von der Vorstellung der Existenz eines Menschen als eines Zweckes an sich selbst nur dann moralisch bewegt werden kann, wenn sich in mir diese Vorstellung unmittelbar affektiv mit einem Wohlgefallen an der

---

[510] Ebd., S. 402.20–21.

[511] Goy allerdings meint, die von Kant gemeinte Prädisposition sei diese *amor benevolentiae*. Goy, Ina: »Virtue and sensibility (TL 6:399–409)«, in: Trampota, Andreas/Sensen, Oliver/Timmermann, Jens (Hg.): *Kant's »Tugendlehre«. A Comprehensive Commentary.* Berlin/Boston: de Gruyter 2013, S. 183–206, hier S. 191. Auch Guyer vertritt diese Auffassung, wirft Kant jedoch im Zusammenhang damit den Fehler vor, unter dem Abschnittstitel »Menschenliebe« nicht einen ästhetischen Vorbegriff, sondern vielmehr eine Konsequenz der Moralität zu erörtern. Guyer, Paul: »Moral feelings in the Metaphysics of Morals«, a.a.O., S. 145. Einen solchen Fehler muss man Kant nicht vorwerfen, wenn man die *amor complacentiae* als den gemeinten ästhetischen Vorbegriff versteht.

[512] MS, AA 6: 402.23,23–26.

[513] Vgl. Baum, Manfred: »Kant über die Empfänglichkeit des Gemüts für Pflichtbegriffe überhaupt«, a.a.O., S. 113.

[514] MS, AA 6: 402.5.

[515] Kant, Immanuel: Praktische Philosophie Powalski, V-PP/Powalski, AA 27: 227.26–31.

Existenz des Menschen als Menschen verknüpft. Die Mensch-Zweck-Formel des kategorischen Imperativs kann einen Menschen nur dann verbinden, wenn dieser Mensch mit der natürlichen Gemütsanlage der *amor complacentiae* ausgestattet ist. Mit anderen Worten, existierende Menschen können mich nur dann moralisch angehen, wenn die Vorstellung von ihrer Existenz mich affektiv im Sinne einer Liebe des Wohlgefallens an ihrer bloßen Menschheit, die unabhängig ist von ihren sämtlichen empirischen Eigenschaften, berührt. Weil es sich aber um eine Liebe zur Menschheit im Menschen handelt, scheint sich jene *amor complacentiae* letztlich auf alle Menschen überhaupt, inklusive meiner selbst, beziehen zu müssen, auch wenn Kant in der Einleitung zu Abschnitt XII nicht allgemein von Menschenliebe, sondern speziell von der Liebe des Nächsten spricht.

Als vierte natürliche Gemütsanlage nennt Kant die »Achtung (reverentia)«.[516] Er scheint sich hier jedoch nicht auf die allgemeine Achtung für das Gesetz zu beziehen, sondern vielmehr auf eine spezifische Form der *Selbstachtung* des Menschen. Das Bewusstsein der Geltung des aus seiner eigenen reinen praktischen Vernunft entspringenden moralischen Gesetzes zwinge dem Menschen »unvermeidlich A c h t u n g *für sein eigenes Wesen* ab«.[517] Der Mensch sei natürlicherweise dazu veranlagt, ein Gefühl der Achtung für sich selbst zu empfinden, sobald die reine praktische Vernunft in ihm seine Willkür bestimmt. Von diesem Gefühl der Selbstachtung aber sagt Kant, es sei »ein Grund gewisser Pflichten, d. i. gewisser Handlungen, die mit der Pflicht gegen sich selbst zusammen bestehen können«.[518] Es ist nicht recht deutlich, was Kant mit den »gewissen Pflichten« meint, die mit der Pflicht gegen sich selbst kompatibel seien, aber es scheint so zu sein, dass er sich mit jenen »gewissen Pflichten« auf alle Pflichten *überhaupt* bezieht.[519] Dafür würde der letzte Satz sprechen, in dem es heißt, der Mensch müsse »Achtung vor dem Gesetz *in sich selbst* haben, um sich nur eine Pflicht *überhaupt* denken zu können«.[520] Sollte diese Interpretation zutreffen, dann wäre der von Kant formulierte Gedanke dieser: Wenn die reine praktische Vernunft in mir meine Willkür bestimmt, so muss ich das Gefühl der Selbstachtung vor der reinen praktischen Vernunft und ihrem Gesetz in mir erfahren können, damit *mich* der Gedanke an Pflichten, welche immer es seien, überhaupt zu bewegen vermag und ich diese Pflichten als *meine* auffassen kann.

---

[516] MS, AA 6: 402.29.

[517] Ebd., S. 402.36–403.1, Kursivierung I. R.

[518] Ebd., S. 403.2–4.

[519] Dies ist die Interpretation von Baum. Vgl. Baum, Manfred: »Kant über die Empfänglichkeit des Gemüts für Pflichtbegriffe überhaupt«, a. a. O., S. 115. Goy meint, die Achtung für sich selbst sei nur ein Grund für Pflichten gegen sich selbst. Vgl. Goy, Ina: »Virtue and sensibility (TL 6:399–409)«, a. a. O., S. S. 194.

[520] MS, AA 6: 403.5–6, Kursivierungen I. R.

Nirgendwo im Abschnitt XII sagt Kant etwas darüber, weshalb es genau vier ästhetische Vorbegriffe gibt und weshalb es gerade diese vier sind.[521] Dass es vier sind, legt allerdings die Vermutung nahe, Kant habe sich hier an den vier Kategorienklassen der ersten Kritik orientiert, und zwar in einer ähnlich allgemeinen Weise wie schon bei der Bestimmung der vier Momente des Geschmacksurteils in der *Kritik der Urteilskraft*. In welcher Weise könnte die Kategorientafel den vier ästhetischen Vorbegriffen zugrundeliegen? Wir können hier den Interpretationsvorschlag von Baum heranziehen, der Folgendes behauptet: »Die moralische Beschaffenheit des Menschen ist eine natürliche Gemütsanlage, die (1) der Quantität nach als moralisches Gefühlsvermögen subjektive Allgemeingültigkeit für alle Menschen hat, (2) der Qualität nach als Gewissen das Vermögen bejahender und verneinender Urteile über die Pflichterfüllung des Menschen ist, (3) der Relation nach als natürliche Liebe des Nächsten sich auf das Verhältnis der Menschen zueinander (als Mitmenschen) bezieht und (4) der Modalität nach als Achtung für sich selbst die subjektiv notwendige Bedingung der Möglichkeit der Erkenntnis aller meiner Pflichten als meiner ist.«[522] Dem moralischen Gefühlsvermögen käme subjektive Allgemeinheit zu, weil es einerseits Allgemeingültigkeit hat für alle Menschen, in denen reine praktische Vernunft die Willkür bestimmt, andererseits jedoch ein selbstreflexives, subjektives Gefühl ist, das sich auf Übereinstimmung oder Widerstreit unserer Handlung mit dem Pflichtgesetz in uns bezieht; jeder Mensch hat dieses selbstreflexive, subjektive Gefühl. Das Gewissen bezieht sich im Falle von mindestens erlaubten Handlungen auf bejahende Urteile des Lossprechens und im Falle von verbotenen Handlungen auf verneinende Urteile des Verurteilens über die Pflichterfüllung des Menschen. Die Menschenliebe scheint sich in erster Linie auf die dritte Kategorie der Relation, Gemeinschaft beziehungsweise Wechselwirkung, als eine solche zwischen den Menschen, zu beziehen. Und die Achtung für sich selbst könnte als notwendige Bedingung des Habens von Pflichten betrachtet werden, die jedoch nur die subjektive Bedingung im Gefühl des Subjekts ist, während die objektive Bedingung der Pflicht im Gesetz selbst liegt.

---

521 In ihrem Kommentar zu Abschnitt XII formuliert Goy zwar diese Fragen, lässt sie jedoch unbeantwortet: »The a priori sensible predispositions Kant expounds […] seem to form a very heterogeneous group of phenomena. What is their relation to each other? Are they of the same rank, are they divided into two pairs of closely related phenomena or is one superior to the rest, moral feeling, for example, as a generic term not describing any particular feeling while love and respect are specific feelings? Why does Kant treat of these four predispositions and feelings and of no others?« Goy, Ina: »Virtue and sensibility (TL 6:399–409)«, a.a.O., S.194.

522 Baum, Manfred: »Kant über die Empfänglichkeit des Gemüts für Pflichtbegriffe überhaupt«, a.a.O., S.115.

Trotz der hermeneutischen Herausforderungen, vor die der Abschnitt XII stellt, scheinen sich zwei zentrale Funktionen der natürlichen Gemütsanlagen herausheben zu lassen. Zum einen zeigen sie, wie der Mensch nicht lediglich allgemein durch die Stimmung der Achtung, sondern auch durch spezifische Gefühle, die sich auf konkrete Handlungen und Personen in individuellen Situationen beziehen, moralisch bewegt zu werden vermag und sogar bewegt werden können muss, wenn Moralität möglich sein soll; das »mobile«, die *bewegende Triebfeder* der Moralität konkretisiert sich somit beim Menschen in verschiedenartigen bewegenden Gefühlen, die ihn in konkreten Situationen in Bezug auf einzelne Handlungen und Personen zu »mobilisieren« vermögen. Zum anderen jedoch scheinen die den natürlichen Gemütsanlagen entspringenden Gefühle neben dieser Triebfederfunktion, wie schon allgemein die Stimmung der Achtung, auch die Funktion einer *affektiven Erschließung der moralisch relevanten Züge einer Handlungssituation* zu haben. Denn dank ihnen reagiert der Mensch unmittelbar affektiv auf den moralischen Status konkreter erwogener oder begangener Handlungen und ihm begegnender Personen.[523]

Mit dem Aufweis jener erschließenden und bewegenden Gefühle aber, die jenen vier natürlichen Gemütsanlagen des Menschen entspringen, scheint Kant genau das systematisch eingeholt zu haben, wovon er 1785 im ersten Abschnitt der *Grundlegung* ausgegangen war, als er dort mittels einer Analyse des gewöhnlichen moralischen Bewusstseins das in ihm fungierende oberste Gesetz aufdeckte. Es scheint, dass über die allgemeine Achtung hinaus die den natürlichen Gemütsanlagen entspringenden moralischen Gefühle genau derjenige Zugang zur Moralität sind, den die vorphilosophische »gemeine sittliche Vernunfterkenntnis« hat. Jener moralische »Kompass« des gemeinen Menschen, von dem Kant dort voller Hochachtung spricht, vermag nur deshalb so treffsicher zu sein, weil es im Menschen Gefühle gibt, die die moralisch relevanten Züge einer Situation unmittelbar anzeigen und den Menschen unmittelbar zum Handeln nach ihnen anhalten. Der kritische Kant wird aber nicht müde zu wiederholen, dass es

---

[523] Mit der durch »phänomenologische« Analyse des menschlichen Bewusstseins erreichten Identifikation der natürlichen Gemütsanlagen ist allerdings erst der grundlegendste Rahmen einer Phänomenologie der affektiven Erschließung moralisch relevanter Situationen abgesteckt. Um das Wechselspiel zwischen affektiver Erschließung einer Situation, erwogenen Handlungen, Bildung neuer Maximen, der Rückwirkung jener Maximen auf die affektive Weltsicht und das dabei relevante dynamische Verhältnis von Gefühl, Urteilskraft und Vernunft phänomenologisch angemessen in den Blick zu bekommen, wären weitere, umfangreiche Untersuchungen nötig. Ein gewisser Ansatz zu einer derartigen, allererst noch auszuarbeitenden »phänomenologischen Erweiterung der kantischen Ethik« findet sich bei Esser, Andrea Marlen: »Die Bedeutung von Gefühlen in Kants Moralphilosophie und die Möglichkeit ihrer phänomenologischen Erweiterung«, in: Römer, Inga (Hg.): *Affektivität und Ethik bei Kant und in der Phänomenologie.* Berlin/Boston: de Gruyter 2014, S. 145–171, hier S. 166–170.

sich bei diesen Gefühlen nicht um einen moralischen Sinn handelt, sondern um ein reflexives Gefühl, das das implizite Urteil über das Verhältnis einer Handlung oder einer Person zu der reinen praktischen Vernunft in mir bewusst macht. Kant nimmt seinen Ausgang 1785 in einer phänomenologischen Analyse des gewöhnlichen moralischen Bewusstseins, das wegen der natürlichen Dialektik aus sich selbst heraus zur praktischen Philosophie treibe, und schließt den Kreis 1797 mit einer philosophischen Begründung jener zu Beginn im moralischen Bewusstsein des Menschen gefundenen Phänomene. *Phänomenologisch gesehen kommt dem Gefühl das Primat zu, begründungstheoretisch jedoch nimmt es die letzte Stelle in der systematischen Grundlegung einer Ethik ein.* Wenn dies aber so ist, dann kann durchaus gesagt werden: Kant beginnt und schließt seine systematische Begründung einer Ethik mit einer Phänomenologie des gewöhnlichen moralischen Bewusstseins.

2.5.3 Das Gewissen als Selbstprüfungsinstanz der Vernunft

Das Gewissen ist in Verruf geraten, denn es liegt auf ihm der Verdacht einer fundamentalen Mehrdeutigkeit. Erstens scheint es als unhintergehbare Quelle letzter moralischer Evidenzen in Frage zu kommen, zweitens jedoch das Einfallstor einer tückischen Unterdrückung zu sein, die sich als solche verbirgt, und drittens wiederum eine radikal subjektive und willkürliche Sicht des Einzelnen darzustellen. Während die christliche Tradition vor Kant im Gewissen die Stimme Gottes hörte, hat sich nach Kant insbesondere seit Nietzsche und Freud die Auffassung verbreitet, das Gewissen sei im Wesentlichen ein Konditionierungseffekt, in dem die dem Menschen gleichsam eingebrannten sozialen Regeln ihre Befolgung anmahnen, und Hegel wiederum wies auf die umgekehrte Gefahr der Verabsolutierung eines rein subjektiven Gewissens hin, das nur dem »Gesetz seiner *Einzelheit* und *Willkür*«[524] folgt. Das Gewissen scheint damit im Spannungsfeld von authentischer moralischer Gewissheit, heteronomer Unterdrückung und Hyperindividualisierung des moralischen Urteils zu stehen. Welche Funktion schreibt Kant dem Gewissen zu? Vermag sein Begriff des Gewissens jener fatalen Alternative zwischen moralisierender Unterdrückung und moralischer Willkür zu entgehen?

Es gibt vier Stellen in den veröffentlichten Schriften,[525] in denen Kant sich ausführlicher mit dem Gewissen befasst: in der Schlussanmerkung der kleinen

---

[524] Hegel, Georg Wilhelm Friedrich: *Phänomenologie des Geistes*, hg. von Eva Moldenhauer und Karl Markus Michel. Frankfurt am Main: Suhrkamp 1970 (= Werke. Bd. 3), S. 486.

[525] Eine weitere, bereits erwähnte Stelle befindet sich in der Vorlesung der 1970er Jahre. Vgl. V-Mo/Kaehler(Stark), S. 188–197.

Schrift »Über das Misslingen aller philosophischen Versuche in der Theodizee«
(1791), in dem Schlussparagraphen der *Religionsschrift* »Vom Leitfaden des Gewissens in Glaubenssachen« (1793), im Abschnitt XII der Einleitung in die *Tugendlehre* unter dem Titel »Ästhetische Vorbegriffe der Empfänglichkeit des Gemüts
für Pflichtbegriffe überhaupt« und im § 13 des Hauptteils der *Tugendlehre* unter
dem Titel »Von der Pflicht des Menschen gegen sich selbst, als dem angebornen
Richter über sich selbst« (1797). Anhand dieser vier Passagen wollen wir nun auf
Kants Gewissenslehre eingehen.

Dass Kant das Gewissen als eine im Gefühl bewusst werdende *Selbstprüfungsinstanz der Vernunft* versteht, geht besonders deutlich aus dem Schlussparagraphen der *Religionsschrift* hervor. Dort heißt es: Im Gewissen »richtet die
Vernunft sich selbst, ob sie auch wirklich jene Beurtheilung der Handlungen mit
aller Behutsamkeit (ob sie recht oder unrecht sind) übernommen habe, und stellt
den Menschen w i d e r oder f ü r s i c h selbst zum Zeugen auf, daß dies geschehen,
oder nicht geschehen sei«.[526] Kant unterscheidet an dieser Stelle zweierlei Richt-
sprüche der Vernunft. Der Richtspruch erster Ordnung ist ein solcher, in dem die
praktische Vernunft darüber richtet, ob eine Handlung dem Gesetz gemäß oder
zuwider erfolgt: Hier »richtet« die Vernunft »die Handlungen als Casus, die unter
dem Gesetz stehen«[527], und befiehlt damit dem Menschen, diesem Richtspruch
entsprechend zu handeln. Auf dieser Basis stellt sich jene Lust an der Übereinstimmung der Handlung mit dem Gesetz oder die Unlust am Widerstreit der
Handlung mit dem Gesetz ein, von der Kant im Abschnitt XII der Einleitung in
die Tugendlehre unter dem Titel des moralischen Gefühls sprach. *Dieser* Richtspruch aber ist laut Kant nicht das, was affektiv im Gewissen bewusst wird. Der
Richtspruch, der im Gewissen zum Bewusstsein gelangt, sei vielmehr ein Richtspruch zweiter Ordnung, in dem »die Vernunft *sich selbst* [richtet]«[528]. Die Vernunft als Richterin wird hier reflexiv und fragt sich, ob sie die Beurteilung der
Handlungen nach ihrem Gesetz und den auf dieser Basis gefällten Richtspruch
auch »mit aller Behutsamkeit«[529] und Vorsicht durchgeführt hat. In Kants Modell
des Gewissens als »eines i n n e r e n G e r i c h t s h o f e s im Menschen«,[530] wie es
ausdrücklich im § 13 der *Tugendlehre* heißt, fungiert die reine praktische Vernunft nicht als Gesetzgeberin – was sie auch ist –, sondern als die oberste Richterin, die, um im Bild zu bleiben, die Oberaufsicht in ihrem Gerichtssaale hat und
die Verantwortung dafür trägt, dass in ihm alles mit rechten Dingen zugeht. Das
Gewissen aber ist das gefühlsmäßige Bewusstsein der sich selbst richtenden Ver-

---

[526] RGV, AA 6: 186.16–20.
[527] Ebd., S. 186.13,13.
[528] Ebd., S. 186.16, Kursivierung I. R.
[529] Ebd., S. 187.17.
[530] MS, AA 6: 438.10–11.

nunft, die darüber urteilt, ob sie selbst diese Sorgfaltspflicht hinreichend befolgt hat oder es vielmehr an Behutsamkeit fehlen ließ. In Bezug auf was genau aber fragt sich die Vernunft als Selbstprüfungsinstanz, ob sie mit der gebotenen Sorgfalt zu Werke gegangen ist?

Kants Ausführungen in Bezug auf diese Frage sind wenig ausführlich und lassen der Interpretation daher einigen Spielraum. Es scheint so zu sein, dass sich die Selbstermahnung der Vernunft zur Sorgfalt auf drei Momente bezieht. Das erste Moment betrifft die Frage, ob eine bestimmte Handlungsmaxime mit der gebührenden Sorgfalt am moralischen Gesetz überprüft wurde. Die Aufgabe liegt hier in der sorgfältigen Durchführung des Maximenprüfungsverfahrens und in der wohlüberlegten Antwort auf die Frage, ob die vorliegende Maxime wirklich allgemeines Gesetz werden könnte. Kant spricht in dem oben zitierten Satz ausdrücklich von der Frage, ob die Beurteilung der *Handlungen* – und nicht lediglich der Handlungs*maximen* – mit aller Behutsamkeit vorgenommen sei. Dies aber, und das ist das zweite Moment, kann so verstanden werden, dass in Bezug auf die Handlungen zunächst mit aller Sorgfalt danach gefragt werden muss, *welche* Maxime ihnen eigentlich zugrunde liegt, bevor die dann gefundene Maxime wiederum sorgfältig auf ihre Gesetzestauglichkeit überprüft werden kann. Welche Maxime im einzelnen Fall aber tatsächlich die unsrige ist, ist laut Kant bekanntlich eine der schwierigsten moralpsychologischen Fragen, da wir ständig dazu tendieren, uns in Bezug auf unsere eigenen Motive blauen Dunst vorzumachen. Weil Aufrichtigkeit in dieser Hinsicht aber das Herzstück der Moralität des Menschen darstellt, ist für Kant das erste Gebot aller Pflichten gegen sich selbst das delphische »E r k e n n e (erforsche, ergründe) d i c h   s e l b s t«[531]. Ein drittes Moment des Gewissens lässt sich den kantischen Ausführungen allenfalls indirekt entnehmen, scheint uns jedoch der Sache nach wesentlich zum Phänomen des Gewissens zu gehören. Es handelt sich um die selbstreflexive Frage, ob ich nicht nur eine spezifische Handlung und ihre Maxime, sondern auch die Handlungs*situation* angemessen beurteilt habe. Hier befrage ich selbstkritisch die Genauigkeit meiner eigenen Urteilskraft, etwa: War ich aufmerksam genug, um zu sehen, wer im Umkreis meines Handlungsspielraumes Hilfe brauchte?

---

[531] Ebd., S. 441.4. Esser meint, man müsse das Gewissen und das Gebot der Selbsterkenntnis streng voneinander trennen, da das Gewissen die Frage betreffe, ob man in einem bestimmten Fall überhaupt ein praktisches Urteil gefällt hat und ob man der in Frage stehenden Handlung moralischen Wert zuschreiben könne, während sich das Gebot der Selbsterkenntnis auf die Frage beziehe, ob man eine korrekte moralische Selbstbeschreibung und Selbstkritik durchgeführt habe. Vgl. Esser, Andrea M.: »The inner court of conscience, moral self-knowledge, and the proper object of duty (TL 6:437–444)«, in: Trampota, Andreas/Sensen, Oliver/Timmermann, Jens (Hg.): Kant's »Tugendlehre«. A Comprehensive Commentary. Berlin/Boston: de Gruyter 2013, S. 269–291, hier S. 272. Uns scheint es jedoch eher so zu sein, dass das, was das Gebot der Selbsterkenntnis als Pflicht formuliert, zugleich etwas ist, zu dem das Gewissen immer schon anhält.

Habe ich mir hinreichend sorgfältig überlegt, auf welche Weise ich die anderen
in ihrem Zwecksetzungsvermögen am besten unterstützen kann? Kant zufolge
aber gibt es eine Pflicht, seine Urteilskraft zu kultivieren, wozu es auch gehört,
sie so zu trainieren, dass sie moralisch relevante Handlungssituationen möglichst
detailreich zu erschließen vermag. Die sich im Gewissen gefühlsmäßig meldende
Selbstprüfungsinstanz der Vernunft scheint sich daher durchaus auch aus kantischer Sicht auf die Frage zu beziehen, ob meine situationsbezogene Urteilskraft
hinreichend sorgfältig zu Werke gegangen ist und ob ich sie in der Vergangenheit
hinreichend geübt habe, um sie erfolgreich anzuwenden. Diese drei Momente des
Gewissens ließen sich in drei Fragen zusammenfassen, die die oberste Richterin Vernunft an sich selbst stellt: Habe ich hinreichend überprüft, welche Handlungsmaxime wirklich die Handlungsmaxime war? Habe ich hinreichend überprüft, ob diese Handlungsmaxime gesetzestauglich ist? Habe ich die Kultivierung
und Ausübung der situationsbezogenen Urteilskraft hinreichend vollzogen?

Die positive Beantwortung dieser drei Fragen ist alles, was vom Menschen in
moralischen Dingen verlangt werden kann. Kant zufolge gibt es kein irrendes
Gewissen. Er nimmt mit dieser These zu einer in der Scholastik viel diskutierten Frage Stellung,[532] die noch Baumgarten im Sinne der Möglichkeit eines
irrenden Gewissens beantwortet hatte, und erläutert sie durch eine Unterscheidung von objektivem Irrtum und subjektiver Gewissheit: »[I]n dem objectiven
Urtheile, ob etwas Pflicht sei oder nicht, kann man wohl bisweilen irren; aber
im subjectiven, ob ich es mit meiner praktischen (hier richtenden) Vernunft
zum Behuf jenes Urtheils verglichen habe, kann ich nicht irren, weil ich alsdann
praktisch gar nicht geurtheilt haben würde«; daher ist »ein i r r e n d e s Gewissen
ein Unding«.[533] Bezogen auf jene drei oben genannten Momente bedeutet dies:
Wenn ich mir subjektiv dessen gewiss bin, dass meiner Handlung diese Maxime
zugrunde liegt, ich subjektive Gewissheit habe, dass diese Maxime gesetzestauglich ist, und ich subjektiv dessen gewiss bin, so sorgfältig wir mir nur möglich
die Handlungssituation beurteilt zu haben, dann kann von mir »was Schuld oder
Unschuld betrifft, nichts mehr verlangt werden«.[534] Wenn ich objektiv im Irrtum
bin, kann mir dies nicht vorgeworfen werden, wenn ich bei aller Bemühung um
Aufrichtigkeit mir selbst gegenüber subjektiv dessen gewiss war, recht zu handeln. Gewissenhaft sein aber kann jeder, auch derjenige, der *de facto* mit wenig
kompetentem Verstand und geringer Urteilskraft ausgestattet ist.

---

532 Vgl. dazu den von Hans Reiner verfassten Artikel zum »Gewissen« im *Historischen Wör-*
terbuch der Philosophie: Reiner, Hans: »Gewissen«, in: Ritter, Joachim (Hg.): *Historisches Wörter-*
buch der Philosophie, Band 3. Darmstadt: Wissenschaftliche Buchgesellschaft 1974, S. 574–592.
533 MS, AA 6: 401.5–9,5.
534 Ebd., S. 401.13.

Zu dieser subjektiven Gewissheit aber bin ich Kant zufolge verpflichtet. Das formuliert Kant in der *Religionsschrift* etwas missverständlich so: »Das Gewissen ist ein Bewußtsein, das für sich selbst Pflicht ist.«[535] Gemeint ist, dass es eine Pflicht ist, ein *beruhigtes* Gewissen zu haben, wenn man handelt: »man soll nichts auf die Gefahr wagen, daß es unrecht sei«; von der Handlung, »die ich unternehmen will, muß ich nicht allein urtheilen, und meinen, sondern auch gewiß sein, daß sie nicht unrecht sei«.[536] In der Schrift über die Theodizee unterscheidet Kant eine formale Gewissenhaftigkeit von einer materialen: »Man kann diese Wahrhaftigkeit die formale Gewissenhaftigkeit nennen; die materiale besteht in der Behutsamkeit, nichts auf die Gefahr, daß es unrecht sei, zu wagen: da hingegen jene in dem Bewußtsein besteht, diese Behutsamkeit im gegebnen Falle angewandt zu haben.«[537] Wahrhaftig und formal gewissenhaft bin ich genau dann, wenn ich vor dem Handeln material das Bewusstsein eines beruhigten Gewissens habe.

Nun kann man aber an Kant die Frage stellen, ob sich in unserem Leben überhaupt jemals wirklich so ein beruhigtes Gewissen einstellt. Gehen wir nicht ständig mit einer gewissen ethischen Unruhe im Herzen durch die Welt? Misstrauen wir uns nicht in Bezug auf unsere Fähigkeit zur angemessenen Beurteilung der Situationen? Misstrauen wir uns nicht, wie Kant selbst es nahelegt, permanent in Bezug auf unsere wirklichen Handlungsmotive? Mit anderen Worten, hegen wir nicht ein gleichsam unauslöschliches Misstrauen gegenüber unserer Beurteilung der Welt und uns selbst in Bezug auf moralische Fragen? Weil wir zum Handeln verurteilt sind, müssen wir zwar ständig dieses Selbstmisstrauen durchbrechen und uns mit einem zumindest bis zu einem gewissen Grade beruhigten Gewissen für eine Handlung entscheiden. Von einer absoluten subjektiven Gewissheit in ethischen Fragen scheint aber kaum jemals die Rede sein zu können. Damit ist nicht gemeint, dass wir permanent mit einem regelrecht schlechten Gewissen durch das Leben gehen und gleichsam einer notwendigen Selbstmarter unterworfen sind. Aber von einer unaufhebbaren ethischen Unruhe kann wohl doch gesprochen werden. Es handelt sich dabei aber um eine ethische Unruhe, die als Erfahrungsphänomen wiederum das anzeigt, worauf wir bereits mehrfach hingewiesen haben: Es gibt eine unüberbrückbare Kluft zwischen reiner praktischer Vernunft und ihrer Anwendung auf endliche Verhältnisse. Diese Distanz scheint sich auch in einer *Unabschließbarkeit der Selbstprüfung reiner praktischer Vernunft* zu spiegeln. Reine praktische Vernunft kann den Menschen dazu anhalten, seine Handlungsentscheidungen nach bestem Wissen und Gewissen so sorgfäl-

---

535 RGV, AA 6: 185.18–19.
536 Ebd., S.185.23–24; 186.4–6.
537 Kant, Immanuel: »Über das Misslingen aller philosophischen Versuche in der Theodizee«, MpVT, AA 8: 268.6–10.

tig überlegt wie nur irgend möglich zu treffen. Im Gefühl des Menschen scheint dabei jedoch eine affektive ethische Unruhe untilgbar zu bleiben, die auf die Kluft zwischen reiner praktischer Vernunft und ihrer Realisierung durch den Menschen in der Welt zurückzuführen ist.[538]

Welcher Ort nun kommt Kants Gewissenslehre innerhalb des eingangs benannten Spannungsfeldes von moralischer Authentizität, Stimme Gottes, eingebrannten sozialen Regeln und individueller Willkür zu? Im Gewissen spricht Kant zufolge die reine praktische Vernunft mit einer Stimme moralischer Authentizität. Sie spricht hier nicht als Gesetzgeberin des formalen moralischen Gesetzes, sondern als Richterin über ihr eigenes, ganz konkretes ›In-der-Welt-sein‹. Es kann daher gesagt werden, dass sich im Gewissen »die praktische Autonomie des Vernunftwesens zu individueller Realität zuspitzt«.[539] Das Gewissen ist eine auf einzelne Handlungen und Situationen bezogene Stimme moralischer Authentizität. In § 13 der Tugendlehre schreibt Kant zwar, »das Gewissen« müsse »als subjectives Princip einer vor Gott seiner Thaten wegen zu leistenden Verantwortung gedacht werden«; allerdings, so fährt er fort, »nur nach der Analogie mit einem Gesetzgeber aller vernünftigen Weltwesen«, denn die »Verantwortlichkeit vor einem von uns selbst unterschiedenen, aber uns doch innigst gegenwärtigen heiligen Wesen (der moralisch-gesetzgebenden Vernunft)« ist letztlich, wie dieses Zitat deutlich macht, doch Verantwortung vor der reinen praktischen Vernunft als Gesetzgeberin.[540] Weil der Mensch aber zu einer natürlichen Dia-

---

[538] Der von Herbart inspirierte Wohlrabe kritisiert Kants Gewissensbegriff als zu eng sowie »als Hypostasierung einer inhaltslosen, logischen Distinction« und setzt diesem einen eigenen Gewissensbegriff entgegen, den er folgendermaßen definiert: Das Gewissen sei »die Summe der in das Ich aufgenommenen praktischen Grundsätze (Maximen), an welche sich das Individiuum, als an den Ausdruck seiner subjektiv-sittlichen Überzeugung, gebunden fühlt«. Wohlrabe, Wilhelm: *Kants Lehre vom Gewissen historisch-kritisch dargestellt*. Halle an der Saale: Verlag von Tausch & Grosse 1888, S. 25. Es ist aber dieser Gewissensbegriff und nicht der kantische, der zu eng ist, weil mich nach Wohlrabes Begriff das Gewissen immer nur dazu ermahnen würde, nach meinen *schon angenommenen* Maximen auch tatsächlich zu handeln; die bei Kant von der reinen praktischen Vernunft ausgehende Mahnung des Gewissens enthält aber einen Überschuss über alle schon gewählten Maximen und macht allererst verständlich, weshalb moralische Verbindlichkeit sich niemals in der Befolgung einer fest bestimmten Menge konkreter, inhaltlich bestimmter Maximen zu erschöpfen vermag.

[539] Hoffmann, Thomas Sören: »Gewissen als praktische Apperzeption. Zur Lehre vom Gewissen in Kants Ethik-Vorlesungen«, in: *Kant-Studien* 93 (2002), S. 424–443, hier S. 443.

[540] MS, AA 6: 439.13,13–14; 440.2–3,4–6. Esser vermutet, Kant habe den Begriff des Gewissens letztlich nur wegen seiner Konzilianz gegenüber der religiösen Tradition dieses Begriffes aufgenommen. Vgl. Esser, Andrea M.: »The inner court of conscience, moral self-knowledge, and the proper object of duty (TL 6:437–444)«, a.a.O., S. 286. Es spricht jedenfalls viel dafür, dass Kants Analogisierung von Gott und reiner praktischer Vernunft als moralische Gesetzgeber zu dem Projekt einer Religion innerhalb der Grenzen der bloßen Vernunft gehört, innerhalb dessen gezeigt werden soll, was Religion »eigentlich«, nämlich moralisch gesehen, bedeutet. Die ver-

lektik neigt, in der er die Gebote des Gesetzes seinen Neigungen angemessener zu machen sucht, kann er sich jedoch auch in Bezug auf die Stimme des Gewissens »verhören«. Die Stimmen der Neigungen zu seinen bloß subjektiven Zwecken oder auch die Stimmen der Furcht vor sozialen Sanktionen im Falle einer Nichtbefolgung der fungierenden Regeln einer Gesellschaft erscheinen ihm dann so stark, dass sie die Stimme der reinen praktischen Vernunft nahezu verdrängen. Die Stimme der rein individuellen Subjektivität oder die Stimme der herrschenden gesellschaftlichen Praxis in mir aber für die Stimme des Gewissens selbst zu halten, ist aus Kants Sicht ein aus jener natürlichen Dialektik entspringendes Verhören. Solange die Stimme reiner praktischer Vernunft jedoch noch durch die lauten Stimmen der Neigungen und der Furcht hindurch zu hören und jene verhörende Verwechslung nicht absolut ist, kann der Mensch für seine Zuwiderhandlungen gegen das moralische Gesetz verantwortlich gemacht werden. Ist er jedoch subjektiv absolut gewiss, dass die Stimme seiner persönlichen Neigung oder aber die Stimme der Gesellschaft in ihm der alleinige moralische Maßstab sind, dann handelt er in Bezug auf das Gesetz reiner praktischer Vernunft nicht moralisch verwerflich, sondern dann ist er schlichtweg für die Moralität verloren. Wenn das einzig mögliche moralische Gesetz im Menschen nicht durch eine legislativ fungierende reine praktische Vernunft in seiner Geltung gestiftet wird, dann gibt es aus Kants Sicht weder ein Gewissen im eigentlichen Sinne noch überhaupt Moralität.

meintliche Stimme Gottes im Gewissen, so lautet offenbar Kants Meinung, ist in Wahrheit die Stimme der reinen praktischen Vernunft. Im § 13 weist Kant ausdrücklich darauf hin, dass »Gewissenhaftigkeit [...] auch religio genannt wird«, und deutet damit an, wahre Religion sei moralische Gewissenhaftigkeit. MS, AA 6: 440.3–4.

3. Kants Ethik in phänomenologischer Sicht

3.1 Die Kritik am Formalismus und das Programm einer Wertethik

3.1.1 Der Vorwurf des Formalismus und der Gefühlsfeindlichkeit an Kant

Innerhalb der von Edmund Husserl begründeten Bewegung der Phänomenologie nimmt die Ethik zunächst die Gestalt einer Wertethik an. Während Husserl selbst zwar seit 1891, also sogar noch vor dem Erscheinen der *Logischen Untersuchungen*, Vorlesungen über Ethik hält,[1] ist es Max Scheler, der als erster eine groß angelegte Monographie über eine phänomenologische Wertethik ausarbeitet. *Der Formalismus in der Ethik und die materiale Wertethik. Neuer Versuch der Grundlegung eines ethischen Personalismus* erscheint in zwei Teilen 1913 (zusammen mit Husserls *Ideen I*) und 1916 in Husserls *Jahrbuch für Philosophie und phänomenologische Forschung*. Schelers Ausarbeitung einer phänomenologischen materialen Wertethik und eines ethischen Personalismus ist mit einer grundlegenden Kritik an einem Formalismus in der Ethik verbunden. Diesen Formalismus sieht Scheler bei Kant.[2] Obgleich Scheler davon auszugehen beansprucht, »es sei die Ethik Kants – und keines anderen neueren Philosophen –, die bis heute das Vollkommenste darstelle, was wir […] in Form strenger wissenschaftlicher Einsicht an

---

1 Vgl. Melle, Ullrich: »Einleitung des Herausgebers«, in: Husserl, Edmund: *Vorlesungen über Ethik und Wertlehre 1908–1914*, hg. Ullrich Melle. Dordrecht u.a.: Kluwer 1988 (= Husserliana. Bd. XXVIII), S.XIII–XLIX, hier S.XV, Fußnote 1.

2 Allerdings scheint Scheler mit seiner Kritik an Kant mittelbar auch den ihm zeitgenössischen Neukantianismus anzuvisieren. Während die Rezeption Kants im neunzehnten Jahrhundert zunächst durch den deutschen Idealismus bestimmt war, beanspruchte der Neukantianismus, zu Kant selbst zurückzukehren. Im Zuge jener Rückkehr zu Kant, die sich schon bald als ein Weg von Kant weg und über ihn hinaus erwies, wurde in der südwestdeutschen Schule bei Wilhelm Windelband und Heinrich Rickert der Wertbegriff in das Zentrum der Philosophie erhoben. Zwar hatte die aus dem Empirismus hervorgegangene parallele Entwicklung von utilitaristischer Ethik und Nationalökonomie den Wert vorwiegend als lediglich anderen Ausdruck für das Nützliche aufgefasst. Rudolf Hermann Lotze jedoch hatte dem Wertbegriff wieder zu einer eigenen, philosophischen Dignität verholfen und ihn so von dem rein ökonomischen Wertbegriff abgegrenzt. Allerdings war der Begriff des Wertes, der mit dem der Geltung in enge Verbindung gesetzt wurde, im Neukantianismus wesentlich formal bestimmt. Die Idee einer phänomenologischen materialen Wertethik und ihre Kritik am kantischen »Formalismus« kann in diesem Kontext daher nicht nur als eine direkte Antwort auf Kant, sondern muss auch als eine indirekte Antwort auf den zu Beginn des zwanzigsten Jahrhunderts das akademische Feld beherrschenden Neukantianismus und seinen formalen Werbegriff verstanden werden.

philosophischer Ethik besitzen«,[3] und obgleich Scheler in der Tat an dem kantischen Gedanken einer Ethik *a priori* festhält, wird Kant wegen des bei ihm erblickten Formalismus zunächst zum Hauptgegner einer phänomenologischen Ethik, die sich als Wertethik versteht. Mit dem Vorwurf des Formalismus verknüpft sich ein anderer grundlegender Einwand, der sich auf die vermeintliche Gefühlsfeindlichkeit von Kants Ethik bezieht. Diese beiden miteinander zusammenhängenden Vorwürfe an Kant, der des Formalismus und der der Gefühlsfeindlichkeit, wollen wir in diesem Kapitel nacheinander erörtern, bevor wir uns im nächsten Kapitel dem Programm einer materialen Wertethik selbst zuwenden.

Der Vorwurf des Formalismus an Kant ist bekanntlich kein spezifisch phänomenologischer. Bereits Hegel hat ihn in seinem Naturrechtsaufsatz erhoben. Er versteht dort das kantische Gesetz als eine leere Begriffsform, in die »irgendeine Bestimmtheit, welche den Inhalt der Maxime des besonderen Willens ausmacht, als Begriff, als Allgemeines« gesetzt werden könne, womit es schließlich »gar nichts« gebe, »was nicht auf diese Weise zu einem sittlichen Gesetz gemacht werden könnte«.[4] Auch John Stuart Mill meint, dass bei Kant der Versuch der Herleitung konkreter Pflichten aus dem Sittengesetz »in geradezu grotesker Weise« misslinge, weil noch nicht einmal von den »denkbar unmoralischsten Verhaltensnormen« gezeigt werden könne, dass sie auf »irgendein[en] Widerspruch« führten.[5] Scheler ist lediglich eine weitere Stimme in diesem bereits zu Kants Lebzeiten angestimmten Chor, wenn er dem kantischen Sittengesetz gegenüber den Vorwurf erhebt, »jene furchtbar erhabene Formel in ihrer Leere« verstelle »[a]lle Sicht auf die Fülle der sittlichen Welt und ihrer Qualitäten« und eröffne nicht nur nicht, sondern versperre regelrecht den Weg zu einer »Lehre von den sittlichen Werten, ihrer Rangordnung und den auf dieser Rangordnung beruhenden Normen«.[6] Der Vorwurf des Formalismus lautet in seinem Kern: Das kantische Sittengesetz ist eine Leerformel, auf deren Basis keinerlei sittlicher Inhalt gewonnen werden kann.

---

[3] Scheler, Max: *Der Formalismus in der Ethik und die materiale Wertethik. Neuer Versuch der Grundlegung eines ethischen Personalismus*, hg. von Christian Bermes unter Mitarbeit von Annika Hand. Hamburg: Meiner 2014 (= Philosophische Bibliothek. Bd. 657), S.4 (VI). Wir verwenden diese neue, von Christian Bermes herausgegebene Ausgabe des *Formalismus*-Buches, die insbesondere nach den Eingriffen der Herausgeberin Maria Scheler nunmehr die Ausgabe letzter Hand in der ursprünglichen Fassung wieder freilegt; in Klammern fügen wir die Originalpaginierung hinzu, die auch bei Bermes verzeichnet ist.

[4] Hegel, Georg Wilhelm Friedrich: »Über die wissenschaftlichen Behandlungsarten des Naturrechts, seine Stelle in der praktischen Philosophie und sein Verhältnis zu den positiven Rechtswissenschaften«, a.a.O., S.461.

[5] Mill, John Stuart: *Utilitarianism/Der Utilitarismus*. Englisch/Deutsch, übersetzt und hg. von Dieter Birnbacher. Stuttgart: Reclam ²2006, S.15.

[6] Scheler, Max: *Der Formalismus in der Ethik*, a.a.O., S.26 (2).

Dieser Vorwurf des Formalismus ist nicht nur sowohl in seiner allgemeinen als auch in seiner spezifisch Scheler'schen Gestalt eingehend und kontrovers erörtert worden, sondern ist auch ganz wesentlich dafür verantwortlich, dass Kant nahestehende Autoren bis heute der Phänomenologie oftmals mit Vorbehalten begegnen: Schelers Kritik erschien Kantianern in der Regel auf so vielen Missverständnissen der kantischen Schriften zu beruhen, dass sie ihr keine ernstzunehmenden Einwände entnehmen konnten.[7] Scheler nahestehende Autoren hingegen finden bis heute, dass Scheler zwar in der Tat nicht mit der gebotenen Sorgfalt zu Werke gegangen sei (immerhin war es im *Formalismus*-Buch ausdrücklich nur sein »*Nebenziel*«,[8] eine Kritik an Kant zu formulieren), im Wesentlichen jedoch mit seiner Grundkritik die kantische Ethik, und insbesondere deren »Geist«, durchaus treffe.[9] Da die diversen Probleme mit Schelers Kritik an Kants Formalismus bereits andernorts trefflich erörtert wurden,[10] beschränken wir uns hier darauf, den Hauptgedanken der Formalismuskritik in den Blick zu nehmen, so wie er nicht nur von Scheler formuliert wurde. Wir suchen dabei zu zeigen,

---

[7] Vgl. u.a. Alphéus, Karl: *Kant und Scheler*, hg. von Barbara Wolandt. Bonn: Bouvier 1981; Heidemann, Ingeborg: *Untersuchungen zur Kantkritik Max Schelers*. Diss. Bonn 1948; Weiper, Susanne: »Schelers Auseinandersetzung mit Kant und das Formalismus-Materialismus-Problem in der Ethik«, in: dies.: *Triebfeder und höchstes Gut. Untersuchungen zum Problem der sittlichen Motivation bei Kant, Schopenhauer und Scheler*. Würzburg: Königshausen & Neumann 2000 (= Epistemata. Würzburger Wissenschaftliche Schriften. Bd. 275), S.172–269; Grünewald, Bernward: »Form und Materie der reinen praktischen Vernunft. Über die Haltlosigkeit von Formalismus- und Solipsismus-Vorwürfen und das Verhältnis des kategorischen Imperativs zu seinen Erläuterungsformeln«, in: Doyé, Sabine/Heinz, Marion/Rameil, Udo (Hg.): *Metaphysik und Kritik. Festschrift für Manfred Baum zum 65. Geburtstag*. Berlin/New York: de Gruyter 2004, S.183–201. Selbst Autoren, die dem Scheler'schen Grundansatz durchaus etwas abgewinnen können, üben deutliche Kritik an Schelers Auslegung der kantischen Schriften. Dies ist der Fall bei dem Kant gegenüber auch kritischen Schmucker, Josef: »Der Formalismus und die materialen Zweckprinzipien in der Ethik Kants«, a.a.O., sowie bei der eine Integration der Ansätze von Kant und Scheler anstrebenden, frühen Dissertation von Herrmann, Joachim: *Die Prinzipien der formalen Gesetzesethik Kants und der materialen Wertethik Schelers. Beitrag zum Problem des Verhältnisses zwischen Psychologie und Ethik*. Diss. Breslau 1928. Für eine umfassende Auflistung der Kritiker an Schelers Kant-Kritik vgl. Krijnen, Christian: »Der ›Formalismus‹ in der materialen Wertethik Max Schelers«, in: Bermes, Christian/Henckmann, Wolfhart/Leonardy, Heinz (Hg.): *Person und Wert. Schelers ›Formalismus‹ – Perspektiven und Wirkungen*. Freiburg/München: Alber 2000, S.120–138, hier S.121f., Fußnote 5.

[8] Scheler, Max: *Der Formalismus in der Ethik*, S.3 (V).

[9] Blosser zieht im Schlusskapitel seines Buches das Fazit: »Scheler can claim, at least, fidelity to the spirit of those texts, and cannot be faulted easily with ignorance of the letter«, seine Kritik sei »brilliant and necessary«. Blosser, Philip: *Scheler's Critique of Kant's Ethics*. Athens: Ohio University Press 1995, S.170, S.176. Diese Spannung in der Einschätzung von Schelers Kritik zwischen Kantianern und Scheler-Forschern hat bereits im Jahr 2000 Christian Krijnen verzeichnet in der genannten Schrift »Der ›Formalismus‹ in der materialen Wertethik Max Schelers«.

[10] Vgl. vor allem Alphéus, Karl: *Kant und Scheler*, a.a.O.

dass und inwiefern der Vorwurf des Formalismus an Kant insofern fehl geht, als er Kant eine Position zuschreibt, die dieser gar nicht vertritt. Worin liegt das Grundproblem mit dem Vorwurf des Formalismus, den Wertethiker gegenüber Kant erhoben haben?

Der Vorwurf des Formalismus kristallisiert sich sowohl bei Max Scheler als auch bei Nicolai Hartmann in Folgendem:»Die Identifizierung des ›Apriorischen‹ mit dem ›Formalen‹ ist ein *Grundirrtum* der Kantischen Lehre. Er liegt auch dem ethischen ›Formalismus‹ mit zugrunde […]. […] Mit ihm hängt ein anderer aufs engste zusammen. Ich meine die Gleichsetzung des ›Materialen‹ (sowohl in der Theorie der Erkenntnis als in der Ethik) mit dem *sinnlichen* Gehalt, des ›Apriorischen‹ aber mit dem ›Gedachten‹ oder durch ›Vernunft‹ zu diesem ›sinnlichen Gehalt‹ – irgendwie *Hinzugebrachten*.«[11] Kant wird dann der ›Fehler‹ unterstellt, nicht gesehen zu haben, dass es außer einer Form *a priori* und einer Materie *a posteriori* auch eine Materie *a priori* gäbe, eine Materie *a priori* der Wertwesenheiten, die die Grundlage der materialen Wertethik darstelle. Diese Darstellung der kantischen Lehre ist aber zumindest höchst irreführend. Sie leugnet zwar nicht, unterschlägt aber gleichsam das Wichtigste an der kantischen Auffassung: den allgemeinen Gedanken, dass es *synthetische* Urteile *a priori* – das heißt *Erweiterungs*urteile *a priori* – gibt,[12] und den speziellen Gedanken, dass der kategorische Imperativ »ein *synthetisch*-praktischer Satz a priori«[13] ist. Zumindest in Bezug auf die theoretische Philosophie ist Scheler und Hartmann dieses Herzstück der kantischen Lehre selbstverständlich bekannt; aber sie subsumieren kurzerhand *sowohl* die reinen Anschauungsformen *als auch* die Kategorien unter den Begriff des ›Formalen‹, das sie dann – bei Scheler als das ›Gedachte‹ – dem empirischen Gehalt des ›Materialen‹ gegenüberstellen. Aufgrund dieser Subsumtion aber entgeht ihnen etwas für ihren eigenen Ansatz Bedeutsames: die Tatsache, dass es Kant zufolge die reine Anschauung von Raum und Zeit gibt, auf deren Basis *synthetische* Urteile *a priori* möglich sind, dass jene reine Anschauung zumindest in einer systematischen Nähe zu der von den Wertethikern bei Kant

---

11 Vgl. Scheler, Max: *Der Formalismus in der Ethik*, a.a.O., S.80 (49); vgl. Hartmann, Nicolai: *Ethik*. Berlin: de Gruyter [4]1962, S.108 f.

12 Vgl. Krijnen, Christian:»Der ›Formalismus‹ in der materialen Wertethik Max Schelers«, a.a.O., S.123, Fußnote 8.

13 GMS, AA 4: 420.14, Kursivierung I. R. In Kapitel 2.2.1 haben wir in Anknüpfung an Michael Wolff die These vertreten, dass bereits das moralische Gesetz als solches – und nicht erst der ausschließlich für sinnlich-vernünftige Mischwesen geltende kategorische Imperativ – aus Kants Sicht ein *synthetischer* Satz *a priori* ist, in Bezug auf den die Möglichkeit seiner Geltung in einer Deduktion ausgewiesen werden muss und von Kant im dritten Abschnitt der *Grundlegung* auch ausgewiesen wird. In der hiesigen Auseinandersetzung mit dem Vorwurf des Formalismus beschränken wir uns jedoch ausschließlich auf die komplexere Synthetizität des kategorischen Imperativs, weil sie es ist, die für menschliche Personen von Bedeutung ist.

vermissten Materie *a priori* steht und dass es in Kants praktischer Philosophie ein Äquivalent für jene ›Materie *a priori*‹ gibt. Selbstredend bezeichnet Kant die reinen Anschauungsformen Raum und Zeit als *Formen*, aber er bezeichnet sie auch selbst als *Anschauungen* bzw. »formale Anschauung«[14]. Zwischen der kantischen Anschauung *a priori* und der phänomenologischen Materie *a priori* aber klafft kaum der Abgrund, den Scheler und Hartmann zwischen einer bloß leeren – sie denken dabei stillschweigend in erster Linie an die kategoriale – Form *a priori* und einer Materie *a priori* sehen.

Wenn Kant den kategorischen Imperativ als einen ›*synthetisch*-praktischen Satz *a priori*‹ bezeichnet, so hat er offenbar eine gewisse Analogie zu den in den Grundsätzen des reinen Verstandes formulierten synthetischen Urteilen *a priori* im Sinn. Worin besteht diese Analogie? Welches ist das Analogon zu jener reinen Anschauung der ersten Kritik? Inwiefern liegt im kategorischen Imperativ ebenfalls eine *Erweiterung*, und dies *a priori*? Wo liegt der Unterschied zu den theoretischen synthetischen Urteilen *a priori*, der den kategorischen Imperativ zu einem spezifisch *praktischen* Satz macht? Und was, schließlich, bedeutet dies für den Vorwurf des Formalismus?

Die Analogie zwischen dem kategorischen Imperativ als einem synthetisch-praktischen Satz *a priori* und den theoretischen synthetischen Sätzen *a priori* der Naturerkenntnis zieht Kant ausdrücklich im dritten Abschnitt der Grundlegungsschrift. Dort heißt es, der kategorische Imperativ bzw. das kategorische Sollen stelle »einen synthetischen Satz a priori vor[…], dadurch daß über meinen durch sinnliche Begierden afficirten Willen noch die Idee ebendesselben, aber zur Verstandeswelt gehörigen reinen, für sich selbst praktischen Willens hinzukommt, welcher die oberste Bedingung des ersteren nach der Vernunft enthält; ungefähr so, wie zu den Anschauungen der Sinnenwelt Begriffe des Verstandes, die für sich selbst nichts als gesetzliche Form überhaupt bedeuten, hinzu kommen und dadurch synthetische Sätze a priori, auf welchen alle Erkenntnis einer Natur beruht, möglich machen«.[15] Nach diesem Zitat besteht die Analogie zwischen dem Verhältnis von Begriffen des Verstandes zu Anschauungen der Sinnenwelt einerseits und dem Verhältnis der Idee des reinen, für sich selbst praktischen Willens zu dem durch sinnliche Begierden affizierten Willen andererseits. Wenn Kant in diesem Zusammenhang von synthetischen Sätzen *a priori* spricht, kann er jedoch nicht auf den empirischen Willen und die empirischen Anschauungen Bezug nehmen wollen, sondern bezieht sich offenbar auf das, was in ihnen *a priori* liegt. Dies aber ist bei der sinnlichen Anschauung die reine Anschauung von Raum und Zeit und beim durch sinnliche Begierden affizierten Willen *der*

---

14 KrV, AA 3: 125.29 (B 162).
15 GMS, AA 4: 454.11–19.

durch sinnliche Begierden affizierte Wille überhaupt – ohne Bezug darauf, durch *welche* sinnlichen Begierden er empirisch konkret bestimmt ist, denn das wäre nur *a posteriori* zu ermitteln. So wie die reinen Begriffe mit der Anschauung verknüpft werden müssen, um synthetische Urteile *a priori* zu erzeugen, muss auch die Idee des für sich selbst praktischen Willens mit dem durch sinnliche Begierden affizierten Willen verknüpft[16] werden, um den synthetisch-praktischen Satz *a priori* des kategorischen Imperativs zu erzeugen. So wie aber ein *Erweiterungs*urteil *a priori* erst dadurch zustande kommt, dass die reinen Begriffe auf die reine Anschauung bezogen werden, so kommt die spezifische Erweiterung beim kategorischen Imperativ als synthetisch-praktischem Satz *a priori* dadurch zustande, dass die Idee eines allein durch das Sittengesetz bestimmten Willens bezogen wird auf einen durch sinnliche Begierden affizierten, d. h. nicht schon durch sich selbst durch das Sittengesetz bestimmten Willen. Damit wird der Gedanke des durch sich selbst durch das Sittengesetz bestimmten Willens erweitert hin zu einem durch das Sittengesetz bestimmten, aber nicht schon durch sich selbst durch das Sittengesetz bestimmten Willen. Die Idee eines reinen, durch das Gesetz bestimmten Willens muss mit einem sinnlich affizierten Willen verknüpft werden[17] – woraus sich die Grundformel des kategorischen Imperativs ergibt. Diese Verknüpfung, Beziehung oder Bestimmung bedeutet aber offenkundig im Praktischen etwas anderes als im Bereich der theoretischen Erkenntnis. Das Bestimmungsverhältnis besteht beim synthetisch-*praktischen* Satz des kategorischen Imperativs nicht in einer kategorialen Einteilung des anschaulich Gegebenen, sondern in einer unbedingten *Aufforderung*, den nicht durch sich selbst durch das Sittengesetz bestimmten, sinnlich affizierten Willen durch das Sittengesetz so zu bestimmen, dass es zum obersten Prinzip dieses Willens wird, mit anderen Worten, nur diejenigen Maximen des Handelns als Handlungsprinzipien zu akzeptieren, die als allgemeines Gesetz gedacht bzw. gewollt werden können. Beim Menschen ist »ein schlechterdings guter Wille [...] derjenige, dessen Maxime jederzeit sich selbst, als allgemeines Gesetz betrachtet, in sich enthalten kann«[18]. Sowohl in diesem Satz als auch im guten Willen des Menschen selbst aber liegt die vollends gelungene Synthesis eines Maximen bildenden Willens mit der Idee eines Willens als reine praktische Vernunft.

Wenn aber der kategorische Imperativ in diesem Sinne ein synthetisch-praktischer Satz *a priori* ist, dann ist seine Formalität eine ganz spezifische. Sie ist keine leere Form eines Begriffes, unter die dann beliebiges Material subsumiert werden kann, wobei die Bedingungen der Möglichkeit dieser Subsumtion geson-

---

16 Vgl. ebd., S. 420.29.
17 Vgl. ebd., S. 447.
18 Ebd., S. 447.10 – 12.

dert anzugeben wären. Sondern als Gesetzesformel *enthält* sie bereits sowohl die Formulierung der *Bedingungen ihrer eigenen Anwendung*[19] als auch den Verweis auf *indefinit viele mögliche gesetzeskonforme Maximen*[20] eines durch sinnliche Begierden affizierten Willens. Das Analogon zu der reinen Anschauung ist der durch sinnliche Begierden affizierte Wille *überhaupt*. Dieser aber impliziert *a priori* ein Indefinites möglicher gesetzeskonformer Maximen. Dieser Verweis auf ein Indefinites möglicher gesetzeskonformer Maximen aber macht den kategorischen Imperativ zu einem spezifischen *Erweiterungs*satz *a priori*. Und das in ihm enthaltene Verknüpfungsmoment einer unbedingten *Aufforderung*, unter den indefinit vielen Maximen nur diejenigen auszuwählen, die als allgemeines Gesetz gedacht bzw. gewollt werden können, verleiht ihm den Charakter eines *praktischen* Satzes.

Wenn aber der kategorische Imperativ ein synthetisch-praktischer Satz *a priori* ist, der nicht nur seine eigenen Anwendungsbedingungen schon selbst formuliert, sondern auch bereits in sich den Verweis auf indefinit viele mögliche, ihm entsprechende konkrete Maximen enthält, dann ist die Rede von der ›Leere‹ des kantischen Moralprinzips bestenfalls irreführend. Kants Moralprinzip enthält vielmehr den Verweis auf eine *indefinite Fülle* möglichen Materials moralisch guter Maximen, in Hinblick auf das er die Bedingungen der Auffindung selbst formuliert. Die Wertethiker vermissen das Material *a priori* in Kants vermeintlich leerem Formalismus – sie sehen dabei nicht, dass der *synthetisch*-praktische Satz *a priori* des kategorischen Imperativs gerade eine *indefinite ›materiale‹ Fülle a priori* impliziert. Kant ist kein Formalist im Sinne der Kritik der Wertethiker,

---

[19] Man kann hier durchaus eine Analogie zum Schematismus des reinen Verstandes sehen, in dem Kant das Schema als ein »allgemeine[s] Verfahren der Einbildungskraft, einem Begriff sein Bild zu verschaffen«, versteht. KrV, AA 3: 135.35–36 (B 179f.): Das Schema *formuliert die Bedingungen*, unter denen einem reinen Begriff ein anschauliches Bild verschafft werden kann, und geht damit über diesen bloßen reinen Begriff selbst hinaus. Da es jedoch beim Sittengesetz um ein Vernunftgesetz (und nicht ein Verstandesgesetz) geht, kann es nicht schematisiert, sondern nur anhand der Form des Naturgesetzes typisiert werden: Die engere Analogie wäre also die zum Typus des Naturgesetzes, der – in der Naturgesetzformel des kategorischen Imperativs – die *Bedingungen formuliert*, unter denen ein reines Vernunftgesetz auf den Bereich der ›Natur‹ des sinnlich affizierten Willens angewendet werden kann.

[20] Grünewald verweist darauf, dass wir bei Kant auf der einen Seite, »wie es scheint, eine leere Form« haben, »auf der anderen Seite nun freilich eine unendliche und unabschließbare, in concreto gänzlich variable Fülle von Material«; damit aber haben wir »im kategorischen Imperativ nicht eine ›blanke‹ Gesetzmäßigkeit vor uns, sondern ein Prinzip, das in sich ein bloß formalprinzipielles Moment und zugleich den Begriff jenes unabschließbaren Materials enthält, das dieser prinzipiellen Form unterworfen werden soll«. Grünewald, Bernward: »Form und Materie der reinen praktischen Vernunft«, a.a.O., S.191. Es erscheint uns jedoch der von Kant im Zusammenhang der Auflösung der ersten Antinomie verwendete Begriff des Indefiniten hier präziser zu sein als der des Unendlichen, da das Gesetz nicht auf eine unendliche Menge, sondern eher auf eine offene Vielzahl möglicher gesetzeskonformer Maximen verweist.

denn er reduziert keineswegs das Apriori auf die *begriffliche* Form, wie sie es ihm offenbar stillschweigend unterstellen. Man braucht also noch nicht einmal – wie es oft mit Recht getan wurde[21] – auf die *Metaphysik der Sitten* und ihre Lehre von den Zwecken, die zu haben Pflicht ist, einzugehen, man muss noch nicht einmal die Zweck-an-sich-selbst-Formel oder die Reich-der-Zwecke-Formel heranziehen; es genügt eine Auslegung der Grundformel des kategorischen Imperativs, um den Vorwurf der ›Leere‹ des kantischen Ansatzes zurückzuweisen.

Mit diesem grundlegenden Missverständnis verknüpfen sich bei Scheler zwei weitere Fehldeutungen Kants. Die erste besteht darin, dass er meint, Kants Ethik gründe in der Pflicht und diese sei ein »gleichsam blinde[s] innere[s] Kommando[...]«, »eine Art innerer Kommandoruf [...], der sich ähnlich wie die Befehle der Autorität weder weiter ›begründet‹, *noch* unmittelbar einsichtig ist«.[22] Eine blinde »Pflichtethik«, wie sie Kant vertrete, »widerstreite[...]« geradeheraus einer »Einsichtsethik«, wie sie Scheler in seiner materialen Wertethik anstrebe. Kants Ethik ist aber *de facto* weder blind und einsichtslos noch ist sie eine Pflichtethik, die mit einer Einsichtsethik unvereinbar wäre. Scheler schenkt dem wichtigen Umstand keine Beachtung, dass Kant zuerst, und das schon in der *Grundlegung*, sowohl aus der gemeinen sittlichen Vernunfterkenntnis als auch aus dem Begriff des kategorischen Imperativs den Inhalt des Gesetzes, der ein ganz bestimmter ist, analytisch ableitet. Das heißt, es wird zunächst *begründet* und *eingesehen*, wie das Gesetz lauten muss, wenn es denn überhaupt ein mögliches Gesetz gibt. *Dann* fragt Kant, ob dieses analytisch ermittelte Gesetz auch praktische Realität hat, und formuliert seine ausgereifte Antwort in der Lehre vom Faktum der Vernunft. Wenn er dort das Urteil, dass ich etwas kann, aus dem Bewusstsein, dass ich es soll, ableitet, dann ist die Grundlage kein blindes Sollen, kein blinder innerer Kommandoruf, sondern laut Kant *kann* sie *nur* dieses eine mögliche Gesetz mit seinem ganz bestimmten, vorher abgeleiteten und eingesehenen Inhalt sein. Ebenso wenig richtig ist es, dass die Ethik bei Kant ›der Pflicht‹ entspringt, sondern sie entspringt vielmehr der Einsicht in das Sittenge-

---

[21] Frühere, in dieser Hinsicht einschlägige Texte sind Krüger, Gerhard: *Philosophie und Moral in der kantischen Kritik*, a.a.O., S.12, sowie Schmucker, Josef: »Der Formalismus und die materialen Zweckprinzipien in der Ethik Kants«, a.a.O. Man kann sich des Eindrucks nicht ganz erwehren, dass einige »Formalismus«-Kritiker gar nicht richtig zur Kenntnis genommen haben, dass zur kantischen Ethik wesentlich die Tugendlehre der *Metaphysik der Sitten* gehört. Scheler zitiert Kant oft aus dem Gedächtnis, und er geht dabei sogar so weit – wie übrigens ebenfalls John Stuart Mill (vgl. Mill, John Stuart: *Utilitarismus*, a.a.O., S.15) –, die *Grundlegung zur Metaphysik der Sitten* als »Metaphysik der Sitten« zu zitieren (vgl. Scheler, Max: *Der Formalismus in der Ethik*, a.a.O., S.698 (596 f.)). Ein solcher Lapsus lässt wenigstens die Vermutung nicht ganz unbegründet sein, dass ihm der Unterschied zwischen einer Grundlegung zur Metaphysik der Sitten und einer Metaphysik der Sitten selbst gar nicht recht vor Augen stand.

[22] Scheler, Max: *Der Formalismus in der Ethik*, a.a.O., S.242 (194, 195).

setz und seine Geltung,[23] welche sich in spezifischen Fällen, nämlich bei sinnlich-vernünftigen Mischwesen wie uns Menschen nur mit einem Nötigungscharakter präsentiert. Das Ursprüngliche aber ist nicht diese Nötigung oder, mit Scheler, ›die Pflicht‹, sondern das Ursprüngliche ist das Sittengesetz, und dieses ist, selbst noch in der spezifischen Gestalt der Nötigung, nicht blindes Kommando, sondern eingesehenes, in diesem Fall uns als auch sinnliche Wesen nötigendes Gesetz der reinen praktischen Vernunft.

Zweitens gebraucht Scheler seinen Begriff der ›Materie‹ des Wollens so äquivok, dass dabei eine Vermengung zweier, bei Kant wesentlich voneinander geschiedener Begriffe entsteht:[24] Scheler differenziert nicht zwischen Gegenstand und Bestimmungsgrund des Begehrens. Jedes Wollen hat nach Kant aber einen Gegenstand und in diesem Sinne eine ›Materie‹; nicht aber ist jedes Wollen durch die erwartete Lust an diesem Gegenstand im Grunde seines Wollens bestimmt, denn das sittlich gute Wollen ist durch die Vorstellung des Sittengesetzes und seiner Verbindlichkeit bestimmt. Dass Scheler diese Unterscheidung aber nicht berücksichtigt, führt ihn zu Stellungnahmen wie der folgenden: »Es ist also geradezu eine Umkehrung des wahren Tatbestandes, die Kant voraussetzt, wenn er alle Materie des Wollens durch die Erfahrung von Lust und Unlust *bestimmt* sein läßt. Ja auch da, wo die Idee des ›Gesetzes‹ bestimmend für das Wollen ist, ist das ›Gesetz‹ noch Materie des Wollens (wenigstens des reinen Wollens), nicht aber bestimmend als ein Gesetz, das Gesetz *des* reinen Wollens wäre, d. h. ein Gesetz *wonach* sich das Wollen vollzöge. Hier wird eben die Realisierung des ›Gesetzes‹ gewollt – als *eine* der möglichen Materien des Wollens. Und eben darum hat alles Wollen eine Fundierung in *Materien*«.[25] Scheler meint hier, dass Kant meint, ›Materie‹ des Wollens gäbe es nur bei demjenigen Wollen, das durch Lust und Unlust bestimmt ist, nicht aber bei demjenigen Wollen, das durch das Gesetz bestimmt sei; weil aber, so Scheler ›gegen Kant‹, auch das durch das Gesetz bestimmte Wollen eine Materie des Wollens habe, nämlich das Gesetz selbst, sei, entgegen Kants Meinung, auch das durch das Gesetz bestimmte Wollen durch eine ›Materie‹ bestimmt. Das ist vollkommen irreführend, denn Kant ist einerseits selbst der Auffassung, jedes Wollen habe einen Gegenstand (eine ›Materie‹, hier als Gegenstand des Wollens); er ist andererseits jedoch der Auffassung, dass das Wollen gemäß dem Gesetz seinen Bestimmungsgrund nicht in der Vorstellung der Lust an dem Gegenstand des Wollens (d. i. nicht in der ›Materie‹ als Bestimmungsgrund), sondern in der Vorstellung des Gesetzes und seiner Verbindlichkeit hat; trotzdem hat dieses Wollen einen Gegenstand, und man kann

---

[23] Vgl. dazu Alphéus, Karl: *Kant und Scheler*, a.a.O., S. 60–62.
[24] Vgl. auch dazu ebd., S. 70.
[25] Scheler, Max: *Der Formalismus in der Ethik*, a.a.O., S. 89 (58).

nach Kant daher auch durchaus sagen, dass der durch das Gesetz bestimmte Wollende den Gegenstand seines Wollens will bzw. dass ihm etwas an dem Gegenstand seines Wollens ›gelegen sei‹. Scheler aber meint, Kant sei der Meinung, »der wahrhaft Gute sei derjenige, dem z. B. bei einer Hilfeleistung es nur darauf ankomme, seine Pflicht zu tun, nicht aber so, ›als ob ihm an der Wirklichkeit des fremden Wohles etwas gelegen wäre‹.«[26] Ein solcher Wille aber, wie Scheler mit Sigwart formuliert, »›der das nicht will, was er will‹«, sei eine »Absurdität«.[27] So eine Absurdität aber hat Kant auch nie behauptet, denn er hat nie die »Unmöglichkeit« behauptet, »das Gewollte solle nicht Gegenstand des Wollens sein«.[28]

Diese beiden weiteren Fehldeutungen entspringen ebenfalls dem Missverständnis darüber, worin das ›Formale‹ der kantischen Ethik liegt: Nur wenn man das Formale als einen leeren, unbestimmten Begriff versteht, vermag man zu der Auffassung zu gelangen, die Pflicht sei ein völlig inhaltsleeres, blindes Kommando und es dürfe – absurderweise – im ethisch guten Leben nur die Leere oder bestenfalls noch das leere Gesetz gewollt werden. Dieses Grundproblem mit dem wertethischen Vorwurf des Formalismus, dass dieser Einwand nicht reflektiert, inwiefern der kategorische Imperativ ein *synthetisch*-praktischer Satz *a priori* ist, hat jedoch auch wesentliche Konsequenzen für die eigenen Ansätze der Wertethiker selbst. Ihre stillschweigende Grundannahme, das Formale sei das rein Begriffliche, führt bei einigen von ihnen zu einer grundlegenden Trennung zwischen dem Formalen und dem Materialen, deren Überbrückung dann nicht mehr zu gelingen scheint. Derjenige unter den Wertethikern, der selbst am deutlichsten gesehen hat, dass der wertethische Begriff des Formalen gerade *nicht* der kantische ist, der allerdings wiederum zugleich daraus die Konsequenz gezogen hat, *gerade deshalb* sei der wertethische und *nicht* der kantische Begriff des Formalen das Fundament einer ethischen Wissenschaft, ist Edmund Husserl.

In seinen Vorlesungen über Grundfragen der Ethik und Wertlehre aus dem Jahre 1914 wirft Husserl Kant vor, dass dessen ›formaler‹ kategorischer Imperativ *nicht formal genug* sei, weil Formales und Materiales in Analogie zur Logik viel tiefer getrennt werden müssten, als bei Kant geschehen.[29] Es ist in dieser Vorle-

---

26 Ebd., S. 159 (120).

27 Ebd.

28 Alphéus, Karl: *Kant und Scheler*, a. a. O., S. 70.

29 Wir gehen hier nicht auf Husserls ursprünglich der Vorlesung von 1902/03 entstammende Kritik an Kants kategorischem Imperativ ein (vgl. Hua XXVIII, S. 414–418). Wie Sonja Rinofner-Kreidl ausführlich gezeigt hat, reproduziert diese Kritik klassische Missverständnisse der kantischen Gedanken, so dass man doch zu dem Schluss kommen muss, Husserls dort formulierte Einwände gegen Kant seien »neither new nor productive«. Rinofner-Kreidl, Sonja: »Husserl's categorical imperative and his related critique of Kant«, in: Vandevelde, Pol/Luft, Sebastian (Hg.): *Epistemology, Archaeology, Ethics. Current Investigations of Husserl's Corpus*. London u. a.: Continuum 2010, S. 188–210, hier S. 197. Der »abstruse[...] Formalismus« (Hua XXVIII, S. 415), den Hus-

sung folgende Passage, die hier ausführlich zitiert sei, zu lesen: »Inwieweit ein solcher Gegensatz von ›material‹ und ›formal‹ [wie in Kants Unterscheidung ›materialer‹ und ›formaler‹ Moralprinzipien, I. R.] mit dem gleich benannten logischen
Gegensatz Analogie hat, ist die Frage und bedarf näherer Untersuchung. Aber von
vornherein ist es für den Kenner der Kantischen Ethik und der an sie anknüpfenden Streitigkeiten klar, daß bei der Art, wie der Gegensatz eingeführt und
wie vom formalen Prinzip in der Kantischen Ethik Gebrauch gemacht wird, die
Analogie in dem wesentlichen, uns interessierenden Punkt *versagt*. Denn Kant
wollte mit dem kategorischen Imperativ *das einzige* und nicht bloß notwendige,
sondern zureichende Kriterium der Sittlichkeit geben. [...] Wie ›formal‹ das Prinzip auch ist, wie sehr es das im Kantischen Sinn Materiale ausschließen mag, es
ist ein Prinzip positiver Entscheidung [...]. Ganz im Gegenteil dazu hörten wir:
Es präjudiziert in der Erkenntnissphäre die logisch formale Richtigkeit ganz und
gar nicht die materiale Richtigkeit. Da scheidet sich Erkenntnisform oder, sagen
wir, Urteilsform, Satzform und andererseits Satzmaterie, repräsentiert durch die
sachhaltigen Begriffe des jeweiligen Satzes. Und wir haben doppelte Wahrheiten
und speziell auch doppelte apriorische Wahrheiten, die *einen formal oder analytisch*, die *anderen material oder synthetisch*. Und eben darum scheiden sich
hier in der Erkenntnissphäre reine und formale Logik und die mannigfaltigen
materialen Wissenschaften.«[30] In Anschluss daran formuliert Husserl die Frage:
»Ist die bisherige Scheidung zwischen materialer und formaler Ethik und die
Begründung einer formalen Ethik durch Kant eine zureichende oder eventuell
die einzig mögliche?« Husserls Antwort ist beide Male ›nein‹. Seine Antwort auf
die Frage »Ist die historische Parallelisierung von Logik und Ethik [...] nicht weiter und tiefer auszuführen oder in anderer Weise auszuführen, als es historisch
geschehen ist derart, daß sich nicht nur eine oberflächliche, sondern eine r a d i -
k a l e   u n d   d u r c h g e h e n d e   A n a l o g i e   herausstellt?«[31], lautet hingegen eindeutig ›ja‹. Husserl zufolge ist also das von Kant mit dem kategorischen Imperativ
gelieferte ›formale Moralprinzip‹ nicht formal genug, weil ein wahrhaft formaler
kategorischer Imperativ *rein formal analytisch* sein müsste und, genau wie die
Gesetze der *formalen Logik*, keinerlei Bezug auf konkrete Gegenstandsbereiche

---

serl Kant dort vorwirft, verdankt seine Abstrusität in erster Linie der problematischen Rekonstruktion der kantischen Gedanken. Inwiefern Husserl auch in der Vorlesung von 1920/24 noch
eine Reihe von klassischen Missverständnissen der kantischen Gedanken reproduziert, hat Grünewald gezeigt. Vgl. Grünewald, Bernward: »Das Theoretische, das Praktische und das Sittengesetz. Zu Husserls Kritik der Kantischen Moralphilosophie«, in: Fabbianelli, Faustino/Luft,
Sebastian (Hg.): *Husserl und die klassische deutsche Philosophie. Husserl and Classical German
Philosophy.* Heidelberg u. a.: Springer 2014, S. 213–227.
    30   Hua XXVIII, S. 43, Hervorhebungen I. R.
    31   Ebd., S. 44.

haben dürfte. Die Gegenstandsbereiche müssten in den materialen Wissenschaften *a priori* der *materialen* Axiologie und Praktik *gesondert* von der *formalen* Axiologie und Praktik ergänzt werden, so wie Mathematik, Naturwissenschaft und Ontologie ihre eigenen Gegenstandsbereiche bestimmen, von denen die formale Logik selbst überhaupt nicht handelt. Die formalen Gesetze der formalen Axiologie und Praktik, zu denen als das oberste Gesetz der formalen Praktik auch der recht verstandene kategorische Imperativ gehöre, stehen für Husserl in Analogie zur *formalen* Logik, während aus Kants Sicht der kategorische Imperativ als ein synthetisch-praktischer Satz *a priori* in Analogie zu den Grundsätzen des reinen Verstandes aus der *transzendentalen* Logik steht. Welche Konsequenz aber hat diese Gegenüberstellung beziehungsweise diese Komplementarität von einerseits formaler Axiologie und Praktik und andererseits materialer Axiologie und Praktik für Husserls Ethik?

Die Konsequenz ist: Anders als im Falle von Kants kategorischem Imperativ können die formalen Wissenschaften bei Husserl ohne ihr materiales Komplement, das ihnen selbst äußerlich bleibt, nicht angewendet werden. Für sich genommen bleiben sie leer.[32] An dem von Husserl formulierten obersten Gesetz der formalen Praktik, dem von ihm formulierten ›kategorischen Imperativ‹, wird dies deutlich. Er lautet beim frühen Husserl so, wie ihn bereits Brentano formulierte: »Tue das Beste unter dem Erreichbaren«.[33] Dieser formale ›kategorische Imperativ‹ aber kann nicht angewendet werden, ohne eine ausgearbeitete Wissenschaft materialer Axiologie:[34] Denn ›das Beste‹ kann ich nur dann identifizieren, wenn ich die Werte und ihre Hierarchien kenne. Beim späten Husserl lautet der »kategorische Imperativ«: »Sei ein wahrer Mensch; führe ein Leben, das du durchgängig einsichtig rechtfertigen kannst, ein Leben aus praktischer Vernunft.«[35] Oder einfach: »Handle vernünftig!«.[36] Auch in jenem gewandelten Kontext aber bleibt Husserls ›kategorischer Imperativ‹ auf die Ergänzung durch

---

[32] Mithilfe eines aus Kants vorkritischen Schriften bekannten Begriffs formuliert Grünewald in Bezug auf Husserls kategorischen Imperativ treffend: »Als *principium dijudicationis* ist dieser Imperativ nicht bloß *formal*, wie Husserl selbst sagt, sondern *leer*.« Grünewald, Bernward: »Das Theoretische, das Praktische und das Sittengesetz«, a. a. O., S. 226.

[33] Hua XXVIII, S. 221.

[34] Sonja Rinofner-Kreidl formuliert die treffende These, dass sich Husserls formaler ›kategorischer‹ Imperativ in einen hypothetischen Imperativ verwandelt, sobald er angewendet werden können soll, weil er dann auf die Bedingung der Gegebenheit des materialen Wertaprioris angewiesen ist. Vgl. Rinofner-Kreidl, Sonja: »Husserl's categorical imperative and his related critique of Kant«, a. a. O., S. 199.

[35] Husserl, Edmund: *Aufsätze und Vorträge (1922–1937)*, hg. von Thomas Nenon und Hans Rainer Sepp. Dordrecht u. a.: Kluwer 1989 (= Husserliana. Bd. XXVII), S. 36.

[36] Husserl, Edmund: *Einleitung in die Ethik. Vorlesungen Sommersemester 1920/1924*, hg. von Henning Peucker. Dordrecht u. a.: Kluwer 2004 (= Husserliana. Bd. XXXVII), S. 234.

einen materialen Teil angewiesen. Das sieht er durchaus selbst: »Überhaupt ist offenbar der ›kategorische Imperativ‹, obschon selbst Imperativ, doch nur eine bedeutsame, aber inhaltlich leere Form für alle möglicherweise gültigen individuellen Imperative von bestimmtem Inhalt.«[37] Diese Problemlage komplementärer Prinzipien aber ist uns schon einmal begegnet: Es ist die des *vorkritischen* Kant.[38] In der aus dem Jahr 1764 stammenden Preisschrift »Untersuchung über die Deutlichkeit der Grundsätze der natürlichen Theologie und der Moral« tendiert Kant zu einer Begründung der Moral durch zwei oberste Beurteilungsprinzipientypen: Ein wolffianisches Formalprinzip »Thue das Vollkommenste, was durch dich möglich ist« sei »der erste f o r m a l e G r u n d aller Verbindlichkeit zu h a n d e l n«; dieses müsse jedoch durch materiale Grundsätze ergänzt werden, die allein durch »ein unauflösliches Gefühl des Guten« erschlossen werden könnten, zu dem »H u t c h e s o n und andere […] unter dem Namen des moralischen Gefühls […] einen Anfang zu schönen Bemerkungen geliefert« hätten.[39] Kant aber zeigt sich schon in jener frühen Schrift unzufrieden mit dieser Komplementarität bei der Begründung der Moral und schließt mit der Bemerkung, es müsse »noch allererst ausgemacht werden […], ob lediglich das Erkenntnißvermögen oder das Gefühl (der erste, innere Grund des Begehrungsvermögens) die erste Grundsätze dazu entscheide«.[40] Kants neuartige Antwort aber ist der im Rahmen der kritischen Grundlegung der Ethik in der *Grundlegung* erstmals vorgetragene kategorische Imperativ als ein *synthetisch*-praktischer Satz *a priori*. Ob sich jenes vorkritische Programm komplementärer Grundlegungsprinzipien aber im Rahmen einer Komplementarität von formaler Axiologie und Praktik einerseits und materialer Axiologie und Praktik andererseits erneuern lässt, hängt wesentlich davon ab, ob sich jener *materiale* Teil eigenständig und überzeugend ausarbeiten lässt, denn ohne diesen bleiben die von Husserl anvisierten wertethischen Formalgesetze leer. Dieser Frage geht das folgende Kapitel nach. Zuvor jedoch wenden wir uns dem mit dem Vorwurf des Formalismus verbundenen Vorwurf der Kälte beziehungsweise der Gefühlsfeindlichkeit von Kants Ethik zu.

Der Vorwurf der Kälte beziehungsweise Gefühlsfeindlichkeit ist, wie der Vorwurf des Formalismus, kein spezifisch phänomenologischer. Er wurde bekanntlich, ebenfalls noch zu Kants Lebzeiten, über Schiller in die Debatte eingeführt. In welcher Weise die phänomenologische Wertethik diese Schiller'sche Kritik aufnimmt, hat am deutlichsten Hans Reiner herausgearbeitet. Reiner beginnt sein Buch *Pflicht und Neigung* mit der Frage, in welchem Verhältnis die Auffassungen von Kant und Schiller zueinander stehen. Er gelangt weit über die ober-

---

[37] Hua XXVII, S. 41.
[38] Vgl. das Kapitel 2.5.1.
[39] UD, AA 2: 299.10,10–11,25; 300.23–25.
[40] Ebd., S. 300.31–33.

flächliche Gegenüberstellung hinaus, die einen über Kant spottenden Schiller der berühmten Xenien dem rigoristischen, gefühlsfeindlichen Kant aus eben diesen Xenien gegenüberstellt. Vielmehr weist Reiner nicht nur nach, dass Kant und Schiller selbst der Auffassung waren, zwischen ihren Positionen herrsche im Wesentlichen Einigkeit, sondern er legt auch dar, inwiefern diese beiderseitige Selbsteinschätzung dort Harmonie ausmacht, wo letztlich doch gerade *keine* besteht. Der wesentliche Unterschied zwischen beiden liege darin, dass Kant es für möglich hält, Gesetz und Neigung durch eine vom Willen gesteuerte Art von Tugendgymnastik mit der Zeit in *Übereinstimmung* zu bringen, während Schiller der Auffassung ist, dass die Sinnlichkeit *selbst* in die Sittlichkeit eingehen und zu einer genuinen Neigung zum Guten werden kann. Während Kant nur meine, die Neigung könne im Prinzip in *Harmonie* mit dem Gesetz gebracht werden, verstehe Schiller diese mit der Pflicht harmonisierende Neigung als *in sich selbst gut* und als den einen Bestandteil einer aus zwei Komponenten bestehenden sittlich guten Lebensform. Reiner sieht deutlich diesen Unterschied.[41] Im Anschluss an diese Sondierung positioniert er sich selbst jedoch weder auf der Seite Kants noch auf der Seite Schillers. Vielmehr fordert er eine »Radikalisierung«[42] der Schiller'schen Position: Schiller nehme mit Kant an, »daß die *ursprüngliche Bestimmung* des sittlich Guten rein aus der Vernunft heraus geschehe«; dadurch aber bleibe es unverständlich, wie bei ihm dann »die sinnliche Natur des Menschen einen Prozeß erfährt, in dem sie ihrem inneren Wesen nach in die Sittlichkeit eingeht«.[43] Um Schillers Intuition einer in sich selbst auf das Gute gerichteten Neigung besser gerecht zu werden, als dies bei Schiller selbst der Fall sei, müsse gezeigt werden, dass »schon die *Grundlagen* der Sittlichkeit in irgend einer Weise in der sinnlichen Natur des Menschen verankert sind!«[44]. Diese Verankerung aber liegt Reiner – und auch den meisten anderen Wertethikern – zufolge in einem Gefühl für Werte, das so etwas wie ein fühlendes »Organ der Vernunft«[45] sei. Kurzum, angesichts von Reiners Ausführungen lassen sich die Wertethiker als radikalisierte Schillerianer verstehen.

---

[41] Das darf man, denke ich, so sagen, obgleich Dieter Henrich Reiner vorgehalten hat, Schiller die eigentlich kantische Position zuzuschreiben. Reiner hat in den Ergänzungen zu *Pflicht und Neigung* auf diese Kritik Bezug genommen und formuliert, dass er Schillers Position genau so verstehe wie Henrich, nur habe Henrich sie wohl schärfer formuliert. Vgl. Henrich, Dieter: »Das Prinzip der Kantischen Ethik«, in: *Philosophische Rundschau* 2 (1954/55), S. 20–38, hier S. 30 ff.; Reiner, Hans: *Die Grundlagen der Sittlichkeit*, zweite, durchgesehene und stark erweiterte Auflage von *Pflicht und Neigung*. Meisenheim am Glan: Verlag Anton Hain 1974 (= Monographien zur philosophischen Forschung. Bd. 5), S. 386 f.

[42] Ebd., S. 49.

[43] Ebd., S. 48.

[44] Ebd., S. 49.

[45] Ebd., S. 155.

Diese differenzierte Betrachtung durch Hans Reiner macht deutlich, wo der Unterschied zwischen Kant und den Wertethikern in Bezug auf die Frage nach dem Gefühl liegt. Was Kant ablehnt, ist nicht eine ethische Bedeutung des Gefühls überhaupt. Wie wir in Kapitel 2.5 gesehen haben, schreibt er dem Gefühl vielmehr sowohl mit der Achtung als auch mit den ästhetischen Vorbegriffen unabdingbare Funktionen für das ethische Leben zu. Was Kant jedoch in der Tat nicht akzeptieren kann, ist ein eigenständiges, *in sich selbst vernünftiges Gefühl* für Werte, das ein ›fühlendes Organ der Vernunft‹ wäre. Wird die Vernünftigkeit dieses in sich selbst vernünftigen Gefühls aber zudem als *unabhängig* von dem von Kant formulierten Gesetz reiner praktischer Vernunft gedacht, ist es schlechterdings abzulehnen. Ethisch relevante Gefühle sind für Kant wesentlich *Reflexionsgefühle*, die dem Zusammenspiel des im Selbst fungierenden Gesetzes reiner praktischer Vernunft mit den Gegebenheiten seines jeweiligen konkreten Lebens entspringen. Die Wertethiker hingegen meinen, es gäbe ein intentionales Wertgefühl oder eine der Wahrnehmung ähnelnde Wertnehmung, die sich *direkt* auf Werte beziehungsweise werte Gegebenheiten bezieht und diese durch Evidenzerfahrungen in ihrer Werthaftigkeit zu erfassen vermag. Die Überzeugungskraft des sich weitestgehend als Alternative zu Kants Formalismus verstehenden Programms einer Wertethik aber hängt wesentlich davon ab, ob sich der Wertbegriff als tragfähige Grundlage einer Ethik ausweisen lässt.

3.1.2 Die materiale Wertethik und ihr Grundproblem

Trotz einer gewissen Renaissance der Wertethik, die in zeitgenössischen Debatten zu beobachten ist und durchaus auch die phänomenologische Wertethik betrifft,[46] liegt ein fundamentaler Verdacht auf dem Versuch, den Wertbegriff zur Grundlage der Ethik zu machen. Es handelt sich um den Verdacht, dass jeder vermeintlich objektive Wert letztlich eine erschlichene Verobjektivierung einer bloß subjektiven Bestrebung ist. Es ist Heidegger, der diesen Verdacht im Rahmen seiner Auseinandersetzung mit Nietzsche als Einwand gegen jede Wertphilosophie formuliert. »Werte« seien nichts anderes als »die vom Willen zur Macht selbst gesetzten Bedingungen seiner selbst«.[47] »Alles Werten ist, auch wo es positiv wer-

---

46 In ihrem allgemein der »Moral Philosophy« gewidmeten Überblicksartikel aus dem *Routledge Companion to Phenomenology* konzentriert sich Sonja Rinofner-Kreidl sogar nahezu ausschließlich auf die phänomenologische Wertethik, deren systematische Stärken sie im Kontext anderer Kant gegenüber kritischer gegenwärtiger Positionen, wie dem rationalen Intuitionismus oder dem moralischen Realismus, herauszuarbeiten sucht. Vgl. Rinofner-Kreidl, Sonja: »Moral Philosophy«, a. a. O.

47 Heidegger, Martin: »Nietzsches Wort ›Gott ist tot‹«, in: ders.: *Holzwege*. Frankfurt am Main:

tet, eine Subjektivierung. [...] Die absonderliche Bemühung, die Objektivität der Werte zu beweisen, weiß nicht, was sie tut.«[48] In seinem 1917 gehaltenen Vortrag »Wissenschaft als Beruf« formuliert Max Weber die These von der Unmöglichkeit einer wissenschaftlichen Grundlegung objektiver Wertordnungen. Eine wissenschaftliche Wertlehre sei, so Weber, »prinzipiell deshalb sinnlos, weil die verschiedenen Wertordnungen der Welt in unlöslichem Kampf untereinander stehen«, der als ein »Kampf[...] der Götter der einzelnen Ordnungen und Werte« miteinander verstanden werden könne und »für alle Zeit« andauere.[49] Sowohl die von Heidegger als auch die von Weber formulierte Kritik am Wertbegriff aber betrifft nicht nur die Wertphilosophie der Neukantianer (etwa den mit Weber befreundeten und von Heidegger bekämpften Rickert), sondern auch jeden phänomenologisch inspirierten Versuch einer Wertethik. Wenn vermeintlich objektiv geltende Werte lediglich Ausdruck subjektiver Bestrebungen sind, so taugen sie nicht zur Begründung ethischer Ansprüche.

Der Wertethiker aber kann diesem Einwand eines bloßen Subjektivismus der Werte mit der Gegenkritik begegnen, dass die Auffassung des Wertes als eines Ausdruckes bloß subjektiver Bestrebungen den Sinn des Wertes, so wie er sich in der Erfahrung bekundet, schlichtweg verfälscht. Der Sinn des ethisch relevanten Wertes sei nicht, Ausdruck meiner subjektiven Bestrebungen zu sein, sondern der Sinn des aufgefassten Wertes sei gerade, ein objektiv geltender Wert zu sein. Der Einwand des Subjektivismus behaupte auf eine phänomenologisch unhaltbare Weise, dass das, was sich in der Erfahrung zeigt, eigentlich etwas ganz anderes sei, ohne dass diese Behauptung jedoch ihrerseits wiederum hin-

---

Klostermann [7]1994, S. 209–267, hier S. 231. Vgl. auch ders.: »Platons Lehre von der Wahrheit«, in: ders.: *Wegmarken*, hg. von Friedrich-Wilhelm von Herrmann. Frankfurt am Main: Klostermann [3]2004 (= Gesamtausgabe. Bd. 9), S. 203–238, hier S. 227: »Der im 19. Jahrhundert als innere Folge der neuzeitlichen Auffassung der ›Wahrheit‹ aufkommende Wertgedanke ist der späteste und zugleich schwächste Nachkömmling des ἀγαθόν. Sofern ›der Wert‹ und die Auslegung auf ›Werte‹ die Metaphysik Nietzsches tragen und dies in der unbedingten Gestalt einer ›Umwertung aller Werte‹, ist Nietzsche auch, weil ihm jedes Wissen vom metaphysischen Ursprung des ›Wertes‹ abgeht, der zügelloseste Platoniker innerhalb der Geschichte der abendländischen Metaphysik. Indem er freilich den Wert als die vom ›Leben selbst‹ gesetzte Bedingung der Ermöglichung des ›Lebens‹ begreift, hat Nietzsche das Wesen des ἀγαθόν vorurteilsfreier festgehalten denn jene, die dem grundlosen Mißgebilde von ›an sich geltenden Werten‹ nachjagen.«

48 Heidegger, Martin: »Brief über den Humanismus (1946)«, in: ders.: *Wegmarken*, hg. von Friedrich-Wilhelm von Herrmann. Frankfurt am Main: Klostermann [3]2004 (= Gesamtausgabe. Bd. 9), S. 313–364, hier S. 349.

49 Weber, Max: »Wissenschaft als Beruf«, in: ders.: *Wissenschaft als Beruf 1917/1919. Politik als Beruf 1919*, hg. von Wolfgang J. Mommsen und Wolfgang Schluchter in Zusammenarbeit mit Birgitt Morgenbrod. Tübingen: Mohr (Paul Siebeck) 1994 (= Studienausgabe der Max Weber-Gesamtausgabe. Bd. I/17), S. 1–23, hier S. 16, 17.

reichend gerechtfertigt werden könne. In diesem Sinne argumentiert etwa Hans Reiner ausdrücklich gegen Heidegger und Nietzsche: Es »muß die dem Phänomen *widersprechende* Behauptung zureichend *begründet* und *bewiesen* werden. Eine bloße behauptende Deutung genügt hier keinesfalls. Beides, die Herausstellung des Phänomens wie auch die Begründung für die Behauptung des Gegenteils von dem, was das Phänomen sagt, fehlt aber bei Heidegger ebenso wie bei Nietzsche. Solange ein zureichender Beweis für eine derartige Behauptung nicht geliefert ist, *besteht* der Anspruch, der im Phänomen liegt, und hat sein Recht!«[50] Die Wertethiker fordern, dass der in der Auffassung des Wertes sich bekundende Anspruch auf objektive Geltung ernst genommen wird, während die Kritiker der Wertphilosophie behaupten, dieser Anspruch bestünde zu Unrecht, da der Wert ein bloßer Ausdruck subjektiver Bestrebungen sei. Dass der von Heidegger und anderen formulierte Subjektivismuseinwand für sich selbst genommen in der Tat nicht genügt, um den Ansatz einer phänomenologischen Wertethik zurückzuweisen, wird durch Schelers eigene Ausführungen deutlich, die zudem eine gewisse, erhellende Parallele in der angelsächsischen Philosophie haben.

Scheler geht davon aus, dass es eine eigentümliche Weise der »*Werterkenntnis* resp. *Werterschauung*« gibt, die sich auf das intentionale Fühlen von Werten, auf den »fühlenden, lebendigen Verkehr mit der *Welt*«, das »Lieben und Hassen« gründet.[51] Im Vollzug derartiger intentionaler Akte des Fühlens »blitzen die Werte und ihre Ordnungen auf!«[52]. Der Wert ist hierbei das intentionale Korrelat eines solchen intentionalen Aktes des Fühlens, und die komplexeren fühlenden Akte des Vorziehens und Nachsetzens haben gestufte Rangordnungen von Werten zu ihrem Korrelat. Scheler ist der Auffassung, dass es sich bei dieser fühlenden Werterschauung um eine »*materiale*[...] *nicht* sinnliche[...] Anschauung« handelt,[53] in der das »*materiale Apriori*« einer objektiv gültigen »*Rangordnung* zwischen den Qualitätssystemen der materialen Werte« zur Gegebenheit gelangt.[54] »Als Beispiel für die Art apriorischer Rangordnung zwischen den Werten«[55] nennt Scheler konkret folgende Reihe: das Angenehme, das Edle, das Geistige, das Heilige,[56] die in eben dieser aufsteigenden Rangordnung ein materiales Apriori der Werte darstellten. Nicht zum materialen Apriori gehören dabei die spezifischen Güter, die jeweils als angenehm, edel usw. aufgefasst werden, so dass der materiale Wert *a priori* sich im konkreten Leben *a posteriori* mit

---

50 Reiner, Hans: *Die Grundlagen der Sittlichkeit*, a.a.O., S.149.
51 Scheler, Max: *Der Formalismus in der Ethik*, a.a.O., S.96 (64).
52 Ebd., S.97 (64).
53 Ebd., S.210 (166).
54 Ebd., S.141 (103).
55 Ebd., S.141 (103).
56 Vgl. ebd., S.141−147 (104−108).

ganz unterschiedlichen empirischen Inhalten füllen kann. Die Auffassung von einem materialen Apriori der Werte und ihrer Rangordnungen behauptet, dass der Bereich des sittlichen Lebens durch bestimmte Werte und ihre Rangordnung *a priori* material strukturiert sei, so wie Husserl zufolge im Theoretischen die Gebundenheit von Farbe an eine Fläche ein materiales Apriori darstellt.

Scheler verwendet nun umfangreiche Anstrengungen darauf zu zeigen, dass wir den Sinn des Wertes missverstehen, wenn wir ihn in etwas anderes umdeuten, ihm einen Sinn verleihen, den er in unserem Wertgefühl nicht hat. So kritisiert er die von ihm mit Spinoza, Hobbes und Nietzsche in Verbindung gebrachte Position dafür, den Wert auf »*Ausdrucksreaktionen* von tatsächlich stattfindenden […] Gefühls- und Strebensvorgängen« zurückzuführen und derart einen jeden Satz, »der einen sittlichen Wert oder Unwert aussagt«, in einen »*Ausdruck* eines Begehrens resp. eines Gefühls« umzudeuten.[57] »Die Wertaussage« sei jedoch ebenso wenig wie ein bloßer Gefühlsausdruck eine »versteckte Aufforderung oder ein Befehl, in einer bestimmten Weise zu wollen oder zu handeln«.[58] Werte seien weder Ausdrücke von Strebensvorgängen noch Kundgaben von Wünschen oder Befehlen, sondern: »Werte sind Tatsachen«.[59] Allein wenn man den Wert als eine Tatsache eigener Art verstünde, trüge man dem eigenen Sinn des Wertes, so wie er sich phänomenologisch im Wertgefühl darbietet, angemessen Rechnung. Das noematische Korrelat eines Wertgefühls, sein Noema, ist damit für Scheler eine Werttatsache.

Diese phänomenologische Auffassung des Wertes aber weist deutliche Parallelen zu der Position von George Edward Moore auf. Das Ergebnis, zu dem Scheler in seiner phänomenologischen Sinnanalyse des Wertnoemas gelangt, steht dem nicht-naturalistischen Deskriptivismus[60] von George Edward Moore[61] überaus nahe. Dieser Nähe aber ist sich Scheler vollkommen bewusst: »In England hat Moore eine in vielen Punkten ähnliche Auffassung des Wertproblems vertreten.«[62] Wenn Moore in seiner Untersuchung moralischer Urteile zu der Auffassung gelangt, dass diese Urteile moralische Sachverhalte bezeichnen, die zudem aufgrund der naturalistisch unreduzierbaren Bedeutung des Prädikats ›gut‹ von grundlegend anderer Art sind als natürliche Sachverhalte, so stimmt dies nahezu mit Schelers Meinung überein, Werte seien Tatsachen eines eigenen, auf theoretische Tatsachen unreduzierbaren Typus. Und wenn es bei Scheler

---

[57] Ebd., S. 213, S. 214 (168, 169).
[58] Ebd., S. 220 (175).
[59] Ebd., S. 235 (189).
[60] Vgl. zu dieser Bezeichnung Birnbacher, Dieter: *Analytische Einführung in die Ethik*. Berlin: de Gruyter [2]2007, S. 341.
[61] Vgl. Moore, George Edward: *Principia Ethica*. Mineola New York: Dover Publications 2004.
[62] Scheler, Max: *Der Formalismus in der Ethik*, a. a. O., S. 8 (X).

heißt, Wertaussagen seien weder bloße Gefühlsausdrücke noch Befehle, so formuliert er damit der Sache nach eine Abgrenzung gegen den analytischen Emotivismus und Präskriptivismus, wie sie etwa von Stevenson und Hare vertreten wurden.

Sowohl Scheler als auch Moore sehen deutlich, dass Werte nur dann als Grundlage einer Ethik fungieren können, wenn sie objektiv geltende Tatsachen sind. Sie müssen eine unbedingte Geltung haben und dürfen nicht bloße Ausdrücke von Gefühlen oder Befehlen sein, wenn sie die Ethik begründen können sollen. Die Schwierigkeit besteht jedoch darin, von dieser Einsicht in die Notwendigkeit einer ontologischen Unbedingtheit der Werte auf epistemischem Wege materiale Werte auszumachen, die diesen Status rechtmäßig beanspruchen können. Die Herausforderung besteht darin, jene *formale* Einsicht einer Notwendigkeit ontologischer Unbedingtheit der Werte in *materiale* Einsichten über konkrete Werte dieser Art zu überführen. Korsgaard formuliert in diesem Sinne eine Kritik am moralischen Realisten: »Having discovered that he needs an unconditional answer, the realist straightaway concludes that he has found one. [...] Having discovered that obligation cannot exist unless there are actions which it is necessary to do, the realist concludes that there are such actions, and that they are the very ones we have always thought were necessary, the traditional moral duties.«[63] In phänomenologischen Begriffen lässt sich die Schwierigkeit so formulieren, dass im Wertrealismus das aktuelle Noema eines vermeinten objektiven Wertes kurzerhand zu einem unbedingt und absolut geltenden Wert erklärt werden muss, wenn dieser Wert ethische Verbindlichkeit begründen können soll. Wird dieser Schritt aber getan, ist dies in der Regel mit einem Hang zum Konservativen verbunden, weil tendenziell genau diejenigen Noemata als unbedingte Werte ausgezeichnet werden, die wir seit langem schon für geltend hielten. Sobald der Wertethiker konkrete materiale Werte in einer hierarchisierten Werttafel auflistet, tendiert er dazu, diejenigen Werte absolut zu setzen, die ihm selbst und vielleicht seinem Zeitalter unbedingt vorkommen. Scheler und noch mehr Nicolai Hartmann haben derartige Versuche gemacht. So mancher wird sich aber durchaus nicht damit zufrieden geben, das Angenehme, das Edle, das Geistige und das Heilige mit Scheler als die hierarchisierten materialen Grundtypen der Werte anzuerkennen, und noch mehrere dürften sich finden, die Hartmanns fein differenzierte Werttafel sittlicher Grundwerte und spezieller sittlicher Werte aus dem zweiten Teil seiner *Ethik* nicht ohne Weiteres zu akzeptieren geneigt sind. Fragt der Kritiker jedoch, weshalb gerade *diese* materialen Werte die gesuchten und für eine Grundlegung ethischer Verbindlichkeit notwendigerweise unbedingten Werte sein sollen, so kann der Wertethiker nur auf das Wertgefühl oder die

---

63 Korsgaard, Christine M.: *The Sources of Normativity*, a.a.O., S. 33, S. 34.

Wertnehmung verweisen. Weil dieses aber zu unterschiedlich ausfällt, erscheint es anmaßend und unberechtigt, das jeweils durch Wertgefühl oder Wertnehmung erfasste Wertnoema zu einem absoluten, unbedingten Wert zu hypostasieren.

Die phänomenologische Wertethik enthält bei ihren verschiedenen Denkern durchaus Betrachtungen, die dieser Gefahr eines Kurzschlusses von Wertnoema und unbedingt geltendem Wert zu begegnen versuchen. Die zentrale Frage ist dabei, wie der ontologische Status des Wertes gedacht werden kann, damit er einerseits stark genug ist, ethische Verbindlichkeit zu begründen, andererseits jedoch keine heimliche Hypostasierung eines konkreten relativen Wertnoemas zu einem absoluten, unbedingten Wert impliziert.

Diejenige Antwort, die die notwendige Unbedingtheit des Wertes am stärksten in den Vordergrund stellt, wurde von Nicolai Hartmann formuliert. Für Hartmann gilt: »Werte sind Wesenheiten«, sie sind »der Seinsweise nach Platonische Ideen«.[64] »Das Wertgefühl«, das sich auf sie richtet, »ist nicht weniger objektiv als die mathematische Einsicht«.[65] Im Rahmen von Hartmanns Schichtenontologie steht der Mensch zwischen der ontologisch primären, realen Sphäre einerseits und der ontologisch sekundären, axiologisch aber primären Sphäre der idealen Werte andererseits. Aufgrund seiner Freiheit sowohl gegenüber der realen als auch gegenüber der axiologisch-idealen Sphäre ist der Mensch der »Vermittler von Wert und Wirklichkeit«.[66] Er allein kann sich für die Realisierung der Werte in der realen Welt entscheiden und auf diese Weise »die kategorial schon geformte Welt […] noch höher hinauf […] formen, […] dem Bilde der idealen Wesenheiten« nach.[67] Der zweite Teil von Hartmanns *Ethik* enthält eine »Axiologie der Sitten«, innerhalb derer er in den Abschnitten III bis VII einen umfangreichen Wertekatalog vorlegt. Unter den sittlichen Grundwerten finden sich hier das Gute, das Edle, die Fülle, die Reinheit; unter den speziellen sittlichen Werten Gerechtigkeit, Weisheit, Tapferkeit, Beherrschung, Nächstenliebe, Wahrhaftigkeit, Treue, Vertrauen, Bescheidenheit, Werte des äußeren Umgangs, Fernstenliebe, Persönlichkeit, persönliche Liebe und noch einige andere. Zwar gibt es die Phänomene der »Werttäuschung« und der »Wertblindheit«[68] sowie des »geschichtliche[n] Wandern[s] des Wertblickes mit seinem Lichtkreise auf der Ebene der ansichseienden Werte – welches sich in der Vielheit und Vergänglichkeit der ›Moralen‹ spiegelt«,[69] aber die Tatsache, »daß wir immer nur begrenzte Ausschnitte aus

64 Hartmann, Nicolai: *Ethik*, a.a.O., S.121.
65 Ebd., S.156f.
66 Ebd., S.623.
67 Ebd., S.168.
68 Ebd., S.157.
69 Ebd., S.158.

dem Wertreich übersehen, für seinen übrigen Umfang aber wertblind sind«,[70] sowie der Umstand, dass nicht jede Person in ihrem Wertgefühl alle Werte zu erblicken vermag und sich aufgrund ihres individuellen Persönlichkeitswertes, der durch eine spezifische »Art der Komplexion«[71] allgemeiner Werte zustande kommt, auch nicht von allen Werten, sondern nur von spezifischen auf spezifische Weise zu ihrer Realisierung aufgefordert findet, ändert nichts am invariablen, idealen Ansichsein des Wertreichs selbst. Dem Einwand, die von ihm ausgemachten Werte seien nichts weiter als Noemata eines bestimmten Wertgefühls, begegnet Hartmann mit der These, dass es sich bei den ohne Täuschung erschauten Werten um ›platonische Ideen‹ mit einem idealen Ansichsein handelt. Die Schwierigkeit mit Hartmanns Position liegt jedoch eben darin, dass diese Auffassung zu einer dogmatischen Metaphysik der Werte tendiert, innerhalb derer dem als Wert erfühlten Wertnoema kurzerhand der Status eines idealen Ansichseins verliehen wird.

Schelers Position scheint etwas vorsichtiger zu sein als diejenige Hartmanns.[72] Er spricht im Unterschied zu Hartmann nicht von einem Wertreich platonischer Ideen mit einem idealen Ansichsein. Auch Scheler gebraucht zwar die Formulierung eines »An-sich-Guten«, das in Bezug auf das individuelle Wertwesen einer Person auch die Gestalt eines »An-sich-Guten für mich« annehmen kann.[73] Er ist jedoch der Auffassung, dass es »zum Wesen der an sich bestehenden Werte gehört, daß sie nur durch eine Mannigfaltigkeit von Einzel- und Kollektivindividuen und nur durch eine Mannigfaltigkeit von konkreten historischen Ent-

---

[70] Ebd., S. 158.

[71] Ebd., S. 511.

[72] In Bezug auf die *hier* diskutierte Schwierigkeit des Wertes ist Hartmanns Position problematischer als diejenige Schelers. Dasselbe gilt jedoch *nicht* für das Problem der Freiheit: Während die Freiheit für Scheler nicht zu den konstitutiven Bedingungen der ethischen Person zählt (diese sind Vollsinnigkeit, Mündigkeit und Herrschaft über den Leib, vgl. Scheler, Max: *Der Formalismus in der Ethik*, a.a.O., S. 583–590 (495–501)), weil er im Wesentlichen eine sokratische Position vertritt, der zufolge die rechte Einsicht in den Wert schon das aktive Streben nach ihm impliziert und nicht noch eine Freiheit braucht, die sich für oder gegen ihn entscheidet, macht Hartmann es sich zur zentralen Aufgabe, den kantischen Freiheitsbegriff im Rahmen seiner Wertethik so weiterzuentwickeln, dass eine Freiheit für und gegen die Werte denkbar wird. Blosser bezeichnet es als »[b]y far the most serious shortcoming of Scheler's theory«, dass dieser die moralische Einsicht unmittelbar mit dem moralischen Wollen verknüpft und somit dem Gedanken eines moralischen Kampfes, den dann eine Freiheit allererst zu entscheiden hätte, keinen Raum zu geben vermag. Blosser, Philip: *Scheler's Critique of Kant's Ethics*, a.a.O., S. 175. Zu Hartmanns Freiheitsbegriff vgl. Tengelyi, László: »Nicolai Hartmanns Metaphysik der Freiheit«, in: Hartung, Gerald/Wunsch, Matthias/Strube, Claudius (Hg.): *Von der Systemphilosophie zur systematischen Philosophie – Nicolai Hartmann*. Berlin/Boston: de Gruyter 2012, S. 277–295.

[73] Scheler, Max: *Der Formalismus in der Ethik*, a.a.O., S. 599 (510).

wickelungsstufen dieser *voll* realisiert werden können«.[74] Es gehört zum Wesen der Werte als dem An-sich-Guten selbst, dass sie nur in der vollen interpersonal strukturierten Geschichtlichkeit verwirklicht werden können. Das aber impliziert, dass »Ethik als philosophische Disziplin wesentlich niemals die sittlichen Werte erschöpfen kann: Sie hat es nur zu tun mit den allgemeingültigen Werten und Vorzugszusammenhängen«[75], die zeitübergreifend gelten, vermag jedoch prinzipiell weder die geschichtlich konkreten Situationswerte noch die individuellen Wertwesen der Personen erschöpfend darzulegen. Diese zum Wesen der Werte und ihrer Rangordnung gehörige Geschichtlichkeit schreibt Scheler jedoch letztlich doch nur ihrer Realisierungsmöglichkeit, nicht aber den Werten und ihrer Rangordnung des An-sich-Guten selbst zu: »*[J]eder Lebensmoment einer individualen Entwickelungsreihe* [stellt] [...] die Erkenntnismöglichkeit für ganz bestimmte und einmalige Werte und Wertzusammenhänge dar, entsprechend dieser aber die Nötigung zu sittlichen Aufgaben und Handlungen, die sich niemals wiederholen können und *die im objektiven Nexus der an sich bestehenden sittlichen Wertordnung für diesen Moment (und etwa für dieses Individuum) gleichsam prädeterminiert sind*«.[76] Scheler formuliert hier nichts Geringeres als eine Prädeterminationslehre geschichtlicher Wesensentwicklung des Guten – das abschwächende Wort ›gleichsam‹ vermag dabei nur anzuzeigen, dass Scheler selbst offenbar gewisse Zweifel hegte an dieser Konzeption, ohne jedoch eine Alternative zu formulieren. Statt des platonischen idealen Wertreichs bei Hartmann, aus dem wir jeweils Ausschnitte sehen, findet sich bei Scheler ein eher aristotelisches Modell einer sich dynamisch-geschichtlich entfaltenden Wesensstruktur des an sich Guten. Auch diese Position von Scheler jedoch hat die Schwierigkeit, dass sie zu einer dogmatischen Metaphysik der Werte tendiert, weil in ihr eine geschichtlich sich entfaltende, dabei aber prädeterminierte Wesensstruktur vorausgesetzt wird.

Husserls Antwort auf die Frage nach dem Status des materialen Wertes lässt sich nicht ohne Weiteres ausmachen, weil er seine Gedanken zur Ethik lediglich in Vorlesungen und Manuskripten auf systematisch wenig geordnete sowie überdies unabgeschlossene Weise formuliert hat und es außerdem wesentliche Unterschiede zwischen seinen frühen und seinen späten Ansätzen zur Ethik gibt.[77]

---

[74] Ebd., S. 603 (513).

[75] Ebd., S. 604 (514).

[76] Ebd., S. 603 (513), zweite Kursivierung I. R.

[77] In den Bänden XXVIII und XXXVII der Husserliana-Reihe liegen seit längerer Zeit zwei Bände mit Vorlesungstexten zur Ethik vor. Seit 2013 sind auch einschlägige Manuskripte zur späten Ethik öffentlich zugänglich im Band *Grenzprobleme der Phänomenologie. Analysen des Unbewusstseins und der Instinkte. Metaphysik. Späte Ethik. Texte aus dem Nachlass (1908–1937)*, hg. von Rochus Sowa und Thomas Vongehr. Dordrecht u.a.: Springer 2013 (= Husserliana. Bd. XLII).

Nichtsdestotrotz scheint er in Bezug auf unsere Frage doch eine relativ genaue Antwort zu geben, die zudem weit weniger problematisch anmutet als die Antworten von Hartmann und Scheler. Anstatt mit einer direkten Analyse der ethischen Erfahrung aus der Perspektive der Ersten Person Singular zu beginnen, wählt Husserl zum Leitfaden seiner Untersuchungen zur Ethik die »Methode der Analogie«[78] mit der Logik. Diesen Leitfaden übernimmt er von Franz Brentano, der in seinem Werk *Vom Ursprung sittlicher Erkenntnis* drei Grundklassen psychischer Phänomene, Vorstellungen, Urteile und Gemütsbewegungen, voneinander unterscheidet und eine Analogie zwischen Urteilen und Gemütsbewegungen behauptet.[79] Husserl differenziert die Gemütsbewegungen seinerseits in Akte des Wertens und des Wollens und gelangt derart zu einer Dreiteilung der Vernunft in theoretische, axiologische und praktische Vernunft. Bemerkenswert ist nun, dass Husserl trotz seines programmatischen Zieles, sowohl eine formale und materiale Axiologie als auch eine formale und materiale Praktik zu entwickeln,[80] fast ausschließlich Analysen zu den beiden formalen Wissenschaften vorgelegt hat, so dass von einer systematischen Ausarbeitung der beiden materialen Teile nicht die Rede sein kann. Spätestens seit dem Beginn der genetischen Phänomenologie in den *Bernauer Manuskripten* von 1917/18 wird deutlich, worin die Schwierigkeiten

Es war Ullrich Melle, der Husserls Ethik erstmals erforscht und die Unterteilung in eine Vorkriegs- und eine Nachkriegsethik, in einem späteren Aufsatz sogar in drei Phasen der Ethik (1908–1914, 1920–1925 und 1930–1935) vorgenommen hat. Vgl. Melle, Ullrich: »The development of Husserl's ethics«, in: *Études Phénoménologiques* 13/14 (1991), S. 115–135; ders.: »Edmund Husserl: from reason to love«, in: Drummond, John J./Embree, Lester (Hgg.): *Phenomenological Approaches to Moral Philosophy. A Handbook.* Dordrecht u. a.: Kluwer Academic Publishers 2002, S. 229–248. Zur praktischen Philosophie bei Husserl und Kant ist erschienen: Cobet, Thomas: *Husserl, Kant und die Praktische Philosophie. Analysen zu Moralität und Freiheit.* Würzburg: Königshausen & Neumann 2003.

   78 Hua XXVIII, S. 19.

   79 Vgl. Brentano, Franz: *Vom Ursprung sittlicher Erkenntnis*, hg. und eingeleitet Oskar Kraus. Saarbrücken: Verlag Dr. Müller ³2006, S. 17 f. Hervorgehoben in Melle, Ullrich: »Husserls Phänomenologie des Willens,« in: *Tijdschrift voor Filosofie* 54 (1992), S. 280–304, hier S. 285 f. Pradelle weist darauf hin, dass die Frage des Parallelismus zwischen den verschiedenen Vernunfttypen ebenfalls zum zentralen Problemhorizont des Neukantianismus der Heidelberger Schule, insbesondere Rickerts gehört. Vgl. Pradelle, Dominique: »Préface: Une problématique univocité de la raison«, in: Husserl, Edmund: *Leçons sur l'éthique et la théorie de la valeur (1908–1914)*, übersetzt und eingeleitet von Philippe Ducat, Patrick Lang und Carlos Lobo, mit einem Vorwort von Dominique Pradelle. Paris: PUF 2009, S. 7–54, hier S. 34.

   80 Nach einer Erörterung der formalen Wissenschaften heißt es in der Vorlesung von 1914 *programmatisch*: »Denn nun wären die Grundklassen von Werten zu fixieren bzw. die von praktischen Gütern und dann theoretisch zu erforschen die zugehörigen Vorzugsgesetze.« Hua XXVIII, S. 140. Es folgt eine Reihe von Fragen, die diese konkrete materiale Klassifizierung betreffen, und Husserl schließt mit der Stellungnahme: »Von da aus führen also die Linien in die eigentliche Ethik«. A. a. O., S. 141.

in Bezug auf dieses Unterfangen gelegen haben mögen: Was inhaltlich das axiologisch und praktisch Vernünftige ist, ist für Husserl nicht in einem platonischen
Reich der Ideen vorab festgelegt, sondern es ist dasjenige, was nicht nur intenti-
onal leer intendiert, sondern anschaulich erfüllt und derart evident gegeben ist.
Um eine Wertlehre axiologischer Vernunft zu entwickeln, ist es daher notwendig, dass die axiologischen Leerintentionen auch adäquat durch Wertnehmungen
erfüllt sind. Problematisch ist jedoch für Husserl, dass ich in einem gegebenen
Augenblick einen Wert nicht ein für alle Mal in Evidenz erfassen kann, denn er hat
sich als Wert im motivationalen Kontext meines ganzen, und damit auch zukünftigen, Lebens zu erweisen und zu bewähren. Er muss letztlich sogar nicht nur ein
Wert im Kontext meines ganzen Lebens, sondern sogar ein Wert im Kontext der
Menschheitsgeschichte sein, um als wahrhaft axiologisch vernünftig gelten zu
können. Da diese Zeitlichkeit der sich erfüllenden axiologischen und praktischen
Vernunft für Husserl aber einen infiniten Progress darstellt, können wir auch in
keinem Moment ganz sicher sein, dass das aktuell für einen Wert gehaltene sich
tatsächlich als ein Wert erweist. Es besteht, so Husserl an einer Manuskriptstelle,
eine prinzipielle »peinliche Differenz«[81] zwischen meiner absolut wahren Pflicht
im Jetzt und der stets ungewissen wahren Pflicht im Ganzen; es gibt im Ethischen
lediglich »relative[...] Evidenzen [...] in der Endlosigkeit der intersubjektiv-historischen Zusammenhänge«[82]. Die volle Rationalität, so heißt es in der *Krisis*, ist
»eine im Unendlichen liegende Idee und im Faktum notwendig auf dem Wege«[83].
Im Unterschied zu Scheler versteht Husserl das axiologisch Vernünftige nicht als
eine geschichtliche Entfaltung einer prädeterminierten sittlichen Wertordnung,
sondern für ihn ist das axiologisch Vernünftige genau das, was sich *innerhalb* der
ganzen Geschichte der axiologischen Vernunft durch adäquate Wertnehmungen
erfüllen lässt. Da diese Geschichte axiologischer Vernunft jedoch eine offen
unendliche ist, vermag ich nicht nur niemals sicher zu sein, ob die jetzt als ein
Wert aufgefasste axiologische Gegenständlichkeit tatsächlich ein Wert ist, sondern es steht auch an sich noch nicht fest, ob sie ein Wert ist – denn aus phänomenologischer Sicht gibt es keine Berechtigung, einen Standpunkt außerhalb der
unendlichen, intersubjektiven Geschichte der Wertnehmungen vorauszusetzen,
von dem aus jetzt bereits feststünde, was in eine materiale Axiologie und Praktik
gehört. Husserl reduziert damit den axiologisch vernünftigen Wert weder auf ein
bloßes Noema des Wertgefühls bzw. der Wertnehmung, noch postuliert er ihn
als ein Wesen im Rahmen einer phänomenologisch nicht ausweisbaren dogma-

---

81 Hua XLII, S. 201.
82 Ebd., S. 419.
83 Husserl, Edmund: *Die Krisis der europäischen Wissenschaften und die transzendentale Phänomenologie. Eine Einleitung in die phänomenologische Philosophie*, hg. von Walter Biemel. Den
Haag: Martinus Nijhoff 1976 (= Husserliana. Bd. VI), S. 274.

tischen Metaphysik der Werte. Der Preis dafür aber ist, dass das auch von Husserl anfänglich verfolgte Ziel »einer wissenschaftlichen Begründung der Ethik«[84] in Bezug auf ihre beiden materialen Teile *prinzipiell* nicht erfüllt werden kann. Es kann nur noch der Ort einer materialen Wertethik angezeigt werden. Aus prinzipiellen und nicht lediglich die Endlichkeit der menschlichen Werterkenntnis betreffenden Gründen jedoch kann sie vom Philosophen nicht ausgearbeitet werden.[85]

Hans Reiner ist in seinem Ansatz zur Wertethik sowohl von Husserl und Heidegger als auch von Scheler und Hartmann wesentlich bestimmt,[86] hat jedoch zugleich die Kant am nächsten stehende, wenngleich nicht selbst kantische Gestalt der Wertethik entworfen. Die Aporie des Wertes in Bezug auf dessen Schwanken zwischen einem Noema des Wertgefühls und einem metaphysischen Postulat tritt bei Reiner schließlich offen zutage. Er unterscheidet einen »*formalen* Teil der Ethik«, innerhalb dessen »die strukturell *wesensallgemeinen* Gehalte [...], die die *Sittlichkeit überhaupt* begründen und ermöglichen«, zu thematisieren sind beziehungsweise das »*Wesen* des *sittlichen Bewusstseins überhaupt*« zu erörtern ist, von einem »*materialen* Teil der Ethik«, innerhalb dessen jene »Gehalte zu

---

84 Hua XXVIII, S. 3.

85 Fröhlich kommt in seiner umfangreichen Studie zu dem Ergebnis, »dass es eine Komplementarität in den Begründungen der Ethik bei Immanuel Kant, Max Scheler und Edmund Husserl gibt« (S. 375). Diese Komplementarität sieht er darin, dass die »Fehler« (S. 373) eines zu formal und vernunftorientiert argumentierenden Kant und eines zu stark auf das Gefühl setzenden Scheler in der *sowohl* einen *formalen als auch* einen *materialen* Teil vorsehenden Ethik Husserls als in einer »vermittelnden Position gegen allzu emotionalistische, wie gegen allzu formalistisch-rationalistische Ansprüche« vermieden werden könnten, womit er außerdem nahegelegt sieht, »dass sich auch auf dem Gebiet der Ethik eine wissenschaftliche Forschung anstellen lässt«. (S. 373) Fröhlich, Günter: *Form und Wert. Die komplementären Begründungen der Ethik bei Immanuel Kant, Max Scheler und Edmund Husserl.* Würzburg: Königshausen & Neumann 2011 (= Orbis Phaenomenologicus). Wir hingegen haben zu zeigen versucht, weshalb auch Husserls an der Logik orientierte Ethikkonzeption mit ihrer Verknüpfung eines formalen und eines materialen Teils mit dem hier erörterten Grundproblem der Wertethik konfrontiert bleibt und überhaupt das Programm einer wissenschaftlichen normativen Wertforschung aussichtslos erscheint. Eben dies aber hat Husserl offenbar zunehmend selbst gesehen. Wir sind der Meinung, dass sich in Husserls späten Manuskripten zur Ethik wertvolle Ansätze zu einer Phänomenologie des ethischen Lebens der individuellen Person finden, auf die wir unten noch zu sprechen kommen werden. Diese wichtigen, erst jüngst zum Teil veröffentlichten, in den Husserl-Archiven aber seit Langem zugänglichen Manuskripte hat Fröhlich in seiner auf Husserl zulaufenden Studie allerdings nicht berücksichtigt, dasselbe gilt für den 2004 von Henning Peucker herausgegebenen Band XXXVII der Husserliana-Reihe.

86 Reiner hat die vierstündige Vorlesung über Ethik aus dem Sommersemester 1920 bei Husserl gehört. Vgl. Reiner, Hans: *Die Grundlagen der Sittlichkeit*, a.a.O. S. 396, Fußnote. Heidegger bezeichnet er, neben seinem Doktorvater Husserl, als »mein zweiter Lehrer« (ebd., S. 158 Fußnote). Die Wertethik von Scheler und Hartmann sieht er als ihm insgesamt »am nächsten stehend[...]« an. Ebd., S. 232.

behandeln« sind, »die die Besonderheit der einzelnen sittlichen Entscheidungen, persönlichen Eigenschaften usw. ausmachen (die dabei aber doch in dem Sinne allgemein sind, daß sie durchschnittlich überall d. h. in jedem sittlichen Einzel-*subjekt* vorkommen)«.[87] Der formale Teil behandelt, kantisch gesprochen, die Bedingungen der Möglichkeit des sittlichen Bewusstseins überhaupt. Der materiale Teil hingegen stellt »die *empirische* Seite der sittlichen Tatbestände«[88] dar. Eine Art eidetische Phänomenologie des sittlichen Bewusstseins ist damit aus Reiners Sicht zu ergänzen um eine *empirische Anthropologie der tatsächlichen Wertnehmungstypen*, die abstraktiv auf das ihnen Gemeinsame hin befragt werden müssten, um die allgemeinen materialen Gehalte des sittlichen Bewusstseins herauszuarbeiten. Im formalen Teil seiner Ethik macht Reiner als Wesensbedingungen des sittlichen Bewusstseins »drei ›Grundvermögen‹ in uns« aus: das die Werte zugänglich machende »*Wertgefühl*«, die die Einsichtigkeit der Werte und ihrer Vorzugsordnungen ermöglichende »*Vernunft*« sowie die die sittliche Forderung ermöglichende »*Freiheit*«.[89] Der sich über diese drei Vermögen manifestierende, sittlich relevante Hauptunterschied ist, »daß es *zwei* verschiedene hauptsächliche Grundrichtungen unseres Strebens, Wollens und Handelns gibt«, die einerseits »auf subjektiv bedeutsame Werte« und andererseits »auf objektiv bedeutsame Werte« abzielen.[90] Der »Unterschied[...] von sittlich gut und böse« gründet sich »auf diesen Unterschied der objektiv und nur subjektiv bedeutsamen Werte«,[91] so dass derjenige gut ist, der die objektiven Werte den bloß subjektiven vorzieht.[92] Diese Unterscheidung von nur zwei Grundtypen von Werten ist deutlich näher an der kantischen Unterscheidung zwischen einer Handlung »aus Pflicht« und einer Handlung »aus Neigung« als die graduell aufsteigende Werterangordnung bei Scheler und Hartmann. Reiner ergänzt jedoch den dualen

---

87 Ebd., S.104.

88 Ebd., S.104.

89 Ebd., S.243.

90 Ebd., S.442. Es gibt in dieser Hinsicht, wie schon erwähnt, eine Parallele zwischen Hans Reiner und Carl Leonhard Reinhold: Während Reiner eine Freiheit annimmt, die sich zwischen subjektiv bedeutsamen und objektiv bedeutsamen Werten entscheidet, geht Reinhold von einer Freiheit aus, die zwischen einem eigennützigen und einem uneigennützigen Trieb wählt. In beiden Fällen geht es um eine Entscheidung zwischen zwei Strebensrichtungen. Vgl. Reinhold, Carl Leonhard: »Erörterung des Begriffs von der Freiheit des Willens«, a.a.O., S.256.

91 Reiner, Hans: *Die Grundlagen der Sittlichkeit*, a.a.O., S.416.

92 Das verschachtelte »Schema der Werte«, welches Reiner übersichtlich auf S.415 von *Die Grundlagen der Sittlichkeit* graphisch darstellt, zeigt auf, inwiefern die drei Unterscheidungen »bedürfnisbezogen (relativ)« – »in sich ruhend (absolut)«, »eigenbedürfniserfüllend (eigenrelativ)« – »fremdbedürfniserfüllend (fremdrelativ)« sowie nur »subjektiv bedeutsam – objektiv bedeutsam« keine Synonyme sind. Zu den nur subjektiv bedeutsamen Werten zählen ausschließlich die eigenrelativen Werte, während sowohl die fremdrelativen als auch die absoluten Werte zu den objektiv bedeutsamen Werten gerechnet werden.

Unterschied von sittlich gut und böse um den diesem nachgeordneten Unterschied von sittlich richtig und falsch: Derjenige, der die objektiv bedeutsamen Werte vorzieht und damit bereits gut ist, soll in Bezug auf die dann gegebenenfalls immer noch erforderliche Wahl zwischen mehreren objektiven Werten das sittlich Richtige wählen, in dem er sich für »*das höchste objektive Wertgewicht*«[93] entscheidet. Scheler hat sich Reiner zufolge »im Irrtum« befunden, als er den Unterschied von gut und böse auf die Rangordnung der Werte zu gründen suchte; eine derartige Rangordnung könne allenfalls »als Prinzip des sittlich Richtigen« fungieren, denn der Unterschied von gut und böse sei grundlegender und habe schlichtweg »eine *andere* Wurzel« als die Wertrangordnung.[94] Da dies alles jedoch lediglich formale Möglichkeitsbedingungen des sittlichen Bewusstseins sind, muss der formale Teil um einen materialen Teil ergänzt werden. Dieser ist bei Reiner *empirisch* und nicht material *a priori*, so dass sich unmittelbar die Frage aufdrängt: Wie gelangt man von einer empirischen Untersuchung der Gemeinsamkeiten aller untersuchten faktischen Wertnehmungstypen zu der Behauptung der normativen Geltung eben dieser Werte? Mit anderen Worten, wie lässt sich von einem empirisch allgemeinen Wertnoema zu einer universalen Geltung dieses Wertes gelangen? Reiner selbst sieht, dass es hier eine Begründungslücke gibt: »Denn ob ein Tatbestand ein Wert oder ein Unwert ist, entscheidet sich damit stets nur empirisch (auf Grund eben der Aussage des Wertgefühls). Dies aber ist für die Bestimmung eines so grundlegenden Begriffs [wie des Wertes, I.R.] letzten Endes philosophisch unbefriedigend.«[95] Er sucht diese Begründungslücke durch Metaphysik zu schließen. Um der unzureichend bleibenden Bestimmung des Wertbegriffes zu begegnen, sei es nämlich nötig, »ein *letztes einheitliches Sach- bzw. Seins-Prinzip des Wertes überhaupt*« zu finden.[96] Welche Art von Prinzip sich Reiner hier vorstellt, wird durch eine Analogie zum Thomismus deutlich: »[E]s wäre etwa in analoger Weise zu denken, wie im Thomismus als allgemeines Prinzip des (als ›appetibile‹ verstandenen) ›bonum‹ dasjenige der Seinsvollkommenheit (perfectio) angenommen wird.«[97] Das Problem aber ist, dass ein solches Prinzip noch »nicht *gefunden* ist«[98] und auch von Reiner selbst nicht gefunden wird. Es wäre im Rahmen einer Metaphysik zu entwickeln, die Reiner als eine »Metaphysik der Sittlichkeit (die besonders die Metaphysik der Werte und der Freiheit umfassen soll) [...] für den 3. Teil meiner Ethik«

---

[93] Reiner, Hans: *Die Grundlagen der Sittlichkeit*, a.a.O., S.176.
[94] Ebd., S.437.
[95] Ebd., S.384.
[96] Ebd., S.384.
[97] Ebd., S.384.
[98] Ebd., S.385.

geplant hatte.[99] In seinem Hauptwerk *Pflicht und Neigung* lässt er »die Frage, wie weit der Wert auch metaphysisch [und nicht nur phänomenal, I.R.] etwas Letztes ist, [...] offen«.[100] Allerdings hat er jene »für später vorbehalten[e]«[101] Untersuchung nicht vorgelegt und deutet lediglich an, welche Perspektive von einer Phänomenologie des sittlichen Bewusstseins zu einer Metaphysik der Werte hinüberführen könnte: Gewisse Werte, und zwar die als absolut erfahrenen, hätten »etwas an sich [...], was uns ins *Metaphysische hinüberweist*«, denn sie verwiesen »uns auf einen in ihrer Tiefe liegenden, aber für uns nicht oder doch nicht ohne weiteres faßbaren *Seinsgrund*, der uns Hochschätzung, ja der uns so etwas wie Ehrfurcht vor ihnen abfordert, den wir dabei nur gleichsam ahnend empfinden, aber nicht erfassen [...] können«.[102] In Bezug auf das Schwanken des Wertes zwischen bloßem Noema und dogmatisch metaphysischem Postulat aber bedeutet dies, dass zwar das Problem bei Reiner auf herausragende Weise zutage tritt, eine Lösung jedoch nicht gefunden wird: Er legt eine formale Phänomenologie des sittlichen Bewusstseins vor, sieht, dass der materiale, empirische Teil seiner Ethik durch eine Metaphysik des Wertes zu ergänzen wäre, legt diese Metaphysik jedoch nicht vor. Er findet damit keine Lösung für die Aporie des Wertes, sondern hält bei ihrer Formulierung inne.

Es gibt allerdings in der Periode der Wertethik des frühen zwanzigsten Jahrhunderts noch einen weiteren Denker, der zwar weitaus weniger bekannt ist als die bisher behandelten Autoren, dem für unseren Zusammenhang jedoch eine zentrale Bedeutung zukommt. Es handelt sich um Karl Alphéus. Alphéus war zunächst Schüler von Husserl und Heidegger, promovierte dann jedoch 1930 bei Julius Ebbinghaus, mit anderen Worten, er begann in der Phänomenologie und wurde zum Kantianer. In seine von dem Ebbinghaus'schen »Erzkantianismus«[103] inspirierte Dissertation ging eine kritische Auseinandersetzung mit Scheler ein, die er in der Folge weiterführte und vertiefte. Es handelt sich bei diesem Lebensprojekt eines Privatgelehrten jedoch nicht lediglich um eine Widerlegung Schelers anhand der kantischen Schriften, sondern Alphéus versucht vielmehr, im Ausgang von der kantischen Grundkonzeption eine eigene Wertethik zu entwickeln, innerhalb derer er durchaus vom kantischen Buchstaben abweicht, ohne jedoch – dem Selbstverständnis nach – dem kantischen Geist untreu zu

---

99 Ebd., S.135, Fußnote.
100 Ebd., S.243.
101 Ebd., S.243.
102 Ebd., S.410.
103 Gadamer hat die Tradition der Kantianer um Klaus Reich und Julius Ebbinghaus einmal als »Marburger Erzkantianismus« bezeichnet. Gadamer, Hans-Georg: »Selbstdarstellung – Hans-Georg Gadamer«, in: Grondin, Jean (Hg.): *Gadamer Lesebuch*. Tübingen: Mohr Siebeck 1997 (= UTB für Wissenschaft), S.1–30, hier S.15.

werden. Er unterscheidet zwei »echte Wertarten« voneinander: »das Gute (im Sinne Kants) und [...] das Angenehme im Sinne Kants«, wobei das Gute als das »vernunftnotwendig Bewegende« und das Angenehme als das »vernunftzufällig Bewegende« zu verstehen sei.[104] Obgleich Alphéus mit dieser Behauptung von zwei grundlegenden Wertarten und der damit verbundenen Kritik an Schelers Wertartenrangordnung[105] in einer gewissen Nähe zu der Auffassung von Reiner zu stehen scheint, ist der Grund für diese Unterteilung bei Alphéus kein diese beiden Wertarten voneinander unterscheidendes Wertgefühl, das dann durch eine einsehende Vernunft ergänzt würde. Alphéus knüpft vielmehr unmittelbar an Kant an, indem er den vernunftnotwendig bewegenden Wert als dasjenige bestimmt, dessen Nichtbegehren nicht als allgemeines Gesetz gedacht werden kann. In dem kantianisierenden, etwas umständlichen Stil von Alphéus heißt das: »Der Bestimmung des Wertes als eines vernunftnotwendigen entspricht die Bestimmung des werten Gegenstandes als des Gegenstandes der Unterlassung einer Handlung oder Unterlassung, deren Grundsatz nicht als Gesetz gewollt werden kann.«[106] Obgleich die Terminologie von vernunftnotwendigen und vernunftzufälligen Werten nicht die Sprache Kants ist, beansprucht Alphéus, nichts anderes geleistet zu haben als eine »Übersetzung [...] der Kantischen Ethik [...] in die Sprache der Wertartenrangordnung«, so dass das Ergebnis durchaus als »Kantische Wertartenrangordnung« bezeichnet werden könne.[107] Diese von Alphéus ausgearbeitete ›kantische Wertethik‹ aber sieht sich *nicht* mit der erörterten Aporie des Wertes konfrontiert: Der Wert ist ihm weder ein bloßes Noema des Wertgefühls noch ist er ein metaphysisches Postulat, sondern er ist das, was sich aus der jeweiligen Anwendung des Sittengesetzes auf das faktisch konkrete Begehren des Menschen als entweder vernunftzufälliger oder aber vernunftnotwendiger Wert ergibt. Alphéus knüpft damit unmittelbar an Kant an, wenn dieser in der *Grundlegung* formuliert: »Denn es hat nichts einen Werth als den, welchen ihm das Gesetz bestimmt.«[108] Die Frage, weshalb ein gefühlter Wert tatsächlich beanspruchen kann, ein vernunftnotwendiger Wert zu sein, kann damit ohne den Rekurs auf ein dogmatisch metaphysisches Wertpostulat beantwortet werden, weil sich seine Vernunftnotwendigkeit anhand der bloßen Anwendung des Sittengesetzes auf das Begehren ausweisen lässt. Der Grund für die Lösung der Aporie des Wertes in Alphéus' kantischer Wertethik liegt allerdings in der Voraussetzung, dass das kantische Sittengesetz Geltung hat und sich auf es eine Ethik gründen lässt – und genau dies hatten die anderen Wertethiker bestritten.

---

104 Alphéus, Karl: *Kant und Scheler*, a.a.O., S.260.
105 Vgl. ebd., S.279.
106 Ebd., S.259.
107 Ebd., S.279.
108 GMS, AA 4: 436.1–2.

Worin also besteht zusammengefasst das Grundproblem des Programms einer materialen Wertethik? Die materiale Wertethik gelangt zu der formalen Einsicht, dass der Wert als eine unbedingte Tatsache verstanden werden muss, wenn er ethische Verbindlichkeit begründen können soll. Die Schwierigkeit liegt jedoch darin, materiale Werte aufzufinden, denen dieser Status rechtmäßig verliehen werden kann. Jeder derart ausgezeichnete materiale Wert scheint eine Hypostasierung eines bloßen Wertnoemas zu einem dogmatisch metaphysischen Postulat zu implizieren. Die Unterlassung dieser Hypostasierung aber würde ein bloßes Wertnoema zurücklassen, das zu schwach ist, um die Last der Begründung ethischer Verbindlichkeit tragen zu können. Einen Ausweg aus diesem Dilemma scheint es nicht zu geben.[109] Insbesondere Husserl schien dieses Dilemma mehr und mehr zu sehen, was ihn daran gehindert haben könnte, die geplanten materialen Teile seiner Ethik tatsächlich auszuarbeiten. Begnügt man sich jedoch mit der von Husserl erarbeiteten formalen Axiologie und Praktik, so bleibt diese bloße formale Ethik in der Tat leer – im Unterschied zu der Ethik Kants, in der der kategorische Imperativ auf eine indefinite Fülle erlaubter und gebotener Maximen verweist, deren Auffindungsbedingungen er selbst formuliert.

3.1.3 Der wertethische Personalismus und das Tragische im Ethischen

Schelers Einwände »gegen die Kantische Personauffassung« sind wiederholt als »die sachlich schwerwiegensten innerhalb seiner Kantkritik bezeichnet worden«.[110] Der Kern von Schelers Vorwurf lautet, Kant könne in seiner Ethik

---

109 Wiederholt ist von einem Dilemma in Bezug auf den Wert gesprochen worden. Franz von Kutschera zufolge besteht das heutige Dilemma in Bezug auf den Wert darin, dass er von den ›Subjektivisten‹ auf die Interessen der Personen reduziert und damit zur Erklärung moralischer Verbindlichkeit untauglich wird, die ›Realisten‹ ihm hingegen den Status einer uns äußeren Realität verleihen, deren Bindungskraft für uns im Dunkeln bleibt. Vgl. von Kutschera, Franz: *Wert und Wirklichkeit*. Paderborn: mentis 2010. Sonja Rinofner-Kreidl spricht von einem Dilemma phänomenologischer Wertethiker, insofern diese entweder auf subjektive Intuitionen zurückgeworfen werden oder sich einer Form des moralischen Realismus verpflichten müssten. Vgl. Rinofner-Kreidl, Sonja: »Moral Philosophy«, a.a.O., S.420. In Bezug auf die Wertethik scheint uns das Dilemma spezifischer zwischen einem bloßen Wertnoema, das für die Begründung ethischer Verbindlichkeit nicht ausreicht, und einer unbedingten Werttatsache, die nicht hinreichend ausgewiesen werden kann, zu bestehen.

110 Weiper, Susanne: *Triebfeder und höchstes Gut. Untersuchungen zum Problem der sittlichen Motivation bei Kant, Schopenhauer und Scheler*. Würzburg: Königshausen & Neumann 2000 (= Epistemata. Würzburger Wissenschaftliche Schriften. Bd. 275), S.231; vgl. Herrmann, Joachim: *Die Prinzipien der formalen Gesetzesethik Kants und der materialen Wertethik Schelers*, a.a.O., S.46. Schon Schmucker zieht in seinem eigentlich der Verteidigung Kants gegen den »Formalismus«-Vorwurf gewidmeten Aufsatz letztlich die »Personmetaphysik Brunners« der kanti-

des Gesetzes der Individualität der jeweiligen Personen nicht Rechnung tragen. An die Stelle von Kants unpersönlicher Gesetzesethik ist aus Schelers Sicht ein ethischer Personalismus zu setzen, der von der unhintergehbaren Individualität der jeweiligen Person ausgeht. Sowohl Nicolai Hartmann als auch der späte Husserl verfolgen im Rahmen ihrer Ansätze zu einer Wertethik ebenfalls dieses Grundprogramm eines ethischen Personalismus. Im Rahmen des ethischen Personalismus genuiner Individualität und Pluralität der Personen wird das Problem eines Tragischen im Ethischen virulent, welches von Kant mit der Zurückweisung der Möglichkeit von Pflichtenkollisionen abgelehnt worden war. Der ethische Personalismus in Verbindung mit einem Tragischen im Ethischen kann in Hinblick auf die nachfolgenden Phänomenologen durchaus als ein erster vorbereitender Schritt in Richtung einer Neuformulierung des kantischen Formalismus unter den Bedingungen genuiner Pluralität und Intersubjektivität verstanden werden. Bloß vorbereitend ist dieser Schritt jedoch, weil er nicht selbst formalistisch konzipiert ist, sondern dem Wertbegriff materialer Wertethik letztlich verhaftet bleibt. Die personalistische Kritik an Kants Personbegriff, der wertethische Personalismus sowie die mit ihm zusammenhängende Figur des Tragischen im Ethischen sind Gegenstand des vorliegenden Kapitels.

Kants Gesetzesethik, so lautet Schelers Vorwurf, »*ent*würdige« die Person, indem »sie dieselbe unter die Herrschaft eines unpersönlichen *Nomos* stellt, dem gehorchend sich erst ihr Personwerden vollziehen soll«.[111] Die sittliche Person sei eine bloße Vernunftperson, »das X der dem Sittengesetz gemäßen Willensbetätigung«.[112] Diese Bestimmung aber bedeute zugleich, »daß jede Konkretisierung der Personidee auf eine konkrete Person schon von Hause aus mit einer Entpersonalisierung zusammenfällt« und »der Begriff einer ›individuellen Person‹ [...] streng genommen zu einer contradictio in adjecto« werde.[113] Der kantische Begriff der Person führe auf eine »*Logonomie* und [...] äußerste *Heteronomie* der Person«[114]. Aufgrund dieser Kritik hält Scheler es für nötig, einen Begriff der genuin *individuellen* Person zu finden, der nicht nur die Person angemessener bestimmt, sondern auf dessen Basis sich auch die Ethik tragfähiger konzipieren lässt, als es bei Kant der Fall sei. Scheler begegnet diesem von ihm ausgemachten Desiderat mit dem Begriff eines »*individualpersönliche[n]*

---

schen Position vor, weil Brunner die »rationalistischen und idealistischen Vorurteile Kants überwunden« habe. Schmucker, Josef: »Der Formalismus und die materialen Zweckprinzipien in der Ethik Kants«, S. 203.

[111] Scheler, Max: *Der Formalismus in der Ethik*, a.a.O., S. 456 (384).
[112] Ebd., S. 457 (385).
[113] Ebd., S. 457, 458 (385).
[114] Ebd., S. 459 (386).

Wertwesen[s]«,[115] das jede Person habe und von dem ein je individueller »›Ruf‹ an die Person und sie allein ergeht«[116].

Nicolai Hartmann knüpft an Schelers Kritik am kantischen Personbegriff an, formuliert sie jedoch deutlich nuancierter, so dass er seinen personalistischen Ansatz in einer stärkeren Kontinuität zu Kant zu sehen vermag. Dies gelingt ihm über eine Reinterpretation des kantischen Konzeptes eines intelligiblen Charakters. Im Kapitel 57 seiner *Ethik* heißt es: »Der Kantische Terminus ›intelligibler Charakter‹ – sofern man die Kantische Metaphysik der Vernunft mit ihrem Universalismus fallen läßt und auf die eigentliche Wortbedeutung zurückgreift – dürfte der genaue Begriff des ›Persönlichkeits-Wertes‹ sein.«[117] Hartmann zufolge liegt die einzigartige Persönlichkeit einer Person in ihrem spezifisch für sie geltenden idealen und an sich seienden Persönlichkeitswert. Die Persönlichkeitswerte stehen in Hartmanns Schichtenmodell ganz oben im idealen Wertreich, stellen eine spezifische »Art der Komplexion«[118] allgemeiner Werte dar, enthalten jedoch als Momente einer höheren Schicht auch ein ihnen eigenes Novum. Diesen idealen Persönlichkeitswert einer Person rückt Hartmann in die Nähe des kantischen intelligiblen Charakters.

Sowohl bei Scheler als auch bei Hartmann stützt sich der ethische Personalismus auf den Gedanken eines individualpersönlichen Wertwesens beziehungsweise eines idealen Persönlichkeitswertes der jeweiligen Person. Es scheint sich damit auch hier das oben erörterte Grundproblem der materialen Wertethik einzustellen, denn entweder wird jener Wert dogmatisch hypostasiert zu einem an sich seienden Wert, oder aber er ist ein bloßes noematisches Korrelat eines faktischen Wertgefühls und bleibt zu schwach, um ethische Verbindlichkeit zu begründen.[119] Es gibt allerdings einen Versuch bei Scheler, jenes Dilemma des

---

115 Ebd., S. 598 (508).

116 Ebd., S. 599 (510). Es besteht hier eine Parallele zu Simmels Kritik an Kant, auf die Scheler auch selbst verweist (a.a.O., S. 598 (509)). Vgl. Simmel, Georg: »Das individuelle Gesetz«, in: ders.: *Das individuelle Gesetz. Philosophische Exkurse*, hg. und eingeleitet von Michael Landmann. Frankfurt am Main: Suhrkamp 1987, S. 174–230.

117 Hartmann, Nicolai: *Ethik*, a.a.O., S. 512.

118 Ebd., S. 511.

119 Die Idee eines individualpersönlichen Wertwesens beziehungsweise eines Persönlichkeitswertes ist bei Scheler und Hartmann auch deshalb problematisch, weil sie nicht nur eine Individualität der Persönlichkeit impliziert, sondern auch mit einem Wert*höhen*unterschied zwischen den einzelnen Personen operiert. Weder Scheler noch Hartmann scheuen sich davor, diese Konsequenz zu ziehen, was beiden Ethiken einen starken aristokratischen Zug verleiht. Dass Scheler genau dies auch geradeheraus intendiert und gegen jede – und damit auch die kantische – Ethik der Gleichheit anführt, wird besonders deutlich in seiner an Nietzsche anknüpfenden Schrift über das Ressentiment. Vgl. Scheler, Max: »Das Ressentiment im Aufbau der Moralen«, in: ders.: *Vom Umsturz der Werte. Abhandlungen und Aufsätze*, hg. von Maria Scheler. Bern: Francke ⁴1955 (= Gesammelte Werke. Bd. 3), S. 33–147.

Wertes in seinem ethischen Personalismus zu überwinden; dieser Versuch deutet sich in seinem Aufsatz »Ordo amoris« an. In Anknüpfung an Pascal situiert Scheler die Person letztlich in ihrem *ordo amoris*, ihrer je persönlichen Liebesordnung.[120] Das Woraufhin des Liebens sieht er in dem genannten Aufsatz jedoch nicht in einem der Person klar vor Augen stehenden individualpersönlichen Wertwesen, sondern vielmehr in einem »grenzenlosen, aber ›leeren‹ Feld[...]«[121]. Die individuelle Bestimmung einer Person komme ausschließlich über Eingrenzungserfahrungen des »Dies ist es, was ich liebe« oder »Dies ist es, was ich hasse« und damit stets nur fragmentarisch in den Blick, ohne dass es »ein begrenztes Bild von ihr, noch weniger ein formulierbares Gesetz«[122] von ihr gebe. In diesen Überlegungen Schelers deutet sich ein *Ansatz zu einer Ethik des Begehrens* an, die von dem Wertbegriff Abstand nimmt und später von Sartre und von Levinas auf unterschiedliche Weisen ausgearbeitet wird. Bei Scheler jedoch bleibt es zunächst bei diesen Andeutungen.

Wie berechtigt aber ist überhaupt die personalistische Kritik an Kant? Ist die Person für Kant tatsächlich nur eine Instantiierung eines universalen Gesetzes beziehungsweise einer universalen reinen praktischen Vernunft, der Gedanke einer individuellen Person hingegen eine *contradictio in adiecto*, wie Scheler meint? Oder deutet Kants Begriff eines intelligiblen Charakters einen Begriff individueller Persönlichkeit an, wie Hartmann es nahelegt? Versteht Kant die Person als jemanden mit einer einzigartigen Persönlichkeit, oder aber fasst er sie als die bloße allgemeine und anonyme Funktion einer in allen Personen gleichermaßen fungierenden reinen praktischen Vernunft auf?

Kant verwendet die Begriffe der Person und der Persönlichkeit in verschiedenen Zusammenhängen,[123] wobei sich jedoch zwei wesentliche Begriffe von-

---

[120] Vgl. Scheler, Max: »Ordo amoris«, in: ders.: *Schriften aus dem Nachlaß Band 1: Zur Ethik und Erkenntnislehre*, hg. von Maria Scheler. Bern: Francke 1957 (= Gesammelte Werke. Bd. 10), S. 345–376. Vgl. zu der Interpretationsthese, der Kern der Person liege Scheler zufolge in ihrem *ordo amoris*: Leonardy, Heinz: *Liebe und Person. Max Schelers Versuch eines »phänomenologischen« Personalismus*. Den Haag: Martinus Nijhoff 1976, S. 144 f. Detaillierter habe ich mich mit Schelers Personbegriff befasst in »Person und Persönlichkeit bei Max Scheler und Nicolai Hartmann«, in: Hartung, Gerald/Wunsch, Matthias/Strube, Claudius (Hg.): *Von der Systemphilosophie zur systematischen Philosophie – Nicolai Hartmann*. Berlin/Boston: de Gruyter 2012, S. 259–276.

[121] Scheler: »Ordo amoris«, a.a.O., S. 361. Vgl. dazu Gabel, Michael: »Phänomenologische Rekonstruktion personaler Akte«, in: Bermes, Christian/Henckmann, Wolfhart/Leonardy, Heinz (Hg.): *Person und Wert. Schelers ›Formalismus‹ – Perspektiven und Wirkungen*. Freiburg/München: Alber 2000, S. 47–72, hier S. 57.

[122] Scheler, Max: »Ordo amoris«, a.a.O., S. 354.

[123] Vgl. die differenzierte Unterscheidung verschiedener Begriffe der Person und Persönlichkeit bei Kant in Baum, Manfred: »Person und Persönlichkeit bei Kant«, in: Lohmar, Achim/Peucker, Henning (Hg.): *Subjekt als Prinzip? Zur Problemgeschichte und Systematik eines neuzeitlichen Paradigmas*. Würzburg: Königshausen & Neumann 2004, S. 81–92.

einander unterscheiden lassen: die Person in psychologischer und die Person in moralischer Hinsicht. Im Abschnitt über den dritten Paralogismus aus der ersten Kritik knüpft Kant an den Locke'schen Personbegriff an und bestimmt die Person als das, »[w]as sich der numerischen Identität seiner selbst in verschiedenen Zeiten bewußt ist«.[124] Im Unterschied zu einem von Kant abgelehnten substantialen Begriff der Persönlichkeit könne dieser transzendentale Begriff der Persönlichkeit »bleiben, und so fern ist dieser Begriff auch zum praktischen Gebrauche nöthig und hinreichend«.[125] Für den praktischen Gebrauch, und hier steht wiederum Lockes forensischer Begriff der Person im Hintergrund, ist das Vermögen, sich seiner selbst über verschiedene Zeiten hinweg bewusst zu sein, deshalb nötig, weil eine Person nur ausgestattet mit diesem Vermögen überhaupt Subjekt der Zurechnung ihrer Handlungen sein kann. In der allgemeinen Einleitung zur *Metaphysik der Sitten* gelangt Kant daher zu folgender zusammenfassender Bestimmung seiner Begriffe der Person und der moralischen Persönlichkeit: »P e r s o n ist dasjenige Subject, dessen Handlungen einer Z u r e c h n u n g fähig sind. Die m o r a l i s c h e Persönlichkeit ist also nichts anders, als die Freiheit eines vernünftigen Wesens unter moralischen Gesetzen (die psychologische aber bloß das Vermögen, sich der Identität seiner selbst in den verschiedenen Zuständen seines Daseins bewußt zu werden), woraus dann folgt, daß eine Person keinen anderen Gesetzen als denen, die sie (entweder allein, oder wenigstens zugleich mit anderen) sich selbst giebt, unterworfen ist.«[126] Für unsere Frage nach der Individualität der Persönlichkeit aber ist der von Kant ganz und gar nicht zufällig verwendete *Plural* in dieser sowohl für die Ethik als auch für das Recht formulierten Definition entscheidend: Die Person folgt nur den Gesetzen, die sie sich selbst gibt, die moralische Persönlichkeit ist die Freiheit unter moralischen Gesetzen. Das aber heißt, dass es zu Kants Definition von Person und Persönlichkeit *gehört*, dass sie *konkreten* Gesetzen folgt, die niemals der bloßen reinen praktischen Vernunft entspringen können, weil sie immer auf das jeweils individuelle Begehren der Person und ihre Maximen bezogen sind. Es ist aber überhaupt kein *hapax legomenon*, dass Kant von moralischen Gesetzen im Plural oder andernorts auch von kategorischen Imperativen im Plural spricht; der Plural meint nicht das oberste Sittengesetz oder den obersten kategorischen Imperativ, die in der Tat nur im Singular auftreten, sondern der Plural meint diejenigen konkreten Gesetze und Imperative, die entspringen, wenn der Einzelne allein (in der Ethik) oder zusammen mit anderen (im Recht) das formale Gesetz seiner reinen praktischen Vernunft in seinem jeweils individuellen Begehren konkretisiert.[127] Mit

---

124 KrV, AA 4: 227.31–31 (A 361).
125 Ebd., S. 230.12–13 (A 365).
126 MS, AA 6: 223.24–31.
127 Grünewald argumentiert gegen den Vorwurf, Kant sei aufgrund seines Vernunftbegriffes

anderen Worten, die Person liegt für Kant nicht, wie Scheler meint, in einem bloßen X reiner praktischer Vernunft, sondern die Persönlichkeit liegt gerade in den *konkreten* Grundsätzen, die einem Zusammenspiel des Gesetzes reiner praktischer Vernunft mit den Gegebenheiten meiner jeweils individuellen Konstitution und Situation entspringen.[128] Die Individualität der Persönlichkeit liegt Kant selbst zufolge damit in den zwar anhand des Gesetzes reiner praktischer Vernunft gebildeten Grundsätzen, die jedoch als Grundsätze insofern ihre je eigenen und individuellen sind, als sie auf der Basis des ihr eigenen Begehrens entspringen.[129]

Berücksichtigt man dies, dann kann der Unterschied zwischen Kant und Scheler in Bezug auf ihre Personbegriffe differenzierter formuliert werden. Bei Scheler ist das das konkrete ethische Leben leitende ›grenzenlose, aber leere Feld‹ als eine intransparente individuelle Liebesordnung vorgestellt, während der sich ebenfalls stets entziehende Leitfaden des ethischen Lebens bei Kant das als Vernunftidee über jede konkrete Maxime hinausweisende Gesetz reiner praktischer Vernunft ist. Die Kontroverse spitzt sich daher auf die Frage zu, ob der Leitfaden des ethi-

---

›Solipsist‹, indem er darauf hinweist, dass die Vernunft von Kant nicht als ein für sich selbst existierender monolitischer Singular verstanden wird, der sich dann zu den verschiedenen Vernunftsubjekten gleichsam herablässt und ihnen gebietet, sondern für Kant vielmehr ein Vermögen darstellt, das jedes einzelne Vernunftsubjekt *hat* und in sich, auf durchaus verschiedene Weisen, zum Einsatz bringt. Vgl. Grünewald, Bernward: »Form und Materie der reinen praktischen Vernunft«, a.a.O., S. 189.

128 Eine typische Stellungnahme zum Vergleich der Personbegriffe von Kant und Scheler findet sich bei Blosser: Schelers Personbegriff erlaube es ihm, »to develop a significantly richer phenomenology of personality, in principle, than that of Kant. For, on this view, the person is not reduced to a mere subject of practical rationality; instead, the person serves as the locus of all acts, whether emotional or intellectual«. Blosser, Philip: »Scheler's Concept of the Person Against Its Kantian Background«, in: Schneck, Stephen (Hg.): *Max Scheler's Acting Persons – New Perspectives*. Amsterdam: Rodopi 2002, S. 37–66, hier S. 55. Die Differenz ist jedoch weniger radikal, wenn man berücksichtigt, dass in die Grundsätze der kantischen Person *schon* das individuelle Begehren und die Gefühle *mit eingegangen* sind.

129 Andernorts habe ich mich ausführlich mit der Bedeutung von gutem Beispiel und Vorbild in der Ethik von Kant und Scheler befasst, um zu zeigen, dass sich trotz des wesentlichen Unterschieds in Bezug auf den Grund der Sittlichkeit bei den beiden Autoren sowohl bei Scheler als auch bei Kant das konkrete moralische Sollen erst über mannigfache Abstands- und Abweichungserfahrungen innerhalb des je eigenen Begehrens herauskristallisiert. Vgl. »Beispiel und Vorbild in der Ethik. Kant und Scheler«, in: van der Heiden, Gert-Jan/Novotny, Karel/Römer, Inga/Tengelyi, László (Hg.): *Investigating Subjectivity. Classical and New Perspectives.* Leiden: Brill 2012, S. 181–211. Daher kann durchaus der von Kafka herstammende und von Derrida übernommene Gedanke auch für das kantische Gesetz formuliert werden: »Seine Tür geht nur dich an (*Sa porte ne regarde que toi*)«. Derrida, Jacques: »Préjugés, *devant la loi*«, in: Derrida, Jacques/Descombes, Vincent/Kortian, Garbis/Lacoue-Labarthe, Philippe/Lyotard, Jean-François/Nancy, Jean-Luc: *La faculté de juger.* Paris: Les éditions de minuit 1985, S. 87–139, hier S. 128 (dt. *Préjugés. Vor dem Gesetz*, übersetzt von Detlef Otto und Axel Witte, hg. von Peter Engelmann. Wien: Passagen Verlag ³2005, S. 72, Einfügung des Originals I. R.).

schen Lebens das leere Feld einer intransparenten individuellen Liebesordnung, oder aber das fungierende Gesetz reiner praktischer Vernunft ist. Diese Alternative zwischen Liebesordnung und Vernunft aber wird in einem anderen Versuch der Ausarbeitung eines ethischen Personalismus nicht als ausschließende Alternative, sondern vielmehr als Ergänzungsverhältnis verstanden, wobei allerdings der Vernunftbegriff gegenüber Kant neu formuliert wird. Es handelt sich bei diesem anderen Versuch um den ethischen Personalismus des späten Husserl.

Während Husserl in seiner frühen Ethik die Person lediglich als die bestimmte Perspektive auf eine geschlossene Wahlsphäre bezeichnet, in der dann gemäß der *a priori* geltenden formalen und materialen Axiologie und Praktik ›das Beste unter dem Erreichbaren‹ zu wählen ist, korrigiert er diesen rudimentären Personbegriff in seiner späten Ethik.[130] Im Rahmen einer genetisch phänomenologischen Auffassung der Person versteht Husserl die ethisch gute Person als eine *vernünftige und liebende Person*. Praktisch vernünftig sei eine Person, wenn sie ihr Leben »durchgängig einsichtig rechtfertigen«[131] kann, indem sie Kohärenz zwischen ihren Bestrebungen herstellt und dabei nur solche Wertziele gelten lässt, die nicht lediglich leer intendiert, sondern durch eine Wertnehmung als vernünftige Wertziele – zumindest so weit wie in der Zeit möglich – erfüllt sind. Der im Vergleich zu Husserls frühem Ansatz nun anders lautende »kategorische[...] Imperativ[...]« ist: »Sei ein wahrer Mensch; führe ein Leben, das du durchgängig einsichtig rechtfertigen kannst, ein Leben aus praktischer Vernunft.«[132] Oder auch einfach: »Handle vernünftig!«[133] Über ihre praktische Vernünftigkeit, die nur einen formalen Rahmen abgibt, hinaus, hat die ethisch gute Person jedoch auch noch einen Liebesaspekt, der das materiale Komplement darstellt: Jede Person, so Husserl, hat eine »persönliche[...] Liebe«[134] zu einer bestimmten Wertregion, sie hat in ihrer Tiefe ein Liebeszentrum,[135] welches bestimmt, was für sie persönlich Wert hat, und das Husserl letztlich auf eine vorrationale oder sogar irrationale absolute Affektion zurückführt, deren Ursprung er nicht weiter spezifiziert: »Es gibt ein unbedingtes ›Du sollst und musst‹, das sich an die Person wendet und das für den, der diese absolute Affektion erfährt, einer ratio-

---

130 Eine ausführliche Rekonstruktion des Husserl'schen Personbegriffes in der frühen und späten Ethik habe ich unternommen in »Von der wertmaximierenden Leistungsmaschine zur vernünftigen liebenden Person. Subjektivität in Husserls Ethik«, in: *Journal Phänomenologie* 36 (2011), Schwerpunkt »Husserls Ethik«, hg. von Sebastian Luft, S. 21–35.
131 Hua XXVII, S. 36.
132 Ebd., S. 36.
133 Hua XXXVII, S. 234.
134 Hua XXVII, S. 28.
135 Vgl. Hua XLII, S. 358: Das Ich hat »ein tiefstes Zentrum, das Zentrum jener Liebe im ausgezeichneten personalen Sinn, das Ich, das in dieser Liebe einem ›Ruf‹, einer ›Berufung‹ folgt, einem innersten Ruf, der die tiefste Innerlichkeit, das innerste Zentrum des Ich selbst trifft«.

nalen Begründung nicht unterliegt und in der rechtmäßigen Bindung von ihr nicht abhängig ist. Diese geht aller rationalen Auseinanderlegung, selbst wo sie möglich ist, vorher.«[136] Dieser persönliche Grund des Sollens aber begründet laut Husserl seinerseits absolute, subjektive Werte, die mit meiner Person so unmittelbar verknüpft sind, dass ich mich selbst aufgebe, wenn ich ihnen nicht folge; diese subjektiven Werte sind für meine Identität als Person derart konstitutiv, dass ich mich gleichsam selbst verliere, wenn ich sie dreingebe. Husserls bevorzugtes Beispiel ist immer wieder die Mutter, für die das Wohl ihres Kindes ein solcher subjektiver Wert sei. Die erzwungene Aufgabe eines solchen subjektiven Wertes bedeute eine ethisch relevante Selbstopferung.

Husserls komplementäre Ethik der vernünftigen und liebenden Person operiert einerseits mit einem verzeitlichten Vernunftbegriff, bei dem das wahrhaft Wertvolle in einem bestimmten Moment innerhalb der Zeit nie endgültig erfüllt werden kann, und andererseits mit dem Gedanken einer vorrationalen oder gar irrationalen absoluten Affektion, auf deren Grundlage die Möglichkeit eines harmonischen ethischen Strebens nicht mehr vorausgesetzt werden kann. Wie wir bereits zitiert haben, sieht Husserl eine prinzipielle »peinliche Differenz«[137] zwischen meiner absolut wahren Pflicht im Jetzt und der stets ungewissen wahren Pflicht im Ganzen; es gebe im Ethischen lediglich »relative[...] Evidenzen [...] in der Endlosigkeit der intersubjektiv-historischen Zusammenhänge«,[138] da die volle Rationalität »eine im Unendlichen liegende Idee und im Faktum notwendig auf dem Wege«[139] sei. Das Vernünftige steht für eine endliche Person inmitten ihres Lebens und inmitten der Geschichte niemals mit Gewissheit fest. Dieser

---

136   Ebd., S. 392. Sophie Loidolt versteht Husserls späte Lehre von der absoluten Affektion als eine Neuformulierung des kantischen Faktums der Vernunft. Vgl. Loidolt, Sophie: »Husserl und das Faktum der praktischen Vernunft. Anstoß und Herausforderung einer phänomenologischen Ethik der Person«, in: Ierna, Carlo/Jacobs, Hanne/Mattens, Filip (Hg.): *Philosophy, Phenomenology, Sciences.* Dordrecht: Springer 2010 (= Phaenomenologica. Bd. 200), S. 483–503. Ich selbst tendiere eher zu der Auffassung, dass Husserl an den kantischen Gedanken eines Faktums der Vernunft in seiner späten Ethik so anknüpft, dass er ihn in zwei komplementäre Ansprüche zerteilt: den formalen, im neuformulierten kategorischen Imperativ »Handle vernünftig!«, und den materialen, in der absoluten Affektion. In diesen beiden Ansprüchen scheint mir die revidierte, aber doch erhaltene Neufassung der grundlegenden Komplementarität von Formalem und Materialem in Husserls Ethik zu liegen. Zwischen diesen beiden Interpretationen dürfte sich jedoch kaum eine an Husserls Schriften ausgewiesene eindeutige Entscheidung treffen lassen, weil Husserl die rationalen und die liebesethischen Momente seiner Ethik noch nicht einmal im selben Text, geschweige denn in einer einheitlichen »Lehre« behandelt hat: Sie sind auf die veröffentlichten Schriften wie die Kaizo-Artikel einerseits und die erst jüngst zum Teil in Hua XLII veröffentlichten Manuskripte andererseits verstreut.
137   Hua XLII, S. 201.
138   Ebd., S. 419.
139   Hua VI, S. 274.

formal unendliche Aufschub ethischer Evidenz hat zudem material ein zersplittertes affektives Urpänomen zum Komplement, welches Husserl auf den Gedanken eines Tragischen im Ethischen führt.[140] Das »Urphänomen« des »Ich soll«,[141] das ein ursprünglich »Irrationales«[142] in sich birgt, sei wegen der Vielzahl der ethischen Subjekte zersplittert. Dadurch aber entstehe die »Paradoxie«, dass »das Gewissen von dem einen oft das Gegenteil als vom anderen [fordert]«.[143] Ein derartiges Gegeneinanderstehen ethischer Urphänomene impliziert ein *inter*subjektives Moment des Tragischen. Ein *intra*subjektives Moment des Tragischen gibt es laut Husserl jedoch ebenfalls, und zwar dann, wenn eine einzige Person sich zwischen mehreren für ihre Identität konstitutiven subjektiven Werten hin und her gerissen fühlt. In diesem Fall komme eine »Tragik des Opfers«[144] zustande. Die »Entscheidung im absoluten Konflikt« sei »tragisch und selbstverantwortlich«.[145] In diesem Opfer »opfere ich nicht nur ein absolut Geliebtes und somit auch Wertes einem anderen <absolut Geliebten und Werten>, sondern ich opfere damit mich selbst, der ich, als der ich bin, mich von keinem so Geliebten, keinem unbedingt aus meinem innersten Ich her Gesollten, Erstrebten und Geliebten lösen kann«[146]. In diesem Selbstopfer bin ich »mit mir selbst in Widerstreit«[147], ein Widerstreit, der sich mit einem unüberwindlichen Schmerz[148] verbinde. In jedem »echten Ich« aber liegt Husserl zufolge »eine Vielfältigkeit des Sollens [...], <von Sollensforderungen>, die im aktuellen Leben miteinander in Streit sind, sofern in jedem Augenblick die Verwirklichung des einen bzw. das Handeln in der Linie des einen diejenige der anderen inhibiert, und umgekehrt. Ich bin Vater, Gatte, Freund, Bürger, Volksgenosse, Mensch in der allgemeinen Menschengemeinschaft und habe eine Mannigfaltigkeit von Pflichten zugleich, nach jeder dieser Richtungen«.[149] Das aber bedeutet: Aus Husserls Sicht gibt es durchaus sowohl eine intersubjektive als auch eine intrasubjektive Pflichtenkollision. Hus-

---

140 Auch Scheler und Hartmann erörtern ein Tragisches im Ethischen. Husserl allerdings bleibt der phänomenologischen Erfahrungsanalyse am meisten treu, weswegen wir uns hier ganz auf seine Position konzentrieren. Die Gründe für diese Bevorzugung Husserls habe ich dargelegt in: »Das Tragische im Ethischen. Eine Untersuchung des ethischen Personalismus im Ausgang von Kant und Hegel«, in: Römer, Inga (Hg.): *Subjektivität und Intersubjektivität in der Phänomenologie*. Würzburg: Ergon 2011 (= Studien zur Phänomenologie und praktischen Philosophie. Bd. 24), S. 215–231.

141 Hua XLII, S. 404.

142 Ebd., S. 384.

143 Ebd., S. 197.

144 Ebd., S. 435.

145 Ebd., S. 199.

146 Ebd.

147 Ebd., S. 415.

148 Vgl. ebd.

149 Ebd., S. 396.

serl erwägt zwar wiederholt ein »universales Sollen, das alles Sondersollen zur Einheit bringt und zur Einheit der Vernunft, eingesehen, voll verstanden als das letzte Sollen, das doch kein absolutes Sollen preisgibt, dem jedes vielmehr dient und von dem jedes seinen normativen Sinn empfängt.«[150] In einer Randbemerkung zu dieser Textstelle aber heißt es: »Ja, gezeigt ist das nicht. – Wenn man das zeigen könnte!«[151] Die Spannung zwischen Einstimmigkeit und Heterogenität der absoluten Sollensgebote scheint aus Husserls Sicht letztlich nur theologisch auflösbar zu sein: Der Glaube an Gott, der von Husserl als eine in allem wirkende »absolute Teleologie«[152] gedacht wird, vermag in letzter Instanz die Kohärenz aller ethischen Bestrebungen zu garantieren. Nur in einem theologischen Kontext kann der Irrationalität des absoluten Sollens der einzelnen Person eine rationale Bedeutung verliehen werden. Ohne diesen Glauben jedoch, der ein Vernunftglaube ist, bleibt die Person mit der Zersplitterung im Urphänomen absoluter Affektion sowie der unermüdlichen Suche nach größtmöglicher Kohärenz und Evidenz in ihrem eigenen Leben und in ihrem Leben in der Gemeinschaft mit anderen Personen konfrontiert. Aus bloß phänomenologischer Sicht, so scheint Husserl letztlich zu meinen, findet sich kein Grund dafür, die mögliche Auflösung jener Tragik in einer rationalen Einheit zu postulieren – allein die *Suche* nach Einstimmigkeit vermag der Leitfaden des ethischen Lebens zu bleiben.

Nicht nur die phänomenologische Neuformulierung des Vernunftbegriffes im Sinne von Leerintention und (in der Zeit stets nur relativer) Erfüllung unterscheidet Husserl von Kant, sondern auch der Gedanke, dass es Pflichtenkollisionen gibt. Kant selbst hatte in der *Metaphysik der Sitten* gerade heraus behauptet: »eine Collision von Pflichten und Verbindlichkeiten [ist] gar nicht denkbar (obligationes non colliduntur)«.[153] Innerhalb von Kants Ansatz ist es tatsächlich völlig verständlich, warum eine Pflichtenkollision ausgeschlossen ist. Unterlassungspflichten sind vollkommene Pflichten, können aber als Unterlassungspflichten nicht miteinander kollidieren. Sie sind schon erfüllt, wenn ich etwas Verbotenes nicht tue. Problematischer erscheint auf den ersten Blick Kants Behauptung, dass es auch bei Begehungspflichten, wie der der Wohltätigkeit, keine Pflichtenkollisionen geben kann. Wir können ja durchaus in die Lage kommen, zwei oder mehreren hilfsbedürftigen Menschen gegenüberzustehen, aber selbst unter Aufbietung all unserer Kräfte nur einem oder nur einigen von ihnen tatsächlich helfen zu können. Helfen wir dann aber nur einem oder nur einigen und den anderen, ebenso Bedürftigen, nicht, so können wir durchaus das Gefühl einer Pflichtverletzung haben, obgleich wir alles in unserer Macht stehende getan

---

150 Ebd., S. 387.
151 Ebd., S. 387, Fußnote 2.
152 Ebd., S. 203.
153 MS, AA 6: 224.17–18.

haben. Nach Kant aber ist dieses Gefühl unvernünftig und unberechtigt, denn wir haben gar keine Pflicht verletzt. Die Begehungspflichten, zu denen die Wohltätigkeitspflicht gehört, sind für ihn unvollkommene Pflichten und verstatten als solche einen Spielraum in Hinblick auf die Art ihrer Befolgung. Das bedeutet, es ist uns nur geboten, wohltätig zu sein, niemals aber, wie und wem gegenüber. Es ist uns erlaubt, unsere Kinder oder unsere Eltern oder unseren Lebenspartner zu unterstützen, wobei wir allerdings unseren Eltern gegenüber den sonstigen bloßen Mitmenschen den Vorzug geben sollen, weil wir ihnen gegenüber eine Dankbarkeitspflicht haben. Aufgrund dieses Spielraums des Erlaubten kann es zwar durchaus eine unangenehme Situation sein, wenn wir nicht allen Hilfsbedürftigen helfen können, oder, mit Husserl gesprochen, wenn wir nicht zugleich unsere Kinder, unseren Lebenspartner, unsere Freunde, unsere Landsleute und unsere Mitmenschen im Allgemeinen unterstützen können. Dieses Defizit bedeutet in Kants Augen aber keine Pflichtenkollision, denn es kann niemals etwas geboten sein, was wir unmöglich erfüllen können. Diese kantische Auffassung ist in sich völlig kohärent. Das Problematische in ihr liegt allein darin, dass sie eine Erfahrung der Person, welche diese nahezu zu zerreißen vermag, schlichtweg für ungerechtfertigt, weil irrational erklärt.

Müssen wir angesichts der kantischen Argumentation zu der Schlussfolgerung gelangen, dass Husserl mit seinem Gedanken einer Pflichtenkollision und einer Tragik im Ethischen gleichsam in eine vormoderne Ethik zurückfällt? Operiert der Husserl'sche Ansatz mit einer tragischen Schuld, in der der Mensch die Schuld für etwas trägt, das er gar nicht vermeiden konnte? Mit anderen Worten, gibt es aus phänomenologischer Sicht doch ein Sollen ohne ein entsprechendes Können, obgleich Kant in dieser Auffassung einen Widersinn ausgemacht hatte? Unsere »reactive attitudes«, um einmal mit P. F. Strawson zu sprechen,[154] scheinen dahin zu deuten, dass die Rede von einer tragischen Schuld zu stark ist, eine schlechthinnige Leugnung von Pflichtenkollisionen und tragischen Momenten im ethischen Leben jedoch in die andere Richtung zu weit geht. Wie kann man der phänomenologisch aufgedeckten Erfahrung eines Tragischen im ethischen Leben Rechnung tragen, ohne Kants Argument der Widersinnigkeit eines Sollens ohne Können zu ignorieren?

Wir gehen über den Husserl'schen Buchstaben, aber vielleicht nicht über den Husserl'schen Geist hinaus, wenn wir die Hypothese formulieren, dass dem phänomenologisch ausweisbaren Tragischen im Ethischen der Charakter einer *unaufhebbaren ethischen Unruhe* zukommt, die das ethische Leben in Bewegung hält, ohne dass damit eine tragische Schuld verbunden wäre. Diese ethi-

---

154 Vgl. Strawson, Peter F.: »Freedom and Resentment«, in: ders.: *Freedom and Resentment and Other Essays*. London/New York: Routledge 2008, S. 1–28.

sche Unruhe scheint sich durch zwei Momente näher kennzeichnen zu lassen: die *Entstehung von Folgeverbindlichkeiten in tragischen Situationen* sowie die *Verwandlung des Handelnden in tragischen Situationen*. Zur Erläuterung des ersten Momentes können wir an einen Gedanken anknüpfen, den Barbara Herman in ihrem von Kant inspirierten Buch über moralische Urteilskraft entwickelt hat. Gegen die kantische Intention, allein der Gesinnung moralische Relevanz zuzuschreiben, führt Herman dort an, »[that, I. R.] we might still want a way to register the failure of action, to give it moral status«.[155] Die negativen Folgen einer aus guter Gesinnung erfolgenden Handlung seien zwar nicht selbst dem Handelnden als Schuld zuzurechnen, sie seien aber auch nicht moralisch indifferent, weil aus ihnen *Folgeverbindlichkeiten* für den Handelnden entstehen, die sich zunächst als eine *Antwortverpflichtung* darstellen: »[A]lthough good intentions plus adequate care *are* enough (whatever the outcome, the agent has done what she ought), they are not the end of the story (the agent may need to respond to what actually happens when she acts).«[156] Es gibt eine »*continuation* of the moral story«[157]. Diesen Gedanken aber kann man vor dem Hintergrund von Husserls Überlegungen noch weiter differenzieren. Wenn ich einer relativen ethischen Evidenz folge, die sich zu einem späteren Zeitpunkt als ein Irrtum erweist, oder wenn ich nicht umhin kann, einen subjektiven Wert dreinzugeben, dann lade ich mir keine tragische Schuld auf, sondern dann gerate ich in eine ethische Unruhe, aus der Folgeverbindlichkeiten entspringen – den Irrtum so weit wie möglich wieder gut zu machen beziehungsweise den dreingegebenen subjektiven Wert später so weit wie möglich zu verfolgen. Nichtintendierte negative Handlungsfolgen und unausweichliche Preisgabe subjektiver Werte sind Momente des Tragischen, die eine ethische Unruhe und Folgeverbindlichkeiten nach sich ziehen, ohne jedoch eine tragische Schuld zu bedeuten.[158] Das zweite Merkmal des Tragischen im Ethischen besteht darin, dass tragische Situationen den Handelnden selbst verwandeln. Wenn der Handelnde die unangenehme Erfahrung mit nichtintendierten

---

155 Herman, Barbara: *The Practice of Moral Judgment*, a.a.O., S.97.

156 Ebd., S.98.

157 Ebd., S.98.

158 Jenes Moment des Tragischen, das durch nichtintendierte Handlungsfolgen entsteht, ist darauf zurückzuführen, dass die Freiheit des Handelnden, wie Tengelyi in Anknüpfung an Ricœur herausgestellt hat, immer nur eine partielle Kausalität ist: Weil »der Handelnde niemals der alleinige Urheber, sondern immer nur ein *Miturheber* seine eigenen Taten« ist, »bestimmt sich die Freiheit als eine immer nur *partielle Handlungskausalität*«. Tengelyi, László: *Welt und Unendlichkeit*, a.a.O., S.370, S.371. »Seine [des Handelnden, I.R.] Handlungsfreiheit besteht nicht darin, den vollständigen Gang seiner Handlung zu kontrollieren; sie besteht vielmehr darin, *offen für die Erfahrung mit ihr zu sein und fähig eine Reaktion auf sie zu entwickeln*.« Tengelyi, László: »La liberté comme causalité partielle«, in: ders.: *L'Expérience de la singularité. Essais philosophiques II*. Paris: Hermann 2014, S.51–70, hier S.69.

negativen Folgen seiner Handlungen macht, und noch stärker, wenn er durch die Situation gezwungen worden ist, einen subjektiven Wert und damit einen Teil von sich preiszugeben, dann verwandelt ihn das.[159]

In Husserls spätem Ansatz zu einem ethischen Personalismus geht im Rahmen einer Verzeitlichung der über Intention und Erfüllung verstandenen Vernunft ein formal unendlicher Aufschub ethischer Gewissheit mit einem material zersplitterten Urphänomen jemeiniger absoluter Affektion einher, das auf ein intrasubjektives und ein intersubjektives Tragisches im Ethischen führt. Obgleich diese Konzeption auch bei Husserl noch in Begriffen der Wertethik formuliert wird, findet sich bei ihm eine *gewisse Öffnung hin zu einer Ethik des jemeinigen, vernünftigen Begehrens unter den Bedingungen genuiner Pluralität der Personen,* die die Schwierigkeiten des Wertbegriffes hinter sich lässt. Trotz einer gewissen Tendenz in diese Richtung hält aber auch Husserl letztlich noch am Wertbegriff und dem Vorhaben einer materialen Wertethik fest. Zu der Schlussfolgerung, dass angesichts der grundlegenden Schwierigkeiten mit dem Programm einer materialen Wertethik schlechthin auf dieses Programm und den Wertbegriff als Grundlage der Ethik verzichtet werden sollte, um stattdessen bei einem Neuformulierungsversuch des kantischen Formalismus im Ausgang vom jemeinigen Selbst und unter den Bedingungen genuiner Pluralität anzusetzen, gelangen erst die nachfolgenden Denker der phänomenologischen Tradition. Bevor wir uns diesen zuwenden, sei jedoch im Rahmen eines Zusatzes auf die Frage eingegangen, ob sich bei Kant selbst ein Wertrealismus ausmachen lässt, wie es einige Interpreten behauptet haben.

3.1.4 Zusatz: Ist Kant ein Wertrealist?

In philosophischen Debatten tauchen hin und wieder pointiert formulierte »Entweder-oder«-Fragen auf, die aus weiter gefassten Diskussionszusammenhängen heraus schließlich auch an Kant herangetragen werden. So wird gefragt, ob Kant in Hinblick auf die Frage der Vereinbarkeit von Freiheit und Determinismus »Kompatibilist« oder »Inkompatibilist« sei, ob er bezüglich der Frage nach dem Zusammenhang zwischen moralischen Gründen und den ihnen entsprechenden Motivationen »Internalist« oder »Externalist« sei, und schließlich, ob er im

---

[159] Tengelyi hebt auch dies hervor, indem er formuliert, dass »der Handelnde von den ungewollten Konsequenzen seiner Handlungen keineswegs unbetroffen bleibt. Als Urheber einer Handlung, deren Sinn nicht ein für alle Mal feststeht, sondern sich ändert, bleibt er auch nicht derselbe, der er ursprünglich war. [...] Der Handelnde macht eine Erfahrung mit seiner Handlung, indem ihm die ungewollten Konsequenzen seiner Handlung widerfahren.« Tengelyi, László: *Welt und Unendlichkeit,* a. a. O., S. 369.

Zusammenhang der ethischen Fragen nach dem Ursprung und der Verbindlichkeit von Werten und Pflichten »Konstruktivist« oder »Realist« sei. So prägnant diese »Entweder-oder«-Fragen gestellt sind, lassen sie sich in Bezug auf einen befragten Autor doch nicht immer gleichermaßen prägnant beantworten; und so steht es auch in Bezug auf Kant. Kant scheint für eine Art »compatibility of compatibilism and incompatibilism« zu optieren,[160] wenn er einerseits der Auffassung ist, Freiheit und Naturkausalität seien miteinander vereinbar, andererseits jedoch eine willkürlich in Naturzusammenhänge eingreifende Freiheit ablehnt; ihn geradeheraus als »Kompatibilisten« oder »Inkompatibilisten« zu bezeichnen, wäre bestenfalls irreführend. Kant scheint weiterhin in der Ethik eine Art differenzierten Internalismus zu vertreten, weil es für ihn außer der Vernunft kein zusätzliches Ausführungsprinzip (wie bspw. Sanktionsvermeidung) gibt, er jedoch mit der Lehre von der Achtung die Notwendigkeit eines zusätzlichen, gleichsam halbexternen Theoriestücks behauptet, um die Verbindung zwischen Vernunftgründen und bewegenden Motivationen herzustellen.[161] Auch hier lässt sich Kant nicht eindeutig zuordnen. In beiden Fällen ist es nicht die Position Kants, die undeutlich oder irreführend ist, sondern vielmehr wird Kants Position verzerrt dargestellt, wenn man sie in das enge Korsett der vorgelegten »Entweder-oder«-Fragen hineinzuzwängen sucht. Genau so scheint es aber auch um die dritte erwähnte Frage zu stehen: Ist Kant moralischer »Realist« beziehungsweise enger gefasst »Wertrealist«, oder aber ist er »Konstruktivist«?

Die Konstruktivismus-Realismus-Debatte, wie sie heute in Bezug auf Kant geführt wird, nahm ihren Ausgang bei John Rawls, der ausdrücklich von »Kants moralische[m] Konstruktivismus«[162] sprach. Rawls ursprünglicher Gedanke war, dass Kant zufolge »die Gesamtheit der kategorischen Einzelimperative [...], welche die Probe des KI-Verfahrens bestehen, so gesehen wird, als sei sie durch ein Konstruktionsverfahren gebildet worden, das von rationalen Akteuren, die verschiedenen vernünftigen Beschränkungen unterliegen, durchgegangen wurde«[163]. Anhand des ›KI-Verfahrens‹ wird der konkrete »Inhalt der Lehre« konstruiert, was allerdings nie vollständig gelingen kann, weil »eine Idee der Vernunft nie vollständig verwirklicht werden kann«.[164] Alle ›Werte‹, die es geben mag, werden als Werte durch das ›KI-Verfahren‹ konstruiert und sind nicht im Rahmen einer vorgegebenen Wertordnung bereits ›real‹. In der *Grundlegung* formuliert Kant in diesem Sinne den bereits zitierten Satz: »Denn es hat nichts einen

---

160 Wood, Allen: »Kant's Compatibilism«, a.a.O., S. 74
161 Vgl. zur Situierung Kants in dieser Debatte Scarano, Nico: »Moralisches Handeln«, a.a.O., S. 148–151, sowie Ameriks, Karl: »Kant and motivational externalism«, a.a.O.
162 Rawls, John: *Lectures on the History of Moral Philosophy*, a.a.O., S. 237 (dt. 314).
163 Ebd., S. 239 (dt. 317).
164 Ebd., S. 239, Fußnote 4 (dt. 317).

Werth als den, welchen ihm das Gesetz bestimmt.«[165] Das Gesetz reiner praktischer Vernunft geht für Kant jeglicher Axiologie voraus.

Diese konstruktivistische Lesart hat sich insbesondere im angelsächsischen Sprachraum nicht nur als Interpretation der kantischen Schriften, sondern auch als Grundmodell kantianischer Neufassungen der Ethik weit verbreitet, wofür an erster Stelle die Namen Christine Korsgaard und Onora O'Neill genannt werden können.[166] Als Reaktion auf diesen rawlsianisch-kantianischen Konstruktivismus ist jedoch mittlerweile eine realistische oder wertrealistische Lesart Kants aufgekommen, deren Protagonisten Kant-Forscher sind wie Allen Wood, Paul Guyer, Alison Hills, zum Teil Barbara Herman und in Deutschland Dieter Schönecker.[167] Das Hauptargument dieser wertrealistischen Lesart ist, dass Kant in der *Grundlegung* im Zusammenhang mit der zweiten speziellen Formel des kategorischen Imperativs den Menschen beziehungsweise jedes vernünftige Wesen als einen »Zweck an sich selbst« versteht und diesem als solchem »einen absoluten Werth« zuerkennt.[168] Schönecker und Wood führt dies zu folgender Stellungnahme: »Bis zum heutigen Tage wird Kants Ethik als deontologische Ethik charakterisiert. Wenn es wesentlich für eine solche Ethik ist, daß in

---

[165] GMS, AA 4: 436.1–2.

[166] Vgl. insbesondere Korsgaard, Christine M.: *The Sources of Normativity*, sowie O'Neill, Onora: *Constructions of Reason. Explorations of Kant's Practical Philosophy.* Cambridge u. a.: Cambridge University Press 1989.

[167] Vgl. Wood, Allen: *Kantian Ethics.* Cambridge u. a.: Cambridge University Press 2008, Kapitel 5 sowie die Argumente gegen den ›Konstruktivismus‹ S. 108; Guyer, Paul: *Kant on Freedom, Law, and Happiness.* Cambridge u. a.: Cambridge University Press 2000, S. 96–125; Hills, Alison: »Kantian value realism«, in: *Ratio* XXI (2008), S. 182–200; Herman, Barbara: »Leaving deontology behind«, in: dies.: *The Practice of Moral Judgment.* Cambridge, Massachusetts/London, England: Harvard University Press 1993, S. 208–240, und Schönecker, Dieter/Wood, Allen: *Kants ›Grundlegung zur Metaphysik der Sitten‹,* a. a. O., S. 142. Eine kritische Auseinandersetzung mit den wertethischen Interpretationen Kants von Guyer und Herman findet sich in Schneewind, Jerome B.: »Kant and Stoic Ethics«, in: ders.: *Essays on the History of Moral Philosophy.* Oxford u. a.: Oxford University Press 2010, S. 277–295, hier S. 279–284. Eine gute und aktuelle Übersicht über die Debatte und die Protagonisten beider Seiten findet sich neuerdings bei Stern, Robert: *Understanding Moral Obligation. Kant, Hegel, Kierkegaard.* New York u. a.: Cambridge University Press 2012, 1. Teil. Die wertrealistische Lesart Kants wird heute außerdem in der Tradition des ethischen Intuitionismus zunehmend affirmativ aufgegriffen, innerhalb derer in Anknüpfung insbesondere an William David Ross sowohl Robert Audi als auch Bert Heinrichs kantianisch inspirierte Positionen formuliert haben. Audi spricht von einem »value-based Kantian intuitionism«. Audi, Robert: *The Good in the Right. A Theory of Intuition and Intrinsic Value.* Princeton/Oxford: Princeton University Press 2004, S. 200. Heinrichs strebt eine »Ethik der Person« an, die sich ebenfalls als eine kantianische Variante des ethischen Intuitionismus versteht. Heinrichs, Bert: *Moralische Intuition und ethische Rechtfertigung. Eine Untersuchung zum ethischen Intuitionismus.* Münster: mentis 2013. Vgl. zur wertrealistischen Lesart Kants und jenen neueren kantianisierenden Intuitionismen von der Verfasserin »Gibt es einen kantianischen Intuitionismus in der Ethik?«, a. a. O.

[168] GMS, AA 4: 428.4,4.

ihr substantielle (an sich existierende) Werte oder Zwecke keine oder bestenfalls
nur eine untergeordnete Rolle spielen, dann ist Kants Ethik aber nicht nur nicht
deontologisch, sondern dezidiert anti-deontologisch. Denn sowohl die inhaltliche Bestimmung moralischer Pflichten wie auch die Begründung ihrer Gültigkeit hält Kant ohne einen substantiellen Wertbegriff für unmöglich. Vernünftige
Wesen als zwecksetzende und autonomiebegabte Wesen haben einen absoluten
Wert (Würde); *das* und nicht der Gedanke einer formalen Maximenuniversa-
lisierung ist die zentrale These in Kants Ethik. Daher sind letztlich auch nicht
deontische Begriffe für Kant entscheidend (also Begriffe wie ›verboten‹, ›geboten‹
und ›erlaubt‹), sondern Wertbegriffe.«[169]

Dass diese beiden Grundrichtungen der Interpretation nicht unbedingt unvereinbar sein müssen, wird eigentlich schon bei Rawls deutlich, der ausdrücklich
hervorhebt, dass »das KI-Verfahren« *selbst nicht* »konstruiert«, »sondern [...]
einfach ausgebreitet [wird]«[170] sowie dass das »KI-Verfahren« eine selbst *nicht
konstruierbare* »Basis [hat], und zwar die Vorstellung von freien und gleichen
Personen als vernünftigen und rationalen Wesen«[171]. Das Gesetz und das daran
geknüpfte Verfahren zur Maximenselektion ist damit schon Rawls zufolge ebenso
wenig konstruiert wie der Mensch als Zweck an sich selbst. Diese Sichtweise legt
es nahe, Kant eine mittlere Position zuzuschreiben, in der sich bei ihm sowohl
(wert-)realistische als auch konstruktivistische Momente finden. In der jüngeren Vergangenheit hat Robert Stern Kant in der Konstruktivismus-Realismus-
Debatte eine »hybride Position« zugeschrieben, indem er bei Kant einen ›Realismus‹ des Gesetzes und einen ›Wertrealismus‹ des Menschen als eines Zweckes
in sich selbst einerseits *sowie* einen ›Konstruktivismus‹ in Bezug auf die Verbindlichkeit des Gesetzes andererseits ausmacht.[172] Aus unserer Sicht gibt Kant
in der Tat so etwas wie eine »hybride« Antwort auf die Frage, ob er ein Konstruktivist oder (Wert-)Realist sei, allerdings in einer etwas anderen Weise, als
Stern vorschlägt. Letztlich jedoch taugt jene Kategorisierung nicht gut dazu, die
kantische Position zu charakterisieren. Worin also besteht das »Hybride«? Und
welche Momente verbinden sich bei Kant, die eine eindeutige Antwort auf die
»Entweder-Oder«-Frage unmöglich machen und sich durch jene beiden Begriffe
nicht gut fassen lassen? Vier sind zu unterscheiden.

---

[169] Schönecker, Dieter/Wood, Allen: *Kants ›Grundlegung zur Metaphysik der Sitten‹*, a.a.O.,
S. 142.

[170] Rawls, John: *Lectures on the History of Moral Philosophy*, a.a.O., S. 239 (dt. 317).

[171] Ebd., S. 240 (dt. 318).

[172] Stern, Robert: *Understanding Moral Obligation: Kant, Hegel, Kierkegaard*, a.a.O., 1. Teil.
Vgl. zudem den Kommentar von Steven Crowell, der aus phänomenologischer Sicht die Positionen von Drummond und Stern miteinander vergleicht. Crowell, Steven: »Kant und die Phänomenologie«, a.a.O., S. 42–49.

Erstens ist Kant zwar in Bezug auf den Inhalt des Grundgesetzes auf der Seite der Rationalisten und nicht der Voluntaristen. Nichtsdestotrotz kann seine Position nicht als ein Realismus des Gesetzes bezeichnet werden. Kant zufolge kann das Gesetz nur ein einziges sein und es lässt sich analytisch sowohl aus der gemeinen sittlichen Vernunfterkenntnis als auch aus dem Begriff des kategorischen Imperativs ableiten. Weil es also nicht beliebig ›konstruiert‹ werden kann, sondern der Vernunft entspringt, ist die von Stern in dieser Hinsicht verwendete Rede von einem ›Realismus‹ des Gesetzes naheliegend. Sie ist jedoch irreführend, weil Kant selbst von einer spezifisch ›praktischen Realität‹ des Gesetzes spricht, die sich allerdings nicht auf die Formulierung des Gesetzesinhalts, sondern auf die Geltung bezieht. Dies führt unmittelbar auf das zweite Moment.

Die Geltung und damit praktische Realität des Gesetzes ist aus Kants Sicht nur über das zu erreichen, was man eine Quasi-Konstruktion der Gesetzesgeltung nennen könnte. Wir haben in Kapitel 2.2.2 in Anknüpfung an die Interpretation von Michael Wolff die Analogie herausgearbeitet, die Kant zwischen der mathematischen Konstruktion und der ›Konstruktion‹ der Geltung des Sittengesetzes sieht und im Rahmen seiner Lehre vom Faktum der Vernunft zum Ausdruck bringt: Die Postulate der Geometrie geben praktische Regeln an, wie einem Begriff Realität verliehen werden kann, wobei der Gegenstand überhaupt erst durch die Anwendung des Verfahrens zustande kommt; beim als praktisches Postulat verstandenen Grundgesetz der reinen praktischen Vernunft verhält es sich insofern analog, als diesem Gesetz erst dadurch praktische Realität und damit Geltung verschafft wird, dass es in einem Wesen mit reiner praktischer Vernunft tätig fungiert. Wegen der lediglich vagen Analogie zwischen geometrischen Postulaten und dem praktischen Postulat des Grundgesetzes reiner praktischer Vernunft ließe sich von einer Quasi-Konstruktion der praktischen Realität des Gesetzes sprechen.

Drittens ist diese Quasi-Konstruktion der praktischen Realität des Gesetzes von der von Rawls gemeinten ›Konstruktion‹ der einzelnen, konkreten Imperative zu unterscheiden. Damit letztere Konstruktion erfolgen kann, muss einerseits die praktische Realität des Gesetzes durch Quasi-Konstruktion schon etabliert sein und andererseits müssen die letztlich aus der Sinnlichkeit herstammenden konkreten Zwecksetzungsmöglichkeiten in Form von Maximen dem kategorischen Imperativ zur Prüfung vorliegen. Dann wird konkreten Maximen beziehungsweise Zwecken anhand des geltenden Gesetzes ein Wert verliehen – er wird ›konstruiert‹. Korsgaard spricht in dieser Hinsicht allerdings auch von einem »prozeduralen Realismus« statt von einem Konstruktivismus; die Werte und Gebote, die durch das Verfahren der Anwendung des kategorischen Imperativs ermittelt wurden, könnten durchaus den Status einer ›moralischen Realität‹ beanspruchen, vorausgesetzt, diese wird nicht im Sinne von moralischen Tatsachen verstanden, die unabhängig von jenem Verfahren existierten, sondern als prozedural gewonnene Realität aufgefasst,[173] die sich mit der Lebenssituation der Menschen ändert. Die Rede von der ›Realität‹ vermag hier zu betonen, dass Werte und Gebote nicht willkürlich erfunden werden, sondern dem Zusammenspiel von Gesetz und den Gegebenheiten der jeweiligen empirischen Lebenssituationen entspringen.

Viertens gibt es im Rahmen der Metaphysik der Sitten bei Kant ein Moment, welches ebenfalls in einem ganz spezifischen Sinne als ›Wertrealismus‹ bezeichnet werden könnte. Wenn Kant davon spricht, dass der Mensch Zweck an sich selbst sei und einen absoluten Wert habe und »in ihm und nur in ihm allein der Grund eines möglichen kategorischen Imperativs«[174] liege, dann ist das keineswegs so zu verstehen, dass das Zweck-an-sich-selbst-Sein und der absolute Wert des Menschen *ad hoc* als moralische, eventuell intuitiv zu erfassende Tatsachen vorausgesetzt werden, um aus ihnen dann den kategorischen Imperativ abzuleiten. Vielmehr ist es gerade umgekehrt so, dass der kategorische Imperativ nur durch seine Verankerung in einem Wesen mit reiner praktischer Vernunft praktische Realität haben kann, wobei erst das tätige Fungieren reiner praktischer Vernunft in jenem Wesen dieses Wesen zu einem Zweck an sich selbst macht. Auch hier hängt der Wert vom Gesetz ab, wird von ihm ›konstruiert‹. Weder das Zweck-an-sich-selbst-Sein noch der absolute Wert sind realontologische Eigenschaften, die bestimmte ontologische Entitäten schlichtweg haben, sondern das im Menschen legislativ fungierende Gesetz reiner praktischer Vernunft verleiht ihm ›konstruktiv‹ erst das Zweck-an-sich-selbst-Sein und den absoluten Wert. Wenn der Mensch als ein Wesen existiert, in dem reine praktische Vernunft fungiert, dann ist er tatsächlich ›real‹ ein absoluter, unbedingter Wert, der sich von den verschiedenen von ihm ›konstruierten‹ Werten außerhalb seiner selbst unterscheidet; dieser absolute Wert wird ihm jedoch mithilfe des in ihm fungierenden Gesetzes von ihm selbst verliehen. Wenn man hier also überhaupt von einem ›Wertrealismus‹ sprechen will, dann handelt es sich allenfalls um eine Art performativen Wertrealismus, in dem der ›reale‹ absolute Wert des Menschen vom performativen Vollzug der legislativ fungierenden reinen praktischen Vernunft im Menschen abhängt.

Ist Kant also ein Wertrealist? Wäre man gezwungen, auf diese Frage mit ›ja‹ oder ›nein‹ zu antworten, so müsste die Antwort wohl ›nein‹ lauten. Wir haben aber zu zeigen versucht, inwiefern diese Antwort irreführend ist, denn Kant vertritt zum einen in der Tradition des Rationalismus, dass das Gesetz nur ein einziges sein kann und nicht willkürlich konstruiert wird – ohne dass dies allerdings für sich genommen als ›Realismus‹ des Gesetzes aufgefasst werden könnte, da die

---

173 Vgl. Korsgaard, Christine M.: *The Sources of Normativity*, a. a. O., S. 36.
174 GMS, AA 4: 428.5,6.

Geltung und damit praktische Realität des Gesetzes nur durch eine Quasi-Konstruktion zu erreichen ist; außerdem vertritt Kant etwas, das man mit Korsgaard einen ›prozeduralen Realismus‹ nennen könnte, in dem die Realität von Werten durch das Zusammenspiel von fungierendem Gesetz und jeweiliger empirischer Lebenssituation entsteht; schließlich haben wir bei Kant einen performativen Wertrealismus der absoluten Werthaftigkeit des Menschen ausgemacht, in der das im Menschen fungierende Gesetz diesem einen absoluten Wert verleiht. Die realistischen Momente, die sich in Kants Ethik entdecken lassen, hängen jedoch sämtlich vom *performativen Vollzug* der legislativ fungierenden reinen praktischen Vernunft ab – und das verleiht ihnen einen konstruktivistischen Zug.[175]

175 Dass sich Kants Ethik in dem angezeigten, ganz spezifischen Sinne durchaus auch realistische Momente abgewinnen lassen, sollte nicht darüber hinwegtäuschen, dass seine Position sich grundlegend von denjenigen Realismen in der Ethik unterscheidet, die heute vor allem in der analytischen und der pragmatistischen Tradition diskutiert werden. Bei Kant erwächst die ›moralische Realität‹ nicht aus individuell und gesellschaftlich gewachsenen Sicht- und Beurteilungspraktiken, zu denen es kein Außen gibt, sondern sie entspringt vielmehr dem Zusammenspiel zwischen dem stets mit einem Überschuss über alle endlichen Handlungsregeln versehenen Gesetz reiner praktischer Vernunft und den Gegebenheiten der jeweiligen empirischen Situationen. Ein herausragender Vertreter eines zeitgenössischen Realismus der Werte in der Moral ist etwa John McDowell. Trotz seiner reizvollen Unterwanderung zahlreicher Dualismen in der Ethik, so auch desjenigen zwischen Realismus und Konstruktivismus, vertritt er in *Mind, Value & Reality* letztlich eine post-hegelianische Variante eines hermeneutischen Wertrealismus, in der der reale Wert das ist, was wir auf dem derzeitigen Reflexionsniveau unserer moralischen Praxis als Wert erfassen, wobei jeder Wert prinzipiell kritisierbar und revidierbar bleibt. Vgl. McDowell, John: *Mind, Value, & Reality.* Cambridge, Massachusetts/London, England: Harvard University Press 1998 (dt. *Wert und Wirklichkeit. Aufsätze zur Moralphilosophie*, übersetzt von Joachim Schulte. Frankfurt am Main: Suhrkamp 2009). Bei diesem Verfahren haben diejenigen Werte – vorläufig – Realität, die im Rahmen einer intersubjektiven Konvention für real gehalten werden. McDowell hütet sich zwar davor, diese Realität der Werte in irgendeiner Form dogmatisch metaphysisch zu überhöhen; es fragt sich jedoch, ob sein hermeneutischer Wertrealismus die Frage zu beantworten vermag, weshalb denn jener ›reale‹ Wert, der jetzt gerade das noematische Korrelat unserer faktischen Wertauffassungen ist, als ein *de iure* geltender Wert akzeptiert werden sollte. McDowell vermag nur mit dem Hinweis zu antworten: weil mir im Lichte meiner durch einen Sozialisierungsprozess erworbenen moralischen Weltsicht *dies*, dieser Wert hier, ein unabweisbarer Handlungsgrund zu sein scheint, der alle anderen Gründe »zum Schweigen bring[t]«. McDowell, John: *Mind, Value, & Reality*, a.a.O., S. 93 (dt. *Wert und Wirklichkeit*, a.a.O., S. 154). Eine ähnliche Konsequenz ergibt sich für den Wertrealismus von Franz von Kutschera. Vgl. von Kutschera, Franz: *Wert und Wirklichkeit*, a.a.O. Ähnlich steht es auch um den pragmatistischen Ansatz von Hans Joas, insofern in dessen »affirmativer Genealogie« der Werte immer jene überlieferten Werte affirmiert werden, »die in der Gegenwart mit subjektiver Evidenz und affektiver Intensität erfahren werden«, die »als an sich gültig erfahren« werden. Joas, Hans: *Die Sakralität der Person. Eine neue Genealogie der Menschenrechte*. Berlin: Suhrkamp 2011, S. 191, S. 192. Sogar noch für den, gerade aus phänomenologischer Sicht höchst interessanten wittgensteinianischen Ansatz von Cora Diamond scheint sich eine verwandte Schwierigkeit zu ergeben. Diamond räumt zwar dem Wertbegriff keinen zentralen Stellenwert ein und substituiert darüber hinaus das wer-

3.2 Heideggers radikalisierter Formalismus des jemeinigen Selbst

Heidegger ist ein entschiedener Gegner der materialen Wertethik, gegen die er wiederholt polemisiert. »Schelers Kritik an der Kantischen Ethik« im *Formalismus*-Buch sei »von Grund aus verfehlt«.[176] »Das Ausweichen in die Wertphilosophie ist eine völlige Verkehrung des eigentlichen kantischen Problems.«[177] Statt des Formalismus »versucht man heute, eine *materiale Wertethik* aufzubauen (Max Scheler, Nicolai Hartmann) und die kantische Ethik als formale zurückzuweisen. Diese Interpretation ist nicht nur in verschiedener Hinsicht irrig, *sie verkennt überhaupt das entscheidende Problem im Begriff des ›Formalen‹, denn die Tatsächlichkeit der reinen praktischen Vernunft wird nicht zentrales Problem.*«[178] Heidegger gehört damit eindeutig nicht zu denjenigen Phänomenologen, die Kants Formalismus kritisieren und diesem gegenüber eine materiale Wertethik einfordern. Es verhält sich vielmehr umgekehrt so, dass er die materiale Wertethik strikt zurückweist und an den kantischen *Formalismus* anzuknüpfen sucht,[179] um diesen auf eine phänomenologische Weise neu auszuarbeiten und im Zuge

tethische Vorhaben einer ›materialen Axiologie‹ durch ein Plädoyer für die genuine Vielfalt moralischer Weltansichten und Lebensformen; aber der von ihr verfolgte ›realistische Geist‹ führt in ihren moralphilosophischen Arbeiten doch in eine »*Hermeneutik der Formen unseres lebensweltlichen Realitätszugangs*« (Nachwort der Herausgeber, S. 318), die mit einer Priorisierung der aktuellen, faktischen moralischen Praxis einherzugehen scheint – so vielfältig diese auch sein mag. Vgl. Diamond, Cora: *Menschen, Tiere und Begriffe. Aufsätze zur Moralphilosophie*, hg. und mit einem Nachwort versehen von Christoph Ammann und Andreas Hunziker, übersetzt von Joachim Schulte. Frankfurt am Main: Suhrkamp 2012. Einen Vergleich zwischen der Diamond inspirierenden Ethik von Iris Murdoch einerseits und der Ethik Kants andererseits stellt Trampota an, dessen Studie auf einen Integrationsvorschlag dieser beiden Ansätze hinausläuft. Vgl. Trampota, Andreas: *Autonome Vernunft oder moralische Sehkraft? Das epistemische Fundament der Ethik bei Immanuel Kant und Iris Murdoch*. Stuttgart: Kohlhammer 2003 (= Münchener philosophische Studien. Neue Folge. Bd. 21). Allerdings scheint letztlich doch eine wesentliche Kluft zu bestehen zwischen realistischen Ansätzen, für die es über eine den spezifischen moralischen Praktiken immanente Kritikform hinaus kein Außen gibt, und dem kantischen Ansatz, der mit dem Gedanken eines fungierenden Gesetzes reiner praktischer Vernunft eine kritische Instanz annimmt, die gegenüber jeder endlichen moralischen Praxis und Wertauffassung einen prinzipiellen Überschuss aufweist, einen Überschuss reiner praktischer Vernunft, der keineswegs einen »view from nowhere« impliziert, sondern sich durch die endlichen Praktiken hindurch als unaufhebbare ethische Unruhe bemerkbar macht.

176 GA 24, S. 193.

177 Heidegger, Martin: *Vom Wesen der menschlichen Freiheit. Einleitung in die Philosophie*, hg. von Hartmut Tietjen. Frankfurt am Main: Klostermann 1982 (= Gesamtausgabe. Bd. 31), S. 273.

178 Ebd., S. 279, Kursivierung I. R.

179 Vgl. dazu Schalow: »Heidegger shows how what is initially seen as a weakness in Kant's view of morality [...], its formalism, really determines its strength.« Schalow, Frank: *The Renewal of the Heidegger-Kant Dialogue. Action, Thought, and Responsibility*. New York: State University of New York Press 1992, S. 275.

dessen zu radikalisieren. Die ›Tatsächlichkeit der reinen praktischen Vernunft‹ und das in ihr implizierte ›Formale‹ müsse, so Heideggers Forderung im angeführten Zitat, zum zentralen Problem gemacht werden. Unter dieser Zielsetzung aber gelangt Heidegger um 1927 herum zu dem, was hier als ein ›Formalismus des jemeinigen Selbst‹ bezeichnet werden soll. Welche Gestalt dieser Formalismus des jemeinigen Selbst bei Heidegger annimmt und in welcher Beziehung er zu der kantischen Konzeption steht, ist Gegenstand des Kapitels 3.2.1. Im folgenden Kapitel 3.2.2 steht die Frage im Mittelpunkt, welche Auffassung vom Mitsein mit jenem Heidegger'schen Formalismus des jemeinigen Selbst verbunden ist. Ein drittes Kapitel 3.2.3 geht auf die Verwandlungen des Heidegger'schen Ansatzes während seiner metaphysischen Periode am Ende der 1920er Jahre ein. Das letzte Kapitel 3.2.4 widmet sich der abermaligen Neuausrichtung seines Ansatzes anhand des »Briefes über den Humanismus« von 1946. In allen vier Kapiteln liegt das Augenmerk auf Heideggers Neustrukturierung der kantischen Konzeption und auf den damit verbundenen ethischen Implikationen. Am Ende jenes Durchganges werden wir zu der viel diskutierten Frage Stellung nehmen können, ob und inwiefern Heideggers Denken problematische ethische Konsequenzen nach sich ziehen kann oder sogar nach sich ziehen muss. Diese, im Zusammenhang der Veröffentlichung von Heideggers so genannten »Schwarzen Heften« gerade erst wieder höchst dringlich gewordene Frage verlangt nach einer behutsamen und ausgewogenen Erörterung, zu der wir hoffen, etwas beitragen zu können.

3.2.1 Formalismus des jemeinigen Selbst

Um uns Heideggers Formalismus des jemeinigen Selbst und seinem Verhältnis zu Kants Ethik zu nähern, gehen wir in diesem Kapitel in zwei Schritten vor. In einem ersten Schritt wenden wir uns der im Sommersemester 1927 gehaltenen Vorlesung über *Die Grundprobleme der Phänomenologie* zu, in welcher Heidegger sich eingehend den Begriffen der Achtung und der *personalitas moralis* bei Kant widmet. In einem zweiten Schritt gehen wir dann auf Heideggers eigene phänomenologische Analysen der Angst, des Gewissensrufes und des Schuldigseins aus seinem Hauptwerk *Sein und Zeit* ein. Vor dem Hintergrund der Vorlesung von 1927 wird es möglich, gegenüber der von Heidegger in *Sein und Zeit* ausdrücklich formulierten Kritik an Kant den Umstand hervortreten zu lassen, dass sich Heideggers eigene Ausführungen in seinem Hauptwerk durchaus wesentlich an Kant orientieren und als eine phänomenologische Umarbeitung und Vertiefung von Kants ethischem Formalismus verstanden werden können.[180]

---

180 Es ist wiederholt darauf hingewiesen worden, dass Heideggers Denken, und dabei insbe-

Im dritten Kapitel des ersten Teiles der *Grundprobleme*-Vorlesung von 1927 erörtert Heidegger die cartesische »These der neuzeitlichen Ontologie«, nach der die »Grundweisen des Seins« die *res extensa* und die *res cogitans* seien.[181] Es ist dieser Zusammenhang, in dem er auch auf Kants Begriff der Persönlichkeit eingeht. Heideggers Auslegung ist dadurch gekennzeichnet, dass sie sowohl eine destruktive als auch eine konstruktive Seite enthält. Die destruktiv-kritische Stoßrichtung deutet sich bereits im Titel des Kapitels an: Heidegger ist der Auffassung, Kant habe die Person letztlich als eine *res*, als eine Sache, mit Heideggers Worten als ein Vorhandenes im cartesischen Sinne der *res cogitans* verstanden. Die konstruktiv-affirmative Seite seiner Interpretation hingegen zeigt sich in Heideggers Auslegung der kantischen Begriffe der Achtung und der *personalitas moralis*. Obgleich Kant eine *personalitas transcendentalis* (das Ich der Apperzeption), eine *personalitas psychologica* (das empirische Ich) und eine *personalitas moralis* voneinander unterscheide, sei erst die *personalitas moralis* »die eigentliche und zentrale Charakteristik des Ich, der Subjektivität«[182]. Während die formale Struktur der *personalitas* überhaupt im Selbstbewusstsein liege, drücke die *personalitas moralis* das »moralische Selbstbewußtsein«[183] aus. Worin aber liegt das moralische Selbstbewusstsein, fragt Heidegger und gibt eine Antwort, die er für die kantische ausgibt. Heideggers Antwort ist: *Das moralische Selbstbewusstsein ist das moralische Gefühl der Achtung.*[184] Im Gefühl der Achtung, das Heidegger als ein »Sichfühlen«[185] deutet, werde sich das Ich als ein *Handelnder* allererst offenbar. Die Achtung sei »diese bestimmte Art des Offenbarmachens des Gesetzes« und als solche »die Weise, in der mir das moralische Gesetz als solches überhaupt entgegenkommen kann«.[186] In der Achtung, so Heideggers Deutung, entdeckt das Ich allererst das Gesetz und wird sich seiner selbst als Handelndes unmittelbar gefühlsmäßig bewusst.

---

sondere *Sein und Zeit*, als eine Erneuerung der von Kant begonnenen Tradition der Transzendentalphilosophie verstanden werden kann. Als herausragender Vertreter dieser Lesart kann Steven Crowell gelten. Vgl. Crowell, Steven/Malpas, Jeff (Hg.): *Transcendental Heidegger*. Stanford, California: Stanford University Press 2007. Crowell begnügt sich allerdings keineswegs mit einer bloßen Interpretation Heideggers, sondern sucht jenen transzendentalphilosophischen Zug bei Heidegger in einer eigenständigen Konzeption aufzugreifen und weiterzuführen. Vgl. Crowell, Steven Galt: *Husserl, Heidegger, and the Space of Meaning. Paths Toward Transcendental Phenomenology*. Evanston: Northwestern University Press 2001, sowie Crowell, Steven: *Normativity and Phenomenology in Husserl and Heidegger*. Cambridge u. a.: Cambridge University Press 2013. Wir kommen weiter unten auf den Ansatz von Crowell zurück.

181 GA 24, S.172.
182 Ebd., S.185.
183 Ebd., S.186.
184 Vgl. ebd., S.188.
185 Ebd., S.187.
186 Ebd., S.191.

Diese von Heidegger Kant zugeschriebene Antwort ist aber durchaus *nicht* die Antwort, die Kant selbst gibt. Das, was Heidegger das moralische Selbstbewusstsein nennt, liegt bei Kant im Faktum der Vernunft, welches Kant als das Bewusstsein der Geltung und Verbindlichkeit des moralischen Gesetzes für mich bestimmt. Das Faktum der Vernunft aber ist für Kant *nicht identisch* mit der Achtung.[187] Im zur ersten Kritik umgekehrten Aufbau der *Kritik der praktischen Vernunft* steht das Triebfederkapitel fast am Ende der Analytik und nimmt die Stelle dessen ein, was Kant in vager Analogie zur ersten Kritik die »Ästhetik der reinen praktischen Vernunft«[188] nennt. Die Lehre vom Faktum der Vernunft hingegen gehört zu der Erörterung der Grundsätze der reinen praktischen Vernunft und enthält bereits in sich nicht nur die inhaltliche Formulierung des Gesetzes, sondern auch schon – im Deduktionskapitel – den Nachweis der Möglichkeitsbedingungen seiner Geltung. Das aber bedeutet, dass bereits das Faktum der Vernunft als Bewusstsein der Geltung und Verbindlichkeit des Gesetzes jenes von Heidegger so genannte moralische Selbstbewusstsein darstellt, während die Triebfeder der Achtung nichts mehr ist als das dieses Bewusstsein *begleitende* Gefühl, durch welches ich mich dazu *bewegen* kann, dem moralischen Anspruch genüge zu leisten.

Liest man Heideggers Auslegung als einen Rekonstruktionsversuch der kantischen Position, so erscheint sie verfehlt und unhaltbar. Fasst man seine Interpretation jedoch bereits als ersten Schritt zu einer *Umdeutung* auf, deren unausgesprochene Zielrichtung darin besteht, in Kants Begriff der *Achtung* einen *Vorläufer* für Heideggers eigenen Begriff der *Angst* auszumachen,[189] dann wird man in ihr eine Perspektive ausmachen können, vor deren Hintergrund die phänomenologischen Analysen aus *Sein und Zeit* als Neuformulierungsversuch des kantischen Formalismus erscheinen. Es ist müßig, darüber zu spekulieren, ob Heidegger den Unterschied zwischen Faktum der Vernunft und Achtung tatsächlich nicht bemerkt oder ob er ihn absichtlich verdeckt hat; aufschlussreich ist seine Erörterung jedenfalls nur dann, wenn man sie nicht als Rekonstruktion eines kantischen Gedankens, sondern als Umdeutung liest. Es scheint die unausgesprochene Analogisierung zwischen Achtung und Angst zu sein, die als Leit-

---

187 Wir haben allerdings schon gesehen, dass Schönecker der Auffassung ist, die Achtung sei das »gefühlte Faktum der Vernunft«. Vgl. Schönecker, Dieter: »Das gefühlte Faktum der Vernunft«, a. a. O. Er vertritt damit diejenige These, die bereits Heidegger vertreten hat. Aus unserer Sicht ist dies aber nicht die These, die Kant selbst zugeschrieben werden kann.

188 KpV, AA 5: 90.14–15.

189 Lotz meint, Heidegger stelle »die ›Achtung‹ mit ›Angst‹ auf eine Stufe«, wenn er sie »nicht gar miteinander identifizier[e]«. Es werde »klar, dass Heidegger implizit behauptet, Kant müsse mit Achtung dasselbe meinen, was er selbst in *Sein und Zeit* über die Angst ausführt«. Lotz, Christian: »Achtung oder Angst?«, a. a. O., hier S. 554, 562 f.

faden seiner Interpretation fungiert und die ihn schließlich den berühmten Satz formulieren lässt:»Kants Interpretation des Phänomens der Achtung ist wohl die glänzendste phänomenologische Analyse des Phänomens der Moralität, die wir von Kant besitzen.«[190]

Dieser eindeutig affirmativen Aufnahme der Achtung steht eine zweideutige Haltung Heideggers zum Begriff der *personalitas moralis* gegenüber. Zwar seien die »Analyse der Achtung und der moralischen Person« ein »immens bedeutungsvoller Anlauf, unbewußt die Last der überlieferten Ontologie abzuschütteln«.[191] Dieser »unbewusste« Befreiungsversuch werde jedoch von einem gewissen Rückfall in die traditionelle Ontologie konterkariert:»Auffallend bleibt das eine: Kant spricht vom *Dasein der Person* als vom *Dasein eines Dinges*. Er sagt, die Person existiert als Zweck an sich selbst. Existieren gebraucht er im Sinne von Vorhandensein. Gerade da, wo er die eigentliche Struktur der personalitas moralis berührt, Selbstzweck zu sein, weist er diesem Seienden die Seinsart der Vorhandenheit zu.«[192] Die kantische Bestimmung des Zweck-an-sich-Seins des Menschen wird von Heidegger an dieser Stelle also als ontologische Bestimmung eines Vorhandenen gedeutet und als Relikt einer zu überwindenden ontologischen Tradition kritisiert. Unseren Analysen des ersten Teiles zufolge kritisiert Heidegger Kant hier aber durchaus zu Unrecht, und zwar aus Heideggers eigener Perspektive gesehen. Wir haben oben zu zeigen versucht, dass es Kants Argumentationsgang verlangt, das Zweck-an-sich-Sein *nicht* an die ontologische Bestimmung einer Sache, sondern an den *performativen Vollzug der moralischen Subjektivität* zu knüpfen. Heidegger aber lobt die Achtungsanalyse bei Kant genau deshalb so sehr, weil er in ihr eben jenes, von uns so genannte Moment des performativen Vollzugs des moralischen Selbst hervortreten sieht, welches seines Erachtens die Relikte der zu überwindenden Ontologie bei Kant selbst bereits in den Hintergrund treten lässt.

Aber selbst noch im zunächst kritisierten Gedanken des Zweck-an-sich-selbst-Seins der moralischen Person sieht Heidegger ein Moment, an das er affirmativ anknüpfen kann. Der »eigentlich ontologische Sinn der moralischen Person« sei, dass sie »als Zweck *ihrer selbst*« existiere.[193] Was Heidegger mit dieser feinen, aber entscheidenden Umformulierung vom Zweck-an-sich-selbst-Sein zum Zweck-ihrer-selbst-Sein im Blick hat, wird gegen Ende des Kapitels vollends deutlich, wo er das »Worumwillen« des Daseins behandelt:»Das Dasein«, so heißt es dort, »existiert in der Weise des In-der-Welt-seins, und als solches *ist es umwillen seiner selbst*. Dieses Seiende ist nicht einfach nur, sondern sofern es ist, *geht es ihm um*

---

190 GA 24, S.189.
191 Ebd., S.209.
192 Ebd.
193 Ebd., S.195, Kursivierung I.R.

sein eigenes Seinkönnen.«[194] Es sei eben dieses »zum Begriff des Existierenden« gehörende Moment des umwillen seiner selbst zu sein, welches »Kant bewog, die Person ontologisch als Zweck zu bestimmen, ohne der spezifischen Struktur der Zweckhaftigkeit und der Frage ihrer ontologischen Möglichkeit nachzugehen«.[195] Heidegger vertritt demnach die These, dass der wahre Sinn des bei Kant von dem traditionellen Begriff der *res* verstellten Begriffes eines Zweck-an-sich-Seins der Person ihr existenziales Umwillen-ihrer-selbst-Sein ist. »[D]ieses Seiende« aber, »das wir selbst sind und das umwillen seiner selbst existiert, ist als dieses Seiende *je-meines*«.[196] In dieser Umdeutung Kants aber lässt sich bereits eine Radikalisierung des kantischen Formalismus erblicken: Das Zweck-ihrer-selbst-Sein wird von Heidegger nicht auf das Formale der reinen praktischen Vernunft und ihr Gesetz bezogen, sondern auf das Formale des *bloßen Selbsteinkönnens des Daseins*; die Achtung *für das Gesetz* reiner praktischer Vernunft deutet Heidegger als eine »Achtung des handelnden Ich *vor sich selbst*«,[197] und das bei Kant an die reine praktische Vernunft gebundene Zweck-an-sich-Sein der moralischen Person modifiziert er zu einem *Umwillen-seiner-selbst-Sein* des Daseins.

Als Ergebnis unserer Betrachtungen von Heideggers Auseinandersetzung mit Kant in der *Grundprobleme*-Vorlesung seien zwei Hauptaspekte seiner umdeutenden Interpretation hervorgehoben. Zum einen bedeutet Heideggers Priorisierung der Achtung vor dem Faktum der Vernunft, dass das moralische Selbstbewusstsein für Heidegger wesentlich ein Sichfühlen ist, in dem das Selbst sein Eigenstes entdeckt. Mit dieser *Priorisierung des Selbstgefühls* aber vernachlässigt Heidegger tendenziell, dass das Bewusstsein der Geltung und Verbindlichkeit des Moralgesetzes bei Kant den Charakter einer mit *vernünftiger Einsicht* verbundenen Nötigung hat, insofern ich mir im Faktum der Vernunft dessen bewusst bin, dass meine Maximen die Form der Gesetzmäßigkeit haben sollen. Damit diese Einsicht den Menschen tatsächlich bewegt, braucht es zwar eine Triebfeder, ein Gefühl, aber jenes Gefühl ist nicht selbst identisch mit der Einsicht. Indem Heidegger die vernünftige Einsicht gleichsam im Gefühl aufhebt, marginalisiert er das für das kantische Faktum der Vernunft wesentliche Moment der rationalen

---

194 Ebd., S. 242, zweite Kursivierung I. R.
195 Ebd.
196 Ebd.
197 Ebd., S. 191, Kursivierung I. R. Lotz hebt zutreffend hervor: »Heidegger meint, dass ich mich in der (Selbst)Achtung nur zu mir selbst *hebe* (transzendiere), übersieht aber die genuin moralische Möglichkeit, die das Erbe Kants für das phänomenologische Denken bedeutet, nämlich diejenige, dass ich mich in der Achtung nicht nur hin zu mir, sondern über mich hinaus und hinweg *erhebe*. Das genuin moralische Forderungsbewusstsein des über-mich-Hinausgewiesenseins wird von einer dafür unempfänglichen Heidegger'schen Sichtweise übergangen.« Lotz, Christian: »Achtung oder Angst?«, a. a. O., S. 563.

Einsicht.[198] Zum anderen bedeutet Heideggers These, dass sich im Selbstgefühl der Achtung das Dasein seines *je eigenen Seinkönnens* bewusst wird *und nichts weiter*, eine Vernachlässigung der kantischen Entdeckung eines *formalen Grundgesetzes reiner praktischer Vernunft*, welches von sich aus keine einzige inhaltlich bestimmte Maxime, wohl aber eine bestimmte Struktur von Maximen vorschreibt.

Diese umdeutende Auslegung Kants aus der *Grundprobleme*-Vorlesung von 1927 soll uns nun zum Leitfaden der Auseinandersetzung mit dem zuvor geschriebenen Hauptwerk *Sein und Zeit* dienen, wo Heidegger mit den Analysen der Angst, des Gewissens und des Schuldigseins, unserer Hypothese zufolge, eine eigenständige, phänomenologische Radikalisierung des kantischen Formalismus vornimmt, ohne die Bezüge zu Kant allerdings explizit herauszustellen. Während die von Heidegger in der Vorlesung untersuchte kantische Konzeption jedoch eindeutig eine moralphilosophische war, gilt dies für die Analysen aus *Sein und Zeit* nicht in derselben Weise. Die phänomenologischen Analysen der Angst, des Gewissens und des Schuldigseins gehören für Heidegger nicht unmittelbar zur Ethik, sondern vielmehr zur Erörterung der existenzialen Grundlagen einer Ethik. In diesem Sinne heißt es etwa über das existenziale Schuldigsein in einer kantianisierenden Sprache, es sei »die existenziale Bedingung der Möglichkeit für das ›moralisch‹ Gute und Böse, das heißt für die Moralität überhaupt und deren faktisch mögliche Ausformungen«.[199] Diese Verhältnisbestimmung durch Heidegger erlaubt aber die Fragen, *welche Art* von ›Moralität überhaupt‹ und welche ›faktischen Ausformungen‹ derselben auf der Grundlage seiner Existenzialanalytik möglich sind sowie ob und inwiefern diese aus der Existenzialanalytik

---

198 Einen etwas anderen Akzent allerdings setzt Heidegger im 1929 veröffentlichten *Kantbuch*. Zwar hält er auch dort an der Bestimmung des moralischen Selbstbewusstseins über die Achtung und insofern an der Priorisierung des Gefühls der Achtung vor dem Faktum der Vernunft fest, aber er behauptet auch, »daß die Wesensstruktur der Achtung in sich die ursprüngliche Verfassung der transzendentalen Einbildungskraft hervortreten läßt«. Heidegger, Martin: *Kant und das Problem der Metaphysik*, hg. von Friedrich-Wilhelm von Herrmann. Frankfurt am Main: Klostermann ⁶1998 (= Gesamtausgabe. Bd. 3), S.159. Da Heidegger aber die transzendentale Einbildungskraft als Wurzel von Sinnlichkeit und Verstand und sogar als Wurzel von theoretischer und praktischer Vernunft insgesamt versteht, trägt er in jener Auslegung dem Vernunftmoment in der Achtung selbst stärker Rechnung als in der *Grundprobleme*-Vorlesung.

199 Heidegger, Martin: *Sein und Zeit*, a.a.O., S.286. Saulius Geniusas unterscheidet »antiethical« von »ante-ethical tendencies« in *Sein und Zeit*. Anti-ethisch sei das Werk insofern, als Heidegger uneigentliche, vom Man stabilisierte moralische Regeln als solche auszuweisen und zu destruieren suche; ante-ethisch seien seine Analysen jedoch insofern, als er in seiner eigenen existenzialen Interpretation von Schuld und Gewissen eine neue Grundlegung jener ethischen Begriffe suche. Vgl. Geniusas, Saulius: »The question of ethics in Heidegger's *Being and Time*«, in: Feger, Hans/Hackel, Manuela (Hg.): *Existenzphilosophie und Ethik*. Berlin/Boston: de Gruyter 2014, S. 313–328.

selbst folgen. Um diese von Heidegger selbst nicht eigens behandelten Fragen zu erörtern,[200] wenden wir uns nun zunächst Heideggers Analysen der Angst, des Gewissensrufes und des Schuldigseins zu.

Zunächst und zumeist ist das Dasein Heidegger zufolge ein Man-selbst. Als Man-selbst verliert es sich an die Öffentlichkeit, das Gerede und die Welt, indem es sich von dem, was ›man‹ so denkt und tut, seine Seinsweise vorgeben lässt. Die Selbstverständlichkeiten des Man können jedoch zusammenbrechen, was Heidegger zufolge in der Grundbefindlichkeit der Angst geschieht. In der Angst »sinkt« das vermeintlich selbstverständliche Bedeutungsgefüge der Welt »in sich zusammen«, wodurch »[d]ie Welt […] den Charakter völliger Unbedeutsamkeit« annimmt.[201] Dieses Zusammensinken aller, ohne Zweifel auch der moralischen Selbstverständlichkeiten, das sich im Dasein mit dem Gefühl der Unheimlichkeit im wörtlichen Sinne des Unzuhauseseins verknüpft, hat nach Heidegger jedoch zugleich den Charakter einer Offenbarung: »Die Angst offenbart im Dasein das *Sein zum* eigensten Seinkönnen, das heißt das *Freisein für* die Freiheit des Sich-selbst-wählens und -ergreifens.«[202] In der Angst entdeckt das Dasein, dass es, statt im Man-selbst aufzugehen, auch ein eigentliches Selbst sein kann. Da es in der Angst vom Man auf sich selbst zurückgeworfen und damit in einer bestimmten Weise vereinzelt wird, spricht Heidegger davon, dass die Angst »das Dasein als ›solus ipse‹« erschließe und deshalb von einem »existenzialen ›Solipsismus‹« gesprochen werden könne.[203] Auch in der Angst ist das Dasein existenzial Mitsein, aber der mit ihr verbundene ›solipsistische‹ Zug liegt darin, dass das Mitsein mit anderen seine selbstverständliche, identitätsbestimmende Funktion verliert.

Nun sind sämtliche Ausführungen in *Sein und Zeit* Momente einer Philosophie der Zeit. Die Grundbefindlichkeit der Angst aber ist Heidegger zufolge der ursprüngliche Seinsmodus der Gewesenheit des Daseins. Da die ursprüngliche Zeit für Heidegger die ekstatische Zeitlichkeit des Daseins von Gewesenheit, Gegenwart und Zukunft ist, korrespondieren dem Gewesenheitsmoment der Angst Momente der Gegenwart und der Zukunft. Der Modus der Zukunft aber, der das Pendant zur Angst darstellt, ist das von Heidegger so genannte Vorlaufen in den Tod beziehungsweise das Sein zum Tode, das er auch als eine Freiheit zum Tode bezeichnet. Angesichts der mit der Angst sich verknüpfenden Gewissheit

---

[200] Mit Ricœur kann man in Bezug auf die Gewissensphänomenologie von *Sein und Zeit* in der Tat bedauern: »Leider zeigt Heidegger nicht, wie man den umgekehrten Weg von der Ontologie zur Ethik gehen könnte. Und doch ist es dies, was er in § 59, wo er sich mit der ›vulgären Gewissensauslegung‹ auseinandersetzt, in Aussicht zu stellen scheint.« Ricœur, Paul: *Soi-même comme un autre*, a.a.O., S. 403 (dt. S. 419).

[201] Heidegger, Martin: *Sein und Zeit*, a.a.O., S. 186.

[202] Ebd., S. 188.

[203] Ebd.

seines bevorstehenden Todes werde das Dasein »*vor die Möglichkeit* [gebracht, I. R.], *auf die besorgende Fürsorge primär ungestützt, es selbst zu sein, selbst aber in der leidenschaftlichen, von den Illusionen des Man gelösten, faktischen, ihrer selbst gewissen und sich ängstenden Freiheit zum Tode*«.[204]

Die Angst und das Sein zum Tode eröffnen dem Dasein allerdings lediglich die *Möglichkeit* eines eigentlichen Seinkönnens. Daher fragt Heidegger: Gibt es ein phänomenologisches *Zeugnis* dafür, dass das Dasein nicht nur die Möglichkeit eines eigentlichen Seinkönnens hat, sondern ein solches eigentliches Seinkönnen auch tatsächlich »von ihm selbst *fordert*«?[205] Die Antwort ist positiv: Es gibt einen phänomenalen Befund, der zeigt, dass das Dasein *wirklich* von sich selbst die ihm *mögliche* eigentliche Existenzweise der Eigentlichkeit *fordert* – er liegt im Phänomen des *Gewissens*. Das Gewissen, so formuliert Heidegger, »bekundet sich als Faktum«, es gäbe ein »Faktum des Gewissens«.[206] Dieses Faktum des Gewissens aber ist die Bestimmung der Ekstase der Gegenwart, die bei den bloßen Möglichkeiten von Angst (Gewesenheit) und Sein zum Tode (Zukunft) noch fehlte und ihnen nun einen Gegenwartsmodus korrespondieren lässt, der nicht mehr bloße Möglichkeit, sondern Wirklichkeit ist. Das Gewissen ist Heidegger zufolge ein »*Ruf*«[207]. Mit diesem Ausdruck knüpft er gleichermaßen an die klassische Metapher der »*Stimme des Gewissens*«[208] und an seine eigene Bestimmung des Daseins als Befindlichkeit (Gewesenheit), Verstehen (Zukunft) und *Rede* (Gegenwart) an. Der Ruf des Gewissens sei der ursprüngliche Modus der Rede. Allerdings rufe und rede das Gewissen »*im Modus des Schweigens*«, es rufe buchstäblich »nichts«.[209] Heidegger gibt diese Antwort vor dem Hintergrund einer radikalen Alternative, die er selbst konstruiert hat: Entweder das Existenzial der Rede konkretisiere sich in einem Gerede der durch das Man bestimmten Öffentlichkeit[210] oder es konkretisiere sich im Schweigen – bei dieser Alternative bleibt für den Gewissensruf nur das Schweigen.

Woher aber kommt der Ruf? Wer ruft? Auf diese Frage antwortet Heidegger im Zuge seiner radikalen Säkularisierung des Gewissensrufes eindeutig: »*Das Dasein ruft im Gewissen sich selbst.*«[211] Obgleich das Dasein selbst der Rufer ist, ist das Phänomen des Rufes nichtsdestotrotz mit einer gewissen Alteritätserfahrung, einer Art von Selbstfremdheit, verknüpft: »›Es‹ ruft, wider Erwarten und

---

204 Ebd., S. 266.
205 Ebd., S. 267.
206 Ebd., S. 269.
207 Ebd.
208 Ebd., S. 268.
209 Ebd., S. 273.
210 Vgl. ebd., § 35.
211 Ebd., S. 275.

gar wider Willen. [...] Der Ruf kommt *aus* mir und doch *über* mich.«[212] Dieser phänomenale Befund erscheint zunächst widersprüchlich: Wie kann die Stimme, die mich ruft, meine eigene sein, wenn ich sie doch als eine mich ereilende, gar fremde Stimme erfahre? Heideggers Auflösung dieses Paradoxes basiert auf einer Dreiteilung des Daseins im Ruf: Der »*Rufer des Gewissensrufes*« ist »*das im Grunde seiner Unheimlichkeit sich befindende Dasein*«, das »*sich ängstigend[e]*« Dasein.[213] Der Ruf des sich ängstigenden Daseins trifft das Man-selbst, welches sich in die besorgte Welt verloren hat.[214] Der »Angerufene« aber ist das entwerfende Dasein, welches zu seinem »eigensten Seinkönnen« aufgerufen ist.[215] Das sich ängstigende Selbst also ruft das Dasein dazu auf, von einem Man-selbst zu einem eigentlichen Selbst zu werden. In dieser Konstellation vollzieht sich eine Art von Selbstspaltung, in der sich das Selbst in ein sich ängstigendes Selbst, ein Man-selbst und ein potentielles eigentliches Selbst aufspaltet. Die Stimme des Gewissens wird nach Heideggers Auslegung dabei allein deshalb als »eine *fremde Stimme*« erfahren, weil sie »dem alltäglichen Man-selbst unvertraut« ist,[216] nicht aber weil sie dem Dasein überhaupt fremd wäre.[217] Es ist die eigene Stimme des Daseins, die nur deshalb als fremd erfahren wird, weil sie dem vom Ruf getroffenen Man-selbst fremd ist.[218]

Auch für Heidegger gehört es zum Phänomen des Gewissens, dass sich das Dasein in ihm als *schuldig* erfährt. Dieses Schuldigsein jedoch sucht er als ein Existenzial und damit eine grundlegende Seinsweise des Daseins zu bestimmen, die als solche zunächst frei von ethischen Konnotationen sei. Heideggers Bestimmung jenes existenzialen Schuldigseins lautet, dieses sei »(nichtige[s]) Grund-Sein einer Nichtigkeit«[219]. In dieser Formel sind zwei voneinander zu unterscheidende Momente enthalten. Zum einen ist das Dasein ›nichtiger Grund‹, weil es nicht sein eigener Grund ist. Es ist Faktizität und Geworfenheit. Weder hat es sich selbst geschaffen, noch hat es den Ort und die Zeit gewählt, in denen es exis-

---

212 Ebd.
213 Ebd., S. 276, S. 277.
214 Vgl. ebd., S.272.
215 Ebd., S.277.
216 Ebd.
217 David Espinet spricht in Bezug auf die Stimme des Gewissens von einer »Erfahrung der Selbstdifferenz des Daseins«. Espinet, David: *Phänomenologie des Hörens. Eine Untersuchung im Ausgang von Martin Heidegger*. Tübingen: Mohr Siebeck 2009 (= Philosophische Untersuchungen. Bd. 23), S.140.
218 Es gibt diverse Auslegungen, die in Heideggers Erörterungen des Gewissensrufes eine radikalere Alteritätserfahrung ausmachen, innerhalb derer das Dasein letztlich von etwas oder jemand anderem als es selbst aufgerufen wird. Wir kommen im folgenden Kapitel auf diese Frage zurück.
219 Heidegger, Martin: *Sein und Zeit*, a.a.O., S.285.

tiert. Die Zusammenhänge, in denen es sich wiederfindet, hat es sich nicht aus-
gesucht und kann es auch nicht vollständig kontrollieren. Immer wieder auf ein
Neues findet es sich konfrontiert mit Situationen, in die es hineingestellt ist und
in Bezug auf die es sich zwar verhalten kann, ohne jedoch die Situationen als solche wählen oder rundheraus verändern zu können. Zum anderen ist das Dasein
›Grund-Sein einer Nichtigkeit‹, weil es immer nur eine Möglichkeit wählen kann
und dabei zwangsläufig stets eine Reihe von anderen Möglichkeiten nicht zu wählen vermag, deren Nichtgewählthaben es dann tragen muss. »Die Freiheit« liege
in schlechthin diesem, »in der Wahl der einen [existenziellen Möglichkeit, I. R.],
das heißt im Tragen des Nichtgewählthabens und Nichtauchwählenkönnens der
anderen«.[220] Das Dasein ist Heidegger zufolge wesenhaft, das heißt notwendig
und immer, schuldig, weil es in seinem Existieren nicht umhin kann, jeweils nur
eine Möglichkeit zu wählen und die anderen zu vernachlässigen. Sämtliche »auf
das besorgende Mitsein mit Anderen bezogenen […] Schuldphänomene« bezeichnet Heidegger ausdrücklich als »vulgär[…]«[221] und damit nicht zum existenzialen, wesentlichen Schuldphänomen gehörig. Das Gewissen nun rufe das Dasein
dazu auf, *eigentlich schuldig* zu sein, das heißt selbst die Wahl einer existenziellen
Möglichkeit zu treffen, das Nichtwählen der anderen Möglichkeiten auf sich zu
nehmen und sich diese Wahl nicht vom Man-selbst vorgeben zu lassen. Wenn
das Dasein aber diesen Ruf erhört und wählt, selbst zu wählen, dann wählt es das
»Gewissen-*haben*«, was Heidegger als »*Gewissen-haben-wollen*«[222] bezeichnet.
Den Gewissensruf selbst wählt das Dasein nicht, denn er kommt einfach über
das Dasein; aber es wählt durchaus, ob es diesen Aufruf zur eigenen Wahl annehmen oder ablehnen will. In jenem Gewissen-haben-Wollen rekonfiguriert sich
Heidegger zufolge das Welt- und Selbstverhältnis schlechthin, weswegen er von
einer Verwandlung der existenzialen Erschlossenheit in *Entschlossenheit* spricht,
womit er zugleich auf das Moment einer eigentlichen Modifkation der Erschlossenheit und auf den Aspekt eines eigentlichen Engagements in das Welt- und
Selbstverständnis verweist. Diese Entschlossenheit aber führt Heidegger letztlich
wiederum, wie alle Existenzialien, auf die dreifach ekstatische Zeitlichkeit des
Daseins zurück: Sie sei »konstituiert durch die Befindlichkeit der Angst [Gewe-
senheit, I. R.], durch das Verstehen als Sichentwerfen auf das eigenste Schuldigsein
[Zukunft, I. R.] und durch die Rede als Verschwiegenheit [Gegenwart, I. R.]«[223].

Damit haben wir die Grundzüge von Heideggers Phänomenologie der Angst
und des Gewissens dargelegt. Welches Verhältnis nun besteht zwischen Heideggers Gewissensphänomenologie und Kants Grundlegung der Ethik? In Bezug

---

220 Ebd.
221 Ebd., S. 283.
222 Ebd., S. 288.
223 Ebd., S. 296.

auf diese Frage muss man deutlich unterscheiden, was Heidegger ausdrücklich über Kant *sagt* beziehungsweise schreibt und was Heidegger in seiner Gewissensphänomenologie tatsächlich *macht*. Richtet man die Aufmerksamkeit auf diesen Unterschied, dann zeigt sich, dass sich Heidegger im Zuge seiner Gewissensphänomenologie ausdrücklich zwar ausschließlich kritisch auf Kant bezieht, während jedoch vieles dafür spricht, dass er seine eigene Gewissensphänomenologie als eine direkte Neuformulierung des kantischen Formalismus versteht. Diese Diskrepanz zwischen der expliziten und der impliziten Ebene kommt dadurch zustande, dass Heidegger ausdrücklich nur Kants Konzeption des Gewissens thematisiert, während sich seine Neuformulierung des Formalismus in der Gewissensphänomenologie an dem Herzstück des kantischen Formalismus in der Lehre vom Faktum der Vernunft orientiert.

Heidegger erwähnt Kant lediglich an zwei Stellen der Gewissensphänomenologie.[224] An beiden Stellen bezieht er sich kritisch auf »die *Kantische* Gerichtshofvorstellung vom Gewissen«[225]. Die kantische Gerichtshofvorstellung vom Gewissen, so Heidegger an der ersten Stelle, sei lediglich ein »Bild«[226], während die Charakterisierung des Gewissens als Ruf keineswegs nur ein derartiges Bild, sondern als Modus der die Verständlichkeit gliedernden Rede eine adäquate Beschreibung des Phänomens darstelle. Auch an der zweiten Stelle wird Kant nur *en passant* erwähnt, sie ist jedoch sachlich aufschlussreicher als die erste. Ihr Ort ist im § 59, in dem Heidegger die ›vulgären‹ Gewissensauslegungen kritisiert und auf seine existenziale Interpretation zurückführt. Kants Gewissensinterpretation mithilfe der Gerichtshofvorstellung zählt Heidegger hier zu den ›vulgären‹ Gewissensauslegungen, denn sie lege das Phänomen des Gewissens vor dem Hintergrund des verhandelnden Besorgens innerhalb der alltäglichen Welt des Man aus. Anstatt das Gewissen als einen Aufruf zum eigensten Schuldigsein existenzial ursprünglich zu verstehen, fasse die kantische Interpretation »das Gewissen als Richter und Mahner, mit dem das Dasein rechnend verhandelt«,[227] auf. Kants Modell einer Gerichtsverhandlung verstehe das Gewissen nach dem Modell des *verhandelnden Besorgens in der Welt* und dringe daher nicht zu einer ursprünglichen Auslegung des Gewissensrufes vor. Diese unzureichende Interpretation des Gewissensphänomens durch Kant lasse sich aber selbst existenzial begründen, denn sie entspringe dem Umstand, dass sich der Interpret selbst nicht aus der Befangenheit im Besorgen zu lösen und zu einem ursprünglichen Verständnis des Gewissens vorzudringen vermag.

---

224 Vgl. ebd., S. 271, S. 293.
225 Ebd., S. 271.
226 Ebd.
227 Ebd., S. 293.

Diese ausdrückliche Stellungnahme Heideggers ist insofern vollkommen irreführend, als sie verdeckt, dass Heideggers gesamte Gewissensphänomenologie eine deutliche Strukturanalogie zu Kants Grundlegung der Moralität aufweist. Diese Strukturanalogie beruht jedoch auf einer folgenreichen architektonischen Verschiebung, die Heidegger Kant gegenüber vornimmt. Der Ort des Gewissens liegt für Kant selbst nicht innerhalb einer Grundlegung der Moralität, sondern innerhalb einer Anthroponomie, weshalb er es in der zweiten Kritik nur *en passant* erwähnt und ausführlich erst in der anthropologisch grundgelegten *Religionsschrift* und der Anthroponomie der Tugendlehre erörtert. Das Gewissen hat für Kant keine moralbegründende Funktion, sondern seine Bedeutung ist die einer Selbstprüfungsinstanz der Vernunft im Menschen (siehe Kapitel 2.5.3). Für Heidegger hingegen ist die Gewissensphänomenologie das Herzstück desjenigen Teils der Fundamentalanalyse des Daseins, welcher als existenziale Grundlage einer jeden möglichen Moralität fungiert. Von der anthropologischen Peripherie bei Kant rückt das Gewissen bei Heidegger in das die Bedingungen der Moralität fundierende Zentrum. Kaum verdeckt wird diese architektonische Verschiebung von Heidegger selbst, wenn er offenbar in Anspielung an Kants Faktumslehre ganz ausdrücklich von einem »Faktum des Gewissens« beziehungsweise von einem »Faktum der *Gewissensangst*« spricht:[228] Kants Faktum der Vernunft wird bei Heidegger zu einem Faktum des Gewissens. Auf der Grundlage dieser architektonischen Verschiebung lässt sich nun die Strukturanalogie zwischen Kants Formalismus und seiner Neuformulierung durch Heidegger Schritt für Schritt herausarbeiten.

Bei Kant ist das Selbst gleichsam zunächst und zumeist ein Selbst der Selbstliebe, das sich durch seine Natur und seine natürlichen Neigungen bestimmen lässt. Heidegger zufolge hingegen ist das Selbst zunächst und zumeist ein Manselbst, das sich im Besorgen und in der Fürsorge an die Welt und die Selbstverständlichkeiten des Man verliert. Während bei Kant der zu überwindende Zustand einer der *Verlorenheit an die Natur* ist, handelt es sich bei Heidegger um einen zu überwindenden Zustand der *Verlorenheit an die öffentliche, zivilisierte Welt.*

Bei beiden ist es ein unabweisbarer Aufruf, der den Menschen beziehungsweise das Dasein aus dieser Verlorenheit zurückruft und sein Eigenstes entdecken lässt. Dieser Ruf entspringt Kant zufolge der die Naturkausalität überschreitenden *fungierenden reinen praktischen Vernunft* im Selbst, während er nach Heidegger aus dem *sich ängstigenden Dasein* kommt, das jeglichen Halt im Man verloren hat und sich in der Unheimlichkeit auf sich selbst zurückgeworfen findet. Beide Formen des Rufes rufen den Menschen beziehungsweise das Dasein zwar auf sein

---

228 Ebd., S.269, S.296.

eigentliches Selbst zurück.[229] Während der Rufinhalt bei Kant jedoch das Sittengesetz beziehungsweise der *kategorische Imperativ* ist, ruft der schweigende Ruf
des Gewissens laut Heideggers schlechterdings *nichts*. Im Faktum der Vernunft
fordert die legislativ fungierende reine praktische Vernunft die Willkür dazu auf,
dem Sittengesetz gemäß zu handeln, während der Gewissensruf Heidegger zufolge
das Dasein zum *bloßen Selbstsein* aufruft.

In beiden Konzeptionen kommt an dieser Stelle dem *Freiheitsbegriff* eine
zentrale, wiederum durchaus strukturanaloge Bedeutung zu. Für Kant ist das
Bewusstsein der Geltung und Verbindlichkeit des Sittengesetzes die *ratio cognoscendi* der Freiheit, die als Vermögen, dem Sittengesetz zu entsprechen, entdeckt
wird. Nach unserer Interpretation aus dem ersten Teil wird diese Definition der
Freiheit bei Kant um ein Ereignismoment ergänzt, das die Freiheit der selbst nicht
mehr begründbaren Wahl zwischen der obersten guten und der obersten bösen
Maxime kennzeichnet. Im vollen Sinne frei handelt nach Kant derjenige, der
sittlich gut handelt, während seiner Freiheit nichtsdestotrotz auch das Handeln
gegen das moralisch Gebotene zugerechnet werden kann. Analog dazu bestimmt
Heidegger die Freiheit in *Sein und Zeit* als ein »Freisein[...] *für* das eigenste
Seinkönnen«,[230] so dass das Dasein im vollen Sinne erst dann frei ist, wenn es den
Ruf des Gewissens annimmt und infolgedessen eigentlich wählt. Nichtsdestotrotz
heißt es in der Vorlesung von 1930: »*Auch wenn wir uns nicht entscheiden*, sondern
uns etwa drücken, oder Scheinmotive unseres Handelns uns ein- und vorreden,
haben wir uns entschieden, nämlich zur Abkehr vom Sollen. [...] Dieses Nicht-
ernsthaft-wollen, d. h. Sichtreiben- und es darauf Ankommen-lassen ist gerade
ein ausgezeichneter und vielleicht sogar der häufigste Modus der Wirklichkeit
des Wollens«.[231] In Analogie zu Kants Freiheitskonzeption scheint für Heidegger
das Dasein genau dann im vollen Sinne frei zu sein, wenn es ›Gewissen haben
will‹ und eigentlich wählt, obgleich auch das Sichergeben in die Vorgaben des
Man seiner freien Entscheidung zuzurechnen ist.

Während nach Heideggers Umdeutung Kant zufolge die *Achtung* dem Selbst
sein Selbstseinkönnen offenbar macht, ist es nach Heidegger selbst die *Angst*
beziehungsweise, wie er in *Sein und Zeit* präziser sagt, die »*Gewissensangst*«,[232]
die die Möglichkeit und die Forderung des Selbstseinkönnens erschließt. Dieser
Doppelausdruck einer ›Gewissensangst‹ erscheint treffender als der der bloßen
Angst, weil er, wie die Achtung bei Kant, sowohl das Moment der wirklichen

---

229 Vgl. noch einmal den Ausdruck »das eigentliche Selbst« in Kants *Grundlegung* (GMS,
AA 4: 457.34).

230 Heidegger, Martin: *Sein und Zeit*, a. a. O., S. 144.

231 GA 31, S. 290, Kursivierungen I. R.

232 Heidegger, Martin: *Sein und Zeit*, a. a. O., S. 296.

Forderung – was im bloßen Angstbegriff fehlt – als auch das Moment der Entdeckung des möglichen Selbsteinkönnens enthält.

Des Weiteren machen sowohl Kant als auch Heidegger das Verhalten einer Art *Rufabwehr* aus. Wir haben im ersten Teil gesehen, dass Kant bereits am Ende des ersten Abschnittes der *Grundlegung* von einer natürlichen Dialektik spricht, der zufolge der Mensch einen Hang hat, ständig die Reinheit und Strenge, wenn nicht gar die Gültigkeit der Pflichtgesetze in Zweifel zu ziehen und sich vorzumachen, dass das, wohin seine Neigungen streben, in der Tat das sittlich Gebotene sei. Dieser von Kant so genannte Hang zum Vernünfteln in praktischen Dingen führe in der gewöhnlichen menschlichen Existenz überaus leicht in eine »Zweideutigkeit«[233], in welcher der Mensch die durch Vernünfteln seinen Neigungen angepassten vermeintlichen Pflichten für die eigentlich sittlichen Pflichten hält. Eine Analogie zu Heideggers, von ihm dem Verfallen zugeordneten Begriff der Zweideutigkeit drängt sich hier auf: »Die Zweideutigkeit der öffentlichen Ausgelegtheit gibt das Vorweg-bereden und neugierige Ahnen für das eigentliche Geschehen aus«.[234] Das Rufabwehrverhalten liege darin, dass der Ruf, »statt eigentlich verstanden zu werden, vom Man-selbst in ein verhandelndes Selbstgespräch gezogen und in seiner Erschließungstendenz verkehrt wird«[235]. Ein derartiges, uneigentliches verhandelndes Selbstgespräch findet aber, wie wir gesehen haben, Heidegger zufolge in Kants Gewissenskonzeption statt. Die sachlich treffendere Analogie besteht aber in Kants Begriff jener natürlichen Dialektik und des ihr zugehörigen Hanges zum Vernünfteln in praktischen Dingen. Das Rufabwehrverhalten des Selbst der Selbstliebe einerseits und des Man-selbst andererseits besteht darin, sich durch Vernünfteln und Gerede blauen Dunst vorzumachen.

Schließlich scheint es sogar noch eine Analogie zu geben zwischen Kants Anthroponomie und ihrem anthropologischen Anhang einerseits und Heideggers Vorstellung einer thematischen existenzialen Anthropologie andererseits. Kant ergänzt seine Grundlegung der Ethik aus der *Kritik der praktischen Vernunft* in der Tugendlehre der *Metaphysik der Sitten* um eine Anthroponomie, die eine Anwendung der Grundlegung auf den Menschen überhaupt darstellt. So wie aber die besonderen Regeln des Übergangs von der Metaphysik der Natur zur Physik darzulegen sind, müsse auch die Metaphysik der Sitten ergänzt werden um einen Anhang, in dem die reinen Pflichtprinzipien »gleichsam« schematisiert werden, um ihre Anwendung auf konkrete Fälle der Erfahrung zu ermöglichen.[236] Hier geht es nicht mehr nur um die Anwendung der Grundlegung der Moralität auf

---

233 GMS, AA 4: 405.29.
234 Heidegger, Martin: *Sein und Zeit*, a. a. O., S. 174.
235 Ebd., S. 274.
236 MS, AA 6: 468.30.

den Menschen überhaupt, sondern es geht um die Anwendung auf Menschen verschiedenen Typs und in verschiedenen Situationen: »Welches Verhalten also gegen Menschen, z. B. in der moralischen Reinigkeit ihres Zustandes, oder in ihrer Verdorbenheit; welches im cultivirten, oder rohen Zustande; was den Gelehrten oder Ungelehrten und jenen im Gebrauch ihrer Wissenschaft als umgänglichen (geschliffenen), oder in ihrem Fach unumgänglichen Gelehrten (Pedanten), pragmatischen, oder mehr auf Geist und Geschmack ausgehenden; welches nach Verschiedenheit der Stände, des Alters, des Geschlechts, des Gesundheitszustandes, des der Wohlhabenheit oder Armuth u.s.w. zukomme«.[237] Etwas dieser Anthroponomie und ihrem konkretisierenden Anhang Entsprechendes hat aber offenbar auch Heidegger entwickeln wollen, und zwar in einer »thematischen existenzialen Anthropologie«[238]. Diese habe »[d]ie faktischen existenziellen Möglichkeiten in ihren Hauptzügen und Zusammenhängen darzustellen und nach ihrer existenzialen Struktur zu interpretieren«[239]. Was Heidegger dabei konkret vor Augen steht, wird in einer Fußnote zu Jaspers deutlich: Jaspers gehe der Frage nach dem Sein des Menschen über die Frage nach dem wesenhaften Seinkönnen des Menschen nach und zeige »die grundsätzliche existenzial-ontologische Bedeutung der ›Grenzsituationen‹«[240] auf. Entspricht die Gewissensphänomenologie strukturell der Grundlegung der Moralität durch die Lehre vom Faktum der Vernunft, so entspricht jene thematische existenziale Anthropologie der kantischen Anthroponomie und ihrem Anhang.

Das Schuldigsein allerdings ist ein Moment in Heideggers Darlegung der existenzialen Bedingungen einer möglichen Moral, für welches sich bei Kant kein direktes Analogon findet. Das *existenziale Schuldigsein* ist die für sich genommen moralneutrale Seinsweise des Daseins, aufgrund derer es in ethisch tragische Situationen verwickelt werden kann. Weil es nicht sein eigener Grund ist, sondern sich in Situationen wiederfindet, die es niemals vollständig zu kontrollieren vermag, und weil es nichtiger Grund ist, indem es immer nur eine Möglichkeit wählen kann und die anderen zwangsläufig unrealisiert lassen muss, vermag in seiner Existenz das aufzukommen, was wir in der Auseinandersetzung mit der Wertethik ein *Tragisches im Ethischen* genannt haben. Während den Wertethikern zufolge das Tragische im Ethischen aber aus einer Wertekollision entspringt, ist es nach Heidegger auf eine *formale* Seinsweise des Daseins zurückzuführen: Weil das Dasein formal in der Weise des existenzialen Schuldigseins existiert, vermag es in tragische Situationen verstrickt zu werden, die wir in unserer obigen Auseinandersetzung mit der Wertethik als etwas jenseits moralischer Neutrali-

---

237 Ebd., S. 468.32–469.1–5.
238 Heidegger, Martin: *Sein und Zeit*, a. a. O., S. 301.
239 Ebd.
240 Ebd., S. 301 f., Fußnote.

tät, aber diesseits einer direkten moralischen Schuld auszulegen versucht haben, indem wir es als eine unaufhebbare ethische Unruhe bestimmten, die Folgeverbindlichkeiten nach sich zieht und den Handelnden verwandelt.

Wir haben gesehen, inwiefern jenseits der expliziten kritischen Stellungnahme Heideggers zu Kant im Rahmen der Gewissensphänomenologie eine implizite enge Analogie zu Kants Grundlegung der Moralität in eben jener Gewissensphänomenologie gefunden werden kann, in der Heidegger zwar nicht selbst eine Grundlegung der Ethik, wohl aber den Ausweis der existenzialen Bedingungen der Möglichkeit für die Moralität überhaupt anstrebt. Kants *Formalismus der reinen praktischen Vernunft* wird von Heidegger im Rahmen der Gewissensphänomenologie in einen *Formalismus des jemeinigen Selbst* verwandelt, in dem das Selbst sich selbst aus dem Man-selbst auf sich selbst zurück- und zu einem eigentlichen Sein aufruft.[241] Diejenige mögliche Ethik aber, für die jener Formalismus des jemeinigen Selbst die existenzialen Bedingungen der Möglichkeit darlegt, scheint eine *existenziale Ethik der eigentlichen Existenz* zu sein. Das oberste Ziel dieser Ethik wäre eine eigentliche Existenzweise, in der das Dasein selbst seine Möglichkeiten wählt und sich diese nicht vom Man vorgeben lässt. Dies aber führt auf die Frage, welche Beziehungen zu den *anderen*, mit Heidegger gesprochen, zu den *Mitdaseinen* mit der eigentlichen Existenzweise verbunden sind. Wie verhält sich ein eigentlich existierendes Dasein zu seinem Mitdasein? Geht Heideggers Radikalisierung des Formalismus hin zu einem Formalismus des jemeinigen Selbst so weit, dass das eigentliche Selbst zu einem beliebigen Entwurf der Eigentlichkeit gelangen kann, oder aber impliziert die Eigentlichkeit doch eine zumindest formal strukturierte Beziehung zum Mitdasein? Diesen Fragen wendet sich das folgende Kapitel zu.

3.2.2 Die Aporie des Mitseins in *Sein und Zeit*

Heideggers Radikalisierung des kantischen Formalismus hin zu einem Formalismus des jemeinigen Selbst lässt die Frage aufkommen, wie sich ein eigentliches Dasein zu seinem Mitdasein verhält. In denjenigen Antworten, die Heidegger in *Sein und Zeit* auf diese Frage gibt, scheint sich eine Aporie aufzutun, die im Werk selbst keine Auflösung erfährt. Die von uns hier so genannte Aporie des Mitseins lässt sich in *Sein und Zeit* an zwei zentralen Stellen des Heidegger'schen Gedan-

---

241 Bimbenet spricht ausdrücklich von einem »Formalismus der Entschlossenheit« bei Heidegger und formuliert die These: »Der Formalismus ist so wenig ein Einwand für Heidegger, dass er vielmehr im Gegenteil den Mittelpunkt seines Denkens darstellt.« Bimbenet, Etienne: »Heidegger: L'ontologie d'un point de vue éthique«, in: *Éthique et phénoménologie. Alter. Revue de phénoménologie* 13 (2005), S. 135–164, hier S. 157.

kenganges ausweisen. Die erste Stelle betrifft das Verhältnis von Eigentlichkeit zu vorausspringender Fürsorge, die zweite Stelle bezieht sich auf das Verhältnis von Schicksal und Geschick. Diesen beiden Verhältnissen wollen wir uns nacheinander zuwenden.

Während aus Husserls Nachlass drei umfangreiche Bände zum Thema einer »Phänomenologie der Intersubjektivität« hervorgehen konnten,[242] hat Heidegger das Problem der Intersubjektivität und der Konstitution des Anderen im Ausgang vom Selbst stets für ein Scheinproblem gehalten. Nicht sei danach zu fragen, wie ein isoliertes Subjekt zu einem anderen Subjekt hinauskomme, sondern das Dasein sei in seinem Sein existenzial immer schon Mitsein. Alleinsein, Gleichgültigkeit und Fremdheit seien lediglich privative Modi jenes existenzialen Mitseins, in dem wir immer schon stünden. Das Mitdasein, d. h. das andere Dasein, aber wird im Mitsein im Unterschied zum Zeug »nicht besorgt, sondern steht in der *Fürsorge*«.[243] In der Alltäglichkeit komme die Fürsorge zunächst und zumeist in den »Modi der Defizienz und Indifferenz« vor, im »Für-, Wider-, Ohne-einandersein, [...] Aneinandervorbeigehen, [...] Einander-nichts-angehen«[244]. Von diesem alltäglichen Modus unterscheidet Heidegger »zwei extreme Möglichkeiten« der Fürsorge, die »einspringend-beherrschende[...]« und die »vorspringend-befreiende[...]« Fürsorge.[245] In der einspringend-beherrschenden Fürsorge springt das Dasein für sein Mitdasein so ein, dass es ihm seine Sorge gleichsam abnimmt; es handelt sich um ein Verhältnis der Bevormundung, in dem das Dasein im Mitdasein die in jenem ohnehin bestehende Tendenz zum Verfallen an das Man-Selbst verstärkt. Dem steht mit der vorspringend-befreienden Fürsorge eine Seinsweise gegenüber, in der das Dasein seinem Mitdasein die je eigene Sorge nicht abnimmt, »sondern erst eigentlich als solche zurück[gibt]«[246]. Anstatt sein Mitdasein bevormundend zu entlasten, sucht das Dasein sich in der vorausspringend-befreienden Fürsorge zu seinem Mitdasein so zu verhalten, dass dieses möglichst tiefgreifend für *sein* eigenstes Seinkönnen frei wird und dieses auch tatsächlich ergreift. Im Ausgang von der Phänomenologie des Gewissens aus dem zweiten Abschnitt aber stellt sich die Frage, ob die eigentliche Existenzweise notwendig mit einem bestimmten Modus der Fürsorge verbunden ist und welcher dies wäre.

Im § 60 formuliert Heidegger folgende Stellungnahme zum Verhältnis von Eigentlichkeit und vorausspringend-befreiender Fürsorge: »Die Entschlossenheit zu sich selbst bringt das Dasein erst in die Möglichkeit, die mitseienden Anderen ›sein‹ zu lassen in ihrem eigensten Seinkönnen und dieses in der vorsprin-

242 Vgl. die drei von Iso Kern herausgegebenen Bände XIII-XV der Husserliana-Reihe.
243 Heidegger, Martin: *Sein und Zeit*, a. a. O., S. 121.
244 Ebd.
245 Ebd., S. 122.
246 Ebd.

gend-befreienden Fürsorge mitzuerschließen. Das entschlossene Dasein kann zum ›Gewissen‹ der Anderen werden. Aus dem eigentlichen Selbstsein der Ent-schlossenheit entspringt allererst das eigentliche Miteinander, nicht aber aus den zweideutigen und eifersüchtigen Verabredungen und den redseligen Verbrüde-rungen im Man und dem, was man unternehmen will.«[247] Die zwei entschei-denden Behauptungen in diesem Zitat wollen wir näher in den Blick nehmen: zum einen die These, dass die Entschlossenheit beziehungsweise die Eigentlich-keit des Daseins allererst die *Möglichkeit* einer vorausspringend-befreienden Für-sorge eröffnet; zum anderen die Bemerkung, das entschlossene Dasein könne zum ›Gewissen‹ der Anderen werden.

Die Entschlossenheit zu sich selbst versteht Heidegger, kantisch gesprochen, als die Bedingung der Möglichkeit einer vorspringend-befreienden Fürsorge. Nur ein eigentlich existierendes Dasein, das sich selbst vom Gerede des Man hinrei-chend distanziert hat, kann sich einer Bevormundung des Mitdaseins und damit der einspringend-beherrschenden Fürsorge enthalten. Ein Man-selbst hingegen ist gar nicht dazu in der Lage, das Mitdasein bei der Entdeckung und Ergrei-fung seines eigensten Seinkönnens zu unterstützen, da es die dafür notwendige Distanznahme vom Man noch nicht einmal selbst erreicht hat. Die eigentliche Existenzweise ist die notwendige Bedingung einer vorausspringend-befreienden Fürsorge. Sie ist jedoch *nicht* die hinreichende Bedingung. Heidegger selbst spricht in dem angeführten Zitat mit guten Gründen nur davon, dass die Ent-schlossenheit die *Möglichkeit* der vorausspringend-befreienden Fürsorge eröffnet. Die vorausspringend-befreiende Fürsorge ist jedoch nicht selbst ein konstitutives Merkmal der Entschlossenheit. Der Grund dafür ist, dass der Ruf des Gewissens bei Heidegger in einem puren Selbstaufruf zur Eigentlichkeit aufgeht, wobei die einzige formale Forderung in dieser Eigentlichkeit selbst besteht. Inhaltlich aber kann der Entwurf eines eigentlichen Daseins *a priori* völlig beliebig ausfallen. Zu der Radikalität von Heideggers Formalismus des jemeinigen Selbst gehört eben dies, dass der Selbstaufruf zur Eigentlichkeit es völlig unbestimmt lässt, worin diese Eigentlichkeit inhaltlich besteht. Die inhaltliche Offenheit geht so weit, dass die Eigentlichkeit noch nicht einmal zu einer vorausspringend-befreienden Für-sorge zu verbinden vermag. Die Entschlossenheit eröffnet die Möglichkeit einer vorausspringend-befreienden Fürsorge, die das eigentliche Dasein ergreifen kann oder aber auch nicht. Nichts im Gewissensruf verbindet es dazu.[248]

---

247 Ebd., S. 298.
248 Dass es sich hierbei lediglich um eine *Möglichkeit* handelt, hebt Stähler zu Recht hervor. Vgl. Stähler, Tanja: »Heideggers Phänomenologie des Gewissensrufs«, in: *Phänomenologische Forschungen* 2009, S. 95–120, hier S. 114 f. Auch Werner Marx, der in freier Anlehnung an Heideg-ger einen Ansatz zu einer »nichtmetaphysischen Ethik« zu entwickeln sucht, geht in diesem Punkte nicht über Heidegger hinaus. Marx vertritt die Auffassung, dass die Erfahrung mit dem

Wenn Heidegger davon spricht, dass das entschlossene Dasein zum ›Gewissen‹ der anderen werden *kann*, so ist auch hier nur von einer Möglichkeit die Rede. Wie aber kann dieser merkwürdige, von Heidegger selbst in Anführungszeichen gesetzte Ausdruck verstanden werden? Inwiefern ist es möglich, dass das entschlossene Dasein zum ›Gewissen‹ der anderen wird, wenn doch das Gewissen gerade der je aus mir über mich kommende Ruf ist? Heidegger hat hier offenbar etwas im Blick, das wir abermals durch eine Analogie zu Kant verdeutlichen können: Das entschlossene Dasein kann seinem Mitdasein ein *Vorbild* der Eigentlichkeit sein, deren Möglichkeit es infolge dieses Vorbildes in sich selbst *deutlicher* zu entdecken vermag als im einsamen Gewissensruf. Worin genau liegt die Analogie zu Kant?

Im zweiten Stück der *Religionsschrift* interpretiert Kant Jesus Christus als Darstellung des Ideals moralischer Vollkommenheit. In diesem Zusammenhang wird deutlich, wie weit die Vorbildfunktion anderer Menschen reichen kann. Kant formuliert:»Es *bedarf also keines Beispiels* der Erfahrung, um die Idee eines Gott moralisch wohlgefälligen Menschen für uns zum Vorbilde zu machen; *sie liegt als ein solches schon in unserer Vernunft.*«[249] Empirische Beispiele moralisch vorbildlicher Personen haben nicht die Funktion, die Idee des moralisch Gebotenen dem Inhalt und der Geltung nach zugänglich zu machen, aber sie haben andere wichtige Funktionen. Erstens setzen sie die »Thunlichkeit dessen, was das Gesetz gebietet, außer Zweifel«[250]. Zweitens vermögen sie dem Menschen anschaulich vor Augen zu führen, welche konkrete Gestalt eine moralisch vorbildliche Existenzweise annehmen könnte. Drittens »ist auch der einige und große Nutzen der Beispiele: daß sie die Urtheilskraft schärfen«[251]. Kant betont dabei jedoch ausdrücklich, dass »Nachahmung [...] im Sittlichen gar nicht statt[findet]«[252]. Es geht nicht um imitierende Nachahmung des konkreten Verhaltens eines anderen, sondern es geht um eine »Nachfolge«, in der der Nachfolgende »aus

jemeinigen Sterblichsein eine Verwandlung des Menschen hervorrufen kann, in der die Gleichgültigkeit gegenüber anderen sich in ein Mit-leiden-Können mit ihnen umkehrt, das ihm nach jener Verwandlung als Maß seines Verhaltens dient. Auch Marx jedoch behauptet nur, »daß es diese Verwandlung geben kann, aber *nicht*, daß es sie geben muß«. Marx, Werner: *Ethos und Lebenswelt. Mitleidenkönnen als Maß.* Hamburg: Meiner 1986, S.33. Vgl. zuvor schon ders.: *Gibt es auf Erden ein Maß? Grundbestimmungen einer nichtmetaphysischen Ethik.* Hamburg: Meiner 1983. Auch Bimbenet nennt die Entschlossenheit »eine notwendige, aber nicht hinreichende Bedingung der Offenheit für den Anderen«. Bimbenet, Etienne: »Heidegger: L'ontologie d'un point de vue éthique«, a.a.O., S.154.

[249] RGV, AA 6: 62.29–31, Kursivierungen I.R.
[250] GMS, AA 4: 409.5.
[251] KrV, AA 3: 132.10–11.
[252] GMS, AA 4: 409.3–4.

denselben Quellen schöpf[t], woraus jener [Urheber, I. R.] selbst schöpfte«253, d. h. aus der fungierenden reinen praktischen Vernunft. Der moralisch vorbildliche Mitmensch hat also nach Kant wichtige *pädagogische*, nicht aber die Moralität begründende Funktionen.

Heidegger scheint diesen Sachverhalt in einer strukturanalogen Weise aufzufassen. Im »Faktum der Gewissensangst« wird das jemeinige Dasein auf sein eigenstes Seinkönnen zurückgeworfen, indem es sich selbst zu ihm aufruft. Der Ruf des Gewissens kommt *aus ihm selbst*. Begegnet es jedoch einem entschlossenen Mitdasein, so vermag diese Begegnung dazu zu führen, dass es seinen eigenen Gewissensruf deutlicher vernimmt. Weder bei Kant noch bei Heidegger kommt aber der Ruf ursprünglich aus dem Anderen. Die Begegnung mit dem Mitmenschen beziehungsweise dem Mitdasein hat lediglich zur Folge, dass die *je in mir* fungierende Stimme der reinen praktischen Vernunft beziehungsweise des sich ängstigenden Daseins *deutlicher vernehmbar* wird. Die Vorbildhaftigkeit bezieht sich bei Heidegger jedoch ausschließlich auf die bloße Form der Eigentlichkeit und auf nichts weiter.

Diese beiden Aspekte aber, die Eröffnung der Möglichkeit einer vorausspringend-befreienden Fürsorge in der Erschlossenheit sowie die mögliche Vorbildhaftigkeit eines entschlossenen Daseins, führen zu keinerlei konstitutiver Einschränkung des jemeinigen eigentlichen Existenzentwurfes, der als solcher prinzipiell beliebig ausfallen kann. Die Ethik, für die Heideggers Formalismus des jemeinigen Selbst die existenzialen Bedingungen der Möglichkeit entwickelt, scheint eine *Ethik der jemeinigen eigentlichen Existenz* zu sein, die keinerlei notwendige, noch nicht einmal formale Einschränkungen für das Verhalten zu Anderen impliziert. Heidegger scheint den Formalismus des jemeinigen Selbst in *Sein und Zeit* so weit radikalisiert zu haben, dass das Mitsein eigentlich existierender Daseine zwar eine zufällige Konvergenz einiger Entwürfe zur Folge haben kann, jedoch prinzipiell ebenso in eine fundamentale Heterogenität jemeinig eigentlicher Entwürfe zu münden vermag, die in sämtlichen Aspekten miteinander kollidieren. Heideggers Ausarbeitungen der existenzialen Grundlagen einer möglichen Ethik scheinen auf den Gedanken eines eigentlichen Miteinanders zu führen, in dem prinzipiell *radikal verschiedene eigentliche Entwürfe* grundlegend miteinander kollidieren können und eine *fundamentale Dispersion* des ethischen Feldes nach sich ziehen.

Diese Implikationen von Heideggers radikalisiertem Formalismus des jemeinigen Selbst stehen jedoch in einer aporetischen Spannung zu einer Reihe von Bemerkungen in *Sein und Zeit*, in denen Heidegger andeutet, dass ein eigentliches Miteinander in dem Verfolgen einer *gemeinsamen Sache* bestehe. So heißt es etwa

---

253 KU, AA 5: 283.23,26–27. S. 377.

bereits im § 26: »Umgekehrt ist das gemeinsame Sicheinsetzen für dieselbe Sache aus dem je eigens ergriffenen Dasein bestimmt. Diese *eigentliche* Verbundenheit ermöglicht erst die rechte Sachlichkeit, die den Anderen in seiner Freiheit für ihn selbst freigibt.«[254] Am deutlichsten kommt dieser Gedanke im § 74 zum Ausdruck, wo Heidegger im Rahmen der Erörterung der Geschichtlichkeit des Daseins das Schicksal des einzelnen Daseins mit dem Geschick des Volkes in Verbindung bringt. Das »*Schicksal*[...]« definiert Heidegger als »das in der eigentlichen Entschlossenheit liegende ursprüngliche Geschehen des Daseins, in dem es sich frei für den Tod ihm selbst in einer ererbten, aber gleichwohl gewählten Möglichkeit *überliefert*«.[255] Im existenzialen Sinne hat das Dasein ein Schicksal, wenn es aus den in seiner Faktizität liegenden Möglichkeiten *selbst* wählt. Dieses schicksalhaft existierende, eigentliche Dasein werde »für die Zufälle der erschlossenen Situation hellsichtig«[256]. Die wenigen, nicht mehr als eine halbe Seite füllenden Ausführungen über das Geschick aber lassen eine Auffassung des eigentlichen Miteinanders aufscheinen, die im Kontext der Gewissensphänomenologie und des Seins zum Tode zunächst rätselhaft bleibt. Heidegger formuliert: »Wenn aber das schicksalhafte Dasein als In-der-Welt-sein wesenhaft im Mitsein mit Anderen existiert, ist sein Geschehen ein Mitgeschehen und bestimmt als *Geschick*. Damit bezeichnen wir das Geschehen der Gemeinschaft, des Volkes. Das Geschick setzt sich nicht aus einzelnen Schicksalen zusammen, so wenig als das Miteinandersein als ein Zusammenvorkommen mehrerer Subjekte begriffen werden kann. Im Miteinandersein in derselben Welt und in der Entschlossenheit für bestimmte Möglichkeiten sind die Schicksale im vorhinein schon geleitet. In der Mitteilung und im Kampf wird die Macht des Geschickes erst frei. Das schicksalhafte Geschick des Daseins in und mit seiner ›Generation‹ macht das volle, eigentliche Geschehen des Daseins aus.«[257] Die eigentlich existierenden Daseine existieren nach Heidegger im schicksalhaften Geschick so miteinander, dass ihre jemeinigen Entwürfe gleichsam *konvergieren* und sich in einem gemeinsamen Geschick auf eine gemeinsame Sache richten. Angesichts der Tatsache, dass Heidegger in der gesamten vorangehenden Konzeption der Eigentlichkeit nicht müde wird zu betonen, dass das Vorlaufen in den jemeinigen Tod[258] das Dasein völlig vereinzelt und das Gewissen ihm vorgibt, diejenige Existenzmög-

---

254 Heidegger, Martin: *Sein und Zeit*, a.a.O., S.122.
255 Ebd., S.384.
256 Ebd.
257 Ebd., S.385.
258 Dass es aus Heideggers eigener Sicht gerade kein *gemeinsames* Vorlaufen in den Tod geben kann, betont Frede. Vgl. Frede, Dorothea: *Heideggers Tragödie – Bemerkungen zur Bedeutung seiner Philosophie*. Joachim Jungius-Gesellschaft der Wissenschaften. Göttingen: Vandenhoeck und Ruprecht 1999, S.29.

lichkeit zu ergreifen, die es unabhängig von allen Vorgaben durch andere, für seine eigene hält, muss die im Zusammenhang des Geschicks behauptete Konvergenz der eigentlichen Entwürfe rätselhaft erscheinen. Wie kann Heidegger der Auffassung sein, dass die Entwürfe der einzelnen, eigentlich existierenden Daseine in einem einzigen, gemeinsamen Geschick konvergieren? Macht sich hier nicht eine fundamentale Aporie bemerkbar, die die Konzeption von *Sein und Zeit* nicht zu überwinden vermag?[259]

Heidegger selbst scheint hier deshalb keine Aporie aufkommen zu sehen, weil er seine Neuformulierung der kantischen Konzeption im Rahmen eines radikalisierten Formalismus des jemeinigen Selbst offenbar mit dem aristotelischen Gedanken der *phronesis* zu verknüpfen sucht. An einer viel zitierten Stelle aus der *Sophistes*-Vorlesung von 1924/25 hatte Heidegger die aristotelische *phronesis* als Gewissen bezeichnet,[260] und diese Referenz scheint für ihn auch in *Sein und Zeit* noch maßgeblich zu sein. Aristoteles parallelisiert die *phronesis* mit der *aisthesis*, weil sie im Praktischen in vergleichbarer Weise auf das Einzelne gehe wie die Wahrnehmung im Theoretischen.[261] So wie ich sehe, dass dies ein Baum ist, ›sieht‹ der *phronimos*, was in dieser Situation das zu Tuende ist. Heidegger aber scheint an diesen aristotelischen Gedanken anzuknüpfen, wenn er die oben zitierte These formuliert, das den Gewissensruf annehmende, eigentlich und schicksalhaft existierende Dasein werde für die Zufälle der erschlossenen Situation »hellsichtig«. Der *phronimos* und das eigentliche Dasein *sehen* schlichtweg, was zu tun ist. Wenn aber mehrere Daseine sich in eine Haltung der Eigentlichkeit gebracht haben, dann sind sie gemeinsam hellsichtig für das, was in einer Situation zu tun ist. Diese Anknüpfung an die aristotelische *phronesis* macht besonders deutlich, dass und inwiefern Heidegger in der Tat keinen Dezisionismus vertritt,[262] denn das eigentlich existierende Dasein entscheidet nicht willkürlich über einen Entwurf, sondern sieht, einer Wahrnehmung vergleichbar, was eigentlich zu tun ist. Von einem »moralischen Situationismus« bei Heidegger

---

[259] Es ist Nancy, der bei eben diesem Problem angesetzt hat, um Heideggers Ansatz des Mitseins zu einer »pluralen Singularität« auszuarbeiten, die das ›Volk‹ nicht kurzerhand zu einem Individuum erklärt. Nancy, Jean-Luc: »Heidegger's ›Originary Ethics‹«, in: Raffoul, François/Pettigrew, David (Hg.): *Heidegger and Practical Philosophy*. New York: State University of New York Press 2002, S. 65–85, hier S. 83. Sowie ders.: *Être singulier pluriel*. Paris: Galilée 1996 (dt. *Singulär plural sein*. Zürich: Diaphanes ²2004).

[260] Vgl. Heidegger, Martin: *Platon: Sophistes*, hg. von Ingeborg Schüßler. Frankfurt am Main: Klostermann 1992 (= Gesamtausgabe. Bd. 19), S. 56.

[261] Vgl. Aristoteles, *Nikomachische Ethik*, a. a. O., S. 255 (1142b).

[262] Dass Heidegger nicht als Dezisionist verstanden werden kann, hat bereits Sitter gezeigt. Vgl. Sitter, Beat: »Zur Möglichkeit dezisionistischer Auslegung von Heideggers ersten Schriften«, in: *Zeitschrift für philosophische Forschung* 24 (1970) 4, S. 516–535.

lässt sich aber durchaus sprechen:[263] Die »Gewissheit des Entschlusses bedeutet: *Sichfreihalten* für seine mögliche und je faktisch notwendige *Zurücknahme*«, so wie »die φρόνησις jedesmal neu ist«.[264]

Es lässt sich jedoch bezweifeln, ob jener Kant umarbeitende radikalisierte Formalismus des jemeinigen Selbst tatsächlich in dieser Weise mit dem aristotelischen Gedanken der *phronesis* verknüpft werden kann.[265] Denn weshalb sollte die radikale und jemeinige Eigentlichkeit des Entwurfes dazu führen, dass die derart existenzial vereinzelten Daseine das Selbe als das zu Tuende erfassen? Weshalb sollte jene rätselhafte Konvergenz der eigentlichen Entwürfe, von der Heidegger im Begriff des Geschickes ausgeht, entstehen? Sie könnte vielleicht zufällig einmal entstehen, aber eine zwangsläufige Konvergenz scheint sich aus Heideggers eigener Konzeption heraus kaum begründen zu lassen. Es besteht aus diesem Grunde eine fundamentale Spannung in *Sein und Zeit*, die sich zu dem zuspitzt, was wir eine *Aporie des Mitseins* genannt haben: Auf der einen Seite scheint Heideggers radikalisierter Formalismus des jemeinigen Selbst die existenziale Grundlage für eine *Dispersion des ethischen Feldes in divergierende und auch kollidierende eigentliche Entwürfe* zu bedeuten, auf der anderen Seite behauptet er jedoch eine *Konvergenz der eigentlichen Entwürfe in dem Erstreben einer gemeinsamen Sache*. Dass zwischen diesen beiden Tendenzen des Hauptwerkes aber eine aporetische Spannung besteht, ist in den Auseinandersetzungen mit *Sein und Zeit* seit jeher durchaus gesehen worden. Während Heidegger selbst,

---

[263] Ricœur kritisiert Heideggers »moralischen Situationismus« und stellt ihm seinerseits eine grundlegend aristotelische Auffassung der Ethik entgegen, innerhalb derer der Gewissensruf dazu aufrufe, »*gut zu leben, mit den Anderen und für sie in gerechten Institutionen und sich selbst als Träger dieses Gelöbnisses zu schätzen*«. Ricœur, Paul: *Soi-même comme un autre*, a.a.O., S. 406 (dt. 423). Ricœur rekurriert zwar ebenfalls auf die aristotelische *phronesis*, jedoch so, dass sie *erst am Ende* eines kritischen Durchgangs zum Einsatz kommt. Seine Kritik an Heideggers ›moralischem Situationismus‹ kann damit durchaus im Rahmen seiner Kritik an Heideggers *voie courte* zum Sein verstanden werden. In der Ethik ist der lange, kritische Umweg über Regeln und Institutionen für ihn ebenso bedeutsam wie die *voie longue* über die Interpretationen, die Ricœurs hermeneutische Phänomenologie zu einer kritisch-hermeneutischen Phänomenologie macht. Vgl. dazu von der Verf.: *Das Zeitdenken bei Husserl, Heidegger und Ricœur*, a.a.O., insbesondere Kapitel 4.1.

[264] Heidegger, Martin: *Sein und Zeit*, a.a.O., S. 307 f.; GA 19, S. 56.

[265] *Sein und Zeit* kann als ein Buch über Kant, aber auch als ein Buch über Aristoteles verstanden werden. Während wir Ersteres in den Mittelpunkt stellen, hat Christian Sommer Letzteres in den Vordergrund gehoben. Sommer, Christian: *Heidegger, Aristote, Luther. Les sources aristotéliciennes et néo-testamentaires d'Être et Temps*. Paris: PUF 2005. Vgl. zu den aristotelischen Quellen des frühen Heidegger auch: Yfantis, Dimitrios: *Die Auseinandersetzung des frühen Heidegger mit Aristoteles. Ihre Entstehung und Entfaltung sowie ihre Bedeutung für die Entwicklung der frühen Philosophie Martin Heideggers (1919–1927)*. Berlin: Duncker & Humblot 2009 (= Philosophische Schriften. Bd. 75). Zwischen beiden Tendenzen, der kantischen und der aristotelischen, scheint jedoch eine grundlegende Spannung in Heideggers Hauptwerk zu bestehen.

wie wir im folgenden Kapitel sehen werden, diese Spannung nach *Sein und Zeit* zugunsten eines metaphysischen Entwurfes des Menschen überhaupt und noch später zugunsten des sich epochal schickenden Seins aufgelöst hat, haben diverse Interpreten von *Sein und Zeit* versucht, an jene im Frühwerk dominierende Perspektive des radikalisierten Formalismus des jemeinigen Selbst und der damit verbundenen grundlegenden Verschiedenheit der Daseine anzuknüpfen. Sie wählen damit eine Richtung, die auf jeweils eigenständige und wesentlicher über Heidegger hinaus gehende Weise auch Sartre und Levinas verfolgt haben, wenn sie, nach unserer Lesart, den kantischen Formalismus zu vertiefen suchen. Einigen Versuchen dieser Art, Heidegger selbst zu verstehen, wollen wir uns zunächst kurz zuwenden, bevor wir Heideggers eigenen Denkweg in Bezug auf die Frage einer Ethik im nächsten Kapitel weiterverfolgen.

Ein Anknüpfungsweg jener Perspektive liegt in dem Versuch, im Gewissensruf selbst eine Form der *Alterität* auszumachen, die den vermeintlich solipsistischen Selbstaufruf zur Eigentlichkeit von vornherein mit einer Fremdheit verbindet. Während Heidegger selbst im Zusammenhang der Angst von einem »existenzialen ›Solipsismus‹«[266] spricht, suchen diese Interpreten nach Spuren der Alterität, durch die dieser existenziale ›Solipsismus‹ bei Heidegger, ob intendiert oder gleichsam *malgré soi*, von vornherein bereits unterwandert wird. Einer der prominentesten Versuche dieser Art ist derjenige von Jacques Derrida in seinem 1994 veröffentlichten Werk *Politiques de l'amitié*. Derrida sucht dort eine Bemerkung Heideggers aus dem § 34 von *Sein und Zeit*, der die Rede und die Sprache behandelt, mit den Ausführungen über das Gewissen aus den §§ 54–60 zu verknüpfen. In § 34 formuliert Heidegger: »Das Hören konstituiert sogar die primäre und eigentliche Offenheit des Daseins für sein eigenstes Seinkönnen, als Hören der Stimme des Freundes, den jedes Dasein bei sich trägt.«[267] Derrida deutet diese »Stimme des Freundes« als die »*Stimme des Anderen als des Freundes* (la *voix de l'autre en tant qu'ami*)« und interpretiert diese wiederum als die *Bedingung meines eigensten Seinkönnens*.[268] Dies ist eine für Derridas eigenes Anliegen höchst fruchtbare und sachlich vielversprechende Deutung, die es ihm erlaubt, im Unterschied zu seinem früheren Phonozentrismusvorwurf gegen-

---

266 Heidegger, Martin: *Sein und Zeit*, a.a.O., S.188.
267 Ebd., S.163.
268 Vgl. Derrida, Jacques: »L'oreille de Heidegger, Philopolémologie (*Geschlecht IV*)«, in: ders.: *Politiques de l'amitié*. Paris: Galilée 1994, S.343–419, hier S.356 (dt.: »Heideggers Ohr. Philopolemologie (Geschlecht IV)«, in: ders.: *Politik der Freundschaft*. Frankfurt am Main: Suhrkamp 2000, S.411–492, hier S.428, Einfügung des Originals I.R.). Vgl. zu dieser Passage aus *Sein und Zeit* auch Aurenque, Diana: *Ethosdenken. Auf der Spur einer ethischen Fragestellung in der Philosophie Martin Heideggers*. Freiburg/München: Alber 2011 (= Alber-Reihe Thesen. Bd. 44), S.323 f. Aurenque versteht die Fremdheit der Stimme des Gewissens als die Stimme des Freundes, durch die eine echte Öffentlichkeit diesseits des Man eröffnet würde.

über der Gewissensphänomenologie nun positiv an Heidegger anzuknüpfen.[269] Als Auslegung von Heideggers Gewissensphänomenologie jedoch erscheint sie problematisch. Zum einen schreibt diese Auslegung einer beiläufigen Bemerkung, die in *Sein und Zeit* an einer ganz anderen Stelle – nämlich im Kontext der Auslegung der Mitteilung – steht, eine fundamentale Bedeutung für die Gewissensanalyse zu, obgleich in dieser selbst in den §§ 54–60 von der »Stimme des Freundes« überhaupt nicht die Rede ist. Zum anderen schreibt sie jener »Stimme des Freundes, den jedes Dasein bei sich trägt«, eine Alterität zu, von der keineswegs eindeutig behauptet werden kann, dass Heidegger sie ihr an jener entlegenen Stelle tatsächlich zuschreibt. Da Heidegger nicht erläutert, was er mit der »Stimme des Freundes« meint, bleibt es unsicher, ob Heidegger diesen »Freund« im Dasein überhaupt von dem in der *Grundprobleme*-Vorlesung und im *Kantbuch* erwähnten »Helden in seiner Seele«,[270] dem ursprünglichen und potentiell eigentlichen Selbst, fundamental unterscheiden will. Es scheint vielmehr so zu sein, dass die Stimme des Gewissens, in der das Dasein sich selbst anruft, Heidegger zufolge allein deshalb als eine fremde Stimme erfahren wird, weil sie dem alltäglichen Man-selbst unvertraut ist. Ihre Fremdheit ist damit auf ein durch eine Selbstspaltung erzeugtes Sich-selbst-Fremdwerden zurückzuführen, nicht aber auf die Alterität eines Anderen (als des Freundes) im Selbst.[271]

Während Derrida im Gewissen eine an die Stimme des Anderen als des Freundes gebundene Alterität ausmacht, sieht Françoise Dastur im Gewissensruf eine Alterität, die auf die *Faktizität* des Daseins zurückzuführen sei. Ihr zufolge ist die von Heidegger angezeigte Fremdheit des Rufes die Fremdheit der Faktizität

---

[269] Vgl. zur diesbezüglichen Wandlung in Derridas Auslegung von Heidegger Eggers, Michael: *Texte, die alles sagen. Erzählende Literatur des 18. und 19. Jahrhunderts und Theorien der Stimme*. Würzburg: Königshausen & Neumann 2003, S. 163: »Wurde das Gewissen in der *Grammatologie* noch als ein phonozentrisches Zentralsignifikat diskreditiert, so wird es hier [in *Politik der Freundschaft*, I. R.] in Verbindung mit der Stimme des Freundes aufgewertet.«

[270] GA 3, S. 159; GA 24, S. 192.

[271] Schalow sucht der Stimme des Gewissens eine Alterität zuzuschreiben, indem er Stimme, Stimmung und Anspruch des Anderen miteinander verbindet: »Through conscience Dasein not only heeds its appeal to be itself but, because this plea is always the voice [*Stimme*] of care, each of us also experiences the attunement [*Stimmung*] that echoes the claim [*Anspruch*] of the other. While Levinas criticizes Heidegger for neglecting the ›face‹ of the other, the latter's reply to this omission lies in maintaining the priority of the other's voice. In this regard, *the voice of alterity reverberates in Dasein's responsibility as a mode of responsiveness.*« Schalow, Frank: »Freedom, finitude, and the practical self: the other side of Heidegger's appropriation of Kant«, in: Raffoul, François/Pettigrew, David (Hg.): *Heidegger and Practical Philosophy*. New York: State University of New York Press 2002, S. 29–41, hier S. 38. Weshalb jedoch die Stimme der Sorge eines einzelnen Daseins zu einer Stimmung führen soll, in der der Anspruch des Anderen »widerhallt«, und weshalb dies sogar auf eine Priorität der Stimme des Anderen führen soll, bleibt bei Schalow unbegründet und scheint sich für Heidegger auch tatsächlich nicht nachweisen zu lassen.

des Daseins selbst. Dieser Gedanke führt sie zu folgender Auffassung: »*It follows that facticity itself gives rise to the superiority of the call (which inscribes alterity in the very heart of the self), and which thus makes every autonomy at the same time a heteronomy.*«[272] Die mit der Faktizität tatsächlich verbundene Alterität scheint sich allerdings nicht im Sinne einer Alterität des Gewissensrufes auslegen zu lassen, da in Heideggers Konzeption zwei Momente voneinander zu trennen sind. Die Faktizität ist die Bedingung der Möglichkeit der Unheimlichkeit und der Angst und damit auch des Gewissensrufes. Als Bedingung für den Ruf ist die Faktizität jedoch nicht selbst das Moment, von dem der Ruf ausgeht. Im Gewissensruf wird das in seiner Faktizität existierende Dasein nicht von etwas *Anderem als es selbst aufgerufen*, sondern in der Unheimlichkeit *ruft sich* das sich ängstigende Dasein *selbst an* und zum eigensten Seinkönnen auf. Der Ruf kommt nicht aus dem, in das das Dasein in seiner Faktizität geworfen ist, sondern er kommt aus dem sich in seiner Geworfenheit ängstigenden Dasein selbst.

Auf eine andere Weise knüpft Steven Crowell an Heideggers Gewissensphänomenologie aus *Sein und Zeit* an. In seinem, aus einer Vorlesungsreihe zum Thema »Vernunft bei Heidegger« hervorgegangenen Buch *Normativity and Phenomenology in Husserl and Heidegger* legt Crowell den Ruf des Gewissens als Bedingung der Möglichkeit eines Eintritts in die »Tiefendimension der Vernunft«[273] aus. Während sich das Man-selbst seine Zwecke vom Man vorgeben lässt und sich derart in einem Raum bloß instrumenteller Vernunft bewegt, vermag der Gewissensruf denjenigen Raum der Gründe zu eröffnen, in dem sich das Dasein auch noch seine Zwecke selbst zueignet. Der Ruf des Gewissens ist für Crowell das selbst nicht rational begründbare Stiftungsereignis einer »tiefen« (Kant würde sagen »reinen«), nicht mehr bloß instrumentellen Vernunft sowie einer schlechthin selbstverantwortlichen Begründungspraxis. Diese durch Korsgaards Kantianismus und durch die Pittsburgh School von Sellars, McDowell und Brandom inspirierte Interpretation der Heidegger'schen Gewissensphänomenologie hat bei Crowell auch entscheidende Konsequenzen für die Auffassung des Mitseins. Wenn das Dasein immer schon Mitsein ist, bedeute das Übernehmen der Verantwortung für seine eigenen Gründe zugleich immer schon, dass es den

---

[272] Dastur, Françoise: »The call of conscience. The most intimate alterity«, in: Raffoul, François/Pettigrew, David (Hg.): *Heidegger and Practical Philosophy*. New York: State University of New York Press 2002, S. 87–97, hier S. 93 f.

[273] Crowell, Steven: *Normativity and Phenomenology in Husserl and Heidegger*, a. a. O., S. 197. Vgl. für unseren Zusammenhang den gesamten dritten Teil des Buches: »Heidegger, care, and reason«. Mit Crowells Buch habe ich mich ausführlicher in einer Rezension befasst. Vgl. von der Verf.: »Steven Crowell: Normativity and Phenomenology in Husserl and Heidegger«, in: *Husserl Studies* 30 (2014), S. 283–291.

Anspruch erheben muss, diese Gründe anderen gegenüber auch verteidigen zu können.[274] Da Dasein Mitsein ist, heiße das Verantwortlichsein für seine eigenen Gründe auch, anderen eine Rechenschaft schuldig zu sein, mit ihnen zu sprechen und in eine Kommunikation über die eigenen Gründe einzutreten. Crowell schließt sich hier sachlich einem Argument an, das Korsgaard unter Rückgriff auf Wittgensteins Privatsprachenargument entwickelt:[275] Gründe haben als Gründe *per definitionem* einen öffentlichen Charakter und müssen als solche mit einem Anspruch auf Universalität und Normativität einhergehen. Sobald sich ein jemeiniges Dasein in seinem selbstverantwortlichen Entwurf ein Maß und damit Gründe gebe, müsse es diese Gründe als universal auffassen, denn anderenfalls beginge es einen performativen Widerspruch; weil es aber existenzial Mitsein ist, muss es diese Gründe den anderen gegenüber als wahrhafte Gründe auch tatsächlich verteidigen können. Aus der Stiftung eines Begründungsmaßes in der Eigentlichkeit, der definitorischen Öffentlichkeit der Gründe und dem Mitsein des Daseins folgert Crowell, dass der Ruf des Gewissens letztlich zu einer *Praxis des Gründegebens und -nehmens* aufrufe, in der die Tiefendimension der Vernunft erschlossen werde. Crowell geht es darum, im Ausgang von Heideggers Gewissensphänomenologie eine aus seiner Sicht von Heidegger vernachlässigte, konzeptuell aber nicht ausgeschlossene, sogar notwendige Ebene eines eigentlichen Diskurses zwischen dem Gerede des Man und dem jemeinigen eigentlichen Schweigen zu denken.[276] Er ist sich der Unorthodoxie seiner Interpretation

---

274 Ein ähnlicher Gedanke findet sich bei Nancy: »Unquestionably, Heideggerian ethics is far from stressing ›Being-the-there-with-others,‹ which is nevertheless essentially co-implicated in ek-sistence according to *Being and Time*. That sense is or makes sense only in the sharing that finitude also *is* essentially, this is what is, at least, not emphasized, which is no doubt also the reason it will have been possible to treat a ›people,‹ without further ado, as an individual.« Nancy entwickelt diesen Gedanken allerdings im Unterschied zu Crowell nicht vom singulären jemeinigen Dasein aus, sondern von dem bei Heidegger selbst erst später aufkommenden Gedanken eines Ereignisses des Seins aus: »To be rigorous the analysis would need to proceed as far as plural singularity as a condition of ek-sistence. This singularity is not that of the ›individual‹ but that of each event of Being in ›the same‹ individual and ›the same‹ group.« Nancy, Jean-Luc: »Heidegger's Originary Ethics«, a. a. O., S. 83. Diese Perspektive entwickelt Nancy selbst in seinem Hauptwerk *Être singulier pluriel*.

275 Vgl. Korsgaard, Christine M.: *The Sources of Normativity*, a. a. O., S. 136–138. Crowells Ansatz versteht sich als eine phänomenologische Vertiefung der Ethikbegründung von Korsgaard: Aus Crowells Sicht genügt das bloße Selbstbewusstsein nicht, um zu jener tiefen Dimension der Vernunft vorzudringen, sondern es braucht vielmehr den im Rahmen der Angst aufkommenden, existenzialen und aus dem Man herausrufenden Gewissensruf.

276 Inspiriert von Karl-Otto Apel vermisst Tietz genau diese Ebene bei Heidegger: »Die einzigartige existenzielle Einsamkeit kann er [d. i. Heidegger] nur zu einer solipsistisch-transzendentalen Einsamkeitsgemeinschaft universalisieren, nicht jedoch in einer intersubjektiv geteilten Wir-Welt aufheben. Denn das ›Man‹ ist das Wir.« Tietz, Udo: *Heidegger*. Stuttgart: Reclam 2013, S. 99 f.

durchaus bewusst, denn »what«, so fragt er unter Vorwegnahme antizipierter Einwände, »is more anathema to Heidegger than reason-giving?«[277] Seine These ist jedoch, dass Heidegger, sollte er sich auch selbst nicht im Sinne dieser Neubegründung einer tiefen, nicht instrumentellen praktischen Vernunft verstanden haben, sich doch so hätte verstehen *müssen*, wenn er konsequent gewesen wäre. Unserer Auslegung zufolge scheint Heideggers radikaler Formalismus des jemeinigen Selbst in *Sein und Zeit* jedoch in der Tat auf eine inhaltlich so unbestimmte Auffassung der Eigentlichkeit zu führen, dass die Auslegung, es handle sich um einen Aufruf zum Eintritt in die Tiefendimension der Vernunft und des verantwortlichen Begründens überhaupt, schon zu spezifisch anmutet. In der kantischen Achtung wird das Selbst auf sich selbst als reine praktische Vernunft zurückgeworfen, aber in der Angst und im Gewissensruf wird das Selbst schlichtweg auf sich selbst zurückgeworfen, wobei es ganz und gar unbestimmt bleibt, worin dieses eigentliche Selbst besteht. In einer eigentlichen Übernahme des Gewissensrufes könnte es einen Entwurf der Vernunft im Crowell'schen Sinne vollziehen, es könnte aber auch etwas ganz anderes tun und sich für die Praxis des argumentativen Austauschs von Gründen schlechthin nicht interessieren. Heidegger scheint Kants Formalismus gerade derart zu radikalisieren, dass anstelle der reinen praktischen Vernunft eine völlige Unbestimmtheit entdeckt wird und diese Unbestimmtheit auch zur Folge hat, dass es ganz und gar offen bleibt, welches Verhältnis das eigentliche Dasein zu seinem Mitdasein einnimmt. Crowells »kantianisierende« Interpretation von *Sein und Zeit* ist wohl eher eine Weiterführung als eine Auslegung Heideggers; als eine solche Weiterführung findet sie jedoch für die bei Heidegger auftauchende Aporie des Mitseins insofern eine Lösung, die an Heideggers Einsicht in die Verschiedenheit der Daseine anknüpft, als sie das Mitsein der je eigentlich existierenden Daseine über den Begriff eines geteilten Raums des Sinnes und der Gründe verständlich zu machen sucht.[278]

---

[277] Crowell, Steven: *Normativity and Phenomenology in Husserl and Heidegger*, a.a.O., S.214. Man denke nur an Stellen wie die folgende aus der Kant-Vorlesung von 1935/36, in der Heidegger Kants Vernunftbegriff kritisch der »Herrschaft« des neuzeitlichen mathematischen Denkens zuweist: »Das Entscheidende ist aber, daß inzwischen durch die Entfaltung und Selbstklärung des neuzeitlichen Denkens als des mathematischen der Anspruch der reinen Vernunft die Herrschaft übernommen hat.« Heidegger, Martin: *Die Frage nach dem Ding. Zu Kants Lehre von den transzendentalen Grundsätzen*, hg. von Petra Jaeger. Frankfurt am Main: Klostermann 1984 (= Gesamtausgabe. Bd. 41), S.119.

[278] Irene McMullin, eine Schülerin von Steven Crowell, sucht Heideggers Ansatz auf eine ähnliche Weise weiterzuentwickeln und gelangt auch zu einer ähnlichen Lösung für jene Aporie. Sie sieht in *Sein und Zeit* die Konzeption einer von den individuellen Daseinen konstituierten Weltzeit impliziert, in der die Begegnungen der einzelnen Dasein miteinander, in denen sie ihre je eigenen ursprünglichen Zeitlichkeiten in einen geteilten Raum des Sinnes ›aussprechen‹, konstitutiv für den Begriff der Weltzeit seien. Von dieser Priorisierung der intersubjektiven Begegnungen gelangt sie zu der Auffassung, »that *Mitsein* must be understood as responsiveness to

Heidegger selbst hat in *Sein und Zeit* wohl weder eine auf den Anderen oder die Faktizität gegründete Alterität des Gewissensrufes behauptet, noch eine durch den Gewissensruf bedingte Stiftung einer nicht instrumentellen Tiefendimension der Vernunft und einer damit verbundenen Praxis des Gründegebens und -nehmens vertreten. Er kommt in *Sein und Zeit* über die Aporie des Mitseins nicht hinaus, auf deren einer Seite sein radikalisierter Formalismus des jemeinigen Selbst als existenziale Grundlage für eine Dispersion des ethischen Feldes in divergierende und auch kollidierende eigentliche Entwürfe steht und auf deren anderer Seite sich seine Behauptung einer Konvergenz der eigentlichen Entwürfe in dem Erstreben einer gemeinsamen Sache findet. Die soeben skizzierten Anknüpfungen an und Weiterführungen von Heidegger aber können als Versuche verstanden werden, seinen radikalen Formalismus des jemeinigen Selbst und die damit verbundene Einsicht in die grundlegende Verschiedenheit der Daseine so aufzunehmen, dass die Verbindungen und auch die Verbindlichkeiten zwischen den so gefassten einzelnen Daseinen verständlich werden, ohne ihre jemeinigen Entwürfe kurzerhand in einem gemeinsamen Geschick und in der Ausrichtung auf eine gemeinsame Sache aufzulösen. Sie suchen auf unterschiedliche Weisen der konkreten Begegnung zwischen dem jemeinigem Dasein und einem anderen Mitdasein stärker Rechnung zu tragen, als Heidegger selbst dies in seiner Konzentration auf die Ausrichtung auf eine letztlich gemeinsame Sache getan hat. Es ist Karl Löwith, der wohl als erster in seiner unter Heidegger verfassten Habilitationsschrift von 1928 darauf aufmerksam gemacht hat, dass bei Heidegger die Ich-Du-Beziehung zwischen den verschiedenen Daseinen vernachlässigt bleibt zugunsten ihrer gemeinsamen Beziehung auf eine Sache.[279] Heidegger hat diese Kritik sehr wohl begriffen, reagiert jedoch abwehrend. In seinem Gutachten über Löwiths Habilitationsschrift kritisiert er »die an sich äußerst wertvolle Analyse des Miteinandersprechens […], in der neben der Betonung des Verhältnisses der Redenden zu einander über Gebühr das Verhältnis beider zu dem, *worüber* gesprochen wird, zurückgedrängt ist«.[280] Dass nicht die Begegnung zwischen grundlegend verschiedenen Daseinen, sondern ihr gemeinsamer

the particular temporal being of other Dasein«. McMullin, Irene: »Sharing the ›now‹: Heidegger and the temporal co-constitution of world«, in: *Continental Philosophy Review* 42 (2009), S. 201–220, hier S. 202. Irene McMullins Herangehensweise, das in *Sein und Zeit* herauszuarbeiten, »what […] Heidegger could have – perhaps *should* have [said, I. R.]« (ebenfalls S. 202) in Bezug auf intersubjektive Begegnungen, erlaubt es ihr, jene von uns so bezeichnete Aporie des Mitseins mithilfe von Husserl'schen Begriffen wie ›Konstitution‹ und ›Intersubjektivität‹ aufzulösen und so einen Weg anzuzeigen, den Heidegger in *Sein und Zeit* der Sache nach eröffnet, aber nicht selbst eingeschlagen hat. Vgl. auch ihre Monographie *Time and the Shared World. Heidegger on Social Relations*. Illinois: Northwestern University Press 2013.

279   Vgl. Löwith, Karl: *Das Individuum in der Rolle des Mitmenschen*, a. a. O.

280   Heidegger, Martin: »Das Individuum in der Rolle des Mitmenschen« (1928), in: Löwith,

Bezug auf ein Drittes für Heidegger das Wesentliche darstellt, wird hier auf pointierte Weise deutlich. In eben diese Richtung einer Konvergenz der Entwürfe auf ein gemeinsames Drittes hin aber hat Heidegger seine eigene Konzeption nach *Sein und Zeit* weiterentwickelt.

3.2.3 Metaphysik der Existenz und die Frage nach der Ethik

Nach *Sein und Zeit*, insbesondere jedoch in der kurzen Periode zwischen 1928 und 1930 verfolgt Heidegger das, was er in der 1928 gehaltenen Vorlesung *Metaphysische Anfangsgründe der Logik im Ausgang von Leibniz* eine »Metaphysik der Existenz« oder eine »Metaphysik des Daseins« nennt.[281] Diese wenigen Jahre stellen eine eigenständige Periode in Heideggers Denken dar,[282] die sich dadurch auszeichnet, dass Heidegger in ihr nach einer neuartigen Ausarbeitung der Metaphysik sucht. In diesem Zusammenhang wird Kant für ihn zunehmend zum herausragenden Vorbild, insofern es Kant um eine Erneuerung der Metaphysik auf der Grundlage einer kritischen Umwälzung der Philosophie gegangen sei.[283] Auch in dieser »metaphysische[n] Periode«[284] unternimmt Heidegger keineswegs eine eigenständige Auseinandersetzung mit ethischen Fragen. In der Vorlesung von 1928 jedoch lässt er eine nicht weiter erläuterte Bemerkung fallen, die einen Hinweis darauf gibt, wo er die Frage nach der Ethik verortet und welche Art von

Karl: *Mensch und Menschenwelt. Beiträge zur Anthropologie*, hg. von Klaus Stichweh. Stuttgart: J.B. Metzlersche Verlagsbuchhandlung 1981, S. 469–473, hier S. 473.

[281] Heidegger, Martin: *Metaphysische Anfangsgründe der Logik im Ausgang von Leibniz*, hg. von Klaus Held. Frankfurt am Main: Klostermann 1978 (= Gesamtausgabe. Bd. 26), S. 199, S. 175.

[282] Diese Periode wird in der Forschung erst seit kurzer Zeit als eine eigenständige Phase in Heideggers Denken behandelt. Vgl. insbesondere Jaran, François: *La Métaphysique du Dasein. Heidegger et la possibilité de la métaphysique (1927–1930)*, mit einem Vorwort von Jean Grondin. Bucarest: Zeta Books 2010, sowie Tengelyi, László: »Heideggers metontologische Grundlegung der Metaphysik«, in: ders.: *Welt und Unendlichkeit. Zum Problem phänomenologischer Metaphysik*. Freiburg/München: Alber 2014, S. 228–263. Vgl. etwa noch Crowell, der von Heideggers »metaphysical decade« von 1927 bis 1937 spricht. Crowell, Steven Galt: »Metaphysics, metontology, and the end of Being and Time«, in: *Philosophy and Phenomenological Research* LX (2000) 2, S. 307–331.

[283] Heidegger gehört damit zu denjenigen Denkern, die, wie unter anderen auch Heinz Heimsoeth und Max Wundt, Kant als einen Metaphysiker verstanden und sich damit von der im Neukantianismus dominierenden Konzentration auf eine erkenntnistheoretische Lesart abzugrenzen suchten. Vgl. Heimsoeth, Heinz: »Die metaphysischen Motive in der Ausbildung des kritischen Idealismus«, in: *Kant-Studien* 29 (1924), S. 121–159; Wundt, Max: *Kant als Metaphysiker. Ein Beitrag zur Geschichte der deutschen Philosophie im 18. Jahrhundert*. Stuttgart: Verlag von Ferdinand Enke 1924. Vgl. dazu Funke, Gerhard: »Die Diskussion um die metaphysische Kantinterpretation«, in: *Kant-Studien* 67 (1976), S. 409–424.

[284] Tengelyi, László: *Welt und Unendlichkeit*, a.a.O., S. 234.

Antwort er ihr zu geben sucht. Es heißt dort: »Metaphysik der Existenz (hier erst läßt sich die Frage der Ethik stellen).«[285] Was bedeutet diese Bemerkung? Welche Vorstellung einer Ethik verbirgt sich dahinter? Und wie hängt sie mit der Ausarbeitung der existenzialen Bedingungen der Möglichkeit einer Ethik überhaupt aus *Sein und Zeit* zusammen? Um diese Fragen zu erörtern, müssen wir zunächst weit ausholen und Heideggers Verständnis der Metaphysik in diesen Jahren einerseits und seine damit zusammenhängende Neuformulierung des kantischen Ansatzes andererseits herausarbeiten.

Im Anhang zur Vorlesung von 1928, in dem es um die »Idee und Funktion einer Fundamentalontologie« geht, erläutert Heidegger seinen Begriff von Metaphysik. Die Fundamentalontologie umfasse »1. Analytik des Daseins und 2. Analytik der Temporalität des Seins«[286]. Die Analytik der Temporalität des Seins aber impliziere eine »*Kehre*, in der die Ontologie selbst in die metaphysische Ontik, in der sie unausdrücklich immer steht, ausdrücklich zurückläuft«.[287] Der Vollzug dieser, in der Fundamentalontologie selbst angelegten Kehre aber bedeute einen »Umschlag in die Metontologie«[288]. »Fundamentalontologie und Metontologie in ihrer Einheit« aber »bilden den Begriff der Metaphysik«.[289] Was bedeutet es, dass Metaphysik die Einheit von Fundamentalontologie und Metontologie ist? Heidegger knüpft hier an den aristotelischen »Doppelbegriff von Philosophie«[290] als einerseits *prote philosophia*, die das Seiende als Seiendes behandle, und andererseits *theologike*, die das Seiende im Ganzen behandle, an. Die schon in *Sein und Zeit* behandelte Fundamentalontologie habe es mit dem Sein zu tun, während die an dieser Stelle neu eingeführte Metontologie, in die die Fundamentalontologie notwendigerweise zurückschlage, »das Seiende im Ganzen zum Thema«[291] mache. Was schwebt Heidegger bei dieser das Seiende im Ganzen zum Thema machenden Metontologie vor, von der in *Sein und Zeit* noch nicht die Rede war und die an die Stelle der aristotelischen *theologike* treten soll?

---

[285] GA 26, S. 199. Dass Heidegger den »ante-ethical tendencies« von *Sein und Zeit* in dieser Vorlesung nicht mehr folge, wie Geniusas meint, kann auf der Basis dieser Bemerkung kaum behauptet werden. Geniusas, Saulius: »The question of ethics in Heidegger's Being and Time«, a.a.O., S. 322–324. Heidegger sieht vielmehr auch 1928 noch in der Fundamentalontologie die Bedingungen der Möglichkeit für die Ausarbeitung einer Ethik, nur verortet er diese Ethik jetzt explizit in dem Bereich einer Metaphysik der Existenz, in die die Fundamentalontologie notwendigerweise umschlage.

[286] GA 26, S. 201.

[287] Ebd.

[288] Ebd.

[289] Ebd., S. 202.

[290] Ebd.

[291] Ebd., S. 199.

Das Seiende im Ganzen sei »das, worunter und woran wir geworfen, wovon wir benommen und überfallen sind, das Übermächtige«.[292] Dieses Übermächtige aber entspräche dem, was Heidegger selbst »Geworfenheit«[293] nennt. Eine Untersuchung des Seienden im Ganzen müsse die faktische Geworfenheit des Daseins zum Thema machen. Das aber bedeutet, die Geworfenheit müsste nicht mehr nur als existenziale Seinsstruktur des Daseins in den Blick kommen, sondern in Bezug auf den metaphysischen Gehalt ihrer Faktizität befragt werden. Hierbei kommt alles darauf an, nicht lediglich existenziell-zufällige Konkretionen der Faktizität aufzulisten, sondern zu zeigen, worin das Dasein als ein faktisch Seiendes wesentlich steht. Wenn man aber vor dem Horizont des durch die Fundamentalontologie gewonnenen Seinsverständnisses derart zurückkommt auf das, worin das Dasein faktisch immer schon situiert ist, entdeckt man laut Heidegger, dass das Dasein faktisch als Mensch in einer Natur existiert[294] und dass es in einer »*ursprüngliche[n] Streuung*«[295] in die Leiblichkeit, damit die Geschlechtlichkeit, die Räumlichkeit und das Mitsein gestreut ist. Diese metontologischen Charakteristika versteht Heidegger als metaphysische Wesensbestimmungen.[296] Dies ist der neu eingeführte Gedanke einer Metontologie. Handelt es sich aber bei der 1928 erwähnten Fundamentalontologie um dasselbe wie in *Sein und Zeit*?

Das scheint nicht der Fall zu sein, und der Grund dafür ist offenbar das Scheitern der ursprünglich anvisierten Ausarbeitung der Zeitlichkeit des Daseins hin zu einer Temporalität des Seins überhaupt. Heidegger war es in der *Grundprobleme*-Vorlesung von 1927, in der er das Thema des nicht veröffentlichten dritten Abschnittes des ersten Teiles von *Sein und Zeit* zu behandeln suchte, nicht gelungen, einen tragfähigen Begriff der Temporalität des Seins auszuarbeiten, der sich einerseits hinreichend von der Zeitlichkeit des Daseins unterschied, ohne jedoch andererseits leer und überdies unvollständig zu bleiben.[297] Aufgrund dieses Scheiterns sucht er in der Folge nach einem neuen Weg, und er findet ihn in dem Gedanken eines metaphysischen Entwurfes des Menschen überhaupt, der jenseits des Entwurfes eines individuellen Daseins und diesseits einer leeren Temporalität des Seins angesiedelt ist. Was hat es damit auf sich?

---

292 Ebd., S. 13.

293 Ebd.

294 Vgl. ebd., S. 199.

295 Ebd., S. 173.

296 László Tengelyi sieht eine unmittelbare Parallele zwischen Husserls metaphysischen Urtatsachen und Heideggers metontologischen Wesensbestimmungen, weswegen er beide Konzeptionen unter dem Titel »Metaphysik zufälliger Faktizität« verknüpft. Vgl. Tengelyi, László: *Welt und Unendlichkeit*, a. a. O., Zweiter Teil, I. und II. Kapitel.

297 Vgl. dazu von der Verf.: *Das Zeitdenken bei Husserl, Heidegger und Ricœur*, a. a. O., Kapitel 3.3.1.

In der metaphysischen Periode stellt Heidegger in der Nachfolge Kants den Gedanken, dass der Mensch als solcher ein Metaphysiker sei, in den Mittelpunkt. In der Vorlesung von 1928 steht ihm die Herausforderung einer neuartigen Formulierung der fundamentalontologischen Problematik vor dem Hintergrund dieses Gedankens deutlich vor Augen. Das Dasein müsse, so heißt es hier, in einer »metaphysische[n] Neutralität und Isolierung«[298] gedacht werden. Neutral in dem Sinne, dass es nicht als dieses oder jenes Dasein, noch nicht einmal als Mann oder Frau, bestimmt werden darf, und isoliert, weil der Mensch als Metaphysik betreibendes, endliches Wesen auf sich selbst zurückgeworfen ist. Um aber einen Entwurf zu vollziehen, der nicht an die eigentliche Existenz eines zufällig bestimmten Daseins gebunden ist, bedarf es einer besonderen Anstrengung, eines »extremen existenziellen *Einsatzes* des Entwerfenden selbst«.[299] »Der existenzielle Einsatz der Fundamentalontologie«, so wie er in *Sein und Zeit* konzipiert wurde, »führt« nämlich zunächst »mit sich den Schein eines extrem individualistischen, radikalen Atheismus«.[300] Und um diesem Schein entgegenzuwirken und den bloß persönlichen Entwurf zu einem »metaphysischen Entwurf« zu machen, muss das Dasein sich darum bemühen, den Entwurf und die mit ihm zusammenhängenden konkreten Daseinsphänomene nicht »auf der verkehrten Seite als existenzielle zu verabsolutieren«[301]. Wenn der existenzielle Einsatz des Daseins aber stark genug ist, um einen metaphysischen Entwurf zu vollziehen, offenbare sich dieser Einsatz »in seiner jeweiligen personalen Belanglosigkeit«[302]. Mit anderen Worten, es kommt nicht darauf an, welches konkrete Dasein den metaphysischen Entwurf vollzieht, weil der ursprüngliche, existenziell aber allererst zu erringende, metaphysische Entwurf einer des neutralen, isolierten Menschen in seinem Wesen als Metaphysiker ist. Der Gedanke aus *Sein und Zeit*, dem zufolge jedes eigentlich existierende Dasein seinen ihm eigenen Weltbezug zu gewinnen habe, wird schon 1928 verdrängt zugunsten der Auffassung, der Mensch als solcher, nämlich als Metaphysiker, habe einen metaphysischen Entwurf zu vollziehen, um den jedes einzelne Dasein mithilfe seines je persönlichen existenziellen Einsatzes ringen muss. Nicht mehr muss sich das Dasein einen eigentlichen Existenzentwurf gegen die Trägheit des Man erkämpfen, sondern es muss sich nun jenen ursprünglichen metaphysischen Entwurf des Menschen noch gegen seinen eigenen individuellen Entwurf erringen. Damit aber bekommt die Idee der Freiheit zum eigensten Seinkönnen eine völlig veränderte Gestalt. »Freisein ist« für Heidegger weiterhin »Sichverstehen aus dem eignen Seinkönnen; ›sich‹ aber und

---

[298] GA 26, S. 176.
[299] Ebd.
[300] Ebd., S. 177.
[301] Ebd.
[302] Ebd.

›eigen‹«, so Heidegger nun, »nicht individualistisch oder egoistisch verstanden, sondern metaphysisch, also in den *Grundmöglichkeiten des transzendierenden Daseins*«.[303]

Dass Heidegger aber im Zusammenhang seiner metaphysischen Periode und des darin entwickelten Gedankens eines metaphysischen Entwurfes des Menschen durchaus eine Neuformulierung der Gewissensphänomenologie anstrebt, wird in der 1930 gehaltenen und Kant ausführlich behandelnden Vorlesung *Vom Wesen der menschlichen Freiheit* deutlich. Dort spricht Heidegger wiederholt von einem »Angriff[...] auf den Menschen, der nicht von außen ihn trifft, sondern aus dem Grunde seines Wesens aufsteigt«[304]. Weil der Mensch in seinem Wesen ein Metaphysiker sei, dränge sich aus seinem innersten Wesen heraus die Frage nach dem Seienden als solchem und im Ganzen auf: Diese Frage »fällt dem Menschen in den Rücken«[305], komme jedoch nichtsdestotrotz aus ihm selbst. Ein Ruf aus dem metaphysischen Wesen des Menschen überkommt den Menschen und ruft ihn dazu auf, sein eigenstes, metaphysisches Wesen auszubilden. Die Verschiebung gegenüber *Sein und Zeit* ist deutlich: Der in der Unheimlichkeit der Bedeutungslosigkeit sich ängstigende Rufer ist nun das metaphysische Wesen des Menschen; während der Rufer in *Sein und Zeit* zu einem eigentlichen Seinkönnen aufruft, das einen sich vom Man abgrenzenden, je eigenen Bezug zu Welt und Selbst entwickelt, ruft der Rufer in der Metaphysik der Existenz zu einem eigentlichen Seinkönnen auf, das das eigene metaphysische Wesen entfaltet. Ergreift der Mensch diesen Ruf und entspricht er diesem Angriff, so ringt er sich über einen existenziellen Einsatz zu einem metaphysischen Entwurf des Menschen überhaupt durch.

In dieser Konzeption eines metaphysischen Entwurfes des Menschen überhaupt drängt Heidegger die in *Sein und Zeit* in den Mittelpunkt gestellte Einsicht in die grundlegende Verschiedenheit der jemeinigen Daseine völlig in den Hintergrund. Es geht nicht mehr darum, dass das jemeinige Dasein zu einem je eigentlichen Entwurf findet, sondern seine Eigentlichkeit besteht jetzt vielmehr im metaphysischen Wesen des Menschen überhaupt. Weil Heidegger derart die Verschiedenheit der existenziellen Entwürfe in dem metaphysischen Entwurf des Menschen überhaupt nivelliert, kann er formulieren, dass die Freiheit »*in ihrem Wesen ursprünglicher als der Mensch*« sei, während der Mensch lediglich als »ein Verwalter von Freiheit« fungiere.[306] Der Mensch ist der Verwalter der

---

303 Ebd.

304 GA 31, S. 127.

305 Ebd.

306 Ebd., S. 134. Esposito spricht in seiner Untersuchung der Vorlesung von 1930 davon, dass die Freiheit nicht eine »Freiheit des Daseins«, sondern eine »Freiheit *des* Seins« sei. Esposito, Costantino: »Kausalität als Freiheit: Heidegger liest Kant«, in: *Heidegger Studies* 20 (2004),

Freiheit und als solcher aufgerufen, dem metaphysischen Entwurf des Menschen überhaupt in sich zum Durchbruch zu verhelfen. Mit dieser neuen Konzeption aber findet Heidegger zu einer Auflösung der Aporie des Mitseins aus *Sein und Zeit*: Wenn jeder Mensch dazu aufgerufen ist, das metaphysische Wesen des Menschen in ihm auszuarbeiten, müssten die einzelnen, ihr eigenstes Wesen übernehmenden Menschen zu einem identischen Entwurf gelangen. Der Formalismus des jemeinigen Selbst wird zu einer Metaphysik des Menschen überhaupt.

In der 1927/28 gehaltenen Vorlesung *Phänomenologische Interpretation von Kants Kritik der reinen Vernunft* sowie im 1929 veröffentlichten Buch *Kant und das Problem der Metaphysik* wird deutlich, welche grundlegende architektonische Verschiebung Heidegger in seiner Neuformulierung des kantischen Ansatzes während der metaphysischen Periode nicht nur in Hinblick auf die theoretische, sondern auch und in noch weit stärkerem Maße in Hinblick auf die praktische Philosophie unternimmt. Bereits in der Vorlesung von 1927/28 formuliert Heidegger seine ebenso berühmte wie kontroverse These, die transzendentale Einbildungskraft sei die ursprüngliche, ekstatische Zeitlichkeit[307] und diese wiederum sei die von Kant gesuchte, aber nicht gefundene »gemeinsame Wurzel der beiden Stämme der Erkenntnis«[308], Sinnlichkeit und Verstand. In einer ausdrücklichen Umdeutung der A-Deduktion weist Heidegger diese These aus. Was bei Kant die Synthesis der Recognition im Begriff ist, sei als eine *Prae*cognition eines »vorwegnehmende[n] Entwurf[s]«[309] zu verstehen. Die Synthesis der Recognition könne nicht den Synthesen der Apprehension und der Reproduktion nachfolgen, sondern sowohl Apprehension als auch Reproduktion würden allererst aus einem vorgängigen Entwurf der Praecognition möglich. Heidegger aber deutet die Synthesis der Recognition nicht nur in eine derartige Synthesis der Praecognition um, sondern bezieht die drei Synthesen auf die drei Ekstasen der ursprünglichen Zeit, so dass auch die Synthesis der Reconition als Synthesis der Praecognition ihre Zuordnung zum Verstand verliert und als Funktion der ursprünglichen Zeitlichkeit gedeutet wird. So kommt er zu dem Ergebnis: »Die Synthesis der *Apprehension* ist bezogen auf die *Gegenwart*, die der *Reproduktion* auf die *Vergangenheit* und die der *Prae-cognition* auf die *Zukunft. Sofern alle drei Modi der*

S.101–125, hier S.125. Es ist zwar richtig, dass Heidegger mit seinem dort formulierten Freiheitsbegriff die Freiheit des Daseins überschreitet, aber die Rede von einer ›Freiheit des Seins‹ ist doch insofern nicht ganz treffend, als Heidegger die Freiheit als das versteht, »*was noch vor Sein und Zeit liegt*«. GA 31, S.134.

[307] Vgl. Heidegger, Martin: *Phänomenologische Interpretation von Kants Kritik der reinen Vernunft*, hg. von Ingtraud Görland. Frankfurt am Main: Klostermann ³1995 (= Gesamtausgabe. Bd. 25), S.342.

[308] Ebd., S.359.

[309] Ebd., S.364.

Synthesis auf die Zeit bezogen sind, diese Momente der Zeit aber die Einheit der Zeit selbst ausmachen, erhalten die drei Synthesen den einheitlichen Grund ihrer selbst in der Einheit der Zeit.«[310] Die Umdeutung der Synthesis der Recognition in eine zeitbezogene Synthesis der Praecognition hat zur Folge, dass »*der Ursprung der Kategorien*« nicht mehr, wie bei Kant, der Verstand ist, sondern »*die Zeit selbst*«.[311]

Heidegger geht jedoch noch weiter, indem er die zeitliche Synthesis der Praecognition mit dem Freiheitsbegriff verknüpft und damit bereits 1927/28 Kants Unterscheidung zwischen der Spontaneität des Verstandes und der moralischen Freiheit als Autonomie nivelliert.[312] In dem vorwegnehmenden Entwurf der Praecognition gebe sich die Freiheit eine Bindung beziehungsweise diese »freie Selbstbindung«[313] *ist* »ihrem Wesen nach die Freiheit«[314] selbst. Kantisch gesprochen, die Freiheit gibt sich als Autonomie selbst ein ›Gesetz‹, wobei das ›Gesetz‹ der das Verständnis im Vorhinein gliedernde Entwurf ist, auf den auch die Kategorien zurückzuführen sind.[315] In Fortsetzung der Analysen aus *Sein und Zeit*, die den Welt- und Selbstbezug des Daseins diesseits der Trennung von theoretischer und praktischer Philosophie behandeln, findet hier bei Heidegger eine Überblendung von Kants theoretischer und praktischer Philosophie statt, wenn er den Freiheitsbegriff der Autonomie derart auf die umgedeutete Spontaneität des Verstandes projiziert und ihren Unterschied nivelliert. Das kantische Ich-denke fasst Heidegger in seiner Umdeutung als ein ursprüngliches freies Ich-handle diesseits der Trennung von Theorie und Praxis auf, welches gleichermaßen der Erkenntnis und dem Handeln im engeren Sinne eine Bindung gibt. So wie der Entwurf eine Handlung ist, die die Möglichkeiten der Gegenstandserkenntnis im Vorhinein begrenzt, ist auch »die Gesinnung eines Menschen […] eine Grundstellung eines Menschen zu einem aufgrund dieser Gesinnung für ihn beherrschbaren Bezirk von Möglichkeiten«.[316] So wie wir das zu Erkennende nur mithilfe des entworfenen Vorverständnisses erkennen können, können wir auch das zu Tuende nur mithilfe einer vorgängigen Gesinnung verstehen. Heidegger

---

310 Ebd.

311 Ebd., S. 365.

312 Wie Willaschek pointiert formuliert, gilt für Kant selbst: »Spontaneität ist lediglich eine notwendige, aber keine hinreichende Bedingung für Autonomie«. Willaschek, Marcus: »Die ›Spontaneität des Erkenntnisses‹. Über die Abhängigkeit der ›Transzendentalen Analytik‹ von der Auflösung der dritten Antinomie«, in: Chotas, J./Cramer, K./Karásek, J. (Hg.): *Metaphysik und Kritik. Kants ›transzendentale Dialektik‹*. Würzburg: Königshausen & Neumann 2010, S. 165–183, hier S. 171, Fußnote 17.

313 GA 25, S. 377.

314 Ebd., S. 370.

315 Vgl. ebd., S. 377.

316 Ebd., S. 375.

sieht nicht nur, dass er sich mit der Umdeutung der verstandesmäßigen Synthesis der Recognition in eine zeitliche Synthesis der Praecognition deutlich von Kant entfernt,[317] sondern er sieht auch, dass er sich mit der Heranziehung des Freiheitsbegriffes zur Ausdeutung der zeitlichen Synthesis der Praecognition bis zu einem bestimmten Grade Hegel annähert, der »im dritten Buch seiner ›Logik‹ [...] als das *Wesen des Begriffes die Freiheit* herausstellt«.[318] Man darf allerdings angesichts der Hegel-Kritik aus *Sein und Zeit* vermuten, dass Heidegger gerade für die wesentliche *Zeitlichkeit* des Begriffs und der Freiheit in Hegel *keinen* angemessenen Stichwortgeber zu finden vermag.

Im *Kantbuch* von 1929 zieht Heidegger aus seiner Überblendung der theoretischen und der praktischen Philosophie Kants diejenige Konsequenz, die notwendig ist, um seiner Umdeutung Kants eine kohärente Gestalt zu geben. Im § 30 heißt es: »Sofern aber zur Möglichkeit der theoretischen Vernunft Freiheit gehört, ist sie in sich selbst als theoretische praktisch. Wenn aber die endliche Vernunft als Spontaneität rezeptiv ist und deshalb der transzendentalen Einbildungskraft entspringt, dann gründet auch die praktische Vernunft notwendig in dieser.«[319] Nicht nur Sinnlichkeit und Verstand gründen in der transzendentalen Einbildungskraft, sondern theoretische und praktische Vernunft überhaupt. Heidegger bezieht sich hier offenbar nicht auf die bloß praktische Vernunft, d. i. die technisch-instrumentelle Vernunft, sondern auf die *reine* praktische Vernunft. Die reine praktische Vernunft gründet ihm zufolge in der transzendentalen Einbildungskraft, und die transzendentale Einbildungskraft ist die ursprüngliche Zeitlichkeit. Heideggers These lautet demnach: *Die reine praktische Vernunft gründet in der ursprünglichen Zeitlichkeit!* Nicht nur der Verstand wird auf eine Ekstase der Zeitlichkeit zurückgeführt, sondern auch die reine praktische Vernunft.

Während Heidegger diesen radikalsten Eingriff in die kantische Architektonik im Kantbuch nur *en passant* vollzieht, macht er ihn in seiner Vorlesung von 1930 *Vom Wesen der menschlichen Freiheit* zum Hauptthema. Kant, so heißt es dort, habe die Frage nach der menschlichen Freiheit von vornherein verfehlt, weil er sie im Ausgang von dem kosmologischen Problem der Freiheit angehe. Freiheit werde in der dritten Antinomie »*im Zusammenhang des Weltproblems*«[320] als eine dynamische Kausalität in Hinblick auf das Ganze der Naturerscheinungen und damit als eine »absolut gedachte Naturkausalität«[321] verstanden. Heidegger geht so weit zu behaupten, Kant verstehe die Naturkausalität als die Kausalität

---

317 Vgl. ebd., S. 359.
318 Ebd., S. 371.
319 GA 3, S. 156.
320 GA 31, S. 209.
321 Ebd., S. 215.

überhaupt.[322] Da Kant die menschliche Freiheit nicht aus sich heraus zu verstehen trachte, sondern sie von vornherein als einen Spezialfall jener als Naturkausalität gedachten allgemeinen Kausalität auffasse, mache er die menschliche Freiheit zu einem Fall der Kausalität. Dies ist Heidegger zufolge eine Verkehrung des wahren Sachverhaltes, denn: »*Kausalität gründet in der Freiheit. Das Problem der Kausalität ist ein Problem der Freiheit und nicht umgekehrt.*«[323] Wir haben schon gesehen, weshalb Heidegger das so sieht: Wenn der Entwurf der Freiheit der Grund der Kategorien ist, dann ist die Freiheit, wie es 1928 heißt, der »Grund des Grundes«, durch dessen Entwurf »verschiedene Arten von ›Gründen‹ (z. B. die vier Ursachen)«[324] allererst möglich werden. Wer wie Kant meint, die Kategorie der Kausalität liege der Freiheit zugrunde, verkenne, dass die Freiheit allererst die *Quelle* der Kategorie der Kausalität sei. Das, was Kant in der moralischen, absoluten Freiheit des Menschen als einen Spezialfall der Kategorie der Naturkausalität missverstehe, sei in Wahrheit diejenige ursprüngliche Freiheit, die *jeder* Art von Selbstbindung, sei sie theoretischer oder praktischer Art, zugrunde liege.

Obgleich sich Kant einen angemessenen Zugang zum Problem der menschlichen Freiheit verstelle, sieht Heidegger 1930 in Kants Erörterung der Freiheit im Zusammenhang seiner Moralphilosophie wesentliche Errungenschaften für ein angemessenes Freiheitsverständnis. Kant habe in der Lehre vom Faktum der Vernunft gesehen, dass sich die begriffliche Vorstellung der Freiheit »in einer entsprechenden Anschauung darstellen«[325] lasse, die durchaus als eine »Erfahrung«[326] der Freiheit verstanden werden könne, wenn man bereit sei, den engen kantischen Erfahrungsbegriff zu erweitern. »Erfahrung der praktischen Freiheit« aber, und Heidegger meint hiermit die transzendentale Freiheit des Menschen (und nicht die praktische Freiheit im kantischen Sinne, die bloß empirisch ist), »ist Erfahrung der Person als Person«,[327] deren Seinsart »[p]raktisches Handeln ist«.[328] Ohne dass Heidegger dies an dieser Stelle noch einmal zum Thema macht, ist doch deutlich, woran er denkt, wenn er in einem ganz unkantischen Sinne von einer darstellenden Anschauung und einer Erfahrung der Freiheit spricht: Diese Erfahrung der Freiheit, in der sich die Person als Handelnde offenbar wird, ist das Selbstgefühl der Achtung. Wir haben bereits hervorgehoben, dass Heidegger mit der Priorisierung der Achtung das Moment rationaler Einsicht in das Moralgesetz zugunsten eines Selbstgefühls vernachlässigt; in der bei Kant selbst völlig

---

322 Vgl. ebd., S. 192.
323 Ebd., S. 303.
324 GA 26, S. 277.
325 GA 31, S. 269.
326 Ebd., S. 272.
327 Ebd., S. 272 f.
328 Ebd., S. 272.

unmöglichen Rede von ›Anschauung‹ und ›Erfahrung‹ der Freiheit kommt diese Umdeutung noch deutlicher zum Vorschein.

In dieser Erfahrung der Freiheit als Handeln der Person, die sich selbst eine Bindung gibt, verliert die Freiheit bei Heidegger aber ihren spezifischen Bezug zur Moralität. Das sich Bindung gebende Handeln der Freiheit versteht Heidegger *sowohl* als ein Handeln, in dem sich das Selbst Kategorien vorgibt, *als auch* als ein Handeln, in dem es sich eine Gesinnung vorgibt. Der Entwurf der Kategorien und Gründungszusammenhänge sowie der Gesinnung ist jedoch für Heidegger auch hier nicht der Entwurf eines zufälligen Ichs,[329] sondern des Wesens des Menschen als Persönlichkeit. Auf diesen Entwurf aus dem Wesen der menschlichen Freiheit aber ist Kant Heidegger zufolge ansatzweise in der Zweck-an-sich-selbst-Formel gestoßen. Was der kategorische Imperativ Heidegger zufolge nämlich eigentlich besagt, ist: »Sei in deinem Handeln jederzeit zugleich, d. h. zuerst, wesentlich in deinem Wesen.«[330] Das im § 7 der zweiten Kritik formulierte und von Kant priorisierte Grundgesetz der reinen praktischen Vernunft aber fänden wir keineswegs in uns als ein Faktum vor: »Wir finden vielmehr und haben es wohl schon bei der ersten Vorgabe dieses Grundgesetzes gleich so gefunden, daß dieser Grundsatz, philosophisch ausgedacht, innerhalb eines bestimmten philosophischen Systems sich ergibt.«[331] Für Heidegger ist der kategorische Imperativ in der Form jenes Grundgesetzes nichts mehr als »eine bestimmte, soziologisch eigentümlich bedingte philosophisch-ethische Ideologie«[332]. Deren Kern aber sieht er in der Aufforderung zur Ausbildung des eigensten, metaphysischen Wesens.

Wie aber ist diese Gründung der reinen praktischen Vernunft in der ekstatischen Zeitlichkeit mit Heideggers oben skizzierter Auffassung von Metaphysik verbunden? Die Auseinandersetzung mit Kant aus dem Wintersemester 1927/28 überschreitet den Bereich der Fundamentalontologie noch nicht eigens hin zu einer Metontologie oder Metaphysik. Dies zeigt sich daran, dass Heidegger hier der zukunftsorientierten Selbstbindung der Freiheit in Bezug auf die Ekstasen der Gegenwart und der Gewesenheit eine Widerständigkeit gegenüberstellt, die er als »*apriorischen* Widerstand«[333] beziehungsweise als eine »*apriorische*[...] Widerständigkeit«[334] bestimmt. Durch den Entwurf der Freiheit kann das Subjekt nicht in beliebiger Weise Gegenstände auffassen, sondern es hat sich mit seiner Selbstbindung *selbst* einen *apriorischen* Widerstand gegen eine derartige

---

[329] Vgl. ebd., S. 293.
[330] Ebd.
[331] Ebd., S. 286.
[332] Ebd., S. 287.
[333] GA 25, S. 370, Kursivierung I. R.
[334] Ebd., S. 377, Kursivierung I. R.

Willkür gegeben. Heidegger bewegt sich hiermit in demjenigen Bereich, der bei Kant den transzendentalphilosophischen Bereich der synthetischen Urteile *a priori* ausmacht, und greift noch nicht in das Feld der Metaphysik über. Mit andern Worten, in seiner Umdeutung Kants verbleibt er 1927/28 in der fundamentalontologischen Philosophie, ohne einen Schritt in die Metontologie oder Metaphysik zu tun.

Dieser Schritt erfolgt erst in der Vorlesung von 1928 und wird in Auseinandersetzung mit Kant im *Kantbuch* und in der Vorlesung von 1930 vertieft. Heidegger scheint dabei den fundamentalontologischen Zeitbegriff zu einem metaphysischen Zeitbegriff zu vertiefen,[335] der als solcher sowohl der Fundamentalontologie als auch der Metontologie, die in ihrer Einheit die Metaphysik bilden sollen, zugrunde liegt. Die Fundamentalontologie versteht Heidegger jetzt als das Moment des Entwerfens (Zukunft), aus dem heraus allererst auf die metaphysischen Voraussetzungen des seinsverstehenden Daseins (Gewesenheit) eingegangen werden kann. Der Entwurf ist ihm jetzt der metaphysische Entwurf des Menschen als solchen, aus dem heraus dieser allererst auf seine eigenen metaphysischen Grundlagen, in denen er faktisch immer schon steht, eingehen kann. Die dem Entwurf entgegenstehende Widerständigkeit ist damit aber nicht mehr lediglich eine vom Dasein selbst hervorgebrachte apriorische Widerständigkeit. Vielmehr wird sie zu einer aus den metaphysischen Voraussetzungen des Daseins hervorgehenden metaphysischen Widerständigkeit, in der »sich das Seiende in seinem An-sich bekunden«[336] kann. Der Widerstand, der dem Menschen nun widerfährt, ist ein Widerstand, der nicht aus seinem eigenen Entwurf, sondern aus seiner Leiblichkeit, seiner Geschlechtlichkeit, der Natur und dem metaphysisch verstandenen Mitsein hervorgeht. Dieser Widerstand ist zwar nur vor dem Hintergrund eines metaphysischen Entwurfes möglich, er ist jedoch ein Widerstand, in dem sich das Widerständige in seinem An-sich bekundet.

Dieser metaphysische Zeitbegriff aber macht deutlich, dass und weshalb Heidegger das kantische Verhältnis von kritischer Philosophie und Metaphysik in seinem eigenen Ansatz verschiebt. Das Pendant zur kritischen Philosophie, die Fundamentalontologie, ist für Heidegger im Ganzen ein entwerfendes Verhalten, das dem Dasein ein strukturiertes Seinsverständnis gibt, mithilfe dessen es auf seine eigenen metaphysischen Fundamente allererst eingehen kann. Das fundamentalontologische Entwerfen (Zukunft) und das Eingehen auf die metaphysischen Fundamente (Gewesenheit) sind für Heidegger aber gerade deshalb nicht – wie bei Kant – zwei aufeinander folgende Systemteile, sondern ›gleich-

---

[335] Vgl. zu dieser Interpretationsthese von der Verf. »Zeit und kategoriale Anschauung. Heideggers Verwandlung eines Husserl'schen Grundbegriffes«, in: *Archiv für Begriffsgeschichte* 55 (2013), S. 251–262.
[336] GA 26, S. 195.

ursprünglich‹ in einer Einheit, weil sie in dem metaphysischen Zeitbegriff gründen, der Fundamentalontologie und Metontologie zusammenhält.

Nach diesem langen Umweg können wir nun auf die Frage zurückkommen: Was meint Heidegger, wenn er sagt, die Frage nach der Ethik könne erst in dem Bezirk einer Metaphysik der Existenz behandelt werden? Er versucht hier offensichtlich in Entsprechung zu Kant den Ort von »Metaphysische[n] Anfangsgründe[n] der Ethik«[337] anzuzeigen. Auch nach Kant kann die Frage nach der *Ethik* erst in der Metaphysik der Sitten gestellt werden. Wie weit aber reicht die von Heidegger implizit angedeutete Analogie zu Kants Metaphysischen Anfangsgründen der Tugendlehre? Heidegger geht es im Unterschied zu Kant offenbar nicht um die Entwicklung eines Systems der menschlichen Pflichten und auch nicht um eine spezifische Metaphysik *der Sitten.* Aber worum geht es ihm dann? Für Heidegger gilt zweifellos, »*daß* Ethik, soll sie denn begründungsfähig sein, in einer ›Metaphysik der Existenz‹ als einer ontologischen Besinnung auf das menschliche Dasein im Hinblick auf dessen Verhältnis zum Weltganzen verwurzelt sein muß«.[338] Aber was bedeutet das?

Angesichts der Tatsache, dass Heidegger diese Frage gerade nicht direkt behandelt, können wir lediglich versuchen, die ethischen Implikationen seiner Metaphysik der Existenz herauszustellen. Unsere Hypothese ist, dass diejenige »Ethik«, die aus Heideggers Metaphysik der Existenz folgt, in ihrem Kern eine Art *Ethik der Metaphysik* ist. *In dieser Ethik der Metaphysik findet sich der Mensch dazu aufgerufen, dem metaphysischen Wesen in ihm so zum Durchbruch zu verhelfen, dass ein metaphysischer Entwurf der Freiheit ein Vorverständnis entwickelt, aus dem heraus es möglich wird, das Seiende sein zu lassen und so auf es einzugehen, wie es sich von sich her in seinem An-sich zeigt.* Metaphysik der Natur und Metaphysik der Sitten sind hierbei nicht voneinander unterschieden, weil Heidegger sowohl die theoretische als auch die praktische Vernunft in der Einheit der ursprünglichen Zeitlichkeit fundiert und diese auf einen metaphysischen Zeitbegriff hin vertieft hat. Wegen dieser Überblendung kann eigentlich schon hier – und nicht erst im *Humanismus*-Brief – von einer »Ethik« in Opposition etwa zu »Logik« und »Physik«, aber auch in Opposition zu »Ontologie« im strengen Sinne nicht mehr die Rede sein. Heidegger suggeriert zwar 1928 noch eine Trennung von Fundamentalontologie einerseits und Metontologie, in die wiede-

---

337 Das ist der treffend formulierte Titel eines Aufsatzes von Dietmar Köhler, der sich mit der Frage nach der Bedeutung jener Klammerbemerkung aus der Vorlesung von 1928 befasst. Köhler, Dietmar: »Metaphysische Anfangsgründe der Ethik im Ausgang von Heidegger«, in: Großmann, A./Jamme, C. (Hg.): *Metaphysik der praktischen Welt. Perspektiven im Anschluß an Hegel und Heidegger. Festgabe für Otto Pöggeler.* Amsterdam/Atlanta: Rodopi 2000, S. 176–187.

338 Ebd., S. 186.

rum die »Frage der Ethik« gehöre, andererseits;[339] angesichts der Umarbeitung Kants aus dem *Kantbuch* von 1929, in der er theoretische und praktische Vernunft auf die gemeinsame Wurzel der Zeitlichkeit zurückführt, kann an einer derartigen Opposition jedoch letztlich nicht mehr festgehalten werden. Im *Humanismus*-Brief wird Heidegger unter anderem aus diesen Gründen in Anknüpfung an Heraklit und in kritischer Abgrenzung noch gegen Aristoteles den Begriff des Ethos dem der Ethik vorziehen. In der metaphysischen Periode aber scheint jene Verquickung von Theorie und Praxis noch auf eine Art von *Ethik der Philosophie* zu führen, die die Philosophie im Gefolge von Aristoteles als die höchste Tätigkeit des Menschen betrachtet.[340] Dass aber in dieser Konzeption sowohl die in *Sein und Zeit* noch hervortretende Verschiedenheit der jemeinigen Daseinsentwürfe vernachlässigt als auch die kantische Differenz von theoretischer Einsicht und praktischem Sollen nivelliert wird,[341] machen die von Heidegger angeführten Beispiele aus der 1928/29 gehaltenen Vorlesung *Einleitung in die Philosophie* besonders deutlich.

In dieser Vorlesung findet sich eine anschauliche Analyse des »ursprüngliche[n] Miteinandersein[s]«[342]. Heideggers Beispiel für ein ursprüngliches Miteinandersein ist hier das zweier Wanderer: »Nehmen wir an, die beiden Wanderer kommen alsbald um eine Biegung des Pfads zu einer unerwarteten Aussicht auf das Gebirge, so daß sie beide plötzlich hingerissen sind und schweigend nebeneinander stehen. Es ist dann keine Spur von gegenseitigem Sicherfassen, jeder steht vielmehr benommen von dem Anblick. Sind die beiden jetzt nur noch neben-

---

[339] GA 26, S. 199.

[340] Der Begriff der Entschlossenheit aus *Sein und Zeit* enthält, wie bereits gezeigt, *in nuce* diese Verquickung von Theorie und Praxis, weil er sowohl die eigentliche Modifikation der Wahrheit als Erschlossenheit als auch die Entschiedenheit zu einem eigensten Welt- und Selbstverhältnis darstellt. Ricœur weist in seiner Auseinandersetzung mit Heideggers Gewissensbegriff darauf hin: Es »schreibt das Gewissen als Bezeugung sich in die Problematik *der Wahrheit* im Sinne der Erschlossenheit und Entdecktheit ein«. Ricœur, Paul: *Soi-même comme un autre*, a.a.O., S. 404 (dt. S. 420). In seiner aristotelisch ausgerichteten Auslegung von *Sein und Zeit* hat Christian Sommer die Fundamentalontologie selbst als Ethik interpretiert und die Eigentlichkeit als Leben in der Philosophie ausgelegt. Vgl. Sommer, Christian: »L'éthique de l'ontologie. Remarque sur *Sein und Zeit* (§ 63) de Heidegger«, in: *Alter* (Éthique et phénoménologie) 13 (2005), S. 119–134. Weil Heidegger die Philosophie selbst ethisch versteht, lässt sich mit Bimbenet sagen, dass sich die Ethik bei Heidegger »zugleich überall und nirgends« findet. Bimbenet, Etienne: »Heidegger: L'ontologie d'un point de vue éthique«, a.a.O., S. 137.

[341] Mit Cassirer gesprochen reduziert Heidegger Kants Frage nach Sein und Sollen kurzerhand auf die Frage nach Sein und Zeit. Vgl. Cassirer, Ernst: »Kant und das Problem der Metaphysik. Bemerkungen zu Martin Heideggers Kant-Interpretation«, in: *Kant-Studien* 36 (1931), S. 1–26, S. 16.

[342] Heidegger, Martin: *Einleitung in die Philosophie*, hg. von Otto Saame und Ina Saame-Speidel. Frankfurt am Main: Klostermann ²2001 (= Gesamtausgabe. Bd. 27), S. 87.

einander wie die beiden Felsblöcke, oder sind sie in diesem Augenblick gerade in einer Weise miteinander, wie sie es nicht sein können, wenn sie unentwegt zusammen schwatzen oder gar sich gegenseitig erfassen und auf ihre Komplexe beschnüffeln?«[343] In diesem Beispiel erkennen wir die wesentlichen Momente der Eigentlichkeit aus *Sein und Zeit* wieder, wobei diese hier auf das Miteinandersein übertragen werden: Die beiden Wanderer *schweigen*, wie der sich vom Lärm des Man abgrenzende Ruf des Gewissens; sie erfahren einen *Augenblick* der Eigentlichkeit, der jedoch ein Augenblick des Miteinanderseins ist; sie müssen weder nachdenken noch beratschlagen darüber, was vor ihnen steht, sondern in einer *Benommenheit* von dem Anblick verstehen sie es beide unmittelbar in der selben Weise. Ihre Entwürfe verschmelzen gleichsam, so dass sie eine gemeinsame Sache erfahren können. Heideggers Abfälligkeit gegenüber derjenigen Beziehung, die nicht lateral in Bezug auf ein solches Drittes, sondern frontal ist, kommt nicht nur an dieser Stelle zum Vorschein. Derjenige, der, wie Buber[344], die Ich-Du-Beziehung an den Anfang setzt, geht für Heidegger genau so fehl wie derjenige, der, wie Husserl, das Du aus dem Ich heraus konstituieren möchte. Während die Konstitution des Du aus dem Ich einen Egoismus und Solipsismus darstelle, verdoppele die Konzeption der Ich-Du-Beziehung den Fehler, indem ihr »Altruismus« nicht mehr als einen »Solipsismus zu zweien« bedeute.[345] Die gemeinsame Beziehung auf eine gemeinsame Sache ist aus Heidegger Sicht grundlegend für ein ursprüngliches Miteinandersein.

Welche Bedeutung aber kommt unabhängig von diesem konkreten Beispiel jenem Dritten, jener gemeinsamen Sache zu, in Bezug auf das beziehungsweise die Heidegger zufolge ein ursprüngliches Miteinander erst möglich ist? Ist es ein zu Denkendes oder ist es ein zu Tuendes? Ist es manchmal das eine, manchmal das andere? Oder ist es immer beides zugleich? Heidegger erörtert diese Fragen nie getrennt voneinander. Dies kommt in den beiden weiteren Beispielen, die er in der *Einleitung*-Vorlesung verwendet, ohne sie als Beispiele für Verschiedenes aufzufassen, deutlich zum Vorschein. Im ersten Beispiel geht es Heidegger darum zu zeigen, das ein Stück Kreide mehreren im Miteinandersein als das Selbe erscheint, und zwar so, dass wir in einer Gleichgültigkeit, die zum metaphysischen Wesen des Daseins gehöre, die Kreide sein lassen. Damit uns aus den metaphysischen Voraussetzungen unserer Existenz heraus etwas in seinem An-sich begegnen kann, muss der Entwurf unserer Freiheit jene Gleichgültigkeit enthalten, die es erlaubt, dass sich die Dinge in ihrem An-sich bekunden.[346] Das

---

343 Ebd., S. 86.
344 Vgl. zum Verhältnis zwischen Heidegger und Buber Siegfried, Meike: *Abkehr vom Subjekt. Zum Sprachdenken bei Heidegger und Buber.* Freiburg im Breisgau: Alber 2010.
345 GA 27, S. 146.
346 Vgl. ebd., S. 103.

»Seinlassen« sei »ein ›Tun‹ der höchsten und ursprünglichen Art«.[347] Wenn die
Freiheit in uns mehreren aber jene Gleichgültigkeit enthält, kann die Kreide sich
uns in ihrer Unverborgenheit offenbaren. Das ursprüngliche Miteinandersein sei
daher ein »Sichteilen in Wahrheit«[348], in der sich uns die Kreide von sich aus in
ihrer Wahrheit offenbart. Die Kreide ist hier gleichsam das Zu-Verstehende, das
wir im ursprünglichen Miteinandersein gemeinsam als das Selbe verstehen und
daraufhin gebrauchen können.

Das andere Beispiel ist das einer »echte[n] und große[n] Freundschaft«. Diese,
so Heidegger in einer nochmaligen Polemik gegen die Ich-Du-Beziehung, bestehe
nicht darin, »daß ein Ich und ein Du in ihrer Ich-Du-Beziehung einander rührse-
lig anschauen und sich mit ihren belanglosen Seelennöten unterhalten«.[349] Echte
Freundschaft vielmehr wachse und halte stand »in einer echten Leidenschaft für
eine gemeinsame Sache, was nicht ausschließt, sondern vielleicht fordert, daß
jeder je sein verschiedenes Werk hat und verschieden zu Werke gehe«[350]. Diese
›gemeinsame Sache‹ ist zwar, wie die Kreide, zunächst etwas Zu-Verstehendes.
Sie ist jedoch ganz offenbar auch etwas Zu-Tuendes.[351] Heidegger aber macht hier
keinerlei Unterschied und kann auch keinen machen, weil er Theorie und Praxis
im metaphysischen Entwurf des zeitlich existierenden Daseins verschmolzen hat.
So wie wir gemeinsam verstehen, dass dies ein Stück Kreide ist, das wir so und
so gebrauchen können, verstehen wir auch, dass dies eine Aufgabe ist, die wir
zu erfüllen haben. »[W]irkliches Wollen, d.h. wesentliches Wollen«, so heißt es
1930, »[setzt] von selbst, in sich und von Grund aus schon in das Einverständnis
mit den anderen […]; welche Gemeinschaft ist nur kraft des Geheimnisses, des
verschlossenen wirklichen Wollens des Einzelnen.«[352]

Die Frage nach der Ethik wird in der Metaphysik der Existenz also so behan-
delbar, dass im Rahmen eines theoretische und praktische Vernunft überblen-
denden, metaphysischen Entwurfes der Freiheit ein Ethos des Seinlassens des Seienden in seinem An-sich möglich wird. Der Unterschied der jemeinigen Daseine
wird im metaphysischen Entwurf des Menschen überhaupt überblendet und die
Differenz zwischen theoretischer und praktischer Vernunft wird nivelliert. Die
in *Sein und Zeit* noch angedeutete Perspektive einer existenzialen Neuformulierung des kantischen Formalismus im Rahmen eines Formalismus des jemeinigen

---

347 Ebd.
348 Ebd., S. 107.
349 Ebd., S. 147.
350 Ebd.
351 Das konkrete Beispiel einer Freundschaft, an das Heidegger denkt, enthält allerdings
auch schon wieder eine Akzentverlagerung vom Zu-Tuenden hin zum Zu-Denkenden beziehungsweise zum Zu-Dichtenden, denn es ist die Freundschaft zwischen Goethe und Schiller.
352 GA 31, S. 294.

Selbst hat Heidegger in der metaphysischen Periode verlassen. Und die Aussicht auf eine eigenständige Behandlung der Frage nach einer Ethik, die diese nicht in einem Ethos der Philosophie auflösen würde, hat sich zerstreut.[353]

3.2.4 Ethos des Denkens aus dem Maß des Seins

In den 1930er Jahren gibt Heidegger das Vorhaben einer Metaphysik der Existenz zugunsten eines seinsgeschichtlichen Denkens auf. Letzteres findet in den von ihrem Herausgeber als zweites Hauptwerk Heideggers bezeichneten *Beiträgen zur Philosophie (Vom Ereignis)* seinen Ausdruck und stellt auch noch den Hintergrund dar, vor dem Heidegger 1946 den »Brief über den Humanismus« an Jean Beaufret schreibt. Dieser Brief ist für die Frage nach einer Ethik bei Heidegger deshalb von besonderer Bedeutung, weil er hier, angeregt durch Beaufret, in seltener Ausführlichkeit auf sie eingeht. Sichtbar wird eine Auffassung des Ethischen, die dieses als ein *Ethos des Denkens* fasst.[354] Dieses Ethos des Denkens knüpft zwar an die Auffassung einer Ethik der Metaphysik vom Ende der 1920er Jahre an, unterscheidet sich jedoch von dieser in einer wichtigen Hinsicht, insofern jenes Ethos nun auf das seinsgeschichtliche Denken bezogen wird. Dieser veränderten Auffassung und ihren Konsequenzen wollen wir im Folgenden nachgehen.

Gegen Ende des *Humanismus*-Briefes zitiert Heidegger Beaufret, der formuliert hatte: »Ce que je cherche à faire, depuis longtemps déjà, c'est préciser le rap-

---

[353] Das Ethos des Seinlassens, wie etwa Aurenque zeigt, verbindet sich bei Heidegger in Bezug auf andere Menschen zwar durchaus mit einer Art Ethos des Liebens, in dem die Liebe in der Tradition von Augustinus darin besteht, den Anderen sein zu lassen in dem, was er ist. Vgl. Aurenque, Diana: *Ethosdenken*, a.a.O., S.297. Allerdings geht es Heidegger nicht spezifisch um dieses liebende Seinlassen des Anderen in seinem je anderen Sein, dessen spezifische Gestalt er auch nicht näher ausarbeitet, sondern um eine generelle »Offenheit für Welt, Dinge und Menschen« (ebd., S.303). Aurenque differenziert daher zu Recht, wenn sie darauf hinweist, dass Heidegger zwar nicht, wie Levinas es ihm vorwirft, das Andere in einer totalitären Philosophie aufhebt, es ihm jedoch im Unterschied zu Levinas »um die Achtsamkeit [...] auf *das Andere im Sein* selbst« geht. Ebd.

[354] Die Wende vom Formalismus des jemeinigen Selbst hin zum Ethos des Denkens kann durchaus als eine gewisse Wendung vom Dasein hin zum sich Zeigenden verstanden werden. Hoppe hat bereits 1970 darauf hingewiesen, dass in Heideggers Auseinandersetzung mit Kant eine »Akzentverlagerung von der Subjektivität des Subjekts zur Gegenständlichkeit der Gegenstände« zu finden ist, wobei Letztere insbesondere in der Vorlesung *Die Frage nach dem Ding. Zu Kants Lehre von den transzendentalen Grundsätzen* von 1935 zum Ausdruck komme. Hoppe, Hansgeorg: »Wandlungen in der Kant-Auffassung Heideggers«, in: Klostermann, Vittorio (Hg.): *Durchblicke. Martin Heidegger zum 80. Geburtstag.* Frankfurt am Main: Klostermann 1970, S.284–317, hier S.286. Vgl. GA 41.

port de l'ontologie avec une éthique possible«.[355] Heidegger ergänzt diese Frage nach dem Verhältnis von Ontologie und möglicher Ethik um die Frage eines jungen Freundes, der ihn bald nach dem Erscheinen von *Sein und Zeit* gefragt habe »Wann schreiben Sie eine Ethik«?[356] Was in Heideggers Brief folgt, ist eine Kritik der Voraussetzung, die sich in jenem Anliegen und in jener Frage verbirgt: der Voraussetzung, Ontologie und Ethik könnten in Anschluss an die von Platon eingeführte und in der Stoa verfestigte Unterscheidung von Ethik, Logik und Physik voneinander getrennt werden. Wie wir gesehen haben, hat Heidegger schon während der metaphysischen Periode in seiner Auseinandersetzung mit Kant die Trennung von theoretischer und praktischer Vernunft und damit implizit auch von Ontologie und Ethik unterwandert. Diese Bewegung vertieft er nun weiter, mittels einer eigenwilligen Auslegung von Heraklit.

Das »Wesen des Ethos« komme in dem Spruch des Heraklit ἦθος ἀνθρώπῳ δαίμων zum Ausdruck, wenn man ihn nicht »modern«, sondern »griechisch« verstehe als »der Mensch wohnt, insofern er Mensch ist, in der Nähe Gottes«.[357] Im Ausgang von dieser (um-)interpretierenden Übersetzung gelangt Heidegger zu dem Gedanken, dass die »ursprüngliche Ethik«, die dieser »Grundbedeutung« des Wortes ἦθος Rechnung trage, ein »Denken« sei, »das die Wahrheit des Seins als das anfängliche Element des Menschen als eines eksistierenden denkt«.[358] Dieses Denken aber »ist weder Ethik noch Ontologie«, »weder theoretisch noch praktisch«, weil es diesseits der Opposition dieser beiden Disziplinen steht.[359] Es ist »Andenken an das Sein und nichts außerdem«.[360] Es ist ein Denken, das »ein Sehen als Theorie« allererst möglich macht, und ein ursprüngliches Tun, das »alle Praxis übertrifft« und jedes Handeln und Herstellen »durchragt«.[361] Die ursprüngliche Ethik im Sinne eines so gedeuteten heraklitischen Ethos liegt für Heidegger in einem jeder Theorie und Praxis zugrunde liegenden Denken des Seins. Woher aber nimmt dieses in sich selbst »ethische« Denken sein Maß?

Heideggers Antwort auf diese Frage lautet: aus dem Sein selbst. Er formuliert: »Nur sofern der Mensch, in die Wahrheit des Seins ek-sistierend, diesem gehört, kann aus dem Sein selbst die Zuweisung derjenigen Weisungen kommen, die für den Menschen Gesetz und Regel werden müssen.«[362] »Der νόμος« aber sei »nicht nur Gesetz, sondern ursprünglicher die in der Schickung des Seins

---

355 GA 9, S. 353.
356 Ebd.
357 Ebd., S. 354 f.
358 Ebd., S. 356.
359 Ebd., S. 357, S. 358.
360 Ebd., S. 358.
361 Ebd., S. 361.
362 Ebd., S. 360 f.

geborgene Zuweisung«.[363] Das Gesetz, so betont Heidegger hier ausdrücklich, müsse in jenem ursprünglichen Sinne als eine *Zuweisung aus dem Sein* verstanden werden, denn »[a]nders bleibt alles Gesetz nur das Gemächte menschlicher Vernunft«.[364] An die Stelle eines metaphysischen Entwurfes des Menschen überhaupt ist jene Zuweisung aus dem Sein getreten. Allerdings darf dies nicht so verstanden werden, dass Heidegger am Ende der 1920er Jahre den Menschen als Metaphysiker und 1946 das Sein für den ursprünglich Handelnden hält, so als sei die Initiative vom Menschen auf das Sein übergewandert. Die Scheidung und Zusammengehörigkeit von Mensch und Sein sei vielmehr über das Er-eignis einer Ent-scheidung zu denken, die selbst seinsgeschichtlichen Charakter habe. In den *Beiträgen* spricht Heidegger von »dem seynsgeschichtlichen Wesen der Entscheidung«[365] und bezieht sich damit auf den Gedanken, dass sich die jeweilige Art der Scheidung und Zusammengehörigkeit von Mensch und Sein als ein Geschehnis geschichtlich ereignet und entscheidet. »Das Sein *ist* als das Geschick des Denkens«, und »[d]as Geschick [...] ist in sich geschichtlich.«[366] Diese Geschichtlichkeit des Seins aber bedeutet, dass die aus dem Sein selbst kommenden Zuweisungen, die für den Menschen Gesetz und Regel werden müssen, *selbst geschichtlich sind.* Wenn »das erste Gesetz des Denkens« die »Schicklichkeit des Sagens vom Sein als dem« geschichtlichen »Geschick der Wahrheit« ist und das Gesetz als ein »Gesetz der Schicklichkeit des seinsgeschichtlichen Denkens« bestimmt wird,[367] *dann ist das für das Ethos des Denkens als Maß fungierende Gesetz ein durch und durch geschichtliches.*[368]

363 Ebd., S. 361.

364 Ebd.

365 Heidegger, Martin: *Beiträge zur Philosophie (Vom Ereignis)*, hg. von Friedrich-Wilhelm von Herrmann. Frankfurt am Main: Klostermann ³2003 (= Gesamtausgabe. Bd. 65), S. 87.

366 GA 9, S. 363.

367 Ebd., S. 363, S. 364.

368 In seinem Buch *Irrnisfuge. Heideggers An-archie* (Berlin: Matthes & Seitz 2014) entwickelt Peter Trawny im Ausgang von Heideggers Konzeption der Seinsgeschichte die Perspektive einer tragischen Ethik. Seine These ist, dass es nach Heidegger eine Tragik des Seins gibt, welche darauf zurückzuführen ist, dass sich das Sein immer nur zusammen mit einem Entzug gibt und der Mensch es daher gleichsam nicht vermeiden kann, in die Irre zu gehen. Wenn er aber in die Irre geht, dann sei dies als etwas Tragisches zu verstehen, das völlig verkannt würde, wenn man es in abkünftigen Begriffen moralischer Schuld zu fassen suchte. Diese Auffassung einer tragischen Ethik aber scheint bei Trawny zugleich als eine Art Rehabilitierung von Heidegger selbst zu fungieren, insofern sich sagen ließe, dass Heidegger selbst in der Zeit des Nationalsozialismus einem derartigen tragischen Irrtum erlegen sei, den er aus einer denkerischen Redlichkeit heraus in den zur Veröffentlichung bestimmten »Schwarzen Heften« dokumentiert habe. Weil der Irrende »ohne Schuld« sei, sei es »schwach«, von Heidegger eine Entschuldigung für sein Denken zu verlangen. A. a. O., S. 68. Aus unserer Sicht liegt das Problem aber nicht bei denjenigen, die Heidegger und sein Denken aus ethischen Gründen kritisieren, sondern vielmehr in Heideggers Denken selbst, das nicht nur das Ethische auf das Denken reduziert, sondern dieses darüber hin-

Während sich in der Rückführung von Kants reiner praktischer Vernunft auf die Zeitlichkeit am Ende der 1920er Jahre bereits eine schlechthinnige Verzeitlichung des Ethischen ankündigte, zieht Heidegger im seinsgeschichtlichen Denken daraus die letzten Konsequenzen. Das seinsgeschichtliche Denken, das »nicht mehr Philosophie [ist], weil es ursprünglicher denkt als die Metaphysik, welcher Name das gleiche sagt«,[369] ist als solches mit einem Ethos verknüpft, dessen Maß das geschichtlich sich schickende Sein ist. Diese Konzeption aber scheint die Ethik, und sei sie im Sinne eines Ethos gedacht, *voll und ganz dem Geschichtlichen auszuliefern.*[370] Wenn das Gesetz als Zuweisung aus dem geschichtlich sich schickenden Sein kommt, dann bleibt keinerlei Ort, von dem aus ein derart geschichtlich zugewiesenes Gesetz kritisch in den Blick genommen werden könnte.[371] Eine derart radikale Verzeitlichung und Vergeschichtlichung des Ethischen aber erscheint höchst problematisch. Während Heidegger nur die Alternative eines Gesetzes, das »Gemächte menschlicher Vernunft« ist, und eines Gesetzes, das aus dem geschichtlich sich schickenden Sein zugewiesen wird, kennt, hat Kant dem Gesetz reiner praktischer Vernunft einen Ort jenseits dieser Alternative zugewiesen. Als Gesetz reiner praktischer Vernunft übersteigt es jedes endliche und geschichtliche Gesetz hin zum Unendlichen der Vernunftideen, die im endlich existierenden Menschen fungieren, aber als solche über das je bloß Endliche und

aus auch noch dem Geschichtlichen ausliefert. Es handelt sich um eine Irrnisfuge, die die Todesfuge vergisst, wie sich in Anspielung auf Paul Celan in einer etwas poetischen Wendung sagen ließe (damit greifen wir eine Formulierung auf, die Christian Sommer während einer Wuppertaler Tagung über »Heidegger und die Juden« verwendet hat).

[369] GA 9, S. 364.

[370] In Bezug auf die *Beiträge* und nicht speziell auf die Frage nach der Ethik bezogen formuliert Tengelyi: »[M]an kommt nicht umhin sich zu fragen, *ob es jemals ein Denken gab, das der Geschichte stärker ausgesetzt war, ihr stärker ausgeliefert war als dasjenige von Heidegger* in den *Beiträgen zur Philosophie*«. Tengelyi, László: »La pensée historiale de Heidegger dans les *Contributions à la philosophie*«, in: Schnell, Alexander (Hg.): *Lire les* Beiträge zur Philosophie *de Heidegger.* Paris: Hermann 2017, S. 121–140, hier S. 138, Kursivierungen im Original. Bei Aubenque heißt es: »Wenn die Verantwortung nichts weiter ist als die Antwort auf einen externen Anspruch, dann ist sie lediglich eine passive Haltung, die abermals den Menschen jeder Initiative und jeder moralischen Bestimmung beraubt.« Aubenque, Pierre: »Du débat de Davos (1929) à la querelle parisienne sur l'humanisme (1946–1968): genèse, raisons et postérité de l'anti-humanisme heideggérien«, in: Pinchard, Bruno (Hg.): *Heidegger et la question de l'humanisme. Faits, concepts, débats.* Paris: PUF 2005, S. 227–238, hier S. 235.

[371] Es stellt sich aber die Frage, ob nicht auch jene an Heideggers Ereignisbegriff anknüpfenden Ansätze von Nancy und Badiou mit dieser Schwierigkeit zu ringen haben. Wenn das »singulär plural sein« für Nancy aus dem Ereignis des Seins heraus zu denken ist und wenn das Ethische in Badious »Ethik der Wahrheiten« in einer »Treue zum Ereignis« besteht, dann scheinen auch diese dem Geschichtlichen ausgeliefert zu sein. Nancy, Jean-Luc: *Être singulier pluriel*, a.a.O.; Badiou, Alain: *L'éthique. Essai sur la conscience du mal.* Caen: Nous 2003 (dt. *Ethik*, übersetzt von Jürgen Brankel. Wien: Turia + Kant 2003).

Geschichtliche hinausweisen und damit eine kritische Distanz zu ihm ermöglichen. Die Forderung der reinen praktischen Vernunft wird von Heidegger auf eine Forderung des geschichtlich sich schickenden Seins reduziert. Aus Heideggers eigener Sicht impliziert dies zwar eine neuartige Auffassung der Autonomie des das Sein bedenkenden Menschen, die dessen Endlichkeit angemessen berücksichtigt; aus einer von Kant her kommenden Sicht jedoch mündet Heideggers Auffassung in eine »Apotheose der ›Heteronomie‹«,[372] die den Menschen und das Ethische der Geschichte ausliefert.

Während im Brief über den Humanismus der Gedanke im Vordergrund steht, dass dem Menschen als solchen das Maß vom Sein zugewiesen wird, nimmt Heidegger in anderen Schriften auch noch von dieser Kant nahe stehenden Konzentration auf den Menschen überhaupt Abstand. In der im zeitlichen Kontext der Erarbeitung der *Beiträge* stehenden Vorlesung über *Hölderlins Hymnen »Germanien« und »Der Rhein«* von 1934/35 heißt es: Die »ursprüngliche geschichtliche Zeit der Völker ist [...] die Zeit der Dichter, Denker und Staatsschöpfer, d. h. derer, die eigentlich das geschichtliche Dasein eines Volkes gründen und begründen. Sie sind die eigentlich Schaffenden.«[373] Derartige Gedankengänge aber legen es nahe, dass es *nicht der Mensch als solcher* ist, der die Zuweisung aus dem geschichtlich sich schickenden Sein in seinem Entwurf stiftend aufgreift, sondern vielmehr *bestimmten, gleichsam auserwählten* Menschen diese Stiftungsfunktion zukommt.[374] Es sind die Wenigen, die sich von den Vielen abgrenzenden Dichter, Denker und Staatsschöpfer, die sich jenseits des öffentlichen Geredes in ein ursprüngliches Miteinander zusammenfinden. Heidegger hat diese Form von geistiger Gemeinschaft einmal als eine »unsichtbare Kirche« bezeichnet,[375]

---

[372] Crowell formuliert: »Ob sich auf diese Weise«, das ist in der Übertragung des Anspruchs der reinen praktischen Vernunft auf den Anspruch des Seins, »eine quasi-kantische, phänomenologische Ethik entwickeln lässt, oder ob dies bloß eine Apotheose der ›Heteronomie‹ ist, bleibt offen.« Crowell, Steven: »Kantianismus und Phänomenologie«, a. a. O., S. 35.

[373] Heidegger, Martin: *Hölderlins Hymnen »Germanien« und »Der Rhein«*, hg. von Susanne Ziegler. Frankfurt am Main: Klostermann ³1999 (= Gesamtausgabe. Bd. 39), S. 51.

[374] Christian Sommer arbeitet heraus, dass und inwiefern Heidegger in und im Umkreis der Rektoratsrede am platonischen Programm einer philosophischen Regierung festhält. Sommer, Christian: *Heidegger 1933. Le programme platonicien du* Discours du rectorat. Paris: Hermann 2013. Kant selbst hat in der *Kritik der reinen Vernunft* an die »Platonische Republik« (KrV, AA 3: 247. 21 (B 372)) anknüpfen wollen. Da jedoch die in dieser Hinsicht dort von ihm erwähnte »nothwendige Idee« einer »Verfassung von der größten menschlichen Freiheit nach Gesetzen, welche machen, daß jedes Freiheit mit der andern ihrer zusammen bestehen kann« (ebd., S. 247.33,29–31 (B 373)), zwar die Auffassung Kants, jedoch sicher nicht diejenige von Platon selbst ist, wird deutlich, dass Kant an Platons Gedanken, die Republik müsse einer aus der Vernunft entspringenden »Idee« folgen, anzuknüpfen sucht, nicht jedoch an den Gedanken, dass die Philosophen Könige werden sollten.

[375] Heidegger, Martin: »Brief an Elfride Heidegger, Pfingstsonntag 1917«, in: Heidegger, Mar-

worin durchaus eine Anspielung auf Kants ethisches Gemeinwesen aus der *Religionsschrift* gesehen werden kann. Allerdings steht die von Heidegger anvisierte unsichtbare Gemeinschaft dem wesentlich nicht öffentlichen Geheimbund des Kreises um Stefan George deutlich näher als dem kosmopolitisch gedachten, ethischen Gemeinwesen, das Kant selbst in der *Religionsschrift* als unsichtbare Kirche bezeichnet. Während die Rede vom Menschen im Brief über den Humanismus eine gewisse Nähe zu Kant nahelegt, scheint diese in der anderenorts vorherrschenden Priorisierung der wenigen Dichter, Denker und Staatsschöpfer vollends zu verschwinden. Wenn das für das Ethos des Denkens maßgebliche Gesetz aber vollends dem Geschichtlichen ausgeliefert wird und der diesem geschichtlich zugewiesenen Maß entsprechende Entwurf des Menschen letztlich ein gründender Entwurf von Wenigen ist, dann besteht ein himmelweiter Unterschied zwischen Heideggers vergeschichtlichtem, elitären Ethos und Kants das je Geschichtliche transzendierender, die universale Menschengemeinschaft ins Zentrum stellender Ethik.

Mit dem Beginn der Veröffentlichung von Heideggers »Schwarzen Heften« ist die Debatte über Heideggers denkerische Verwicklung mit dem Nationalsozialismus neu entflammt. Ausdrücklich fordert er in jenen Heften einen »geistige[n] Nationalsozialismus«[376] und vertritt damit verbunden eine Art von »seinsgeschichtliche[m] Antisemitismus«,[377] in welchem er dem Antisemitismus gleichsam eine seinsgeschichtliche Dignität zuerkennt. Das Jüdische wird im Rahmen von einer Art »*seinsgeschichtliche[m] Manichäismus*«[378] einem in der Seinsgeschichte waltenden Feind zugerechnet, den es zugunsten der Ermöglichung eines neuen Anfangs zu besiegen gilt. Dass die philosophische Wurzel dieser erschreckenden Gedanken womöglich letztlich in Heideggers vollkommen einseitiger Interpretation der Metaphysikgeschichte und in dem damit verbundenen Supernarrativ einer Seinsvergessenheit zugunsten des (onto-theologischen) Seienden liegt, kann an dieser Stelle nur vermutet werden.[379] Es ist hier

---

tin: *Mein liebes Seelchen! Briefe von Martin Heidegger an seine Frau Elfride 1915–1979*, hg. und kommentiert von Gertrud Heidegger. München: Deutsche Verlagsanstalt 2005, S. 58. Zitiert in Aurenque, Diana: *Ethosdenken*, a. a. O., S. 316.

[376] Heidegger, Martin: *Überlegungen II-VI (Schwarze Hefte 1931–1938)*, hg. von Peter Trawny. Frankfurt am Main: Klostermann 2014 (= Gesamtausgabe. Bd. 94), S. 135.

[377] Trawny, Peter: *Heidegger und der Mythos der jüdischen Weltverschwörung*. Frankfurt am Main: Klostermann 2014, S. 11.

[378] Ebd., S. 22.

[379] Tengelyi hat zu Beginn seines Buches *Welt und Unendlichkeit* mithilfe der französischen Philosophiegeschichtsschreibung die Heidegger'sche These kritisiert, dass die Metaphysik als solche Onto-theologie sei. Anhand der typologischen Unterscheidung von katholou-protologischer (Aristoteles), katholou-tinologischer (Duns Scotus), epistemisch-protologischer (Descartes) und schließlich phänomenologischer (Husserl, Heidegger) Grundstruktur der Metaphysik

auch nicht der Ort, auf die Bedeutung dieser und zahlreicher weiterer, ohne jeden Zweifel höchst verstörenden Formulierungen und Gedanken aus jenen Heften einzugehen. In letzter Instanz steht hinter dem Entsetzen über Heideggers Notizhefte jedoch wesentlich die philosophische Frage nach dem Ort der Ethik oder dem Ethischen in seinem Denken sowie nach der Überzeugungskraft seiner Antwort. Zu dieser Grundfrage wollen wir abschließend Stellung nehmen, womit wir zugleich die Kerngedanken unserer Auseinandersetzung mit Heidegger zusammenfassen.

In kritischer Abgrenzung zur materialen Wertethik strebt Heidegger zunächst nach einer phänomenologisch radikalisierten Neuformulierung des Formalismus, die diesen nicht als einen Formalismus reiner praktischer Vernunft, sondern als einen Formalismus des jemeinigen Selbst versteht. Dieser Formalismus des jemeinigen Selbst, der nach Heideggers Selbstverständnis in *Sein und Zeit* eine existenziale Grundlegung einer möglichen Ethik darstellt, eröffnet die Perspektive einer formalistisch gefassten phänomenologischen Ethik im Ausgang vom jemeinigen individuellen Dasein, das dieses nicht von vornherein schon mit einer fungierenden reinen praktischen Vernunft ausgestattet sieht. Heidegger scheitert jedoch daran, diese eröffnete Perspektive einer Ethik der jemeinigen Eigentlichkeit in Hinblick auf die Dimension des Mitseins auf eine überzeugende Weise auszuarbeiten. Das Ergebnis ist eine fundamentale Spannung in *Sein und Zeit*, eine Aporie des Mitseins, die darin besteht, dass Heidegger einerseits die Daseine in der Eigentlichkeit als existenzial radikal vereinzelt auffasst, dann jedoch von einer Verschmelzung ihrer eigentlichen Entwürfe zu einem gemeinsamen Geschick ausgeht. Wir haben skizziert, inwiefern diese Aporie eine Reihe von Anknüpfungsversuchen an Heidegger hervorgebracht hat, die den Gedanken einer existenzialen Vereinzelung im Formalismus des jemeinigen Selbst mit Figuren der Alterität, der Intersubjektivität und der intersubjektiv fundierten Vernunft zu verknüpfen suchen, um Heideggers aporetischen Kurzschluss von der jemeinigen Eigentlichkeit auf das gemeinsame Geschick zu vermeiden. Eine tragfähige Perspektive auf eine Ethik des Mitseins im Ausgang von Heideggers Formalismus des jemeinigen Selbst bleibt in *Sein und Zeit* selbst jedoch ein Desiderat. Dass Heidegger diesem Desiderat aber auch später nicht zu begegnen vermochte, liegt daran, dass er die frühere Perspektive des Entwurfes eines jemeinigen, ganz auf sich selbst zurückgeworfenen Daseins zugunsten der Perspektive eines metaphysischen Entwurfes des Menschen überhaupt aufgibt. In seiner metaphysischen Periode sind die individuellen eigentlichen Entwürfe zu einem metaphysischen

argumentiert er dafür, dass Heideggers Diktum im Wesentlichen auf die scotistische Gestalt der Metaphysik zutrifft, die wiederum diejenige Form der Metaphysik sei, die Kant kritisiert. Tenge-lyi, László: *Welt und Unendlichkeit*, a. a. O., Erster Teil.

Entwurf des Menschen überhaupt verschmolzen. Zusammen mit der Aufhebung des Unterschieds von theoretischer und praktischer Vernunft führt diese Konzeption auf eine Ethik der Metaphysik, in der der Mensch als solcher dazu aufgerufen ist, sein metaphysisches Wesen auszubilden und im Ausgang von einem metaphysischen Entwurf so auf das Seiende einzugehen, dass sich das Seiende in seinem An-sich zeigen kann und sein gelassen wird. Diese Ethik der Metaphysik vertieft Heidegger im Zuge des seinsgeschichtlichen Denkens zu einem Ethos des Denkens, in dem sich der Mensch das Maß vom Sein zuweisen lässt. Mit dieser Auffassung scheint er die Ethik beziehungsweise das Ethos vollends an das Geschichtliche des Seinsgeschicks auszuliefern, ohne die Möglichkeit einer kritischen Distanznahme von dem je geschichtlich sich Schickenden einzuräumen. Überdies priorisiert er offenbar einige wenige Menschen, denen die Aufgabe der Gründung des Seins im Entwurf auf besondere Weise zugewiesen wird, womit er dem platonischen Programm einer Führung der Vielen durch die Wenigen näher steht als der kantischen Philosophie der Gleichheit zwischen den Menschen, und er operiert mit dem Gedanken eines in der Seinsgeschichte waltenden Feindes, den es zugunsten eines neuen Anfangs zu besiegen gilt.[380]

Es bleibt trotz dieser höchst problematischen Wendungen Heideggers Verdienst, gegenüber der materialen Wertethik das Programm einer phänomenologisch radikalisierten Neuformulierung des kantischen Formalismus im Ausgang vom jemeinigen Selbst begonnen und die Perspektive einer von dort ausgehenden neuartigen formalistischen Ethik angedeutet zu haben. Anstatt diese Perspektiven jedoch in Hinblick auf eine Ethik des vom jemeinigen Selbst ausgehenden zwischenmenschlichen Miteinanders auszuarbeiten, entwickelt er die Konzeption eines Ethos des Denkens, in der nicht nur die Eigenständigkeit des Problems einer Ethik gegenüber dem philosophischen Denken vernachlässigt und für abkünftig erklärt, sondern noch dieses in sich selbst ethische Denken im seinsgeschichtlichen Denken der Geschichtlichkeit ausgeliefert wird und der Tendenz nach mit einer Priorisierung der Wenigen und der Bekämpfung eines seinsgeschichtlichen Feindes einhergeht. Das Desiderat einer Ethik des Miteinander zwischen formal gleichen jemeinigen Daseinen sowie das Desiderat einer kritischen Distanznahme gegenüber dem aus der jeweiligen Epoche des Seinsgeschicks zugewiesenen Gesetzes werden erst von nachfolgenden Denkern der phänomenologischen Tradition bearbeitet. Es ist Sartre, der im Ausgang von Heideggers Formalismus des jemeinigen Selbst das Problem der Intersubjekti-

---

380 Joanna Hodge schließt ihr Buch über Heidegger und Ethik mit der Wendung: »The philosophy which remains is that which celebrates the other, multiple Kantian maxim: dare to think. Heidegger's enquiries disrupt the generality of universalisaton in favour of this other Kantian imperative.« Hodge, Joanna: *Heidegger and Ethics*. London/New York: Routledge 1995, S. 203. Alles jedoch hängt von den Implikationen ab, die dieser »andere kantianische Imperativ« hat.

vität sowie die Frage nach einer damit verbundenen und den kantischen Ansatz neu formulierenden Ethik der Intersubjektivität in den Mittelpunkt rückt; und es ist Levinas, der in Anknüpfung an Kants Gedanken einer auf das Unendliche bezogenen reinen praktischen Vernunft den Gedanken des jedes endliche und geschichtliche Maß überschreitenden Unendlichen in das Zentrum seiner Phänomenologie des Ethischen rückt. In seiner Auseinandersetzung mit Kant aus der *Grundprobleme*-Vorlesung von 1927 war Heidegger durchaus auf die Möglichkeit einer Ethik des Miteinander aus dem phänomenologisch radikalisierten Formalismus des jemeinigen Selbst gestoßen, als er dort in kritischer Abgrenzung zur materialen Wertethik schrieb: »Das *Reich der Zwecke* ist das *Miteinander-Sein*, das *Commerzium der Personen* als solches, und deshalb das Reich der Freiheit. Es ist das Reich der existierenden Personen unter sich, und nicht etwa ein System von Werten, auf das sich irgendein handelndes Ich bezieht und in dem als etwas Menschlichem die Zwecke im Zusammenhang als Gefälle von Absichten auf etwas fundiert sind.«[381] Diese Perspektive hat er jedoch nicht weiter verfolgt.

3.3 *Sartres Formalismus des Begehrens der individuellen Freiheiten*

Von Jean-Paul Sartre lässt sich sagen, dass er Heideggers Formalismus des jemeinigen Selbst aus *Sein und Zeit* aufgegriffen und in andere Richtungen als der spätere Heidegger vertieft hat. Diese Weiterentwicklungen lassen sich in Bezug auf die Frage nach einer Ethik in fünf Hauptzügen vorläufig anzeigen. Erstens ist die individuelle Freiheit für Sartre wesentlich *Begehren*. Während Heidegger lediglich in einigen Vorlesungen darauf hinarbeitet, das Dasein als Begehren zu verstehen,[382] macht Sartre das Begehren schlechterdings zum Zentrum der Sub-

---

381 GA 24, S. 197. Weil Heidegger das kantische Zweck-an-sich-Sein zwar einerseits zum existenzialen Worumwillen des Zweck-seiner-selbst-Seins des Daseins uminterpretiert und derart für anschlussfähig hält, andererseits jedoch Kant für dessen vermeintliches Festhalten an der Bestimmung der Zweck-an-sich seienden Person als *res* kritisiert, gelangt Heidegger an dieser Stelle letztlich doch zu einer kritischen Zurückweisung des kantischen Gedankens eines Reichs der Zwecke: »Reich der Zwecke muß in einem ontischen Sinne genommen werden. Zweck ist existierende Person, das Reich der Zwecke das Miteinander der existierenden Personen selbst. [...] Beides, Personen und Sachen, sind nach Kant *res*, Dinge im weitesten Sinne, Dinge, die Dasein haben, die existieren. Kant gebraucht Dasein und Existieren im Sinne von Vorhandensein.« Ebd.

382 Heidegger hat einerseits in seiner Leibniz-Vorlesung von 1928 (GA 26) die Zeitlichkeit des Daseins als Schwung und Überschwung und das Dasein in Anlehnung an Leibniz als Drang gekennzeichnet sowie andererseits 1931 in einer Vorlesung über Aristoteles (GA 33) den Begriff der δύναμις κατὰ κίνησιν, der auf Bewegung hin verstandenen Kraft, untersucht und diesen auch als das Vermögen der strebenden Seele thematisiert. Heidegger, Martin: *Aristoteles Meta-*

jektivität. Zweitens geht Sartre von Anfang bis Ende von einer unüberwindbaren *Pluralität* der Bewusstseine aus, die sich in ihrer Verschiedenheit gegenüberstehen und weder in einem gemeinsamen Geschick, noch in einem metaphysischen Entwurf des Menschen miteinander verschmolzen werden können. Durch diese Differenz gegenüber Heidegger vermag er das Problem einer Ethik der *Intersubjektivität* von Grund auf zu stellen. Drittens hat Sartre zeit seines Lebens immer wieder versucht, die *Frage nach einer Ethik eigenständig* zu beantworten, wenngleich ihm dies nie systematisch gelungen ist.[383] Sowohl Heidegger als auch Sartre haben kein eigenständiges Werk zur Ethik geschrieben; Sartre jedoch wollte ein derartiges Werk stets verfassen, während Heidegger die Frage nach der Ethik durch sein Denken bereits beantwortet sah. Viertens entwickelt auch Sartre seinen von uns hier so genannten *Formalismus des Begehrens der individuellen Freiheiten* wesentlich in *Auseinandersetzung mit Kant.*[384] Wobei er jedoch fünftens, ebenso wie Heidegger, diesen Formalismus *nicht* auf den Gedanken einer – und sei es auch irgendwie umformulierten – *reinen praktischen Vernunft* gründet.

Sartres Versuche zu einer Ethik lassen sich in drei Gruppen unterteilen.[385] Die ontologische Grundlage für den ersten Versuch einer Ethik bildet das 1943 unter deutscher Besatzung erschienene Hauptwerk *L'être et le néant.*[386] Weitere für die

physik IX 1–3. Vom Wesen und Wirklichkeit der Kraft, hg. von Heinrich Hüni. Frankfurt am Main: Klostermann ³2006 (= Gesamtausgabe. Bd. 33).

383 Im Vorwort zur Monographie von Francis Jeanson, der das Problem der Moral zum Leitfaden seiner Untersuchung des Sartre'schen Denkens gemacht hatte, schreibt Sartre:»[S]ie hätten keine bessere Perspektive wählen können, um den Sinn und die Ausrichtung meiner Philosophie erahnbar zu machen. Da das Existierende für mich in der Tat ein Seiendes ist, ›das sein Sein zu existieren hat‹, versteht es sich von selbst, dass die Ontologie sich nicht von der Ethik abtrennen lässt, und ich mache keinen Unterschied zwischen der moralischen Einstellung, die ein Mensch sich gewählt hat, und dem, was die Deutschen seine ›Weltanschauung‹ [im Orig. deutsch] nennen.« Jeanson, Francis: *Le problème moral et la pensée de Sartre*, mit einem Vorwort von Jean-Paul Sartre. Paris: Éditions du Seuil 1965, S. 12.

384 Recki spricht in Bezug auf die Freiheitstheorien bei Sartre und bei Kant von einer »grundlegungstheoretische[n] Affinität« und rückt im Zuge dessen Sartres Überlegungen zu einer phänomenologischen Ethik in die Nähe der kantischen Ethik. Recki, Birgit: »Freiheit bei Sartre und bei Kant – eine grundlegungstheoretische Affinität«, in: Egger, Mario (Hg.): *Philosophie nach Kant. Neue Wege zum Verständnis von Kants Transzendental- und Moralphilosophie.* Berlin/Boston: de Gruyter 2014, S. 673–691.

385 Diese Einteilung findet sich sowohl bei Münster als auch bei Crittenden. Vgl. Crittenden, Paul: *Sartre in Search of an Ethics*. Newcastle: Cambridge Scholars Publishing 2009 sowie Münster, Arno: *Sartre et la morale*. Paris: L'Harmattan 2007. Beide Monographien behandeln Sartres sämtlichen Versuche zur Entwicklung einer Ethik im Zusammenhang.

386 Sartre, Jean-Paul: *L'être et le néant. Essai d'ontologie phénoménologique.* Paris: Gallimard 1943 (dt. *Das Sein und das Nichts. Versuch einer phänomenologischen Ontologie*, hg. von Traugott König, übersetzt von Hans Schöneberg und Traugott König. Reinbek bei Hamburg: Rowohlt ⁴1993 (= Gesammelte Werke in Einzelausgaben. Philosophische Schriften. Bd. 3)).

Frage nach einer Ethik relevante Texte, die dieser ersten Phase zugerechnet werden können, sind der Vortrag »L'existentialisme est un humanisme« von 1945, die 1947/48 entstandenen *Cahiers pour une morale* sowie der 1947 entstandene Text *Qu'est-ce que la littérature?*.[387] Sartres zweiter Ansatz wird in der Forschung häufig als ›dialektische‹ oder ›realistische‹ Ethik bezeichnet. Er fällt in die Zeit, in der Sartre versuchte, seinen eigenen – von anderen so genannten – ›Existenzialismus‹ mit dem Marxismus zu verbinden. Die einschlägigen Texte dieser Phase lassen sich in drei Gruppen unterteilen. Erstens sind hier die veröffentlichten Schriften *Questions de méthode* von 1957 und *Critique de la raison dialectique* von 1960 zu nennen.[388] Zweitens hat Sartre 1964 in Vorbereitung auf einen Vortrag für eine Konferenz zum Thema »Moral und Gesellschaft« im Gramsci-Institut in Rom ein umfangreiches Notizenkonvolut von ca. 165 Seiten verfasst, das bisher unveröffentlicht geblieben ist. Diese Texte werden häufig als »Rom-Vorlesungsnotizen« bezeichnet. Veröffentlicht ist allerdings der Vortrag selbst, in deutscher Sprache unter dem Titel »Determination und Freiheit« in einem Tagungsband bei Suhrkamp, der unter dem Tagungstitel erschienen ist.[389] An dritter Stelle stehen die sogenannten »Cornell-Vorlesungsnotizen« von 1965. Dieses 225 Seiten umfassende Manuskript enthält Notizen über Moral und Geschichte und wurde in französischer Sprache erstmals im Jahre 2005 in der von Sartre begründeten Zeitschrift *Les temps modernes* publiziert.[390] Sartre hatte diese Texte für eine Vorlesungsserie an der Cornell Universität verfasst, sagte die Vorlesung jedoch aus

---

[387] Sartre, Jean-Paul: *L'existentialisme est un humanisme.* Paris: Gallimard 1996 (dt. »Der Existentialismus ist ein Humanismus«, übersetzt von Vincent von Wroblewsky, in: ders.: *Der Existentialismus ist ein Humanismus – und andere philosophische Essays 1943–1948*, übersetzt von Werner Bökenkamp, Hans Georg Brenner, Margot Fleischer, Traugott König, Günther Scheel, Hans Schöneberg und Vincent von Wroblewsky. Reinbek bei Hamburg: Rowohlt [5]2010 (= Gesammelte Werke in Einzelausgaben. Philosophische Schriften. Bd. 4), S. 145–192); ders.: *Cahiers pour une morale.* Paris: Gallimard 1983 (dt. *Entwürfe für eine Moralphilosophie*, übersetzt von Hans Schöneberg und Vincent von Wroblewsky. Reinbek bei Hamburg: Rowohlt 2005); ders.: *Situations II: Qu'est-ce que la littérature?* Paris: Gallimard 1948 (dt. *Was ist Literatur?*, übersetzt von Traugott König. Reinbek bei Hamburg: Rowohlt [2]1986 (= Gesammelte Werke. Schriften zur Literatur. Bd. 2)).

[388] Sartre, Jean-Paul: »Questions de méthode«, in: ders.: *Critique de la raison dialectique. Tome I: Théorie des ensembles pratiques.* Paris: Gallimard 1960, S. 13–111 (dt. *Fragen der Methode*, übersetzt von Vincent von Wroblewsky. Reinbek bei Hamburg: Rowohlt [13]1999 (= Gesammelte Werke. Philosophische Schriften. Bd. 5)); ders.: *Critique de la raison dialectique. Tome I: Théorie des ensembles pratiques.* Paris: Gallimard 1960 (dt. *Kritik der dialektischen Vernunft. I. Band: Theorie der gesellschaftlichen Praxis.* Reinbek bei Hamburg: Rowohlt 1967); ders.: *Critique de la raison dialectique. Tome II: L'intelligibilité de l'histoire.* Paris: Gallimard 1985.

[389] Sartre, Jean-Paul: »Determinazione e libertà«, in: *Morale e Società.* Rom: Editori Reuniti-Istituto Gramsci 1966, S. 31–41 (dt. »Determination und Freiheit«, in: *Moral und Gesellschaft.* Frankfurt am Main: Suhrkamp 1968, S. 22–35).

[390] Sartre, Jean-Paul: »Morale et histoire«, in: *Les Temps Modernes* 60 (2005), S. 268–414.

Protest gegen den Vietnamkrieg ab. Ein dritter Ansatz zur Ethik scheint sich in einem Interview anzudeuten, das Benny Lévy 1980 kurz vor Sartres Tod mit dem Philosophen geführt hat. Es ist unter dem Titel *L'espoir maintenant. Les entretiens de 1980* veröffentlicht worden.[391] Intellektuelle aus Sartres Umfeld, allen voran Simone de Beauvoir, waren entsetzt über diese Arbeit, weil sie den Eindruck hatten, Sartre habe sich von Lévy zu Stellungnahmen hinreißen lassen, die zwar Lévys, nicht aber Sartres eigenem Denken entsprachen. Es besteht mittlerweile allerdings ein Konsens darüber, dass man in Hinblick auf dieses Interview, auch wenn man seinen Wortlaut ernst nimmt, von keinem inhaltlichen Neuansatz zur Ethik sprechen kann.

Wir konzentrieren uns im Folgenden auf Sartres ersten Versuch zur Entwicklung einer Ethik und gehen in einem Zusatz lediglich kurz auf das späte Interview ein. Es gibt für diese Auswahl insbesondere vier Gründe. Erstens kommt in dem ersten Versuch die Sartres sämtliche Ansätze zu einer Ethik prägende Spannung auf herausragende Weise zum Tragen: die Spannung zwischen einer Philosophie absoluter, individueller Freiheit und dem Ziel, eine Ethik zu entwickeln, die auch die zwischenmenschlichen Beziehungen zu behandeln vermag. Zweitens lässt sich diese erste Phase als ein Ringen um eine Neuformulierung des kantischen Formalismus verstehen. Drittens stellt dieser frühe Ansatz auch noch die Grundlage für die Abwandlungen der zweiten Ethik dar, denn Sartre hat in seiner ›realistischen‹ Ethik zwar der Faktizität ein stärkeres Gewicht eingeräumt, hebt jedoch niemals seine Grundkonzeption einer absoluten individuellen Freiheit des Menschen auf, weswegen er auch niemals wirklich den materialistischen Determinismus des Marxismus akzeptiert.[392] Und viertens gibt es gute Gründe dafür, im späten Interview eine gewisse Rückkehr zu seinem ersten Ansatz zu sehen.

---

391 Sartre, Jean-Paul/Lévy, Benny: *L'espoir maintenant. Les entretiens de 1980.* Lagrasse: Verdier 1991 (dt. *Brüderlichkeit und Gewalt. Ein Gespräch mit Benny Lévy,* übersetzt von Grete Osterwald, mit einem Nachwort von Lothar Baier. Berlin: Wagenbach 1993).

392 Vgl. zu Letzterem Münster, Arno: *Sartre et la morale,* a.a.O., S. 39. In einem Interview von 1969 sagt Sartre zwar, er sei »geradezu entsetzt« darüber, in seinem Vorwort zu drei seiner frühen Theaterstücke geschrieben zu haben: »›Gleich, unter welchen Umständen, in welcher Lage: der Mensch ist stets frei, zu wählen, ob er ein Verräter sein will oder nicht...‹ Als ich das las, habe ich mir gesagt: ›Unfaßbar, daß ich das wirklich geglaubt habe!‹« Sartre, Jean-Paul: »Sartre par Sartre«, in: ders.: *Situations, IX.* Paris: Gallimard 1972, S. 99–134, hier S. 100 (dt. »Sartre über Sartre (1969). Interview mit *new left review*«, in: Sartre, Jean-Paul: *Sartre über Sartre. Aufsätze und Interviews 1940–1976,* hg. von Traugott König, übersetzt von Gilbert Strasmann, Edmond Lutrand, Hans-Heinz Holz, Annette Lallemand, Leonhard Alfes, Peter Aschner. Hamburg: Rowohlt ³1997, S. 163–187, hier S. 163). Trotz dieser radikal anmutenden Selbstkritik jedoch vertritt Sartre in den sechziger Jahren keinen materialistischen Determinismus, der seine frühe Freiheitstheorie radikal verändern würde, sondern seine Selbstkritik richtet sich darauf, dass er der Faktizität, die in seiner frühen Freiheitstheorie durchaus schon berücksichtigt war, in den vierziger Jahren zu wenig Gewicht eingeräumt hat.

Ein erstes Kapitel befasst sich mit Sartres Theorie der Subjektivität und sucht zu zeigen, dass und inwiefern Sartre Subjektivität als Freiheit und Begehren bestimmt. Seine Ontologie des Subjekts wird uns dazu führen, von einer durch sie eröffneten Perspektive einer Ethik des jemeinigen Begehrens zu sprechen. In einem zweiten Kapitel wenden wir uns Sartres Konzeption der Intersubjektivität, so wie er sie in seinem frühen Hauptwerk entwickelt, zu. Das Ergebnis dabei wird insofern negativ sein, als es Sartre in diesem Teil seiner Ontologie nicht gelingt, auch nur eine Perspektive für eine Ethik der Intersubjektivität zu eröffnen. Das dritte Kapitel geht auf den *Humanismus*-Vortrag ein, um herauszuarbeiten, inwiefern Sartre in diesem Vortrag eine kantische Form der Ethik anstrebt, ohne dass er deren Kompatibilität mit den ontologischen Grundlagen aus *L'être et le néant* auszuweisen vermöchte. Das vierte Kapitel erörtert die Perspektiven einer Moral der Freiheit, die Sartre in seinen Notizheften am Ende der vierziger Jahre entwickelt und die das im *Humanismus*-Vortrag skizzierte Projekt konkretisieren. Der Zusatz geht auf das späte Interview und Sartres vermeintliche Annäherung an den jüdischen Messianismus und das Denken von Emmanuel Levinas ein.

3.3.1 Subjektivität als Freiheit und Begehren

Obgleich Sartre in wesentlichen Teilen seines frühen Hauptwerks von Heidegger beeinflusst ist, kehrt er zu dem von Heidegger abgelehnten Begriff des Bewusstseins zurück, um seinerseits die Subjektivität zu bestimmen. Allerdings fasst Sartre das Bewusstsein keineswegs als ein lediglich denkendes oder wahrnehmendes Bewusstsein und erst recht nicht als eine Substanz im Sinne der *res cogitans* auf, sondern bestimmt es als Begehren (*désir*). Für Sartre ist das Bewusstsein, die Subjektivität beziehungsweise das Für-sich grundlegend Begehren, wobei die Begierden keine psychischen Entitäten sind, die das Bewusstsein bewohnen, sondern »sie sind das Bewußtsein selbst in seiner ursprünglichen pro-jektiven und transzendenten Struktur, insofern es grundsätzlich Bewußtsein *von* etwas ist«.[393] Das Bewusstsein und seine Intentionalität, so bringt es dieser Satz unmissverständlich zum Ausdruck, sind Begehren.[394]

---

[393] Sartre, Jean-Paul: *L'être et le néant*, a.a.O., S.643 (dt. 957).

[394] Wir folgen hier einer Interpretationslinie, die insbesondere von Rudolf Bernet eröffnet wurde, sich jedoch ebenfalls bei Renaud Barbaras findet. Bernet, Rudolf: »La ›conscience‹ selon Sartre comme pulsion et désir«, in: *Sartre phénoménologue. Alter. Revue de phénoménologie* 10 (2002), S. 23–42. Barbaras, Renaud: »Désir et totalité«, in: *Sartre phénoménologue. Alter. Revue de phénoménologie* 10 (2002), S. 13–21.

Die Bestimmung des Für-sich als Begehren aber taucht in *L'être et le néant* erstmals in einem Kapitel über »Das Für-sich und das Sein des Wertes« auf, so dass das Begehren innerhalb von Sartres phänomenologischer Ontologie von vornherein auf das Ethische bezogen ist. Das Für-sich, das Sartre bekanntlich dem nicht-bewusstseinsmäßigen An-sich gegenüberstellt, existiere als Seinsmangel. Um die Struktur dieses Mangels verständlich zu machen, greift Sartre auf eine trinitäre Struktur zurück: »das, was mangelt, oder das Mangelnde, das, dem das Mangelnde mangelt, oder das Existierende, und eine Totalität, die durch den Mangel aufgelöst wurde und durch die Synthese des Mangelnden und des existierenden wieder hergestellt würde: das *Verfehlte*.«[395] Das existierende Für-sich entwirft sich in seinem Begehren auf eine Totalität hin, die es jedoch prinzipiell niemals erreichen kann. Das Für-sich strebt danach, total und ganz zu sein, wie das An-sich, aber nichtsdestotrotz dabei sein Für-sich-Sein, seinen negierenden Bewusstseinscharakter zu erhalten. Es strebt ein Für-sich-An-sich-Sein an und damit eine »unmögliche Synthese« der »unvereinbaren Eigenschaften des An-sich und Für-sich«, so dass es *per definitionem* ein »unglückliches Bewusstsein« ist.[396]

Die verfehlte Totalität in dieser trinitären Struktur wird von Sartre auch als »das verfehlte *Sich als An-sich-sein*« bezeichnet, welches »den Sinn der menschlichen-Realität ausmacht«.[397] Das Sich (*soi*) ist zwar stets das Verfehlte, nichtsdestotrotz ist es dasjenige, von dem her sich der Sinn der gesamten jemeinigen Existenz erschließt. Das Sich ist »ein Ideal, eine Grenze«.[398] Das »Sein des Sich« aber wiederum »ist der Wert«.[399] Der Wert ist damit nichts, was unabhängig vom Für-sich existiert, sondern der Wert kommt allererst durch das Begehren des Für-sich in die Welt. Er wird jedoch auch nicht von einem Für-sich am Ende eines Überlegungsprozesses im Sinne einer These gesetzt, sondern der Wert bildet mit dem Für-sich die »konsubstantielle[...] Einheit eines Paars«.[400] Mit anderen Worten, sobald ein Für-sich existiert, existiert es als Begehren, und sobald ein Begehren existiert, ist auch ein Wert als dessen Zielperspektive bereits mitgegeben. Der Wert »ist das *Verfehlte* aller Mängel«.[401] Er ist das Erstrebte des Begehrens, von dem her jeder einzelne Mangel allererst seinen Sinn erhält und das zugleich jede einzelne Befriedigung eines konkreten Mangels hin zur unmöglichen totalen Erfüllung des Begehrens übersteigt.

---

[395] Sartre, Jean-Paul: *L'être et le néant*, a.a.O., S. 129 (dt. 184).
[396] Ebd., S. 133, 133, 134 (dt. 190, 191, 191).
[397] Ebd., S. 132 (dt. 188).
[398] Ebd., S. 148 (dt. 213).
[399] Ebd., S. 136 (dt. 195).
[400] Ebd., S. 138 (dt. 198).
[401] Ebd., S. 137 (dt. 196).

Für Sartre ist das Begehren jedoch stets Ausdruck beziehungsweise Manifestation der Freiheit. Um dies zu verstehen, müssen wir zunächst auf Sartres Freiheitsbegriff eingehen. Bei seiner Erörterung der Freiheit geht Sartre insofern phänomenologisch vor, als er danach fragt, wie wir ein Bewusstsein von unserer Freiheit gewinnen. Seine Antwort ist identisch mit derjenigen Heideggers: »[I]n der Angst gewinnt der Mensch Bewußtsein von seiner Freiheit«;[402] die Angst sei das »Freiheitsbewußtsein«.[403] In der Angst werde ich mir dessen bewusst, dass allein meine Freiheit den Werten Geltung verleiht, indem sie sie als Werte anerkennt. Anders als bei Kant steht meine Freiheit dabei nicht unter einem Moralgesetz, sondern sie ist »unbegründete Begründung der Werte«.[404] Weil »der Grund«, wie bei Heidegger, »schlechthin durch das Für-sich zur Welt [kommt]«,[405] kann es keinen Grund für die Freiheit des Für-sich geben, eher dieses als jenes Wertesystem zu wählen. Weil die Freiheit sowohl das gesamte Begründungssystem als auch das gesamte Wertsystem in einer Urwahl allererst hervorbringt, kann sie sich unmöglich selbst auf einen Grund stützen, der sie darin rechtfertigt, dem von ihr entworfenen Interpretations- und Wertsystem eine bestimmte Gestalt zu geben. In diesem Sinne ist die Freiheit als Grund des Grundes selbst abgründig und absolut. Als jemeinige Freiheit kann sie ein beliebiges Wertsystem wählen und ist für diese Wahl absolut verantwortlich.

Dieses Freiheitsbewusstsein kommt Sartre zufolge jedoch im Alltag in der Regel nicht auf. Der Alltag und seine »alltägliche Moralität« schlössen »die ethische Angst aus«.[406] Wenn der Wecker klingelt und damit die ›Forderung‹ an mich stellt, aufzustehen, so akzeptiere ich normalerweise schlichtweg diese Forderung und den dahinter stehenden Wert des frühen Aufstehens, um an die Arbeit zu gehen, ohne mich eigens zu fragen, ob ich diesen Wert tatsächlich als Wert anerkenne. Bedeutet das aber, dass ich in diesem Moment nicht frei bin? Keineswegs, so meint Sartre. Die als »Geländer gegen die Angst« fungierenden »banalen, alltäglichen Werte leiten ihren Sinn in Wahrheit von einem ersten Entwurf meiner selbst her, der wie die Wahl meiner selbst in der Welt ist«.[407] Ich kann nicht umhin, einen solchen Entwurf der Freiheit zu vollziehen, denn, so Sartres berühmte These, »ich bin verurteilt, frei zu sein«.[408] Auch wenn ich keine Angst habe und damit kein Freiheitsbewusstsein, bin ich frei und vollziehe jenen ersten Entwurf, der die Urwahl meiner Freiheit ist. Die Angst als Freiheitsbewusstsein

---

[402] Ebd., S. 66 (dt. 91).
[403] Ebd., S. 71 (dt. 99).
[404] Ebd., S. 76 (dt. 106).
[405] Ebd., S. 124 (dt. 177).
[406] Ebd., S. 75 (dt. 106).
[407] Ebd., S. 77 (dt. 108, 107).
[408] Ebd., S. 515 (dt. 764).

hingegen ist ein Reflexionsphänomen, in dem ich mir dessen, was ich immer
schon bin, nämlich Freiheit, bewusst werde.

Wie oben bereits vorweggenommen, versteht Sartre die Gestalt des Begehrens
eines Menschen als *Ausdruck* seiner so gearteten Freiheit beziehungsweise ihrer
Urwahl. Für Sartre ist es keineswegs so, dass es ein Begehren gibt, zu dem die
Freiheit dann so oder so Stellung nimmt, sondern das Begehren selbst *ist immer
schon* Ausdruck der Freiheit selbst, ihre Manifestation. Selbst der Wille und die
Leidenschaften sind für ihn Manifestationen der Freiheit.[409] Die Freiheit hat die
Zwecke immer schon gesetzt, während Wille und Leidenschaften nur verschiedene Weisen sind, sich zu jenen frei gesetzten Zwecken zu verhalten, d. h. entweder willentlich reflektiert oder bloß emotional. Der Wille ist nicht frei, sondern
er ist Ausdruck einer Freiheit, die ihm noch zugrunde liegt. Ebenso sind die Leidenschaften niemals bloße Natur, sondern immer schon Ausdruck der Freiheit.
Weil die Freiheit für Sartre aber nichts diesseits oder jenseits ihres Ausdrucks ist,
sondern nur *in* diesem Ausdruck als ihrer Manifestation, und weil der primäre
Ausdruck der Freiheit im Begehren liegt, *ist* das *Begehren* als Ausdruck der Freiheit gleichsam die *Freiheit* selbst in ihrer *Realität*.

Nun gibt es laut Sartre zwar »eine Unendlichkeit möglicher Entwürfe«.[410]
Jedoch gibt es trotz dieser inhaltlich unbegrenzten Vielfalt möglicher Entwürfe
zwei formal unterschiedliche Weisen, diese Freiheit, zu der wir verurteilt sind,
zu vollziehen: authentisch oder unaufrichtig. Der unaufrichtige Freiheitsentwurf
führt zu dem von Sartre so genannten »Geist der Ernsthaftigkeit, der die Werte
von der Welt aus erfasst und in der beruhigenden, verdinglichenden Substantifi-
zierung der Werte liegt«.[411] Durch ein Selbstmissverständnis wählt die Freiheit
in diesem Falle gleichsam ihre eigene Entfremdung. Indem sie ihr Begehren an
Werte knüpft, die sie als zeitlos an sich bestehende Werte missversteht, verkennt
sie sich selbst als die einzige wertsetzende Instanz.[412] Wie aber ist der authentische Freiheitsvollzug, der den Geist der Ernsthaftigkeit vermeidet, zu verstehen?

---

[409] Vgl. ebd., S. 520 (dt. 770 f.).

[410] Ebd., S. 651 (dt. 968). Sartre unterscheidet zwar durchaus ein allgemein menschliches
Seinsbegehren des Menschen von dem jeweiligen grundlegenden Begehren eines individuellen
Menschen, das sich wiederum in dessen konkreten empirischen Begierden ausdrückt. Das Seinsbegehren in seiner abstrakten Reinheit sei dabei zwar die Wahrheit des konkreten grundlegenden Begehrens, existiere aber selbst nicht als Realität, sondern nur in der immer schon kon-
kretisierten Form eines individuellen grundlegenden Begehrens. Daher, so Sartre, sei das Seinsbegehren keine allgemein menschliche Struktur, die die Freiheit des Einzelnen limitiere. Vgl. ebd.,
S. 654 f. (dt. 973).

[411] Ebd., S. 77 (dt. 108).

[412] Die Grundhaltung der materialen Wertethik wäre daher aus Sartres Sicht die Unaufrichtigkeit. Insbesondere für Nicolai Hartmann, der ein ideales, menschenunabhängiges Wertreich
annimmt, träfe dies aus einer Sartre'schen Perspektive zu. Es ist zwar wiederholt zu Recht her-

Ein Für-sich, das sich als authentische Freiheit vollzieht, missversteht sich nicht als ein An-sich, sondern hält sich in seinem Existenzvollzug in einer von Sartre so genannten *reinen Reflexion*. Die reine Reflexion sei »bloße Anwesenheit des reflexiven Für-sich beim reflektierten Für-sich«.[413] Während die unaufrichtige, unreine Reflexion das reflektierte Für-sich von sich abspaltet und es sich als ein An-sich gegenüberstellt, womit das Für-sich sich selbst ein dinghaftes Sein zuschreibt, löst sich das reflektierte Für-sich in der reinen Reflexion nicht gänzlich von dem reflektierenden Für-sich ab. Die reine Reflexion ist damit etwas, das zwischen dem präreflexiven Cogito und der unreinen Reflexion steht. Das präreflexive Cogito ist »das nicht-reflexive Bewusstsein«,[414] das die Reflexion allererst ermöglicht; die unreine Reflexion stellt das reflektierte Bewusstsein als einen Gegenstand gegenüber. Die reine Reflexion aber ist weder das präreflexive Bewusstsein (von) sich noch das vergegenständlichende Selbstbewusstsein, sondern eine Reflexion, in der sich das Reflektierende in einer »blitzartige[n] Anschauung und ohne Relief, ohne Ausgangs- und Ankunftspunkt«[415] in dem Reflektierten unthematisch wiedererkennt.[416] ›Blitzartig‹ erkennt sich das reflektierende Für-sich in dem reflektierten Für-sich wieder, was zur Folge hat, dass es diese seine Vergangenheit zugleich *übernimmt* und *übersteigt*. Dieses Überneh-

---

ausgestellt worden, dass Sartre in seinen späteren Schriften einige Werte einräumt, die die Freiheit nicht umhin kann anzuerkennen, weil sie an die vitalen Bedürfnisse des Menschen geknüpft sind. In der Tat heißt es bereits in den *Cahiers pour une morale*, dass die Befriedigung des vitalen Bedürfnisses ein *unbedingter* Zweck sei. Vgl. Sartre, Jean-Paul: *Cahiers pour une morale*, a.a.O., S. 256 (dt. 432). Meines Erachtens ist es jedoch irreführend, dies mit Detmer so zu verstehen, als oszilliere Sartre zwischen einem Subjektivismus bzw. Voluntarismus und einem Objektivismus bzw. Intuitionismus, indem er behaupte, es gebe *einerseits* subjektive Werte, die die Freiheit erfinde, und *andererseits* objektive Werte, die die Freiheit entdecke. Vgl. Detmer, David: *Freedom as a Value. A Critique of the Ethical Theory of Jean-Paul Sartre*. La Salle, Illinois: Open Court 1988, S. 209. Es ist vielmehr *immer* die Freiheit, die einen Wert setzt, nur gibt es aufgrund ihrer Gebundenheit an die Faktizität einer Situation bestimmte Werte, die sich ihr stärker nahe legen als andere. Der diesbezügliche Unterschied zwischen dem frühen und dem späten Sartre scheint daher, wie bereits erwähnt, nicht in einer Revision der Freiheitstheorie zu liegen, sondern allein darin, dass der späte Sartre der Faktizität ein graduell stärkeres Gewicht verleiht, ohne jedoch den Spielraum der Freiheit damit absolut einzuschränken.

413 Sartre, Jean-Paul: *L'être et le néant*, a.a.O., S. 201 (dt. 295).

414 Ebd., S. (dt. 22).

415 Ebd., S. 201 (dt. 296, Übersetzung modifiziert).

416 Was Sartre hier im Blick hat, ist durchaus dem vergleichbar, was Husserl unter dem Terminus der Retention beziehungsweise der retentionalen Längs-Intentionalität fasst. Die Retention ist ein ungegenständliches, anschauliches Vergangenheitsbewusstsein, das systematisch zwischen Urimpression und Wiedererinnerung steht. Die retentionale Längs-Intentionalität bedeutet ein ungegenständliches Sichrichten auf die abgelaufenen Bewusstseinsphasen. Vgl. zur Längs-Intentionalität Husserl, Edmund: *Vorlesungen zur Phänomenologie des inneren Zeitbewußtseins*, hg. von Martin Heidegger. Tübingen: Niemeyer ³2000, § 39.

men und gleichzeitige Übersteigen seiner selbst in der reinen Reflexion macht die Zeitlichkeit und die Geschichtlichkeit des Für-sich aus. Alles hängt davon ab, dass das reflektierende Für-sich sich weder mit dem Gegenstand des reflektierten Für-sich als An-sich identifiziert noch sich von diesem reflektierten Für-sich so abgrenzt, dass es sich als ein An-sich-Sein bestimmt, welches nicht jenes reflektierte Für-sich ist. In der reinen Reflexion erkennt es sich zwar in dem reflektierten Für-sich wieder, ist sich jedoch zugleich dessen bewusst, dass es selbst seiner Vergangenheit den Sinn verleiht und damit bestimmt, inwiefern seine Vergangenheit Motive für sein Handeln in der Gegenwart und seine Projektion in die Zukunft enthält. Es geht in der reinen Reflexion darum, sich zu sich selbst als Für-sich zu verhalten, indem man sich in jedem Augenblick dessen bewusst ist, dass man frei ist, seiner ganzen Existenz einen anderen Sinn- und Werthorizont zu verleihen, in den man jede einzelne Handlung seines Lebens wiederum mit einem Sinn und Wert versehen einordnet.

Mit diesem Begriff einer reinen Reflexion skizziert Sartre die Grundlagen einer Theorie des authentischen Begehrens. Allerdings, so lautet unsere Hypothese, gelingt ihm in *L'être et le néant* keine angemessene Ausarbeitung derselben, und dies aus zwei Gründen: erstens, weil er noch an einer dualistischen Metaphysik festhält, und zweitens, weil er sich noch nicht zu einer Überwindung des Wertbegriffes entschließen kann. Das erste benannte Problem mit Sartres Konzeption des authentischen Begehrens hat mit einer Spannung zu tun, die *L'être et le néant* im Ganzen durchzieht und bereits im Titel des Hauptwerks zum Vorschein kommt: der Spannung zwischen einer Phänomenologie beziehungsweise phänomenologischen Ontologie einerseits und dem Versuch einer Rückführung aller Ergebnisse auf die dem deutschen Idealismus – wenngleich verwandelt – entnommenen Kategorien des An-sich und des Für-sich, die im Werktitel in den Begriffen des Seins und des Nichts zu finden sind.[417] Wenn Sartre das authentische Begehren als ein vom Bedürfnis wesentlich unterschiedenes Streben versteht, das über konkret erstrebte Objekte verläuft, diese jedoch stets zugleich übersteigt, und als solches kein definierbares Ziel anstrebt, das erreicht werden könnte und das Begehren befriedigen würde, so kann diese Fassung des authentischen Begehrens durchaus als einer phänomenologischen Analyse entspringend aufgefasst werden. Seine ontologischen Grundkategorien des Für-sich und des An-sich bewegen Sartre allerdings dazu, jenes undefinierbare und unerreichbare Erstrebte des Begehrens als ein *begrifflich Widersprüchliches* aufzufassen: als die Totalität des Für-sich-An-sich. Anstatt das Begehrte als eine unerreichbare

---

417 Barbaras sieht zwischen Sartres Theorie des Begehrens und den grundlegenden Prämissen der Sartre'schen Ontologie nicht nur eine Spannung, sondern gerade heraus eine »Inkohärenz« auftreten. Barbaras, Renaud: »Désir et totalité«, a.a.O., S.13.

und undefinierbare Fülle zu bestimmen, die einen Überschuss über jede konkret mögliche Befriedigung darstellt, zwängt Sartre das Begehrte in die Kategorie des begrifflichen Widerspruchs eines Für-sich-An-sich.[418] Wenn Sartre die verfehlte Totalität des Erstrebten als die unmögliche Synthese von Für-sich und An-sich bestimmt, scheint er dem deutschen Idealismus, dem diese Kategorien entstammen, insofern, und zwar negativ, verhaftet zu bleiben, als er das Begehren nur als Scheitern des idealistischen Strebens nach der vollendeten Totalität zu denken vermag.[419] In seiner Phänomenologie des Begehrens stößt Sartre durchaus auf die Vorstellung, dass das Erstrebte der Überschuss eines jeden konkreten Mangels sei und dabei zugleich das sinnhafte System der Mängel als Ganzes strukturiert – aber er zwängt diese Einsicht in das begriffliche Korsett der dualistischen Metaphysik von An-sich und Für-sich.

Problematisch ist die Bestimmung des Begehrten als ein Für-sich-An-sich-Sein jedoch nicht nur, weil damit ein Widersprüchliches zum letzten Begehrten erklärt wird, sondern auch deshalb, weil Sartre die begehrte Totalität des Für-sich-An-sich als den Wert bestimmt. Dieser scheint als solcher die Authentizität zu bedrohen, weil ihm ein deutlicher Hang zum An-sich innewohnt. Wenn sich das Für-sich aus einem Wertideal bestimmt und sich mit diesem identifiziert, ist es unaufrichtig. Das ontologische Streben nach der unmöglichen Selbstkoinzidenz des Für-sich-An-sich ist der Unaufrichtigkeit des Sich-als-An-sich-Verstehens zum Verwechseln ähnlich, weil sich das Streben nach dem Wert von einem Streben nach der Ruhe des An-sich kaum unterscheiden lässt. Für Sartre ist in der Tat »der Wert an sich von Natur aus die Ruhe an sich, die Zeitlosigkeit! Die Ewigkeit, die der Mensch sucht, [...] ist die Ruhe an sich, die Unzeitlichkeit der

---

[418] Eine ähnliche Kritik formuliert Barbaras. Er ist der Auffassung, das Begehren müsse mit Aristoteles als etwas gedacht werden, das nach einem Volleren als es selbst strebt, wenngleich dieses Vollere vielleicht undefinierbar und unerreichbar, ist; das Erstrebte aber als etwas Widersprüchliches zu definieren, sei dem Phänomen des Begehrens unangemessen. Vgl. ebd., S.17. Diese Schwierigkeit scheint sich auch nicht mit Sartres These auflösen zu lassen, »daß der Mensch das Sein ist, das entwirft, Gott zu sein.« Sartre, Jean-Paul: *L'être et le néant*, a.a.O., S.653 (dt. 972). Zwar wurde Gott in der Tradition als *ens causa sui* verstanden und damit als ein An-sich-Für-sich gedacht. Sartres Ontologie aber zeigt, dass dies ein unmöglicher Begriff ist, weil er unvereinbare Eigenschaften enthält. Die verfehlte Totalität als das Gottsein zu bestimmen, ist daher keine Lösung der Widersprüchlichkeit, sondern lediglich der Name einer Lösung.

[419] Mit Waldenfels können wir ein Zitat von Ricœur hervorheben, das sich vermutlich auf Sartre bezieht und in dem es heißt: »Der ›schwarze Existentialismus‹ ist vielleicht nur ein enttäuschter Idealismus.« Ricœur, Paul: *Le volontaire et l'involontaire*. Paris: Aubier ²1988, S.438, Übersetzung B. Waldenfels. Vgl. Waldenfels, Bernhard: »Freiheit angesichts des Anderen. Levinas und Sartre: Ontologie und Ethik im Widerstreit«, in: Bedorf, Thomas/Cremonini, Andreas (Hg.): *Verfehlte Begegnung. Levinas und Sartre als philosophische Zeitgenossen*. München: Fink 2005, S.99–122, hier S.101.

absoluten Koinzidenz mit sich.«[420] Das aber bedeutet, die Bestimmung der ver-
fehlten Totalität als Wert tendiert dazu, das Begehren *per se* zu einem *unaufrichtigen* Begehren zu machen und damit die Differenz zwischen authentischem
und unaufrichtigem Begehren zu nivellieren beziehungsweise ein authentisches
Begehren überhaupt nicht mehr zulassen zu können. Sartre selbst scheint auf
dieses Problem zu stoßen, wenn er am Ende des Werkes die Frage stellt, ob die
Freiheit »dadurch, daß sie sich in bezug auf sich selbst als Freiheit erfasst, der
Herrschaft des Werts ein Ende setzen [kann]«.[421] Er zieht hier zumindest die
Möglichkeit in Erwägung, dass sich eine authentische Freiheit nicht nur nicht
durch ein System vermeintlich objektiver Werte bestimmt, sondern dass sie
sich in einem angemessenen Selbstverständnis *gar nicht* mehr in Bezug auf den
höchsten Wert des Für-sich-An-sich bestimmt. Wenn aber »[d]ie Begriffe *Wert*
oder *Ideal* [...] für Sartre« tatsächlich »Beispiele par excellence für unaufrichtige
Begriffe« sind,[422] dann kann die Konzeption einer einen Wert oder ein Ideal
erstrebenden Freiheit nicht den Begriff einer authentischen Freiheit und ihres
Begehrens definieren.

Sartre wird in seinen Notizheften vom Ende der vierziger Jahre sowohl den
strengen begrifflichen Rahmen von Für-sich und An-sich verlassen als auch eine
Perspektive zur Überschreitung des Wertes aufzeigen. Weil er jedoch nichtsdestotrotz auch später seine in *L'être et le néant* skizzierte Theorie des Begehrens
nicht eigens weiter ausarbeitet, erscheint es uns hilfreich, die angezeigte phänomenologische Perspektive innerhalb dieser Konzeption mithilfe einer anderen Theorie des Begehrens zu vertiefen, die derjenigen Sartres in den Grundzügen durchaus ähnlich ist: derjenigen von Jacques Lacan. Wir können uns dabei
einerseits auf eine Arbeit von Rudolf Bernet stützen, in der dieser Sartres und
Lacans Theorien des Begehrens einander angenähert hat. Andererseits greifen
wir auf Studien von Bernard Baas zurück, der die seines Erachtens bei Lacan
angelegte und von Kant inspirierte transzendentale Theorie des Begehrens weiter
entfaltet. Ein solcher Brückenschlag zu Lacan ist auch deshalb fruchtbar, weil die
Lacan'sche Theorie des Begehrens eine ethische Implikation hat, die sich ebenso
in Sartres Konzeption eines authentischen Begehrens findet, wie wir weiter unten
noch sehen werden.

Für Lacan ist das Gesetz der Sprache zugleich sowohl als Strukturgesetz des
Begehrens als auch als ethisches Gesetz des richtigen Begehrens zu verstehen.[423]
Sowie sich die Sprache von Aussage zu Aussage bewegt und dabei auf einen direkt

---

420 Sartre, Jean-Paul: *L'être et le néant*, a.a.O., S. 188 (dt. 274).

421 Ebd., S. 722 (dt. 1071), Kursivierung I.R.

422 Schönwälder-Kuntze, Tatjana: *Authentische Freiheit. Zur Begründung einer Ethik nach Sartre*. Frankfurt/New York: Campus Verlag 2001, S. 136 f.

423 Vgl. Bernet, Rudolf: »Subjekt und Gesetz in der Ethik von Kant und Lacan«, in: Gondek,

unerreichbaren, totalen Gegenstand als ihren Referenten bezogen ist, bewegt sich das Begehren von Partialobjekt zu Partialobjekt auf der Suche nach dem totalen Lustobjekt, das es doch niemals erreichen kann und das Lacan im Seminar VII über *L'éthique de la psychanalyse* erstmals als das Ding (*la Chose*) bezeichnet. Die Analogie zu Sartre besteht darin, dass Lacan dem Begehren ebenfalls eine trinitäre Struktur zuschreibt:[424] Dem Existierenden bei Sartre entspricht das durch das Begehren gespaltene Subjekt bei Lacan; dem Mangelnden bei Sartre entspricht bei Lacan das von diesem so genannte ›Objekt klein a‹, welches sich Baas zufolge als eine Art transzendentales Schema des Begehrens verstehen lässt,[425] das sich in den jeweiligen empirischen Partialobjekten des Begehrens konkretisiert; und der unerreichbaren Totalität des Für-sich-An-sich bei Sartre korrespondiert bei Lacan das unerreichbare Ding (*la Chose*), welches Bernet insofern als transzendentales Objekt bezeichnet, als es die notwendige Bedingung dafür ist, dass ein empirisches Objekt überhaupt begehrenswert erscheint.[426] Das ethisch richtige Leben ist für Lacan ein solches, in dem der Mensch sein Begehren so lebt, dass er weder die Partialobjekte für das Ding hält noch an den Partialobjekten vorbei das Ding direkt anzustreben sucht, sondern in dem er sich in der Bewegung des Begehrens von Partialobjekt zu Partialobjekt bewegt und sich dabei von dem Streben nach dem unzugänglichen Ding leiten lässt. Wie in Sartres reiner Reflexion geht es im ethisch richtigen Begehren bei Lacan darum, den Abstand zu den Partialobjekten so zu wahren, dass man sie weder vollends von sich abspaltet noch sich vollkommen mit ihnen identifiziert. Das von Lacan formulierte ethische Gesetz lautet *ne pas céder sur son désir*, von seinem Begehren nicht abzulassen.[427]

Trotz dieser Analogie der beiden Konzeptionen weist der Lacan'sche Ansatz einige Vorzüge gegenüber der Sartre'schen Konzeption auf, von denen wir drei hervorheben wollen. Der erste Punkt betrifft eine Vertiefung des Sartre'schen Begriffs des Mangelnden, den Lacan in das ›Objekt klein a‹ als Schema des Begehrens einerseits und die im Rahmen dieses Schemas konkret begehrten empirischen Partialobjekte unterscheidet. Der zweite und dritte Punkt betreffen Lacans Begriff des Dinges, der unseres Erachtens nicht mit den Problemen

Hans-Dieter/Widmer, Peter (Hg.): *Ethik und Psychoanalyse. Vom kategorischen Imperativ zum Gesetz des Begehrens: Kant und Lacan*. Frankfurt: Fischer 1994, S. 27–51, hier S. 28.

424 Vgl. Bernet, Rudolf: »La ›conscience‹ selon Sartre comme pulsion et désir«, a.a.O., S. 30.

425 Vgl. Baas, Bernard: *Le Désir Pur. Parcours philosophiques dans les parages de J. Lacan*. Louvain: Éditions Peeters 1992, S. 69, S. 76.

426 Vgl. Bernet, Rudolf: »La ›conscience‹ selon Sartre comme pulsion et désir«, a.a.O., S. 28.

427 Vgl. Lacan, Jacques: *L'éthique de la psychanalyse. Le séminaire, livre VII*. Paris: Seuil 1986, Kapitel 23 und 24 (dt. *Die Ethik der Psychoanalyse. Das Seminar, Buch VII*, übersetzt von Norbert Haas. Weinheim/Berlin: Quadriga Verlag 1996, Kapitel 23 und 24).

behaftet ist, die wir in Sartres Begriff der Totalität des Für-sich-An-sich fanden. Zum einen ist zwar auch Lacans Begriff des Dinges in verschiedenen Hinsichten paradox. So wird das Ding als ein verlorenes Objekt erfahren, obgleich es doch nie besessen wurde (bei Lacan ist es die Mutter), und es ist zugleich leer, weil ganz und gar undefinierbar, und mit einer absoluten Fülle ausgestattet, insofern es jede erreichte Befriedigung noch zu übersteigen verspricht. Diese paradoxen Charakterisierungen des unerreichbaren Dinges stellen jedoch keinen begrifflichen Widerspruch dar, wie er sich in der erstrebten Totalität des Für-sich-An-sich bei Sartre findet, sondern markieren vielmehr eine Spannung in der Erfahrung selbst. Zum anderen ist für Sartre die verfehlte Totalität des Für-sich-An-sich ein Ideal, während das Ding bei Lacan, Bernet zufolge, als eine regulative Idee des Begehrens fungiert.[428] Wenn aber das Ding das Begehren im Sinne einer regulativen Idee orientiert, ist die Bewegung des Begehrens eine *Bewegung ins Unendliche*, hin zu einer unerreichbaren und undefinierbaren Fülle, und läuft nicht Gefahr, sich seine Richtung von einem identischen Ideal vorgeben zu lassen, das es in Unaufrichtigkeit verkehren würde.

Lacans Konzeption scheint aufgrund seines Verzichts auf die begriffliche Widersprüchlichkeit und die Identität eines Ideals besser dasjenige zu treffen, was Sartre offenbar selbst im Blick hat: ein authentisches Begehren, das sich in einer wechselseitigen Abhängigkeit zwischen dem letzten, unmöglichen Objekt des Begehrens und den provisorischen, empirischen, möglichen Objekten des Begehrens hält, wobei die empirischen Objekte immer nur im Horizont des unmöglichen totalen Objekts Sinn und Charakter des Begehrenswerten erhalten und das quasi transzendentale Objekt des Begehrens stets nur als Überschuss über die konkreten Objekte des Begehrens gedacht werden kann. Bernet sieht zwar genau diese Auffassung bereits bei Sartre selbst.[429] Uns scheint es jedoch eher so zu sein, dass Bernet unter Rückgriff auf Lacan Sartre besser versteht, als dieser sich selbst verstanden hat, weil Bernet mit seiner Interpretation dem Sartre'schen Gedanken eines authentischen Begehrens und damit auch einer authentischen Freiheit eine Gestalt zu verleihen vermag, die nicht in die oben genannten Schwierigkeiten führt. Sartre selbst verbaut sich diesen Weg durch ein starres Festhalten an einer dualistischen Metaphysik des Für-sich und des An-sich. Liest man Sartre aber im Lichte von Lacan, so wird eine Bestimmung der Subjektivität als authentische Freiheit und Begehren sichtbar, in der das Begehren nicht von einem an-sich-haften Wert, sondern von einem bis ins Unendliche unerreichbaren Ziel bestimmt

---

[428] Bernet hebt hervor, dass der Begriff des Dinges bei Lacan trotz der naheliegenden Assoziation nicht in Analogie zu Kants Begriff des Dinges an sich gesehen werden darf, sondern vielmehr in Analogie zu Kants Begriff einer regulativen Idee der Vernunft. Vgl. Bernet, Rudolf: »La ›conscience‹ selon Sartre comme pulsion et désir«, a. a. O., S. 29, Fußnote.

[429] Vgl. ebd., S. 29 f.

wird, das zugleich leer, weil inhaltlich unbestimmt, ist und eine absolute Fülle verspricht, die jedoch ausschließlich als Überschuss über das und Differenz zum jeweils konkret Begehrten fassbar wird. Eine derartige Auffassung liegt nicht außerhalb des Sartre'schen Horizontes, wird von Sartre jedoch in L'être et le néant aufgrund seines metaphysischen Dualismus und aufgrund seiner Auffassung des Begehrens als Wertbegehren auch nicht eindeutig gegen jene, seine Theorie des Begehrens bedrohende Unaufrichtigkeit ins Feld geführt.

Kommen wir nun zu der zentralen Frage nach dem Verhältnis zwischen Ontologie und Ethik bei Sartre. In dem Schlusskapitel von L'être et le néant, das »Moralische Perspektiven« des Werkes behandelt, formuliert Sartre unmissverständlich, was er geleistet zu haben beansprucht und was nicht: »Die Ontologie«, so heißt es dort, »könnte selbst keine moralischen Vorschriften formulieren. Sie beschäftigt sich allein mit dem, was ist und es ist nicht möglich, aus ihren Indikativen Imperative abzuleiten.«[430] Mit anderen Worten, derjenige, der in der phänomenologischen Ontologie von L'être et le néant bereits eine Ethik sieht oder eine solche aus ihr direkt ableiten möchte, unterliegt einer Form von naturalistischem Fehlschluss von Seinsstrukturen auf Sollensgebote. Nichtsdestotrotz könne die phänomenologische Ontologie als eine Art Propädeutik der Ethik fungieren, denn: »Sie läßt jedoch ahnen, was eine Ethik sein kann, die ihre Verantwortlichkeiten gegenüber einer menschlichen-Realität in Situation übernimmt.«[431] Da Sartre also in L'être et le néant ganz ausdrücklich nicht beansprucht, moralische Vorschriften oder eine Ethik formuliert zu haben, muss sich jede Erörterung der moralischen Perspektiven des Werks auf die Frage beschränken, welche Art von Ethik unter der Bedingung von Sartres phänomenologischer Ontologie möglich wäre.[432] Nur dieser Frage können und wollen wir an dieser Stelle nachgehen.

Derjenige Begriff der phänomenologischen Ontologie, welcher unmittelbar eine ethische Konnotation hat, ist der des Wertes. Deshalb ist es naheliegend, wenn Sartre meint, die Ontologie lasse erahnen, was eine Ethik sein kann, weil sie »ja Ursprung und Natur des Wertes enthüllt« habe.[433] Das Für-sich entwirft sich auf die verfehlte Totalität des Wertes hin; in welcher Weise es das tut, hängt von seinem jemeinigen Entwurf, seiner individuellen Urwahl ab. Die existen-

430 Sartre, Jean-Paul: L'être et le néant, a.a.O., S.720 (dt. 1068).

431 Ebd., S.720 (dt. 1068f.).

432 Zu Recht hebt Töllner hervor, »daß die Vereinbarkeit einer Ethik mit der Ontologie von EN [d.i. L'être et le néant, I.R.] nicht auch bedeuten muß, daß diese Ethik ihre Grundlage in der Ontologie von EN findet.« Töllner, Uwe: Sartres Ontologie und die Frage einer Ethik. Zur Vereinbarkeit einer normativen Ethik und/oder Metaethik mit der Ontologie von L'être et le néant. Frankfurt am Main u.a.: Peter Lang 1996 (= Europäische Hochschulschriften. Reihe XX: Philosophie. Bd. 499), S.537.

433 Sartre, Jean-Paul: L'être et le néant, a.a.O., S.720 (dt. 1069).

tielle Psychoanalyse könne »den ethischen Sinn der verschiedenen menschlichen Entwürfe« enthüllen, insofern sie durch Ausdrucksanalyse zu dem jeweils ersten Urentwurf und dem ihm korrespondierenden Wertsystem vordringt. Da Sartre davon ausgeht, dass sich trotz der Verschiedenheit der Entwürfe eine »Klassifizierung der Zwecke«[434] der Menschen erreichen lässt, könnte die existentielle Psychoanalyse eine Klassifizierung typischer Wertsysteme der Menschen vorlegen, die jedoch stets nur eine vage empirische Allgemeinheit beanspruchen könnte und von Sartre folgerichtig auch nicht zur Ontologie gezählt wird.[435] Während die Ontologie nur eine Bestimmung der Seinsstrukturen des Menschen vornimmt, gelangt die existentielle Psychoanalyse ebenfalls über »eine *moralische Beschreibung*« nicht hinaus.[436] Ontologie und existentielle Psychoanalyse stellen fest, *dass* der Mensch sich auf Werte hin entwirft und *wie* er das tut.

Obgleich Sartre sich dessen bewusst ist, dass er sich in seinem Hauptwerk nur auf der Ebene der Deskription bewegt, deutet er nicht nur in dem Schlusskapitel an, dass die ethisch richtige Wahl *inhaltlich* zwar beliebig, *formal* jedoch eigentlich nur in einem *authentischen* Freiheitsentwurf besteht. Mit anderen Worten, das ethische Gebot *scheint* zu sein: Sei authentisch! Sartre aber formuliert dieses Gebot *nicht*. Und dies offenbar mit guten Gründen. Denn wenn jeder Wert und jede Forderung ausschließlich der Urwahl der jemeinigen Freiheit entspringt, scheint es für die Urwahl einer unaufrichtigen Freiheit keinen Wert der Authentizität und keine Forderung nach Authentizität geben zu können. Denn wie sollte die Urwahl eines unaufrichtigen Begehrens einen Wert der Authentizität als für sich verbindlich setzen können? Es scheint, dass sie dies nicht kann, sondern ganz gefangen ist in ihrem unaufrichtigen Wertsystem. Der authentische Entwurf ist eine *Möglichkeit* der Freiheit, die realisiert werden kann oder aber auch nicht.[437] Während Heidegger im Ruf des Gewissens eine *Forderung* zur Übernahme des eigensten Seinkönnens, das über die bloße Möglichkeit eines derartigen eigensten Seinkönnens hinausgeht, erblickt, findet sich bei Sartre kein Moment einer vergleichbaren Aufforderung zur Eigentlichkeit beziehungsweise Authentizität.

---

[434] Ebd., S. 643 (dt. 956).

[435] Dass man einen Menschen einer existentiellen Psychoanalyse »unterziehen kann, gehört zur menschlichen Realität überhaupt [...]. Aber die Untersuchung selbst und ihre Ergebnisse liegen grundsätzlich vollständig außerhalb der Möglichkeiten einer Ontologie.« Ebd., S. 655 (dt. 975).

[436] Ebd., S. 720 (dt. 1069).

[437] Waldenfels hebt in diesem Sinne treffend hervor, dass es in Sartres Konzeption nichts gibt, das »uns zur Hellsicht verpflichten« könnte. Waldenfels, Bernhard: »Freiheit angesichts des Anderen«, a. a. O., S. 107. Auch Schönwälder-Kuntze meint, dass bei Sartre die Authentizität in Bezug auf die Bestimmung des Entwurfs des Einzelnen keine normative Geltung habe und sogar gar nicht haben könne, ohne sich in Unaufrichtigkeit zu verkehren. Vgl. Schönwälder-Kuntze, Tatjana: *Authentische Freiheit*, a. a. O., S. 131.

Es kann sogar noch mehr gesagt werden: Nicht nur lässt sich innerhalb der Unaufrichtigkeit *keine Forderung* nach Authentizität denken, sondern es kann innerhalb der Unaufrichtigkeit *noch nicht einmal einen Grund* dafür geben, authentisch zu werden. Da alle Gründe sich erst *innerhalb* eines von der Freiheit entworfenen Systems der Gründe ergeben, gibt es innerhalb der Urwahl der Freiheit keinen Grund, in eine andere, beispielsweise authentische Urwahl überzuwechseln. Die fundamentale Wahl ist keine erwogene Wahl, weil sie Grundlage aller Erwägung ist.[438] Eine »radikale Konversion«[439] ist immer möglich, aber nur als ein unvorhersehbarer, unverstehbarer absoluter Wechsel. Die je aktuelle Wahl ist so beschaffen, »daß sie uns kein Motiv liefert, sie durch eine spätere Wahl zu Vergangenem zu machen«.[440] Die Modifikation der Urwahl kann »ihre Motive und ihre Antriebe keinesfalls in dem vorherigen Entwurf finden«.[441] Zwar bin ich es, die in Freiheit die Urwahl tätigt, aber dies vollzieht sich ohne Erwägung, ohne Grund, gleichsam so, als widerfahre mir jene radikale Konversion.

Sartres Konzeption der Subjektivität als Freiheit und Begehren legt eine *Ethik des authentischen Begehrens* nahe. Anders als in Heideggers Umarbeitung des kantischen Faktums der Vernunft zu einem Faktum des Gewissens findet sich in Sartres phänomenologischer Ontologie jedoch kein vergleichbarer Aufruf zur Authentizität. Weil ein derartiger Aufruf aus Sartres Sicht bereits eine Freiheitseinschränkung bedeuten würde, bleibt die Authentizität eine *bloße Möglichkeit* der individuellen Freiheit. Ich bin nicht zu ihr verbunden, sondern spüre lediglich ein gewisses Unbehagen der Selbstentfremdung, wenn ich sie nicht ergreife. Wenn das Für-sich aber keinem Selbstmissverständnis unterliegt und einen formal authentischen Entwurf vollzieht, kann dieser Entwurf, der die alleinige Quelle der Moral ist, inhaltlich völlig beliebig ausfallen. Die Authentizität führt, mit Waldenfels gesprochen, lediglich zu einer »Schärfung des Freiheitsbewußtseins«.[442] Welche Moral die Freiheit aber inhaltlich entwirft, unterliegt keinerlei Einschränkungen. Diese *Ethik der Authentizität* scheint sich unter Berücksichtigung jener Abwandlung gegenüber Heidegger, die das Fehlen einer Aufforderung zur Authentizität betrifft, ebenfalls als ein *radikalisierter kantianischer Formalismus* verstehen zu lassen, der ein *Formalismus der individuellen Freiheit als authentisches Begehren* wäre. Diese Charakterisierung trifft allerdings nur halb zu. Sartre wendet sich zwar im *Humanismus*-Vortrag Kant zu und strebt eine durch Kant geprägte Form der Ethik an, die auch im Weiteren

---

438 Vgl. Sartre, Jean-Paul: *L'être et le néant*, a.a.O., S. 539 (dt. 800).
439 Ebd., S. 542 (dt. 804).
440 Ebd., S. 543 (dt. 806).
441 Ebd., S. 554 (dt. 823).
442 Waldenfels, Bernhard: »Freiheits angesichts des Anderen«, a.a.O., S. 107.

für ihn bestimmend zu bleiben scheint, aber im Grunde ist er ein *humanistischer Cartesianer.* Dieser humanistische Cartesianismus kreuzt gleichsam bis zuletzt seine Hinwendung zu Kant. Worin besteht Sartres humanistischer Cartesianismus?

In dem 1946 erstmals vollständig veröffentlichten Aufsatz »La liberté cartésienne« lobt Sartre die bei Descartes radikal voluntaristisch gefasste Freiheit Gottes bei der Erschaffung aller Ordnungen und Werte in den höchsten Tönen. In Sartres Augen jedoch liege bei Descartes »ein klarer Fall von Sublimierung und Übertragung vor«, denn »wenn er die Freiheit Gottes beschreibt, [spricht er] von seiner eigenen Freiheit«.[443] Der cartesische Gott, der keinerlei Prinzipien, auch keinem Prinzip des Guten unterworfen ist, sei »der freieste Gott, den menschliches Denken je ersonnen hat« – aber seine absolute schöpferische Freiheit sei in Wahrheit die des Menschen; Descartes' Fehler sei es gewesen, »daß er Gott gegeben hat, was eigentlich uns zukommt«.[444] Während in Kants Rationalismus nur ein einziges Gesetz als das moralische Gesetz in Frage kommt und lediglich seine Geltung vom Vollzug durch eine fungierende reine praktische Vernunft abhängt, hängt in Descartes' Voluntarismus noch die inhaltliche Beschaffenheit des Prinzips des Guten von Gottes Freiheit ab. Wird dieser Voluntarismus aber humanistisch gewendet, dann liegt es bei der absoluten und in Sartres Phänomenologie noch dazu jemeinig individuellen Freiheit, wie das Gute inhaltlich beschaffen ist. Descartes' Voluntarismus wird bei Sartre zu einem humanistischen Voluntarismus der absoluten individuellen Freiheit. Wenn in Bezug auf Sartres Ethik des authentischen Begehrens der individuellen Freiheit von einem ›Formalismus‹ gesprochen werden kann, dann handelt es sich zumindest zunächst nicht um einen radikalisierten kantischen, sondern vielmehr um einen *radikalisierten cartesischen Formalismus.* Das Widerfahrnismoment bei der radikalen Konversion ist analog zu dem bei Kant ausgemachten Ereignismoment der Freiheit in der selbst nicht mehr durch eine Maxime begründbaren Annahme der obersten guten oder der obersten bösen Maxime; während jedoch bei Kant das moralische Gesetz, das da als oberstes Handlungsprinzip angenommen wird oder auch nicht, nur ein einziges sein kann, ist bei Sartre noch der Inhalt des angenommenen Prinzips oder Wertes voll und ganz in die Hände der individuellen menschlichen Freiheit gelegt.

---

[443] Sartre, Jean-Paul: »La liberté cartésienne«, in: ders.: *Situations, I.* Paris: Gallimard 1947, S. 289–308, hier S. 305 (dt. »Die cartesische Freiheit«, in: ders.: *Der Existentialismus ist ein Humanismus – und andere philosophische Essays 1943–1948,* übersetzt von Werner Bökenkamp, Hans Georg Brenner, Margot Fleischer, Traugott König, Günther Scheel, Hans Schöneberg und Vincent von Wroblewsky. Reinbek bei Hamburg: Rowohlt 52010 (= Gesammelte Werke in Einzelausgaben. Philosophische Schriften. Bd. 4), S. 122–144, hier S. 140).

[444] Ebd., S. 308 (dt. 143).

Zu Recht stellt sich angesichts der Konzeption von *L'être et le néant* daher die Frage, ob sich die Freiheit bei Sartre nicht »auf die pure einfache Individualität in ihrer nicht weiter zurückführbaren Eigenart reduziert«.[445] Oft ist Sartre eben hierfür kritisiert worden, weil man meinte, das ethisch Gute in dem zu sehen, was ein Einzelner in seinem individuellen Begehren wahrhaft will, ganz gleich, ob sich dies inhaltlich in einer sozial offenherzigen Existenz der Großzügigkeit oder aber in einem authentischen Quietismus des einsamen Trinkers konkretisiert, sei unzureichend.[446] Diese klassische Kritik aber erweist sich als einseitig, wenn man Sartres bisher wenig erforschte Notizhefte vom Ende der vierziger Jahre hinzuzieht. In jenen *Cahiers* wird deutlich, dass sich Sartre keineswegs mit einer individualistischen Ethik des authentischen Begehrens begnügt, sondern es ihm vielmehr um eine Ethik des Begehrens geht, die nicht nur das Verhältnis zu sich selbst, sondern auch das Verhältnis zu anderen berücksichtigt.

Bevor wir uns aber der intersubjektiven Dimension von Sartres Ethik des Begehrens aus den *Cahiers* zuwenden können, müssen wir zunächst seine Konzeption der Intersubjektivität aus *L'être et le néant* erörtern.

3.3.2 Der Kampf der Freiheiten

In seiner Philosophie individueller Freiheit geht Sartre von einer radikalen Trennung zwischen den einzelnen Subjekten aus. Weil dies sein Ausgangspunkt ist, stellt sich ihm zwangsläufig die Frage nach Existenz und Gewissheit der Anderen.[447] Sartres große Errungenschaft bei der Behandlung dieser Frage kann

---

[445] Renaut, Alain: »›Von der Subjektivität ausgehen‹. Bemerkungen zur Transformation des Subjekts bei Jean Paul Sartre«, übersetzt von Peter Mosberger, in: Schumacher, Bernard N. (Hg.): *Jean-Paul Sartre: Das Sein und das Nichts*. Berlin: Akademie Verlag 2003 (= Klassiker Auslegen. Bd. 22), S. 85–99, hier S. 99. Renaut seinerseits strebt einen »nicht-metaphysischen Humanismus« an, der seines Erachtens jedoch letztlich nicht im Ausgang von Sartre, sondern nur innerhalb eines Kritizismus wahrhaft entwickelt werden kann. Vgl. Renaut, Alain: *Sartre, le dernier philosophe*. Paris: Grasset 1993. Dazu die Rezension Larmore, Charles: »Ontologie und Ethik bei Sartre«, in: *Zeitschrift für philosophische Forschung* 49 (1995) 3, S. 441–449.

[446] Letzteres ist bekanntlich Sartres eigenes Beispiel. Vgl. Sartre, Jean-Paul: *L'être et le néant*, a. a. O., S. 721 f. (dt. 1071).

[447] Wir schreiben hier und in den folgenden Kapiteln über Sartre ›den Anderen‹ durchgehend mit einem Großbuchstaben, wenn dieser Ausdruck in unseren eigenen Formulierungen vorkommt. Sartre selbst hingegen verwendet sowohl ›autrui‹ als auch ›l'autre‹ als auch zuweilen in spezifischen Zusammenhängen ›l'Autre‹, was sich jeweils in den von uns verwendeten Übersetzungen seiner Schriften widerspiegelt. Unsere Entscheidung für den Großbuchstaben enthält eine Interpretation, die sich auf folgenden Gedanken stützt: Sartre geht von einer radikalen Trennung zwischen den einzelnen Subjekten aus, was den anderen zu einem Anderen im Sinne von ›autrui‹ macht. Der Titel des dritten Teiles von *L'être et le néant* trägt dementsprechend auch

darin gesehen werden, dass er eine eindringliche Kritik am Primat der *Erkenntnis* des Anderen formuliert hat.[448] Diese Kritik erfolgt aus einer durchaus phänomenologischen Perspektive und gelangt zu dem Ergebnis, dass wir uns des Anderen nicht durch Erkenntnisprozesse, sondern durch spezifische Gefühle bewusst werden, die zugleich selbstbezüglich sind und auf einen Anderen verweisen. Das primäre Gefühl dieser Art sei die Scham. Was geschieht Sartre zufolge in der Scham und inwiefern bezeugt sie den Anderen?

In dem bekannten Beispiel des durch ein Schlüsselloch spähenden Eifersüchtigen ist die Ausgangssituation die eines völlig von den Dingen und der Situation aufgesaugten Für-sich. In diese Situation bricht ein Ereignis ein, das alles verändert: Der Schlüssellochgucker hört Schritte und fühlt sich erblickt. Schon in dieser Beschreibung wird deutlich, dass es überhaupt nicht darauf ankommt, zwei Augen zu sehen, die einen anblicken. Es genügen Schritte, oder auch die Stille nach dem Geräusch von Schritten, das Rascheln von Zweigen, ein halboffener Fensterladen oder eine leichte Bewegung eines Vorhangs, um mich erblickt zu fühlen.[449] Für die Phänomenologie der Intersubjektivität hängt nun alles davon ab, wie diese Erfahrung des Blicks ausgelegt wird. Die Erfahrung des Erblicktwerdens trägt für Sartre zwei fundamentale Züge, die ihm zufolge untrennbar voneinander sind. Der eine Zug betrifft die Art der Gewissheit des Anderen und enthält folgende Momente.

Die durch die Erfahrung des Erblicktwerdens hervorgerufene Scham bezeugt die Existenz des Anderen mit einer Gewissheit und Unzweifelhaftigkeit, die von einer bloßen Wahrscheinlichkeit fundamental verschieden ist. Sartre geht sogar so weit, die Unbezweifelbarkeit der Existenz des Anderen mit der Unbezweifelbarkeit des eigenen Cogito in seinem Vollzug auf eine Stufe zu stellen.[450] Genauso wenig, wie ich bezweifeln kann, dass etwas denkt, wenn ich denke, kann ich bezweifeln, dass es den Anderen gibt, wenn ich Scham empfinde. Der Andere

---

den Titel »Le pour-autrui«, was wir so auslegen, dass der andere im Für-Andere-Sein immer ein Anderer ist. Es soll damit keineswegs gesagt sein, dass der Andere bei Sartre die gleiche Bedeutung hat wie der Andere bei Levinas, sondern es soll lediglich auf die grundlegende Andersheit verwiesen werden, die sich im ›pour-autrui‹ angekündigt findet.

[448] Wenn Sartre schreibt »es gibt kein Problem der Erkenntnis des Subjekt-Andern« (ebd., S. 354 (dt. 524)), dann kann dies durchaus als eine Zurückweisung des aus der *philosophy of mind* bekannten Problems von »other minds« verstanden werden. Honneth sieht die ungebrochene Aktualität von Sartres Intersubjektivitätslehre in dieser Kritik am Paradigma des Erkennens, welches Sartre durch die These eines »sozialontologischen Vorrang[s] des ›Anerkennens‹ vor dem ›Erkennen‹« ersetze. Honneth, Axel: »Die Gleichursprünglichkeit von Anerkennung und Verdinglichung. Zu Sartres Theorie der Intersubjektivität«, in: Schumacher, Bernard N. (Hg.): *Jean-Paul Sartre. Das Sein und das Nichts.* Berlin: Akademie Verlag 2003 (= Klassiker Auslegen. Bd. 22), S. 135–157, hier S. 139, Fußnote.

[449] Vgl. Sartre, Jean-Paul: *L'être et le néant*, a. a. O., S. 315 (dt. 465).

[450] Vgl. ebd., S. 332 (dt. 490).

wird selbst dann nicht zweifelhaft, wenn sich herausstellt, dass ein konkreter Anderer doch nicht da war. Waren die vermeintlichen Schritte doch nur ein Poltern herunterfallender Zweige, die durch den Wind bewegt wurden, bedeutet dieser »blinde[…] Alarm« kein Verschwinden des Anderen, sondern »er [ist] jetzt überall«.[451] Diese Unbezweifelbarkeit des Anderen jedoch richtet sich ausschließlich auf sein Subjektsein, sein Für-sich-Sein. Sobald ich versuche, den Anderen meinerseits anzublicken und ihn als Blickobjekt mit derselben absoluten Gewissheit zu erfassen, muss ich scheitern, da ich ihn als Objekt nur noch mit einer bloßen Wahrscheinlichkeit behaupten kann. Diese Wahrscheinlichkeit des erblickten Anderen jedoch tut der Unbezweifelbarkeit des erblickenden Anderen keinen Abbruch: »Es ist […] unmöglich, meine Gewissheit des Subjekt-Andern auf den Objekt-Andern, der der Anlaß dieser Gewissheit war, zu übertragen und umgekehrt die Evidenz der Erscheinung des Subjekt-Andern von der konstitutionellen Wahrscheinlichkeit des Objekt-Andern her abzuschwächen.«[452] Als freies, handelndes, blickendes Subjekt ist mir der Andere absolut gewiss, als Erkenntnisobjekt bleibt er bloß wahrscheinlich.

Diese Unbezweifelbarkeit des Subjekt-Anderen legt Sartre als eine faktische Notwendigkeit aus. Wie das Cogito, so sei auch der Andere nicht logisch notwendig; wenn er aber einmal im Vollzug des Cogito gegeben ist, kann von ihm nicht mehr abstrahiert werden, was ihm jene faktische Notwendigkeit verleiht. Der Andere kann dabei jedoch keineswegs *a priori* aus dem bloßen Vollzug des Cogito abgeleitet werden. Das Für-Andere-Sein ist keine ontologische Struktur des Für-sich als eines bloßen Für-sich. Vielmehr muss der Andere dem Für-sich in einem, dem Auftauchen des Cogito im An-sich vergleichbaren »absoluten Ereignis[…]«[453] begegnen, um es in ein Für-Andere-Sein zu verwandeln. Die Existenz Anderer bezeichnet Sartre als ein »primäres Ereignis […] *metaphysischer* Art«,[454] das kontingent ist, weil es auch nicht hätte auftreten können, während es zugleich faktisch notwendig ist, wenn es einmal aufgetreten ist. Die Scham fungiert, so ließe sich in Anlehnung an die kantische Begrifflichkeit formulieren, als eine Art *ratio cognoscendi* des Subjekt-Anderen, aber ohne im engeren Sinne ein *Erkenntnis*grund zu sein.[455] Der Andere ist fundamental geschieden von mir

---

[451] Vgl. ebd., S. 336 (dt. 497).

[452] Vgl. ebd., S. 335 (dt. 496).

[453] Vgl. ebd., S. 342 (dt. 506).

[454] Vgl. ebd., S. 358 (dt. 530).

[455] Sartres phänomenologische Analyse des Blicks lässt sich nicht ohne Weiteres in die in der heutigen Philosophie des Geistes dominierenden Modelle der Fremderfahrung einordnen. Weder ist Sartre Vertreter eines Kognitivismus, wie ihn die sogenannte ›Theorie-Theorie‹ vertritt, der zufolge wir eine Art ›Theorie‹ über die mentalen Zustände der Anderen bilden, noch könnte er der sogenannten ›Simulationstheorie‹ beipflichten, die davon ausgeht, dass wir uns simulierend in den Anderen hineinversetzen, um seine mentalen Zustände zu verstehen. Aber auch der

und daher faktisch, aber nicht *a priori* notwendig, während er trotz dieser fundamentalen Trennung als Subjekt-Anderer nicht bezweifelt werden kann. Sartre vermag so auf phänomenologischem Wege der fundamentalen Kluft zwischen den Subjekten Rechnung zu tragen und zugleich den Solipsismus zu umgehen.

Der zweite Zug von Sartres Auslegung der Erfahrung des Erblicktwerdens besteht darin, dass der Subjekt-Andere mich mit seinem Blick objektiviert und entfremdet. Dieser zweite Zug ist weitaus problematischer, weil er eine folgenschwere Einseitigkeit in Sartres Phänomenologie des Blicks einführt. Diese Einseitigkeit ist, wie schon im Zusammenhang der Theorie des Begehrens, unseres Erachtens darin begründet, dass Sartre seine phänomenologische Analyse *partout* auf seine beiden metaphysischen Grundbegriffe des Für-sich und des An-sich reduzieren will, womit er seine phänomenologischen Einsichten jedoch nicht bereichert, sondern eher verstellt beziehungsweise ihnen eine einseitige Weiterführung angedeihen lässt.

In der Scham erfahre ich laut Sartre dreierlei: erstens, dass der Andere mich zu einem *Objekt* macht, das ich für mich allein nie sein könnte, da ich mir in der einsamen Reflexion allenfalls zum Quasi-Objekt werden kann; zweitens, dass ich *wirklich* dieses Objekt *bin*, das der Andere anblickt und beurteilt; drittens, dass mich der objektivierende Blick des Anderen *entfremdet*. Der Andere macht aus mir ›den Schlüssellochgucker‹, ich erkenne an, dass ich dieser Schlüssellochgucker wirklich bin und ich fühle mich angesichts dieser Objektivierung in meiner Freiheit entfremdet. Scham und Hochmut sind für Sartre die beiden authentischen Haltungen gegenüber Anderen,[456] wobei der Hochmut das Schamverhältnis lediglich umkehrt in der »Behauptung meiner Freiheit gegenüber dem Objekt-Andern«;[457] im Hochmut bin nicht mehr ich durch die Freiheit des Anderen objektiviert und entfremdet, sondern der Andere ist durch meine Freiheit objektiviert und entfremdet. In dieser Auslegung der authentischen Hal-

von phänomenologischer Seite her in die Debatte eingeführten Interaktionstheorie könnte Sartre nur bedingt zustimmen. Die Interaktionstheorie Gallaghers stützt sich wesentlich auf Einsichten von Scheler und Merleau-Ponty und vertritt, dass es keine verborgenen mentalen Zustände gibt, zu denen wir über Theoriebildung oder Simulation allererst einen Zugang finden müssen, sondern dass wir die mentalen Zustände Anderer direkt wahrnehmen. Vgl. Gallagher, Shaun: »Inference or interaction: social cognition without precursors«, in: *Philosophical Explorations* 11 (2008) 3, S. 163–174. Sartre könnte damit insofern einverstanden sein, als er sagen würde, dass die Theorie-Theorie und die Simulationstheorie den Anderen wie ein Objekt betrachten, in das es hineinzuschauen gilt, während der Andere jedoch primär als ein Subjekt-Anderer direkt begegnet. Allerdings würde der Sartre von 1943 nicht sagen, dass das Erste in der Interaktion ein direktes Wahrnehmen der mentalen Zustände des Anderen ist, sondern ihm zufolge ist das Erste vielmehr *mein* unmittelbares Gefühl des Erblickt*werdens*, das nicht auf ein Wahrnehmen des Blickens des Anderen reduziert werden kann.

456 Vgl. Sartre, Jean-Paul: *L'être et le néant*, a. a. O., S. 351 (dt. 519).
457 Vgl. ebd.

tungen gegenüber Anderen aber behauptet Sartre, dass *jede* intersubjektive Beziehung, auch die authentische Haltung gegenüber Anderen, *immer* mit einer Entfremdung einhergeht.[458] Es gibt genau zwei und nur zwei Möglichkeiten für die Beziehung zum Anderen: Entweder ich objektiviere ihn, dann macht mein Fürsich den Anderen zu einem An-sich, oder er objektiviert mich, dann macht sein Für-sich mich zu einem An-sich. In beiden Fällen ist eine Entfremdung impliziert. Kurzum, das Für-Andere-Sein ist *notwendig* Entfremdung.

Da Sartre aber diese mit dem Für-Andere-Sein notwendig verknüpfte Objektivierung bereits 1943 nicht nur als Entfremdung, sondern gar als »Sündenfall«[459] versteht und in den späteren *Cahiers* die »Objektivierung der Subjektivität« sogar ausdrücklich als »[d]as Böse« bezeichnet,[460] bedeutet seine Engführung von Intersubjektivität und Entfremdung gleichsam eine *notwendige Bösartigkeit* des intersubjektiv existierenden Menschen. Der Mensch, so Sartre, ist nur Mensch, wenn er als Für-Andere-Sein existiert.[461] Wenn zu diesem Für-Andere-Sein aber das Böse in Gestalt der objektivierenden Entfremdung wesentlich gehört, gehört das Böse unhintergehbar zum Wesensbegriff der menschlichen Existenz. Nicht wäre es nur etwas wie ein bloßer Hang zum Bösen, der, wie bei Kant, einer ursprünglichen Anlage zum Guten, die allein die Wesensbestimmungen des Menschen enthält, gegenüberstünde. Sondern es wäre schlechthin unabtrennbar vom Menschen als Menschen.

Diese Auffassung führt Sartre folgerichtig zu einem Schuldbegriff, dessen Radikalität den Heidegger'schen existenzialen Schuldbegriff noch übersteigt. Während das Dasein bei Heidegger schuldig ist, weil es als Faktizität nicht sein eigener Grund ist und aus der Situation, in die es geworfen ist, stets nur eine Möglichkeit realisieren kann, ist die menschliche Realität bei Sartre schuldig, weil sie als Für-Andere-Sein ihrer Entfremdung zustimmt sowie dem Anderen Anlass verschafft zu entfremden[462] bzw. weil sie selbst den Anderen entfremdet. Während das Heidegger'sche Schuldigsein seinen Grund in der Endlichkeit des Daseins hat, ist das Sartre'sche Schuldigsein an die unhintergehbare Objektivierung und Entfremdung innerhalb intersubjektiver Beziehungen gebunden.

---

458 Honneth spricht von einer ›Gleichursprünglichkeit von Anerkennung und Verdinglichung‹. Vgl. den zitierten Kommentar Honneth, Axel: »Die Gleichursprünglichkeit von Anerkennung und Verdinglichung. Zu Sartres Theorie der Intersubjektivität«, a. a. O.

459 Sartre, Jean-Paul: *L'être et le néant*, a. a. O., S. 321 (dt. 474).

460 Sartre, Jean-Paul: *Cahiers pour une morale*, a. a. O., S. 17 (dt. 37).

461 Vgl. Sartre, Jean-Paul: *L'être et le néant*, a. a. O., S. 342 (dt. 506). Das Für-sich könne gedacht werden, ohne dass es notwendig ein Für-Andere-Sein ist; als Mensch sei das Für-sich jedoch notwendig auch Für-Andere-Sein.

462 Vgl. ebd., S. 445 (dt. 661). Diese These formuliert Sartre im Zusammenhang des Masochismus und des Sadismus. Sie gilt jedoch für jede Form der zwischenmenschlichen Beziehung, weil sie sich im Kern auf die Verobjektivierung schlechthin bezieht.

Während die Schuld bei Heidegger entsteht, weil das Dasein sich in Situationen wiederfinden kann, in denen es nichts zu tun vermag, was zu einer befriedigenden Auflösung führen könnte, entsteht die Schuld bei Sartre dadurch, dass die menschliche Realität als Für-Andere-Sein *notwendig* aktiv an Entfremdungsprozessen beteiligt ist.

Die Beziehung zum Anderen ist jedoch noch komplexer, als wir es bisher dargestellt haben. Die Begegnung mit dem Anderen wird Sartre zufolge nicht ausschließlich als Entfremdung meiner Freiheit erfahren, sondern sie wird auch als *Chance* aufgefasst, etwas zu erreichen, das ich allein vergeblich erstrebte: mein Für-sich-An-sich-Sein. Der Andere bedroht nicht nur meine Freiheit, sondern indem er mir in meinem Für-sich-Sein ein An-sich-Sein verleiht, das ich mir selbst nicht geben konnte, bringt er mich meinem Ziel, ein Für-sich-An-sich zu sein, näher. Allerdings um den Preis der Entfremdung. Um von dieser Chance zu profitieren, ohne den Preis der Entfremdung zahlen zu müssen, versucht das Für-sich, sich diejenige Freiheit, die Grund seines An-sich-Seins ist, zu assimilieren. Wenn mir diese Assimilation der fremden Freiheit gelänge, »wäre ich mir selbst mein eigener Grund«.[463] Dann wäre ich mir selbst dieser Andere, der mir als Für-sich ein An-sich-Sein verleiht. »Sich selbst ein Anderer sein [...] ist der erste Wert der Bezüge zu Anderen«; das »immer konkret angestrebte[...] Ideal« in den einzelnen Beziehungen ist, »sich selbst *dieser Andere* zu sein«.[464] Dieser Versuch ist laut Sartre charakteristisch für die Liebe, die daher, mit Bernet gesprochen, über eine narzisstische Form des Begehrens nicht hinausgelangt.[465] Der oberste Wert ist also auch hier weiterhin das Für-sich-an-sich-Sein, das im Für-Andere-Sein allerdings durch eine Assimilation der fremden Freiheit erstrebt wird.

Da der Assimilationsversuch der fremden Freiheit konstitutiv zum Für-Andere-Sein gehört und sowohl von dem einen als auch dem anderen Für-sich in einer Beziehung unternommen wird, sind intersubjektive Beziehungen für Sartre, der hier an Hegel und Kojève anknüpft, wesentlich konflikthaft: ein Kampf der Freiheiten. In einem viel zitierten Satz heißt es: »Der Konflikt ist der ursprüngliche Sinn des Für-Andere-seins.«[466] Der den Konflikt verursachende Assimilationsversuch schwankt jedoch zwischen zwei Ausrichtungen. Dies hat darin seinen Grund, dass, wie gezeigt, das Für-Andere-Sein *zugleich* Entfremdung *und* Chance für das Für-sich ist. Kämpft das Für-sich gegen seine Entfremdung durch den Anderen, kann es sich die Freiheit des Anderen auch durch ihre Vernichtung assimilieren; strebt es jedoch im Für-Andere-Sein nach seinem Für-sich-An-sich-Sein, darf sein Ziel nicht sein, die andere Freiheit zu vernichten, sondern es muss

---

463 Ebd., S. 430 (dt. 636).
464 Ebd., S. 432 (dt. 640).
465 Vgl. Bernet, Rudolf: »La ›conscience‹ selon Sartre comme pulsion et désir«, a. a. O., S. 38.
466 Sartre, Jean-Paul: *L'être et le néant*, a. a. O., S. 431 (dt. 638).

sich die andere Freiheit als Freiheit aneignen. Diese zwei Pole strukturieren den Zirkel der konkreten Beziehungen zu Anderen.

Sartre unterscheidet bekanntlich in Anschluss an die zwei authentischen Haltungen der Scham und des Hochmuts zwei konkrete Haltungen gegenüber Anderen voneinander: zur ersten Haltung rechnet er die Liebe, die Sprache und den Masochismus, zur zweiten die Gleichgültigkeit, die Begierde, den Hass und den Sadismus. Diese verschiedenen Formen intersubjektiver Beziehungen stünden in einem Verhältnis der Zirkularität, einer Art schlechten Unendlichkeit, in der das unausweichliche Scheitern der einen zur nächsten führt, ohne jemals dialektisch in eine aufhebende Synthese des erreichten Für-sich-An-sich zu münden. In der Liebe versucht das Für-sich, sich zum unüberschreitbaren Grenz-Objekt des Anderen zu machen, was scheitert, weil auch der Andere geliebt werden will; im Masochismus versucht das Für-sich, nur noch ein Objekt unter anderen zu sein, was scheitert, weil es dazu verurteilt bleibt, sich frei sein Sein als bloßes Instrument zu geben; in der Gleichgültigkeit versucht das Für-sich erfolglos, den Anderen einfach zu ignorieren, sieht sich damit jedoch einerseits mangels Rechtfertigung durch den Anderen mit seiner schrecklichen Notwendigkeit, frei zu sein, konfrontiert und erfährt sich andererseits unbehaglich bedroht von dem stets möglichen Auftauchen des entfremdenden Subjekt-Anderen; in der Begierde versucht das Für-sich, die Freiheit des Anderen in seinem Körper zu verkleben, um sie sich über diesen anzueignen, was jedoch misslingen muss, weil in der körperlichen Aneignung die Freiheit aus dem Körper verschwindet und diesen zu einem bloßen Instrument erstarren lässt; der Sadismus scheitert in dem Moment, in dem er sein Ziel, die Freiheit des Anderen ganz und gar Fleisch werden zu lassen, erreicht, da der Andere sich dann für den Sadisten in ein nur noch uninteressantes Ding verwandelt; der auf die Vernichtung des Anderen zielende Hass schließlich scheitert ebenfalls, weil selbst nach dem Tod des Anderen sein Blick den Mörder heimsucht und entfremdet. Die radikalste Gestalt des Kampfes gegen die Entfremdung liegt im Hass, in dem das Für-sich (erfolglos) versucht, die Freiheit des Anderen und seinen Blick schlechthin zu vernichten. Die radikalste Gestalt des (erfolglosen) Versuchs, sich die Freiheit des Anderen so anzueignen, dass sie mein Für-sich-An-sich-Sein realisiert, ist die Liebe.

Die Figuren des »Wir« aber, die Sartre erörtert, ermöglichen keineswegs einen Ausbruch aus diesem Zirkel der Entfremdung, weil sie einerseits instabil sind und andererseits lediglich die ursprüngliche Entfremdungsstruktur wiederholen. Im Objekt-Wir, in dem das Für-sich mit einem Anderen dadurch ein »Wir« bildet, dass beide von einem Dritten angeblickt werden, geschieht dem Für-sich »eine noch radikalere Entfremdung«,[467] weil es dabei gezwungen ist, ein An-

---

[467] Ebd., S. 490 (dt. 729).

sich auf sich zu nehmen, von dem es von vornherein lediglich ein Teil ist. Als ein Objekt-Wir der Menschheit können sich die Für-sichs nur dann erfahren, wenn sie sich als erblickt von einem von der Menschheit Verschiedenen auffassen; diese Idee aber eines die Menschheit Erblickenden, der nie erblickt werden kann, ist die Gottesidee beziehungsweise die Alterität schlechthin.[468] Ohne diese Idee jedoch kann die Menschheit sich nicht als ein Objekt-Wir erfahren, weshalb ein *rein* »humanistische[s] ›Wir‹ [...] ein leerer Begriff«[469] bleibt. Während das Objekt-Wir laut Sartre zumindest noch eine ontologische Struktur des Für-Andere-Seins ist, stellt das Subjekt-Wir seines Erachtens nicht mehr als eine psychologische Erfahrung dar. Während Heidegger gerade in einem ›Subjekt-Wir‹, in dem wir uns gemeinsam auf ein Drittes richten, das ursprüngliche Miteinandersein erblickte, ist dieses Erlebnis für Sartre ein »rein psychologisches, subjektives Ereignis in einem einzelnen Bewusstsein, das einer inneren Modifikation der Struktur dieses Bewusstseins entspricht, das aber nicht auf der Grundlage einer konkreten ontologischen Beziehung zu den anderen erscheint«.[470] Das Subjekt-Wir, in dem wir uns als Menschheit erfahren, sei nichts weiter als das psychologische Erlebnis einiger Einzelner, in der diese sich als Teil einer Menschheit erfahren würden, »die sich zur Herrin der Erde machte«.[471] Diese beiden Grundtypen der Wir-Erfahrung vermögen den Konflikt der Für-sichs nicht zu lösen, sondern ihn lediglich vorübergehend zu überdecken; aber selbst in dieser Überdeckung des Kampfes durch Wir-Erfahrungen nehmen diese entweder, im Objekt-Wir, die Gestalt einer ontologischen, radikalisierten Entfremdung an oder aber sind, im Subjekt-Wir, auf eine bloß subjektive Erfahrung des Einzelnen zurückzuführen, in der das Wir-Gefühl kaum mehr als eine Illusion eines Wir darzustellen vermag. Ein Menschheits-Wir aber ist entweder ein durch die Idee eines göttlichen Blicks entfremdetes Objekt-Wir oder als humanistisches Wir ein schlechthin leerer Begriff oder aber die Quasi-Illusion einiger Einzelner, die das Gefühl eines Subjekt-Wir haben, in dem sie gemeinsam mit ihren Mitmenschen die Erde beherrschten.

Sartre gibt dem ontologischen Für-Andere-Sein damit in *L'être et le néant* eine Gestalt, die derart pessimistisch ist, dass sie als Grundlage einer Ethik glückender intersubjektiver Beziehungen schlechthin untauglich zu sein scheint. Erstens wiederholt sich hier die Schwierigkeit der Sartre'schen Theorie des Begehrens, auf die wir bereits im vorangehenden Kapitel hingewiesen haben: Auch als Für-Andere-Sein ist das Für-sich Begehren nach einer Totalität, die nicht nur unerreichbar, sondern ein in sich widersprüchlicher Begriff ist; diese Konzeption des

---

[468] Ebd., S. 495 (dt. 736).
[469] Ebd.
[470] Ebd., S. 498 (dt. 740).
[471] Ebd.

Begehrens aber, so hatten wir oben vertreten, scheint der Natur des Begehrens unangemessen und für eine Ethik des Begehrens untauglich zu sein. Zweitens ist das Für-Andere-Sein strukturell Objektivierung und Entfremdung, so dass ontologisch eine nichtentfremdende Beziehung zum Anderen ausgeschlossen bleibt. Drittens gehört es ebenso strukturell zum ontologischen Für-Andere-Sein, dass die Für-sichs in einem Kampf der Freiheiten versuchen, sich die jeweils andere Freiheit zu assimilieren. Darüber hinaus aber, dass dieser Assimilationsversuch in all seinen Formen scheitern muss, geht er *per definitionem* auf die Vernichtung oder die Aneignung der fremden Freiheit. Das aber scheint auf einen *ontologisch begründeten Egoismus* hinauszulaufen, in dem die individuelle Freiheit entweder versucht, sich als einzige Freiheit zu behaupten, oder aber die fremde Freiheit dazu benutzt, sich selbst zu rechtfertigen und als Für-sich-An-sich zu begründen. In diesem ontologischen Egoismus kann der Andere nur als zu vernichtende Bedrohung meiner Freiheit oder als Instrument zur Selbstbegründung meines Für-sich-An-sich fungieren. Während Sartre mit seiner phänomenologischen Analyse des einzelnen Für-sich durchaus Grundlagen für eine Ethik des Begehrens geschaffen hat, macht es seine Bestimmung des Für-Andere-Seins unmöglich, eine intersubjektive Ethik des Begehrens zu konzipieren. Jedes Für-sich ist als Für-Andere-Sein, das es als Mensch wesentlich ist, ein individuelles Begehren, das die Anderen zwecks Realisierung seines Begehrens bestenfalls instrumentalisiert. Eine friedliche Koordination der Freiheiten und ihres Begehrens, geschweige denn eine wechselseitige Unterstützung, scheint ontologisch schlichtweg ausgeschlossen zu sein.

Obgleich Sartres Ontologie des Für-Andere-Seins diese pessimistische Perspektive erzwingt, hat er selbst in *L'être et le néant* in Randbemerkungen ganz andere Perspektiven angedeutet, ohne diese jedoch auszuarbeiten. So heißt es am Ende des Kapitels »Das Für-sich und das Sein des Wertes«, der Wert sei im Auftauchen des Für-Andere wie in dem Auftauchen des Für-sich mitgegeben, »wenn auch nach einem unterschiedlichen Seinsmodus«.[472] Die Behandlung dieses anderen Seinsmodus des Wertes aber, in dem »das objektive Begegnen der Werte in der Welt« in Frage steht, wird von Sartre an dieser Stelle aufgeschoben, weil dieser Seinsmodus nicht erörtert werden könne, »solange wir nicht die Natur des Für-Andere geklärt haben.«[473] Obgleich Sartre an dieser Stelle ausdrücklich sagt, er stelle »die Untersuchung dieser Frage bis zum Dritten Teil des vorliegenden Werkes zurück«,[474] findet sich im dritten Teil über das Für-Andere-Sein kein Kapitel über den Wert und erst recht keine Untersuchung über das

---

472 Ebd., S.139 (dt. 199).
473 Ebd.
474 Ebd.

›objektive Begegnen der Werte in der Welt‹. Eine weitere, unausgearbeitet bleibende Perspektive in *L'être et le néant* findet sich in einer Fußnote am Ende von
Sartres Darstellung des Zirkels intersubjektiver Beziehungen. Dort heißt es, die
vorangehenden »Überlegungen schließen nicht die Möglichkeit einer Moral der
Befreiung und des Heils aus. Aber diese muß am Ende einer radikalen Konversion erreicht werden, von der wir hier nicht sprechen können.«[475] Sartre scheint
mit dieser Bemerkung andeuten zu wollen, dass seine Ontologie die Möglichkeit
einer ›Moral der Befreiung‹ zulässt, diese Moral jedoch im Rahmen einer Ontologie selbst nicht erörtert werden kann. Im Unterschied zu Sartres eigener hier
formulierter Auffassung scheint es jedoch vielmehr so zu sein, dass eine ›Moral
der Befreiung‹, wenn man sie als Moral der Befreiung von der Entfremung und
der Instrumentalisierung verstehen wollte, auf der Basis von Sartres Ontologie
des Für-Andere-Seins gerade *keine* Möglichkeit darstellt. Eine derartige Moral
ließe sich nur denken, wenn man das ontologische Für-Andere-Sein schlechthin
gegen ein ganz anderes Für-Andere-Sein austauschen könnte – eine Möglichkeit,
die die Ontologie von 1943 überhaupt nicht eröffnet.

Es gibt damit eine fundamentale Spannung in *L'être et le néant*. Sartres Philosophie der voluntaristisch gefassten, radikalen individuellen Freiheit sowie seine
Konzeption des Für-Andere-Seins machen es eigentlich unmöglich, von intersubjektiv gültigen, objektiven Werten zu sprechen oder auch nur die Möglichkeit
einer wechselseitigen Anerkennung der jeweils individuellen Freiheiten anzustreben – und doch ist insbesondere letztere Möglichkeit diejenige Zielperspektive
einer Ethik, die Sartre offenbar vorgeschwebt hat. Dass dies so ist, wird vollends
deutlich im *Humanismus*-Vortrag von 1945.

3.3.3 Ist der Sartre des *Humanismus*-Vortrags ein Kantianer?

Im Oktober 1945 hielt Sartre einen Vortrag, der im Jahr darauf unter dem Titel
»Der Existentialismus ist ein Humanismus« publiziert wurde und zu einem
der bekanntesten philosophischen Texte des Autors avancierte. Vincent von
Wroblewsky zufolge gehört er jedoch »zu den wenigen, von denen sich Sartre
später distanzierte«.[476] Ohne ausdrücklich darauf einzugehen, was Sartres
eigene Gründe für seine Selbstdistanzierung waren, bezeichnet der Heraus-

---

[475] Ebd., S. 484 (dt. 719).

[476] Von Wroblewsky, Vincent: »Zu diesem Buch«, in: Sartre, Jean-Paul: *Der Existentialismus ist
ein Humanismus – und andere philosophische Essays 1943–1948*, übersetzt von Werner Bökenkamp, Hans Georg Brenner, Margot Fleischer, Traugott König, Günther Scheel, Hans Schöneberg
und Vincent von Wroblewsky. Reinbek bei Hamburg: Rowohlt ⁵2010 (= Gesammelte Werke in
Einzelausgaben. Philosophische Schriften. Bd. 4), S. 2–3, hier S. 2.

geber die Schrift als »zu stark vereinfachende und einseitige Darstellung des Existentialismus«[477]. Da meines Wissens keine genaueren Angaben darüber vorliegen, was im Einzelnen Sartre zu beanstanden hatte, erscheint es legitim, seine Selbstkritik zunächst lediglich auf die Darstellungsform und nicht auf die im Text formulierten Gedanken zu beziehen. Diese vorsichtige Bewertung der Selbstkritik erlaubt es, die im Aufsatz vorgetragenen Thesen einer ernsthaften Prüfung zu unterziehen und danach zu fragen, ob und inwiefern sich ihnen im Kontext von Sartres anderen Werken der vierziger Jahre ein Sinn abgewinnen lässt.

Nimmt man die Thesen des Vortrags allerdings ernst, so kann sich der Gedanke aufdrängen, Sartre habe zwischen 1943 und 1945 einen kompletten Sinneswandel durchgemacht.[478] Der Philosoph scheint gleichsam über Nacht – d. i. innerhalb von nur zwei Jahren – von einem Denker der absoluten, individuellen Freiheit, die ihre jemeinige Existenz und Werte völlig frei enwirft, mehr oder weniger zu einem Kantianer geworden zu sein, der die Auffassung vertritt, man müsse »sich immer fragen: was geschähe, wenn alle so handelten?«[479] Derselbe Sartre, der zwei Jahre zuvor nicht müde wurde, die absolute Freiheit und Individualität der jeweiligen Urwahl zu betonen, spricht nun davon, dass der Mensch »ein Gesetzgeber [ist], der mit sich die gesamte Menschheit wählt«.[480] Der ›Existentialist‹ je absoluter individueller Freiheit scheint zum Vertreter eines kantianischen Humanismus geworden zu sein.

Wir wollen im Folgenden zu zeigen versuchen, dass Sartre seine Grundkonzeption von 1943 im *Humanismus*-Vortrag eher vertieft als hinter sich lässt, wobei er jedoch einige wesentliche Modifikationen vornimmt. Der *Humanismus*-Vortrag, so lautet weiterhin unsere Hypothese, deutet auf eine Form der Ethik voraus, die Sartre in seinen *Cahiers pour une morale* konkretisiert und differenziert, wenn-

---

[477] Ebd. Suhr hebt eigens hervor, dass Sartre zwar die Drucklegung der Schrift bedauert, sich von ihrem Inhalt jedoch nicht distanziert habe. Vgl. Suhr, Martin: *Jean-Paul Sartre – Zur Einführung*. Hamburg: Junius ²2001, S. 66. Pickert ist der Auffassung, die beiden Stellungnahmen von von Wroblewsky und Suhr stünden kontradiktorisch zueinander. Vgl. Pickert, Horst: *Das angemessene Fragen nach dem Menschsein. Das Menschenbild der Philosophischen Anthropologie und der Existenzphilosophie im Vergleich*. Norderstedt: Books on Demand 2012, 158 f. Es scheint hier jedoch keine Kontradiktion zu bestehen, denn beide Autoren suggerieren, dass sich Sartres Selbstkritik auf eine irreführende Darstellung seiner Gedanken, nicht aber auf diese Gedanken selbst bezieht.

[478] Hiervon geht Apel aus, wenn er schreibt, »Sartre selbst« habe »die Phase des irrationalen Willkür-Existentialismus der ›Fliegen‹ hinter sich gelassen, um den ›Existentialismus als Humanismus‹ auszuweisen.« (›Die Fliegen‹ wurde 1943, im Jahr des Erscheinens von *L'être et le néant*, uraufgeführt.) Apel, Karl-Otto: »Das Apriori der Kommunikationsgemeinschaft«, a. a. O., S. 428.

[479] Sartre, Jean-Paul: *L'existialisme est un humanisme*, a. a. O., S. 34 (dt. 152).

[480] Ebd., S. 33 (dt. 152).

gleich er sie niemals systematisch ausgearbeitet hat, eine Form der Ethik, die in ihrem Kern durchaus einige kantianische Züge erkennen lässt.[481]

Eine erste wesentliche Neuerung im *Humanismus*-Vortrag ist, dass Sartre hier eine *formalistische Moral der Freiheiten im Plural* skizziert. Während *L'être et le néant* lediglich die Perspektive einer formalistischen Ethik des individuellen, authentischen Begehrens eröffnete, dabei jedoch die Beziehung zu Anderen nur im Rahmen der Entfremdung des Für-Andere-Seins zu denken vermochte, formuliert Sartre im Vortrag den Gedanken einer in der Authentizität erforderlichen wechselseitigen Anerkennung der formalen Freiheiten. Sein Argument enthält zwei Schritte. Erstens, wenn ich in meiner individuellen, authentischen Freiheit handle, Zwecke verfolge und Werte setze, dann will ich notwendig auch meine eigene Freiheit. Eine Freiheit, die Werte setzt, jedoch nicht die Freiheit will, die diese Werte setzt, ist in sich widersprüchlich. Dieses Argument weist eine Nähe zu Kants Argument im Rahmen der Deduktion des Tugendprinzips auf: So wie für Kant die reine praktische Vernunft als Zwecksetzungsvermögen sich in ihrer Tätigkeit notwendig zugleich selbst beziehungsweise ihre eigene Erhaltung und Beförderung als Zwecksetzungsvermögen zum Zweck setzt, so setzt sich notwendig auch die individuelle, authentische Freiheit bei Sartre in ihrer zwecksetzenden und wertsetzenden Tätigkeit selbst zum Zweck. Der zweite Schritt in Sartres Argument hingegen ist weniger eingängig. Sartre formuliert Folgendes: »[S]obald ein Engagement vorliegt, bin ich gezwungen, *gleichzeitig* mit meiner Freiheit *die der anderen zu wollen*, ich kann meine Freiheit nur zum Ziel machen, *indem ich auch die der anderen zum Ziel mache*.«[482] Dass ich nicht ohne Selbstwiderspruch etwas wollen kann ohne zugleich die Freiheit, die dieses will, zu wollen, ist überzeugend – weshalb aber muss ich gleichermaßen auch die Freiheit der *Anderen* wollen?

Sartre gibt im *Humanismus*-Vortrag eine unzureichend bleibende Begründung. Wenn ich authentisch bin, so lautet der Gedanke des Vortrags, habe ich erkannt, »daß der Mensch [...] ein freies Wesen ist, das unter den verschiedensten Umständen nur seine Freiheit wollen kann«, damit aber »habe ich gleichzeitig erkannt, daß ich nur die Freiheit der anderen wollen kann«.[483] Mit anderen Worten, der authentische Mensch erkennt, dass die anderen als Menschen auch individuelle Freiheiten sind und er sie in ihrem eigenen Wesen verfehlt, wenn er sie nicht als solche anerkennt und damit ihre Freiheit ›will‹. Weshalb aber muss

---

[481] Wir sind damit anderer Meinung als Schönwälder-Kuntze, die die Auffassung vertritt, Sartre führe im *Humanismus*-Vortrag »eine verkürzte Fassung ›Kantischer Moral‹ ins Feld [...], obwohl sie nicht die seine ist«. Schönwälder-Kuntze, Tatjana: *Authentische Freiheit*, a.a.O., S.171.

[482] Sartre, Jean-Paul: *L'existentialisme est un humanisme*, a.a.O., S.70 (dt. 172, Kursivierungen I.R.).

[483] Ebd.

das authentische Für-sich, um selbst authentisch zu existieren, auch die Anderen als Für-sichs anerkennen und sogar deren Freiheit explizit wollen? Inwiefern ist ein Wollen der Freiheit der Anderen notwendige Bedingung für meine eigene Authentizität?

Auf diese Fragen scheint Sartre erst in den *Cahiers* Antworten zu formulieren, die wir hier vorwegnehmen wollen, um dem Gedanken des Vortrags einen verständlichen Sinn abzugewinnen. Es sind insbesondere zwei Gedankengänge, die als Antworten auf diese Fragen verstanden werden können. »Meine Existenz«, so heißt es an einer Stelle, an der Sartre die Struktur der Forderung im Zusammenhang des Rechts untersucht, »ist Forderung, als Freiheit anerkannt und [...] erschaffen zu werden durch eine andere Freiheit, die ich erschaffe, indem ich fordere.«[484] In der Struktur der Forderung ist bereits impliziert, dass meine fordernde Freiheit die anderen Freiheiten dazu auffordert, meine Freiheit anzuerkennen. Damit aber habe ich die anderen Freiheiten bereits anerkannt, vorausgesetzt, dass überhaupt Andere für mich aufgetaucht sind. Allgemeiner gesprochen, wenn es ein Implikat der wert- und zwecksetzenden Tätigkeit der individuellen Freiheit ist, andere Freiheiten zur Anerkennung sowohl dieser Zwecke als auch der sie setzenden Freiheit aufzufordern, dann hat die tätige individuelle Freiheit die anderen Freiheiten ihrerseits immer schon als Freiheiten anerkannt. Überdies will sie als zielsetzende Freiheit, dass ihr »Ziel [...] durch eine andere Freiheit in der Existenz gehalten«[485] wird. Sie missverstünde ihre eigene Existenzweise als zielsetzende und zielverfolgende Freiheit, wenn sie die in ihr implizierte Anerkennung der anderen Freiheiten verleugnete, und eben deshalb kann sie nur dann authentisch existieren, wenn sie die anderen Freiheiten als Freiheiten anerkennt und will.

Der zweite Gedanke ist komplementär zu dem ersten und wird von Sartre im Zusammenhang einer Analyse der Unterdrückung angedeutet. Dort ist zu lesen: »Man unterdrückt nur, wenn man sich unterdrückt. [...] Wenn ich meine Freiheit total anerkenne, anerkenne ich auch die der anderen.«[486] Wir können hier an eine Auslegung der *Cahiers* anknüpfen, die Tatjana Schönwälder-Kuntze vorgelegt hat. Sie ist der Auffassung, die Nichtverobjektivierung, d.h. die Nichtunterdrückung des Anderen sei deshalb innerhalb der authentischen Existenz moralisch geboten, weil ich im Falle der Objektivierung des Anderen meine eigene eventuelle Objektivierung durch ihn in Kauf nehmen muss, was jedoch mit meinem Wollen meiner eigenen Freiheit inkompatibel ist; mit diesem Gedanken aber eröffnet Sartre die Perspektive einer moralischen Aufforderung zum

---

484 Sartre, Jean-Paul: *Cahiers pour une morale*, a.a.O., S.146 (dt. 249).
485 Ebd., S.147 (dt. 249).
486 Ebd., S.338 (dt. 572).

Verlassen der Struktur des Für-Andere-Seins, die in *L'être et le néant* noch die ontologische Struktur intersubjektiver Beziehungen schlechthin darstellte und mit einer unausweichlichen, objektivierenden Entfremdung einherging.[487] Die authentisch existierende Freiheit muss in den Notizheften den Ausgang aus dem Für-Andere-Sein wollen. Wir werden weiter unten auf diese wesentliche Neuerung gegenüber dem Werk von 1943 näher eingehen.

Kehren wir vorerst zum Vortrag zurück. Die These, derzufolge der authentisch Existierende notwendig sowohl seine eigene Freiheit als auch die der Anderen wollen muss, konnten wir mithilfe der *Cahiers* aufhellen. Sartre sieht sich in dem bisher Entwickelten aber durchaus einverstanden mit Kant: Es sei »eine gewisse Form dieser Moral allgemein. Kant erklärt, die Freiheit will sich selbst und die Freiheit der anderen. Einverstanden«.[488] Sartre versteht sich selbst hier also in einem ganz bestimmten Sinne als ›Kantianer‹, und es hängt alles davon ab zu sehen, wie weit dieser ›Kantianismus‹ reicht. Sartre ist der Auffassung, dass es eine erste, *rein formale* Ebene der Moral gibt, auf der der Imperativ für die authentische Freiheit lautet: Wolle deine Freiheit und die der Anderen! Die Ebene ist bloß formal, weil die hier gemeinten Freiheiten *abstrakt* sind, »reine allgemeine« Freiheit, das heißt in mir mit dem identisch, was sie im anderen ist«.[489]

Bereits auf dieser formalen Ebene der Moral findet sich jedoch ein zentraler Unterschied zwischen Kant und Sartre. Bei Kant gibt es mit dem Faktum der Vernunft einen *unbedingten* Aufruf zur Pflichterfüllung und in eins damit einen Aufruf zur autonomen Lebensführung. Bei Sartre hingegen hängt die skizzierte formale Ebene der Moral ganz und gar von der selbst willkürlichen Wahl der authentischen Existenz ab. Nur *wenn* ich schon gewählt habe, authentisch zu existieren, muss ich meine eigene Freiheit und die der Anderen wollen. Es handelt sich dabei um einen bloß hypothetischen Imperativ. Ein kategorisches Gebot ›Sei authentisch!‹ aber gibt es nicht. Das heißt, die Forderung nach Anerkennung der anderen Freiheit hat nur *innerhalb* der authentischen Existenz Verbindlichkeit.[490] Dies ist eine Grundschwierigkeit der Sartre'schen Konzeption, die unseres Erachtens bis zuletzt erhalten bleibt.[491]

---

[487] Vgl. Schönwälder-Kuntze, Tatjana: *Authentische Freiheit*, a.a.O., S.162–165.

[488] Sartre, Jean-Paul: *L'existentialisme est un humanisme*, a.a.O., S.71 (dt. 173).

[489] Sartre, Jean-Paul: *Cahiers pour une morale*, a.a.O., S.147 (dt. 249).

[490] Schönwälder-Kuntze formuliert diesen Gedanken so: »Die aus der theoretischen, reinigenden Reflexion gewonnene authentische Form darf keine *normative Geltung* für den einzelnen beanspruchen, *sofern es um die Bestimmung des Entwurfes geht*, da sie so selbst eine weitere Form von Unauthentizität verwirklichen würde. Die ethische *Grundnorm* kommt daher erst auf der Ebene der *Intersubjektivität* zum tragen.« Schönwälder-Kuntze, Tatjana: *Authentische Freiheit*, a.a.O., S.131. Münster zeigt sich ebenfalls einverstanden mit dieser Auslegung. Vgl. Münster, Arno: *Sartre et la morale*, a.a.O., S.18 f.

[491] Pellauer meint, bei Sartre fehle ein Begriff der Befreiung. Vgl. von Wroblewsky, Vincent:

Sartre ist also in einem bestimmten Sinne mit Kants Formalismus einverstanden. Allerdings ist dieser Formalismus aus seiner Sicht völlig unzureichend, um eine Moral zu konstituieren. *De facto* könne ich nämlich meine Freiheit und die Freiheit der Anderen nur als *sich realisierende* Freiheiten wollen, als die sie notwendig *konkret und individuell* sind. Weil die Freiheit für Sartre, im Unterschied zu Kant, kein Kausalitätsbegriff ist, dessen Gesetz das universale Sittengesetz ist, sondern vielmehr individuelle Freiheit, realisieren sich die Freiheiten in individuellen, konkreten Entwürfen und Zwecksetzungen, deren Gestalt zunächst keinerlei Begrenzung auferlegt ist. Dass in Bezug auf die konkrete Realisierung einer individuellen Freiheit ein immenser Spielraum bleibt, für den eine formale Moral der Freiheit keinerlei Anhaltspunkt zu geben vermag, veranschaulicht Sartre im Vortrag anhand zweier Beispiele: das seines Schülers, der zwischen einer Moral der persönlichen Sympathie und einer Moral des Kampfes schwankt, und das der Romanfiguren von Eliot und Stendhal, in denen sich eine Moral der Solidarität und eine Moral der Liebe gegenüberstehen. Beide Alternativen, so meint Sartre, können jeweils aus Freiheit gewählt werden, der Einzelne muss auf sich gestellt entscheiden, was er für das Gute hält. Was aber bedeutet diese Individualität der Entwürfe im *Humanismus*-Vortrag?

Sartre nimmt in Bezug auf diese Frage mindestens eine Akzentverschiebung gegenüber seinem Hauptwerk vor, indem er die dort nicht behandelte Frage nach den objektiven Werten indirekt aufgreift. In *L'être et le néant* konnte man den Eindruck gewinnen, dass jedes Für-sich ein Wertsystem entwirft, welches als subjektives Wertsystem für sein individuelles Begehren fungiert. Im Vortrag aber heißt es: »Wenn wir sagen, der Mensch wählt sich, verstehen wir darunter, jeder von uns wählt sich, doch damit wollen wir auch sagen, *sich wählend wählt er alle Menschen*. In der Tat gibt es für uns keine Handlung, die, den Menschen schaffend, der wir sein wollen, nicht auch *zugleich ein Bild des Menschen hervorbringt, wie er unserer Ansicht nach sein soll*.«[492] In seiner individuellen Freiheit wähle der Mensch »immer das Gute, und nichts kann gut für uns sein, ohne es für alle zu sein«.[493] Vor dem Hintergrund des Hauptwerks stellt sich hier sogleich die Frage, weshalb denn das, was für meine individuelle Freiheit das Gute ist, auch

---

»Vorwort zur deutschen Ausgabe«, in: Sartre, Jean-Paul: *Entwürfe für eine Moralphilosophie*, übersetzt von Hans Schöneberg und Vincent von Wroblewsky. Reinbek bei Hamburg: Rowohlt 2005, S. 7–22, hier S. 15. Dies scheint uns in genau dem Sinne zutreffend zu sein, dass es Sartres eigene Konzeption der absoluten individuellen Freiheit so sehr verbietet, dem Entwurf dieser Freiheit eine Beschränkung aufzuerlegen, dass ihr noch nicht einmal die Authentizität geboten werden kann.

[492] Sartre, Jean-Paul: *L'existentialisme est un humanisme*, a.a.O., S. 31f. (dt. 150f., Kursivierungen I.R.).

[493] Ebd., S. 32 (dt. 151).

das Gute für eine andere individuelle Freiheit sein soll. Weshalb soll das, was ich für das Gute halte, auch das Gute für den Anderen sein?

Diese äußerst irreführenden Formulierungen aus dem Vortrag bedeuten jedoch entgegen dem ersten Anschein keinen radikalen Bruch mit dem Hauptwerk. Sartre hebt jetzt lediglich hervor, dass der Wertentwurf einer individuellen Freiheit immer schon mehr bedeutet als der Entwurf eines privaten Wertsystems. Wenn die individuelle Freiheit ihren Entwurf tätigt, *beansprucht* sie, dass das von ihr gewählte Gute nicht nur das Gute für sie persönlich ist, sondern sie beansprucht, es sei das Gute überhaupt. Das, was sie entwirft, und das, was sie tut, versteht sie als das, was der Mensch überhaupt, d. h. jeder Mensch unter den Bedingungen ihrer spezifischen, individuellen Situation, tun sollte. In diesem Sinne entwirft die individuelle Freiheit ein Bild des Menschen, wie er sein sollte. Vollkommen irreführend ist es nun allerdings, wenn Sartre formuliert, dieses von einer individuellen Freiheit gewählte Gute müsse das Gute für alle sein. Er kann vor dem Hintergrund seines Hauptwerkes nicht meinen, dass das von mir entworfene Gute das Gute für die Anderen *ist*. Was er meint, ist vielmehr, dass die individuelle Freiheit mit ihrem Wertentwurf jeweils *beansprucht*, das Gute überhaupt gewählt zu haben. Mit anderen Worten, die individuelle Freiheit macht einen *Vorschlag* für ›das Gute überhaupt‹ – und die anderen individuellen Freiheiten machen eben solche Vorschläge. Wenn das aber so ist, stellt sich die Frage, wie sich diese verschiedenen Vorschläge für ›das Gute überhaupt‹ miteinander koordinieren lassen?

Im Vortrag suggeriert Sartre, dass die Antwort auf diese Frage unproblematisch ist, denn »wenn auch die Entwürfe verschieden sein können, wird mir zumindest keiner völlig fremd bleiben [...]. [...] Es gibt die Universalität eines jeden Entwurfs in dem Sinn, daß jeder Entwurf für jeden Menschen verstehbar ist.«[494] Sartre geht hier davon aus, dass es eine Art von universalem System des Verstehens gibt, in dem jeder den Entwurf des Anderen aus dessen Perspektive nachvollziehen kann und gutzuheißen vermag. Diesen Optimismus finden wir jedoch weder in *L'être et le néant* noch in den *Cahiers*. Im Hauptwerk heißt es, das individuelle Für-sich erfinde gleichzeitig mit seinem Zweck »das ganze Interpretationssystem«, weswegen es *nicht* darum gehen könne, »ein universales System des Verstehens« aufzustellen, »das Subjekt muß in jedem Fall seine Prüfsteine und seine persönlichen Kriterien liefern«.[495] Und in den Notizheften werden konkrete Fälle genannt, in denen das Verstehen an seine Grenzen gelangt.[496] Während Sartre im Vortrag ein universales System des Verstehens

---

494 Ebd., S. 60 f. (dt. 166 f.).
495 Sartre, Jean-Paul: *L'être et le néant*, a. a. O., S. 549 (dt. 815).
496 Vgl. Sartre, Jean-Paul: *Cahiers pour une morale*, a. a. O., S. 296 (dt. 500).

einfach voraussetzt, macht er die Frage nach dem Verstehen und der Anerkennung der pluralen Entwürfe in den *Cahiers* ausführlich zum Problem – was er auch tun muss, wenn er seine These von der radikalen Pluralität der Bewusstseine aufrechterhalten will.

Und schließlich gibt es noch eine verborgene Spannung im Vortrag von 1945, die sich bereits 1943 angedeutet hatte: diejenige zwischen der Auffassung des »Reich[s] des Menschen als eine Gesamtheit von Werten«[497] und der Auffassung einer »Moral der Freiheit«[498]. Bereits am Ende von *L'être et le néant* hatte Sartre die Frage gestellt, ob die Freiheit »dadurch, daß sie sich in bezug auf sich selbst als Freiheit erfaßt, der Herrschaft des Werts ein Ende setzen«[499] kann. Der Wert, auch der von der Freiheit gesetzte Wert, ist ein seiner Tendenz nach unaufrichtiger Begriff, weil er zu einer Festlegung führt, die die Freiheit als Freiheit schon verkennt. Das von der ›Moral der Freiheit‹ anvisierte ›Reich des Menschen‹ kann daher nicht angemessen als eine Gesamtheit von objektiven Werten aufgefasst werden. Während Sartre dieses Problem im *Humanismus*-Vortrag nicht thematisiert, behandelt er es ausführlich in seinen *Cahiers*.

Wir haben zu zeigen versucht, in welchem Sinne Sartre im *Humanismus*-Vortrag ›Kantianer‹ ist und dass er nur in einem sehr eingeschränkten Sinne als ein solcher verstanden werden kann. Sartres ›Kantianismus‹ beschränkt sich auf eine formale Moral der Freiheit, die innerhalb der authentischen Existenz Verbindlichkeit erlangt. Sie trägt dabei Züge jenes bereits skizzierten cartesianischen, humanistischen Voluntarismus, insofern die individuelle Freiheit keiner rationalen Einschränkung unterliegt. Die moralische Forderung innerhalb der authentischen Existenz ist, sich selbst und die Anderen als Freiheiten zu wollen und anzuerkennen. Da diese Freiheiten jedoch als realisierte Freiheiten immer individuelle und durch kein Gesetz im Vorhinein beschränkte Entwürfe hervorbringen und sie außerdem nur als individuell realisierte Freiheiten anerkennbar sind, ergibt sich für Sartre die Herausforderung, die verschiedenen Entwürfe des Guten miteinander zu koordinieren. Während er diese Herausforderung im Vortrag schlichtweg verdeckt, macht er sie in seinen Notizheften zum zentralen Problem. Der *Humanismus*-Vortrag enthält lediglich die Skizze eines Programms, das Sartre in den *Cahiers* auszuführen versucht. Welche Konzeption einer Moral der Freiheit sich diesen Notizheften entnehmen lässt und in welchem eingeschränkten Sinne Sartre auch hier einen gewissen ›Kantianismus‹ vertritt, wollen wir nun verfolgen.

---

497 Sartre, Jean-Paul: *L'existentialisme est un humanisme*, a.a.O., S.58 (dt. 165).
498 Ebd., Diskussion, S.85 (dt. 179).
499 Sartre, Jean-Paul: *L'être et le néant*, a.a.O., S.722 (dt. 1071).

3.3.4 Perspektiven einer Moral der Freiheit in den *Cahiers pour une morale*

Es lässt sich kaum genug betonen, dass die *Cahiers pour une morale* lediglich Notizhefte sind und somit gar nicht den Anspruch erheben, eine vollständige Theorie der Moral vorzulegen. Wir können jedoch versuchen, die Grundgestalt der dort anvisierten Ethik so vollständig wie möglich zu rekonstruieren und ihr größtmögliche Überzeugungskraft zu verleihen. Erst wenn dies geschehen ist, können die tatsächlichen Probleme und Grenzen von Sartres Ethik in den Blick kommen. Unser Rekonstruktionsversuch von Sartres Ethik der *Cahiers* verknüpft sich mit der Hypothese, dass Sartre hier versucht, unter den Bedingungen der Pluralität und der Geschichtlichkeit der Freiheiten die kantische Ethik auf neue Grundlagen zu stellen.[500]

Im vorangehenden Kapitel haben wir bereits gesehen, dass Sartre auf einer ersten Ebene seiner Ethik durchaus einen Formalismus vertritt, dem zufolge es innerhalb der authentischen Existenzweise geboten ist, sowohl meine eigene Freiheit als auch die der Anderen zu wollen. Während Sartre im *Humanismus*-Vortrag jedoch lediglich herausstellt, dass diese formale Konzeption für eine Moralphilosophie unzureichend ist, weil sie um eine Konzeption der Art des Wollens einer konkreten, individuellen Freiheit ergänzt werden muss, formuliert er in den *Cahiers* eine schärfere Kritik. Wenn man sich mit jener bloß formalen Forderung, die Freiheiten zu wollen, begnügt, besteht die Gefahr, die Freiheit *unmittelbar* zu wollen, und dies hat drei problematische Konsequenzen. Erstens, wenn man sich »unmittelbar an das ICH wende[t], löst es sich in abstrakter Freiheit auf«.[501] Es ist unmöglich, die individuelle Freiheit zu erreichen, wenn ich ver-

---

500 Bei Crittenden heißt es: »Kant haunts the pages of the *Notebooks*.« Crittenden, Paul: *Sartre in Search of an Ethics*, a.a.O., S.48. »Sartre, as I have often noted, thought about ethics in Kantian terms; or more precisely he saw it as an inquiry that must be conducted at the present time in argument (and dialogue) with Kant, in a way that would certainly go beyond Kant.« A.a.O., S.139. In einer von Crittenden zitierten Stelle eines Interviews, das in dem Sartre gewidmeten Band der *Library of Living Philosophers* erschienen ist, macht Sartre jedoch zugleich deutlich, dass es seines Erachtens unmöglich ist, heute noch eine Ethik auf kantischem Niveau zu formulieren: »[W]e are unable to formulate an ethics on the Kantian level that would have the same validity as Kantian ethics. It cannot be done because the moral categories depend essentially on the structures of the society in which we live, and these structures are neither simple enough nor complex enough for us to create moral concepts. We are in a period without ethics, or, if you like, there are ethical theories but they are obsolete or they depend on each other.« Sartre, Jean-Paul/Rybalka, Michel/Pucciani, Oreste F./Gruenheck, Susan: »An Interview with Jean-Paul Sartre«, in: Schilpp, Paul Arthur (Hg.): *The Philosophy of Jean-Paul Sartre*. La Salle, Illinois: Open Court 1981 (= The Library of Living Philosophers. Bd. 16), S.1–51, hier S.38. Die kantische Ethik bleibt für Sartre Maßstab und Leitfaden, ohne dass ihr Niveau unter den Bedingungen der Pluralität und der Geschichtlichkeit erreicht werden könne.
501 Sartre, Jean-Paul: *Cahiers pour une morale*, a.a.O., S.149 (dt. 253). Die Übersetzer haben

suche, sie unmittelbar anzuerkennen. Ich verfehle sie jedoch nicht nur in diesem Versuch unmittelbarer Anerkennung, sondern, und dies ist der zweite Punkt, ich missachte sie sogar, denn: »Wer immer seine Freiheit oder die von anderswem ausdrücklich als Zweck nähme, würde sie substantialisieren.«[502] Die dritte problematische Folge bezieht sich auf das unmittelbare Wollen der eigenen Freiheit: Wenn ich meine eigene Freiheit unter Vermeidung ihrer Substantialisierung als »reine Freiheit«[503] will, hat dies unausweichlich Gewalt zur Folge. Sartre bezieht sich bei dem zuletzt genannten Problem ausdrücklich auf Hegels Analyse des Terrors, er hätte sich jedoch ebenso treffend – und womöglich treffender noch! – auf Lacans Rezeption von Hegels Antigone-Deutung beziehen können, hätte diese ihm vorgelegen. Hegel zufolge verweigert sich die reine Freiheit der Welt und wird dadurch zur »Furie des Verschwindens«,[504] die nur noch auf die pure Negation und den Tod des Konkreten abzielen kann. In seinem Kommentar zu Sophokles' *Antigone*, der zugleich auch ein Kommentar zu Hegels Antigone-Deutung ist, interpretiert Lacan Antigone als diejenige, die einem reinen Begehren (*désir pur*) folgt, das, wie Bernet formuliert, »sich von allen Partialobjekten gelöst hat und sich unmittelbar auf ein Nichts (*rien absolu*) richtet«.[505] Dies aber ist ganz im Sinne der Sartre'schen Definition einer reinen Freiheit als einer Gewalt, der es um die Nichtung und Zerstörung alles Konkreten umwillen ihrer absoluten und reinen Freiheit geht. Zusammengefasst lässt sich sagen: Wenn ich die Freiheit unmittelbar will, dann verfehle ich sie notwendig, einerseits, weil ich nur die abstrakte Freiheit erreiche, und andererseits, weil ich entweder auch diese noch substantialisiere und damit schon nicht mehr *als Freiheit* anerkenne oder aber meine eigene Freiheit als reine Freiheit will, was zu Gewalt führt. Es ist damit die *Unmittelbarkeit*, die einem Wollen und einer Anerkennung der Freiheit als Freiheit im Wege steht.[506]

sich dafür entschieden, die von Sartre in Abweichung von den französischen Rechtschreibregeln groß geschriebenen Worte im Deutschen durch eine Schreibweise vollständig in Großbuchstaben wiederzugeben, was wir hier übernehmen.

502 Ebd., S.177 (dt. 299).

503 Ebd., S.182 (dt. 308).

504 Hegel, Georg Wilhelm Friedrich: *Phänomenologie des Geistes*, a.a.O., S.436.

505 Bernet, Rudolf: »Subjekt und Gesetz in der Ethik von Kant und Lacan«, a.a.O., S.49. Vgl. Lacans Antigone-Kommentar in dem Seminar über die Ethik der Psychoanalyse. Dort heißt es schließlich: »Aber Antigone treibt die Erfüllung dessen, was man das reine Begehren nennen kann, bis an die Grenze, das reine und einfache Todesbegehren als solches. Dieses Begehren verkörpert sie.« Lacan, Jacques: *L'éthique de la psychanalyse*, a.a.O., S.328f. (dt. 339).

506 Es wäre ein lohnenswertes Unterfangen, Sartres in den *Cahiers* entwickelte Theorie welchselseitiger Anerkennung nicht nur mit Kant, sondern auch mit den Ansätzen des jungen Fichte zu vergleichen, zu dem sich einige Nähen finden lassen dürften. Wir müssen uns hier jedoch auf die kantianische Perspektive beschränken und danken Klaus Düsing für den weiterführenden Hinweis.

Genau eine solche unmittelbare Beziehung zwischen meinem Für-sich und dem anderen Für-sich aber hat Sartre in *L'être et le néant* zur ontologischen Grundstruktur zwischenmenschlicher Beziehungen erklärt. Das, was dort das Für-Andere-Sein überhaupt auszeichnete, wird in den *Cahiers* jedoch als eine im Rahmen einer Moral der Freiheit zu überwindende Struktur dargestellt. Ende der vierziger Jahre notiert sich Sartre im Zusammenhang einer Analyse der Alltagsgewalt: »Die unveränderlichsten Elemente der Gewalt sind: eine gewisse Art, ohne Distanz und ohne Zwischenglied dem Gegenstand seines Begehrens gegenüberzustehen«.[507] Eben diese Distanzlosigkeit, diese Unmittelbarkeit aber ist es, die in der Ontologie von 1943 in einen damals für unausweichlich erklärten Kampf der Freiheiten führte, der notwendig mit einer objektivierenden Entfremdung verbunden war. Aus der Perspektive der *Cahiers* hat dieser entfremdende Kampf die Struktur der Gewalt, welche durch die Unmittelbarkeit der Beziehung entsteht. Wenn das Für-Andere-Sein aus *L'être et le néant* aber eine ontologische Struktur ist, das heißt die grundlegende und unhintergehbare Struktur *aller* zwischenmenschlichen Beziehungen, dann ist es müßig, im Rahmen einer Ethik die Forderung nach einer wechselseitigen Anerkennung der Freiheiten als (nicht entfremdete) Freiheiten aufzustellen. Wenn der von Kant aus dem Naturrecht übernommene Grundsatz *ultra posse nemo obligatur* gilt, und Sartre erkennt ihn ausdrücklich an,[508] dann ist es unmöglich, von jemandem etwas zu fordern, das dieser aus ontologischen Gründen gar nicht zu leisten vermag. An dieser Stelle ist denn auch eine fundamentale Modifikation – und nicht nur eine Vertiefung – in Sartres Ansatz zu finden: Die immer mit Objektivierung und Entfremdung verknüpfte Struktur des Für-Andere-Seins ist am Ende der vierziger Jahre *nicht mehr die einzige* Struktur zwischenmenschlicher Beziehungen, die Sartre für möglich hält. Das aber bedeutet, ich *kann* seines Erachtens prinzipiell sowohl die Unmittelbarkeit als auch die Objektivierung und Entfremdung der zwischenmenschlichen Beziehung überwinden. *Wie* aber ist dies möglich?

Sartres Antwort ist: Über die *Vermittlung* der menschlichen *Werke* können die Menschen einander *als Freiheiten* anerkennen. Der Mensch kann nur als Freiheit existieren, indem er die ihm eigene individuelle Freiheit ins Werk setzt. Die Werke hervorbringende Tätigkeit der Freiheit aber versteht Sartre als Gabe und Großzügigkeit. Jeder Ausdruck der Freiheit ist ein solches Werk und das Werk könne über das Modell des Kunstwerks verstanden werden.[509] Das Kunstwerk

---

507 Sartre, Jean-Paul: *Cahiers pour une morale*, a. a. O., S. 197 (dt. 333).

508 »›Du sollst, also kannst du‹ hat bei Kant eine *analytische*, akzeptierbare Bedeutung.« Vgl. ebd., S. 249 (dt. 420).

509 Während die Schrift *Qu'est-ce que la littérature?* eine Ethik des literarischen Werkes entwirft, verdeutlichen die *Cahiers*, dass die Ethik des Werkes die Tragweite einer Ethik der konkreten Freiheit überhaupt hat. Es trifft daher keineswegs zu, dass »die Literatur, wie so mancher

sei großzügige »Gabe und Forderung zugleich«, weil es als großzügig gebender Ausdruck der Freiheit des Künstlers die rezipierende Freiheit dazu auffordere, sich ihrerseits in großzügige Gefühle zu engagieren und das Kunstwerk aus ihrer eigenen individuellen Freiheit heraus interpretierend umzuformen.[510] »Nach diesem Modell« aber, so meint Sartre, »müssen die Verhältnisse der Menschen sein, wenn sie als Freiheit füreinander existieren wollen«.[511] Um die entfremdende Unmittelbarkeit zu verhindern, müssen die Menschen den Weg der Vermittlung durch die in der Welt realisierten Werke ihrer individuellen Freiheiten gehen. In dieser wechselseitigen Anerkennung der Freiheiten durch ihre Werke hindurch ist die Grundhaltung die der Großzügigkeit, weil nur durch sie die jeweils andere Freiheit als Freiheit anerkannt werden kann. Die gebende Freiheit lässt sich darauf ein, die Antwort der anderen Freiheit nicht antizipieren zu können. Sie geht durch die großzügige Gabe ihres Werkes ein Wagnis und ein Risiko ein, weil der Versuch der menschlichen Kommunikation der Freiheiten über die Werke immer auch scheitern kann. Wie schon beim Freiheitsbegriff, so ist auch in Sartres Hervorhebung der Großzügigkeit das Erbe Descartes' erkennbar, wobei in Bezug auf die Großzügigkeit ebenso die Nähe zu Spinozas Ethik des Begehrens hervortritt. Beide werden allerdings von Sartre nicht ausdrücklich erwähnt.[512]

andere Gegenstand von Sartres außerphilosophischer Reflexion, [...] keinen Ort in Sartres strenger Ontologie [hat]«. Baier, Lothar: »›Im Ganzen gelungen‹. Zu den letzten Gesprächen Jean-Paul Sartres und Benny Lévys«, in: Sartre, Jean-Paul: *Brüderlichkeit und Gewalt. Ein Gespräch mit Benny Lévy*, übersetzt von Grete Osterwald, mit einem Nachwort von Lothar Baier. Berlin: Wagenbach 1993, S. 75–91, hier S. 84. Die Theorie des literarischen Werkes findet zwar keinen Ort in der Ontologie von *L'être et le néant*, Sartre hat sie jedoch in den *Cahiers* zu einem allgemeinen Modell intersubjektiver Beziehungen ausgebaut.

[510] Sartre, Jean-Paul: *Cahiers pour une morale*, a.a.O., S. 149 (dt. 253). Der Vorwurf von Theunissen, Sartre bleibe in *L'être et le néant* letztlich einer transzendentalphilosophischen Auffassung des Anderen verhaftet, in der entweder der Andere ein Objekt innerhalb meines Weltentwurfes oder ich ein Objekt innerhalb seines Weltentwurfes sei, verliert für die *Cahiers* seine Bedeutung, denn hier durchbricht Sartre das Subjekt-Objekt-Schema des Hauptwerkes zugunsten einer objektivierungsfreien Begegnung weltentwerfender Freiheiten über das Werk. Vgl. Theunissen, Michael: *Der Andere. Studien zur Sozialontologie der Gegenwart*. Berlin/New York: de Gruyter ²1977, § 44. Auch Waldenfels' in erster Linie auf das Hauptwerk bezogener Vorwurf, bei Sartre fehle »völlig der *Anblick*, der mit der *Anrede* im Bunde steht, es fehlt der beredte Blick, der mich nicht festnagelt auf das, was ich bin«, trifft für das Werkverhältnis der Freiheiten nicht mehr zu. Die Gabe des Werkes hat durchaus die Gestalt einer Anrede, die den Anderen zur Antwort auffordert. Waldenfels, Bernhard: »Freiheit angesichts des Anderen«, a.a.O., S. 112.

[511] Sartre, Jean-Paul: *Cahiers pour une morale*, a.a.O., S. 149 (dt. 253).

[512] Vgl. Crittenden, Paul: *Sartre in Search of an Ethics*, a.a.O., S. 35f. Unter Großzügigkeit versteht Spinoza »die Begierde, mit der ein jeder strebt, andere Menschen allein nach dem Gebot der Vernunft zu unterstützen und mit ihnen ein Band der Freundschaft zu knüpfen.« Spinoza, Baruch de: *Ethik in geometrischer Ordnung dargestellt*. Lateinisch-deutsch, hg., übersetzt und mit einer Einleitung versehen von Wolfgang Bartuschat. Hamburg: Meiner 1999 (= Sämtliche Werke. Bd. 2), S. 333. Crittenden zitiert diese Defintion.

Wie aber ist das spezifisch Ethische in diesem Modell der wechselseitigen Anerkennung konkreter Freiheiten zu verstehen? Was tut eine großzügig antwortende Freiheit, wenn sie ein Werk als ›von einer konkreten Freiheit bewohnt‹ behandelt?

Sartre entwirft die Konzeption einer Ethik, die sich durchaus mit Salzmann als eine »Ethik des wechselseitigen Wohlwollens«[513] bezeichnen ließe, eine Bezeichnung, die allerdings näherer Erläuterungen bedarf. Die gegenüber *L'être et le néant* neue Struktur zwischenmenschlicher Beziehungen verlangt nach einer Modifikation der Theorie des Begehrens, die Sartre in den *Cahiers* auch tatsächlich skizziert. Während sich das Für-sich in *L'être et le néant* in dem unmöglichen Unterfangen verausgabte, sich die Freiheit des Anderen als Freiheit über die Objektivierung des Anderen oder seiner selbst anzueignen, entwirft Sartre in den *Cahiers* eine Struktur des Begehrens, die ohne derartige Entfremdungen auskommt. Sobald sich die Freiheiten im Verhältnis der großzügigen Gabe der Werke befinden, verstehen sie die Zwecke des jeweils Anderen. Das Verstehen der Zwecke aber, so meint Sartre, sei immer schon »*sympathisch*«[514], denn das Verstehen des Zwecks des Anderen setze den Zweck »für den, der ihn versteht, bereits als halb begehrenswert«[515]. Das Verstehen setze »sich natürlicherweise durch die Hilfe fort[...]«[516]. Der Ursprung der Hilfe liege daher in der Struktur, die das Begehren im Werkverhältnis der Freiheiten annimmt: »*Zuerst* neigt man dazu, jemandem zu helfen, seinen Zweck zu verfolgen und zu verwirklichen, was immer er sei. Das ist das wohlwollende Vorurteil. *Danach*, aber nur danach entsteht der Gedanke, dass dieser Zweck mit den meinen unvereinbar sein kann«, weswegen der ›Grundsatz der Hilfsbereitschaft‹ laute: »[J]eder Zweck ist bis zum Beweis des Gegenteils als künftige Verwirklichung von Wert gut«.[517] Wenn ich aber das Verstehen schlichtweg verweigere, bin ich »unzufrieden, da in der Handlung selbst, das Verstehen zu negieren, das Verstehen als Gewissensbiss (*remords*) enthalten ist«.[518] Das schlechte Gewissen meldet sich, sobald ich die natürliche Bewegung des Verstehens und Begehrens der Zwecke des Anderen willkürlich unterbreche. Mit anderen Worten, existiert die konkrete Freiheit authentisch, dann will sie notwendig auch die andere konkrete Freiheit, was real nur möglich ist, indem sie in ihr eigenes Begehren das Begehren der anderen Freiheit so mit aufnimmt, dass sie sich deren Zwecksetzung selbst zum Zweck setzt. Es gibt laut Sartre kein vorangehendes Gesetz, das festlegt, welche Zwecke moralisch erlaubt

---

513 Vgl. den Untertitel des Werkes: Salzmann, Yvan: *Sartre et l'authenticité. Vers une éthique de la bienveillance réciproque*. Genève: Labor et Fides 2000.

514 Sartre, Jean-Paul: *Cahiers pour une morale*, a.a.O., S.288 (dt. 485).

515 Ebd., S.292 (dt. 493).

516 Ebd.

517 Ebd., S.286 (dt. 483).

518 Ebd., S.290 (dt. 489), Einfügung des Originals I.R.

sind und welche nicht. Der Zweck des Anderen, welcher es auch immer sei, ist zunächst allein deshalb zu unterstützen, weil die Freiheit des Anderen ihn als Zweck gesetzt hat.

An dieser Stelle drängen sich drei Fragen auf: Wie kann ich die Zwecke der anderen konkreten Freiheit so unterstützen, dass ich dabei nicht seine Freiheit untergrabe? Kann man jeden Zweck eines jeden Anderen verstehen und übernehmen, und ist jedes Werk einer jeden Freiheit als das Werk einer individuellen Freiheit anerkennbar? Auf welcher Basis ist es möglich, einem Zweck des Anderen doch die Unterstützung zu versagen, d. h. worin könnte jener von Sartre erwähnte ›Beweis des Gegenteils‹ der Güte eines Zwecks bestehen?

Sartres Antwort auf die erste Frage liegt in dem, was man in Anknüpfung an einen von ihm selbst gebrauchten Ausdruck eine ›Räuberleiterkonzeption‹ nennen könnte.[519] »Die einzige authentische Form des Wollens« könne darin bestehen zu wollen, »dass der Zweck durch den anderen verwirklicht wird«.[520] Ich kann nicht wollen, seinen Zweck direkt selbst zu verwirklichen, denn dann würde ich ihn bevormunden und seine Freiheit verkennen. Deshalb kann das freie Wollen des Zwecks des Anderen nur bedeuten, dass ich ihm erlaube, mich als »Instrument« für seine Zwecke zu gebrauchen, indem ich ihm »großzügigerweise meine Hilfe *als Zugabe* gewährt habe«[521]. Da ich dieser Instrumentalisierung jedoch frei zustimme, bedeutet sie keine Entfremdung. Ich sehe die Freiheit des Anderen »durch mich hindurch zu ihrem Zweck fliehen«, während ich »seinen Zweck frei übernehme, ihn beauftrage, mich zu seinen Zielen weiterzuführen, die meine sind, insofern sie durch seine Freiheit verwirklicht werden«.[522] Damit aber versteht Sartre die wohlwollende Unterstützung der frei verfolgten Zwecke des Anderen so, dass »[d]ie Freiheit des anderen […] zugleich die Verlängerung meiner Freiheit in der Dimension der Alterität [ist]«.[523] Wenn ich als authentische Freiheit existiere, dann ›verlängere‹ ich meine Freiheit im helfenden Wohlwollen hin zum Anderen, dessen Zwecksetzungen zu den meinigen werden.

Sartres Antwort auf die zweite Frage fällt in den *Cahiers* in einem doppelten Sinne negativ aus. Zum einen gibt es Situationen und damit auch Werke von Freiheiten, welche in diesen Situationen hervorgebracht wurden, die ich nicht verstehen kann: »Es gibt unbegreifliche Situationen: die des Soldaten an der Front für den Zivilisten, die des Tuberkulösen für den Gesunden, die des Gefolterten für den, der die Folter nicht kennt, die des Deportierten, die des hungernden

---

[519] Vgl. ebd., S. 291 (dt. 491).

[520] Ebd., S. 290 (dt. 490).

[521] Sartre, Jean-Paul: *Cahiers pour une morale*, a. a. O., S. 291 (dt. 491).

[522] Ebd.

[523] Ebd.

Arbeitslosen.«[524] Die Voraussetzung dafür, dass sich eine wechselseitige Anerkennung konkreter Freiheiten realisieren lässt, ist also eine gewisse Ähnlichkeit zwischen mir und dem Anderen beziehungsweise zwischen meiner und seiner Situation. Zum anderen gibt es Werke, die so wenig individuell sind, dass man sie nicht als Ausdruck einer individuellen Freiheit verstehen und anerkennen kann. Sartre stellt und beantwortet die »Frage: wie aber das Tun eines Arbeiters anerkennen, das abstrakt ist? Antwort: man kann es nicht.«[525] Diese beiden Grenzen der Sartre'schen ›Ethik des Wohlwollens‹ aber scheinen einen gewissen paradoxen Charakter aufzuweisen, denn es können gerade jene Menschen, die unserem herkömmlichen Verständnis nach unsere Hilfe am meisten benötigen, kein Teil des intersubjektiven Werkverhältnisses werden. Allerdings ist Sartre zufolge das Scheitern der Anerkennungsverhältnisse in beiden Fällen darauf zurückzuführen, dass die bereits auf formaler Ebene auftretende Forderung nach dem Wollen der eigenen Freiheit und der der Anderen nicht erfüllt ist. Daher kann er schreiben, »dass der Appell, ganz Beziehung von Person zu Person, in sich selbst den Umriss einer Welt enthält, in der jede Person an alle anderen appellieren könnte«[526], sowie dass die Tatsache, »[d]ass es Menschen gibt, die man nicht anerkennen kann, [...] gerade einer der Aspekte der gegenwärtigen Situation [...] ist«, weswegen man diese »ändern [muss]«.[527]

Die dritte Frage ist die schwierigste. Die Antwort, die Sartres Konzeption erlaubt und erfordert, ist an dieser Stelle abermals *formal*. Es gibt nicht nur keine materiale Zwecktafel, sondern es kann überhaupt kein den Freiheiten externes Kriterium zur Bewertung der Zwecke geben, denn ein Zweck ist schlichtweg dann begehrens*wert*, wenn er *von irgendeiner Freiheit zum Zweck gesetzt* wurde. Nichtsdestotrotz gibt es eine Möglichkeit, bestimmte Zwecke als nicht begehrenswert zu beurteilen, und zwar solche, deren Verfolgung eine Behinderung der Freiheitsausübung bedeuten würde. Wenn ich in der authentischen Existenz notwendig meine Freiheit und die des Anderen wollen muss, dann kann ich nicht zugleich einen Zweck wollen, der diese Freiheit konterkariert. In eins damit, dass ich wollen muss, die entfremdende Struktur des Für-Andere-Seins zu verlassen, darf ich nur solche Zwecke wollen, durch die ich die Freiheiten als Freiheiten will. Welche Zwecke von dieser Art sind, kann jedoch nicht vom Philosophen festgelegt werden, sondern es muss sich in der Beziehung konkreter Freiheiten allererst herausstellen.

Dieser Gedankengang Sartres entspricht ziemlich genau der in der Zweck-an-sich-selbst-Formel des kategorischen Imperativs formulierten Forderung,

---

[524] Ebd., S. 296 (dt. 500).
[525] Ebd., S. 149 (dt. 253).
[526] Ebd., S. 296 (dt. 500).
[527] Ebd., S. 149 (dt. 253).

sich selbst und Andere jederzeit zugleich als Zweck und niemals bloß als Mittel zu brauchen. Sartres Konzentration auf den Gedanken dieser Formel aber ist in einem bestimmten Sinne aufschlussreich. In seinem in den *Cahiers* anvisierten Formalismus des Begehrens der individuellen Freiheiten sucht Sartre zwar jene im *Humanismus*-Vortrag angestrebte kantianische Ethik zu konkretisieren, aber in letzter Instanz bleibt er doch auch hier wieder seinem cartesianischen, humanistischen Voluntarismus verpflichtet. Es ist nicht die von Kant selbst priorisierte und für unverzichtbar gehaltene Grundformel des kategorischen Imperativs, und es ist nicht der Gedanke einer wie auch immer neu gefassten reinen praktischen Vernunft, an die Sartre bei Kant anzuknüpfen sucht. Vielmehr bleibt seine intersubjektive Ethik des Begehrens cartesianisch geprägt, insofern sie fundiert bleibt in dem Gedanken voluntaristisch gefasster individueller Freiheiten, deren Zwecke ohne weiteres Kriterium intersubjektiv und jeweilig zu koordinieren sind. Hinter dem seit dem *Humanismus*-Vortrag anvisierten kantianischen Formalismus des Begehrens der individuellen Freiheiten taucht Sartres Cartesianismus und damit sein humanistischer Voluntarismus wieder auf.

In welches Verhältnis aber stellt Sartre in seinen *Cahiers* die aus *L'être et le néant* bekannte Entfremdungsbeziehung des Für-Andere-Seins einerseits und die Beziehung der Anerkennung konkreter Freiheiten über das Werk andererseits? Ist eine der beiden Beziehungen ursprünglicher als die andere und, falls dies der Fall ist, in welchem Sinne? Die Beziehung, die Sartre zwischen diesen beiden Formen des Miteinander herstellt, ist eine *geschichtsphilosophische*, vorausgesetzt man versteht dieses Wort in einem sehr schwachen Sinne. Historisch gesehen gebe es einen »ursprünglichen Konflikt der Freiheiten«, die »Urgesellschaft« sei »per definitionem die totale ENTFREMDUNG«, »das ursprüngliche Verhältnis des anderen zu mir [ist] bereits Entfremdung«.[528] Da der Mensch jedoch prinzipiell die Möglichkeit hat, diese Entfremdung zu überwinden, indem er eine Konversion zur authentischen Existenz und zur damit einhergehenden Werkbeziehung zu den anderen Menschen initiiert, kann Sartre schreiben, dass das mit dem Erscheinen des Anderen auftauchende Menschsein »*zugleich* und in ambivalenter Weise befreiend und unterwerfend«[529] ist. Sartre versucht als geschichtsphilosophische Perspektive, eine Entwicklung von der Entfremdungsbeziehung des Für-Andere-Seins hin zur befreiten Intersubjektivitätsbeziehung anzuzeigen, wobei er den Ausdruck »Intersubjektivität« mindestens ein Mal terminologisch für die Werkbeziehung konkreter Freiheiten verwendet.[530] Das, was in *L'être et le néant*

---

[528] Ebd., S.293, S.377, S.384 (dt. 494, 636, 647).
[529] Ebd., S.391 (dt. 660), Kursivierung I.R.
[530] Vgl. ebd., S.420 (dt. 711).

die ontologische Grundstruktur war, ist jetzt nur noch die historisch primäre, der Möglichkeit nach zu überwindende Art des Miteinander.[531]

Sartres geschichtsphilosophischer Perspektive einer Befreiung der Menschheit von der Entfremdung kann in einem bestimmten, äußerst schwachen Sinne der Status einer regulativen Idee zugeschrieben werden. Die Geschichte selbst ist für Sartre tragisch, weil innerhalb der Geschichte die Entfremdungsstruktur herrscht und »die Freiheit [zwingt], sich einen Weg durch Gewalt zu wählen, also gegen sich selbst und gegen die Freiheit des anderen«.[532] Für die sich als authentisch wählende Freiheit aber ergibt sich unumgänglich das Ziel, diese Gewalt- und Unterdrückungsstruktur zu überwinden. Dieses Ziel sei im Sinne einer »ideale[n] Richtung« als »eine absolute Konversion zur Intersubjektivität«[533] wenigstens vorstellbar. Da es für Sartre aufgrund seines Begriffs absoluter individueller Freiheit jedoch keine notwendige oder vernünftige Entwicklung der Geschichte geben kann, wäre es ein »unendliche[r] Zufall«, wenn *alle* zugleich moralisch« wären und sich das Ende der tragischen Geschichte tatsächlich verwirklichte und damit »der Anbruch der MORAL« zustande käme.[534] Mit anderen Worten, die Moral der Intersubjektivität ist durchaus regulative Idee der Freiheit – aber *nur* innerhalb der authentischen Existenz, der es zudem unmöglich ist, sich als solche zu realisieren, wenn die Anderen in der Entfremdungsstruktur verbleiben.[535]

Innerhalb der Geschichte jedoch ist das Streben nach einer Moral der konkreten Freiheit bestimmt durch das, was Sartre an einer Stelle die Dialektik von Entfremdung und Apokalypse nennt. Solange es Entfremdung und verfestigte Ordnungsstrukturen gibt, ist »[d]as menschliche Moment, das Moment der Moral [...] das der APOKALYPSE«.[536] Das Moment der Moral als das Moment des Menschen als eines nicht entfremdeten Menschen sei »Fest, Apokalypse, permanente REVOLUTION, Großzügigkeit, Schöpfung«.[537] Solange nicht alle Menschen die Konversion zur Authentizität und die damit einhergehende Konversion

---

[531] Es findet sich in Bezug auf den Liebesbegriff eine ausdrückliche Selbstkritik Sartres: »Keine Liebe ohne diese von mir beschriebene sadomasochistische Unterwerfungsdialektik der Freiheiten. Keine Liebe ohne tiefere Anerkennung und gegenseitiges Verstehen der Freiheiten (eine Dimension, die in S[ein und] N[ichts] fehlt).« Ebd., S. 430 (dt. 725).

[532] Vgl. ebd., S. 420 f. (dt. 710 f.).

[533] Ebd., S. 421 (dt. 711).

[534] Ebd., S. 96 (dt. 165).

[535] Bei Kant hingegen ist einerseits das in der *Religionsschrift* erörterte ethische gemeine Wesen *unbedingter* Zweck beziehungsweise eine unbedingte Pflicht des Menschengeschlechts gegen sich selbst; und andererseits reicht das bloße Vorhandensein anderer Menschen zwar dazu aus, einen Menschen zu den Lastern der Gesellschaft zu versuchen, jedoch ohne dass dies eine ›notwendige Unmoralität‹ des Einzelnen innerhalb der moralisch noch unvollkommenen Geschichte bedeuten würde.

[536] Sartre, Jean-Paul: *Cahiers pour une morale*, a. a. O., S. 430 (dt. 724).

[537] Ebd.

zum Werkverhältnis der Intersubjektivität vollzogen haben, besteht das eigentlich moralische Element der menschlichen Existenz in der ständigen Durchbrechung verfestigter Ordnungs- und Entfremdungsstrukturen durch die individuellen Freiheiten und ihr Begehren. Diese Dialektik von Entfremdung und Apokalypse lässt sich durchaus in eine gewisse Nähe zu einem Grundgedanken des späten Levinas rücken, dem zufolge das Ethische gerade in einem ständigen Durchbrechen des Gesagten durch das Sagen besteht.

Wenn aber das moralische Moment in einem Durchbrechen der verfestigten Ordnungen besteht, kann die in der Authentizität erstrebte Moral nicht selbst die Struktur einer Ordnung haben. Sartre zufolge kann daher die Moral, die nach der zufällig verwirklichten Konversion aller zur Intersubjektivität anbrechen würde, weder als Hegel'sche Sittlichkeit noch als kantisches Reich der Zwecke betrachtet werden. »Die Sittlichkeit«, die Sartre selbst im Blick hat, ist »nicht Verschmelzung der Bewusstseine in einem einzigen Subjekt, sondern Akzeptieren der detotalisierten Totalität«.[538] Ein verwirklichtes Reich der Zwecke aber würde »in Wirklichkeit den Totalitarismus« verwirklichen, weil es vorgäbe, die menschliche Totalität verwirklicht zu haben, während diese aufgrund der Pluralität der Bewusstseine notwendig gebrochen und unvollständig bleibt. Demgegenüber ist der eigentliche »letzte[...] Zweck [...] die Errichtung eines Reichs der konkreten Freiheit«[539]. Das Reich der konkreten Freiheit tritt an die Stelle einer totalisierten vernünftigen Sittlichkeit und eines konkret definierten Reichs der Zwecke. Jede feststehende Ordnung der Sittlichkeit oder der Zwecke stünde im Widerspruch zu einer wechselseitigen Anerkennung konkreter Freiheiten als Freiheiten. So heißt es denn auch geradeheraus bei Sartre: »Es gibt keine Moral der Ordnung, sondern die Ordnung ist vielmehr Entfremdung der Moral [...]. Eine Ordnung der Freiheiten ist undenkbar, weil kontradiktorisch.«[540] Das Reich der konkreten Freiheit kann kein Reich einer bestimmten Ordnung sein. Die »konkrete Menschheit« ist immer »unterwegs«.[541] Es gibt eine ursprüngliche Entfremdung

---

[538] Ebd., S. 95 (dt. 165).

[539] Ebd., S. 406 (dt. 687).

[540] Ebd., S. 430 (dt. 724).

[541] Ebd., S. 575 (dt. 969). In dem 1944 veröffentlichten Text »La République du Silence« wird deutlich, dass Sartre in der »Republik des Schweigens und der Nacht«, in der die Franzosen sich in stiller Gemeinschaft gegen ihre Besatzer wussten, ein derartiges Reich der konkreten Freiheit gesehen hat: »Gegen die Unterdrücker unternahm jeder von ihnen, unwiderruflich er selber zu sein, und dadurch, daß er sich in seiner Freiheit selbst wählte, wählte er die Freiheit aller. Diese Republik ohne Institutionen, ohne Armee, ohne Polizei mußte jeder Franzose erobern und jeden Augenblick gegen den Nazismus behaupten.« Sartre, Jean-Paul: »La République du Silence«, in: *Les Lettres françaises*, 9. September 1944; wiederabgedruckt in: ders.: *Situations, II*, hg. von Arlette Elkaïm-Sartre. Paris: Gallimard 2012, S. 11–13, hier S. 13 (dt. »Die Republik des Schwei-

in der Geschichte, »aus der der Mensch nicht herauskommen kann«[542] – er kann es jedoch durch eine immer wieder neu ansetzende Durchbrechung der Entfremdung durch seine Freiheit versuchen.

Von hier aus ist es aber nur noch ein kleiner Schritt zur Kritik des Wertes, die Sartre 1943 bereits andeutet und in den *Cahiers* ausführt. Nicht nur die Behauptung von an sich bestehenden Werten ist unaufrichtig, sondern der Wert selbst ist intrinsisch verwoben mit der Unaufrichtigkeit. Selbst wenn eine Freiheit einen Wert hervorbringt, holt dieser einmal gesetzte Wert die Freiheit gleichsam von hinten wieder ein und entfremdet sie: »Der Wert ist [...] *notwendigerweise* entfremdeter Entwurf.«[543] Neben der Natur und der Pflicht zählt Sartre den Wert zu den drei grundlegenden Entfremdungstypen.[544] Wenngleich der Wert als Wert entfremdend ist, gibt es nichtsdestotrotz Unterschiede in Bezug auf den Entfremdungs*grad* eines Wertes. Die geschichtsphilosophische Perspektive einer Moral der Freiheit verknüpft sich für Sartre mit der Perspektive einer abnehmenden Entfremdung durch eine Hierarchie der Werte, die von einer radikalen Entfremdung zu einer immer schwächer werdenden Entfremdung und schließlich zu einer Überschreitung des Wertes überhaupt führen. Vier Wertklassen unterscheidet Sartre unterhalb der Überschreitung des Wertverhältnisses überhaupt: erstens Werte, die die Freiheit unter dem Sein schlechthin zerdrücken, zweitens Zwischenwerte, in denen der Begriff des Lebens die Transzendenz objektiviert, aber doch hindurchscheinen lässt, drittens soziale Werte wie die Nation, die den Gedanken der Schöpfung bereits auftreten lassen, und viertens schließlich Werte der Subjektivität wie Leidenschaft, Lust und Augenblick, Kritik und Evidenzverlangen, Verantwortung, Schöpfung und an der Spitze die Großzügigkeit.[545] Wenn Sartre im Anschluss an diese Skizze einer Hierarchie der Werte davon spricht, dass das »Licht jenseits der Ebene der Großzügigkeit« die »eigentliche Freiheit« sei, so weist er darauf hin, dass auch noch der oberste und der Freiheit am nächsten stehende Wert der Großzügigkeit zu überschreiten ist hin zu einer Freiheit, die sich auch nicht mehr von jenen Werten entfremden lässt, die sie selbst gesetzt hat.[546]

---

gens«, in: *philosophie. Magazin.* Sonderausgabe 2014 »Das Jahrhundert im Spiegel seiner großen Denker«, S.46–47, hier S.47).

[542] Sartre, Jean-Paul: *Cahiers pour une morale*, a.a.O., S.429 (dt. 723).

[543] Ebd., S.465 (dt. 783), Kursivierung I.R.

[544] Vgl. ebd., S.485 (dt. 817).

[545] Vgl. ebd., S.486 (dt. 819).

[546] Die von Detmer in den Mittelpunkt gestellte Rede von der Freiheit als dem höchsten Wert scheint mir insofern höchst irreführend, als es Sartre letztlich darum geht, die Wertperspektive im Ganzen zu überschreiten, weil der Wert als Wert eine Entfremdungsdimension in sich trägt. Vgl. Detmer, David: *Freedom as a Value*, a.a.O., 3. Kapitel.

Es gibt jedoch für Sartre etwas in der Moralphilosophie, dessen entfremdende Wirkung noch stärker ist als beim Wert: die Pflicht. Während die Kritik des Wertes eine Kritik an der materialen Wertethik impliziert, stellt Sartres Kritik am Pflichtbegriff in erster Linie eine Kritik an Kant dar. Die Pflicht sei in einer noch radikaleren Weise entfremdend als der Wert, denn »die Pflicht bleibt stets auf Distanz, und ich weiß von Anfang an, dass ich mit ihr nicht zusammentreffen werde, weil sie *nicht ich ist*«.[547] Während sich meine Freiheit im Streben nach einem Wert zwar selbst entfremdet, sobald sie vergisst, dass dieser Wert von ihrer permanenten Setzung abhängt, hat »die Pflicht von Beginn an eine Dimension im Element des anderen […], an das ich nicht herankommen kann«.[548] Sartre versteht die Pflicht als den »Wille[n] des anderen in mir«[549], dessen starren Blick ich interiorisiert habe. »Die Moral der Pflicht ist […] eine Moral der Knechte«,[550] allerdings in ihrer ausgereiften Form eine Moral »der Knechtschaft *ohne* Herrn«[551]. Der gebietende Andere in mir wird hierbei nicht mehr als Gott oder als weltlicher Herrscher verstanden, sondern ist nur noch »reine abstrakte Gegenwart des Anderen«[552]. Wir haben es hier mit der Schwundstufe der Unterdrückung durch einen konkreten Herrscher zu tun. Der Herrscher selbst ist nicht mehr da, aber die einzelnen Personen haben seinen Willen derart interiorisiert, dass sie sich gegenseitig »lediglich als Träger des WILLENS«[553] anerkennen. Sie ordnen sich einem einzigen Willen unter, »der niemandes ist«[554], als dessen Träger sie einander jedoch verstehen und anerkennen, wodurch sie »die konkrete Person durch das MAN«[555] ersetzen, wie Sartre in einer impliziten Bezugnahme auf Heidegger formuliert.

In dieser Moral der Pflicht gibt es laut Sartre einen tückischen Umschlag, der zu einer Selbstillusion führt: Die Einzelnen sind beherrscht von einem ihnen fremden und sie entfremdenden Willen des anonymisierten Anderen, aber sie missverstehen diesen anonymen Willen als ihren eigenen Willen und bestätigen so »ihre Autonomie im Moment der *totalen Heteronomie*«.[556] Es ist genau dies, was Sartre zufolge bei Kant geschieht: In jener Anerkennungszeremonie innerhalb der Moral der Pflicht, in der sich die Einzelnen gegenseitig als bloße Träger

---

[547] Sartre, Jean-Paul: *Cahiers pour une morale*, a.a.O., S.262 (dt. 442, Übersetzung modifiziert).
[548] Ebd., S.263 (dt. 444).
[549] Ebd., S.199 (dt. 337).
[550] Ebd., S.278 (dt. 469).
[551] Ebd., S.283 (dt. 477), Kursivierung I.R.
[552] Ebd., S.279 (dt. 471).
[553] Ebd., S.280 (dt. 472).
[554] Ebd., S.285 (dt. 480).
[555] Ebd., S.269 (dt. 454).
[556] Ebd., S.266 (dt. 449).

des einen Willens anerkennen, erfassen sie zwar den Herrscherwillen als geheiligtes Objekt und setzen ihre eigene Unwesentlichkeit,[557] sie identifizieren sich jedoch in illusionärer Weise zugleich mit diesem anonymen Willen. Die individuelle Freiheit des Einzelnen übernimmt die Freiheit jenes anonymen Willens, der doch stets auf Distanz zu ihr bleibt. Vor diesem Hintergrund kann Sartre schreiben: »[D]ie Pflicht ist Präsenz *Der* Freiheit in mir.«[558] Es handelt sich um eine »Freiheit hinter meiner Freiheit«[559], die als anonyme Freiheit meine individuelle Freiheit in Situation entfremdet. Kants Ethik der Autonomie ist in Sartres Augen eine entfremdende Moral der Pflicht, in der ein abstrakter anonymer Wille des Anderen die individuellen Freiheiten entfremdet und ihnen zugleich die Illusion von Freiheit verschafft. Anders als Kant meint, führt die Befolgung einer Moral der Pflicht aus Sartres Sicht gerade nicht zur Etablierung einer Gemeinschaft autonomer Wesen, sondern vielmehr zu einer »Aufhebung der Welt des Menschlichen«[560], d. h. zur Aufhebung einer Welt, in der die Menschen ihre individuellen konkreten Freiheiten im Werkverhältnis der Intersubjektivität wechselseitig anerkennen.

In dieser Kritik der Pflicht findet sich Sartres schärfste Kritik an Kant. Während er im *Humanismus*-Vortrag Kants Formalismus wegen seiner Unzulänglichkeit in Hinblick auf die Beantwortung konkreter ethischer Fragen kritisiert und während er in den erörterten Passagen der *Cahiers* die Gefahren einer ausschließlich formalistisch konzipierten Ethik aufzeigt, attackiert er mit der Kritik der Pflicht zwei Grundfesten der kantischen Moralphilosophie: Kants Freiheitsbegriff und Kants Dualismus. Angesichts dieser radikalen Kritik kann leicht der Eindruck entstehen, Sartre habe seine Orientierung an der kantischen Ethik vollends aufgegeben. Inwiefern dies nicht der Fall ist, wollen wir im Folgenden dadurch zu zeigen versuchen, dass wir Sartres Entwurf zu einer Ethik des Begehrens im Spannungsfeld zwischen Kant, Hegel, Spinoza und Lacan situieren. Weder Spinoza noch Lacan werden von Sartre ausdrücklich auf eine eingehende Weise behandelt, sie können jedoch sachlich auf eine fruchtbare Weise herangezogen werden, um die Gestalt von Sartres Ansatz zu konturieren und zu situieren.

Es sind insbesondere zwei Aspekte von Hegels Kritik an Kant, die sich bei Sartre wiederfinden. Zum einen kritisiert Sartre, wie wir gesehen haben, Kants abstrakten Freiheitsbegriff als unzureichend und ergänzt diesen um den Begriff einer konkreten, ins Werk gesetzten Freiheit. In der *Phänomenologie des Geistes* ist an zahlreichen Stellen eine bloß abstrakte Freiheit Thema – die des Terrors der französischen Revolution oder die der schönen Seele etwa –, die in die kon-

---

557 Vgl. ebd., S. 280 (dt. 472).
558 Ebd., S. 265 (dt. 447).
559 Ebd., S. 265 (dt. 448).
560 Ebd., S. 285 (dt. 480).

krete Tat zu überführen ist, um die Entwicklung des Geistes auf die nächste Stufe zu bringen. Zum anderen knüpft Sartre an Hegels Gedanken »Die kalte Pflicht ist der letzte unverdaute Klotz im Magen, die Offenbarung gegeben der Vernunft«[561] an und beanstandet wie der deutsche Idealist den Begriff einer moralischen Forderung, mit der sich der Verpflichtete nicht zu identifizieren vermag. Sartre folgt Hegel allerdings keineswegs bis zu dessen in den *Grundlinien der Philosophie des Rechts* konzipierter Auffassung einer Aufhebung der Moralität in der Sittlichkeit des Staates, denn, wie wir gesehen haben, eine Moral der Ordnung ist für ihn unmöglich.

Sartres positive Stoßrichtung bei seiner Kritik an Kants Pflichtbegriff und damit an Kants Dualismus von Neigung und Vernunft ist vielmehr eine Ethik des Begehrens, die sich in die Tradition Spinozas stellen lässt. Während Spinoza jedoch aufgrund seines Substanzenmonismus von vornherein voraussetzen kann, dass sich das vernünftige Begehren des Einzelnen zu einem harmonischen Ganzen mit dem vernünftigen Begehren aller anderen fügt,[562] geht Sartre von einer radikalen Pluralität des Begehrens der Einzelnen aus. Hierin wiederum liegt eine gewisse Analogie zu Kants These einer Pluralität der Glücksbestrebungen der Menschen, die sich gerade nicht von selbst schon zu einer Einheit fügen. Weil Kant jedoch das Autonomieprinzip mit einem universalen Vernunftprinzip identifiziert, kann er voraussetzen, dass der autonome Lebenswandel der Einzelnen ein harmonisches Ganzes hervorbringen wird. Genauso wenig wie Sartre Spinozas Substanzenmonismus akzeptiert, akzeptiert er Kants universalen Begriff der Autonomie. Freiheit ist absolut, darin hat Kant laut Sartre recht, aber diese absolute Freiheit, und darin widerspricht Sartre Kant, muss als (cartesianisch voluntaristische) individuelle Freiheit gedacht werden. Für die individuellen Freiheiten als individuelle, authentische Begehren gibt es kein im Voraus feststehendes Gesetz der Vernunft. Es gibt nicht mehr als den intersubjektiv strukturierten Raum des Begehrens, innerhalb dessen die einzelnen, authentisch existierenden Freiheiten einander anerkennen und dabei in ihrem Ausdruck immer wieder neu Vorschläge für Werte machen, die den Anderen zum Verständnis und zur Übernahme angeboten werden. Mit anderen Worten, die absoluten individu-

---

561 Hegel, Georg Wilhelm Friedrich: *Vorlesungen über die Geschichte der Philosophie III*, hg. von Eva Moldenhauer und Karl Markus Michel. Frankfurt am Main: Suhrkamp ⁴2003 (= Werke. Bd. 20), S. 369.

562 Es ist keineswegs verwunderlich, dass sich im vierten Teil der *Ethik* Formulierungen finden, die das kantische Grundgesetz der Moralität vorwegzunehmen scheinen, wie, »daß Menschen, die sich von der Vernunft leiten lassen, d. h. Menschen, die vernunftgeleitet ihren eigenen Vorteil suchen, für sich selbst nach nichts verlangen, was sie nicht auch für andere Menschen begehren, daß sie mithin gerecht, zuverlässig und anständig sind«. Spinoza, Baruch de: *Ethik*, a. a. O., S. 411.

ellen Freiheiten befinden sich ständig auf der Suche nach dem Werthaften, das sie doch nie finden können, ohne sich in Unaufrichtigkeit zu verkehren. Während bei Kant die absolute Freiheit eine einzige ist und das Gesetz ihrer Autonomie immer schon besitzt, ist sie bei Sartre eine individuelle Freiheit, die das Werthafte immer wieder neu bloß vorschlägt und dem Begehren des Anderen zur Übernahme anbietet.

Sartres Haltung zu Kants Gesetzesgedanken weist eine Zweideutigkeit auf, die sich in analoger Weise auch in Lacans Ethik der Psychoanalyse findet, wo sie deutlicher ausgearbeitet ist. Beide hegen den Verdacht, dass das kantische Gesetz eigentlich das Gesetz des Über-Ich ist und die kantische Forderung nach einem gesetzeskonformen Lebenswandel auf einen Gesetzesfanatismus hinausläuft, der das authentische Begehren nicht achtet. So erblickt Sartre in der Pflicht die Forderung des Herrschers oder Vaters, der jedoch als solcher verschwunden ist und von dem nur noch die interiorisierte Forderung bleibt, und für Lacan steht Kant, wie Bernet formuliert, »auf der Seite von Kreon, d. h. der unerbittlichen und abstrakten Gesetzlichkeit des Über-Ich«.[563] Dieser Gesichtspunkt ist jedoch nur die eine Seite der Medaille. Die andere Seite besteht darin, dass sowohl Sartre als auch Lacan den kantischen Formalismus durchaus zu übernehmen und innerhalb einer Ethik des Begehrens neu zu formulieren suchen. Sartre knüpft an den formalen absoluten Freiheitsbegriff Kants an, modifiziert ihn hin zu einer absoluten individuellen Freiheit, die sich im moralischen Idealfall in einem authentischen Begehren konkretisiert, das sich weder in die Gewalt einer reinen Freiheit verrennt noch sich aufgibt, indem es sich entweder an Werte, Objekte oder Seinsbestimmungen kettet oder an ein ihm fremdes Pflichtgesetz bindet. Das formale Gesetz Kants verwandelt sich bei Sartre zu einem formalen Gesetz des authentischen Begehrens. Nicht anders steht es bei Lacan. Kant ist für Lacan derjenige, der gegen die Moral »des Dienstes an den Gütern«, des pathologischen Interesses, »das Feld unterscheidet, in dem es um das moralische Urteil als solches geht«.[564] Mit seinem Formalismus jenseits des Pathologischen hat Kant aus Lacans Sicht den Grundstein für eine Ethik des Begehrens gelegt, die sich am formalen Strukturgesetz des Begehrens als dem ethischen Gesetz des richtigen Begehrens orientiert, wenngleich Kant selbst immer wieder dazu tendiere, das Gesetz selbst zum Ding (*la Chose*) zu machen.[565] Sowohl Sartre als auch Lacan begnügen sich keineswegs damit, Kants formales Moralgesetz auf eine anonyme Über-Ich-Instanz

---

563 Bernet, Rudolf: »Subjekt und Gesetz in der Ethik von Kant und Lacan«, a. a. O., S. 50. »In Lacans Interpretation vertritt Kreon nicht (wie bei Hegel) das Gesetz des Staates, sondern vielmehr das Gesetz des Über-Ich, das das Begehren verdrängt.« Ebd., S. 49.

564 Lacan, Jacques: *L'éthique de la psychanalyse*, a. a. O., S. 363 (dt. 376).

565 Vgl. Bernet, Rudolf: »Subjekt und Gesetz in der Ethik von Kant und Lacan«, a. a. O., S. 42.

zurückzuführen,[566] sondern sie sehen beide in dem Gedanken eines formalen Moralprinzips die Grundlage für eine Ethik des authentischen Begehrens.

Diese Analogie zwischen Sartres und Lacans Verhältnis zu Kant scheint jedoch eine gewisse Grenze zu finden, wenn es um die ethische Gestalt der Intersubjektivität geht. In einer Unterscheidung zwischen dem verinnerlichten Gesetz des Über-Ich und dem Gesetz des Begehrens weist Lacan die Frage nach der Allgemeingültigkeit des Handelns ausschließlich der Seite des Über-Ichs und nicht der Seite des Gesetzes des Begehrens zu: »Die Verinnerlichung des *Gesetzes* hat, wie wir unaufhörlich sagen, nichts mit dem *Gesetz* zu tun. Nur müßte man noch wissen warum. Möglicherweise dient das Überich dem Moralbewußtsein als Stütze, doch weiß wohl jeder, daß dieses mit jenem nichts zu tun hat, was seine verbindlichsten Forderungen angeht. Was es fordert, *hat nichts zu tun mit dem, woraus wir mit Recht die allgemeine Regel unseres Handelns machen könnten*, das ist das Einmaleins der analytischen Wahrheit.«[567] Sartre hingegen ist der Auffassung, dass der Entwurf der Freiheit im authentischen Begehren gerade einen Universalisierbarkeits*anspruch* erhebt, der sich allerdings stets auf die je spezifische Situation einer individuellen Freiheit bezieht. Diese Suche nach einem universalen Prinzip des Verstehens und Begehrens findet sich bei Sartre, scheint bei Lacan jedoch zu fehlen.[568] Aber auch bei Sartre ist der Universalisierbarkeitsanspruch in letzter Instanz vom cartesischen Voluntarismus und nicht vom kantischen Gedanken eines Gesetzes reiner praktischer Vernunft geprägt.

Es gibt eine fundamentale Grenze der von Sartre in den *Cahiers* skizzierten Moral der Freiheit, auf die wir der Sache nach bereits in Kapitel 3.3.3 gestoßen sind. Diese Grenze hat ihren Grund in Sartres radikalem Freiheitsbegriff. Die individuelle Freiheit ist Sartre zufolge derart absolut, dass es keinen normativen Aufruf zur Authentizität gibt. Ein solcher würde die Freiheit bereits einschrän-

---

566 Vollmann hat ausführlich »die These der Freudschen psychoanalytischen Theorie zurückgewiesen, dass mit der Genese des Gewissens als endopsychischer Über-Ich-Instanz der kategorische Imperativ als direkter Erbe des archaischen Tabus *identifiziert* sei«. Er ist der Auffassung, »die Freudsche Moralkritik« gehe »als vorgebliche *Destruktion* der Moral« und insbesondere der kantischen Moralphilosophie »zu weit«, weil sie lediglich »als *Kritik* der moralischen Praxis«, nicht aber als deren Aufhebung fungieren könne. Vollmann, Morris: *Freud gegen Kant? Moralkritik der Psychoanalyse und praktische Vernunft*. Bielefeld: transcript Verlag 2010, S. 241, S. 242.

567 Lacan, Jacques: *L'éthique de la psychanalyse*, a.a.O., S. 358 (dt. 369, dritte Hervorhebung I.R.).

568 Allerdings beschreibt Lacan wiederum das intersubjektive Verhältnis, in dem das Subjekt und sein Gegenüber nicht von ihrem Begehren ablassen, auf eine Weise, die Sartres Ausführungen zur Übernahme der Zwecke des Anderen in das eigene Begehren durchaus nahekommt: »[D]ie Mißachtung des anderen und seiner selbst [ist] in einem einzigen Term verbunden«, wenn das Subjekt einen »Verrat« begeht, der darin besteht, entweder Verrat an seinem eigenen Begehren zu begehen oder aber hinzunehmen, dass ein Anderer, dessen Begehren mit dem seinen verflochten ist, von seinem Begehren ablässt. Ebd., S. 370 (dt. 383).

ken und in die Unaufrichtigkeit führen. Es gibt zwar ein Unbehagen des in einem unaufrichtigen Freiheitsentwurf Existierenden, weil die Unaufrichtigkeit mit einem Gefühl der Entfremdung einhergeht. Ein ethisches Gebot zur Authentizität jedoch ist dies nicht. Es gibt keine der Freiheit selbst äußerliche Verbindlichkeit zur Authentizität. Erst wenn eine individuelle Freiheit zur Authentizität konvertiert, muss sie sich selbst und Andere als unentfremdete Freiheiten wollen. Erst innerhalb des authentischen Entwurfes kommt das ethische Gebot auf, die eigene Freiheit und die Freiheit der Anderen als Freiheiten zu behandeln, was sich allein im vermittelten Verhältnis der durch ihre Werke kommunizierenden konkreten Freiheiten erreichen lässt. Das aber bedeutet, dass das ethische Ziel einer menschlichen Welt der wechselseitigen Anerkennung konkreter Freiheiten kein unbedingtes Ziel ist. Wir haben es nicht mit einem kategorischen, sondern mit einem lediglich *hypothetischen Imperativ* zu tun, der sich so formulieren ließe: *Wenn* du authentisch sein willst, dann sollst du dein eigenes Begehren in authentischer Weise verfolgen und dich zu den Anderen in Form der Werkbeziehung konkreter Anerkennung verhalten!

Diese Konzeption hat jedoch auch einen weit reichenden Einfluss auf das intersubjektive Verhältnis innerhalb der Authentizität: Den Anderen als konkrete Freiheit anerkennen und behandeln zu müssen, *folgt aus meinem Willen zur Authentizität*. In einer oben zitierten Formulierung heißt es, die Freiheit des Anderen sei ›zugleich die Verlängerung meiner Freiheit in der Dimension der Alterität‹.[569] Diese Rede von einer ›Verlängerung‹ meiner Freiheit bringt die Implikation von Sartres Auffassung gut zum Vorschein: Das Grundmodell bleibt das aus *L'être et le néant* bekannte Reflexionsmodell, in dem das einzelne Fürsich sich selbst durch die vermittelnde Beziehung zum Anderen erweitert. Der Zweck ist, selbst authentisch zu existieren – und die Anerkennung der Anderen als konkrete Freiheiten, die Aufnahme ihrer Zwecke in meine Zwecke ist ein Mittel zur Realisierung dieser Urwahl.[570] Auch Sartre gelangt über eine *erweiterte Selbstbeziehung* letztlich nicht hinaus, auch wenn diese Selbstbeziehung die Form der Großzügigkeit und der Hingabe an den Anderen hat. Die Verantwortung, die es bei Sartre gibt, und dies gilt in modifizierter Form auch noch für

---

[569] Vgl. Sartre, Jean-Paul: *Cahiers pour une morale*, a.a.O., S. 291 (dt. 491).

[570] In einem deutlich weiteren und auch anderen Sinne gilt daher auch noch für die *Cahiers*, was Bernet in Hinblick auf *L'être et le néant* konstatiert. Während das Für-sich den Anderen im Hauptwerk als Mittel zur absoluten Rechtfertigung der eigenen Existenz benutzt und ihm seine Freiheit nur unter der Bedingung lässt, dass er aufgibt, durch sie sein eigenes Begehren zu verfolgen, was Bernet betont, benutzt die konkrete Freiheit des Einzelnen den Anderen in den *Cahiers* letztlich zur Realisierung ihrer eigenen Authentizität, wobei sie der anderen Freiheit allerdings gestattet, ihr eigenes Begehren zu verfolgen und sie dabei sogar unterstützt. Vgl. Bernet, Rudolf: »La ›conscience‹ selon Sartre comme pulsion et désir«, a.a.O., S. 41 f.

die *Cahiers*, ist, um mit Waldenfels zu sprechen, in letzter Instanz eine »reine *Selbstverantwortung*«[571].

Während in Heideggers Formalismus des jemeinigen Selbst eine tragfähige Perspektive auf eine Ethik des Mitseins ein grundlegendes Desiderat blieb, entwickelt Sartre Perspektiven auf einen Formalismus des Begehrens der individuellen Freiheiten, dem der Gedanke einer fundamentalen Pluralität der Freiheiten zugrunde liegt. Am Grund dieses Ansatzes zu einer neuartigen formalistischen Ethik, den Sartre insbesondere in den *Cahiers* differenziert, steht eine absolut ungebundene Urwahl einer individuellen Freiheit. Nur wenn diese Urwahl zugunsten der Authentizität ausfällt, entspringt das dann lediglich hypothetische Gebot, das eigene Begehren in authentischer Weise zu verfolgen und sich zu den Anderen in Form der Werkbeziehung konkreter Anerkennung zu verhalten. Weil das Gebot, den Anderen als konkrete Freiheit anerkennen und behandeln zu sollen, aber aus meiner Wahl der Authentizität folgt, handelt es sich bei der Beziehung zum Anderen letztlich um eine Verlängerung meiner Freiheit in der Dimension der Alterität und um eine lediglich erweiterte Selbstbeziehung, der der Charakter eines moralischen Eigendünkels nicht ganz abgesprochen werden kann. Der Formalismus des Begehrens der individuellen Freiheiten ist über jene bloß hypothetische Gestalt und über jene erweiterte Selbstbezüglichkeit hinaus außerdem in letzter Instanz von Sartres humanistischem Voluntarismus geprägt, der seine seit dem *Humanismus*-Vortrag in den Mittelpunkt gestellte Orientierung an Kants Ethik zugunsten eines humanistischen Cartesianismus unterwandert. Der Formalismus des Begehrens individueller Freiheiten ist ein intersubjektiver humanistischer Voluntarismus ohne reine praktische Vernunft. Letztere wird erst von Levinas eigens aufgegriffen und neu formuliert.

3.3.5 Zusatz: Ist der späte Sartre ein Levinasianer?

Das unter dem Titel *L'espoir maintenant* erschienene Interview Sartres mit Benny Lévy hatte in Pariser Intellektuellenkreisen zunächst einen großen Wirbel verursacht, weil Simone de Beauvoir und andere Sartre nahestehende Personen den Eindruck äußerten, hier hätte ein junger ehemaliger Maoist, der mittlerweile dem Judentum nahestand, einen alten, schwachen, nahezu blinden Philosophen manipuliert und ihn in überheblicher Weise zum Umdenken überredet. Erst lange

---

[571] Waldenfels, Bernhard: »Freiheit angesichts des Anderen«, a.a.O., S.118. Habib stellt Sartre und Levinas einander gegenüber, indem er bei Sartre eine »Priorität des Für-sich« und bei Levinas eine »Priorität des absolut Anderen« ausmacht. Habib, Stéphane: *La responsabilité chez Sartre et Lévinas*, mit einem Vorwort von Catherine Chalier. Paris/Montréal: L'Harmattan 1998, S.169.

Zeit nachdem die Aufregung abgeklungen und Sartre nicht nur gestorben war, sondern auch weitestgehend an Bedeutung verloren hatte, begann man sich in der Forschung ernsthaft mit der Frage zu befassen, ob es in diesen letzten veröffentlichten Äußerungen Sartres überhaupt etwas systematisch Neues, insbesondere etwas Neues in Bezug auf die Frage nach einer Ethik gibt. Es war Sartres Biograph Bernard-Henri Lévy, der in diesem Interview das Zeugnis einer letzten Konversion Sartres, und zwar hin zum jüdischen Messianismus, sah und damit die Behauptung verknüpfte: »Dieser späte Sartre ist Levinasianisch. Er ist es offensichtlich, unbestreitbar, tiefgreifend. Die Prägung ist so stark, die Übereinstimmung der Sprachen so vollständig, daß man die beiden Theologen vor sich zu haben glaubt, die in der Erzählung von Borges am Ende ihres Lebens entdecken, daß sie dieselbe Seele in zwei verschiedenen Körpern waren.«[572] Diese doppelte These einer Wende hin zum jüdischen Messianismus und hin zu Levinas ist jedoch so umstritten, dass meines Erachtens bereits heute von einem Konsens darüber gesprochen werden kann, dass es weder etwas grundlegend Neues in dem späten Interview gibt[573] noch Sartre in einem ›tiefgreifenden‹ Sinne zum ›Levinasianer‹ würde.[574] Wie aber sind Sartres Äußerungen aus dem späten Interview zu verstehen? Ist er bei seiner früheren Position geblieben und hat sich durch Lévy zu einer Annäherung an den jüdischen Messianismus hinreißen lassen? Oder hat er sich tatsächlich dem jüdischen Messianismus angenähert? Wenn dies aber der Fall ist, wie war es möglich, ohne eine radikale Änderung seiner Auffassung? Und bedeutet diese Annäherung eine Annäherung an Levinas? Inwiefern?

---

[572] Lévy, Bernard-Henri: *Le siècle de Sartre. Enquête philosophique.* Paris: Grasset 2000, S. 652–657, hier S. 654 (dt. *Sartre. Der Philosoph des 20. Jahrhunderts,* übersetzt von Petra Willim. München/Wien: Hanser 2002, S. 612–617, hier S. 614, Übersetzung modifiziert, anknüpfend an Bedorf).

[573] »But there is nothing new in ethical terms, even in his newly discovered association of ethics with messianism.« Crittenden, Paul: *Sartre in Search of an Ethics,* a.a.O., S. 144. »Bei der Lektüre dieser Gespräche findet man in der Tat den Beleg dafür, dass Sartre, offenbar unter dem bestimmenden Einfluss von Benny Lévy, während der letzten Monate seines Lebens in der Tat damit begonnen hatte, ernsthaft über den jüdischen Messianismus nachzudenken, ohne dass dieser jedoch wirklich ein zentraler Begriff seines Denkens würde.« Münster, Arno: *Sartre et la morale,* a.a.O., S. 157. Und schon bei Baier heißt es: »Die politischen Aussagen, die Sartre am Ende seines Lebens macht, verraten keinerlei abrupte Kehrtwendung«. Baier, Lothar: »›Im Ganzen gelungen‹. Zu den letzten Gesprächen Jean-Paul Sartres und Benny Lévys«, a.a.O., S. 84.

[574] »In den späten Gesprächen nähert sich Sartre Überlegungen Levinas' an (qua Vermittlung durch Benny Lévy), aber es gibt keinen Levinasianischen Sartre.« Bedorf, Thomas: »Der blinde Philosoph des Blicks oder Ob der späte Jean-Paul Sartre als Levinasianer anzusehen sei«, in: *Phänomenologische Forschungen* 8 (2004), S. 113–132, hier S. 129. »Der Abstand zwischen Sartre und Levinas lässt sich nicht tilgen«. Goy, Mathias: »De l'être à l'autre«, in: *Éthique et phénoménologie. Alter. Revue de phénoménologie* 13 (2005), S. 165–194, hier S. 194.

Im Folgenden sei die These vertreten, dass die von Sartre im Interview mit Lévy vertretene Position zur Ethik im Kern dieselbe Position ist, die er in den *Cahiers* entwickelt hat, und dass es im Ausgang von dieser seiner ersten Ethik sachlich naheliegend war, an bestimmte Gedanken des Judentums anzuknüpfen, die er jedoch schlichtweg erst am Ende seines Lebens kennengelernt hatte. Wenn diese These aber zutrifft, so würde es bedeuten, dass der eine Manipulation witternde ›Sartre-Clan‹ seinen Meister schlechterdings unterschätzt hat: Denn dann gäbe es keineswegs die Manipulation eines Greises, sondern vielmehr einen lebendigen Denker, der im von ihm erstmals entdeckten Judentum neue Anknüpfungspunkte für eine Ethik findet, die er in ihren Grundzügen bereits am Ende der vierziger Jahre konzipiert hatte. An diese erste These knüpft sich eine zweite, die den vermeintlichen ›Levinasianismus‹ Sartres betrifft. In einem grundlegenden Einverständnis mit Bedorf sei hier die Auffassung vertreten, dass Sartre im Interview nicht zum Levinasianer wird, sich wohl aber in den Formulierungen Levinas'schen Positionen annähert. Diese Annäherung an Levinas bringt jedoch systematisch nichts Neues, sondern ist lediglich als eine Selbstauslegung Sartres in Bezug auf seine erste Ethik zu verstehen, die sich ihrerseits in einem ganz zentralen Punkt von Levinas' Philosophie unterscheidet.

Beginnen wir mit der Frage, was genau Sartre am jüdischen Messianismus interessierte und inwiefern dieses Interesse mit seiner ersten Ethik zu tun hat. Was Sartre am jüdischen Messianismus faszinierte, war die Entdeckung eines *anderen Geschichtsverständnisses*, das sich von einer Geschichtsphilosophie Hegel'schen Typs fundamental unterscheidet.[575] Als er seine Schrift über den Antisemitismus schrieb, hatte Sartre noch gemeint, es gebe überhaupt keine jüdische Geschichte. Im Interview erläutert er, er habe das nur schreiben können, weil er die Geschichte in einem hegelianischen Sinne als die Geschichte einer souveränen politischen Realität verstand. Was ihn im anderen, jüdischen Geschichtsverständnis anspricht, ist an erster Stelle der Gedanke eines Ziels der Geschichte, das nicht in Stufen erreicht wird. Sartre interessiert sich für das messianische Ziel, »[e]ben weil es nicht den marxistischen Aspekt hat, das heißt den Aspekt eines von der gegenwärtigen Situation aus bestimmten und in die Zukunft entworfenen Ziels mit Stadien, die erlauben werden, es durch die Entwicklung bestimmter heutiger Fakten zu erreichen«.[576] Das jüdische Ziel aus Sartres Sicht ist »der

---

[575] Levinas selbst sieht vollkommen deutlich, dass Sartre in diesen seinen letzten Äußerungen die jüdische Geschichte entdeckt hat. Vgl. Levinas, Emmanuel: »Quand Sartre découvre l'histoire sainte«, in: ders.: *Les imprévus de l'histoire*, mit einem Vorwort von Pierre Hayat. Paris: Fata Morgana 1994, S. 134–137, hier S. 135 (dt. »Sartre entdeckt die heilige Geschichte (Gespräch mit Victor Malka)«, in: ders.: *Die Unvorhersehbarkeiten der Geschichte*, übersetzt von Alwin Letzkus. Freiburg/München: Alber 2006, S. 131–134, hier S. 132).

[576] Sartre, Jean-Paul/Lévy, Benny: *L'espoir maintenant*, a. a. O., S. 73 (dt. 68).

Anfang der Existenz der Menschen füreinander, der einen für die anderen. Das heißt, ein moralischer Zweck (*fin*). Oder, genauer gesagt, es ist die Moralität.«[577] Das messianische Geschichtsverständnis erlaubt es Sartre, ein Ziel der Geschichte zu denken, das *in* der Geschichte als eine andere, menschlichere Welt aufbricht und nicht am Ende eines Stufenganges erreicht wird. Es ist aber genau dies, was Sartre schon in seiner frühen Ethik suchte. Dort hatte er das moralische Ziel der Geschichte als eines aufgefasst, das aufgrund der absoluten, individuellen Freiheit eines jeden Menschen nur durch eine *zufällige* Konversion aller zur Authentizität und zum Werkverhältnis der Intersubjektivität erreicht werden könne. Wegen Sartres Freiheitstheorie und der damit verknüpften Zufälligkeit einer kollektiven Konversion zur Moralität war das hegelianische und marxistische Stufenmodell der Geschichte von vornherein eine Sackgasse. Weil er aber nur dieses Modell der Geschichte kannte und von einem anderen, jüdischen Geschichtsdenken nichts wusste, suchte er die geschichtsphilosophische Perspektive seiner Ethik zunächst in einer Verknüpfung mit dem Marxismus. Mit anderen Worten, hätte er das Geschichtsdenken des jüdischen Messianismus während der Abfassung der *Cahiers* gekannt, wäre nichts naheliegender gewesen, in diesem und nicht im Marxismus Anknüpfungspunkte für seine Ethik zu finden. Dass das so ist, entdeckt er am Ende seines Lebens, als er sich intensiver mit dem Judentum befasst.

Das von Sartre im Interview beschriebene moralische Ziel aber, das er im jüdisch-messianischen Ziel wiedererkennt, trägt genau diejenigen Züge jener wahrhaft menschlichen Welt, die er in den *Cahiers* als Ziel der Ethik skizzierte. Es handelt sich um eine andere Welt zwischenmenschlicher Beziehungen, »in der die Motivationen eines Akts dem affektiven Bereich angehören, während der Akt selbst zum praktischen Bereich gehört«, es geht um eine »in erster Linie [...] affektive, praktische Beziehung: Man muss die Gabe wiederfinden. Denn ursprünglich ist die Sinnlichkeit quasi ein Gemeingut.«[578] Mit anderen Worten, es geht um eine affektive, praktische Beziehung, um eine Beziehung des Begehrens und des Tuns, das durch die Gabe charakterisiert ist und in der die Moral »[d]ie Seite der Regeln und Vorschriften, die sie gegenwärtig hat, [...] zweifellos nicht mehr haben [wird]«,[579] weil sie zu einer Moral ohne Ordnung geworden sein wird. Lévy greift hier zwei Mal ein, offenbar mit der Intention zu korrigieren, indem er Sartre darauf hinweist, dass es dem Juden beim Ende der Welt nicht auf die Ethik ankomme und dass der Jude die Überschreitung des Gesetzes als von oben und nicht von unten kommend auffasse.[580] Sartre aber antwortet gleichsam schul-

---

577 Ebd., Einfügung des Originals I. R.
578 Ebd., S. 56 (dt. 49, Übersetzung modifiziert).
579 Ebd., S. 73 (dt. 68).
580 Vgl. ebd., S. 73 (dt. 68 f.).

terzuckend, dass das wohl so sein möge, es ihm als Nicht-Juden jedoch allein auf die Ethik ankomme und er die Überschreitung der Regeln nicht als von oben kommend betrachte, sondern über den Begriff der Revolution denke. Wie schon in den *Cahiers* geht es Sartre in Bezug auf das Ethische um ein Durchbrechen der Ordnung und der Seinsstrukturen – aber *von unten*. Das Ethische liegt ihm in einem *Diesseits* der Ordnung und des Seins.[581] Die Grenze zum Judentum zieht er ausdrücklich.[582]

Es gibt ein zweites Moment des Judentums, das Sartre als besonders wichtig für ihn herausstellt: das Metaphysische, »eine erste metaphysische Verbindung des jüdischen Menschen zum Unendlichen«.[583] Es geht aus dem Interview weniger deutlich hervor, was genau Sartre hieran wichtig ist, und auch der Bezug zu seiner ersten Ethik ist hier weniger eindeutig. Er lässt sich aber nichtsdestotrotz herstellen. Sartre hebt hervor, ihm gehe es allein darum, »daß der Jude metaphysisch gelebt hat und immer noch metaphysisch lebt.«[584] Es sei hier die Hypothese vertreten, dass Sartre in dem Gedanken einer metaphysischen Verbindung des Menschen zum Unendlichen eine Perspektive sah, seine – hegelianische – Metaphysik des Für-sich und des An-sich hin zu einer anderen Metaphysik zu überwinden, die der Ethik der wahrhaft menschlichen Beziehungen zum Fundament dienen könnte. Wie wir oben gesehen haben, ist die Perspektive einer Ethik des Begehrens und der intersubjektiven Werkverhältnisse eine, in der die Kategorien des Wertes, des Seins und der Totalität überwunden sind hin zu einem unabschließbar offenen Verhältnis des Begehrens und des Tuns. Die Auffassung der zwischenmenschlichen Beziehung als Für-Andere-Sein hatte Sartre

---

581 Das Hauptproblem des späten Interviews kann darin gesehen werden, dass Sartre versucht, aus seiner Idee einer Moral diesseits der Ordnung ein politisches Prinzip zu machen, indem er auf den problematischen Begriff der Brüderlichkeit zurückgreift. Es gelingt ihm dabei jedoch kaum, ein tragfähiges politisches Konzept der Brüderlichkeit zu entwickeln, das sich von der zum Terror umschlagenden Brüderlichkeit der *Kritik der dialektischen Vernunft* unterscheidet. Bei seinen Bemühungen, die ethische Beziehung der Anerkennung und des Begehrens als das politische Prinzip der Linken zu formulieren, gelangt Sartre über mythologisierende und biologisierende Rekurse auf eine den Brüdern gemeinsame Mutter nicht hinaus. Vgl. dazu Bedorf, Thomas: »Andro-fraternozentrismus – Von der Brüderlichkeit zur Solidarität und zurück«, in: Bedorf, Thomas/Cremonini, Andreas (Hg.): *Verfehlte Begegnung. Levinas und Sartre als philosophische Zeitgenossen*. München: Fink 2005, S. 223–257.

582 Es scheint daher auch keineswegs zuzutreffen, dass »Sartre Benny Lévy am Ende bis an die Grenze der Selbstverleugnung entgegenkam«. Baier, Lothar: »›Im Ganzen gelungen‹. Zu den letzten Gesprächen Jean-Paul Sartres und Benny Lévys«, a.a.O., S. 89.

583 Sartre, Jean-Paul/Lévy, Benny: *L'espoir maintenant*, a.a.O., S. 71 (dt. 66). Auch diesen Punkt hebt Levinas bei Sartre heraus und sieht eine Gemeinsamkeit mit ihm darin, dass sie beide an der Möglichkeit einer Metaphysik festhielten. Vgl. Levinas, Emmanuel: »Quand Sartre découvre l'histoire sainte«, a.a.O., S. 136 (dt. 133).

584 Sartre, Jean-Paul/Lévy, Benny: *L'espoir maintenant*, a.a.O., S. 71 (dt. 67).

in den *Cahiers* korrigiert, ohne jedoch die dem Für-Andere-Sein zugrunde liegende Metaphysik des Für-sich und des An-sich zu modifizieren – womöglich sieht er eine Perspektive zu einer derartigen Modifikation seiner Metaphysik in der jüdischen Verbindung des Menschen zum Unendlichen. Das allerdings muss aufgrund der notgedrungen oberflächlich bleibenden Stellungnahmen im Interview eine Vermutung bleiben.

Kommen wir nun zu der spezifischeren Frage, inwiefern sich Sartre im Interview Levinas annähert. Levinas war im Paris der zweiten Hälfte des zwanzigsten Jahrhunderts *der* Denker, der jüdisches Gedankengut philosophisch fruchtbar machte. Nichtsdestotrotz fällt sein Name an keiner Stelle des Interviews und auch sonst erwähnt Sartre ihn nur selten. Wie weit aber nähert sich Sartre systematisch gesehen der jüdisch inspirierten Philosophie von Levinas an? Es ist insbesondere eine Passage des Interviews, die den Anschein erwecken kann, Sartre sei gleichsam zum Levinasianer geworden: Es geht in ihr um die Bestimmung des moralischen Bewusstseins (*conscience morale*). Sartre formuliert hier zunächst eine Selbstkritik in Bezug auf seine frühen Schriften. Er habe dort die Moral »in einem Bewußtsein ohne Gegenspieler (*réciproque*) oder ohne anderen (*autre*) (ohne *anderen* ist mir lieber als *Gegenspieler*) gesucht«[585]. Jetzt hingegen sei er der Auffassung, »daß alles, was in einem gegebenen Augenblick in einem Bewusstsein vorgeht, [...] an die Existenz des anderen *gebunden* ist und oft sogar durch sie *erzeugt* wird. Anders gesagt, derzeit scheint mir, daß sich jedes Bewußtsein *selbst* als Bewußtsein konstituiert und *zugleich* als Bewußtsein *des* anderen und als Bewußtsein *für den* anderen. Und genau diese Realität, dieses Selbst, das *sich* als Selbst *für* den anderen, als mit dem anderen in Beziehung stehend sieht, nenne ich das moralische Bewußtsein.«[586] Das moralische Bewusstsein kann also nicht allein über die wertsetzende individuelle Freiheit verstanden werden, sondern ist wesentlich auf den Anderen bezogen. Es kommt nun alles darauf an, welcher Art diese Beziehung auf den Anderen ist: Ist sie eine Beziehung, in der der Andere mich gleichsam aus der Höhe anspricht und mich als ein Subjekt im Akkusativ überhaupt erst hervorbringt, wie es bei Levinas der Fall ist, oder aber ist die Beziehung zum Anderen lediglich *ein* wesentliches Moment innerhalb des moralischen Bewusstseins?

Letzteres ist der Fall – und war schon der Fall in Sartres *Cahiers*, wenngleich in der Tat noch nicht in *L'être et le néant*. Wenden wir uns der zitierten Passage

---

585 Ebd., S. 36 (dt. 26, Einfügung des Originals I. R.).
586 Ebd., S. 36 (dt. 26 f., alle Kursivierungen I. R.). Bedorf hat diese Textpassage bereits eingehend in Bezug auf Levinas analysiert. Vgl. Bedorf, Thomas: »Der blinde Philosoph des Blicks«, a. a. O., S. 124–129. Während ich sein Ergebnis, Sartre sei kein Levinasianer, teile, unterscheidet sich meine Auslegung von seiner darin, dass ich meine, diese Textpassage lässt sich aus Sartres Auffassung der *Cahiers* völlig verständlich machen.

näher zu und zeigen wir, inwiefern sich die von uns hervorgehobenen Formulierungen auf die Konzeption der *Cahiers* zurückführen lassen. Das Bewusstsein ist als Begehren an den Anderen ›gebunden‹, dessen Zwecke es zu übernehmen geneigt ist, weswegen seine Inhalte ›oft‹ vom Anderen ›erzeugt‹ sind. Jedes Bewusstsein konstituiert ›sich selbst‹ und ›zugleich‹ als Bewusstsein ›des‹ Anderen und als Bewusstsein ›für den‹ Anderen, weil es in dem seine freie Urwahl ausdrückenden Begehren immer schon auf das Begehren der Anderen bezogen ist. Die Rede von einem Bewusstsein ›des‹ Anderen und zugleich ›für den‹ Anderen muss im Rahmen der Konzeption des Für-Andere-Seins aus *L'être et le néant* unverständlich bleiben, weil ich dort nicht zugleich als Subjekt ein Bewusstsein des Anderen als Objekt haben und selbst Objekt für den Anderen sein kann; die Redeweise aus dem Interview wird jedoch verständlich, wenn man sie vor dem Hintergrund des neuen Intersubjektivitätsmodells aus den *Cahiers* versteht, denn im Werkverhältnis vermag ich zugleich ein Bewusstsein des Anderen in seiner Freiheit (und nicht als Objekt) zu haben und so ›für ihn‹ zu sein, dass ich ihn in einer Beziehung über die Gabe des Werkes in seinem Begehren unterstütze (und nicht selbst in seinem Blick zum Objekt werde). Dass das ›für den anderen‹ (*pour l'autre*) von Sartre in der zitierten Passage des Interviews aber nicht im engen Sinne von *L'être et le néant* als ›Objekt für den anderen‹ verstanden wird, geht daraus hervor, dass er dem Ausdruck ›Selbst für den anderen‹ erläuternd ›als mit dem anderen in Beziehung stehend‹ hinzufügt. Es ist also nicht ausgeschlossen, das ›für den anderen‹ in dem Sinne einer ›Hingabe‹ zu verstehen, deren Verweigerung den *Cahiers* zufolge einen Gewissensbiss zur Folge hat, und nicht als Objekt-Sein für den Anderen. Das Intersubjektivitätsmodell der *Cahiers* jedoch ist eines, bei dem die *Initiative beim jemeinigen Bewusstsein* bleibt.[587] *Meine* Freiheit tätigt eine Urwahl, die sich in ihrem Begehren ausdrückt, und dieses Begehren *verlängert* sich hin zur Freiheit des Anderen, indem es seine Zwecke mitaufnimmt. Dieses Modell eines erweiterten Selbstbewusstseins, das auch noch Sartres Bestimmung des moralischen Bewusstseins im Interview zugrunde liegt, ist meilenweit entfernt von Levinas' Konzeption eines Sub-jekts im Akkusativ, das durch den Anderen allererst hervorgebracht wird. Weder Bernard-Henri Lévys Wort von der ›Seeleneinheit‹ noch seine Rede von »vielleicht *der* wichtigsten Begegnung in der Geschichte der Philosophie der zweiten Hälfte des 20. Jahrhunderts«,[588] die zwischen Sartre und Levinas im Interview von 1980 stattgefunden haben soll, vermag zu überzeugen.

---

587 Bedorf formuliert treffend für die Interview-Passage: »Es gibt Anteile des Anderen, doch die Initiative verbleibt beim Ich.« Ebd., S. 127.
588 Lévy, Bernard-Henri: *Le siècle de Sartre*, a. a. O., S. 657 (dt. 617).

Eine, allerdings auch wiederum begrenzte Nähe zu Levinas haben wir oben im Zusammenhang mit Sartres Beziehung zum jüdischen Messianismus bereits angedeutet: Sartre sucht das Ethische wie Levinas außerhalb des Seins. Das Sein rückt Sartre in den *Cahiers* zunehmend in die Nähe des An-sich, der Unaufrichtigkeit, sogar des Bösen. Während Levinas das Ethische jedoch in einem *Jenseits* des Seins sucht, das ›aus der Höhe‹ das Sein durchbricht, sucht Sartre das Ethische in einem *Diesseits* des Seins, das das Sein ›von unten‹ durch das revolutionäre, schöpferische Moment der individuellen menschlichen Freiheit durchbricht. Das das Sein und die moralischen Ordnungen inmitten der Geschichte immer wieder durchbrechende, metaphysische Unendliche ist bei Sartre das schöpferische Moment der individuellen menschlichen Freiheit als Begehren. So wie das Sagen das Gesagte immer wieder durchbricht, durchbricht auch das revolutionäre Moment die moralischen Ordnungen stets aufs Neue. Während das Sagen bei Levinas jedoch von einem Anderen ausgeht, der mich aus der Höhe zur Verantwortung aufruft und damit eine an-archische Vernunft stiftet, entspringt das schöpferische Moment bei Sartre meiner eigenen, voluntaristisch gefassten, authentisch existierenden, menschlichen individuellen Freiheit.

3.4 *Levinas' Erneuerung des Formalismus reiner praktischer Vernunft als Begehren des Unendlichen im Anderen*

3.4.1 Levinas über Kant: das Primat der reinen praktischen Vernunft

Emmanuel Levinas knüpft in der Entwicklung seines Denkens des Anderen insbesondere an zwei große Philosophen an: Platon und Descartes. Bei Platon ist ihm der in der *Politeia* formulierte Gedanke des ἐπέκεινα τῆς οὐσίας zentral, Descartes ist für ihn wegen der in der dritten Meditation vorgebrachten Idee des Unendlichen im Menschen relevant. Kant hingegen scheint in den Schriften von Levinas einerseits viel weniger präsent zu sein und andererseits deutlich ambivalenter eingeschätzt zu werden. Beide Eindrücke trügen nicht, verdecken jedoch, dass Levinas in seinem Spätwerk einen Gedanken Kants in den Vordergrund stellt, dem er nahezu eine vergleichbare Wichtigkeit zuschreibt wie jenen beiden Gedanken von Platon und Descartes: das Primat der reinen praktischen Vernunft. Während in Levinas' Frühwerk die kritischen Stellungnahmen zu Kant überwiegen, gelangt er in den 1970er Jahren zu der Auffassung, dass Kants Gedanke einer reinen praktischen Vernunft und ihres Primats vor der theoretischen Vernunft eine Konzeption darstellt, die genau das vorbereitet, worum es Levinas in seinem eigenen Denken geht. Im Folgenden sei herausgearbeitet, wie Levinas selbst Kant rezipiert und an welche Momente der kantischen Philosophie er anknüpfen zu können meint.[589]

Es lassen sich zwei verschiedene Perioden von Levinas' Kant-Rezeption voneinander unterscheiden: Die erste reicht bis in die 1960er Jahre hinein und zeich-

---

[589] Eine eingehende Rekonstruktion von Levinas' Rezeption der kantischen Philosophie ist insbesondere deshalb nötig, weil sich in den letzten fünfzehn Jahren unter den inzwischen durchaus zahlreichen und unterschiedlich ausgerichteten Stellungnahmen zum Verhältnis von Kant und Levinas eine Interpretationslinie herausgebildet hat, der sich bereits mehrere Autoren angeschlossen haben, welche allerdings kaum als ›Interpretation‹ betrachtet werden kann, weil sie weder auf den kantischen noch auf den Levinas'schen Text hinreichend eingeht. Es handelt sich vielmehr um eine levinasianisch inspirierte Lektüre von Kant, die zunächst von Norbert Fischer ausgearbeitet und deren Hauptthese inzwischen von Luciano Sesta und Christian Rößner übernommen wurde. Ihre Hauptthese lautet: »Der Anspruch des Anderen, als Zweck an sich selbst angenommen zu werden, erscheint derart als der Grund der unbedingten Geltung des kategorischen Imperativs. Die Gegebenheit des Anderen als Zwecks an sich selbst ist folglich das einzige Faktum der reinen praktischen Vernunft. Von diesem Faktum geht die Forderung des moralischen Gesetzes aus, durch das sich die Idee der Freiheit offenbart und das schließlich auch die theoretische Vernunft einsetzt und rechtfertigt. Die Formel, in der die unbedingte Geltung eines kategorischen Imperativs ursprünglich zum Ausdruck kommt, lautet folglich [...]: ›Handle so, daß du die Menschheit sowohl in deiner Person, als in der Person eines jeden andern jederzeit zugleich als Zweck, niemals bloß als Mittel brauchst.‹« Fischer, Norbert: »Kants kritische Metaphysik und ihre Beziehung zum Anderen«, in: Fischer, Norbert/Hattrup, Dieter: *Metaphysik aus dem Anspruch des Anderen. Kant und Levinas*. Paderborn: Schöningh 1999, S. 47–230, hier S. 173; vgl. auch ders.: »Ethik und Gottesfrage. Zwei Zentren im ersten Hauptwerk von Emmanuel Levinas (›Totalité et Infini‹)«, in: Fischer, Norbert/Sirovátka, Jakub (Hg.): »*Für das Unsichtbare sterben*«. *Zum 100. Geburtstag von Emmanuel Levinas*. Paderborn u.a.: Schöningh 2006, S. 25–42, hier S. 30. Vgl. Sesta, Luciano: *La legge dell'altro. La fondazione dell'etica in Levinas e Kant*. Pisa: Edizioni ETS 2005, S. 18, Fußnote 6, sowie Rößner, Christian: »Das Datum der Vernunft. Zur Rekonstruktion der Grundlegung von Kants praktischer Metaphysik im Ausgang von Emmanuel Levinas«, in: Römer, Inga (Hg.): *Subjektivität und Intersubjektivität in der Phänomenologie*. Würzburg: Ergon Verlag 2011 (= Studien zur Phänomenologie und praktischen Philosophie. Bd. 24), S. 187–199, hier S. 195 f. Drei Hauptprobleme können in Bezug auf diese These herausgestellt werden: Erstens ist es ein Missverständnis zu meinen, dass Kant mit der zweiten Formel des kategorischen Imperativs dessen Geltung zu begründen sucht. Aufgrund der Eindeutigkeit von Kants Text in dieser Hinsicht besteht in der Kant-Forschung keinerlei Zweifel daran, dass Kant eine Begründung der Geltung des kategorischen Imperativs erst im dritten Abschnitt der *Grundlegung* vorlegen will. Wenn er im zweiten Abschnitt davon spricht, dass der Mensch als Zweck an sich selbst der »Grund« des kategorischen Imperativs sei, so meint er, dass er den metaphysischen Anwendungsbereich des formalen Gesetzes darstellt, ohne den das Gesetz keinen Gegenstandsbereich hätte. Das ist aber etwas ganz anderes als eine Begründung der Geltung des Gesetzes. Zweitens, selbst wenn dieses Problem nicht bestünde, ist nicht zu sehen, wie aus der ›sowohl...als auch...‹-Formulierung der zweiten Formel ein Primat des Anderen abgeleitet werden könnte. Drittens hat Levinas selbst m. W. nirgendwo diesen Interpretationsweg eingeschlagen. Er erwähnt zwar einige wenige Male die zweite Formel des kategorischen Imperativs, jedoch fügt er an der ersten Stelle hinzu, dass die zweite Formel nur »abgeleitet« ist von der ersten, die bei Kant das Primat hat. Levinas, Emmanuel: *De Dieu qui vient à l'idée*. Paris: Vrin ²2004, S. 228 (dt. Teilübersetzung:

net sich dadurch aus, dass Levinas hier vorwiegend die Ästhetik und Analytik der *Kritik der reinen Vernunft* kritisch kommentiert und seine Bemerkungen zu Kants praktischer Philosophie ebenfalls kritisch ausfallen, obgleich er ihr in einem bestimmten Sinne nahesteht; in der zweiten, in den 1970er Jahren beginnenden Periode jedoch wird Kant zu einer wichtigen positiven Figur, was offenbar darauf zurückzuführen ist, dass Levinas die Dialektik der *Kritik der reinen Vernunft* sowie Kants Philosophie der reinen praktischen Vernunft affirmativ für sich entdeckt. Da er jedoch weiterhin an der kritischen Einschätzung der Ästhetik und Analytik der ersten Kritik festhält, kann lediglich in Bezug auf die Interpretation der praktischen Philosophie Kants von einer eigentlichen Revision gesprochen werden. Wenden wir uns zunächst der ersten Periode zu.

Levinas liest die Analytik der ersten Kritik als eine *Philosophie des Selben und der Ontologie*. Unzählige Male bezieht er sich auf den Kern der Analytik, die Theorie der transzendentalen Apperzeption, und sieht in der kantischen Konzeption des ›Ich denke‹ ein »Primat des Selben«, einen »Narzißmus«[590] und eine Instanz der »Aneignung« und »Ausbeutung der Wirklichkeit«.[591] Da die synthetische Einheit der Apperzeption alles Gegebene gemäß den Kategorien für mögliche Gegenstände überhaupt synthetisiert, kann Levinas die Ordnung, die diese oberste Synthesisleistung hervorbringt, als Ontologie bezeichnen. »Die Ontologie als Erste

Wenn Gott ins Denken einfällt. Diskurse über die Betroffenheit von Transzendenz, übersetzt von Thomas Wiemer, mit einem Vorwort von Bernhard Casper. Freiburg/München: Alber ²1988). Die zweite Textstelle findet sich in einem Interview, in dem er auf die Frage, was er über das sich in seiner Autonomie konstituierende moralische Subjekt Kants denkt, ganz allgemein antwortet, dass ihm die zweite Formel »gefällt«, weil wir in dieser »nicht in der reinen Universalität, sondern schon in der Gegenwart des Anderen« seien. Descamps, Christian: »Emmanuel Lévinas«, in: Delacampagne, Christian (Hg.): *Entretiens avec Le Monde: 1. Philosophies*. Paris: La Découverte 1984, S. 138–147, hier S. 146. In »Rätsel und Phänomen« hingegen heißt es ausdrücklich: »Aber wenn das Begehrenswerte des Begehrens unendlich ist, kann es sich gerade *nicht* als Zweck geben.« Levinas, Emmanuel: »Énigme et phénomène«, in: ders.: *En découvrant l'existence avec Husserl et Heidegger*. Paris: Vrin ⁵1994, S. 203–216, hier S. 215 (dt. »Rätsel und Phänomen«, in: ders.: *Die Spur des Anderen. Untersuchungen zur Phänomenologie und Sozialphilosophie*, hg., übersetzt und eingeleitet von Wolfgang Nikolaus Krewani. Freiburg/München: Alber ⁴1999, S. 236–260, hier S. 257, Übersetzung modifiziert, Hervorhebung I. R.). Es ist nicht die zweite Formel des kategorischen Imperativs, sondern die Idee einer reinen praktischen Vernunft, an die Levinas bei Kant anzuknüpfen sucht.

[590] Levinas, Emmanuel: »La philosophie et l'idée de l'Infini (1957)«, in: ders.: *En découvrant l'existence avec Husserl et Heidegger*. Paris: Vrin ⁵1994, S. 165–178, hier S. 167 (dt. »Die Philosophie und die Idee des Unendlichen«, in: ders.: *Die Spur des Anderen. Untersuchungen zur Phänomenologie und Sozialphilosophie*, hg., übersetzt und eingeleitet von Wolfgang Nikolaus Krewani. Freiburg/München: Alber ⁴1999, S. 185–208, hier S. 188).

[591] Levinas, Emmanuel: *Totalité et infini. Essai sur l'extériorité*. Den Haag: Martinus Nijhoff 1980, S. 16 (dt. *Totalität und Unendlichkeit. Versuch über die Exteriorität*, übersetzt von Wolfgang Nikolaus Krewani. Freiburg/München: Alber ⁴2008, S. 55).

Philosophie« aber, so heißt es bei ihm, »ist eine Philosophie der Macht«.[592] Auch Levinas' Interpretation der Ästhetik fällt nur scheinbar positiver aus. Er lobt Kant zwar für die Trennung der Sinnlichkeit vom Verstand, für »die Unabhängigkeit der ›Materie‹ der Erkenntnis im Verhältnis zum synthetischen Vermögen der Vorstellung«,[593] jedoch bestünde diese Unabhängigkeit »nur in negativer Form«, weil Kant das Sinnliche lediglich als das *noch nicht* synthetisch Vergegenständlichte verstehe. Kants Bestimmung des Raumes als einer reinen Form der Anschauung interpretiert Levinas mithilfe seines eigenen Begriffes des *il y a*, des ›Es gibt‹ als dem anonymen, unpersönlichen Rauschen des Seins in seiner Verbalität, welches hinter jeder Negation eines bestimmbaren Dinges wieder auftauche.[594] Das *il y a* aber hatte Levinas bereits in den 1940er Jahren als den »unterschiedslosen Grund«[595] bestimmt, der als »Gegenwärtigkeit der Abwesenheit«[596] aller Seienden jedem bestimmten Seienden zugrunde liegt. Während die reinen Formen der Anschauung bei Kant lediglich die raumzeitliche Form der Sinnlichkeit einer jeden Gegenstandsbestimmung vorgeben, ist das *il y a* bei Levinas mit einer existenziellen, unbestimmten Bedrohung verbunden, mit der erschreckenden »[›]Stille der unendlichen Räume‹, von der Pascal redet«,[597] mit einem Wort: mit der bedrohlichen Erfahrung des Nihilismus.[598] Während Kant relativ nüchtern, nur kurz und ohne später darauf zurückzukommen zu Beginn der transzendentalen Deduktion mit der Formulierung einer ›Chaoshypothese‹[599] in Erwägung zieht, »es könnten wohl allenfalls Erscheinungen so beschaffen sein, daß der Verstand sie den Bedingungen seiner Einheit gar nicht gemäß fände, und alles so in Verwirrung läge, daß z. B. in der Reihenfolge der Erscheinungen sich

---

592 Ebd.

593 Ebd., S.109 (dt. 192).

594 Vgl. ebd., S.164 f. (dt. 272 f.). David hat diesen Zusammenhang angedeutet in David, Alain: »Le nom de la finitude. De Levinas à Kant«, in: *Emmanuel Lévinas: Les cahiers de la nuit surveillée*. Lagrasse: Verdier 1984, S.245–281, hier S.256 f. In einem späteren Aufsatz hat er im Ausgang von Kants Aufsatz »Was heißt sich im Denken orientieren?« (1786) mithilfe einer levinasianischen Perspektive einen im Empfinden und der Leiblichkeit entspringenden Raum zu denken versucht. David, Alain: »S'orienter dans la pensée. Notes zur l'extériorité«, in: Chalier, Catherine/Abensour, Miguel (Hg.): *Emmanuel Lévinas*. Paris: Éditions de l'Herne 1991, S.226–240, hier S.233 f.

595 Levinas, Emmanuel: *De l'existence à l'existant*. Paris: Vrin ³1981, S.99 (dt. *Vom Sein zum Seienden*, übersetzt von Anna Maria Krewani und Wolfgang Nikolaus Krewani. Freiburg/München: Alber ²2008, S.73).

596 Ebd., S.104 (dt. 77).

597 Ebd., S.95 (dt. 70).

598 Diese Verbindung des *il y a* mit der Erfahrung des Nihilismus ist insbesondere von Didier Franck herausgestellt worden. Vgl. Franck, Didier: *L'un-pour-l'autre. Levinas et la signification*. Paris: PUF 2008, Kapitel XXI und XXII.

599 Diesen Ausdruck hat László Tengelyi in einer Vorlesung über Kant für eben jene Hypothese aus der *Kritik der reinen Vernunft* gebraucht.

nichts darböte, was eine Regel der Synthesis an die Hand gäbe«,[600] macht Levinas gleichsam ernst mit dieser Chaoshypothese in seinem Begriff des *il y a*, das als unterschiedslose Sinnlosigkeit am Grunde jeder Ontologie schwelt und eine existenzielle Bedrohung darstellt. Trotz des Lobs für die vom Verstand losgelöste Konzeption der Sinnlichkeit führt Levinas letztlich also auch die transzendentale Ästhetik ganz und gar auf die Ontologie zurück, eine Ambivalenz, die sich noch im zweiten Hauptwerk, *Autrement qu'être ou au-delà de l'essence*, wiederfindet: Hier ist die Rede von Kants »Errungenschaft«, den Raum weder als »Attribut von Seiendem noch« als »Beziehung zwischen Seienden«, sondern als »Nicht-Begriff«, »[i]n keiner Weise Seiendes« bestimmt zu haben; der Raum bleibe aber nichtsdestotrotz für Kant »Bedingung für die Vorstellung des Seienden« und werde daher letztlich doch nur in Begriffen des Seins und damit der Ontologie gedacht: »Die Lehre Kants ist die Grundlage der Philosophie, wenn die Philosophie Ontologie ist.«[601] Transzendentale Analytik und transzendentale Ästhetik gehören aus Levinas' Sicht zur Ontologie mit ihrem Abgrund der Sinnlosigkeit im *il y a*.

Die praktische Philosophie Kants ist im Frühwerk von Levinas weniger präsent als die theoretische, wird jedoch, wenn sie Erörterung findet, kritisch behandelt. In dem Aufsatz »Le Moi et la totalité« von 1954 sucht Levinas noch nach einem positiven Begriff der Totalität, und dies geschieht in kritischer Abgrenzung zum kantischen Vernunftbegriff. In dieser frühen Schrift stellt Levinas die intime Gemeinschaft zweier Liebender der sozialen Gesellschaft der Gesprächspartner gegenüber und formuliert die These, dass die irdische Moral den »schwierigen Umweg« über den »Dritten« außerhalb der Liebesbeziehung gehen muss, um Gerechtigkeit zu erreichen: »La loi prime la charité.«[602] Levinas hat hier noch nicht den in seiner späteren Konzeption alles tragenden Unterschied zwischen der Zweierbeziehung des Eros und der Zweierbeziehung des Ethischen gefunden, weswegen er das Ethische noch ganz der Seite der Gerechtigkeit einer die Zweierbeziehung überschreitenden Gesellschaft zurechnet. In einem bestimmten Sinne ist Levinas hier ›kantischer‹ als später, wenn er das Ethische – in radikalem Unterschied zu seiner späteren Konzeption – ganz auf die Reziprozität zurückführt: Die »Reziprozität dieser Achtung« ist ihm hier »die Bedingung der Ethik«.[603] Trotz

---

600 KrV, AA 3: 103.9–13 (B 123).

601 Levinas, Emmanuel: *Autrement qu'être ou au-delà de l'essence*. Den Haag: Martinus Nijhoff 1978, S. 225, S. 226 (dt. *Jenseits des Seins oder anders als Sein geschieht*, übersetzt von Thomas Wiemer. Freiburg/München: Alber ²1998, S. 382, S. 383).

602 Levinas, Emmanuel: »Le Moi et la Totalité«, in: ders.: *Entre nous. Essais sur le penser-à-l'autre*. Paris: Grasset & Fasquelle 1991, S. 23–48, hier S. 33 (dt. »Ich und Totalität«, in: ders.: *Zwischen uns. Versuche über das Denken an den Anderen*, übersetzt von Frank Miething. München/Wien: Carl Hanser Verlag 1995, S. 24–55, hier S. 36).

603 Ebd., S. 45 (dt. 51, Übersetzung modifiziert).

dieser impliziten Nähe zu Kant kritisiert Levinas explizit jedoch Kants Begriffe des Reichs der Zwecke und der Achtung für das Gesetz: »[D]ie Totalität reduziert sich nicht auf ein Reich der Zwecke« und »[d]ie Totalität gründet auf einer Beziehung zwischen Individuen, die anders ist als die Achtung einer Vernunft«.[604] Die positiv verstandene Totalität als Gerechtigkeit gründet Levinas zufolge vielmehr in einer wechselseitigen Achtung der jeweils singulären, miteinander sprechenden Personen, und ihr Miteinander könne nicht als ein Miteinander von Menschenexemplaren oder als ein den allgemeinen Begriff des Menschen realisierendes Reich der Zwecke verstanden werden.[605] Die Alterität der Gesprächspartner bleibe nur in einer Totalität bewahrt, in der die »Rede zwischen singulären Seienden« eine »Universalität« im Sinne einer »interindividuelle[n] Bedeutung«[606] hervorbringe, die sich fundamental unterscheide von »einer unpersönlichen Vernunft«[607] – die Levinas offenbar bei Kant zu finden glaubt. In dieser frühen Phase ist auch die praktische Philosophie Kants aus Levinas' Sicht nicht dazu in der Lage, den Ansatz eines unpersönlichen Systemdenkens zu überschreiten.

Die wenigen Textstellen, an denen Levinas in dieser frühen Periode auf die transzendentale Dialektik der ersten Kritik eingeht, haben ebenso einen kritischen Charakter. Es sei hier eine Passage aus *Totalité et infini* hervorgehoben, die dies besonders deutlich zeigt und zugleich den Unterschied zur späteren Einschätzung klar hervortreten lässt. Levinas knüpft hier zunächst affirmativ an Descartes' Idee des Unendlichen in mir an. Diese Idee »ereignet sich konkret in der Gestalt einer Beziehung mit dem Antlitz« des Anderen, und sei als das all meine Vermögen Übersteigende die »Erfahrung schlechthin«, die »[d]as metaphysische Begehren des absolut Anderen« hervorrufe.[608] Dieser cartesianischen Konzeption stellt Levinas den kantischen Zugang zum Unendlichen gegenüber: »Der kantische Gedanke des Unendlichen tritt als ein Ideal der Vernunft auf, als die Projektion ihrer Forderungen in ein Jenseits, als ideale Vollendung dessen, was als Unvollendetes gegeben ist; aber das Unvollendete wird nicht mit einer bevorzugten *Erfahrung* des Unendlichen konfrontiert, [...] [g]anz im Gegenteil,

---

[604] Ebd., S. 37 (dt. 41, Übersetzung modifiziert).

[605] Noch 1967 kritisiert Levinas den Begriff eines Reichs der Zwecke im selben Sinne: »Das *Ethische* bedeutet keine harmlose Abschwächung der durch die Leidenschaften geprägten Partikularismen; es führt das menschliche Subjekt weder in eine universale Ordnung ein, noch versammelt es alle vernünftigen Wesen wie Ideen in einem Reich der Zwecke.« Levinas, Emmanuel: »Langage et Proximité (1967)«, in: ders.: *En découvrant l'existence avec Husserl et Heidegger.* Paris: Vrin ⁵1994, S. 218–236, hier S. 225 (dt. »Sprache und Nähe«, in: ders.: *Die Spur des Anderen. Untersuchungen zur Phänomenologie und Sozialphilosophie*, hg., übersetzt und eingeleitet von Wolfgang Nikolaus Krewani. Freiburg/München: Alber ⁴1999, S. 261–294, hier S. 275).

[606] Levinas, Emmanuel: »Le Moi et la Totalité«, a.a.O., S. 36 (dt. 40).

[607] Ebd., S. 35 (dt. 38).

[608] Levinas, Emmanuel: *Totalité et inifini*, a.a.O., S. 170 (dt. 280).

das Unendliche setzt das Endliche, das es unendlich erweitert, voraus [...]. Dieses Unendliche, das sich auf das Endliche bezieht, bezeichnet den Punkt der Philosophie Kants wie später der Philosophie Heideggers, der am stärksten anticartesisch ist.«[609] In Kants Konzeption eines transzendentalen Ideals, so lautet der Einwand, sei das Unendliche nur die unendliche Erweiterung der Endlichkeit. Weil Kant das Unendliche nur als ›abkünftig‹ vom Endlichen, nicht aber als »Positivität des Unendlichen«[610] denke, wird er hier in einem Atemzug mit Heidegger genannt und zusammen mit diesem Descartes gegenübergestellt. In der zweiten Periode, der wir uns jetzt zuwenden, ändert sich Levinas' Blick auf Kant so sehr, dass Kant für ihn zu seinem eigenen Gewährsmann und zum direkten Antipoden von Heidegger avanciert.[611]

Im Jahre 1971 verfasst Levinas ein eigenständiges Manuskript über Kant mit dem Titel »Le primat de la raison pure pratique«, das unmittelbar in niederländischer, 1994 in englischer und erst 2004 in deutscher Sprache sowie zugleich damit im französischen Original veröffentlicht wurde.[612] Dieses Manuskript kann wohl in der Tat als »die einzige ausführlichere zusammenhängende Stellungnahme des Autors zum System der Philosophie Kants«[613] gelten. Es scheint überdies zugleich den Wendepunkt in Levinas' Kant-Auffassung darzustellen. Noch in einem 1968 für die *Encyclopaedia Universalis* verfassten Artikel über das Unendliche sieht Levinas zwar, dass Kant dem Unendlichen in seiner praktischen Philosophie eine »Bedeutung für die freie oder moralische Handlung« zuerkennt; der kategorische Imperativ, so ist dort zu lesen, gelte jedoch nur, wenn das Subjekt autonom und »*nicht* begrenzt durch ein anderes oder Unendliches«[614] sei,

---

609 Ebd., S. 170 (dt. 281).

610 Ebd.

611 Stéphane Mosès zufolge ist »das Projekt von Levinas grundlegend verschieden vom kantischen Projekt.« Mosès führt diesen Unterschied darauf zurück, dass »die kantische Dualität des Sinnlichen und des Intelligiblen, des Endlichen und des Unendlichen, sich immer noch auf dem traditionellen Horizont der abendländischen Metaphysik entfaltet, demjenigen der Ausrichtung auf das Sein (*visée vers l'être*)«, einer »Nostalgie des Seins.« Mosès, Stéphane: *Au-delà de la guerre. Trois études sur Levinas.* Paris/Tel-Aviv: Éditions de l'éclat 2004, S. 100, S. 100 f. Levinas selbst scheint zunächst einen derartigen Unterschied zwischen Kant und seinem eigenen Denken im Sinn gehabt zu haben, verändert jedoch in der Folge grundlegend seine Interpretation von Kants praktischer Philosophie. Folgt man aber Levinas' eigener Interpretation während dieser zweiten Periode, so verliert der von Mosès betonte Unterschied an Bedeutung.

612 Levinas, Emmanuel: »Le Primat de la raison pure pratique / Das Primat der reinen praktischen Vernunft«, eingeleitet, übersetzt und kommentiert von Jakub Sirovátka, in: Fischer, Norbert (Hg.): *Kants Metaphysik und Religionsphilosophie.* Hamburg: Meiner 2004, S. 179–205.

613 Sirovátka, Jakub: »Einleitung«, in: Fischer, Norbert (Hg.): *Kants Metaphysik und Religionsphilosophie.* Hamburg: Meiner 2004, S. 179–190, hier S. 179.

614 Levinas, Emmanuel: »Infini«, in: ders.: *Altérité et transcendance*, mit einem Vorwort von Pierre Hayat. Paris: Fata Morgana 1995, S. 69–89, hier S. 82, Kursivierung I. R.

eine Formulierung, die einen kritischen Unterton deutlich erkennen lässt, wenn man beachtet, dass für Levinas die angemessen verstandene Subjektivität gerade durch das Unendliche bestimmt ist. Im Manuskript von 1971 hingegen heißt es, Kant gründe »die freie Handlung« auf ein »désintéressement total«, das nichtsdestotrotz mit einem eigentümlichen Interesse verbunden sei, wodurch er zu dem hervorragenden Gedanken eines »intérêt désintéressé« gelange; hierin aber ist der Hinweis auf Levinas' eigenen Begriff des ›dés-intér-essement‹ im metaphysischen Begehren des Anderen kaum zu übersehen – Kant ist aufgrund seiner praktischen Philosophie zu einem Verbündeten geworden.[615] Die bei Kant erfolgende »Unterordnung des Wissens unter ein Interesse«, das als »Interesse der reinen praktischen Vernunft […] jenseits der Interessen der sinnlichen Natur [steht]« und das Primat der reinen praktischen Vernunft begründet, lässt Levinas nun affirmativ an den Königsberger anknüpfen.[616] Kant ist aufgrund seines Begriffes einer reinen praktischen Vernunft und der These ihres Primats für Levinas nun ein Denker des *Jenseits* des Seins und nicht mehr nur ein Philosoph der Ontologie und der unpersönlichen Totalität.

Dies pointiert er in einer Formulierung, die er in den siebziger Jahren mit Variationen mindestens drei Mal gebraucht: »Wäre es erlaubt, von einem philosophischen System nur eine hervorstechende Eigenschaft festzuhalten und darüber alle Details seiner Architektur zu vernachlässigen […], so würden wir hier an die Philosophie Kants denken, die für das Menschliche einen Sinn findet, ohne ihn durch die Ontologie zu bemessen […]. Daß weder die Unsterblichkeit noch die Theologie den kategorischen Imperativ zu bestimmen vermögen, darin liegt *das Neue dieser kopernikanischen Wende: der Sinn bemißt sich nicht durch das Sein oder das Nichtsein, im Gegenteil, das Sein bestimmt sich vom Sinn her.*«[617] Oder

---

[615] Levinas, Emmanuel: »Le Primat de la raison pure pratique«, a.a.O., S.197, S.198. Ohne dieses Levinas'sche Manuskript zu behandeln, hat Feron von sich aus seine Überlegungen zum Verhältnis von Levinas und Kant an dem Begriffspaar ›intérêt – désintéressement‹ ausgerichtet. Feron, Étienne: »Intérêt et désintéressement. Levinas et Kant«, in: Dupuis, Michel (Hg.): *Levinas en contrastes*. Bruxelles: DeBoeck-Wesmael 1994, S.83–105. Feron wendet sich im Übrigen gleichsam *avant la lettre* gegen jene oben kritisierte, von Fischer begonnene Interpretationslinie, wenn er schreibt: »Die Formulierung, dass die durch die der Achtung inhärente Rezeptivität bezeugte Alterität die Alterität des Anderen sei, ist noch gewagter, denn diese Deformalisierung des Gesetztes stellt das ganze Problem des Übergangs von der Mutterformel des kategorischen Imperativs, in der allein das Prinzip der Universalität behauptet wird, zu der zweiten, abgeleiteten Formel dar, in der ausdrücklich vom Anderen die Rede ist«. Ebd., S.92.

[616] Levinas, Emmanuel: »Le Primat de la raison pure pratique«, a.a.O., S.201, S.202.

[617] Levinas, Emmanuel: *Autrement qu'être*, a.a.O., S.166 (dt. 287), Kursivierungen I.R. Vgl. auch Levinas, Emmanuel: *Humanisme de l'autre homme*. Paris: Fata Morgana 1972, S.90 (dt. *Humanismus des anderen Menschen*, übersetzt und mit einer Einleitung versehen von Ludwig Wenzler. Hamburg: Meiner 1989, S.82), sowie Levinas, Emmanuel: *Dieu, la mort et le temps*, hg.

noch deutlicher: »...die kopernikanische Wende *ist* vielleicht das.«[618] Das Herz-stück von Kants kritischer Philosophie, die sogenannte kopernikanische Wende in der Philosophie, versteht Levinas nicht mehr als eine Wende hin zu einer in der Ontologie verbleibenden Suche nach den Bedingungen der Gegenständlichkeit überhaupt, sondern er versteht sie nun mit Blick auf die ganze kritische Philoso-phie als eine Hinwendung zu einem *Sinn jenseits des Seins*, der sich nicht auf die Ontologie zurückführen lässt – und dieser Sinn jenseits des Seins entspringt ihm zufolge der reinen praktischen Vernunft. Aufgrund dieser Neueinschätzung der kantischen Philosophie vermochte Levinas in seinen letzten, 1975/76 an der Sor-bonne gehaltenen Vorlesungen einen Gedankengang zu entfalten, der unter dem Untertitel »Kant *contre* Heidegger«[619] erschien: Kant sei ein Denker, bei dem sich Bedeutungen jenseits der Ontologie fänden, Heidegger hingegen sei nicht nur nicht selbst so ein Denker, sondern habe auch Kant in seiner eigenen Interpreta-tion irreführender Weise auf die erste Kritik und damit auf die Endlichkeit und das Sein reduziert. Während Levinas zuvor Descartes gegen Kant und Heidegger ins Feld führte, greift er nun Kant gegen Heidegger affirmativ auf.

Trotz dieser eindeutigen Parteinahme für Kants Konzeption einer reinen praktischen Vernunft ›jenseits des Seins‹ bleiben Levinas' Stellungnahmen zu anderen kantischen Theoriestücken im Detail ambivalent. Kants Entlarvung des transzendentalen Scheins in der Dialektik versteht Levinas als Kritik an einer Philosophie, die alles auf das Sein und seine Erkenntnis reduzieren zu können glaubt; die transzendentale Illusion der Dialektik ist die Illusion einer Philoso-phie, die sich als reines Wissen versteht.[620] Diese aus Levinas' Sicht treffliche Kri-tik der Philosophie als Wissen habe bei Kant jedoch ambivalente Konsequenzen. Kant hat Levinas zufolge in der Antithese der vierten Antinomie gezeigt, dass »[d]as *Anders-als-sein* [...] nicht in irgendeiner ewigen, der Zeit enthobenen Ord-nung liegen und auf unerklärliche Weise die Zeitenfolge beherrschen [kann].«[621] Mit der in der Dialektik zur Auflösung der Antinomien entfalteten Konzeption regulativer Ideen habe Kant vernünftige, sich der Vernunft gar aufdrängende Ideen entdeckt, die zwar vom Sein sprechen, nicht aber selbst im Sein aufgehen, womit er gezeigt habe, dass »*das Denken dazu in der Lage ist, nicht mit dem Sein zu enden*«.[622] Diese positive Einschätzung wird jedoch konterkariert durch die

---

von Jacques Rolland. Paris: Grasset & Fasquelle 1993, S. 72, Fußnote (dt. *Gott, der Tod und die Zeit*, hg. von Peter Engelmann. Wien: Passagen Verlag 1996, S. 247, Anmerkung 19).

[618] Levinas: *Humanisme de l'autre homme*, S. 90 (dt. 82, Übersetzung modifiziert, Kursivie-rung I. R.).

[619] Levinas, Emmanuel: *Dieu, la mort et le temps*, a. a. O., S. 67 (dt. 67, Kursivierung I. R.).

[620] Vgl. Levinas: *De Dieu qui vient à l'idée*, a. a. O., S. 180 (dt. 159).

[621] Levinas, Emmanuel: *Autrement qu'être*, a. a. O., S. 10 (dt. 37).

[622] Levinas: *Dieu, la mort et le temps*, a. a. O., S. 178 (dt. 165, Übersetzung modifiziert).

These, dass die bei Kant auf den transzendentalen Schein antwortenden regulativen Ideen letztlich doch auf das »Drama des Strebens nach dem Sein« und die »Nostalgie des Seins« bezogen bleiben, weil sie als ein Mangel an Sein, das doch gesucht wird, gedacht werden.[623] So wie bei Kant das Sinnliche und die reinen Anschauungsformen letztlich im Sinne eines Noch-nicht der Gegenständlichkeit auf die Ontologie bezogen bleiben, werden auch die regulativen Ideen als Mangel an Sein letztlich in Bezug auf die Ontologie gedacht.

Ähnlich ambivalent ist Levinas' Einschätzung des transzendentalen Ideals. Weil die Einsicht in den transzendentalen Schein sich auch auf Kants Gottesbegriff bezöge, sieht Levinas in der *Kritik der reinen Vernunft* »de[n] ›Anfang vom Ende‹ der onto-theo-logischen Konzeption Gottes«.[624] Noch in der ersten Hälfte der Vorlesung von 1975/76 heißt es nicht nur von den regulativen Ideen, sondern auch vom transzendentalen Ideal, dass es »niemals das Prädikat des Seins« erhalte, es *in concreto* gedacht werde, Kant ihm aber »das Sein verweigert«, weil »[i]n diesem Sinne« die Vernunft Ideen habe, »die über das Sein hinaus« gingen.[625] Später in derselben Vorlesung jedoch spricht Levinas in Bezug auf das transzendentale Ideal von einer »Rückkehr zur Onto-theo-logie« bei Kant, weil dieser die Entdeckung regulativer Ideen jenseits des Seins im letzten Hauptstück der Dialektik in der Konzeption des Ideals der reinen Vernunft doch wieder zurücknehme: Als Ideal der reinen Vernunft werde Gott von Kant als »die Totalität der Realität (*omnitudo realitatis*)« und damit als ein seiendes »Etwas« gedacht, wenngleich die Existenz dieses höchsten Seienden aus Kants Sicht nicht bewiesen werden könne – selbst für das bloß Denkbare kenne Kant schließlich doch keine andere Norm als das Sein.[626] Das Jenseits des Seins der regulativen Ideen bewege sich doch im Rahmen einer Nostalgie des Seins, und das Jenseits des Seins des daran anknüpfenden transzendentalen Ideals werde im Gedanken seines (wenngleich nicht existierenden) Seins gleichsam wieder aufgehoben.

Die Stellungnahmen zur Postulatenlehre der *Kritik der praktischen Vernunft* fallen ebenfalls ambivalent aus. In den Vorlesungen von 1975/76 heißt es, das Problem eines angemessenen Entsprechungsverhältnisses zwischen Moralität und Glückseligkeit »verlangt, unabhängig vom ontologischen Abenteuer und *gegen* alles, was die Ontologie uns lehrt, ein *Danach*«.[627] Auf dieses ›Danach‹ als auf ein Jenseits des Seins richte sich bei Kant eine bedeutsame Hoffnung, die im Sein über

---

623 Levinas: *De Dieu qui vient à l'idée*, a.a.O., S.190 (dt. 173, Übersetzung modifiziert). Diese negative Einschätzung des Unendlichen aus der ersten Kritik fand sich schon im oben angeführten Zitat aus *Totalität und Unendlichkeit*.

624 Levinas: *Dieu, la mort et le temps*, a.a.O., S.177 (dt. 165, Übersetzung modifiziert).

625 Ebd., S.70 (dt. 70, Übersetzung modifiziert).

626 Ebd., S.179, vgl. S.180 (dt. 166, Übersetzung modifiziert, vgl. 167).

627 Ebd., S.71 (dt. 71, Übersetzung modifiziert).

das Sein hinausführe. In dem erstmals im Jahre 1978 vorgetragenen Text »Transcendance et mal«, der in *De Dieu qui vient à l'idée* publiziert wurde, versteht Levinas hingegen die Postulatenlehre als eine Rückkehr zur Ontologie: Gleich nach der großen Entdeckung der reinen praktischen Vernunft und ihrer Irreduzierbarkeit auf das Sein »stellt sich die Beziehung mit der Ontologie wieder her in den ›Postulaten der reinen Vernunft‹, als ob sie erwartet worden wäre inmitten all dieser Wagnisse«,[628] die Kant mit der Behauptung einer reinen praktischen Vernunft eingegangen war. Levinas nennt hier das Ideal der reinen Vernunft der ersten Kritik sowie Gott als den die Übereinstimmung von Moralität und Glück garantierenden höchsten Seienden schließlich in einem Atemzug und sieht in ihrer architektonischen Funktion bei Kant eine Rückkehr zur Ontologie – die aus Levinas' Sicht mit dem Gedanken einer reinen praktischen Vernunft und der mit ihr verknüpften Freiheitskonzeption eigentlich schon überschritten worden war. All diese Theoriestücke, und selbst noch die Postulatenlehre, sieht Levinas als ambivalent an – nicht so aber Kants These einer das Ethische begründenden reinen praktischen Vernunft und ihres Primats vor der theoretischen.

In den 1970er Jahren findet Levinas also in Kants Primat der reinen praktischen Vernunft einen Vorläufer für seine eigene Konzeption eines Jenseits des Seins als eines anders (*autrement*) als Sein. Indem die reine praktische Vernunft das Sein grundlegend überschreite, verweise sie auf eine ethische Bedeutung jenseits der Endlichkeit, des Wissens,[629] der Geschichtlichkeit und den symbolischen Ordnungen der Welt. In dem praktischen Gebrauch der reinen Vernunft entdeckt Levinas eine »Intrige, die unreduzierbar ist auf einen Bezug auf das Sein«,[630] weil sie dieses nicht nur graduell, sondern wesentlich übersteigt. In welcher Weise aber nimmt Levinas den kantischen Gedanken einer reinen praktischen Vernunft in seinem eigenen Denken auf? Worin besteht die phänomenologische Umarbeitung, die er dem kantischen Gedanken einer reinen praktischen Vernunft angedeihen lässt? Dies ist die Leitfrage der in den folgenden Unterkapiteln entwickelten Interpretation.

---

[628] Levinas: *De Dieu qui vient à l'idée*, a.a.O., S. 190 f. (dt. 174, Übersetzung modifiziert).

[629] Vgl. Levinas: *Dieu, la mort et le temps*, a.a.O., S. 72 (dt. 71). Chalier sieht mit guten Gründen das Kant und Levinas verbindende Element in der Auffassung einer Moral jenseits des Wissens. Den Unterschied zwischen beiden macht sie jedoch darin aus, dass es Kant um den Gesichtspunkt radikaler Endlichkeit des Subjekts gehe, während Levinas, in der Nähe Descartes', untersuche, wie das Unendliche die Endlichkeit des Subjekts bewohne. Vgl. Chalier, Catherine: *Pour une morale au-delà du savoir. Kant et Levinas*. Paris: Albin Michel 1998, S. 11. Letzteres jedoch scheint uns angesichts von Levinas' eigenen Kant-Interpretationen nicht zuzutreffen: Sowohl Kant als auch Levinas gehen vom endlichen Subjekt aus und finden in diesem die Öffnung hin zu einem Unendlichen jenseits des Seins – bei Kant zum ›Unendlichen‹ der reinen praktischen Vernunft, bei Levinas zum an-archisch Unendlichen des Anderen.

[630] Levinas: *De Dieu qui vient à l'idée*, a.a.O., S. 190 (dt. 173 f., Übersetzung modifiziert).

3.4.2 Das Selbst und die an-archische Vernunft

Nicht selten werden Levinas und Kant einander gegenübergestellt. Levinas erscheint dann als ein Denker des Anderen, des Heteronomen und des Irrationalen, während Kant als ein Denker des Selbst, der Autonomie und der Vernunft charakterisiert wird. Eine derartige Gegenüberstellung ist jedoch in Bezug auf alle drei Momente irreführend. Erstens geht es Levinas nicht um eine Verabschiedung des Selbst zugunsten des Anderen, sondern vielmehr um eine Neubestimmung des Selbst in Bezug auf den Anderen; sein Denken ist durchaus eine Philosophie des Selbst, aber in einem neuartigen Sinne.[631] Zweitens ist es ebenso irreführend, Levinas als einen Denker der Heteronomie zu verstehen, der Kant als einem Denker der Autonomie gegenüberstünde, weil das bei Levinas durch den Anspruch des Anderen gestiftete Selbst kein heteronomes Selbst, sondern vielmehr durchaus ein in einem neuartigen Sinne autonomes Selbst ist. Und drittens geht es Levinas keineswegs um eine Abwendung von der Vernunft hin zu einem Irrationalen, sondern vielmehr um eine neuartige Auffassung der Vernunft, die er im Spätwerk als an-archische Vernunft bezeichnet. In einem zu Ehren von Levinas ein Jahr nach dessen Tod gehaltenen Vortrag formuliert Derrida an einer Stelle: »Wie so oft möchte Lévinas an der Seite Kants bleiben. Noch in dem Moment, wo er sich ihm widersetzt, spricht er in seine Richtung, auch wenn er weder wörtlich noch restlos Kantianer ist.«[632] Für den hier unternommenen Versuch, Levinas' Denken als eine phänomenologische Neuformulierung des kantischen Formalismus in der Ethik zu verstehen, kommt alles darauf an zu begreifen, inwiefern sich Levinas »an der Seite Kants« hält, ohne jedoch »restlos Kantianer« zu sein. Um Levinas' Umarbeitung des kantischen Ansatzes zu rekonstruieren, setzen wir bei seiner Auffassung der phänomenologisch-kritischen Methode an, um uns dann

---

631 Vgl. dazu Jean-Luc Marion: »In der Linie von Heidegger, aber auch von Sartre, hat Levinas die Frage nach dem Selbst und nach seinem Modus des Seins (oder des Nicht-Seins) niemals aufgegeben«. Marion, Jean-Luc: »La substitution et la sollicitude. Comment Levinas reprit Heidegger«, in: Cohen-Levinas, Danielle/Clément, Bruno (Hg.): *Emmanuel Levinas et les territoires de la pensée*. Paris: PUF 2007, S. 51–72, hier S. 69. Aubenque spricht, ohne Levinas zu erwähnen, davon, dass auf die von Heidegger ausgelöste Pariser Debatte um den Humanismus, in der den sogenannten »Strukturalisten« und »Poststrukturalisten« eine besondere Bedeutung zukam, drei Akzentverschiebungen folgten, von denen zwei »eine Rückkehr zum Subjekt« und »ein neuer, der Ethik zuerkannter Vorrang« seien, worin wiederum »eine Rückkehr zu Kant« gesehen werden konnte. Aubenque, Pierre: »Du débat de Davos (1929) à la querelle parisienne sur l'humanisme (1946–1968)«, a.a.O., S. 237.

632 Derrida, Jacques: »Le mot d'accueil«, in: ders.: *Adieu – à Emmanuel Lévinas*. Paris: Galilée 1997, S. 37–211, hier S. 174 (dt. »Das Wort zum Empfang«, in: ders.: *Adieu. Nachruf auf Emmanuel Lévinas*, übersetzt von Reinold Werner. München/Wien: Carl Hanser Verlag 1999, S. 31–153, hier S. 127).

den Konzeptionen der Subjektivität und der Vernunft in den beiden Hauptwerken *Totalité et infini* und *Autrement qu'être ou au-delà de l'essence* zuzuwenden. Die von Levinas verwendete Methode verdankt sich sowohl der *Phänomenologie* als auch dem *Kritizismus*. Beide Methoden verwandelt er auf eine eigentümliche Weise, die es ihm erlaubt, sie nahezu miteinander zu verschmelzen. Zwar kritisiert Levinas die Phänomenologie in der Gestalt einer thematisierenden, das sich Zeigende auf Präsenz reduzierenden Phänomenologie. Als »Phänomenologie des Antlitzes«[633] jedoch, als Phänomenologie, »im Ausgang von der« man sich dem ethischen Bedeuten nähert, »obwohl es die Phänomenologie unterbricht«,[634] eine Phänomenologie, die auf »[d]ie ethische Sprache [...] zurückgreift, um ihre eigene Unterbrechung anzuzeigen«,[635] ist die Methode, die Levinas selbst zu verwenden sucht. Noch in einem späten Interview heißt es: »Meine philosophische Methodologie [...] entstammt der Phänomenologie.«[636] Aber genau diese eigentümliche phänomenologische Methode versteht Levinas selbst zugleich als eine kritische und transzendentalphilosophische Methode, auch dies wiederum in einer neuartigen Gestalt. Nicht geht es ihm darum, ein für alle Mal Bedingungen der Möglichkeit von etwas ausfindig zu machen, die schlechthin *a priori* jedem Empirischen zugrunde lägen. Seine »Methode« bestehe vielmehr »darin, die Bedingung der empirischen Situationen aufzusuchen; aber sie schreibt den sogenannten empirischen Ausprägungen, in denen sich die bedingende Möglichkeit erfüllt – sie schreibt der Konkretisierung –, eine ontologische Rolle zu, die den Sinn der begründenden Möglichkeit präzisiert, einen Sinn, der in der Bedingung selbst unsichtbar bleibt«.[637] Im Spätwerk findet Levinas ein Modell, das ihm die Präzisierung dieser eigentümlichen, zugleich phänomenologischen und kritischen Methode erlaubt. Es ist das Modell des Skeptizismus und seiner Widerlegung, mithilfe dessen er seine eigene Konzeption von Sagen und Gesagtem zu verdeutlichen sucht: So wie der skeptische Zweifel in der Philosophie immer

[633] Levinas, Emmanuel: *Totalität und Unendlichkeit*, a.a.O., S.11 (aus dem Vorwort zur deutschen Übersetzung).

[634] Levinas, Emmanuel: »La trace de l'autre«, in: ders.: *En découvrant l'existence avec Husserl et Heidegger*. Paris: Vrin ⁵1994, S.187–202, hier S.199 (dt. »Die Spur des Anderen«, in: ders.: *Die Spur des Anderen. Untersuchungen zur Phänomenologie und Sozialphilosophie*, hg., übersetzt und eingeleitet von Wolfgang Nikolaus Krewani. Freiburg/München: Alber ⁴1999, S.209–235, hier S.230).

[635] Levinas, Emmanuel: *Autrement qu'être*, a.a.O., S.120, Fußnote (dt. 211, Fußnote).

[636] Levinas, Emmanuel/Lenger, Hans Joachim: »Emmanuel Lévinas: Visage et violence première (phénoménologie de l'éthique). Une interview (1987)«, übersetzt von Arno Münster, in: Levinas, E./Münster, A./Petitdemange, G./Petrosino, S./Rolland, J./Weber, E.: *La différence comme non-indifférence. Éthique et altérité chez Emmanuel Lévinas*. Paris: Éditions Kimé 1995, S.129–143, hier S.131.

[637] Levinas, Emmanuel: *Totalité et infini*, a.a.O., S.148 (dt. 251f.). Dies ist durchaus Heideggers Methode der »formalen Anzeige« verwandt.

wieder auftaucht und sie stört, obwohl er als These nicht widerspruchsfrei formuliert werden kann, so taucht das Sagen immer wieder hinter dem Gesagten auf, stört und durchbricht es, ohne selbst jemals voll in das Gesagte integriert werden zu können. Die Philosophie ist daher eine »alternierende[...] Bewegung, derjenigen vergleichbar, die vom Skeptizismus zu seiner Widerlegung, zu seiner Niederlegung in Schutt und Asche führt und ihn aus seiner Asche neu erstehen läßt«.[638] Die Phänomenologie, die Levinas anstrebt, ist eine unaufhörlich aufs Neue ausgeübte »transzendentale[...] Reduktion« vom Gesagten auf das Sagen, die zugleich eine unaufhörliche »Kritik der Kritik« ist,[639] ein unabschließbarer »*ethischer Transzendentalismus*«.[640] Wie nun gelangt diese phänomenologisch-kritische Methode bei der Frage nach der Subjektivität zur Anwendung?

Levinas fragt durch die gelebte Subjektivität hindurch zurück auf ihre Bedingungen, die sich auf spezifische Weise in ihrer gelebten Gestalt selbst ausmachen lassen. Zumindest oberflächlich gelangt er dabei in seinen beiden Hauptwerken zu zwei unterschiedlichen Ergebnissen, die er selbst aber offenbar nicht für wesentlich verschieden hält:[641] Während *Totalité et infini* gleichsam eine Geschichte über die Genealogie der Subjektivität erzählt, setzt *Autrement qu'être* bei der vollständigen Subjektivität an und fragt zurück in ihre Bedingungen. Dieses unterschiedliche Vorgehen hat die Konsequenz, dass im ersten Werk ein Subjekt der von Levinas so genannten Trennung gedacht wird, das gleichsam erst in einem zweiten Schritt durch die Begegnung mit dem Anderen zu einer voll ausgereiften Subjektivität wird, während die Subjektivität im zweiten Hauptwerk überhaupt nur eine durch den Anderen angesprochene Subjektivität im Akkusativ ist und das Subjekt der Trennung lediglich als abstraktiv fassbare, strukturelle Bedingung für jene fungiert.[642] Wir glauben, die Hypothese wagen zu können, dass Levinas sich im ersten Werk noch ganz an dem genealogischen

---

638 Levinas, Emmanuel: *Autrement qu'être*, a.a.O., S.210 (dt. 358).

639 Levinas: *De Dieu qui vient à l'idée*, a.a.O., S.45 (dt. 57).

640 Ebd., S.143 (dt. 114).

641 Im Vorwort zur deutschen Übersetzung von *Totalité et infini* nennt Levinas lediglich zwei Unterschiede zum späteren Hauptwerk, die jedoch nicht den Inhalt, sondern nur die Sprache und Terminologie betreffen: *Autrement qu'être* »vermeidet bereits die ontologische – oder genauer: eidetische – Sprache, auf die sich ›Totalité et Infini‹ noch durchwegs beruft, um zu verhindern, daß seine Untersuchungen [...] so aufgefaßt werden könnten, als beruhten sie auf der Empirie einer Psychologie«; und das erste Werk mache »noch keinen terminologischen Unterschied zwischen einerseits Barmherzigkeit oder Nächstenliebe, auf Grund derer das Recht des Anderen dem meinen vorhergeht, und andererseits der Gerechtigkeit, in der das Recht des Anderen [...] Priorität besitzt gegenüber dem des Dritten. In beiden Fällen wird hier noch unterschiedslos der allgemein ethische Begriff der Gerechtigkeit beansprucht.« Levinas, Emmanuel: *Totalität und Unendlichkeit*, a.a.O., S.8.

642 Diesen Unterschied zwischen den beiden Hauptwerken, neben vier anderen, hat László Tengelyi herausgestellt. Vgl. Tengelyi, László: »Au-delà de l'être *comme* autrement qu'être«, in:

Gedankengang von Hegels *Phänomenologie des Geistes* beziehungsweise Kojèves Interpretation derselben orientiert,[643] während er im zweiten Werk nicht nur eigenständiger, sondern zugleich in größerer Nähe zu Kant und jener phänomenologisch-kritischen Methode vorgeht. Nichtsdestotrotz ist es für unsere Zwecke bedeutsam, zunächst den Gedankengang des ersten Werkes zu verfolgen, weil Levinas dort im Detail das herausarbeitet, was das zweite Hauptwerk als immer schon geschehen betrachtet.

Die erste Gestalt der Subjektivität sieht Levinas in dem, was er Genuss nennt: Sich das Gegebene einverleibend lebt das Ich vom »denken, essen, schlafen, lesen, arbeiten, sich an der Sonne wärmen«[644] und genießt dies. Dieser Genuss aber ist keine rein physiologische Angelegenheit, sondern er bringt Glück hervor, und »als Glück ist der Genuß Unabhängigkeit«.[645] In dieser Bestimmung sieht Levinas eine Kritik an dem kantischen Gedanken einer gleichsam heteronomen Versklavung durch die eigenen Neigungen: »Das, wovon wir leben, versklavt uns nicht, wir genießen es«; das Glück des Genusses ist keine »bloße Passivität, trotz der kantischen Moral«,[646] sondern es bedeutet eine erste Unabhängigkeit, weil wir durch die »geheime[...] Übereinstimmung mit dem, wovon das Leben abhängt«, eine »Herrschaft in dieser Abhängigkeit« erlangen.[647] Das Ich existiert für sich in Trennung. In dieser Trennung der glücklichen Unabhängigkeit erfährt sich das Ich jedoch bedroht, weil es nicht sicher sein kann, ob es auch in Zukunft wird genießen können: »Die Zukunft des Elements als Unsicherheit wird konkret erlebt als mythische Gottheit des Elements. Götter ohne Antlitz, unpersönliche Götter.«[648] Im Genießen ist es so, als ob das Ich unpersönlichen und unberechenbaren Göttern ausgeliefert wäre; um mit dieser Bedrohungserfahrung umzugehen, gehe das Ich in der Trennung die »Gefahr des Heidentums«, des »Atheismus« ein.[649] Durch Arbeit und Besitzaneignung sucht es, seine Trennung zu stabilisieren und das Elementale so weit zu beherrschen, dass es in seiner Erfahrung von einer mythisch-bedrohlichen Gottheit zu einer bloßen, beherrschbaren Natur wird, aus der das Göttliche verschwunden ist. Diese Trennung und dieser Atheismus aber sind Levinas zufolge nötig, damit eine Begegnung mit dem Anderen

---

ders.: *L'expérience de la singularité. Essais philosophiques II.* Paris: Hermann 2014, S. 203 – 225, hier S. 220.

643 Levinas steht auf der Hörerliste von Kojèves Vorlesungen. Vgl. Faust, Wolfgang: *Abenteuer der Phänomenologie. Philosophie und Politik bei Maurice Merleau-Ponty.* Würzburg: Königshausen & Neumann 2007, S. 13.

644 Levinas, Emmanuel: *Totalité et infini,* a. a. O., S. 84 (dt. 155).

645 Ebd.

646 Ebd., S. 87 (dt. 159).

647 Ebd.

648 Ebd., S. 115 (dt. 202).

649 Ebd., S. 116 (dt. 202).

überhaupt möglich ist. In diesem Sinne kann die Trennung als Bedingung der Möglichkeit der Begegnung mit dem Anderen verstanden werden.

Wie nahe Levinas aber trotz der oben angeführten Kritik an Kant ist, wird in seiner Beschreibung des Zustands vor der Begegnung mit dem Anderen deutlich. Levinas geht davon aus, dass es in dieser unschuldig glücklichen Unabhängigkeit eine Freiheit der Willkür gibt. Nicht anders steht es bei Kant: Der Mensch, der sich von seinen Neigungen bestimmen lässt, ist nicht ›bloß passiv‹ im Sinne eines deterministischen Automatismus, weil er gemäß der Inkorporationsthese die ihn zum Handeln bestimmenden Triebfedern in seine Maxime aufgenommen haben muss. Diese Willkürfreiheit, die sich am Prinzip der Selbstliebe orientiert, ist nicht die volle Unabhängigkeit der Autonomie, sie ist aber durchaus eine Unabhängigkeit von der automatischen Determination. Genau einen solchen Unterschied zwischen zwei Freiheitsbegriffen aber macht im Weiteren auch Levinas. In der durch die Trennung bedingten Begegnung mit dem Anderen liege der »Anfang des sittlichen Bewußtseins«;[650] und dieser Anfang des sittlichen Bewusstseins sei zugleich eine *Infragestellung* meiner Freiheit der Willkür und eine *Einsetzung (investiture)* meiner Freiheit als gerechtfertigte Freiheit. Im Moment der Begegnung mit dem Anderen erfährt sich die unschuldig glückliche Freiheit der Willkür als in Frage gestellt und ihr Glück verwandelt sich in ein »Bewußtsein der Ungerechtigkeit«, in eine »Scham der Freiheit über sich selbst«.[651] Die Freiheit entdeckt sich als »willkürlich und gewalttätig« sowie als unbegründet.[652] Diejenige Freiheit aber, die durch die Begegnung mit dem Anderen eingesetzt wird, ist allererst eine Freiheit im vollen Sinne, womit sie strukturell der Freiheit als Autonomie bei Kant entspricht. Gibt es an dieser Stelle aber nicht einen unüberwindlichen Abgrund zwischen Kant und Levinas? Ist es nicht so, dass mich bei Kant die fungierende reine praktische Vernunft *in mir selbst* aus der bloßen Freiheit der Willkür zu einer wahren Autonomie erhebt,

---

[650] Ebd., S. 56 (dt. 115).

[651] Ebd., S. 58 (dt. 119). Der subjektkonstitutiven Funktion der Scham bin ich, insbesondere mit Sartre und Levinas, nachgegangen in »Scham – phänomenologische Überlegungen zu einem sozialtheoretischen Begriff«, in: Brudzinska, Jagna/Lohmar, Dieter (Hg.): *The Social Nature of the Human Person. Phenomenological and Anthropological Perspectives. Der Mensch als Soziales Wesen. Phänomenologische und Anthropologische Perspektiven*, Sonderheft in: *Gestalt Theory* 39 (2017) 2–3, S. 313–329.

[652] Levinas, Emmanuel: *Totalité et infini*, a.a.O., S. 56 (dt. 116). Levinas führt hier eine Linie weiter, die von Rousseau über Kant bis zu ihm führt. Während Rousseau eine *amour de soi* von einer *amour propre* unterscheidet, greift Kant diese Unterscheidung in der Differenz von Selbstliebe und Eigenliebe auf, wobei die für sich selbst genommene natürliche Selbstliebe in Bezug auf das Sittengesetz zu einer einzuschränkenden Eigenliebe wird. Vgl. KpV, AA 5: 73. Entsprechend ist bei Levinas der Genuss zunächst lediglich eine Form natürlicher, glücklicher Unabhängigkeit, die sich erst angesichts des Anspruchs des Anderen in eine Erfahrung der Ungerechtigkeit verwandelt.

während es bei Levinas *der Andere* ist, der meine Freiheit im vollen Sinne einsetzt und derart zu einer Art heteronomen Freiheit macht? Stehen sich nicht Autonomie und Heteronomie bei Kant und Levinas gegenüber?

Eine derartige Gegenüberstellung ist insofern irreführend, als es Levinas nicht um eine Ersetzung der Autonomie durch Heteronomie, sondern vielmehr um eine neuartige Autonomie geht, die bei ihm mit einem neuartigen Vernunftbegriff verbunden ist. Während Kant davon ausgeht, dass es fungierende reine praktische Vernunft in mir schlichtweg gibt, fragt Levinas nach der *Herkunft* der Vernunft. In seiner Antwort auf diese genealogische Frage macht er ein *Stiftungsereignis der Vernunft* aus, das aufgrund der Begegnung mit dem Gesicht des Anderen stattfindet. In der Begegnung mit dem Gesicht des Anderen ereigne sich ein Registerwechsel, der darin bestehe, dass dem genießenden Ich durch diese Begegnung die Dimension der Rede eröffnet werde.[653] Rede aber »ist das Ereignis von Sinn«, »eines Sinnes, der meiner *Sinngebung* vorausgeht«.[654] Das »erste Wort« im Gesicht des Anderen, das Levinas mit der französischen Formulierung des sechsten biblischen Gebots als »Du wirst keinen Mord begehen« versteht,[655] ist der Sinn, der mich in die Dimension der Rede jenseits der Aneignung und Einverleibung erhebt. Mit dieser »erste[n] Bedeutung« aber, die vom Gesicht ausgeht, erfolgt Levinas zufolge »das eigentliche Entstehen des Rationalen«.[656] Insofern die Vernunft durch die Begegnung mit dem Gesicht allererst gestiftet wird, findet eine Unterminierung der Gegenüberstellung von einer Vernunft *a priori* und einer Erfahrung *a posteriori* statt: »Die absolute Erfahrung« des Anderen, »die Erfahrung dessen, was auf gar keine Weise a priori ist – das ist die Vernunft selbst«,[657] eine Vernunft, die durch jene Begegnung mit dem Anderen erstmals eingesetzt wird. Weil aber durch die Begegnung mit dem Anderen die *Vernunft* gestiftet wird, handelt es sich um *keine heteronome* Bestimmung durch den Anderen, in der dieser dem getrennten Selbst gleichsam seinen Willen aufzwingen würde. Levinas spricht in *Totalité et infini* von einer »privilegierte[n] Heteronomie«, als einer »Abhängigkeit, die gleichzeitig die Unabhängigkeit bewahrt«,[658] die »meine Freiheit nicht begrenzt, sondern [...] fördert«.[659] Welcher Art aber ist diese durch die Begegnung mit dem Anderen gestiftete Vernunft, die zugleich die Freiheit im vollen Sinne als eingesetzte Freiheit charakterisieren soll?

---

653 Vgl. Levinas, Emmanuel: *Totalité et infini*, a.a.O., S.37 (dt. 87).

654 Ebd., S.38, S.22 (dt. 88, 65).

655 Ebd., S.173 (dt. 285).

656 Ebd., S.194 (dt. 317).

657 Ebd., S.194 (dt. 318). Die Vernunft in *diesem* Sinne kommt also *nicht* erst mit dem Dritten auf.

658 Ebd., S.60, S.61 (dt. 122, 123).

659 Ebd., S.175 (dt. 288).

Die von Levinas gemeinte Vernunft ist zunächst in einer negativen Bestimmung keine monologische Vernunft. Er kritisiert eine Vernunft, die »einen Monolog« hält, die als »universales Denken [...] auf Kommunikation [verzichtet]« – eine solche »Vernunft kann für eine Vernunft keine andere sein«, denn eine solche »Vernunft hat keinen Plural«.[660] Diese Vernunftkritik aber bedeutet keinen Irrationalismus und Anti-intellektualismus, denn sie »zielt nicht auf die Denunzierung des Intellektualismus, sondern auf seine konsequente Entfaltung«.[661] Der unpersönlichen, monologischen Vernunft stellt Levinas eine Vernunft gegenüber, die *Sprache* ist, die »in der Sprache lebt« und vom ersten Wort und Sinn im Gesicht des Anderen ihren Ausgang nimmt.[662] In *Totalité et infini* – wie schon in »Le Moi et la totalité« – betrachtet Levinas Kant allerdings noch als prototypischen Vertreter jener unpersönlichen Vernunft: »Die Vernunft im Sinne einer unpersönlichen Gesetzgebung vermag die Rede nicht zu erklären; denn sie absorbiert die Pluralität der Gesprächspartner.«[663] Diese kritische Einschätzung ändert sich, wie wir gesehen haben, später. Die durch die Begegnung mit dem Anderen gestiftete Vernunft ist Levinas zufolge eine Vernunft der Rede, der Sprache, der zwischenmenschlichen Kommunikation, die der Pluralität der einander Begegnenden Rechnung trägt. Hat aber diese Vernunft ein Prinzip? Versteht Levinas sie als mit einem Prinzip verknüpft?

In *Totalité et infini* spricht Levinas in der Tat in Bezug auf das erste Wort, das mir im Gesicht des Anderen begegnet und das sowohl die Freiheit als auch die Vernunft einsetzt, von einem *Prinzip*: »Das Prinzip des ›Du wirst keinen Mord begehen‹, das eigentliche Bedeuten des Antlitzes...«.[664] Weiterhin: »Aber ein Prinzip bricht in dem Augenblick durch diesen ganzen Schwindel und dieses Beben [des freien Spiels der Willenssubjekte, I.R.] hindurch, in dem das Antlitz sich präsentiert und Gerechtigkeit verlangt.«[665] Das erste Wort beziehungsweise der erste Sinn, der sich im Gesicht des Anderen bekundet und meiner Willkürfreiheit einen *ethischen, sinnhaften Widerstand* leistet, ist das *Prinzip des ›Du wirst keinen Mord begehen‹*. Dieses Wort, das in der Regel nicht ausgesprochen

---

660 Ebd., S.44, S.92 (dt. 98, 167).

661 Ebd., S.81 (dt. 151). Oder: »Die Bedeutung, auf die im vorliegenden Werk das theoretische Denken über das Sein und die panoramahafte Darstellung des Seins selbst zurückgeführt werden, ist nicht irrational.« Ebd., S.XVII (dt. 32). Vgl. auch Stephan Strasser: »*Man kann in der Tat in Levinas' Philosophie einen konsequent durchgehaltenen Versuch sehen, den Vorrang der ethischen Rationalität gegenüber der theoretischen auf eine neuartige Weise zu begründen.*« Strasser, Stephan: *Jenseits von Sein und Zeit. Eine Einführung in Emmanuel Levinas' Philosophie.* Den Haag: Martinus Nijhoff 1978, S.325.

662 Vgl. Levinas, Emmanuel: *Totalité et infini*, a.a.O., S.182, S.183 (dt. 299f., 301).

663 Ebd., S.182 (dt. 300).

664 Ebd., S.240 (dt. 383).

665 Ebd., S.270 (dt. 425).

wird, sondern sich im Gesicht des Anderen als Sinn bekundet, fungiert als das Prinzip, das allen vernünftigen Beziehungen der Rede zugrunde liegt. Ist jenes über den ersten Sinn ›Du wirst keinen Mord begehen‹ gestiftete Prinzip der Vernunft aber ein Prinzip einer neuformulierten reinen praktischen Vernunft, oder ist es ein Prinzip der Vernunft überhaupt?

Levinas selbst zufolge ist es das Prinzip der Vernunft *überhaupt*. Die Begegnung mit dem Anderen ist das Stiftungsereignis der Vernunft *tout court* und nicht lediglich einer neu formulierten *reinen praktischen* Vernunft, die sich jenseits einer bloßen, mit Horkheimer gesprochen instrumentellen Vernunft eröffnet. Das, was bei Kant theoretische oder spekulative Vernunft heißt und von Levinas mit dem Denken des Seins in Verbindung gebracht wird, *entspringt* aus Levinas' Sicht jener Vernunft als Rede mit ihrem Prinzip des ›Du wirst keinen Mord begehen‹. Angesichts dieser These kann aber doch die Frage gestellt werden, ob Levinas damit nicht die theoretische Vernunft übermäßig auf jene neu formulierte reine praktische Vernunft reduziert. Findet sich bei ihm nicht die umgekehrte Schwierigkeit zu Heidegger? Während Heidegger im Ethos des Denkens dazu tendierte, das spezifisch Praktische in das Denken aufzulösen, neigt Levinas dazu, das Eigenständige am Wissen und an der Erkenntnis auf einen Effekt des Praktischen zu reduzieren, womit das von ihm behauptete Primat der reinen praktischen Vernunft ein viel stärkeres ist als bei Kant selbst. Wir kommen weiter unten auf diesen Aspekt zurück. An dieser Stelle konzentrieren wir uns zunächst ganz darauf, dass das als Prinzip verstandene erste Wort im Gesicht des Anderen eine wesentlich intersubjektive, reine *praktische* Vernunft einsetzt. *Welcher Art* aber ist die mit dieser gestifteten reinen praktischen Vernunft verbundene Nötigung? Und *zu was* verbindet sie?

Die mit dem ersten Wort ›Du wirst keinen Mord begehen‹ verbundene Nötigung ist bei Levinas weder bloße Gewalt,[666] noch ist sie eine Nötigung, die im Namen eines normativen Gesetzes eines allgemeinen Tötungsverbots spricht. *Die Nötigung ist vielmehr ein sinnhafter, ethischer Widerstand, in dem ich mich dazu aufgefordert erfahre, die Dimension der Aneignung und der Instrumentalisierung, deren extremster Fall der Mord ist, zugunsten der Dimension der intersubjektiven Rede zu verlassen, in der der Andere als Gesprächspartner mit einem eigenen Begehren und nicht als bloßes Mittel zu meinen Zwecken verstanden und geachtet wird.*[667] Levinas formuliert: »Die Rede verpflichtet zum Eingehen auf die Rede

---

[666] Derrida und Waldenfels meinen hingegen, der Anspruch des Anderen, ohne Betrachtung des Dritten, tendiere zur reinen Gewalt. Vgl. Derrida, Jacques: »Le mot d'accueil«, a.a.O., S. 66 (dt. 52); Waldenfels, Bernhard: *Deutsch-Französische Gedankengänge*. Frankfurt am Main: Suhrkamp 1995, S. 319, ders.: *Idiome des Denkens. Deutsch-Französische Gedankengänge II*. Frankfurt am Main: Suhrkamp 2005, S. 245; ders.: *Schattenrisse der Moral*, a.a.O., S. 158 f.

[667] Tengelyi hebt diesen Aspekt hervor, wenn er im Unterschied zu Waldenfels und Derrida

(*Discours qui oblige à entrer dans le discours*).«[668] Die Art der Nötigung ist die Erfahrung der Aufforderung zu einem Registerwechsel in die Dimension reiner praktischer Vernunft als intersubjektiver Rede. Damit ist der ›Inhalt‹ dieser Aufforderung aber die in sich selbst *formale* Aufforderung, auf die Rede des Anderen als Ausdruck seines Begehrens einzugehen, ihm zu antworten und Rechenschaft abzulegen. Wie das geschieht und was die Antworten sind, die ich im Einzelnen konkret finde, bleibt in dieser formal gefassten Aufforderung offen.

Diese derart über den Anspruch des Anderen gestiftete Vernunft, die zugleich die Freiheit einsetzt, verbindet Levinas mit dem, was er ein »metaphysische[s] Begehren«[669] des Unendlichen nennt. Dieses *metaphysische Begehren des Unendlichen*, das er als ein ethisches versteht, stellt er der Sphäre der Bedürfnisse, des Mangels und seiner Befriedigung gegenüber. Falls es bei Levinas einen ›Dualismus‹ gibt, dann ist es dieser zwischen Begehren und Bedürfnis. Wenn der Anspruch des Anderen die Vernunft als Rede stiftet und die Freiheit einsetzt, dann erweckt er ein Begehren, das im Unterschied zum Bedürfnis niemals erfüllt, sondern immer nur »vertieft«[670] werden kann. Dieses Begehren aber macht die eingesetzte Freiheit aus und wird strukturiert durch die intersubjektiv verstandene Vernunft. Im ethischen Begehren erfährt sich das Selbst als gebunden an den Sinn, der sich im Gesicht des Anderen und in seiner Rede kundtut, und erfährt sich als dazu verbunden, ihm eine Antwort zu geben, die das Begehren des Anderen nicht als ein instrumentalisierbares Mittel behandelt. Das Unendliche, die Nichterfüllbarkeit und ständige Vertiefung rührt dabei daher, dass der Andere sich auch bei einer noch so guten und behutsam gewählten Antwort immer wieder entzieht und das in einer unaufhebbaren Unruhe verbleibende Selbst damit auf eine unendliche Suche nach weiteren und besseren Antworten schickt. Es handelt sich bei dieser ethischen Bewegung letztlich um nichts Geringeres als um eine *im Begehren verankerte reine praktische Vernunft*,[671] die als fungierende allererst durch den Anspruch des Anderen ermöglicht wird. Diese Vernunft steht nicht gleichsam isoliert von sinnlichen Neigungen, die sie in irgendeiner Weise überformt, sondern sie ist als Begehren in die Sensibilität des Subjekts selbst eingeschrieben, dessen Bedürfnis sie in der Bindung an den

---

darauf besteht, dass der Anspruch des Anderen mich weder wie ein *factum brutum* noch durch ein mitansprechendes Gesetz erreicht, sondern »daß er Ausdruck eines fremden Begehrens – daß er also *Sprache, Rede, Sinn* ist«. Tengelyi, László: *Erfahrung und Ausdruck*, a.a.O., S.288.

668 Levinas, Emmanuel: *Totalité et infini*, a.a.O., S.175 (dt. 289), Einfügung des Orig. I.R.

669 Ebd., S.3 (dt. 36).

670 Ebd., S.4 (dt. 36).

671 Angesichts dieser Verankerung des Vernünftigen im leiblich fundierten Begehren spricht Feron gar von einer »raison *sensible*«. Feron, Étienne: »Intérêt et désintéressement«, a.a.O., S.105.

Sinn im Gesicht des Anderen als solches übersteigt. Es ist eben dieses Moment, das Levinas später, wie wir gesehen haben, bei Kant selbst vorbereitet sieht, wenn er in dessen das Begehrungsvermögen bestimmender reiner praktischer Vernunft ein *intérêt désintéressé* ausmacht, ein das Sein und das Interesse des Bedürfnisses übersteigendes Begehren. Wie aber steht es mit dem Verhältnis von Anspruch und Freiheit? Stiftet der Anspruch des Anderen unvermeidlich jenes ethische Begehren? Wie aber könnte dann dem Umstand Rechnung getragen werden, dass das Selbst ganz offenbar nicht immer diesem ethischen Begehren folgt? Mit anderen Worten, wie kann dann ›dem Bösen‹ Rechnung getragen werden?

Es scheint so zu sein, dass Levinas sich auch in dieser Hinsicht noch ganz an der Seite Kants hält. Im Anspruch des Anderen wird die Vernunft gestiftet und die Freiheit eingesetzt, womit sich das Selbst aufgefordert findet, die Dimension des Begehrens gegenüber der Dimension des Bedürfnisses vorzuziehen. Das erste Wort ›Du wirst keinen Mord begehen‹ stiftet gleichsam das ›ich kann‹ des vernünftigen ethischen Begehrens. Ob das Selbst die Existenz im ethischen Begehren jedoch tatsächlich ergreift oder sich nichtsdestotrotz auf die Bedürfnisbefriedigung, auf »Nostalgie, Heimweh« und das »Gesetz des Krieges« zurückzieht,[672] scheint der antwortenden Freiheit anheimgestellt zu sein. Sollte diese Strukturanalogie zu Kant beziehungsweise zu unserer Interpretation der kantischen Freiheitstheorie zutreffen, dann läge bei Levinas die wahre Freiheit in dem eingesetzten Vermögen zum ethischen Begehren, während eine nur ereignishaft, weil nicht selbst begründbare Freiheit zwischen einer Existenz im ethischen Begehren und einer Existenz der bloßen Bedürfnisbefriedigung wählt.

In welcher Weise nun aber verändert sich Levinas' Auffassung im zweiten Hauptwerk *Autrement qu'être ou au-delà de l'essence*? Inwiefern kann, wie wir es getan haben, davon gesprochen werden, dass er dort noch näher an der Seite Kants steht als im ersten, noch vorwiegend an einem hegelianischen Genealogiemodell orientierten Hauptwerk? In welcher Weise konkretisiert Levinas selbst seine zur Zeit der Abfassung des Spätwerkes behauptete Nähe zu Kants Gedanken einer reinen praktischen Vernunft?

Eine wesentliche Veränderung findet sich in *Autrement qu'être* in Bezug auf die Konzeption der Subjektivität. Subjektivität ist für Levinas nun schlechthin eine *immer schon* vom Anderen vorgeladene Subjektivität. Es gibt keine »Subjektivität« als »fertige Einheit«, deren Totalität sich dann das Unendliche im Gesicht des Anderen gegenüberstellen würde, um sie zu durchbrechen und zu modifizieren. Subjektivität ist vielmehr *als solche* »der-Eine-für-den-Anderen«.[673] Mit diesem Ausdruck bezeichnet Levinas zugleich den Umstand, dass die Subjektivität

---

672 Levinas, Emmanuel: *Totalité et infini*, a.a.O., S.3, S.XIV (dt. 36, 27).
673 Levinas, Emmanuel: *Autrement qu'être*, a.a.O., S.16 (dt. 47).

immer schon Verantwortung für den Anderen ist und dass sie dies aufgrund des durch das Sagen geknüpften Bandes des Sinnes ist, das die »Bedeutsamkeit der Bedeutung«[674] überhaupt ausmacht. Das Sub-jekt ist Sub-stitution, Subjekt im Akkusativ, der-Eine-für-den-Anderen. Der Gedanke der Trennung eines Subjekts ohne Bezug auf den Anderen bleibt zwar auch im Spätwerk erhalten, ist jetzt aber nur noch als Abstraktion und Bedingung der Subjektivität im Akkusativ gefasst. Nur in einer *Abstraktion* vom der-Eine-für-den-Anderen wird das getrennte Subjekt fassbar: »Das Subjekt als der vom Anderen unterscheidbare *Eine*, das Subjekt als *Seiendes* ist *reine Abstraktion*, falls man es von diesem Vorgeladensein trennt.«[675] Dieses nur abstraktiv fassbare getrennte Subjekt aber ist nichtsdestotrotz die *Bedingung* des Für-den-Anderen und muss in der Subjektivität als der-Eine-für-den-Anderen enthalten sein, denn: »Das Genießen in seiner Möglichkeit, sich, befreit von dialektischen Spannungen, in sich selbst zu gefallen, ist die Bedingung des Für-den-Anderen der Sensibilität und ihrer Verwundbarkeit als Ausgesetztheit gegenüber den Anderen. [...] Erst ein essendes Subjekt kann Für-den-Anderen sein oder bedeuten.«[676] Oder: »Doch dazu [d. i. zur Passivität des Seins-für-den-Anderen, I. R.] muß man zuvor *sein Brot genießen*, nicht um sich so verdient zu machen, wenn man es gibt, sondern um darin sein Herz zu geben – um sich zu geben, wenn man gibt.«[677] So wie bei Kant nur ein schon Maximen bildendes Subjekt vom Gesetz reiner praktischer Vernunft verbunden werden kann, kann bei Levinas nur ein vom Aufgehen im Elementalen getrennten, auf seine erste eigene Unabhängigkeit zurückgezogenes Subjekt vom Anspruch des Anderen getroffen werden – auch wenn im Spätwerk sowohl die Trennung als auch das Angesprochensein als immer schon geschehen betrachtet werden.

Die im der-Eine-für-den-Anderen liegende Verantwortung und Bedeutsamkeit bezeichnet Levinas als eine »Vorgängigkeit, die ›älter‹ ist als das Apriori«.[678] Während in dem genealogischen Modell von *Totalité et infini* noch der Eindruck entstehen konnte, dass die »absolute Erfahrung« des Anderen, die »auf gar keine Weise a priori ist«, aber als solche die Vernunft stiftet, eine Nähe zu einer einmal im Leben stattfindenden empirischen Erfahrung *a posteriori* hat, findet *Autrement qu'être* zu einer Formel, die diesen Eindruck ein für alle Mal aufhebt: Das Selbst (*soi*) wird nicht *a posteriori* von einem Anderen angesprochen, sondern ist als Selbst ein Selbst, das in einem *Diesseits* des *a priori*, in einer Passivität diesseits des Unterschiedes von Aktivität und Passivität, in einer Vergangenheit,

---

674 Ebd., S.126 (dt. 222).
675 Ebd., S.68 (dt. 127), letzte Kursivierung I. R.
676 Ebd., S.93 (dt. 167 f.).
677 Ebd., S.91 (dt. 164).
678 Ebd., S.127 (dt. 223).

die niemals Gegenwart war, immer schon angesprochen wurde. Es handelt sich dabei um einen Anspruch, der nicht *a priori* aus mir kommt, aber auch nicht *a posteriori* aus einem jenseitigen Außen, das mir gegenüberstünde. Vielmehr ist er ein das Selbst als solches ausmachender unvordenklicher Anspruch, der nur im Nachhinein im Ausgang von der im Selbst hinterlassenen Spur fassbar wird. Aus einer Levinas'schen Sicht ist Kants schlichtweg fungierende reine praktische Vernunft eine Vernunft, die ihre Herkunft vergessen hat.[679] Fragt man jedoch dieser Herkunft nach, so zeigt sich mittels der phänomenologisch-kritischen Methode, dass ihre Stiftung einem unvordenklichen Anspruch entspringt, in dem das Selbst *vor* seinen eigenen Anfang und damit gleichsam hinter das *a priori* zurück verwiesen wird. Dieses Hinter-den-eigenen-Anfang-zurück-verwiesen-Sein nennt Levinas im Unterschied zur Reflexion die »Rekurrenz«,[680] eine Rekurrenz, in der sich zeigt, dass die »Seele«, der »Psychismus der Seele«, die »Beseelung« des Selbst als »der Andere in mir« zu verstehen ist, der als solcher das Begehren durchwirkt.[681] Levinas' phänomenologisch-kritische Erörterung der Herkunft der Vernunft und der Bedingungen des Selbst führt ihn in einem bestimmten Sinne über Kant hinaus zu Schelling, wenn er jenen die Vernunft stiftenden Anspruch des Anderen als einen unvordenklichen versteht.

Diese Auffassung des Selbst als der-Eine-für-den-Anderen bedeutet noch weniger eine Heteronomie als die Auffassung aus *Totalité et infini*, weil in *Autrement qu'être* von vornherein keine getrennte Subjektivität mehr gedacht wird, die dann angesprochen wird. Das, was im Selbst als der-Eine-für-den-Anderen zu finden ist, nennt Levinas nun auch nicht mehr eine privilegierte Heteronomie, sondern eine Versöhnung von Autonomie und Heteronomie beziehungsweise eine »Umkehrung der Heteronomie in Autonomie«, in der ich mir den Befehl, dem ich gehorche, zugleich selbst gebe; so sei es möglich, dass ich »Urheber dessen« bin, »was mir, *ohne daß ich es wußte*, eingeflüstert worden ist – das empfangen haben, ohne zu wissen woher, dessen Urheber ich bin«.[682] Das Selbst hat den unvordenklichen Anspruch immer schon anerkannt. Sein Begehren ist immer schon an diesen Anspruch gebunden, auch wenn es diesem gestifteten Begehren in seinen Antworten nicht immer folgt. Es handelt sich um eine Autonomie, die

---

[679] Feron stellt die berechtigte Forderung, es müsse erklärt werden, wie ein Vergessen des Anderen im Gewissen möglich sei, wie die Gewissensstimme so scheinen könne, als habe sie mit dem Anderen nichts zu tun. Vgl. Feron, Étienne: »Intérêt et désintéressement«, a.a.O., S.86.

[680] Levinas, Emmanuel: *Autrement qu'être*, a.a.O., Kapitel IV, Abschnitt 2.

[681] Ebd., S.87 (dt. 157).

[682] Ebd., S.189 (dt. 325 f.). Die »Metapher der Einschreibung des Gesetzes ins Gewissen« ist es, von der Levinas sagt, sie »versöhnt« »Autonomie und Heteronomie«. Ebd., S.189 (dt. 325). »Das unendlich Außerhalb-Bleibende wird zur ›inneren‹ Stimme«. Ebd., S.187 (dt. 322). »[...] in meiner Nähe mit dem Nächsten, in der ich in der Autonomie der Gewissensstimme eine Verantwortung ausspreche, die nicht in mir hat beginnen können«. Ebd., S.206 (dt. 352).

nicht bei mir und meinem Engagement beginnt, die jedoch als Übernahme eines Anspruches die ›Heteronomie‹ immer schon in Autonomie umgekehrt hat.[683]

Das, was in diesem unvordenklichen Anspruch als immer schon gestiftet gedacht wird, ist aber auch in *Autrement qu'être* durchaus die *Vernunft*, die wir bereits oben als eine neu formulierte reine praktische Vernunft verstanden haben. Levinas nennt die durch den unvordenklichen Anspruch im Selbst immer schon gestiftete Vernunft nun eine »*an-archische Vernunft*«.[684] Während er in *Totalité et infini* das erste Wort ›Du wirst keinen Mord begehen‹ noch als ein *Prinzip* und damit als eine *arché*, wenngleich eine *arché*, die nicht in mir beginnt, auffasste, heißt es in *Autrement qu'être* ausdrücklich, dass »das Vor-ursprüngliche, das Diesseits nicht einmal einem Anfang gleichkommt, *nicht den Status des Prinzips hat*, vielmehr aus der – vom Ewigen zu unterscheidenden Dimension des An-archischen kommt«.[685] Mit dem Ausdruck einer »Anarchie des *Guten*« sucht Levinas den ethischen Sinn im Gesicht des Anderen nicht mehr als ein anderes Prinzip, eine andere Ordnung zu denken, sondern als *pure Störung, Verwirrung, Unruhe, Verweigerung der Synthese*,[686] die sich in einem ethischen Sagen konkretisiert, das das Gesagte stets aufs Neue durchbricht. Die mit diesem ethischen Sinn verknüpfte an-archische Verantwortung aber sei »die Rationalität der Vernunft« selbst, eine »*vor-ursprüngliche Vernunft*«, »Vernunft *als* der-Eine-für-den-Anderen!«[687] Die Vernunft als der-Eine-für-den-Anderen ist eine Vernunft jenseits des Seins und der Endlichkeit, die nicht lediglich »*anderssein (être autre-*

---

683 Im Ausgang von Kant, letztlich jedoch mehr von Fichte, kritisiert Renaut Levinas dafür, die Autonomie nur deshalb verworfen zu haben, weil er einen zu engen Autonomiebegriff habe; damit gerate Levinas in die Aporie, eine Subjektivität als reine Unterwerfung zu denken, von der mangels Autonomie überhaupt nicht mehr gesagt werden könne, dass sie verantwortlich sei. Renaut selbst verteidigt demgegenüber einen Begriff der Autonomie, in dem Autonomie nicht mehr die eines partikularen Subjekts, sondern einer »intersubjektiven Gemeinschaft einer Menschheit, die sich über das Gesetz verständigt«, ist. Renaut, Alain: »Lévinas et Kant«, in: Lévinas, Emmanuel: *Positivité et transcendance. Suivi de Lévinas et la phénoménologie*, hg. von Jean-Luc Marion. Paris: PUF 2000, S. 89–104, hier S. 102. Sowohl die Kritik als auch die vorgeschlagene Alternative scheint uns an Levinas vorbeizugehen: 1) die »privilegierte Heteronomie« ist keine blinde Unterwerfung, sondern kann als eine Neufassung der Autonomie verstanden werden; 2) diese neuartige Autonomie ist bei Levinas nicht an einem Gesetz ausgerichtet, das sich eine intersubjektive Gemeinschaft selbst gibt, sondern an dem stets beweglichen Maß, das ich selbst angesichts der Sinne im mir begegnenden, konfligierenden Anspruchsfeld immer wieder neu zu finden habe.

684 Levinas, Emmanuel: *Autrement qu'être*, a.a.O., S. 212 (dt. 361).

685 Ebd., S. 31 (dt. 67), Fußnote, Kursivierung I.R. Auch diesen wichtigen Unterschied zwischen den beiden Hauptwerken hat László Tengelyi herausgestellt. Vgl. Tengelyi, László: »Au-delà de l'être *comme* autrement qu'être«, a.a.O., S. 222.

686 Levinas, Emmanuel: *Autrement qu'être*, a.a.O., S. 94 (dt. 170). Vgl. ebd., S. 128, Fußnote (dt. 224, Fußnote).

687 Ebd., S. 212, S. 212 (dt. 361, 362), letzte Kursivierung I.R.

ment), sondern *anders als sein (autrement qu'être)*«[688] ist. In einem Überstieg über die Sphäre des Seins und der Bedürfnisbefriedigung eröffnet jene an-archische Vernunft ein *dés-intér-esse-ment*,[689] in dem das Selbst an ein ethisch sinnhaftes, an-archisch vernünftiges Begehren des Unendlichen im Gesicht des Anderen gebunden wird. Wie aber sollte man Levinas aufgrund seiner zeitlich parallelen Äußerungen zu Kant anders verstehen als so, dass er genau diese an-archische Vernunft in Kants reiner praktischer Vernunft vorgeprägt sieht! Levinas scheint in seiner kleinen Schrift über das Primat der reinen praktischen Vernunft bei Kant den Gedanken eines *intérêt désintéressé* gerade deshalb so hoch zu loben, weil er in ihm das *dés-intér-esse-ment* eines ethisch vernünftigen Begehrens des Unendlichen jenseits des Seins erblickt. *Das Selbst ist ein in einem neuartigen Sinne autonomes Selbst, in dem durch den unvordenklichen Anspruch des Anderen eine reine praktische Vernunft als an-archisch vernünftiges Begehren des Unendlichen jenseits des Seins immer schon gestiftet wurde.*

Wie aber kann Levinas die kantische *gesetzgebende* reine praktische Vernunft ausgerechnet mit jener *an-archischen* Vernunft unendlicher Störung in Verbindung bringen wollen? Findet sich hier nicht ein fundamentaler Gegensatz zwischen den Ansätzen von Kant und Levinas? Wie aber kommt es, dass der späte Levinas selbst offenbar einen derartigen Gegensatz nicht gesehen hat? Was sieht der späte Levinas in Kants Begriff einer reinen praktischen Vernunft, beziehungsweise was könnte er in ihm gesehen haben, das eine Annäherung zwischen seinem Selbst an-archischer Vernunft und Kants Selbst der Selbstgesetzgebung rechtfertigen würde?

Bevor wir uns dieser Frage, die das grundlegende Verhältnis von Kant und Levinas betrifft, widmen können, ist zunächst auf die Frage einzugehen, wie sich die an-archische Vernunft im konkreten ethischen Leben in den Anspruch des Anderen und den Anspruch des Dritten differenziert, dabei jedoch von dem, was Levinas die Illeität nennt, zusammengehalten wird.

3.4.3 Die Illeität als Dimension ethischer Bedeutsamkeit im Spannungsfeld zwischen Anderem und Drittem

Das Selbst findet sich Levinas zufolge nicht lediglich mit dem Anspruch des Anderen, sondern immer auch schon mit dem Anspruch des Dritten konfrontiert, der es im Gesicht des Anderen mitanspricht. Über diesen Begriff des Dritten hinaus gibt es bei Levinas jedoch auch noch den Begriff der Illeität, ein Neo-

---

[688] Ebd., S. 3 (dt. 24), Einfügung des Orig. I. R.
[689] Vgl. ebd., S. 2 f. (dt. 23).

logismus, der aus dem französischen Pronomen ›Il‹ (›Er‹) gewonnen ist, jedoch zugleich auf das lateinische Demonstrativpronomen ›ille‹ (›jener‹) verweist. Es ist höchst umstritten, wie sich diese drei Begriffe, Anspruch des Anderen, Anspruch des Dritten und die Illeität, zueinander verhalten, welches Gewicht den einzelnen Begriffen zukommt und wie sie zu verstehen sind. Wir nähern uns diesem Problemfeld im vorliegenden Kapitel, indem wir zunächst Levinas' unterschiedliche Auffassungen des Dritten in den beiden Hauptwerken herausarbeiten, dann eine Debatte rekonstruieren, die sich um die Begriffe des Anderen, des Dritten und der Illeität in der deutsch- und französischsprachigen Levinas'-Rezeption entwickelt hat, um schließlich eine alternative, von Levinas' Kant-Rezeption inspirierte Interpretation dieser Begriffskonstellation vorzuschlagen.

Wenngleich Levinas in *Totalité et infini* erst sehr spät darauf zu sprechen kommt, ist er der Auffassung, dass es niemals eine Begegnung bloß mit dem Gesicht des Anderen gibt, denn »[i]n den Augen des Anderen sieht mich der Dritte an«, »[d]ie Epiphanie des Antlitzes als eines Antlitzes erschließt die Menschheit«, »das Antlitz in den Augen, die mich ansehen, [bezeugt] die Gegenwart des Dritten, ja der gesamten Menschheit«.[690] Das letzte Zitat zur Bestimmung jenes Dritten macht deutlich, dass Levinas sich, anders als Kant, nicht auf eine Wesensbestimmung des Menschen bezieht, der zufolge die Menschheit etwa, wie bei Kant, das Vermögen, nach selbstgesetzten Zwecken zu handeln, bezeichnet. Vielmehr meint Levinas, dass mich im Gesicht des Anderen die ›gesamte Menschheit‹ als die Gesamtheit aller einzelnen Menschen anspricht. Der Andere steht mir, auch wenn er *de facto* allein ist, niemals allein gegenüber, da mich in seinem Gesicht alle anderen Menschen mitansprechen. Was geschieht hier? Wie ist dieses Mitansprechen der Menschheit zu verstehen?

Levinas erläutert es folgendermaßen:[691] Der Andere erscheint mir als der, der dem Dritten dient; zugleich erscheint der Andere als der, der mir befiehlt, gemeinsam mit ihm dem Dritten zu dienen; dieser Befehl aber befiehlt mir zugleich, allen mir überhaupt begegnenden Anderen denselben Befehl zu erteilen; insofern bin ich nicht nur Adressat, sondern auch Adressant des Befehls; weil der Dritte aber nicht ein Einzelner, sondern die gesamte Menschheit ist, erscheinen alle Menschen in dieser Konstellation sowohl als solche, denen gedient wird, als auch als solche, denen befohlen wird zu dienen, als auch als solche, die selbst befehlen zu dienen. Daher kann Levinas sagen: »In diesem Empfang des Antlitzes wird die Gleichheit gestiftet. [...] Entweder ereignet sich die Gleichheit da, wo der Andere den Selben bestimmt und sich ihm in der Verantwortung offenbart; oder die

Gleichheit ist nur eine abstrakte Idee und ein Wort.«[692] Mit dieser Gleichheit aber entsteht eine Sprache, die für alle gleichermaßen gilt, es entstehen Ordnungen, Regeln und Gesetze.

In *Totalité et infini*, wo Levinas den »allgemein ethische[n] Begriff der Gerechtigkeit«[693] noch *sowohl* für die Beziehung mit dem Anderen *als auch* für die Beziehung mit dem Dritten im Anderen verwendet, scheint es zwischen beiden Dimensionen einen *fließenden Übergang* zu geben. Worauf es im Frühwerk ankommt, ist lediglich, dass die Gleichheit nicht durch eine unpersönliche Vernunft hergestellt wird, sondern durch den konkreten Prozess der zwischenmenschlichen Begegnung sowie den Sinngehalt, der sich darin herausstellt. Diese Auffassung eines fließenden Übergangs zwischen Anderem und Drittem ändert sich jedoch in *Autrement qu'être* radikal hin zu der Konzeption einer *Störung*, eines *Konflikts*, gar *Widerspruchs* zwischen Anderem und Drittem: »Der Dritte führt einen Widerspruch in das Sagen ein, dessen Bedeutung angesichts des Anderen bis dahin nur in eine einzige Richtung ging.«[694] Der Dritte, der im Gesicht des Anderen immer schon da ist, »stört« und »unterbricht« die sich in der Beziehung der Nähe von mir zum Anderen entfaltende Bedeutsamkeit.[695] Angesichts des Anderen entfaltet sich die an-archische Vernunft in eine einzige Richtung; zwar tauchen im Sagen des Anderen immer wieder neue, unvorhersehbare sinnhafte Ansprüche auf, aber sie gehen nur von einem aus; mein Begehren des Unendlichen entfaltet sich trotz seiner Unvorhersehbarkeit, Unerschöpflichkeit und Prinzipienlosigkeit ausschließlich in eine einzige Richtung. Mit dem Dritten jedoch gibt es konfligierende sinnhafte Ansprüche mehrerer Anderer. Er stört die in eine Richtung gehende Bedeutsamkeit und erzwingt die Frage nach der Gerechtigkeit, ein Terminus, den Levinas nun *ausschließlich* der Dimension des Dritten vorbehält. Weil mich in der »Nähe des Anderen« auch »all die Anderen, die Andere sind für den Anderen«,[696] mit ihren Ansprüchen bedrängen, entsteht die Forderung nach Gerechtigkeit und erzwingt einen Vergleich. Dieser Vergleich kann jedoch nie mehr sein als ein »Vergleich der Unvergleichlichen«[697]. Die anarchische Vernunft entfaltet sich angesichts des Dritten nicht mehr in eine einzige Richtung, sondern findet sich dazu herausgefordert, Maßstäbe, positive Gesetze, Ordnungen zu finden, mithilfe derer sie sich einen vernünftigen Weg durch das konfligierende Anspruchsfeld zu bahnen vermag. Geschieht dies aber, so gibt es ein wechselseitiges Störungsverhältnis: Der Dritte stört die Bedeut-

---

692 Ebd., S. 189 (dt. 310).
693 Ebd., S. 8 (aus dem Vorwort zur deutschen Übersetzung).
694 Levinas, Emmanuel: *Autrement qu'être*, a.a.O., S. 200 (dt. 343).
695 Ebd., S. 103, S. 191 (dt. 183, 328).
696 Ebd., S. 201 (dt. 344).
697 Ebd.

samkeit der Beziehung zum Anderen, aber »[d]ie Nähe stört«[698] umgekehrt alle angesichts der Gerechtigkeitsforderung bereits etablierten Ordnungen. Für Levinas kommt alles darauf an, dass dieses zweite Störungsverhältnis bewahrt bleibt, sich die jeweils konkret etablierte Gerechtigkeit nicht von ihrer Herkunft ablöst und als eine statische, ›an sich‹ geltende Ordnung missversteht.[699] Jede bereits instituierte Gerechtigkeitsordnung muss offen bleiben für die Störung durch den Anderen. Korrekturen der etablierten Ordnung müssen immer möglich bleiben, wobei allerdings zu beachten ist, dass »[d]as Verlassen der objektiven Ordnung [...] ebenso zur Verantwortung jenseits der Freiheit wie zur verantwortungslosen Freiheit des Spiels hin erfolgen [kann]«.[700] Genauso sehr wie die Gerechtigkeit die Störung durch die Nähe nicht ignorieren darf, darf auch die Nähe die Störung durch den Dritten nicht ignorieren. Die anarchische Vernunft entfaltet sich in diesem *Spannungsfeld der Ansprüche zwischen Anderem und Drittem als eine doppelte, permanente Störung.*

Seit den 1960er Jahren findet sich bei Levinas jedoch neben dem Anderen und dem Dritten ein dritter Begriff, dessen Verhältnis zu den anderen beiden Begriffen sowie dessen Funktion innerhalb der Levinas'schen Konzeption umstritten ist: die »Illeität«.[701] Das ›Er‹ dieser Illeität, so Levinas, »ist die dritte Person«, und dieser Begriff scheint alle Züge eines, wenngleich nicht onto-theologisch verstandenen Göttlichen zu tragen. Wenn aber Levinas sagt, dass diese dritte Person der Illeität »[d]as Jenseits« sei, »aus dem das Antlitz kommt«,[702] dann scheint er die ethische Kraft des Gesichts an das gleichsam hinter ihm stehende Göttliche zu binden. Bedeutet diese Rückbindung des Ethischen an das Göttliche aber nicht, dass Levinas' Denken des Ethischen letztlich religiös fundiert ist? Wenn das Ethische als solches letztlich überhaupt nur dann Verbindlichkeit erlangen kann, wenn es aus der Kraft des Religiösen schöpft, handelt es sich dann nicht um eine Phänomenologie des Ethischen, die nur für religiös empfindende Menschen Relevanz beanspruchen kann? Wäre eine derartige Bindung des Ethischen an das Religiöse aber nicht ein radikaler Rückfall in eine nicht nur vornietzscheanische, sondern auch vorkantische Ethik? Wie könnte in einem Zeitalter, das Nietzsches Wort vom ›Tod Gottes‹ gleichsam verinnerlicht hat, eine religiös fundierte Ethik

---

698 Ebd., S.113 (dt. 200).

699 Wenn anonyme Gerechtigkeitsordnungen ihre Herkunft vergessen und einen Primat gegenüber den konkreten Ansprüchen des Anderen beanspruchen, kann dies als eine, vielleicht als die Wurzel des Bösen in phänomenologischer Sicht betrachtet werden. Diesen Gedanken habe ich zu entfalten versucht in: »Das Böse in phänomenologischer Sicht«, in: Staudigl, Michael/Sternad, Christian (Hg.): *Figuren der Transzendenz. Transformationen eines phäomenologischen Grundbegriffs*. Würzburg: Königshausen & Neumann 2014, S.189–209.

700 Levinas, Emmanuel: *Autrement qu'être*, a.a.O., S.154, Fußnote (dt. 267, Fußnote).

701 Levinas, Emmanuel: »La trace de l'autre«, a.a.O., S.199 (dt. 230).

702 Ebd., S.199 (dt. 229).

noch von Bedeutung sein? Diese Bedenken haben dazu geführt, dass einige, wenngleich nicht alle Levinas-Rezipienten versucht haben, den Begriff der Illeität aus Levinas' Phänomenologie des Ethischen schlichtweg auszuklammern. Um Klarheit in die Begriffskonstellation von Anderem, Drittem und Illeität zu bringen, wenden wir uns nun drei einschlägigen Interpretationen dieser Konstellation zu, die, so prominent sie je für sich sind, doch völlig unterschiedlich ausfallen.

Bernhard Waldenfels sieht im bloßen Anspruch des Anderen diesseits des Dritten eine Tendenz zur Gewalt. Der Anspruch des Anderen, so meint er, löse sich nur dann nicht in »ein factum brutum« auf, »mit dem ich in meinem Tun« gleichsam wie mit einer Naturgewalt »rechnen müßte, auf das ich aber keine Antwort geben könnte«, wenn »[i]m Anspruch des Anderen [...] uns jeweils der Mitanspruch eines Dritten [begegnet].« Dieser persönliche Dritte jedoch spreche seinerseits »im Namen eines Anderen«, der ein »unpersönliches Drittes« darstellt: »die Stimme des Gesetzes«.[703] Wenn wir diese dreifache Unterscheidung an einem Beispiel veranschaulichen, ließe sich etwa Folgendes sagen: Der konkrete Anspruch des Anderen »Hilf mir!« ist nur dann mehr als ein *factum brutum*, wenn in ihm ein persönlicher Dritter mitspricht, der gleichsam sagt: »Hilf mir, weil es ein Gesetz der bestehenden Gerechtigkeitsordnung ist, dass Hilfsbedürftigen geholfen werden soll!«; dieser Anspruch jedoch ergeht im Namen einer Stimme des Gesetzes eines unpersönlichen Dritten, womit er vertieft wird zu »Hilf mir, weil es nicht nur ein Gesetz der bestehenden Gerechtigkeitsordnung ist, dass Hilfsbedürftigen geholfen werden soll, sondern weil es ein Gesetz überhaupt ist!«. Nur wenn der konkrete Anspruch im Namen einer »Stimme des Gesetzes«« ergeht, »in der sich die *Gesetzlichkeit des Gesetzes* ausspricht«,[704] vermag der Anspruch des Anderen jene ethische Verbindlichkeit zu entfalten, die über ein bloßes *factum brutum* hinausgeht. Waldenfels' Unterscheidung eines Anspruchs als *factum brutum*, eines persönlichen Dritten allgemeiner, inhaltlicher Gesetzesvorschriften und eines unpersönlichen Dritten der Gesetzlichkeit des Gesetzes überhaupt führt auf eine Konzeption, die in ihrem Kern durchaus kantisch anmutet: Zwar gibt es für Waldenfels keine reine praktische Vernunft, die von sich aus in mir spricht; der singuläre Anspruch des Anderen vermag ihm zufolge jedoch nur deshalb ethische Verbindlichkeit zu haben, weil er im Namen der Gesetzlichkeit des Gesetzes überhaupt spricht, in der das Gesetz als »ein ›Singulare tantum‹«[705] fungiert. Das kantische Sittengesetz aber ist genau dies: das Gesetz der Gesetzmäßigkeit überhaupt. Der Levinas'schen Illeität hingegen schreibt Waldenfels innerhalb seiner Konzeption keinerlei Bedeutung zu.

703 Waldenfels, Bernhard: *Antwortregister*. Frankfurt am Main: Suhrkamp 2007, S. 300 f.

704 Waldenfels, Bernhard: *Bruchlinien der Erfahrung. Phänomenologie. Psychoanalyse. Phänomenotechnik*. Frankfurt am Main: Suhrkamp 2002, S. 128.

705 Waldenfels, Bernhard: *Antwortregister*, a.a.O., S. 309.

László Tengelyi sucht in einer anderen Weise an Levinas anzuknüpfen und tut dies zum Teil im Zuge einer kritischen Auseinandersetzung mit jener von Waldenfels vorgelegten Konzeption. Seine Grundthese ist: »*Das, was bald ›Ethik‹, bald ›Moral‹ genannt wird, hat zwei verschiedene, aufeinander nicht zurückführbare Quellen, die sich voneinander doch nicht trennen lassen, sondern stets aufeinander angewiesen bleiben: einerseits eine ›wilde‹ (gesetz- und maßlose) Verantwortung*, andererseits ein *ordnungsstiftendes Gesetz.*«[706] Mit Levinas und im Unterschied zu Waldenfels will er den Ausdruck eines fremden Begehrens nicht als ein bloßes *factum brutum*, sondern bereits als »*Sprache, Rede, Sinn*« verstanden wissen.[707] Mit jenem sinnhaften Anspruch des Anderen diesseits des Dritten sieht er überdies bereits eine ethische Verantwortung verbunden, die darin besteht, dass ich dem Anderen eine »(sinngemäße) Antwort schuldig«[708] bin. Diese Schuldigkeit einer sinngemäßen Antwort sei jedoch eine ›wilde‹ Verantwortung, weil sie allein aus dem Anspruch und Antwort miteinander verknüpfenden »*Band der Sinngemäßheit*«[709] hervorgeht und sich auf keinerlei Gesetz beruft, weder auf ein inhaltlich konkretes noch auf ein Gesetz der Gesetzlichkeit überhaupt. Das Gesetz ist für Tengelyi *ausschließlich* im Sinne eines ordnungsstiftenden Gesetzes von Bedeutung, das aufgrund der Störung durch den Dritten angesichts der Frage nach der Gerechtigkeit gesucht wird. Seine These von den zwei Quellen der Moral, die aus dem Anderen einerseits und dem Dritten andererseits entspringen, führen ihn in Anknüpfung an Levinas' spezifische Aufnahme des Skeptizismus und seiner Widerlegung zu der These eines »*Modell[s] der Alternanz*«[710] zwischen wilder Verantwortung und ordnungsstiftendem Gesetz, in dem – mit Richir gesprochen – die Sinnbildung wilder Verantwortung immer wieder die symbolischen Institutionen der bereits gestifteten Gesetze durchbricht und verschiebt. In Tengelyis Modell der Alternanz gibt es nur jene zwei aufeinander unreduzierbaren Quellen der Ethik beziehungsweise Moral und ihr Alternanzverhältnis; über das Alternanzverhältnis von Anderem und persönlichem Drittem hinaus gibt es nichts, weder eine Gesetzlichkeit des Gesetzes überhaupt noch eine Illeität.[711] Die Waldenfels'sche Behauptung einer Gesetz-

---

706 Tengelyi, László: »Gesetzesanspruch und wilde Verantwortung«, in: ders.: *Erfahrung und Ausdruck. Phänomenologie im Umbruch bei Husserl und seinen Nachfolgern.* Dordrecht: Springer 2007 (= Phaenomenologica. Bd. 180), S. 251–263, hier S. 255.

707 Tengelyi, László: »Antwortendes Handeln und ordnungsstiftendes Gesetz«, in: *Erfahrung und Ausdruck. Phänomenologie im Umbruch bei Husserl und seinen Nachfolgern.* Dordrecht: Springer 2007 (= Phaenomenologica. Bd. 180), S. 265–289, hier S. 288.

708 Ebd., S. 289.

709 Ebd.

710 Tengelyi, László: »Gesetzesanspruch und wilde Verantwortung«, a. a. O., S. 262.

711 In einem 2014 erschienenen Aufsatz hat Tengelyi einen anderen Weg eingeschlagen, der ihn allerdings weiter von Levinas wegzuführen scheint. Die ethische Verbindlichkeit gründet er

lichkeit des Gesetzes erscheint Tengelyi wie ein »*Schritt zurück von Levinas zu Kant*«[712]. Die Levinas'sche Illeität aber versteht er als einen religionsphilosophischen Zusatz zu der Theorie des an-archisch Unendlichen und nicht als ein konstitutives Moment derselben.[713]

Waldenfels hat auf eine Vorform jener Kritik von Tengelyi in einer Fußnote seines Buches *Bruchlinien der Erfahrung* Bezug genommen. Er sucht dort der Kritik an dem Mitanspruch des Gesetzes im Gesicht des Anderen mit dem Hinweis zu begegnen, »[d]as ›Mit‹ bedeutet eine offene Verknüpfung, keine Synthese oder Harmonie. Konflikt ist also jederzeit möglich«.[714] Diese kurze Anmerkung scheint jedoch nicht den eigentlichen Kern der Tengelyi'schen Kritik zu treffen: Waldenfels verweist hier darauf, dass die vielfältigen Ansprüche trotz der Tatsache, dass in ihnen jeweils das Gesetz als *singulare tantum* mitspricht, konfligieren können; Tengelyi hingegen will mit dem Gedanken einer ›wilden‹ Verantwortung gerade einen Bereich diesseits jeder Gesetzesbezogenheit zurückerobern. Die Differenz zwischen den beiden Auffassungen bleibt daher bestehen.

Bei Didier Franck schließlich findet sich eine dritte, ganz unabhängig von den beiden anderen entwickelte Auffassung.[715] Wie Waldenfels hat Franck Schwierigkeiten damit, mit Levinas dem Anspruch des Anderen diesseits des Dritten eine ethische Verbindlichkeit zuzuerkennen. Er zieht jedoch aus diesem Unbehagen ganz andere Konsequenzen als Waldenfels. Aus Francks Sicht führt die Levinas'sche Unterscheidung zwischen dem Duo der Nähe und dem Trio der Gerechtigkeit in einen »logischen, aber auch und insbesondere ethischen Widerspruch«[716]. Wenn Levinas von einer Gleichzeitigkeit von Anderem und

---

dort auf einen selbstgesetzgebenden Akt der persönlichen Freiheit, wenngleich dieser Akt der Freiheit eine Antwort auf die Ansprüche darstellt und sich durch diese motiviert. Vgl. Tengelyi, László: »Die Rolle der persönlichen Freiheit in der Antwort auf fremde Ansprüche«, in: Römer, Inga (Hg.): *Affektivität und Ethik bei Kant und in der Phänomenologie*. Berlin/Boston: de Gruyter 2014, S. 253–268.

712 Tengelyi, László: »Antwortendes Handeln und ordnungsstiftendes Gesetz«, a.a.O., S. 288.

713 In dem Aufsatz »Au-delà de l'être *comme* autrement qu'être« argumentiert Tengelyi für eine derartige Unabhängigkeit des an-archisch Unendlichen von der von ihm als das reine Religiöse aufgefassten Illeität: »Es ist eben genau die Untrennbarkeit zwischen dem Selbst und den beiden anderen Figuren, die sich in der ethischen Intrige einflechten, das heißt dem Anderen und dem Dritten, die den Begriff des anarchisch Unendlichen von dieser Idee Gottes unterscheidet, die Levinas mit dem Terminus ›Illeität‹ bezeichnet.« Tengelyi, László: »Au-delà de l'être *comme* autrement qu'être«, a.a.O., S. 218.

714 Waldenfels, Bernhard: *Bruchlinien der Erfahrung*, a.a.O., S. 128, Fußnote.

715 Franck, Dider: *L'un-pour-l'autre*, a.a.O. Francks Auffassung wurde von Tengelyi in seiner Darstellung der ›Neuen Phänomenologie in Frankreich‹ – vorwiegend – resümierend aufgenommen. Vgl. Tengelyi, László: »Auf der Spur Gottes – jenseits der Ontotheologie«, in: Gondek, Hans-Dieter/Tengelyi, László: *Neue Phänomenologie in Frankreich*. Berlin: Suhrkamp 2011, S. 511–520.

716 Franck, Didier: *L'un-pour-l'autre*, a.a.O., S. 236.

Drittem, von Nähe und Gerechtigkeit spreche, so könne er das nur vom Standpunkt der Gerechtigkeit aus, weil erst dieser die Gleichzeitigkeit von etwas überhaupt ermögliche. Dies aber bedeute den eigentlichen Vorrang, »die Priorität der Gerechtigkeit«[717]. »Diese Gerechtigkeit« wiederum »ist«, als ihrerseits unableitbare, »von Gott, ist Gott«,[718] ein Gott, den Levinas mit dem Ausdruck ›Illeität‹ bezeichne. Weil Gott als Illeität Gerechtigkeit sei, werde verständlich, weshalb der konkrete persönliche Dritte, mit dem in der Welt die Gerechtigkeit beginnt, von Levinas mit dem selben Pronomen ›Er‹ bezeichnet werden kann, wie der absolute Dritte, der bei ihm als Individuum schlechthin die Ordnung des persönlichen par excellence darstelle.[719] Die Nähe des Sagens und des der-Eine-für-den-Anderen jenseits des Seins hingegen ist Franck zufolge alles andere als der Ausgangspunkt, sondern lediglich eine Abstraktion von der Gerechtigkeit.[720] Ganz anders als bei Waldenfels und Tengelyi wird die Illeität damit bei Franck zum zentralen Begriff, der die ganze Konzeption trägt: Nur weil die Illeität Gerechtigkeit ist, kann es über den konkreten Dritten Gerechtigkeit in der Welt geben, wobei das Näheverhältnis zum Anderen lediglich eine Abstraktion von dieser ursprünglichen Gerechtigkeitsbeziehung darstellt. Aus Francks Sicht ist es ein entscheidendes Verdienst von Levinas, mit der Illeität einen Gottesbegriff jenseits der Ontotheologie gefunden zu haben: Wenn Gott kein – womöglich gesetzgebendes – Seiendes ist, sondern nur noch der Name, »um das Sagen zu sagen«,[721] dann sei er als Gerechtigkeit dasjenige Gesagte, das nur noch das Sagen sagt. Gott als Gerechtigkeit ist nicht mehr als die Dimension der Sprache und Bedeutsamkeit selbst, in der wir als der-Eine-für-den-Anderen miteinander sprechen können und uns zum Aufeinander-Eingehen verbunden erfahren. Dass Gott die Quelle des Gesetzes ist, kann daher nichts anderes bedeuten, als dass ›das Gesetz‹ der Gerechtigkeit innerhalb der Sprache selbst entspringt.[722] Dass Franck diese alles tragende, ›göttliche‹ Dimension der Sprache jedoch als Gerechtigkeit versteht, ist ein Zug seiner Interpretation, der in Bezug auf Levinas als ein *coup de force* erscheinen muss.

Diesen drei Interpretationen sei nun eine vierte Alternative hinzugefügt, die sich durch drei Grundgedanken auszeichnet. Erstens, die Illeität ist konstitutiv für und damit untrennbar von Levinas' Denken des Anderen und des Dritten. Zweitens, die Illeität ist zwar für Levinas tatsächlich untrennbar von einem philosophischen Gedanken des Religiösen; da Levinas jedoch das mit der Illeität

---

717 Ebd., S. 240.
718 Ebd., S. 241.
719 Vgl. ebd., S. 245.
720 Vgl. ebd., S. 237.
721 Ebd., S. 267.
722 Vgl. ebd., S. 265 ff.

gemeinte Religiöse nicht anders bestimmt als das ›Wunder‹, dass es die Dimension des Ethischen gibt, bezeichnet die Illeität letztlich nicht mehr als das Ethische selbst. Drittens, die Illeität ist es, die Levinas in Kants reiner praktischer Vernunft vorgeprägt sieht.

Die Illeität ist konstitutiv für Levinas' Denken des Anderen und des Dritten. Allerdings ist die Illeität keineswegs als die Dimension der Gerechtigkeit zu verstehen. In *Autrement qu'être* macht Levinas deutlich, dass die Illeität *sowohl* im Verhältnis zum Anderen *als auch* im Verhältnis zum Dritten aufscheint: In der »Beziehung mit dem Dritten« gibt es einen »Verrat meiner an-archischen Beziehung mit der *Illeität*, aber zugleich eine neue Beziehung mit ihr«.[723] Das Selbst steht über den Anspruch des Anderen *und* über den Anspruch des Dritten in einer Beziehung mit der Illeität, wobei die eine Beziehung anarchisch und die andere regelhaft an Maßstäben der Gerechtigkeit orientiert ist. Die Illeität wird damit zu einem Begriff, der die doppelte Störung zwischen Anspruch des Anderen und Anspruch des Dritten noch umgreift.[724] Was aber ist die Illeität, wenn sie die heterogenen Beziehungen zum Anderen und zum Dritten noch umfasst, obgleich sie sie niemals zu synthetisieren vermag? Und inwiefern ist sie konstitutiv für beide Arten von Beziehung?

Levinas' Antwort lautet: Die Illeität ist die *Weise*, in der mein Begehren auf das Nichtbegehrenswerte, den Anderen, verwiesen wird, eine Weise, die auch noch für die Beziehung zum Dritten fundamental ist. Levinas definiert sie folgendermaßen: »Diese *Weise* (*façon*) des Unendlichen, im Innersten seines begehrenswerten Wesens selbst auf die nicht begehrenswerte Nähe zu verweisen, wird durch den Begriff der Illeität bezeichnet.«[725] Die Illeität ist weder ein Seiendes noch eine Gerechtigkeitsordnung, sondern sie ist eine *Weise*, ein *Modus*, eine *Dimension* jenseits jener Dimension des Seins, in welcher alles Bedürfnis, Genuss, Aneignung ist. Sie bezeichnet die Weise, in der etwas, das in mir keinerlei Neigung hervorruft, doch mein Begehren erweckt. Sie ist der Modus, in dem ich eine mein Begehren bindende Verantwortung für den Anderen erfahre, obgleich ich keinerlei natürliche Zuneigung für ihn hege. Dabei umfasst sie insofern sowohl

---

723 Levinas, Emmanuel: *Autrement qu'être*, a.a.O., S. 201 (dt. 345).

724 Bei Robert Bernasconi findet sich eine Andeutung dieses Gedankens, wenn er schreibt, »daß schließlich die Funktion des Neologismus ›Illeität‹ teilweise darin besteht, in einem einzigen Begriff den Konflikt zwischen dem Ethischen und dem Politischen, der mit der Verortung des Dritten im Antlitz des Anderen entstand, zusammenzuhalten«. Bernasconi, Robert: »Wer ist der Dritte?«, in: Waldenfels, Bernhard/Därmann, Iris (Hg.): *Der Anspruch des Anderen. Perspektiven phänomenologischer Ethik*. München: Fink 1998, S. 87–110, hier S. 99. Auf die Bemerkung, dass das Dritte das Politische jenseits des Ethischen meine, können wir an dieser Stelle nicht eingehen.

725 Levinas, Emmanuel: *Dieu, la mort et le temps*, a.a.O., S. 257 (dt. 235), Kursivierung und Einfügung des Orig. I.R.

die Beziehung zum Anderen als auch die zum Dritten, als »[m]eine Beziehung mit dem Anderen, dem Nächsten, [...] meinen Beziehungen mit allen Anderen ihren Sinn [gibt]«.[726] Die Illeität ist die Weise, in der ich mich als sowohl an den Anderen als auch an den Dritten ethisch gebunden erfahre, ihm eine Antwort zu schulden glaube und mich immer wieder neu zur Suche nach Maßstäben des Vergleichs des Unvergleichlichen genötigt finde. Sie ist die Weise, in der sich das Jenseits des Seins ereignet, »eine Weise, mich anzugehen, ohne eine *Verbindung* mit mir einzugehen«.[727] Das Wort ›Gott‹, verstanden als Illeität, ist als dieser Modus das »erste Sagen«, das das »Sagen selbst sagt«.[728] Es bezeichnet die Dimension des Sagens selbst, die auch noch im Gesagten des Dritten virulent bleibt. Zwar formuliert Levinas mehrmals, dass das Jenseits des Seins, »aus dem das Antlitz kommt, [...] die dritte Person« als das ›Il‹ der Illeität sei und das Antlitz, dieser dritten Person entsprechend, zu einer »personale[n] Ordnung jenseits des Seins« nötige.[729] Dies ist jedoch weder so zu verstehen, dass Levinas von einem personalen seienden Gott ausgeht, noch so, dass er eine feststehende personale Ordnung annimmt. Das ›Il‹ jener dritten Person und die personale Ordnung, die mit ihm verknüpft ist, verweisen lediglich auf die *Dimension des Persönlichen und des ethischen Bedeutens* schlechthin, auf die durch das Sagen Bedeutung erhaltenden zwischenmenschlichen Beziehungen. Und diese Dimension des Persönlichen mit ihrer Struktur des Begehrens des Nichtbegehrenswerten ist jenseits des Seins, eines Seins, in dem jedes vermeintliche Begehren auf Bedürfnisse und Triebstrukturen zurückgeführt werden kann. Die Illeität ist nicht bloße Gerechtigkeit, sondern sie ist der *Modus*, in dem, um die Interpretation von Tengelyi heranzuziehen, die Alternanz zwischen wilder Verantwortung und ordnungsstiftenden Gesetzen statthat, der Modus, der diese Alternanzbewegung doppelter Störung über das Sein hinaushebt in die Dimension ethischer Bedeutsamkeit.

Es gibt eine Textstelle, die sowohl in der letzten Vorlesung an der Sorbonne als auch in *De Dieu qui vient à l'idée* zu finden ist und in der es heißt, Gott sei »ein Anderer als der Andere, in anderer Weise ein Anderer, ein Anderer, dessen Andersheit der Andersheit des Anderen, der ethischen Nötigung zum Nächsten hin, vorausliegt (*préalable*) und der sich von jedem Nächsten unterscheidet«.[730] Diese Stelle könnte auf eine Unabhängigkeit des Anderen im anderen Menschen von dem Anderen der Illeität hindeuten und damit auf eine Eigenständigkeit der

---

[726] Levinas, Emmanuel: *Autrement qu'être*, a.a.O., S.202 (dt. 346).

[727] Ebd., S.15 (dt. 46).

[728] Levinas, Emmanuel: »Langage et proximité«, a.a.O., S.236 (dt. 294).

[729] Levinas, Emmanuel: *Autrement qu'être*, a.a.O., S.199, S.198 (dt. 229).

[730] Levinas, Emmanuel: *De Dieu qui vient à l'idée*, a.a.O., S.115 (dt. »Gott und die Philosophie«, in: Casper, Bernhard (Hg.): *Gott nennen Phänomenologische Zugänge*. Freiburg/München: Alber 1981, S.81–123, hier S.108); vgl. *Dieu, la mort et le temps*, a.a.O., S.258 (dt. 236).

ethisch-philosophischen Konzeption des Anderen gegenüber dem religiös konnotierten Begriff der Illeität.[731] Sie ließe sich jedoch auch so verstehen, dass die Dimension der Illeität als die Dimension des ethischen Bedeutens überhaupt jeden einzelnen Anderen noch einmal transzendiert, wobei ihr Vorausliegen bedeutet, dass die Illeität der konkreten ethischen Nötigung im Sinne einer *Möglichkeitsbedingung* zugrundeliegt. Die Textstelle für sich genommen lässt womöglich mehrere Deutungen zu; angesichts derjenigen Passagen jedoch, in denen Levinas die Illeität als die Weise des ethischen Bedeutens bestimmt und angesichts der Tatsache, dass er schon 1963 schreibt, »[d]ie höchste Anwesenheit des Antlitzes ist *untrennbar* von jener höchsten und unumkehrbaren Abwesenheit«[732] der Illeität, sei hier die zweite Auslegung vorgezogen.

Wenn die Illeität aber untrennbar ist vom ethischen Anspruch des Anderen und des Dritten, die Illeität das Wort ist, das ›Gott‹ sagt, und damit das Religiöse »das *von der Praxis nicht zu trennende* Religiöse« ist, die »durch das An-archische definiert[e]« Praxis also nicht unabhängig von jener Dimension des Religiösen gedacht werden kann,[733] hat Levinas' Konzeption dann nicht ausschließlich für religiöse Menschen überhaupt eine Relevanz? Ist Levinas' Phänomenologie des Ethischen an spezifisch religiöse Erfahrungen gebunden?

Dass Levinas' Phänomenologie des Ethischen das Ethische nicht auf das Religiöse zurückführt, liegt daran, dass er vielmehr genau umgekehrt *das philosophisch fassbare Religiöse als das Ethische versteht*. Für Levinas ist das philosophisch verstandene Religiöse *nichts anderes* als der *Modus ethischer Bedeutsamkeit*. Dass dies so ist, geht weitestgehend schon aus seiner Bestimmung der Illeität als der Weise ethischer Bedeutsamkeit hervor. Besonders deutlich scheint uns dieser Gedanke jedoch in einem späten Interview formuliert zu sein, in dem Levinas in einer längeren Betrachtung über den Gottesbegriff Folgendes sagt: »Ein gewisser Gott und eine gewisse Weise Gott zu denken, so wie sie den positiven religiösen Instanzen eigentümlich ist, hat zweifellos ein Ende gefunden. Aber das, was für das Göttliche zählt, ist etwas anderes als seine Kraft und seine Allmacht. [...] Die Negation Gottes durch Nietzsche wurde durch das 20. Jahrhundert bestätigt; der Gott des Versprechens, der gebende Gott, der Gott als Substanz – all das ist nicht mehr haltbar, selbstverständlich. Aber das *erste Faktum*, das *Wunder des Wunders* besteht in diesem, *dass ein Mensch für einen anderen Menschen einen Sinn haben kann*.«[734] Mit anderen Worten, ein philosophisch haltbarer Begriff

---

731 Diese Interpretation schlägt Tengelyi vor. Vgl. Tengelyi: »Au-delà de l'être *comme* autrement qu'être«, a. a. O., S. 218 f.

732 Levinas, Emmanuel: »La trace de l'autre«, a. a. O., S. 199 (dt. 230), Kursivierung I. R.

733 Levinas, Emmanuel: *Autrement qu'être*, a. a. O., S. 149, Fußnote (dt. 258, Fußnote), Kursivierung I. R.

734 Levinas, Emmanuel/Lenger, Hans Joachim: »Emmanuel Lévinas: Visage et violence pre-

des Religiösen reduziert sich auf das schlichte Faktum, dass zwischen den Menschen eine ethische Beziehung des Sagens möglich ist. Weil dieses Faktum des Ethischen aber sich unter den Menschen einfach offenbart, ohne auf die Strukturen des Seins zurückgeführt werden zu können, setzt Levinas es mit einem Wunder, einem ›Wunder des Wunders‹ gleich. Dass es nach dem von Nietzsche ausgerufenen ›Tod Gottes‹, mit dem alle festen Ordnungen der Wahrheit und des Guten ihre Überzeugungskraft verloren haben, ethische Bindungen überhaupt noch gibt, und zwar in jenem Levinas'schen Sinne zwischenmenschlicher Bedeutsamkeit, das erscheint Levinas wie ein Wunder. Und insofern verdient es die Bezeichnung ›religiös‹. Man darf hier aber auch durchaus an die wörtlichen Bedeutungen von *religio* im Sinne von ›Rücksicht‹ und ›Achtsamkeit‹ denken sowie an den über das Verb *religare* unternommenen Interpretationsversuch im Sinne von ›binden‹, hier als zwischenmenschliches ethisches Begehren.

Für Levinas ist es ein wesentliches Anliegen, den »Nicht-Hellenismus der Bibel in hellenistische Termini zu übersetzen«, denn »die Sprache der Philosophie ist das Griechische«.[735] Das Gleiche gilt für den Talmud, in Bezug auf den Levinas fordert, »die Weisheit des Talmud ›ins Griechische‹ zu übertragen«.[736] Es geht ihm in einem phänomenologischen Sinne darum, die in der Bibel und im Talmud dokumentierten und ihm Rahmen von religiösen Traditionen verarbeiteten Erfahrungen *philosophisch* auszulegen, und dabei kommt er immer wieder zu dem Gedanken, dass der Kern des Religiösen die ethische Bindung zwischen den Menschen ist. In einer berühmten kleinen Schrift »Aimer la Thora plus que Dieu« heißt es: »das Verhältnis zwischen Gott und dem Menschen ist keine sentimentale Kommunion in der Liebe eines inkarnierten Gottes, sondern eine Beziehung zwischen Geistern vermittels einer Belehrung, der Thora«,[737] die ihrerseits jedoch die »innere Evidenz der Moral«[738] lehre. Die Übersetzung religiöser Erfahrungen in die ›griechische‹ Sprache der Philosophie bedeutet für Levinas die ethische Interpretation der Religion.

Der späte Levinas aber entdeckt, dass er in Bezug auf seinen – biographisch wohl zuerst aus der Bibel geschöpften – Gedanken eines Primats des Ethischen

---

mière (phénoménologie de l'éthique). Une interview (1987)«, a.a.O., S.133, Kursivierungen I.R.

[735] Levinas: *De Dieu qui vient à l'idée*, a.a.O., S.137 (dt. 107).

[736] Levinas, Emmanuel: *Quatre lectures talmudiques*. Paris: Les Éditions de Minuit 2005, S.24 (dt. *Vier Talmud-Lesungen*, übersetzt von Frank Miething. Frankfurt am Main: Verlag Neue Kritik 1993, S.20).

[737] Levinas, Emmanuel: »Aimer la Thora plus que Dieu«, in: ders.: *Difficile liberté. Essais sur le judaïsme*. Paris: Albin Michel ³1976, S.218–223, hier S.221 (dt. »Die Thora mehr lieben als Gott«, in: ders.: *Schwierige Freiheit. Versuch über das Judentum*, übersetzt von Eva Moldenhauer. Frankfurt am Main: Jüdischer Verlag 1992, S.109–113, hier S.111f.).

[738] Ebd., S.222 (dt. 112).

jenseits des Seins jene Übersetzung biblischer Momente in die griechische Sprache der Philosophie gar nicht selbst vornehmen muss, weil ein anderer sie bereits
vor ihm geleistet hat – Immanuel Kant: »[M]an kann meiner Meinung nach nicht
sagen, dass das Primat der Ethik nicht philosophisch ist oder war. Der Primat der
praktischen Vernunft ist bei Kant auf eine traditionelle Analyse der Vernunft
gegründet.«[739] Und wer wollte in dem oben angeführten Zitat über das ›erste
Faktum, dass ein Mensch für einen anderen Menschen einen Sinn haben kann‹,
nicht das Echo der kantischen Formel vom Faktum der Vernunft hören?

Dies alles aber spricht dafür, *dass es die Illeität als die Dimension ethischer
Bedeutsamkeit ist, die Levinas in Kants Begriff reiner praktischer Vernunft vorgeprägt sieht.* Für Kant gibt es reine praktische Vernunft als ein aus theoretischer
Vernunft unableitbares Faktum, das die Dimension des Interesses an der Moralität und damit ein neuartiges Selbst- und Intersubjektivitätsverhältnis jenseits
der uneingeschränkten Selbstliebe eröffnet; für Levinas gibt es die Dimension des
ethischen Bedeutens, genannt Illeität, die jenseits des Seins ein spannungsvolles
bedeutsames zwischenmenschliches Miteinander zwischen Anspruch des Anderen und Anspruch des Dritten eröffnet, welches sich auf keinerlei Genuss- und
Bedürfnisstrukturen zurückführen lässt – die reine praktische Vernunft ist als
ein Sinn jenseits des Seins ein Vorläufer des mit der Illeität bezeichneten Modus
ethischer Bedeutsamkeit, der sich in der Alternanz von Anderem und Drittem im
Begehren des Unendlichen konkretisiert.

Mit dieser Anknüpfung an Kant fällt Levinas aber ganz und gar nicht hinter
Kant zurück, sondern geht vielmehr noch über ihn hinaus. Von einem derartigen
Hinausgehen kann in einem zweifachen Sinne die Rede sein. Während Kant der
ethischen Dimension reiner praktischer Vernunft in der Postulatenlehre noch
die vernunftnotwendige Annahme eines Gottes hinzufügt, verzichtet Levinas
auf derlei Ergänzungen. Über die Dimension ethischer Bedeutsamkeit, die sich
zwischen den Menschen entfaltet, hinaus gibt es keine philosophische Bedeutung des Religiösen. Das philosophisch verstandene Göttliche ist das Ethische
selbst,[740] als die Dimension zwischenmenschlicher Bedeutsamkeit, ohne einen,
und sei es auch nur praktisch postulierten Gott. Levinas ist aber auch noch in

---

[739] Levinas, Emmanuel/Lenger, Hans Joachim: »Emmanuel Lévinas: Visage et violence première (phénoménologie de l'éthique). Une interview (1987)«, a. a. O., S. 130.

[740] Im Jahr 2004 ist ein Buch über Kant erschienen, das die Identität von Gott und reiner
praktischer Vernunft in der zweiten Kritik behauptet. Schwarz, Gerhard: *Est Deus in nobis. Die
Identität von Gott und reiner praktischer Vernunft in Immanuel Kants »Kritik der praktischen Vernunft«.* Berlin: Verlag Technische Universität 2004. Obgleich wir die Angemessenheit oder Unan-
gemessenheit dieser Interpretationsthese in Bezug auf Kant hier nicht diskutieren können, sei
doch gesagt, dass sie der Levinas'schen Umarbeitung jedenfalls in einem bestimmten Sinne
entgegen käme, insofern in jener Interpretationsthese die reine praktische Vernunft selbst als
das Göttliche in uns ausgezeichnet wird.

einem zweiten Sinne radikaler als Kant. Während es für Kant fungierende reine praktische Vernunft im Menschen schlichtweg gibt, ist dies für Levinas keineswegs mehr selbstverständlich. Die Dimension ethischer Bedeutsamkeit befindet sich seines Erachtens in einem *Schillern* an der *Grenze zum Nihilismus*. Ihr Jenseits des Seins, des Bedürfnisses und der bloßen Triebstrukturen flackert einer erlöschenden Flamme gleich an der Oberfläche des Seins. Die Illeität, so formuliert Levinas diesen Gedanken, ist »transzendent bis hin zur Abwesenheit, bis hin zur möglichen Verwechslung mit dem Lärm (*remue-ménage*) des *Es gibt*«.[741] Das ethische Bedeuten zwischen den Menschen ist oftmals so schwach, dass es nahezu vollkommen abwesend erscheint und das bloße Seinsrauschen des *il y a* zurücklässt. Kants Optimismus, dass die Persönlichkeit und damit die reine praktische Vernunft doch zu den »ursprünglichen Anlage[n] zum Guten in der menschlichen Natur« gezählt werden kann,[742] wird von Levinas zurückgenommen zu einer Menschlichkeit, in der nicht nur das Religiöse auf das Ethische reduziert wird, sondern auch der Erhalt des Ethischen alles andere als sicher ist. Wir lebten in einer »göttlichen Komödie«, in einer »Zweideutigkeit von Tempel und Theater«, in der das Attribut des ›Göttlichen‹ beziehungsweise Ethischen in Gefahr ist zu verschwinden und uns in einer bloßen Komödie des Seins zurückzulassen; der Levinas'sche ›Optimismus‹ liegt nur noch darin, dass er diese Zweideutigkeit als eine bezeichnet, »bei der euch aber beim Nahen des Nächsten, d. h. seines Antlitzes oder seiner Hilflosigkeit, das Lachen im Halse steckenbleibt«[743] und sich der ethische Anspruch doch bemerkbar macht. So wie es bei Kant aber keine Pflicht, Pflichten zu haben, geben kann, kann es bei Levinas keine ethische Verbindlichkeit dazu geben, im Gesicht des Anderen das erste Wort ›Du wirst keinen Mord begehen‹ zu vernehmen und sich infolgedessen als gebunden an die ethische Dimension der Illeität und des Begehrens des Unendlichen zu erfahren. Die Begegnung mit dem Gesicht, die im Spätwerk als immer schon geschehen betrachtet wird, *kann* diese Wirkung der Erhebung in die Dimension des Ethischen haben; nichts im Sein, im Bedürfnis, in den Trieben jedoch zwingt dazu, und kein vom puren Selbst der Trennung ausgehendes Argument kann den Übergang in jene Dimension des ethischen Begehrens erzwingen.

Die nihilistische These vom ›Tod Gottes‹ ist für Levinas *die* Herausforderung schlechthin. Er versteht diese These als »die Unterordnung der Axiologie unter die als Triebe aufgefaßten Begierden« beziehungsweise »als die Möglichkeit, jeden Wert, der einen Trieb entstehen läßt, zurückzuführen auf einen Trieb, der den

---

741 Levinas, Emmanuel: *Dieu, la mort et le temps*, a. a. O., S. 258 (dt. 236); vgl. auch *De Dieu qui vient à l'idée*, a. a. O., S. 115 (dt. 108).

742 Vgl. RGV, AA 6: 26.2–3.

743 Levinas, Emmanuel: *De Dieu qui vient à l'idée*, a. a. O., S. 115 (dt. 108).

Wert entstehen läßt«.[744] Levinas nimmt die an die so verstandene These vom ›Tod Gottes‹ geknüpfte Ideologiekritik der Moral ganz und gar ernst und sucht sie sogar noch zu überbieten. In dem viel zitierten Wort am Anfang von *Totalité et infini* heißt es, »daß es höchst wichtig ist zu wissen, ob wir nicht von der Moral zum Narren gehalten werden«.[745] Mit der notwendigen Ideologiekritik der Moral geht jedoch selbst eine Gefahr einher, denn: »[D]ie Ethik ist das erste Opfer des Kampfs gegen die Ideologie, den sie selbst angestiftet hat«.[746] Für Levinas ist die Herausforderung daher die, sowohl der moralischen Ideologie als auch der Abschaffung des Ethischen durch die Ideologiekritik zu entgehen. Eben dieser doppelten Gefahr lässt sich aber durch Levinas' eigene Auffassung des Ethischen entgehen: Wenn man das Ethische lediglich in der zwischenmenschlichen Beziehung ethischer Bedeutsamkeit sehe, so werde man »nicht von der Moral zum Narren gehalten oder naiv den Ideen und Werten eines Milieus unterworfen«.[747] Durch die Konzentration allein auf das ethische Bedeuten innerhalb der zwischenmenschlichen Beziehungen selbst ließe sich vielmehr auf neuartige Weise ein Primat der praktischen Vernunft verteidigen und damit dem durch das »Primat der theoretischen Vernunft« ausgezeichneten »Strukturalismus« der Ideologiekritiker etwas entgegenhalten.[748] Es ist dies *Levinas' Erneuerung des Formalismus reiner praktischer Vernunft im Selbst als ein Formalismus des bedeutsamen, ethischen Begehrens jenseits des Seins, das sich im Modus der Illeität zwischen Anspruch des Anderen und Anspruch des Dritten als Begehren des Unendlichen entfaltet.*

Nun aber können wir zu unserer oben formulierten Frage zurückkehren: Wie kann Levinas die kantische *gesetzgebende* reine praktische Vernunft mit der von ihm gedachten *an-archischen* Vernunft unendlicher ethischer Störung, die sich in der ethischen Dimension der Illeität im Spannungsfeld zwischen Anspruch des Anderen und Anspruch des Dritten ereignet und im Begehren des Unendlichen manifestiert, in Verbindung bringen? Liegt hier nicht doch letztlich eine fundamentale Grenze der Annäherung zwischen Kant und Levinas?

---

744 Ebd., S.22 (dt. 29, Übersetzung modifiziert); ders.: *Autrement qu'être*, a.a.O., S.158 (dt. 274).

745 Levinas, Emmanuel: *Totalité et infini*, a.a.O., S.IX (dt. 19).

746 Levinas, Emmanuel: *De Dieu qui vient à l'idée*, a.a.O., S.19 (dt. 24, Übersetzung modifiziert).

747 Ebd., S.225.

748 Levinas, Emmanuel: *Autrement qu'être*, a.a.O., S.74 (dt. 138).

3.4.4 Reine praktische Vernunft – vom Gesetz zum Begehren des Unendlichen

Es gibt ein zentrales Moment in Kants Begründung der Ethik, dem in der bisherigen Forschung noch nicht die Aufmerksamkeit geschenkt wurde, die es verdient: Es handelt sich um den Gedanken, *dass das Gesetz als Idee der Vernunft nicht direkt fassbar ist, weil es auf das Unendliche verweist.* Diesen Gedanken in den Mittelpunkt zu rücken, drängt sich von Levinas her gesehen auf. Bei den Auflösungen der Antinomien der reinen Vernunft greift Kant in unterschiedlichen Weisen auf Ideen eines das Endliche übersteigenden Unendlichen zurück. In Bezug auf die erste Antinomie der Endlichkeit oder Unendlichkeit der Welt zieht er den Gedanken eines »regressus in indefinitum«[749] in der Reihe der Welterscheinungen heran, und hinsichtlich der zweiten Antinomie, ob es einfache kleinste Teile gibt oder nicht, spricht er von einem »Regressus, von dem Bedingten zu seinen Bedingungen in infinitum«[750]. Die dritte, nicht mehr mathematische, sondern dynamische Antinomie löst Kant auf, indem er mit der Vernunftidee der Freiheit ein bloß denkbares Jenseits der endlichen Erscheinungsreihen annimmt, das nichtsdestotrotz als intelligible Ursache der Erscheinungen gedacht werden kann. Insofern die intelligible Freiheit aber jede endliche Erscheinungsreihe transzendiert, hat auch sie einen Bezug auf das Unendliche, das bei ihr kein Unendliches des Regresses innerhalb der Erscheinungen von Raum und Zeit, sondern ein diese als solche transzendierendes Unendliches darstellt. Weil das Gesetz dieser intelligiblen Freiheit aber das durch die legislativ fungierende reine praktische Vernunft gestiftete Sittengesetz ist, hat auch das Sittengesetz als Vernunftidee einen Bezug auf jenes die endlichen Erscheinungsreihen transzendierende Unendliche.[751] Dieser Bezug kommt im »Beschluß« der zweiten Kritik pointiert zum Vorschein: »Das zweite« der beiden Dinge, die »das Gemüt mit immer neuer und zunehmender Bewunderung [erfüllen]«, ist »das moralische Gesetz in mir«, und es »fängt von meinem unsichtbaren Selbst, meiner Persönlichkeit, an,

---

[749] KrV, AA 3: 355.24 (B 548).

[750] Ebd., S. 358.4–5 (B 551).

[751] Gerhard Krüger, der sich 1929 in Marburg mit einer Arbeit über Kant habilitiert hat (Heidegger war bis 1928 in Marburg), grenzt sich zugunsten von Kant gegen Heideggers Kantlektüre ab, denn »die Endlichkeit des Menschen, auf die es der Kritik allerdings ankommt, ist von Kant nicht im Hinblick auf die ›Zeitlichkeit‹ bestimmt worden, sondern im Hinblick auf das *Sittengesetz* als ein ›*Faktum*‹.« Krüger, Gerhard: *Philosophie und Moral in der Kantischen Kritik*, a.a.O., S.8. Damit interpretiert Krüger die Faktumslehre als eine Lehre von der Endlichkeit des Menschen. Wir hingegen suchen im Ausgang von Levinas den Verweis auf das Unendliche in der fungierenden reinen praktischen Vernunft in den Vordergrund zu heben – ein Unendliches, das allerdings in der Tat nur ›diakritisch‹ und differentiell für den endlich existierenden Menschen zugänglich wird.

und stellt mich in einer Welt dar, die wahre Unendlichkeit hat«.[752] Dieses *Unendliche im Vernunftgesetz* machte sich im Rahmen von Kants moralphilosophischen Grundlegungsschriften in einer fundamentalen und mehrfachen *Heterogenität* des Gesetzes gegenüber seinem Typus, den konkreten Maximen und den konkreten Handlungsentscheidungen in Einzelsituationen bemerkbar. Das Gesetz der reinen praktischen Vernunft ist kein einzelnes Gesetz von dieser Welt, es ist, mit Levinas gesprochen, kein konkretes Gesetz des Dritten. Was seine Gesetzmäßigkeit ausmacht, lässt sich direkt nicht fassen, sondern muss über den Typus und damit die reine Form des Naturgesetzes greifbar gemacht werden, wobei das Gesetz selbst verschieden bleibt von seinem Typus, den es übersteigt. Findet sich aber nicht eine Spannung zwischen diesen beiden Momenten des Gesetzes und des Unendlichen? Kann der Gedanke eines Gesetzes reiner praktischer Vernunft mit dem Gedanken zusammengebracht werden, dass dieses Gesetz auf ein die endliche Sphäre der in Raum und Zeit ablaufendenden Erscheinungen transzendierendes Unendliches verweist?

Es gibt hier womöglich tatsächlich eine gewisse Spannung bei Kant, die mit seiner Anknüpfung an zwei verschiedene Traditionen zusammenhängt, die er beide wiederum neu formuliert: die stoische und die (neu-)platonische. Einerseits sucht er nach einer kritischen Neuformulierung des stoischen Weltlogos und glaubt diese in einer Art kritischen Verdoppelung ihres monistischen Logos in eine Gesetzlichkeit der Natur und eine Gesetzlichkeit der Freiheit zu finden. In dieser Hinsicht tendiert der Begriff des Sittengesetzes zu einem *Gesetz für das Sein des Intelligiblen*. Andererseits verbindet sich Kants Kritik am stoischen Monismus mit einer Anknüpfung an die platonisch-neuplatonische Tradition, in der das Sinnliche vom nur Denkbaren grundlegend geschieden bleibt, so dass das Gesetz der Freiheit nicht mehr als ein bloß anderes Seinsgesetz neben dem Naturgesetz in Betracht kommt, sondern vielmehr, wie im Neuplatonismus, *auf das Unendliche verweist*.

Levinas aber nimmt in seiner Interpretation und Weiterführung Kants eindeutig den platonisch-neuplatonischen Zug bei Kant auf und vernachlässigt den stoischen Einschlag.[753] Inwiefern knüpft er selbst an Platon und den Neuplatonismus an? Und inwiefern könnte seine Aufnahme der platonisch-neuplatonischen Tradition wiederum seine Aufnahme der kantischen Konzeption erhellen? Unzählige Male wiederholt Levinas seine These, dass in Platons Begriff

---

[752] KpV, AA 5: 162.7, 161.33–36, 162.7–9.

[753] Levinas scheint die Stoiker auch unabhängig von seiner Kant-Interpretation noch nicht einmal dann zu erwähnen, wenn ihre Erwähnung durchaus naheliegend wäre: In einem Interview etwa weist er daraufhin, dass die Menschenrechte nichts Neuartiges seien, sondern sich Spuren davon schon bei Cicero fänden – ohne zu erwähnen, dass es die Stoiker sind, denen Cicero jene ›Spuren‹ verdankt. Vgl. Descamps, Christian: »Emmanuel Levinas«, a.a.O., S. 146.

des *ἐπέκεινα τῆς οὐσίας* eine Idee des Guten jenseits des Seins gedacht werde, die als Vorgestalt der Anarchie des Guten jenseits des Seins verstanden werden könne. In der jüngeren Vergangenheit hat der Neuplatonismus-Forscher Jean-Marc Narbonne herausgearbeitet, dass Levinas' Platon-Rezeption eigentlich eine *neuplatonische* ist, insofern seine *Verknüpfung jenes Jenseits des Seins mit dem Unendlichen* eher plotinisch als platonisch sei.[754] Das Neue bei Levinas gegenüber dem Neuplatonismus, und vielleicht gegenüber dem Griechischen überhaupt, bestünde jedoch zum einen darin, dass Levinas das Jenseits des Seins *ethisch* verstehe, und zum anderen darin, dass das (neu)platonische Jenseits des Seins zwar ein anderes als das Sein (*autre que l'être*), nicht aber, wie bei Levinas, ein *anders als Sein* (*autrement qu'être*) sei.[755] Letzteres habe darin seinen Grund, dass das Eine bei Plotin noch als ein Prinzip gedacht werde, das das Sein fundiert, worauf der späte Levinas, wie wir gesehen haben, verzichtet.

Nun ist es aber auffällig, dass Kants eigene Kritik an dem Platon der Briefe und am Neuplatonismus einige erstaunliche Parallelen zu Levinas' – wenngleich von ihm vielleicht gar nicht bewusst vorgenommener – Distanznahme gegenüber dem Neuplatonismus aufweist. In Kants später Schrift von 1796 »Von einem neuerdings erhobenen vornehmen Ton in der Philosophie« kritisiert er die Neuplatoniker dafür, dass sie »eine Hyperphysik«, »eine Theorie von der Natur des Übersinnlichen [...] unvermerkt mit unter« schieben.[756] Die Ahnung der Sonne, des Prinzips des Einen, im Ausgang von der Morgenröte des den Menschen zugänglichen Seins verurteilt Kant als bloße Schwärmerei. Der sich auf eine vermeintliche intellektuelle Anschauung gründende vornehme Ton sei reiner Aberglaube und müsse redlicher, kritischer Philosophie weichen. Statt jenem erahnten, allem Seienden zugrunde liegenden Weltprinzip gibt es für Kant ›jenseits des Seins‹ nur die reine praktische Vernunft, die keineswegs als Weltprinzip missverstanden werden darf. Wie Levinas betont Kant gegenüber den Neuplatonikern die *Verschiedenheit reiner praktischer Vernunft von einem Prinzip des Seins* und wie Levinas ist ihm das *Jenseits des Seins ethisch*. Sogar noch der neuplatonische Zug, das Jenseits des Seins reiner praktischer Vernunft mit dem *Unendlichen* in Verbindung zu bringen, findet sich durchaus bei Kant angelegt.

---

754 Vgl. Narbonne, Jean-Marc: »Lévinas et l'héritage grec«, in: Narbonne, Jean-Marc/Hankey, Wayne: *Lévinas et l'héritage grec* suivi de *Cent ans de néoplatonisme en France. Une brève histoire philosophique*. Québec/Paris: Les Presses de l'Université Laval/Vrin 2004, S. 9–121, hier S. 60. Von phänomenologischer Seite aus hat sich Tanja Stähler mit dem Verhältnis von Platon und Levinas befasst. Vgl. Stähler, Tanja: *Platon und Lévinas. Ambiguität diesseits der Ethik*. Würzburg: Königshausen & Neumann 2011.

755 Vgl. Narbonne, Jean-Marc: »Lévinas et l'héritage grec«, a.a.O., S. 75, S. 79.

756 Kant, Immanuel: »Von einem neuerdings erhobenen vornehmen Ton in der Philosophie«, VT, AA 8: 399.35–37.

Nichtsdestotrotz aber tritt bei Kant der Gedanke eines vom Sein verschiedenen, ethisch bedeutsamen Unendlichen zugunsten des stoischen Gesetzesgedankens letztlich in den Hintergrund.

Levinas seinerseits stellt jenen stoischen Zug bei Kant zurück, was zur Folge hat, dass er dem Gesetzesgedanken nur noch einen untergeordneten Stellenwert zuerkennt. Wir gehen jetzt über den Levinas'schen Buchstaben hinaus, wenn wir verständlich zu machen suchen, welche Funktion dem kategorischen Imperativ Kants im Rahmen von Levinas' Denken des Ethischen zugeschrieben werden könnte. Im vorangehenden Kapitel haben wir gesehen, wie sich Levinas zufolge die ethische Rationalität im Modus der Illeität im Spannungsfeld zwischen Anspruch des Anderen und Anspruch des Dritten entfaltet. Isoliert man jedoch methodisch den Anspruch des Anderen von dem in ihm mitsprechenden Anspruch des Dritten, dann kann gesagt werden, dass in Bezug auf den Anspruch des Anderen die Frage der Vergleichbarkeit und damit *die Frage nach einer möglichen allgemeinen Gesetzmäßigkeit meiner Maxime für alle vernünftigen Wesen mit einem Willen noch gar nicht aufzukommen vermag.* Im Rahmen der an-archischen Vernunft liegt eine ethisch rationale Antwort auf den Anspruch des Anderen *diesseits der Frage nach einer allgemeinen Gesetzmäßigkeit meiner Handlungsmaxime für alle vernünftigen Wesen mit einem Willen*, weil eine solche Frage als Frage überhaupt erst mit dem Anspruch des Dritten sinnvoll wird. Erst wenn mich im Anspruch des Anderen der Dritte mitanspricht und zu einem Vergleich des Unvergleichlichen nötigt, finde ich mich genötigt, meine vernünftige Antwort an einer Maxime auszurichten, die ich als *allgemeines* Gesetz für *alle* vernünftigen Wesen mit einem Willen widerspruchsfrei wollen kann, und erst dann wandelt sich der Anspruch der an-archischen Vernunft zu einem Anspruch, der sich mit der Formel des kategorischen Imperativs ›Handle nur nach derjenigen Maxime, von der du zugleich wollen kannst, dass sie ein allgemeines Gesetz werde‹ wiedergeben lässt. Das Maximenprüfungsverfahren des kategorischen Imperativs wäre demnach aus einer levinasianischen Sicht durchaus relevant, aber erst auf der Ebene des Dritten, die im Modus der Illeität in einer unaufhebbaren Spannung zum an-archisch rationalen Anspruch des Anderen verbleibt, der für sich selbst genommen diesseits der Vergleichbarkeit bereits in die das Bedürfnis und die Aneignung übersteigende Dimension ethisch vernünftiger Bedeutsamkeit erhebt. Das Gesetz ist für Levinas als solches ein Gesetz der Gerechtigkeit, welche der differenzierten Begrifflichkeit des Spätwerkes zufolge erst mit dem Dritten überhaupt zum Problem wird.

Wenn aber die Frage nach einer möglichen allgemeinen Gesetzmäßigkeit meiner Handlungsmaxime erst angesichts des Anspruches des Dritten aufzukommen vermag, stellt sich die *Frage, worin eine an-archisch vernünftige Antwort auf den Anspruch des Anderen diesseits des Dritten bestehen kann* beziehungsweise was eine derartige Antwort auszeichnet. Für Levinas selbst ist dies der Ort des Hyperbolischen, der zugleich auf eine radikale Asymmetrie zwischen mir und dem Anderen verweist. Das vernünftige Begehren des Anderen, welches die gesuchte vernünftige Antwort auf den Anspruch des Anderen ist, hat die Gestalt einer mein Selbst ausmachenden Bindung, in der »›Sich‹ sein […] heißt, die Not und das Scheitern des Anderen tragen und sogar noch die Verantwortung, die der Andere vielleicht für mich hat«, denn »›Sich‹ sein […] heißt, immer einen Grad an Verantwortung zusätzlich haben, die Verantwortung für die Verantwortung des Anderen«.[757] Im jemeinigen Begehren selbst verankert und derart phänomenologisch aufweisbar erfahre ich mich Levinas zufolge in meinem Selbst derart an den Anderen gebunden, dass ich noch seine Schuld auf mich zu nehmen geneigt bin, wenngleich mir diese Schuld im Rahmen der Ordnung des Dritten keineswegs zugerechnet werden kann. Bei dieser hyperbolischen Verantwortung handelt es sich ganz und gar nicht um eine Verantwortung in einer objektiv begründbaren Ordnung, sondern um eine Erfahrung, die »die Bedingung jeglicher Solidarität«[758] ist. Nur weil mir der Andere noch in seiner Schuld, ja noch in seiner Schuld, die er mir gegenüber hat,[759] nicht gleichgültig ist und er auch dann noch Anknüpfungsmoment für mein ethisches Begehren jenseits des instrumentalisierenden Bedürfnisses bleibt, wenn er selbst zum Henker wird, kann es das Ethische als solches zwischen den Menschen geben. Die damit verbundene Asymmetrie aber rührt daher, dass es diese hyperbolische Verantwortung immer nur für ein jemeiniges Selbst gibt: »Die Unschuld des Anderen anklagen, vom Anderen mehr verlangen, als er schuldet, ist ein Verbrechen.«[760] Diese Ausführungen von Levinas über die Verantwortung des Opfers für seinen Henker haben bei seinen Lesern nicht selten Verstörung hervorgerufen, weil darin die Gefahr eines Hyperaltruismus und einer Opferethik zu liegen schien, die den Täter entlastet und die Schuld noch für das eigene Leid dem Opfer zuschreibt. Nichts aber liegt Levinas ferner. Es geht ihm vielmehr darum, eine Erfahrung der Nicht-Indifferenz gegenüber *jedem* Anderen als Bedingung der Möglichkeit des Ethischen auszuweisen.[761] Wenn es einen Punkt gibt, an dem der – etwa ver-

---

[757] Levinas, Emmanuel: *Autrement qu'être*, a.a.O., S.149f. (dt. 259f.).

[758] Ebd., S.151 (dt. 150).

[759] Vgl. etwa folgende Textstelle aus einem Interview mit Philippe Nemo: »Es ist vorgekommen, daß ich irgendwo sagte – ein Wort, das ich nicht gerne zitiere, denn es müßte durch weitere Überlegungen ergänzt werden – *ich sei verantwortlich für die Verfolgungen, die ich erleide.*« Levinas, Emmanuel: *Éthique et infini. Dialogues avec Philippe Nemo.* Paris: Fayard 1982, S.95, Kursivierung I.R. (dt. *Ethik und Unendliches. Gespräche mit Philippe Nemo*, übersetzt von Dorothea Schmidt. Wien: Passagen 1986, S.76).

[760] Levinas, Emmanuel: *Autrement qu'être*, a.a.O., S.144, Fußnote (dt. 250, Fußnote).

[761] Levinas berichtet in einem Interview davon, dass Jean-Toussaint Desanti einem jungen Japaner, der über Levinas arbeitete, während der Verteidigung seiner Doktorarbeit die Frage

brecherische – Andere instrumentalisierbares Mittel wird und für mich das erste Wort in seinem Gesicht verstummt, dann verschwindet die ethische Beziehung zu ihm und sinkt zu einem bloßen Machtkampf, mit Levinas zum »Krieg«, hinab. Das vernünftige Begehren als Antwort auf den Anspruch des Anderen diesseits des Dritten besteht in dieser Bindung an und diesem Respekt vor dem ersten Wort im Gesicht des Anderen, das mich auch dann noch bindet und zum Eintritt in den Diskurs auffordert, wenn der Andere zum Verbrecher geworden ist.

Es gibt das Moment des Unendlichen bei Kant und es gibt das Moment des Gesetzes bei Levinas, aber bei Kant rückt das Unendliche zugunsten des Gesetzes in den Hintergrund, und bei Levinas kommt dem Gesetzesgedanken nur auf der Ebene des Dritten und der Gerechtigkeit eine Bedeutung zu. Angesichts dieser Akzentverschiebung vom stoischen zum platonisch-neuplatonischen Zug beim Übergang von Kant zu Levinas können wir davon sprechen, dass es sich dabei um eine *Verschiebung vom Gesetz zum Unendlichen* handelt, wobei das Unendliche bei Levinas in Gestalt eines durch eine neuartig aufgefasste reine praktische Vernunft strukturierten *Begehrens des Unendlichen* phänomenologisch Erörterung findet. Ist ein derartiges Begehren reiner praktischer Vernunft aber Kant vollends fremd? Durchaus nicht! *Das, was man Kant zufolge rechtmäßig als »oberes Begehrungsvermögen« bezeichnen kann, ist ein durch die reine Vernunft selbst bestimmtes Begehrungsvermögen:* »[E]s giebt also entweder gar kein oberes Begehrungsvermögen, oder reine Vernunft muß für sich allein praktisch sein, d. i. ohne Voraussetzung irgend eines Gefühls, mithin ohne Vorstellungen des Angenehmen oder Unangenehmen als der Materie des Begehrungsvermögens«.[762] Die mit einer Situationserschließungs- und einer Triebfederfunktion einhergehende Stimmung der Achtung und das mit einer moralischen Unruhe versehene Gewissen aber, welche beide Manifestationsformen dieser praktisch werdenden reinen Vernunft im Gefühl sind, kamen der unaufhebbaren Unruhe des ethischen Begehrens bei Levinas durchaus nahe.

Das ethische Begehren des Unendlichen aber ist bei Levinas ein grundlegend spannungsvolles, zwischen Anderem und Drittem, singulärem Anspruch und Nötigung zum Vergleich. Eine unaufhebbare Unruhe durchzieht dieses unerschöpfliche Begehren des Unendlichen, in dem tragische Situationen beim Vergleich des Unvergleichlichen, beim Missverstehen des konkreten Anspruchs, bei

---

gestellt hätte, »ob ein SS-Mann das hat, was ich ein Gesicht nenne«. Levinas' Antwort lautet, dies sei »[e]ine sehr beunruhigende Frage, die, in meinen Augen, nach einer affirmativen Antwort verlangt. Eine affirmative Antwort, die jedes Mal aufs Neue schmerzt!« Levinas, Emmanuel: »L'autre, utopie et justice. Entretien avec Emmanuel Levinas«, in: *A quoi pensent les philosophes*, hg. von Jacques Message, Joël Roman und Étienne Tassin, *Autrement* 102 (1988), S. 53–60, hier S. 58, S. 59.
    [762] KpV, AA 5: 24.35–38.

der Endlichkeit meiner Kräfte und der Folgenabschätzung meiner Handlungen immer wieder auftreten können. Das Unendliche in diesem Begehren ist bei Levinas weder ein zugrunde liegendes Prinzip noch der intellektuelle Gedanke einer regulativen Idee, sondern vielmehr ein im Begehren selbst *phänomenal sich bemerkbar machendes Unendliches, das das Endliche in den Antworten und Handlungsregeln immer wieder aufs neue infiltriert, stört und verschiebt, ein Infiltrieren, das die an-archisch ethische Rationalität als solche ausmacht.* Tengelyi hat in diesem Sinne und im Zuge einer Abgrenzung des Levinas'schen Ansatzes von dem neuplatonischen die These formuliert, dass es bei Levinas einen ganz neuartigen Typ der Transzendenz gibt: ein Unendliches, das nicht das Sein fundiert, sondern es vielmehr *infiltriert.*[763]

Wie wir oben bereits angedeutet haben, spitzt Levinas dieses Primat der derart neu formulierten reinen praktischen Vernunft jedoch so sehr zu, dass der gesamte Bereich des Theoretischen, der Erkenntnis und des Wissens als abkünftig von der ethischen Rationalität, gar als dessen Abfalls- und Verfallsgestalt erscheint. Die Objektivität des Wissens versteht Levinas als einen Modus des Dritten und damit als eine Gestalt der Gerechtigkeit. Ob jedoch die, mit Kant gesprochen, spekulative Vernunft derart aus der reinen praktischen Vernunft abgeleitet werden kann, erscheint durchaus fragwürdig. Marc Richir und Rudolf Bernet haben beide, wenngleich auf unterschiedliche Weise, ihrem Unbehagen darüber Ausdruck verliehen, dass Levinas die Metaphysik schlechthin auf die ethische Alterität des Anderen konzentriert. Richir will das griechische Unendliche des *apeiron* nicht, wie Levinas, als einen sinnlosen und bedrohlichen Abgrund der Antlitzlosigkeit, sondern vielmehr a-ethisch als ein »phänomenologisches *apeiron*« einer »wilden, nicht physikalischen *physis*« verstehen, die »nichts befiehlt, un-schuldig- und unverantwortlich«.[764] Bernet wiederum bedauert es, dass Levinas das Verhältnis und den Unterschied zwischen der Alterität in der Zeiterfahrung der Dia-chronie und der Alterität in der Begegnung mit dem Anderen nicht hinreichend erörtert habe.[765] Während Heidegger, wie oben erwähnt, dazu tendiert, das Ethische auf das Denken zu reduzieren, tendiert Levinas umgekehrt dazu, das Theoretische als abkünftig vom Ethischen zu begreifen. Angesichts dieser Schwierigkeiten aber scheint gerade Kants eigene Architektonik vielversprechend zu sein, eine Architektonik, in der die Bereiche theoretischer und praktischer Vernunft trotz des Primats der reinen praktischen Vernunft jeweils eine genuine Eigenständigkeit

---

[763] Vgl. Tengelyi, László: »Au-delà de l'être *comme* autrement qu'être«, a.a.O., S. 216.

[764] Richir, Marc: »Phénomène et infini«, in: Chalier, Catherine/Abensour, Miguel (Hg.): *Emmanuel Levinas.* Paris: L'Herne 1991, S. 241–261, hier S. 256, 259.

[765] Bernet, Rudolf: »L'autre du temps«, in: Lévinas, Emmanuel: *Positivité et transcendance. Suivi de Lévinas et la phénoménologie,* hg. von Jean-Luc Marion. Paris: PUF 2000, S. 143–163, hier S. 160 f.

für sich bewahren und keineswegs der Bereich theoretischer Vernunft auf eine
Art Verfallsgestalt des Praktischen zurückgeführt werden kann. Ist es nicht angemessener, das Primat der praktischen Vernunft eher im Sinne einer Mahnung an
die in sich selbst durchaus eigenständige theoretische Vernunft zu verstehen, sich
von der Praxis der Menschen nicht vollkommen loszulösen, anstatt sie als eine
abkünftige Gestalt praktischer Vernunft aufzufassen?

Richtet man das Augenmerk, wie wir es hier getan haben, jedoch ausschließlich auf Levinas' Umarbeitung von Kants reiner *praktischer* Vernunft, so wird
sichtbar, dass es sich dabei um eine *Erneuerung des Formalismus reiner praktischer Vernunft im Selbst aus dem Unendlichen im Anspruch des Anderen* handelt,
durch dessen Anspruch das *vernünftige ethische Begehren im Modus der Illeität
und in der Spannung zwischen Anspruch des Anderen und Anspruch des Dritten*
gestiftet wird. Blicken wir aber zurück auf den Gang unserer Untersuchung der
Rezeptionen und Umarbeitungen von Kants Ethik durch die Phänomenologie,
so wird sichtbar, inwiefern Levinas damit die *tiefgreifendste Erneuerung des kantischen Formalismus im Ausgang vom jemeinigen Selbst und dem Problem der
Intersubjektivität* erreicht. Während die materiale Wertethik den Formalismus
zu überwinden trachtet, selbst jedoch über das Grundproblem einer materialen
Wertethik nicht hinauskommt, strebt Heidegger eine Erneuerung des kantischen
Formalismus an, die jedoch als Formalismus des jemeinigen Selbst an der Aporie
des Mitseins ihre Grenze findet; Sartre entwickelt jenen Heidegger'schen Formalismus des jemeinigen Selbst in expliziten Bemühungen um eine Ethik und in
eingehender Berücksichtigung des Intersubjektivitätsproblems weiter zu einem
Formalismus des Begehrens individueller Freiheiten, der jedoch letztlich nicht
über das Konzept einer hypothetischen, zum Anderen hin erweiterten Selbstverantwortung hinausgelangt und trotz seiner Anknüpfung an Kant einen eher
cartesianischen intersubjektiven Voluntarismus ohne reine praktische Vernunft
impliziert; *erst Levinas gelingt es, den kantischen Formalismus im Ausgang vom
jemeinigen Selbst und unter den Bedingungen genuiner Intersubjektivität so neu zu
formulieren, dass die Verantwortung für den Anderen nicht als Verlängerung einer
Selbstverantwortung erscheint und überdies das Moment einer spezifisch ethischen,
allerdings neu formulierten reinen praktischen Vernunft bewahrt.* Indem der späte
Levinas das Selbst als solches über die durch den Anspruch des Anderen gestiftete
an-archische Vernunft versteht, bindet er die derart neu formulierte und für die
Autonomie des Selbst konstitutive reine praktische Vernunft genuin an den im
Gesicht des Anderen zugänglichen Sinn, der das ethische Begehren des Unendlichen einsetzt. Reine praktische Vernunft im Selbst wird von einer Gesetzes-
bestimmtheit bei Kant zu einem Begehren des Unendlichen bei Levinas, das sich
im Modus der Illeität in der Spannung zwischen Anspruch des Anderen diesseits
der Gesetzmäßigkeit und Anspruch des Dritten, in Bezug auf den die Suche nach

Gesetzen des Vergleichs der Unvergleichlichen nötig wird, entfaltet. Dass es diese Dimension ethischen Bedeutens jedoch gibt, ist für Levinas viel weniger selbstverständlich als für Kant. Während Kant hinsichtlich des tatsächlichen Fungierens reiner praktischer Vernunft im Selbst noch optimistisch ist, zittert Levinas gleichsam um das Wunder der Stiftung jener ethischen Vernunft zwischen den Menschen, die an der Oberfläche des Seins und an der Grenze zum Nihilismus einer flackernden, vom Verlöschen bedrohten Flamme gleicht.

4. Ausblick –
Das Begehren der reinen praktischen Vernunft

Am Ende unserer Auseinandersetzungen mit Kants Ethik und ihren phänomenologischen Rezeptionen deutete sich bei Levinas eine phänomenologische Umarbeitung der kantischen Ethik an, innerhalb derer die bei Kant das Begehrungsvermögen bestimmende reine praktische Vernunft im Ausgang vom jemeinigen Selbst und vor dem Hintergrund des Intersubjektivitätsproblems zu einem an-archisch vernünftigen Begehren des Unendlichen im Anderen weiterentwickelt wird. Einen Überblick über den Gedankengang der vorliegenden Arbeit haben wir bereits in der Einleitung gegeben, so dass wir uns an dieser Stelle damit begnügen, in Form eines Ausblickes einige Implikationen und Aufgaben anzuzeigen, die mit dem hier Eingeführten verbunden sind.

Im Ausgang von Kant und Levinas wird eine spezifische *Geschichtlichkeit des Ethischen* sichtbar, die weder auf einen Relativismus noch auf einen ungeschichtlichen Dogmatismus führt. Diese Geschichtlichkeit weist zwei voneinander zu unterscheidende Momente auf. Zum einen hängen die konkret verwendeten Maximen sowie die auf ihrer Basis ausgeübten Handlungen stets von den empirischen Gegebenheiten ab, die in einer bestimmten geschichtlichen und persönlichen Situation vorgefunden werden. Aufgrund der unüberwindbaren Diskrepanz zwischen konkreten Maximen und Handlungssituationen einerseits und der auf das Unendliche verweisenden reinen praktischen Vernunft andererseits sind alle konkreten erlaubten, verbotenen und gebotenen Maximen variabel, denn andere Gegebenheiten können andere Maximen erforderlich machen. Zum anderen aber gibt es eine noch tiefer liegende Geschichtlichkeit, die die Geschichtlichkeit des Ethischen überhaupt und im Ganzen betrifft. Wir haben gesehen, dass Levinas zufolge das Stiftungsereignis reiner praktischer Vernunft im Selbst auch ausbleiben kann und seines Erachtens im Zeitalter des Nihilismus tatsächlich in einem ständigen Schillern begriffen ist. Es kann Epochen und Menschen geben, in denen reine praktische Vernunft schlichtweg nicht fungiert und für die es damit das Ethische als solches nicht gibt. Mit Kant gesprochen ist die Geltung der Forderungen reiner praktischer Vernunft von ihrem tatsächlichen Fungieren im Menschen abhängig. Im Unterschied zu diesem Stiftungsereignis ihrer Geltung ist der Inhalt reiner praktischer Vernunft, bei Kant das Sittengesetz, jedoch nicht geschichtlich variabel: Es gibt nur ein einziges *mögliches* Gesetz, es gibt nur eine einzig mögliche Gestalt reiner praktischer Vernunft, deren *wirkliche* Einsetzung durch ihren performativen Vollzug jedoch durchaus ausbleiben kann. Im Unterschied zu einer pragmatistischen Wertethik etwa ist die reine praktische

Vernunft damit kein Wert, der in einem bestimmten historischen Kontext, wie McDowell formuliert, alle anderen Werte »zum Schweigen bring[t]«[1], im Prinzip jedoch auch einmal anders ausfallen könnte, sondern sie hat als solche in ihrer Formalität eine einzig mögliche Gestalt, in Hinblick auf die die geschichtliche Variabilität nur ihre erfolgende oder nicht erfolgende Einsetzung und damit Geltung betrifft.

Gerade weil die kantische Ethik in ihrer Grundlegung formalistisch ist, eignet sie sich als Grundlage für eine *integrative Ethik*, die zentrale Gedanken anderer Ethikansätze einzubeziehen vermag.[2] So räumt Kants Ethik dem im Utilitarismus im Mittelpunkt stehenden Gedanken einer Förderung des Strebens nach Glück insofern einen Ort ein, als das Streben nach der eigenen Glückseligkeit erlaubt ist, solange es nicht über das Gebot reiner praktischer Vernunft gestellt wird, es sogar eine indirekte Pflicht zur Förderung der eigenen Glückseligkeit gibt und schließlich die fremde Glückseligkeit einen Zweck darstellt, den zu haben es für den Menschen Pflicht ist; allerdings ist Glückseligkeit niemals das schlechthin unbedingte Ziel. Von einer Integration tugendethischer Momente kann insofern gesprochen werden, als Kant Maximen als fungierende Willensprinzipien versteht, die einer erworbenen Haltung gleich in konkreten Handlungssituationen zur Anwendung gelangen und zugleich selbst durch die Handlungsgeschichte verändert werden können; allerdings sind sie niemals in sich selbst, sondern immer nur in Bezug auf die reine praktische Vernunft und die empirischen Gegebenheiten gut und nehmen trotz ihrer Ähnlichkeit mit Gewohnheiten nie-

---

1　Vgl. die bereits zitierte Stelle: McDowell, John: *Mind, Value, & Reality*, a.a.O., S.93 (dt. *Wert und Wirklichkeit*, a.a.O., S.154).

2　Deutlich integrativ ist etwa der kantianische Ansatz von Korsgaard, die zu zeigen sucht, inwiefern sämtliche alternative Ansätze, die in der Tradition erfolgreich waren, unausweichlich auf die kantianische Ethik führen und damit in sie integriert werden können. Vgl. Korsgaard, Christine M.: *The Sources of Normativity*, a.a.O. In Anknüpfung sowohl an Kant als auch an Fichte spricht Düsing innerhalb seines Modells voluntativer Selbstbestimmung von einer im Zuge ihrer Realisierung bedeutsamen Auffächerung »in die Normierung von Maximen zu konkreten Handlungen, in die Ausbildung von dauerhaften Haltungen oder Habitualitäten des identischen Selbst bei der Ausführung von Maximen, ethisch betrachtet: in die Ausbildung von Tugenden, und in noematisch-inhaltlich bestimmte Absichten der Verwirklichung von Möglichkeiten, d.h. in zu entwerfende Zwecke. Daraus ergeben sich drei grundlegende Gebiete der Ethik, die als Realisierungsstufen des Prinzips der Sittlichkeit allesamt in einer Ethik behandelt werden müssen.« Düsing, Klaus: »Fundamente der Ethik. Eine Problemskizze«, in: Klein, Hans-Dieter (Hg.): *Ethik als prima philosophia?* Würzburg: Königshausen & Neumann 2011, S.119–129, hier S.127. Auf Ricœurs Ansatz zu einer integrativen, von Aristoteles ausgehenden, aber auch Kant einbeziehenden Ethik haben wir bereits in einer Fußnote der Einleitung hingewiesen. In einer gewissen Nähe zu Ricœurs »kleiner Ethik« befindet sich die ausdrücklich als »integrative Ethik« bezeichnete Konzeption von Hans Krämer, der teleologische Strebensethik mit (kantianischer) moderner Sollensethik zu verknüpfen sucht. Krämer, Hans: *Integrative Ethik*. Frankfurt am Main: Suhrkamp 1995.

mals die Form einer von McDowell in Anknüpfung an Aristoteles so genannten »*zweiten Natur*«[3] an, da sie in jedem Augenblick neu übernommen und verantwortet werden müssen. Auch das Anliegen der Wertethik, eine Pluralität von Werten einzuräumen, die zudem der geschichtlichen Wandlung sowie der Verschiedenheit der Persönlichkeiten und Situationen Rechnung trägt, kann aus einer kantianischen Perspektive aufgegriffen werden. Insofern die Axiologie für Kant der Anwendung der reinen praktischen Vernunft auf jeweilige konkrete Situationen entspringt, kann mit Korsgaard von einem ›prozeduralen Realismus‹ der Werte gesprochen werden, der die Werte von der Prozedur der Anwendung reiner praktischer Vernunft auf konkrete Gegebenheiten abhängig macht.[4] Wir haben auch gesehen, inwiefern das Anliegen eines Konsequentialismus im weiteren Sinne durchaus auch im Rahmen eines kantianischen Ansatzes Berücksichtigung finden kann. Zwar kommt es für die moralische Bewertung einer Handlung nicht auf die Konsequenzen an, die tatsächlich folgen, sondern auf die Erlaubtheit der Handlungsmaxime und das das bloße Wünschen überschreitende Wollen, welches alles in seiner Macht stehende tut, um unerwünschte Handlungsfolgen zu vermeiden. In Anknüpfung an Herman haben wir jedoch von einer moralischen Geschichte gesprochen, in der ungewollte Handlungsfolgen auch im Rahmen einer kantianischen Ethik Folgeverbindlichkeiten nach sich ziehen und nicht mit einer totalen moralischen Indifferenz einhergehen. Ein kantianischer Formalismus unterscheidet sich zwar grundlegend von Utilitarismus, Tugendethik, Wertethik und Konsequentialismus, vermag aber nichtsdestotrotz gerade aufgrund seines formalen Charakters zentrale Einsichten dieser Ansätze aufzunehmen und zu integrieren, ohne die Differenzen zu jenen Ansätzen zu nivellieren.

Angesichts der insbesondere im Ausgang von Levinas angezeigten Umarbeitung der kantischen Ethik ist die Frage zu stellen, wie es in einer derartigen phänomenologischen Umarbeitung um das *Verhältnis von Recht und Ethik* steht. Im Unterschied zu seinen Nachfolgern hält Kant trotz einschlägiger Verbindung zwischen Recht und Ethik an dem grundlegenden Unterschied zwischen beiden Bereichen fest. Während es die Ethik mit Maximen des Subjekts zu tun hat, die dieses je selbst ermitteln und auf ihren moralischen Status befragen muss, hat es das Recht mit Handlungen zu tun, die nach dem allgemeinen Rechtsgesetz »äußerlich« so ausfallen müssen, »daß der freie Gebrauch deiner Willkür mit der Freiheit von jedermann nach einem allgemeinen Gesetze zusammen bestehen

---

[3] McDowell, John: *Mind and World*, mit einer neuen Einleitung vom Autor. Cambridge, Massachusetts/London, England: Harvard University Press 1996, S. 84 (dt. *Geist und Welt*. Frankfurt am Main: Suhrkamp ⁴2012, S. 109).

[4] Vgl. ihre Rede von »*procedural* moral realism« im Unterschied zu »*substantive* moral realism« in Korsgaard, Christine M: *The Sources of Normativity*, a. a. O., S. 35.

könne«.[5] Im Unterschied zur Ethik ist das Recht »mit der Befugniß zu zwingen verbunden« und hängt als solches von dem »allgemeinen Willen« ab, in dem mein Wille allererst »durch Vereinigung mit dem Willen Aller in einer öffentlichen Gesetzgebung« derart äußerlich rechtliche Verhältnisse herstellt.[6] Das Recht und die auf ihm aufbauende Politik ist für Kant eine Sache des allgemeinen Willens, die Ethik hingegen nicht. Das Ethische ist schon bei Kant trotz der Universalisierbarkeitsforderung im kategorischen Imperativ insofern eine jemeinige, persönliche Angelegenheit, als ich es in der Ethik je selbst bin, die sich in einer Situation zu orientieren, sich über meine Maximen Klarheit zu verschaffen und sie anhand der in mir fungierenden reinen praktischen Vernunft zu überprüfen hat.[7] Zwar kommt es darauf an, die Gründe der Anderen, wie man heute sagt, in diesem Verfahren als Gegebenheiten der jeweiligen Situation zu berücksichtigen; das Ethische als solches hat es jedoch diesseits des allgemeinen Willens nicht mit der intersubjektiven quasi-politischen Aushandlung von Handlungsregeln zu tun, sondern im Ethischen steht bei aller Berücksichtigung der Anderen und ihrer Zwecke und Gründe am Ende die einsame, jemeinige Entscheidung. Nur das Recht und die Politik haben es mit intersubjektiven Übereinkünften und mit gerechten Institutionen zu tun. Die Ethik bleibt im Unterschied dazu trotz der Universalisierbarkeitsforderung in Bezug auf die Maximen eine Sache des jemeinigen, selbstverantwortlichen Individuums. Wie dem Verhältnis und dem Unterschied von Recht und Ethik aber in einem phänomenologischen Kontext Rechnung getragen werden könnte, bleibt hier eine offene Frage.[8]

Eine weitere Frage, die sich in Anschluss an die Levinas'sche Umarbeitung der kantischen Ethik und angesichts der Tradition philosophischer Ethik insgesamt stellt, ist diejenige nach dem Ort von so etwas wie *Pflichten gegen sich selbst*. Während sich beim frühen Heidegger und bei Sartre die Tendenz fand, jegliche Verantwortung gleichsam zu einer Selbstverantwortung zu machen und

5 MS, AA 6: 231.10–12.

6 Ebd., S. 231.23; 257.11,16–17.

7 Vgl. dazu Longuenesse: »This primacy, in moral judgment, of the point of view of the agent on the action he ought to perform, over that of that same agent, as a spectator of the actions he or another has performed, will perform, or is performing, is the first originality of Kant's conception of moral judgment.« Longuenesse, Béatrice: »Moral judgment as a judgment of reason«, a. a. O., 238 f.

8 Bei Adolf Reinach etwa hat es schon früh Ansätze zu einer Phänomenologie des Rechts gegeben. Reinach, Adolf: *Zur Phänomenologie des Rechts. Die apriorischen Grundlagen des bürgerlichen Rechts*. München: Kösel 1953. In jüngerer Vergangenheit hat Sophie Loidolt zwei Schriften zu einer Rechtsphänomenologie vorgelegt. Loidolt, Sophie: *Anspruch und Rechtfertigung. Eine Theorie des rechtlichen Denkens im Anschluss an die Phänomenologie Edmund Husserls*. Dordrecht: Springer 2009 (= Phaenomenologica. Bd. 191); dies.: *Einführung in die Rechtsphänomenologie. Eine historisch-systematische Darstellung*. Tübingen: Mohr Siebeck 2010.

damit gewissermaßen dem Bereich der »Pflichten gegen sich selbst« zuzuschreiben, scheint Levinas' Konzeption dazu zu neigen, Verantwortung im Ganzen als
Verantwortung für den Anderen zu verstehen und damit als solche dem traditionellen Bereich der »Pflichten gegen andere« zuzuordnen. Eine derartige Gegenüberstellung ist jedoch insbesondere in Bezug auf Levinas insofern irreführend,
als bei ihm nicht ein Selbst mit lauter »Pflichten gegen andere« versehen, sondern
vielmehr das Selbst als solches als Begehren des Anderen aufgefasst wird. Angesichts dessen scheint es eher so zu sein, dass eine eindeutige Trennung zwischen
so etwas wie »Pflichten gegen sich selbst« und »Pflichten gegen andere« nicht
mehr einschlägig ist. Es ist gleichsam die oberste »Pflicht« gegen sich selbst, »von
seinem Begehren nicht abzulassen«, wie es in Lacans Ethik der Psychoanalyse
heißt, wobei das eigene und für das eigene Selbst konstitutive Begehren als solches
jedoch immer schon ein Begehren des Unendlichen im Anderen ist. Auch diese
Frage jedoch verlangt nach weiteren Erörterungen.

Die phänomenologischen Umarbeitungen des kantischen Formalismus in
der Ethik ließen erkennen, dass die so verstandene philosophische Ethik *kein
Handbuch der Lebensführung* sein kann. Es wäre eine Überforderung, würde
man von der philosophischen Ethik verlangen, eine konkrete Anweisung für
jede Lebenslage zu geben. Die Wertethik, insbesondere diejenige von Nicolai
Hartmann, hat mit der Entwicklung eines Wertekatalogs noch am ehesten etwas
Derartiges versucht, aber auch dort wurde bereits deutlich gesehen, dass die je
individuellen Persönlichkeitswerte als solche von einer philosophischen Ethik
nicht inhaltlich aufgelistet werden können. Und obgleich Kant selbst in der *Metaphysik der Sitten* noch einen Pflichtenkatalog für den Menschen entwickelt, ließ
sich mit guten Gründen bezweifeln, ob dieser anhand von Kants eigenen obersten Prinzipien notwendigerweise genau so ausfallen muss (wir haben dies am
Beispiel der »wohllüstigen Selbstschändung« erörtert). Die jede endliche und auf
das Empirische bezogene Maxime sowie jede Handlung grundlegend überschreitende fungierende reine praktische Vernunft ist vom jemeinigen Selbst auf die
ihm je eigene Situation immer wieder neu zu beziehen und im Rahmen einer je
individuellen Handlungsgeschichte, die viele Wege nehmen kann, zu konkretisieren. Philosophische Ethik kann daher als solche *keine Technologie des guten
Lebens* sein, weil sie einerseits dem jemeinigen Einzelnen, seiner Situations- und
Selbsteinschätzung sowie seiner Urteilskraft einen einschlägigen Stellenwert einräumt und andererseits die empirisch sich gebenden Situationen nicht vorwegzunehmen vermag.[9] In Bezug auf Ersteres gibt es ein nicht zu unterschätzendes

---

9 Vgl. Schneewind: »Though he [d. i. Kant, I. R.] offered a view of the structure of the complete
good, he did not intend to give a detailed answer to questions about how one's life might go well
as a whole.« Schneewind, Jerome B.: »Kant and Stoic Ethics«, a. a. O., S. 292.

Moment des *kairos*, insofern viel davon abhängt, ob man im rechten Augenblick Situationen feinfühlig einzuschätzen vermag und einem eine treffende Maxime und Handlung einfällt. Hinsichtlich des zweiten Aspekts aber können im Rahmen der unvorhersehbaren situativen Gegebenheiten Momente des Tragischen im Ethischen auftauchen, die ganze Schicksale von Handlungsgeschichten zu bestimmen vermögen. Dass die philosophische Ethik an dieser Stelle Kompetenzen an das jemeinige Selbst abtreten muss, scheint zur Natur der Sache zu gehören und daher kein Defizit philosophischer Ethik darzustellen. Damit soll keineswegs die Relevanz des heute immer weiter anwachsenden Forschungsfeldes der angewandten Ethik in Frage gestellt werden. Vielmehr wäre die Implikation der hier anvisierten phänomenologischen Perspektive, dass die angewandte Ethik diesseits ihrer feinsinnigen Abwägungen konkreter inhaltlicher Gesichtspunkte und Argumente immer auch auf den Ort des jemeinigen, in einer bestimmten Welt unter bestimmten Anderen situierten Selbst zu reflektieren hat, von dem aus sie jeweils spricht.

Die vorliegende Arbeit beansprucht nicht mehr, als einen Anfang dazu gemacht zu haben, die Phänomenologie in die Debatte um eine zeitgenössische Gestalt kantianischer Ethik einzubringen. In Auseinandersetzung mit Kant, der Kant-Forschung sowie den phänomenologischen Rezeptionen und Umarbeitungen der kantischen Ethik sollte eine historisch-systematische Vorarbeit geleistet werden, auf deren Basis die hier umrissene Perspektive einer phänomenologischen Gestalt kantianischer Ethik mit anderen zeitgenössischen Gestalten kantianischer Ethik insbesondere in der deutsch- und englischsprachigen Welt konfrontiert werden kann. Der nächste Schritt zu einem derartigen Dialog läge in einem Vergleich der hier skizzierten Perspektive mit den einschlägigen alternativen zeitgenössischen Ansätzen, innerhalb dessen die phänomenologische Konzeption zugleich zu konkretisieren und zu vertiefen wäre. Dieser nächste Schritt muss einer zukünftigen Arbeit vorbehalten bleiben.

Literaturverzeichnis

Kants Werke werden nach der Akademie-Ausgabe und nach einmaliger Nennung des vollen Titels unter Verwendung der in den *Kant-Studien* üblichen Abkürzungen zitiert:
Kant, Immanuel: *Gesammelte Schriften*, hrsg.: Bd. 1–22 Preussische Akademie der Wissenschaften, Bd. 23 Deutsche Akademie der Wissenschaften zu Berlin, ab Bd. 24 Akademie der Wissenschaften zu Göttingen. Berlin 1900 ff. [Siglum, AA (Bd.-Nr.): Seite(n).Zeile(n)]

Die Bände der Reihe Husserliana werden nach einmaliger Nennung des vollen Titels abgekürzt mit [Hua (Bd.-Nr.)].

Die Bände der Martin-Heidegger-Gesamtausgabe werden nach einmaliger Nennung des vollen Titels abgekürzt mit [GA (Bd.-Nr.)].

Allison, Henry E.: *Kant's Theory of Freedom*. Cambridge u. a.: Cambridge University Press 1990.
- »On the presumed gap in the derivation of the categorical imperative«, in: ders.: *Idealism and Freedom. Essays on Kant's Theoretical and Practical Philosophy*. New York: Cambridge University Press 1996, S. 143–154.
- *Idealism and Freedom. Essays on Kant's Theoretical and Practical Philosophy*. Cambridge u. a.: Cambridge University Press 1996.
- *Kant's* Groundwork for the Metaphysics of Morals. *A Commentary*. Oxford u. a.: Oxford University Press 2011.
Alphéus, Karl: *Kant und Scheler*, hg. von Barbara Wolandt. Bonn: Bouvier 1981.
Ameriks, Karl: *Kant's Theory of Mind*. Oxford: Oxford University Press 1982.
- »Kant and motivational externalism«, in: Klemme, Heiner/Kühn, Manfred/Schönecker, Dieter (Hg.): *Moralische Motivation. Kant und die Alternativen*. Hamburg: Meiner 2006 (= Kant-Forschungen. Bd. 16), S. 3–22.
Apel, Karl-Otto: »Das Apriori der Kommunikationsgemeinschaft«, in: ders.: *Transformation der Philosophie. Band 2: Das Apriori der Kommunikationsgemeinschaft*. Frankfurt am Main: Suhrkamp 1973, S. 358–435.
- *Diskurs und Verantwortung. Das Problem des Übergangs zur postkonventionellen Moral*. Frankfurt am Main: Suhrkamp 1990.
Arendt, Hannah: *Das Urteilen*. München: Piper 2012.

Aristoteles: *Die Nikomachische Ethik.* Griechisch-deutsch, übersetzt von Olof Gigon, neu hg. von Rainer Nickel. Düsseldorf: Artemis & Winkler ²2007.

Aubenque, Pierre: »Du débat de Davos (1929) à la querelle parisienne sur l'humanisme (1946–1968): genèse, raisons et postérité de l'anti-humanisme heideggérien«, in: Pinchard, Bruno (Hg.): *Heidegger et la question de l'humanisme. Faits, concepts, débats.* Paris: PUF 2005, S. 227–238.

Audi, Robert: *The Good in the Right. A Theory of Intuition and Intrinsic Value.* Princeton/Oxford: Princeton University Press 2004.

Augustinus: *De libero arbitrio – Der freie Wille*, zweisprachige Ausgabe, eingeleitet, übersetzt und hg. von Johannes Brachtendorf. Paderborn u. a.: Ferdinand Schöningh 2006.

– *Bekenntnisse.* Stuttgart: Reclam 1989.

Aurenque, Diana: *Ethosdenken. Auf der Spur einer ethischen Fragestellung in der Philosophie Martin Heideggers.* Freiburg/München: Alber 2011 (= Alber-Reihe Thesen. Bd. 44).

Baas, Bernard: *Le Désir Pur. Parcours philosophiques dans les parages de J. Lacan.* Louvain: Éditions Peeters 1992.

Badiou, Alain: *L'éthique. Essai sur la conscience du mal.* Caen: Nous 2003 (dt. *Ethik*, übersetzt von Jürgen Brankel. Wien: Turia + Kant 2003).

Baier, Lothar: »›Im Ganzen gelungen‹. Zu den letzten Gesprächen Jean-Paul Sartres und Benny Lévys«, in: Sartre, Jean-Paul: *Brüderlichkeit und Gewalt. Ein Gespräch mit Benny Lévy*, übersetzt von Grete Osterwald, mit einem Nachwort von Lothar Baier. Berlin: Wagenbach 1993, S. 75–91.

Bambauer, Christoph: *Deontologie und Teleologie in der kantischen Ethik.* Freiburg/München: Alber 2011.

Barbaras, Renaud: »Désir et totalité«, in: *Sartre phénoménologue. Alter. Revue de phénoménologie* 10 (2002), S. 13–21.

Baron, Marcia: »Kantian ethics and supererogation«, in: *The Journal of Philosophy* 84 (1987), S. 55–76.

– *Kantian Ethics Almost Without Apology.* Ithaca/London: Cornell University Press 1995.

– »Overdetermined actions and imperfect duties«, in: Klemme, Heiner/Kühn, Manfred/Schönecker, Dieter (Hg.): *Moralische Motivation. Kant und die Alternativen.* Hamburg: Meiner 2006 (= Kant-Forschungen. Bd. 16), S. 23–37.

Baum, Manfred: »Person und Persönlichkeit bei Kant«, in: Lohmar, Achim/Peucker, Henning (Hg.): *Subjekt als Prinzip? Zur Problemgeschichte und Systematik eines neuzeitlichen Paradigmas.* Würzburg: Königshausen & Neumann 2004, S. 81–92.

– »Freiheit und Verbindlichkeit in Kants Moralphilosophie«, in: *Jahrbuch für Recht und Ethik* 13 (2005), S. 31–43.

– »Sittlichkeit und Freiheit in Kants *Grundlegung*«, in: Engelhard, Kristina/Heidemann, Dietmar H. (Hg.): *Ethikbegründungen zwischen Universalismus und Relativismus*. Berlin/New York: de Gruyter 2005, S. 183–202.

- »Kant über die Empfänglichkeit des Gemüts für Pflichtbegriffe überhaupt«, in: Römer, Inga (Hg.): *Affektivität und Ethik bei Kant und in der Phänomenologie*. Berlin/Boston: de Gruyter 2014, S. 101–116.

Baumgarten, Alexander Gottlieb: *Metaphysik*, übersetzt von Ge. Friedr. Meier, Anmerkungen von Joh. Aug. Eberhard. Jena: Dietrich Scheglmann Reprints 2004 (= Klassiker der Metaphysik. Bd. 1).

- *Ethica Philosophica*. Halae Magdeburgicae 1763.

Beck, Lewis White: *Kants »Kritik der praktischen Vernunft«. Ein Kommentar*, übersetzt von Karl-Heinz Ilting. München: Fink 1974.

Bedorf, Thomas: »Der blinde Philosoph des Blicks oder Ob der späte Jean-Paul Sartre als Levinasianer anzusehen sei«, in: *Phänomenologische Forschungen* 8 (2004), S. 113–132.

- »Andro-fraternozentrismus – Von der Brüderlichkeit zur Solidarität und zurück«, in: Bedorf, Thomas/Cremonini, Andreas (Hg.): *Verfehlte Begegnung. Levinas und Sartre als philosophische Zeitgenossen*. München: Fink 2005, S. 223–257.

- *Verkennende Anerkennung*. Frankfurt am Main: Suhrkamp 2010.

Benoist, Jocelyn: *Kant et les limites de la synthèse. Le sujet sensible*. Paris: PUF 1996.

Bernasconi, Robert: »Wer ist der Dritte?«, in: Waldenfels, Bernhard/Därmann, Iris (Hg.): *Der Anspruch des Anderen. Perspektiven phänomenologischer Ethik*. München: Fink 1998, S. 87–110.

Bernet, Rudolf: »Subjekt und Gesetz in der Ethik von Kant und Lacan«, in: Gondek, Hans-Dieter/Widmer, Peter (Hg.): *Ethik und Psychoanalyse. Vom kategorischen Imperativ zum Gesetz des Begehrens: Kant und Lacan*. Frankfurt: Fischer 1994, S. 27–51.

- »L'autre du temps«, in: Lévinas, Emmanuel: *Positivité et transcendance. Suivi de Lévinas et la phénoménologie*, hg. von Jean-Luc Marion. Paris: PUF 2000, S. 143–163.

- »La ›conscience‹ selon Sartre comme pulsion et désir«, in: *Sartre phénoménologue. Alter. Revue de phénoménologie* 10 (2002), S. 23–42.

Betzler, Monika (Hg.): *Kant's Ethics of Virtue*. Berlin/New York: de Gruyter 2008.

Bimbenet, Etienne: »Heidegger: L'ontologie d'un point de vue éthique«, in: *Éthique et phénoménologie. Alter. Revue de phénoménologie* 13 (2005), S. 135–164.

Birnbacher, Dieter: *Analytische Einführung in die Ethik*. Berlin: de Gruyter ²2007.

Bittner, Rüdiger: »Maximen«, in: *Akten des 4. Internationalen Kant-Kongresses Mainz 6.-10. April 1974*. Teil II.2, hg. von Gerhard Funke. Berlin/New York: de Gruyter 1974, S. 485–498.

- *Moralisches Gebot oder Autonomie*. Freiburg/München: Alber 1983 (= Reihe: Praktische Philosophie. Bd. 18).

Blosser, Philip: *Scheler's Critique of Kant's Ethics*. Athens: Ohio University Press 1995.

Böhme, Hartmut/Böhme, Gernot: *Das Andere der Vernunft. Zur Entwicklung von Rationalitätsstrukturen am Beispiel Kants*. Frankfurt am Main: Suhrkamp 1983.

Bojanowski, Jochen: *Kants Theorie der Freiheit. Rekonstruktion und Rehabilitierung.* Berlin/New York: de Gruyter 2006 (= Kantstudien. Ergänzungshefte. Bd. 151).

– »Kant und das Problem der Zurechenbarkeit«, in: *Zeitschrift für philosophische Forschung* 61 (2007) 2, S. 207–228.

Borowski, L. E.: »Darstellung des Lebens und Charakters Immanuel Kants. Von Kant selbst genau revidiert und berichtigt«, in: Gross, Felix (Hg.): *Immanuel Kant. Sein Leben in Darstellungen von Zeitgenossen. Die Biographien von L. E. Borowski, R. B. Jachmann und A. C. Wasianski*, reprografischer Nachdruck der Ausgabe Berlin 1912, Darmstadt 1980, S. 1–115.

Brandt, Reinhard: »Der Zirkel im dritten Abschnitt von Kants Grundlegung zur Metaphysik der Sitten«, in: Oberer, Hariolf/Seel, Gerhard (Hg.): *Kant. Analysen – Probleme – Kritik*. Würzburg: Königshausen & Neumann 1988, S. 169–191.

Brentano, Franz: *Vom Ursprung sittlicher Erkenntnis*, hg. und eingeleitet Oskar Kraus. Saarbrücken: Verlag Dr. Müller 32006.

Caputo, John D.: »Kant's Ethics in Phenomenological Perspective«, in: Seebohm, Thomas M./Kockelmans, Joseph J. (Hg.): *Kant and Phenomenology*. Washington D. C.: University Press of America, S. 129–146.

Cassirer, Ernst: »Kant und das Problem der Metaphysik. Bemerkungen zu Martin Heideggers Kant-Interpretation«, in: *Kant-Studien* 36 (1931), S. 1–26.

Chalier, Catherine: *Pour und morale au-delà du savoir. Kant et Levinas*. Paris: Albin Michel 1998.

Cicero, Marcus Tullius: *De Officiis / Vom Pflichtgemäßen Handeln*. Lateinisch-deutsch, hg. und übersetzt von Rainer Nickel. Düsseldorf: Artemis & Winkler 2008.

– *Über das Schicksal / De fato*. Lateinisch-deutsch, hg. und übersetzt von Karl Bayer. Düsseldorf/Zürich: Artemis & Winkler 2000.

Cobet, Thomas: *Husserl, Kant und die Praktische Philosophie. Analysen zu Moralität und Freiheit*. Würzburg: Königshausen & Neumann 2003.

Crittenden, Paul: *Sartre in Search of an Ethics*. Newcastle: Cambridge Scholars Publishing 2009.

Crowell, Steven Galt: »Metaphysics, metontology, and the end of Being and Time«, in: *Philosophy and Phenomenological Research* LX (2000) 2, S. 307–331.

– *Husserl, Heidegger, and the Space of Meaning. Paths Toward Transcendental Phenomenology*. Evanston: Northwestern University Press 2001.

– *Normativity and Phenomenology in Husserl and Heidegger*. Cambridge u. a.: Cambridge University Press 2013.

– »Kant und die Phänomenologie«, übersetzt von Philip Flock, in: Römer, Inga (Hg.):

Affektivität und Ethik bei Kant und in der Phänomenologie. Berlin/New York: de Gruyter 2014, S. 19–51.

Crowell, Steven/Malpas, Jeff (Hg.): *Transcendental Heidegger*. Stanford, California: Stanford University Press 2007.

Darwall, Stephen: *The Second-Person Standpoint. Morality, Respect, and Accountability*. Cambridge, Massachusetts/London, England: Harvard University Press 2006.

Dastur, Françoise: »The call of conscience. The most intimate alterity«, in: Raffoul, François/Pettigrew, David (Hg.): *Heidegger and Practical Philosophy*. New York: State University of New York Press 2002, S. 87–97.

David, Alain: »Le nom de la finitude. De Levinas à Kant«, in: *Emmanuel Lévinas: Les cahiers de la nuit surveillée*. Lagrasse: Verdier 1984, S. 245–281.

– »S'orienter dans la pensée. Notes zur l'extériorité«, in: Chalier, Catherine/Abensour, Miguel (Hg.): *Emmanuel Lévinas*. Paris: Éditions de l'Herne 1991, S. 226–240.

Derrida, Jacques: »Le mot d'accueil«, in: ders.: *Adieu – à Emmanuel Lévinas*. Paris: Galilée 1997, S. 37–211 (dt. »Das Wort zum Empfang«, in: ders.: *Adieu. Nachruf auf Emmanuel Lévinas*, übersetzt von Reinold Werner. München/Wien: Carl Hanser Verlag 1999, S. 31–153).

– »L'oreille de Heidegger, Philopolémologie (*Geschlecht IV*)«, in: ders.: *Politiques de l'amitié*. Paris: Galilée 1994, S. 343–419 (dt.: »Heideggers Ohr. Philopolemologie (Geschlecht IV)«, in: ders.: *Politik der Freundschaft*. Frankfurt am Main: Suhrkamp 2000, S. 411–492).

Descamps, Christian: »Emmanuel Lévinas«, in: Delacampagne, Christian (Hg.): *Entretiens avec Le Monde: 1. Philosophies*. Paris: La Découverte 1984, S. 138–147.

Detmer, David: *Freedom as a Value. A Critique of the Ethical Theory of Jean-Paul Sartre*. La Salle, Illinois: Open Court 1988.

Diamond, Cora: *Menschen, Tiere und Begriffe. Aufsätze zur Moralphilosophie*, hg. und mit einem Nachwort versehen von Christoph Ammann und Andreas Hunziker, übersetzt von Joachim Schulte. Frankfurt am Main: Suhrkamp 2012.

Düsing, Edith: *Intersubjektivität und Selbstbewusstsein. Behavioristische, phänomenologische und idealistische Begründungstheorien bei Mead, Schütz, Fichte und Hegel*. Köln: Verlag für Philosophie Jürgen Dinter 1986.

Düsing, Klaus: »Kants Ethik in der Philosophie der Gegenwart«, in: Heidemann, Dietmar H./Engelhard, Kristina (Hg.): *Warum Kant heute? Systematische Bedeutung und Rezeption seiner Philosophie in der Gegenwart*. Berlin/New York: de Gruyter 2004, S. 231–263.

– *Fundamente der Ethik. Unzeitgemäße typologische und subjektivitätstheoretische Untersuchungen*. Stuttgart-Bad Cannstatt: frommann-holzboog 2005 (= problemata. Bd. 152).

– »Fundamente der Ethik. Eine Problemskizze«, in: Klein, Hans-Dieter (Hg.): *Ethik als prima philosophia?* Würzburg: Königshausen & Neumann 2011, S. 119–129.

Ebbinghaus, Julius: »Die Formeln des kategorischen Imperativs und die Ableitung inhaltlich bestimmter Pflichten«, in: ders.: *Philosophie der Freiheit. Praktische Philosophie: 1955–1972*, hg. von Georg Geismann und Hariolf Oberer. Bonn: Bouvier 1999 (= Gesammelte Schriften. Bd. II), S. 209–229.

- »VI. [Die Formeln des kategorischen Impertivs in Kants ›Grundlegung zur Metaphysik der Sitten‹]«, in: ders.: *Philosophische Studien aus dem Nachlaß*, in Verbindung mit Manfred Baum hg. von Udo Rameil. Würzburg: Königshausen & Neumann 2013, S. 457–463.

Ebert, Theodor: »Kants kategorischer Imperativ und die Kriterien gebotener, verbotener und freigestellter Handlungen«, in: *Kant-Studien* 68 (1976), S. 570–583.

Eggers, Michael: *Texte, die alles sagen. Erzählende Literatur des 18. und 19. Jahrhunderts und Theorien der Stimme*. Würzburg: Königshausen & Neumann 2003.

Espinet, David: *Phänomenologie des Hörens. Eine Untersuchung im Ausgang von Martin Heidegger*. Tübingen: Mohr Siebeck 2009 (= Philosophische Untersuchungen. Bd. 23).

- *Ereigniskritik. Zu einer Grundfigur der Moderne bei Kant*. Berlin/Boston: de Gruyter 2017 (= Deutsche Zeitschrift für Philosophie. Sonderbände. Bd. 39).

Esposito, Costantino: »Kausalität als Freiheit: Heidegger liest Kant«, in: *Heidegger Studies* 20 (2004), S. 101–125.

Esser, Andrea Marlen: *Eine Ethik für Endliche. Kants Tugendlehre in der Gegenwart*. Stuttgart-Bad Cannstatt: frommann-holzboog 2004 (= Spekulation und Erfahrung. Texte und Untersuchungen zum Deutschen Idealismus. Abteilung II: Untersuchungen. Bd. 53).

- »The inner court of conscience, moral self-knowledge, and the proper object of duty (TL 6:437–444)«, in: Trampota, Andreas/Sensen, Oliver/Timmermann, Jens (Hg.): *Kant's »Tugendlehre«. A Comprehensive Commentary*. Berlin/Boston: de Gruyter 2013, S. 269–291.

- »Die Bedeutung von Gefühlen in Kants Moralphilosophie und die Möglichkeit ihrer phänomenologischen Erweiterung«, in: Römer, Inga (Hg.): *Affektivität und Ethik bei Kant und in der Phänomenologie*. Berlin/Boston: de Gruyter 2014, S. 145–171.

Faust, Wolfgang: *Abenteuer der Phänomenologie. Philosophie und Politik bei Maurice Merleau-Ponty*. Würzburg: Königshausen & Neumann 2007.

Feron, Étienne: »Intérêt et désintéressement. Levinas et Kant«, in: Dupuis, Michel (Hg.): *Levinas en contrastes*. Bruxelles: DeBoeck-Wesmael 1994, S. 83–105.

Fichte, Johann Gottlieb: *Grundlage des Naturrechts nach Principien der Wissenschaftslehre 1796*. Berlin: de Gruyter 1971.

- *Das System der Sittenlehre nach den Prinzipien der Wissenschaftslehre (1798)*. Hamburg: Meiner 1995.

Fischer, Norbert: »Kants kritische Metaphysik und ihre Beziehung zum Anderen«, in: Fischer, Norbert/Hattrup, Dieter: *Metaphysik aus dem Anspruch des Anderen. Kant und Levinas*. Paderborn: Schöningh 1999, S. 47–230.

– »Ethik und Gottesfrage. Zwei Zentren im ersten Hauptwerk von Emmanuel Levinas (›Totalité et Infini‹)«, in: Fischer, Norbert/Sirovátka, Jakub (Hg.): *»Für das Unsichtbare sterben«. Zum 100. Geburtstag von Emmanuel Levinas*. Paderborn u. a.: Schöningh 2006, S. 25–42.

Fleischer, Margot: »Das Problem der Begründung des kategorischen Imperativs bei Kant«, in: Engelhardt, Paulus (Hg.): *Sein und Ethos. Untersuchungen zur Grundlegung der Ethik*. Mainz: Matthias-Gründewald-Verlag 1963 (= Walberger Studien. Philosophische Reihe. Bd. I), S. 387–404.

Fœssel, Michaël: »Le respect: un sentiment esthétique?«, in: Calori, François/Fœssel, Michaël/Pradelle, Dominique (Hg.): *De la sensibilité. Les esthétiques de Kant*. Rennes: PUR 2014, S. 177–190.

Franck, Didier: *L'un-pour-l'autre. Levinas et la signification*. Paris: PUF 2008.

Frankfurt, Harry G.: »Willensfreiheit und der Begriff der Person«, in: ders.: *Freiheit und Selbstbestimmung. Ausgewälte Texte*, hg. von Monika Betzler und Barbara Guckes. Berlin: Akademie Verlag 2001, S. 65–83.

Frede, Dorothea: *Heideggers Tragödie – Bemerkungen zur Bedeutung seiner Philosophie*. Joachim Jungius-Gesellschaft der Wissenschaften. Göttingen: Vandenhoeck und Ruprecht 1999.

Frierson, Patrick R.: *Freedom and Anthropology in Kant's Moral Philosophy*. Cambridge u. a.: Cambridge University Press 2010.

– »Kant's Defense of Common Moral Experience: A Phenomenological Account« (Rezension des gleichnamigen Buches von Jeanine Grenberg), in: http://ndpr. nd.edu/news/45503-kant-s-defense-of-common-moral-experience-a-phenomenological-account/ (Abruf: 23.10.2014).

Fröhlich, Günter: *Form und Wert. Die komplementären Begründungen der Ethik bei Immanuel Kant, Max Scheler und Edmund Husserl*. Würzburg: Königshausen & Neumann 2011 (= Orbis Phaenomenologicus).

Funke, Gerhard: »Die Diskussion um die metaphysische Kantinterpretation«, in: *Kant-Studien* 67 (1976), S. 409–424.

Gabel, Michael: »Phänomenologische Rekonstruktion personaler Akte«, in: Bermes, Christian/Henckmann, Wolfhart/Leonardy, Heinz (Hg.): *Person und Wert. Schelers ›Formalismus‹ – Perspektiven und Wirkungen*. Freiburg/München: Alber 2000, S. 47–72.

Gadamer, Hans-Georg: »Über die Möglichkeit einer philosophischen Ethik«, in: Engelhardt, Paulus (Hg.): *Sein und Ethos. Untersuchungen zur Grundlegung der Ethik*. Mainz: Matthias-Gründewald-Verlag 1963 (= Walberger Studien. Philosophische Reihe. Bd. I), S. 11–24.

- »Selbstdarstellung – Hans-Georg Gadamer«, in: Grondin, Jean (Hg.): *Gadamer Lesebuch*. Tübingen: Mohr Siebeck 1997 (= UTB für Wissenschaft), S. 1–30.

Gallagher, Shaun: »Inference or interaction: social cognition without precursors«, in: *Philosophical Explorations* 11 (2008) 3, S. 163–174.

Geniusas, Saulius: »The question of ethics in Heidegger's *Being and Time*«, in: Feger, Hans/Hackel, Manuela (Hg.): *Existenzphilosophie und Ethik*. Berlin/Boston: de Gruyter 2014, S. 313–328.

Ginsborg, Hannah: »Interesseloses Wohlgefallen und Allgemeinheit ohne Begriffe (§§ 1–9)«, in: Höffe, Otfried (Hg.): *Immanuel Kant. Kritik der Urteilskraft*. Berlin: Akademie Verlag 2008 (= Klassiker Auslgen. Bd. 33), S. 59–77.

Goy, Ina: »Virtue and sensibility (TL 6:399–409)«, in: Trampota, Andreas/Sensen, Oliver/Timmermann, Jens (Hg.): *Kant's »Tugendlehre«. A Comprehensive Commentary*. Berlin/Boston: de Gruyter 2013, S. 183–206.

Goy, Mathias: »De l'être à l'autre«, in: *Éthique et phénoménologie. Alter. Revue de phénoménologie* 13 (2005), S. 165–194.

Gregor, Mary J.: *Laws of Freedom. A Study of Kant's Method of Applying the Categorical Imperative in the* Metaphysik der Sitten. Oxford: Basil Blackwell 1963.

Grenberg, Jeanine: *Kant's Defense of Common Moral Experience. A Phenomenological Account*. Cambridge: Cambridge University Press 2013.

Grondin, Jean (Hg.): *Gadamer Lesebuch*. Tübingen: Mohr Siebeck 1997 (= UTB für Wissenschaft).

Grünewald, Bernward: »Praktische Vernunft, Modalität und transzendentale Einheit. Das Problem einer transzendentalen Deduktion des Sittengesetzes«, in: Oberer, Hariolf/Seel, Gerhard (Hg.): *Kant. Analysen – Probleme – Kritik*. Würzburg: Königshausen & Neumann 1988, S. 127–167.

- »Form und Materie der reinen praktischen Vernunft. Über die Haltlosigkeit von Formalismus- und Solipsismus-Vorwürfen und das Verhältnis des kategorischen Imperativs zu seinen Erläuterungsformeln«, in: Doyé, Sabine/Heinz, Marion/Rameil, Udo (Hg.): *Metaphysik und Kritik. Festschrift für Manfred Baum zum 65. Geburtstag*. Berlin/New York: de Gruyter 2004, S. 183–201.

- »Das Theoretische, das Praktische und das Sittengesetz. Zu Husserls Kritik der Kantischen Moralphilosophie«, in: Fabbianelli, Faustino/Luft, Sebastian (Hg.): *Husserl und die klassische deutsche Philosophie. Husserl and Classical German Philosophy*. Heidelberg u. a.: Springer 2014, S. 213–227.

Guyer, Paul: *Kant on Freedom, Law, and Happiness*. Cambridge u. a.: Cambridge University Press 2000.

- »Moral feelings in the *Metaphysics of Morals*«, in: Denis, Lara (Hg.): *Kant's Metaphysics of Morals. A Critical Guide*. Cambridge u. a.: Cambridge University Press 2010, S. 130–151.

Habermas, Jürgen: *Moralbewußtsein und kommunikatives Handeln*. Frankfurt am Main: Suhrkamp 1983.

- *Erläuterungen zur Diskursethik*. Frankfurt am Main: Suhrkamp 1991.

Habib, Stéphane: *La responsabilité chez Sartre et Lévinas*, mit einem Vorwort von Catherine Chalier. Paris/Montréal: L'Harmattan 1998.

Hartmann, Nicolai: *Ethik*. Berlin: de Gruyter 41962.

Hegel, Georg Wilhelm Friedrich: »Über die wissenschaftlichen Behandlungsarten des Naturrechts, seine Stelle in der praktischen Philosophie und sein Verhältnis zu den positiven Rechtswissenschaften«, in: ders.: *Jenaer Schriften 1801–1807*, hg. von Eva Moldenhauer und Karl Markus Michel. Frankfurt am Main: Suhrkamp 1986 (= Werke. Bd. 2), S. 434–530.

- *Phänomenologie des Geistes*, hg. von Eva Moldenhauer und Karl Markus Michel. Frankfurt am Main: Suhrkamp 1970 (= Werke. Bd. 3).

- *Grundlinien der Philosophie des Rechts*, hg. von Eva Moldenhauer und Karl Markus Michel. Frankfurt: Suhrkamp 51996 (= Werke. Bd. 7).

- *Vorlesungen über die Geschichte der Philosophie III*, hg. von Eva Moldenhauer und Karl Markus Michel. Frankfurt am Main: Suhrkamp 42003 (= Werke. Bd. 20).

Heidegger, Martin: *Sein und Zeit*. Tübingen: Max Niemeyer Verlag 171993.

- *Kant und das Problem der Metaphysik*, hg. von Friedrich-Wilhelm von Herrmann. Frankfurt am Main: Klostermann 61998 (= Gesamtausgabe. Bd. 3).

- »Platons Lehre von der Wahrheit«, in: ders.: *Wegmarken*, hg. von Friedrich-Wilhelm von Herrmann. Frankfurt am Main: Klostermann 32004 (= Gesamtausgabe. Bd. 9), S. 203–238.

- »Brief über den Humanismus (1946)«, in: ders.: *Wegmarken*, hg. von Friedrich-Wilhelm von Herrmann. Frankfurt am Main: Klostermann 32004 (= Gesamtausgabe. Bd. 9), S. 313–364.

- *Platon: Sophistes*, hg. von Ingeborg Schüßler. Frankfurt am Main: Klostermann 1992 (= Gesamtausgabe. Bd. 19).

- *Die Grundprobleme der Phänomenologie*, hg. von Friedrich-Wilhelm von Herrmann. Frankfurt am Main: Klostermann 1975 (= Gesamtausgabe. Bd. 24).

- *Phänomenologische Interpretation von Kants Kritik der reinen Vernunft*, hg. von Ingtraud Görland. Frankfurt am Main: Klostermann 31995 (= Gesamtausgabe. Bd. 25).

- *Metaphysische Anfangsgründe der Logik im Ausgang von Leibniz*, hg. von Klaus Held. Frankfurt am Main: Klostermann 1978 (= Gesamtausgabe. Bd. 26).

- *Einleitung in die Philosophie*, hg. von Otto Saame und Ina Saame-Speidel. Frankfurt am Main: Klostermann 22001 (= Gesamtausgabe. Bd. 27).

- *Vom Wesen der menschlichen Freiheit. Einleitung in die Philosophie*, hg. von Hartmut Tietjen. Frankfurt am Main: Klostermann 1982 (= Gesamtausgabe. Bd. 31).

- *Aristoteles Metaphysik IX 1–3. Vom Wesen und Wirklichkeit der Kraft*, hg. von Heinrich Hüni. Frankfurt am Main: Klostermann 32006 (= Gesamtausgabe. Bd. 33).

- *Hölderlins Hymnen »Germanien« und »Der Rhein«*, hg. von Susanne Ziegler. Frankfurt am Main: Klostermann ³1999 (= Gesamtausgabe. Bd. 39).
- *Die Frage nach dem Ding. Zu Kants Lehre von den transzendentalen Grundsätzen*, hg. von Petra Jaeger. Frankfurt am Main: Klostermann 1984 (= Gesamtausgabe. Bd. 41).
- *Schelling: Vom Wesen der menschlichen Freiheit*, hg. von Ingrid Schüßler. Frankfurt am Main: Klostermann 1988 (= Gesamtausgabe. Bd. 42).
- *Beiträge zur Philosophie (Vom Ereignis)*, hg. von Friedrich-Wilhelm von Herrmann. Frankfurt am Main: Klostermann ³2003 (= Gesamtausgabe. Bd. 65).
- *Überlegungen II-VI (Schwarze Hefte 1931–1938)*, hg. von Peter Trawny. Frankfurt am Main: Klostermann 2014 (= Gesamtausgabe. Bd. 94).
- »Nietzsches Wort ›Gott ist tot‹«, in: ders.: *Holzwege*. Frankfurt am Main: Klostermann ⁷1994, S. 209–267.
- »Das Individuum in der Rolle des Mitmenschen« (1928), in: Löwith, Karl: *Mensch und Menschenwelt. Beiträge zur Anthropologie*, hg. von Klaus Stichweh. Stuttgart: J.b. Metzlersche Verlagsbuchhandlung 1981, S. 469–473.
- *Mein liebes Seelchen! Briefe von Martin Heidegger an seine Frau Elfride 1915–1979*, hg. und kommentiert von Gertrud Heidegger. München: Deutsche Verlagsanstalt 2005.

Heidemann, Ingeborg: *Untersuchungen zur Kantkritik Max Schelers*. Diss. Bonn 1948.

Heimsoeth, Heinz: »Die metaphysischen Motive in der Ausbildung des kritischen Idealismus«, in: *Kant-Studien* 29 (1924), S. 121–159.

Heinrichs, Bert: *Moralische Intuition und ethische Rechtfertigung. Eine Untersuchung zum ethischen Intuitionismus*. Münster: mentis 2013.

Henrich, Dieter: »Das Prinzip der Kantischen Ethik«, in: *Philosophische Rundschau* 2 (1954/55), S. 20–38.
- »Das Problem der Grundlegung der Ethik bei Kant und im spekulativen Idealismus«, in: Engelhardt, Paulus (Hg.): *Sein und Ethos. Untersuchungen zur Grundlegung der Ethik*. Mainz: Matthias-Gründewald-Verlag 1963 (= Walberger Studien. Philosophische Reihe. Bd. I), S. 350–386.
- »Der Begriff der sittlichen Einsicht und Kants Lehre vom Faktum der Vernunft«, in: Prauss, Gerold (Hg.): *Kant. Zur Deutung seiner Theorie von Erkennen und Handeln*. Köln: Kiepenheuer & Witsch 1973, S. 223–254.
- »Die Deduktion des Sittengesetzes. Über die Gründe der Dunkelheit des letzten Abschnittes von Kants ›Grundlegung zur Metaphysik der Sitten‹«, in: Schwan, Alexander (Hg.): *Denken im Schatten des Nihilismus. Festschrift für Wilhelm Weischedel zum 70. Geburtstag*. Darmstadt: Wissenschaftliche Buchgesellschaft 1975, S. 55–112.

Herman, Barbara: *Morality as Rationality. A Study of Kant's Ethics*. New York/London: Garland Publishing 1990.

- »On the value of acting from the motive of duty«, in: dies.: *The Practice of Moral Judgment*. Cambridge, Massachusetts/London, England: Harvard University Press 1993, S. 1–22.
- »Leaving deontology behind«, in: dies.: *The Practice of Moral Judgment*. Cambridge, Massachusetts/London, England: Harvard University Press 1993, S. 208–240.
- *The Practice of Moral Judgment*. Cambridge, Massachusetts/London, England: Harvard University Press 1993.
- *Moral Literacy*. Cambridge, Massachusetts/London, England: Harvard University Press 2007.

Herrmann, Joachim: *Die Prinzipien der formalen Gesetzesethik Kants und der materialen Wertethik Schelers. Beitrag zum Problem des Verhältnisses zwischen Psychologie und Ethik*. Diss. Breslau 1928.

Hetzel, Andreas/Quadflieg, Dirk/Salaverría, Heidi (Hg.): *Alterität und Anerkennung*. Baden-Baden: Nomos 2011.

Hill, Thomas: »Kant on imperfect duty and supererogation«, in: *Kant-Studien* 62 (1971), S. 55–76.

Hills, Alison: »Kantian value realism«, in: *Ratio* XXI (2008), S. 182–200.

Höffe, Otfried: »Die Form der Maximen als Bestimmungsgrund«, in: ders. (Hg.): *Immanuel Kant. Kritik der praktischen Vernunft*. Berlin: Akademie Verlag 2002 (= Klassiker Auslegen. Bd. 26), S. 63–80.
- »Einführung in Kants Religionsschrift«, in: Höffe, Otfried (Hg.): *Immanuel Kant. Die Religion innerhalb der Grenzen der bloßen Vernunft*. Berlin: Akademie Verlag 2011 (= Klassiker Auslegen. Bd. 41), S. 1–28.

Hodge, Joanna: *Heidegger and Ethics*. London/New York: Routledge 1995.

Hölderlin, Friedrich: *1797–1799. Frankfurt – Homburg. Erster Plan zum Empedokles. Oden. Horaz. Hyperion II*, hg. von D. E. Sattler. München: Luchterhand Literaturverlag 2004 (= Sämtliche Werke, Briefe und Dokumente in zeitlicher Folge. Bd. 6).

Höwing, Thomas: *Praktische Lust. Kant über das Verhältnis von Fühlen, Begehren und praktischer Vernunft*. Berlin/Boston: de Gruyter 2013 (= Quellen und Studien zur Philosophie. Bd. 113).

Hoffmann, Thomas Sören: »Gewissen als praktische Apperzeption. Zur Lehre vom Gewissen in Kants Ethik-Vorlesungen«, in: *Kant-Studien* 93 (2002), S. 424–443.

Honneth, Axel: »Die transzendentale Notwendigkeit von Intersubjektivität (Zweiter Lehrsatz: § 3)«, in: Merle, Jean-Christophe (Hg.): *Johann Gottlieb Fichte: Grundlage des Naturrechts*. Berlin: Akademie Verlag 2001 (= Klassiker Auslegen. Bd. 24), S. 63–80.
- »Die Gleichursprünglichkeit von Anerkennung und Verdinglichung. Zu Sartres Theorie der Intersubjektivität«, in: Schumacher, Bernard N. (Hg.): *Jean-Paul Sartre. Das Sein und das Nichts*. Berlin: Akademie Verlag 2003 (= Klassiker Auslegen. Bd. 22), S. 135–157.

- *Kampf um Anerkennung. Zur moralischen Grammatik sozialer Konflikte.* Frankfurt am Main: Suhrkamp 2003.

Hoppe, Hansgeorg: »Wandlungen in der Kant-Auffassung Heideggers«, in: Klostermann, Vittorio (Hg.): *Durchblicke. Martin Heidegger zum 80. Geburtstag.* Frankfurt am Main: Klostermann 1970, S. 284–317.

Horkheimer, Max/Adorno, Theodor W.: *Dialektik der Aufklärung. Philosophische Fragmente.* Frankfurt am Main: Fischer 1969.

Hruschka, Joachim: »The permissive law of practical reason in Kant's *Metaphysics of Morals*«, in: *Law and Philosophy* 23 (2004) 1, S. 45–72.

Hume, David: *A Treatise of Human Nature,* hg. David Fate Norton und Mary J. Norton. New York: Oxford University Press 2000.
- *An Enquiry Concerning the Principles of Morals,* hg. von Tom L. Beauchamp. Oxford/New York: Oxford University Press 1998.

Husserl, Edmund: *Die Krisis der europäischen Wissenschaften und die transzendentale Phänomenologie. Eine Einleitung in die phänomenologische Philosophie,* hg. von Walter Biemel. Den Haag: Martinus Nijhoff 1976 (= Husserliana. Bd. VI).
- *Zur Phänomenologie der Intersubjektivität. Texte aus dem Nachlass. Erster Teil. 1905–1920,* hg. von Iso Kern. Den Haag: Martinus Nijhoff 1973 (= Husserliana. Bd. XIII).
- *Zur Phänomenologie der Intersubjektivität. Texte aus dem Nachlass. Zweiter Teil. 1921–28,* hg. von Iso Kern. Den Haag: Martinus Nijhoff 1973 (= Husserliana. Bd. XIV).
- *Zur Phänomenologie der Intersubjektivität. Texte aus dem Nachlass. Dritter Teil: 1929–1935,* hg. von Iso Kern. Den Haag: Martinus Nijhoff 1973 (= Husserliana. Bd. XV).
- *Aufsätze und Vorträge (1922–1937),* hg. von Thomas Nenon und Hans Rainer Sepp. Dordrecht u. a.: Kluwer 1989 (= Husserliana. Bd. XXVII).
- *Vorlesungen über Ethik und Wertlehre 1908–1914,* hg. von Ullrich Melle. Dordrecht u. a.: Kluwer 1988 (= Husserliana. Bd. XXVIII).
- *Einleitung in die Ethik. Vorlesungen Sommersemester 1920/1924,* hg. von Henning Peucker. Dordrecht u. a.: Kluwer 2004 (= Husserliana. Bd. XXXVII).
- *Grenzprobleme der Phänomenologie. Analysen des Unbewusstseins und der Instinkte. Metaphysik. Späte Ethik. Texte aus dem Nachlass (1908–1937),* hg. von Rochus Sowa und Thomas Vongehr. Dordrecht u. a.: Springer 2013 (= Husserliana. Bd. XLII).
- *Vorlesungen zur Phänomenologie des inneren Zeitbewußtseins,* hg. von Martin Heidegger. Tübingen: Niemeyer ³2000.

Jaran, François: *La Métaphysique du Dasein. Heidegger et la possibilité de la métaphysique (1927–1930),* mit einem Vorwort von Jean Grondin. Bucarest: Zeta Books 2010.

Jeanson, Francis: *Le problème moral et la pensée de Sartre,* mit einem Vorwort von Jean-Paul Sartre. Paris: Éditions du Seuil 1965.

Joas, Hans: *Die Sakralität der Person. Eine neue Genealogie der Menschenrechte*. Berlin: Suhrkamp 2011.

Kant, Immanuel [vgl. die Anmerkung zu Beginn des Literaturverzeichnisses]

Kant, Immanuel: »Aus den Vorarbeiten zur Einleitung in die ›Metaphysik der Sitten‹ (vor 1797)«, in: Bittner, Rüdiger/Cramer, Konrad (Hg.): *Materialien zu Kants ›Kritik der praktischen Vernunft‹*. Frankfurt am Main: Suhrkamp 1975, S. 308–309.

– *Vorlesung zur Moralphilosophie*, hg. von Werner Stark mit einer Einleitung von Manfred Kühn. Berlin: de Gruyter 2004.

Kern, Iso: *Husserl und Kant. Eine Untersuchung zu Husserls Verhältnis zu Kant und zum Neukantianismus*. Den Haag: Martinus Nijhoff 1964 (= Phaenomenologica. Bd. 16).

Kerstein, Samuel J.: »Deriving the formula of humanity (GMS, 427–437)«, in: Horn, Christoph/Schönecker, Dieter (Hg.): *Groundwork for the Metaphysics of Morals*, in Kooperation mit Corinna Mieth. Berlin/New York: de Gruyter 2006, S. 200–220.

Kerszberg, Pierre (Hg.): *De Kant à la phénoménologie*. Toulouse: Presses Universitaires du Mirail 2003 (= revue *kairos*. Bd. 22).

Klemme, Heiner F.: »The origin and aim of Kant's *Critique of Practical Reason*«, in: Reath Andrews/Timmermann, Jens (Hg.): *Kant's ›Critique of Practical Reason‹. A Critical Guide*. Cambridge: Cambridge University Press 2010, S. 11–30.

Köhl, Harald: *Kants Gesinnungsethik*. Berlin: de Gruyter 1990.

– »The derivation of the moral law (GMS, 402, 420 f.)«, in: Horn, Christoph/Schönecker, Dieter (Hg.): *Groundwork for the Metaphysics of Morals*, in Kooperation mit Corinna Mieth. Berlin/New York: de Gruyter 2006, S. 93–117.

Köhler, Dietmar: »Metaphysische Anfangsgründe der Ethik im Ausgang von Heidegger«, in: Großmann, A./Jamme, C. (Hg.): *Metaphysik der praktischen Welt. Perspektiven im Anschluß an Hegel und Heidegger. Festgabe für Otto Pöggeler*. Amsterdam/Atlanta: Rodopi 2000, S. 176–187.

Korsgaard, Christine M.: *The Sources of Normativity*. Cambridge u. a.: Cambridge University Press 1996.

– »Kant's formula of universal law«, in: dies.: *Creating the Kingdom of Ends*. Cambridge u. a.: Cambridge University Press 1996, S. 77–105.

– *Creating the Kingdom of Ends*. Cambridge u. a.: Cambridge University Press 1996.

Krämer, Hans: *Integrative Ethik*. Frankfurt am Main: Suhrkamp 1995.

Kraft, Bernd/Schönecker, Dieter: »Einleitung«, in: Kant, Immanuel: *Grundlegung zur Metaphysik der Sitten*, hg. von Bernd Kraft und Dieter Schönecker. Hamburg: Meiner 1999 (= Philosophische Bibliothek. Bd. 519), S. VII–XXXIX.

Krijnen, Christian: »Der ›Formalismus‹ in der materialen Wertethik Max Schelers«, in: Bermes, Christian/Henckmann, Wolfhart/Leonardy, Heinz (Hg.): *Person und Wert. Schelers ›Formalismus‹ – Perspektiven und Wirkungen*. Freiburg/München: Alber 2000, S. 120–138.

Krüger, Gerhard: *Philosophie und Moral in der Kantischen Kritik.* Tübingen: J. C. B. Mohr (Paul Siebeck) ²1967.

Kühn, Manfred: »The moral dimension of Kant's inaugural dissertation: a new perspective on the ›Great Light of 1769‹?«, in: Robinson, Hoke (Hg.): *Proceedings of the Eighth International Kant Congress.* Memphis 1995, vol. I. Milwaukee: Marquette University Press 1995, S. 373–392.

Lacan, Jacques: *L'éthique de la psychanalyse. Le séminaire, livre VII.* Paris: Seuil 1986 (dt. *Die Ethik der Psychoanalyse. Das Seminar, Buch VII*, übersetzt von Norbert Haas. Weinheim/Berlin: Quadriga Verlag 1996).

Larmore, Charles: »Ontologie und Ethik bei Sartre«, in: *Zeitschrift für philosophische Forschung* 49 (1995) 3, S. 441–449.

Lee, Nam-In: »Edmund Husserl's phenomenology of mood«, in: Depraz, Natalie/ Zahavi, Dan (Hg.): *Alterity and Facticity. New Perspectives on Husserl.* Dordrecht u. a.: Kluwer 1998, S. 103–120.

Leonardy, Heinz: *Liebe und Person. Max Schelers Versuch eines »phänomenologischen« Personalismus.* Den Haag: Martinus Nijhoff 1976.

Levinas, Emmanuel: »La philosophie et l'idée de l'Infini (1957)«, in: ders.: *En découvrant l'existence avec Husserl et Heidegger.* Paris: Vrin ⁵1994, S. 165–178 (dt. »Die Philosophie und die Idee des Unendlichen«, in: ders.: *Die Spur des Anderen. Untersuchungen zur Phänomenologie und Sozialphilosophie*, hg., übersetzt und eingeleitet von Wolfgang Nikolaus Krewani. Freiburg/München: Alber ⁴1999, S. 185–208).

- »Énigme et phénomène«, in: ders.: *En découvrant l'existence avec Husserl et Heidegger.* Paris: Vrin ⁵1994, S. 203–216 (dt. »Rätsel und Phänomen«, in: ders.: *Die Spur des Anderen. Untersuchungen zur Phänomenologie und Sozialphilosophie*, hg., übersetzt und eingeleitet von Wolfgang Nikolaus Krewani. Freiburg/München: Alber ⁴1999, S. 236–260).

- »La trace de l'autre«, in: ders.: *En découvrant l'existence avec Husserl et Heidegger.* Paris: Vrin ⁵1994, S. 187–202 (dt. »Die Spur des Anderen«, in: ders.: *Die Spur des Anderen. Untersuchungen zur Phänomenologie und Sozialphilosophie*, hg., übersetzt und eingeleitet von Wolfgang Nikolaus Krewani. Freiburg/München: Alber ⁴1999, S. 209–235).

- »Langage et Proximité (1967)«, in: ders.: *En découvrant l'existence avec Husserl et Heidegger.* Paris: Vrin ⁵1994, S. 218–236 (dt. »Sprache und Nähe«, in: ders.: *Die Spur des Anderen. Untersuchungen zur Phänomenologie und Sozialphilosophie*, hg., übersetzt und eingeleitet von Wolfgang Nikolaus Krewani. Freiburg/München: Alber ⁴1999, S. 261–294).

- *De l'existence à l'existant.* Paris: Vrin ³1981 (dt. *Vom Sein zum Seienden*, übersetzt von Anna Maria Krewani und Wolfgang Nikolaus Krewani. Freiburg/München: Alber ²2008).

- »Le Moi et la Totalité«, in: ders.: *Entre nous. Essais sur le penser-à-l'autre*. Paris: Grasset & Fasquelle 1991, S. 23–48 (dt. »Ich und Totalität«, in: ders.: *Zwischen uns. Versuche über das Denken an den Anderen*, übersetzt von Frank Miething. München/Wien: Carl Hanser Verlag 1995, S. 24–55).
- *Totalité et infini. Essai sur l'extériorité*. Den Haag: Martinus Nijhoff 1980, S. 16 (dt. *Totalität und Unendlichkeit. Versuch über die Exteriorität*, übersetzt von Wolfgang Nikolaus Krewani. Freiburg/München: Alber ⁴2008, S. 55).
- *Autrement qu'être ou au-delà de l'essence*. Den Haag: Martinus Nijhoff 1978 (dt. *Jenseits des Seins oder anders als Sein geschieht*, übersetzt von Thomas Wiemer. Freiburg/München: Alber ²1998).
- *De Dieu qui vient à l'idée*. Paris: Vrin ²2004 (dt. Teilübersetzung: *Wenn Gott ins Denken einfällt. Diskurse über die Betroffenheit von Transzendenz*, übersetzt von Thomas Wiemer, mit einem Vorwort von Bernhard Casper. Freiburg/München: Alber ²1988; Abschnitt »Gott und die Philosophie«, in: Casper, Bernhard (Hg.): *Gott nennen Phänomenologische Zugänge*. Freiburg/München: Alber 1981, S. 81–123).
- *Dieu, la mort et le temps*, hg. von Jacques Rolland. Paris: Grasset & Fasquelle 1993 (dt. *Gott, der Tod und die Zeit*, hg. von Peter Engelmann. Wien: Passagen Verlag 1996).
- »Infini«, in: ders.: *Altérité et transcendance*, mit einem Vorwort von Pierre Hayat. Paris: Fata Morgana 1995, S. 69–89.
- »Quand Sartre découvre l'histoire sainte«, in: ders.: *Les imprévus de l'histoire*, mit einem Vorwort von Pierre Hayat. Paris: Fata Morgana 1994, S. 134–137 (dt. »Sartre entdeckt die heilige Geschichte (Gespräch mit Victor Malka)«, in: ders.: *Die Unvorhersehbarkeiten der Geschichte*. Freiburg/München: Alber 2006, S. 131–134).
- »Le Primat de la raison pure pratique / Das Primat der reinen praktischen Vernunft«, eingeleitet, übersetzt und kommentiert von Jakub Sirovátka, in: Fischer, Norbert (Hg.): *Kants Metaphysik und Religionsphilosophie*. Hamburg: Meiner 2004, S. 179–205.
- *Humanisme de l'autre homme*. Paris: Fata Morgana 1972, S. 90 (dt. *Humanismus des anderen Menschen*, übersetzt und mit einer Einleitung versehen von Ludwig Wenzler. Hamburg: Meiner 1989).
- *Quatre lectures talmudiques*. Paris: Les Éditions de Minuit 2005 (dt. *Vier Talmud-Lesungen*, übersetzt von Frank Miething. Frankfurt am Main: Verlag Neue Kritik 1993).
- »Aimer la Thora plus que Dieu«, in: ders.: *Difficile liberté. Essais sur le judaïsme*. Paris: Albin Michel ³1976, S. 218–223 (dt. »Die Thora mehr lieben als Gott«, in: ders.: *Schwierige Freiheit. Versuch über das Judentum*, übersetzt von Eva Moldenhauer. Frankfurt am Main: Jüdischer Verlag 1992, S. 109–113).
- *Éthique et infini. Dialogues avec Philippe Nemo*. Paris: Fayard 1982 (dt. *Ethik und Unendliches. Gespräche mit Philippe Nemo*, übersetzt von Dorothea Schmidt. Wien: Passagen 1986).

– »L'autre, utopie et justice. Entretien avec Emmanuel Levinas«, in: *A quoi pensent les philosophes*, hg. von Jacques Message, Joël Roman und Étienne Tassin, *Autrement* 102 (1988), S. 53–60.

Levinas, Emmanuel/Lenger, Hans Joachim: »Emmanuel Lévinas: Visage et violence première (phénoménologie de l'éthique). Une interview (1987)«, übersetzt von Arno Münster, in: Levinas, E./Münster, A./Petitdemange, G./Petrosino, S./Rolland, J./Weber, E.: *La différence comme non-indifférence. Éthique et altérité chez Emmanuel Lévinas*. Paris: Éditions Kimé 1995, S. 129–143.

Lévy, Bernard-Henri: *Le siècle de Sartre. Enquête philosophique*. Paris: Grasset 2000 (dt. *Sartre. Der Philosoph des 20. Jahrhunderts*, übersetzt von Petra Willim. München/Wien: Hanser 2002).

Löwith, Karl: *Das Individuum in der Rolle des Mitmenschen. Ein Beitrag zur anthropologischen Grundlegung der ethischen Probleme*, hg. und mit einer Einführung versehen von Giovanni Tidona. Freiburg/München: Alber 2013 (= dialogik. Bd. 6).

Lohmar, Dieter: *Erfahrung und kategoriales Denken. Hume, Kant und Husserl über vorprädikative Erfahrung und prädikative Erkenntnis*. Dordrecht: Kluwer 1998 (= Phaenomenologica. Bd. 147).

Loidolt, Sophie: *Anspruch und Rechtfertigung. Eine Theorie des rechtlichen Denkens im Anschluss an die Phänomenologie Edmund Husserls*. Dordrecht: Springer 2009 (= Phaenomenologica. Bd. 191).

– *Einführung in die Rechtsphänomenologie. Eine historisch-systematische Darstellung*. Tübingen: Mohr Siebeck 2010.

– »Husserl und das Faktum der praktischen Vernunft. Anstoß und Herausforderung einer phänomenologischen Ethik der Person«, in: Ierna, Carlo/Jacobs, Hanne/Mattens, Filip (Hg.): *Philosophy, Phenomenology, Sciences*. Dordrecht: Springer 2010 (= Phaenomenologica. Bd. 200), S. 483–503.

Longuenesse, Béatrice: »Moral judgment as a judgment of reason«, in: dies.: *Kant on the Human Standpoint*. Cambridge u. a.: Cambridge University Press 2005, S. 236–264.

Lotz, Christian: »Achtung oder Angst? Zu Heideggers Auslegung des praktischen Selbstbewusstseins bei Kant«, in: Gerhardt, Volker/Horstmann, Rolf-Peter/Schumacher, Ralph (Hg.): *Kant und die Berliner Aufklärung. Akten des IX. Internationalen Kant-Kongresses. Band 5*. Berlin/New York: de Gruyter 2001, S. 551–563.

Ludwig, Bernd: *Kants Rechtslehre*. Hamburg: Meiner 1988.

– »Einleitung«, in: Kant, Immanuel: *Metaphysische Anfangsgründe der Tugendlehre. Metaphysik der Sitten. Zweiter Teil*, neu hg. und eingeleitet von B. Ludwig. Hamburg: Meiner 1990, S. XIII–XXVIII.

– »Was wird in Kants *Grundlegung* eigentlich deduziert? Über einen Grund der vermeintlichen Dunkelheit des ›Dritten Abschnitts‹«, in: *Jahrbuch für Recht und Ethik* 16 (2009), S. 431–463.

– »Die ›consequente Denkungsart der speculativen Kritik‹. Kants radikale Umgestaltung seiner Freiheitslehre im Jahre 1786 und die Folgen für die Kritische Philosophie im Ganzen«, in: *Deutsche Zeitschrift für Philosophie* 58 (2010) 4, S. 595–628.

– »›Ohne moralisches Gefühl ist kein Mensch…‹ – lebendige, vernünftige und sittliche Weltwesen bei Kant«, in: Römer, Inga (Hg.): *Affektivität und Ethik bei Kant und in der Phänomenologie*. Berlin: de Gruyter 2014, S. 117–142.

Luft, Sebastian: *»Phänomenologie der Phänomenologie«. Systematik und Methodologie der Phänomenologie in der Auseinandersetzung zwischen Husserl und Fink*. Dordrecht: Kluwer 2002 (= Phaenomenologica. Bd. 166).

Mann, Thomas: »Das Gesetz«, in: Mann, Thomas: *Sämtliche Erzählungen. Band 2*. Berlin: S. Fischer ⁷2000, S. 329–395.

Marion, Jean-Luc: »La substitution et la sollicitude. Comment Levinas reprit Heidegger«, in: Cohen-Levinas, Danielle/Clément, Bruno (Hg.): *Emmanuel Levinas et les territoires de la pensée*. Paris: PUF 2007, S. 51–72.

Marx, Werner: *Gibt es auf Erden ein Maß? Grundbestimmungen einer nichtmetaphysischen Ethik*. Hamburg: Meiner 1983.

– *Ethos und Lebenswelt. Mitleidenkönnen als Maß*. Hamburg: Meiner 1986.

McCarthy, Michael H.: »The objection of circularity«, in: *Kant-Studien* 76 (1985) 1–4, S. 28–42.

McCarty, Richard: *Kant's Theory of Action*. Oxford: Oxford University Press 2009.

McDowell, John: *Mind and World*, mit einer neuen Einleitung vom Autor. Cambridge, Masachusetts/London, England: Harvard University Press 1996 (dt. *Geist und Welt*. Frankfurt am Main: Suhrkamp ⁴2012).

– *Mind, Value, & Reality*. Cambridge, Massachusetts/London, England: Harvard University Press 1998 (dt. *Wert und Wirklichkeit. Aufsätze zur Moralphilosophie*, übersetzt von Joachim Schulte. Frankfurt am Main: Suhrkamp 2009).

McMullin, Irene: »Sharing the ›now‹: Heidegger and the temporal co-constitution of world«, in: *Continental Philosophy Review* 42 (2009), S. 201–220.

– *Time and the Shared World. Heidegger on Social Relations*. Illinois: Northwestern University Press 2013.

Meier, Georg Friedrich: *Auszug aus der Vernunftlehre*. Halle 1752.

Melle, Ullrich: »Einleitung des Herausgebers«, in: Husserl, Edmund: *Vorlesungen über Ethik und Wertlehre 1908–1914*, hg. Ullrich Melle. Dordrecht u. a.: Kluwer 1988 (= Husserliana. Bd. XXVIII), S. XIII-XLIX.

– »The development of Husserl's ethics«, in: *Études Phénoménologiques* 13/14 (1991), S. 115–135.

– »Husserls Phänomenologie des Willens,« in: *Tijdschrift voor Filosofie* 54 (1992), S. 280–304.

- »Edmund Husserl: from reason to love«, in: Drummond, John J./Embree, Lester (Hg.): *Phenomenological Approaches to Moral Philosophy. A Handbook.* Dordrecht u. a.: Kluwer Academic Publishers 2002, S. 229–248.

Mendelssohn, Moses: *Phädon oder über die Unsterblichkeit der Seele.* Aachen: F. W. Forstmann 1815.

Merleau-Ponty, Maurice: *Phénoménologie de la perception.* Paris: Gallimard 2003 (= Collection Tel) (dt. *Phänomenologie der Wahrnehmung,* übersetzt von Rudolf Boehm. Berlin: de Gruyter 1974 (= Phänomenologisch-psychologische Forschungen. Bd. 7)).

Meyer, Herbert: *Kants transzendentale Freiheitslehre.* Freiburg/München: Alber 1996.

Mill, John Stuart: *Utilitarianism / Der Utilitarismus.* Englisch/Deutsch, übersetzt und hg. von Dieter Birnbacher. Stuttgart: Reclam ²2006.

Moore, George Edward: *Principia Ethica.* Mineola New York: Dover Publications 2004.

Mosès, Stéphane: *Au-delà de la guerre. Trois études sur Levinas.* Paris/Tel-Aviv: Éditions de l'éclat 2004.

Münster, Arno: *Sartre et la morale.* Paris: L'Harmattan 2007.

Munzel, G. Felicitas: *Kant's Conception of Moral Character. The »Critical« Link of Morality, Anthropology, and Reflective Judgment.* Chicago/London: The University of Chicago Press 1999.

Nagel, Thomas: »What is it like to be a bat?«, in: *The Philosophical Review* 83 (1974) 4, S. 435–450.

Nancy, Jean-Luc: *Être singulier pluriel.* Paris: Galilée 1996 (dt. *Singulär plural sein.* Zürich: Diaphanes ²2004).

- »Heidegger's ›Originary Ethics‹«, in: Raffoul, François/Pettigrew, David (Hg.): *Heidegger and Practical Philosophy.* New York: State University of New York Press 2002, S. 65–85.

Narbonne, Jean-Marc: »Lévinas et l'héritage grec«, in: Narbonne, Jean-Marc/Hankey, Wayne: *Lévinas et l'héritage grec* suivi de *Cent ans de néoplatonisme en France. Une brève histoire philosophique.* Québec/Paris: Les Presses de l'Université Laval/Vrin 2004, S. 9–121.

Nietzsche, Friedrich: »Zur Genealogie der Moral«, in: ders.: *Jenseits von Gut und Böse. Zur Genealogie der Moral,* hg. Giorgio Colli und Mazzino Montinari. München: dtv ⁹2007, S. 245–412.

O'Neill, Onora: »Consistency in action«, in: dies.: *Constructions of Reason. Explorations of Kant's Practical Philosophy.* Cambridge u. a.: Cambridge University Press 1989, S. 81–104.

- *Constructions of Reason. Explorations of Kant's Practical Philosophy.* Cambridge u. a.: Cambridge University Press 1989.

- »Autonomy and the fact of reason in the *Kritik der praktischen Vernunft* (§§ 7–8,

30–41)«, in: Höffe, Otfried (Hg.): *Immanuel Kant. Kritik der praktischen Vernunft.* Berlin: Akademie Verlag 2002, S. 81–97.

Paton, H. J.: *Der kategorische Imperativ. Eine Untersuchung über Kants Moralphilosophie.* Berlin: de Gruyter 1962.

Piché, Claude: »La phénoménologie de l'expérience morale chez Kant«, in: Kerszberg, Pierre (Hg.): *De Kant à la phénoménologie.* Toulouse: Presses Universitaires du Mirail 2003 (= revue *kairos.* Bd. 22), S. 123–150.

Pickert, Horst: *Das angemessene Fragen nach dem Menschsein. Das Menschenbild der Philosophischen Anthropologie und der Existenzphilosophie im Vergleich.* Norderstedt: Books on Demand 2012.

Pistorius, Hermann Andreas: »Rezension der ›Grundlegung zur Metaphysik der Sitten‹ (1786)«, in: Bittner, Rüdiger/Cramer, Konrad (Hg.): *Materialien zu Kants ›Kritik der praktischen Vernunft‹.* Frankfurt am Main: Suhrkamp 1975, S. 144–160.

Pradelle, Dominique: »Une problématique univocité de la raison«, in: Husserl, Edmund: *Leçons sur l'éthique et la théorie de la valeur (1908–1914),* übersetzt und eingeleitet von Philippe Ducat, Patrick Lang und Carlos Lobo, mit einem Vorwort von Dominique Pradelle. Paris: PUF 2009, S. 7–54.

– *Par-delà la révolution copernicienne. Sujet transcendantal et facultés chez Kant et Husserl.* Paris: PUF 2012.

– *Généalogie de la raison. Essai sur l'historicité du sujet transcendantal de Kant à Heidegger.* Paris: PUF 2013.

Prauss, Gerold: *Kant über Freiheit als Autonomie.* Frankfurt am Main: Klostermann 1983 (= Philosophische Abhandlungen. Bd. 51).

Rawls, John: *Lectures on the History of Moral Philosophy,* hg. von Barbara Herman. Cambridge, Massachusetts/London, England: Harvard University Press ²2003 (dt. *Geschichte der Moralphilosophie. Hume – Leibniz – Kant – Hegel,* hg. von Barbara Herman, übersetzt von Joachim Schulte. Frankfurt am Main: Suhrkamp 2004).

Recki, Birgit: *Ästhetik der Sitten. Die Affinität von ästhetischem Gefühl und praktischer Vernunft bei Kant.* Frankfurt am Main: Klostermann 2001 (= Philosophische Abhandlungen. Bd. 81).

– »Freiheit bei Sartre und bei Kant – eine grundlegungstheoretische Affinität«, in: Egger, Mario (Hg.): *Philosophie nach Kant. Neue Wege zum Verständnis von Kants Transzendental- und Moralphilosophie.* Berlin/Boston: de Gruyter 2014, S. 673–691.

Reich, Klaus: »Kant und die Ethik der Griechen«, in: Reich, Klaus: *Gesammelte Schriften,* mit Einleitung und Annotationen aus dem Nachlass hg. von Manfred Baum, Udo Rameil, Klaus Reisinger und Gertrud Scholz. Hamburg: Meiner 2001, S. 113–146.

Reinach, Adolf: *Zur Phänomenologie des Rechts. Die apriorischen Grundlagen des bürgerlichen Rechts.* München: Kösel 1953.

Reiner, Hans: *Der Grund der sittlichen Bindung und das sittlich Gute. Ein Versuch, das*

Kantische Sittengesetz auf dem Boden seiner heutigen Gegner zu erneuern. Halle: Niemeyer 1932.

- »Gewissen«, in: Ritter, Joachim (Hg.): *Historisches Wörterbuch der Philosophie, Band 3*. Darmstadt: Wissenschaftliche Buchgesellschaft 1974, S. 574–592.

- *Die Grundlagen der Sittlichkeit*, zweite, durchgesehene und stark erweiterte Auflage von *Pflicht und Neigung*. Meisenheim am Glan: Verlag Anton Hain 1974 (= Monographien zur philosophischen Forschung. Bd. 5).

Reinhold, Carl Leonhard: »Erörterung des Begriffs von der Freiheit des Willens (1792)«, in: Bittner, Rüdiger/Cramer, Konrad (Hg.): *Materialien zu Kants ›Kritik der praktischen Vernunft‹*. Frankfurt am Main: Suhrkamp 1975, S. 252–274.

- »Einige Bemerkungen über die in der Einleitung zu den ›Metaphysischen Anfangsgründen der Rechtslehre‹ von I. Kant aufgestellten Begriffe von der Freiheit des Willens (1797)«, in: Bittner, Rüdiger/Cramer, Konrad (Hg.): *Materialien zu Kants ›Kritik der praktischen Vernunft‹*. Frankfurt am Main: Suhrkamp 1975, S. 310–324.

Renaut, Alain: *Sartre, le dernier philosophe*. Paris: Grasset 1993.

- »Lévinas et Kant«, in: Lévinas, Emmanuel: *Positivité et transcendance. Suivi de Lévinas et la phénoménologie*, hg. von Jean-Luc Marion. Paris: PUF 2000, S. 89–104.

- »›Von der Subjektivität ausgehen‹. Bemerkungen zur Transformation des Subjekts bei Jean Paul Sartre«, übersetzt von Peter Mosberger, in: Schumacher, Bernard N. (Hg.): *Jean-Paul Sartre: Das Sein und das Nichts*. Berlin: Akademie Verlag 2003 (= Klassiker Auslegen. Bd. 22), S. 85–99.

Richir, Marc: »Phénomène et infini«, in: Chalier, Catherine/Abensour, Miguel (Hg.): *Emmanuel Levinas*. Paris: L'Herne 1991, S. 241–261.

Ricœur, Paul: *Le volontaire et l'involontaire*. Paris: Aubier ²1988.

- *Soi-même comme un autre*. Paris: Seuil 1990 (dt. *Das Selbst als ein Anderer*, übersetzt von Jean Greisch in Zusammenarbeit mit Thomas Bedorf und Birgit Schaaff. München: Fink 1996 (= Übergänge. Bd. 26)).

- *Parcours de la reconnaissance. Trois études*. Paris: Stock 2004 (dt. *Wege der Anerkennung. Erkennen – Wiedererkennen – Anerkanntsein*, übersetzt Ulrike Bokelmann und Barbara Heber-Schärer. Frankfurt am Main: Suhrkamp 2006).

Rinofner-Kreidl, Sonja: »Husserl's categorical imperative and his related critique of Kant«, in: Vandevelde, Pol/Luft, Sebastian (Hg.): *Epistemology, Archaeology, Ethics. Current Investigations of Husserl's Corpus*. London u. a.: Continuum 2010, S. 188–210.

- »Moral Philosophy«, in: Luft, Sebastian/Overgaard, Sören (Hg.): *The Routledge Companion to Phenomenology*. London/New York: Routledge 2012, S. 417–428.

Rockmore, Tom: *Kant and Phenomenology*. Chicago/London: The University of Chicago Press 2011.

Römer, Inga: *Das Zeitdenken bei Husserl, Heidegger und Ricœur*. Dordrecht u. a.: Springer 2010 (= Phaenomenologica. Bd. 196).

- »Das Tragische im Ethischen. Eine Untersuchung des ethischen Personalismus im Ausgang von Kant und Hegel«, in: Römer, Inga (Hg.): *Subjektivität und Intersubjektivität in der Phänomenologie*. Würzburg: Ergon 2011 (= Studien zur Phänomenologie und praktischen Philosophie. Bd. 24), S. 215–231.
- »Von der wertmaximierenden Leistungsmaschine zur vernünftigen liebenden Person. Subjektivität in Husserls Ethik«, in: *Journal Phänomenologie* 36 (2011), Schwerpunkt »Husserls Ethik«, hg. von Sebastian Luft, S. 21–35.
- »Beispiel und Vorbild in der Ethik. Kant und Scheler«, in: van der Heiden, Gert-Jan/Novotny, Karel/Römer, Inga/Tengelyi, László (Hg.): *Investigating Subjectivity. Classical and New Perspectives*. Leiden: Brill 2012, S. 181–211.
- »Person und Persönlichkeit bei Max Scheler und Nicolai Hartmann«, in: Hartung, Gerald/Wunsch, Matthias/Strube, Claudius (Hg.): *Von der Systemphilosophie zur systematischen Philosophie – Nicolai Hartmann*. Berlin/Boston: de Gruyter 2012, S. 259–276.
- »Person und moralische Verbindlichkeit. Ein Dialog zwischen analytischer und phänomenologischer Tradition«, in: Römer, Inga/Wunsch, Matthias (Hg.): *Person: Anthropologische, phänomenologische und analytische Perspektiven*. Münster: mentis 2013, S. 343–362.
- »Worin gründet ethische Verbindlichkeit? Zur Alternative von diskursethischer und phänomenologischer Begründungsstrategie«, in: *Phänomenologische Forschungen* 2013, hg. von Dieter Lohmar und Dirk Fonfara, S. 237–247.
- »Kann ich die Zwecke des Anderen zu meinen Zwecken machen? – Phänomenologische Überlegungen zu einer Kantischen Forderung«, in: Breyer, Thiemo (Hg.): *Grenzen der Empathie. Philosophische, psychologische und anthropologische Perspektiven*. München: Fink 2013 (= Übergänge. Bd. 63), S. 333–350.
- »Zeit und kategoriale Anschauung. Heideggers Verwandlung eines Husserl'schen Grundbegriffes«, in: *Archiv für Begriffsgeschichte* 55 (2013), S. 251–262.
- »Die Formeln des kategorischen Imperativs in der *Grundlegung*. Eine Kritik der Interpretation von Klaus Reich und Julius Ebbinghaus«, in: Egger, Mario (Hg.): *Philosophieren nach Kant. Neue Wege zum Verständnis von Kants Transzendental- und Moralphilosophie*. New York/Boston: de Gruyter 2014, S. 191–209.
- »Ethik bei Kant und in der Phänomenologie«, in: Römer, Inga (Hg.): *Affektivität und Ethik bei Kant und in der Phänomenologie*. Berlin/Boston: de Gruyter 2014, S. 1–15.
- »Das Böse in phänomenologischer Sicht«, in: Staudigl, Michael/Sternad, Christian (Hg.): *Figuren der Transzendenz. Transformationen eines phäomenologischen Grundbegriffs*. Würzburg: Königshausen & Neumann 2014, S. 189–209.
- »Steven Crowell: Normativity and Phenomenology in Husserl and Heidegger«, in: *Husserl Studies* 30 (2014), S. 283–291.
- »Gibt es einen kantianischen Intuitionismus in der Ethik?«, in: Rinofner-Kreidl/Wiltsche, Harald A. (Hg.): *Analytic and Continental Philosophy. Methods and Per-*

spectives. Proceedings of the 37th International Wittgenstein Symposium. Berlin/ Boston: de Gruyter 2016 (= Publications of the Austrian Ludwig Wittgenstein Society. New Series. Bd. 23), S. 370–379.

– »Scham – phänomenologische Überlegungen zu einem sozialtheoretischen Begriff«, in: Brudzinska, Jagna/Lohmar, Dieter (Hg.): *The Social Nature of the Human Person. Phenomenological and Anthropological Perspectives. Der Mensch als Soziales Wesen. Phänomenologische und Anthropologische Perspektiven*, Sonderheft in: *Gestalt Theory* 39 (2017) 2–3, S. 313–329.

Rößner, Christian: »Das Datum der Vernunft. Zur Rekonstruktion der Grundlegung von Kants praktischer Metaphysik im Ausgang von Emmanuel Levinas«, in: Römer, Inga (Hg.): *Subjektivität und Intersubjektivität in der Phänomenologie*. Würzburg: Ergon Verlag 2011 (= Studien zur Phänomenologie und praktischen Philosophie. Bd. 24), S. 187–199.

Rogozinski, Jacob: *Le don de la loi. Kant et l'énigme de l'éthique*. Paris: Presses Universitaires de France 1999.

Salzmann, Yvan: *Sartre et l'authenticité. Vers une éthique de la bienveillance réciproque*. Genève: Labor et Fides 2000.

Sartre, Jean-Paul: *L'être et le néant. Essai d'ontologie phénoménologique*. Paris: Gallimard 1943 (dt. *Das Sein und das Nichts. Versuch einer phänomenologischen Ontologie*, hg. von Traugott König, übersetzt von Hans Schöneberg und Traugott König. Reinbek bei Hamburg: Rowohlt 41993 (= Gesammelte Werke in Einzelausgaben. Philosophische Schriften. Bd. 3)).

– *L'existentialisme est un humanisme*. Paris: Gallimard 1996 (dt. »Der Existentialismus ist ein Humanismus«, übersetzt von Vincent von Wroblewsky, in: ders.: *Der Existentialismus ist ein Humanismus – und andere philosophische Essays 1943–1948*, übersetzt von Werner Bökenkamp, Hans Georg Brenner, Margot Fleischer, Traugott König, Günther Scheel, Hans Schöneberg und Vincent von Wroblewsky. Reinbek bei Hamburg: Rowohlt 52010 (= Gesammelte Werke in Einzelausgaben. Philosophische Schriften. Bd. 4), S. 145–192).

– *Cahiers pour une morale*. Paris: Gallimard 1983 (dt. *Entwürfe für eine Moralphilosophie*, übersetzt von Hans Schöneberg und Vincent von Wroblewsky. Reinbek bei Hamburg: Rowohlt 2005).

– »La liberté cartésienne«, in: ders.: *Situations, I*. Paris: Gallimard 1947, S. 289–308 (dt. »Die cartesianische Freiheit«, in: ders.: *Der Existentialismus ist ein Humanismus – und andere philosophische Essays 1943–1948*, übersetzt von Werner Bökenkamp, Hans Georg Brenner, Margot Fleischer, Traugott König, Günther Scheel, Hans Schöneberg und Vincent von Wroblewsky. Reinbek bei Hamburg: Rowohlt 52010 (= Gesammelte Werke in Einzelausgaben. Philosophische Schriften. Bd. 4), S. 122–144).

– *Situations II: Qu'est-ce que la littérature ?* Paris: Gallimard 1948 (dt. *Was ist*

Literatur?, übersetzt von Traugott König. Reinbek bei Hamburg: Rowohlt ²1986 (= Gesammelte Werke. Schriften zur Literatur. Bd. 2)).

- »Questions de méthode«, in: ders.: *Critique de la raison dialectique. Tome I: Théorie des ensembles pratiques.* Paris: Gallimard 1960, S.13–111 (dt. *Fragen der Methode*, übersetzt von Vincent von Wroblewsky. Reinbek bei Hamburg: Rowohlt ¹³1999 (= Gesammelte Werke. Philosophische Schriften. Bd. 5)).

- *Critique de la raison dialectique. Tome I: Théorie des ensembles pratiques.* Paris: Gallimard 1960 (dt. *Kritik der dialektischen Vernunft. I. Band: Theorie der gesellschaftlichen Praxis.* Reinbek bei Hamburg: Rowohlt 1967).

- *Critique de la raison dialectique. Tome II: L'intelligibilité de l'histoire.* Paris: Gallimard 1985.

- »Determinazione e libertà«, in: *Morale e Società.* Rom: Editori Reuniti-Istituto Gramsci 1966, S.31–41 (dt. »Determination und Freiheit«, in: *Moral und Gesellschaft.* Frankfurt am Main: Suhrkamp 1968, S.22–35).

- »Morale et histoire«, in: *Les Temps Modernes* 60 (2005), S.268–414.

- »Sartre par Sartre«, in: ders.: *Situations, IX.* Paris: Gallimard 1972, S.99–134 (dt. »Sartre über Sartre (1969). Interview mit *new left review*«, in: Sartre, Jean-Paul: *Sartre über Sartre. Aufsätze und Interviews 1940–1976*, hg. von Traugott König, übersetzt von Gilbert Strasmann, Edmond Lutrand, Hans-Heinz Holz, Annette Lallemand, Leonhard Alfes, Peter Aschner. Hamburg: Rowohlt ³1997, S.163–187).

- »La République du Silence«, in: *Les Lettres françaises*, 9. September 1944; wiederabgedruckt in: ders.: *Situations, II*, hg. von Arlette Elkaïm-Sartre. Paris: Gallimard 2012, S.11–13 (dt. »Die Republik des Schweigens«, in: *philosophie. Magazin.* Sonderausgabe 2014 »Das Jahrhundert im Spiegel seiner großen Denker«, S.46–47).

Sartre, Jean-Paul/Lévy, Benny: *L'espoir maintenant. Les entretiens de 1980.* Lagrasse: Verdier 1991 (dt. *Brüderlichkeit und Gewalt. Ein Gespräch mit Benny Lévy*, übersetzt von Grete Osterwald, mit einem Nachwort von Lothar Baier. Berlin: Wagenbach 1993).

Sartre, Jean-Paul/Rybalka, Michel/Pucciani, Oreste F./Gruenheck, Susan: »An Interview with Jean-Paul Sartre«, in: Schilpp, Paul Arthur (Hg.): *The Philosophy of Jean-Paul Sartre.* La Salle, Illinois: Open Court 1981 (= The Library of Living Philosophers. Bd. 16), S.1–51.

Scarano, Nico: »Moralisches Handeln. Zum dritten Hauptstück von Kants *Kritik der praktischen Vernunft* (71–89)«, in: Höffe, Otfried (Hg.): *Immanuel Kant. Kritik der praktischen Vernunft.* Berlin: Akademie Verlag 2002 (= Klassiker Auslegen. Bd. 26), S.135–152.

- »Necessity and apriority in Kant's moral philosophy: an interpretation of the Groundwork's preface (GMS, 387–392)«, in: Horn, Christoph/Schönecker, Dieter (Hg.): *Groundwork for the Metaphysics of Morals.* Berlin: de Gruyter 2006, S.3–22.

Schadow, Steffi: *Achtung für das Gesetz. Moral und Motivation bei Kant.* Berlin/ Boston: de Gruyter 2013 (= Kantstudien. Ergänzungshefte. Bd. 171).

Schalow, Frank: *The Renewal of the Heidegger-Kant Dialogue. Action, Thought, and Responsibility.* New York: State University of New York Press 1992.

– »Freedom, finitude, and the practical self: the other side of Heidegger's appropriation of Kant«, in: Raffoul, François/Pettigrew, David (Hg.): *Heidegger and Practical Philosophy.* New York: State University of New York Press 2002, S. 29–41.

Scheler, Max: *Der Formalismus in der Ethik und die materiale Wertethik. Neuer Versuch der Grundlegung eines ethischen Personalismus,* hg. Christian Bermes unter Mitarbeit von Annika Hand. Hamburg: Meiner 2014 (= Philosophische Bibliothek. Bd. 657).

– »Das Ressentiment im Aufbau der Moralen«, in: ders.: *Vom Umsturz der Werte. Abhandlungen und Aufsätze,* hg. von Maria Scheler. Bern: Francke 41955 (= Gesammelte Werke. Bd. 3), S. 33–147.

– *Vom Umsturz der Werte. Abhandlungen und Aufsätze.* Bern: Francke 41955 (= Gesammelte Werke. Bd. 3), S. 33–147.

– »Ordo amoris«, in: ders.: *Schriften aus dem Nachlaß Band 1: Zur Ethik und Erkenntnislehre,* hg. von Maria Scheler. Bern: Francke 1957 (= Gesammelte Werke. Bd. 10), S. 345–376.

Schelling, Friedrich Wilhelm Joseph: *Philosophische Untersuchungen über das Wesen der menschlichen Freiheit und die damit zusammenhängenden Gegenstände,* hg. von Thomas Buchheim. Hamburg: Meiner 1997.

Schiller, Friedrich: »Die Philosophen«, in: ders.: *Sämtliche Gedichte und Balladen.* Frankfurt am Main/Leipzig: Insel Verlag 2004, S. 213–215.

Schmid, Carl Christian Erhard: »Determinismus und Freiheit (1790)«, in: Bittner, Rüdiger/Cramer, Konrad (Hg.): *Materialien zu Kants ›Kritik der praktischen Vernunft‹.* Frankfurt am Main: Suhrkamp 1975, S. 241–251.

Schmitz, Hermann: *Was wollte Kant?* Bonn: Bouvier 1989.

Schmucker, Josef: »Der Formalismus und die materialen Zweckprinzipien in der Ethik Kants«, in: Lotz, Johannes B. (Hg.): *Kant und die Scholastik heute.* Pullach bei München: Verlag Berchmanskolleg 1955, S. 155–205.

– *Die Ursprünge der Ethik Kants in seinen vorkritischen Schriften und Reflektionen.* Meisenheim am Glan: Verlag Anton Hain 1961 (= Monographien zur philosophischen Forschung. Bd. XXIII).

Schneck, Stephen (Hg.): *Max Scheler's Acting Persons – New Perspectives.* Amsterdam: Rodopi 2002, S. 37–66.

Schneewind, Jerome B.: »Kant and Stoic Ethics«, in: ders.: *Essays on the History of Moral Philosophy.* Oxford u. a.: Oxford University Press 2010, S. 277–295.

Schönecker, Dieter: *Grundlegung III. Die Deduktion des kategorischen Imperativs.* Freiburg/München: Alber 1999.

– *Kants Begriff transzendentaler und praktischer Freiheit. Eine entwicklungsgeschichtliche Studie.* Berlin/New York: de Gruyter 2005 (= Kantstudien. Ergänzungshefte. Bd. 149).

– »Kant über Menschenliebe als moralische Gemütsanlage«, in: *Archiv für Geschichte der Philosophie* (2010) 2, S. 133–175.

– »Das gefühlte Faktum der Vernunft. Skizze einer Interpretation und Verteidigung«, in: *Deutsche Zeitschrift für Philosophie* (2013) 1, S. 91–107 (wieder abgedruckt in: Römer, Inga (Hg.): *Affektivität und Ethik bei Kant und in der Phänomenologie.* Berlin/Boston: de Gruyter 2014, S. 55–77).

– »Kant's moral intuitionism: the fact of reason and moral predispositions«, in: *Kant Studies Online* 2013, S. 1–38.

Schönecker, Dieter/Wood, Allen W.: *Kants »Grundlegung zur Metaphysik der Sitten«. Ein einführender Kommentar.* Paderborn u. a.: Schöningh ³2007.

Schönwälder-Kuntze, Tatjana: *Authentische Freiheit. Zur Begründung einer Ethik nach Sartre.* Frankfurt/New York: Campus Verlag 2001.

Schopenhauer, Arthur: »Preisschrift über die Grundlage der Moral«, in: ders.: *Kleinere Schriften.* Zürich: Haffmans 1988, S. 459–631.

Schwartz, Maria: *Der Begriff der Maxime bei Kant. Eine Untersuchung des Maximenbegriffs in Kants praktischer Philosophie.* Berlin: LIT Verlag 2006.

Schwarz, Gerhard: *Est Deus in nobis. Die Identität von Gott und reiner praktischer Vernunft in Immanuel Kants »Kritik der praktischen Vernunft«.* Berlin: Verlag Technische Universität 2004.

Seneca, L. Annaeus: *Epistulae morales ad Lucilium. Briefe an Lucilius. Band I. Lateinisch-deutsch,* hg. und übersetzt von Gerhard Fink. Düsseldorf: Artemis & Winkler 2007.

Sesta, Luciano: *La legge dell'altro. La fondazione dell'etica in Levinas e Kant.* Pisa: Edizioni ETS 2005.

Sherman, Nancy: *Making a Necessity of Virtue. Aristotle and Kant on Virtue.* Cambridge: Cambridge University Press 1997.

Siegfried, Meike: *Abkehr vom Subjekt. Zum Sprachdenken bei Heidegger und Buber.* Freiburg im Breisgau: Alber 2010.

Simmel, Georg: »Das individuelle Gesetz«, in: ders.: *Das individuelle Gesetz. Philosophische Exkurse,* hg. und eingeleitet von Michael Landmann. Frankfurt am Main: Suhrkamp 1987, S. 174–230.

Sirovátka, Jakub: »Einleitung«, in: Fischer, Norbert (Hg.): *Kants Metaphysik und Religionsphilosophie.* Hamburg: Meiner 2004, S. 179–190.

Sitter, Beat: »Zur Möglichkeit dezisionistischer Auslegung von Heideggers ersten Schriften«, in: *Zeitschrift für philosophische Forschung* 24 (1970) 4, S. 516–535.

Smith, Adam: *The Theory of Moral Sentiments.* Mineola/New York: Dover Publications 2006.

Smith, William Hosmer: *The Phenomenology of Moral Normativity*. New York/London: Routledge 2012.

Sommer, Christian: *Heidegger, Aristote, Luther. Les sources aristotéliciennes et néotestamentaires d'Être et Temps*. Paris: PUF 2005.

- »L'éthique de l'ontologie. Remarque sur *Sein und Zeit* (§ 63) de Heidegger«, in: *Éthique et phénoménologie. Alter. Revue de phénoménologie* 13 (2005), S. 119–134.

- *Heidegger 1933. Le programme platonicien du* Discours du rectorat. Paris: Hermann 2013.

Spinoza, Baruch de: *Ethik in geometrischer Ordnung dargestellt*. Lateinisch-deutsch, hg., übersetzt und mit einer Einleitung versehen von Wolfgang Bartuschat. Hamburg: Meiner 1999 (= Sämtliche Werke. Bd. 2).

Stähler, Tanja: »Heideggers Phänomenologie des Gewissensrufs«, in: *Phänomenologische Forschungen* 2009, S. 95–120.

- *Platon und Lévinas. Ambiguität diesseits der Ethik*. Würzburg: Königshausen & Neumann 2011.

Steigleder, Klaus: *Kants Moralphilosophie. Die Selbstbezüglichkeit reiner praktischer Vernunft*. Stuttgart: Metzler 2002.

Stern, Robert: *Understanding Moral Obligation. Kant, Hegel, Kierkegaard*. New York u. a.: Cambridge University Press 2012.

Strasser, Stephan: *Jenseits von Sein und Zeit. Eine Einführung in Emmanuel Levinas' Philosophie*. Den Haag: Martinus Nijhoff 1978.

Strawson, Peter F.: »Freedom and Resentment«, in: ders.: *Freedom and Resentment and Other Essays*. London/New York: Routledge 2008, S. 1–28.

Suhr, Martin: *Jean-Paul Sartre – Zur Einführung*. Hamburg: Junius ²2001.

Tengelyi, László: »Gesetzesanspruch und wilde Verantwortung«, in: ders.: *Erfahrung und Ausdruck. Phänomenologie im Umbruch bei Husserl und seinen Nachfolgern*. Dordrecht: Springer 2007 (= Phaenomenologica. Bd. 180), S. 251–263.

- »Antwortendes Handeln und ordnungsstiftendes Gesetz«, in: *Erfahrung und Ausdruck. Phänomenologie im Umbruch bei Husserl und seinen Nachfolgern*. Dordrecht: Springer 2007 (= Phaenomenologica. Bd. 180), S. 265–289.

- *Erfahrung und Ausdruck. Phänomenologie im Umbruch bei Husserl und seinen Nachfolgern*. Dordrecht: Springer 2007 (= Phaenomenologica. Bd. 180).

- »Auf der Spur Gottes – jenseits der Ontotheologie«, in: Gondek, Hans-Dieter/ Tengelyi, László: *Neue Phänomenologie in Frankreich*. Berlin: Suhrkamp 2011, S. 511–520.

- »Nicolai Hartmanns Metaphysik der Freiheit«, in: Hartung, Gerald/Wunsch, Matthias/Strube, Claudius (Hg.): *Von der Systemphilosophie zur systematischen Philosophie – Nicolai Hartmann*. Berlin/Boston: de Gruyter 2012, S. 277–295.

- »La liberté comme causalité partielle«, in: ders.: *L'Expérience de la singularité. Essais philosophiques II*. Paris: Hermann 2014, S. 51–70.

- »Au-delà de l'être *comme* autrement qu'être«, in: ders.: *L'expérience de la singularité. Essais philosophiques II*. Paris: Hermann 2014, S. 203–225.
- »Die Rolle der persönlichen Freiheit in der Antwort auf fremde Ansprüche«, in: Römer, Inga (Hg.): *Affektivität und Ethik bei Kant und in der Phänomenologie*. Berlin/Boston: de Gruyter 2014, S. 253–268.
- »Heideggers metontologische Grundlegung der Metaphysik«, in: ders.: *Welt und Unendlichkeit. Zum Problem phänomenologischer Metaphysik*. Freiburg/München: Alber 2014, S. 228–263.
- *Welt und Unendlichkeit. Zum Problem phänomenologischer Metaphysik*. Freiburg/München: Alber 2014.
- »La pensée historiale de Heidegger dans les *Contributions à la philosophie*«, in: Schnell, Alexander (Hg.): *Lire les* Beiträge zur Philosophie *de Heidegger*. Paris: Hermann 2017, S. 121–140.

Theunissen, Michael: *Der Andere. Studien zur Sozialontologie der Gegenwart*. Berlin/New York: de Gruyter ²1977.

Thurnherr, Urs: *Die Ästhetik der Existenz. Über den Begriff der Maxime und die Bildung von Maximen bei Kant*. Tübingen/Basel: Francke 1994.

Tieftrunk, Johann Heinrich: *Philosophische Untersuchungen über die Tugendlehre zur Erläuterung und Beurtheilung der metaphysischen Anfangsgründe der Tugendlehre vom Herrn Prof. Imm. Kant*. Halle: Rengersche Buchhandlung 1798.

Tietz, Udo: *Heidegger*. Stuttgart: Reclam 2013.

Timmermann, Jens: »Reversal or retreat? Kant's deductions of freedom and morality«, in: Reath, Andrews/Timmermann, Jens (Hg.): *Kant's Critique of Practical Reason. A Critical Guide*. Cambridge u. a.: Cambridge University Press 2010, S. 73–89.

Timmons, Mark (Hg.): *Kant's Metaphysics of Morals. Interpretative Essays*. Oxford u. a.: Oxford University Press 2002.

Töllner, Uwe: *Sartres Ontologie und die Frage einer Ethik. Zur Vereinbarkeit einer normativen Ethik und/oder Metaethik mit der Ontologie von L'être et le néant*. Frankfurt am Main u. a.: Peter Lang 1996 (= Europäische Hochschulschriften. Reihe XX: Philosophie. Bd. 499).

Trampota, Andreas: *Autonome Vernunft oder moralische Sehkraft? Das epistemische Fundament der Ethik bei Immanuel Kant und Iris Murdoch*. Stuttgart: Kohlhammer 2003 (=Münchener philosophische Studien. Neue Folge. Bd. 21).

Trampota, Andreas/Sensen, Oliver/Timmermann, Jens (Hg.): *Kant's »Tugendlehre«. A Comprehensive Commentary*. Berlin/Boston: de Gruyter 2013.

Trawny, Peter: *Heidegger und der Mythos der jüdischen Weltverschwörung*. Frankfurt am Main: Klostermann 2014.

- *Irrnisfuge. Heideggers An-archie*. Berlin: Matthes & Seitz 2014.

Tugendhat, Ernst: »Sprache und Ethik«, in: ders.: *Philosophische Aufsätze*. Frankfurt am Main: Suhrkamp 1992, S. 275–313.

- *Vorlesungen über Ethik.* Frankfurt am Main: Suhrkamp 1993.

Ulrich, Johann August Heinrich: *Eleutheriologie, oder über Freyheit und Nothwendigkeit.* Jena 1788.

Velleman, J. David: *The Possibility of Practical Reason.* Oxford: Oxford University Press 2000.

- *Self to Self. Selected Essays.* Cambridge u. a.: Cambridge University Press 2006.

Vollmann, Morris: *Freud gegen Kant? Moralkritik der Psychoanalyse und praktische Vernunft.* Bielefeld: transcript Verlag 2010.

Von Kutschera, Franz: *Wert und Wirklichkeit.* Paderborn: mentis 2010.

Von Wroblewsky, Vincent: »Vorwort zur deutschen Ausgabe«, in: Sartre, Jean-Paul: *Entwürfe für eine Moralphilosophie,* übersetzt von Hans Schöneberg und Vincent von Wroblewsky. Reinbek bei Hamburg: Rowohlt 2005, S. 7–22.

- »Zu diesem Buch«, in: Sartre, Jean-Paul: *Der Existentialismus ist ein Humanismus – und andere philosophische Essays 1943–1948,* übersetzt von Werner Bökenkamp, Hans Georg Brenner, Margot Fleischer, Traugott König, Günther Scheel, Hans Schöneberg und Vincent von Wroblewsky. Reinbek bei Hamburg: Rowohlt 5²010 (= Gesammelte Werke in Einzelausgaben. Philosophische Schriften. Bd. 4), S. 2–3.

Waldenfels, Bernhard: »Der blinde Fleck der Moral«, in: ders.: *Deutsch-Französische Gedankengänge.* Frankfurt am Main: Suhrkamp 1995, S. 409–423.

- *Deutsch-Französische Gedankengänge.* Frankfurt am Main: Suhrkamp 1995.
- *Bruchlinien der Erfahrung. Phänomenologie. Psychoanalyse. Phänomenotechnik.* Frankfurt am Main: Suhrkamp 2002.
- *Idiome des Denkens. Deutsch-Französische Gedankengänge II.* Frankfurt am Main: Suhrkamp 2005.
- »Freiheit angesichts des Anderen. Levinas und Sartre: Ontologie und Ethik im Widerstreit«, in: Bedorf, Thomas/Cremonini, Andreas (Hg.): *Verfehlte Begegnung. Levinas und Sartre als philosophische Zeitgenossen.* München: Fink 2005, S. 99–122.
- *Schattenrisse der Moral.* Frankfurt am Main: Suhrkamp 2006.
- »Die Stimme des Gesetzes«, in: ders.: *Antwortregister.* Frankfurt am Main: Suhrkamp 2007, S. 301–312.
- *Antwortregister.* Frankfurt am Main: Suhrkamp 2007.

Walker, Ralph C. S.: »Achtung in der *Grundlegung*«, in: Höffe, Otfried (Hg.): *Grundlegung zur Metaphysik der Sitten. Ein kooperativer Kommentar.* Frankfurt am Main: Klostermann 3²000, S. 97–116.

Weber, Max: »Wissenschaft als Beruf«, in: ders.: *Wissenschaft als Beruf 1917/1919. Politik als Beruf 1919,* hg. von Wolfgang J. Mommsen und Wolfgang Schluchter in Zusammenarbeit mit Birgitt Morgenbrod. Tübingen: Mohr (Paul Siebeck) 1994 (= Studienausgabe der Max Weber-Gesamtausgabe. Band I/17), S. 1–23.

Weiper, Susanne: »Schelers Auseinandersetzung mit Kant und das Formalismus-

Materialismus-Problem in der Ethik«, in: dies.: *Triebfeder und höchstes Gut. Untersuchungen zum Problem der sittlichen Motivation bei Kant, Schopenhauer und Scheler.* Würzburg: Königshausen & Neumann 2000 (= Epistemata. Würzburger Wissenschaftliche Schriften. Bd. 275), S. 172–269.

- *Triebfeder und höchstes Gut. Untersuchungen zum Problem der sittlichen Motivation bei Kant, Schopenhauer und Scheler.* Würzburg: Königshausen & Neumann 2000 (= Epistemata. Würzburger Wissenschaftliche Schriften. Bd. 275).

Willaschek, Marcus: *Praktische Vernunft. Handlungstheorie und Moralbegründung bei Kant.* Stuttgart/Weimar: Metzler 1992.

- »Die ›Spontaneität des Erkenntnisses‹. Über die Abhängigkeit der ›Transzendentalen Analytik‹ von der Auflösung der dritten Antinomie«, in: Chotas, J./Cramer, K./Karásek, J. (Hg.): *Metaphysik und Kritik. Kants ›transzendentale Dialektik‹.* Würzburg: Königshausen & Neumann 2010, S. 165–183.

Wohlrabe, Wilhelm: *Kants Lehre vom Gewissen historisch-kritisch dargestellt.* Halle an der Saale: Verlag von Tausch & Grosse 1888.

Wolff, Christian: *Vernünftige Gedancken von der Menschen Thun und Lassen, zu Beförderung ihrer Glückseeligkeit, den Liebhabern der Wahrheit mitgetheilet.* Halle im Magdeburgischen: Renger 1747.

Wolff, Michael: »Warum das Faktum der Vernunft ein Faktum ist. Auflösung einiger Verständnisschwierigkeiten in Kants Grundlegung der Moral«, in: *Deutsche Zeitschrift für Philosophie* (2009) 4, S. 511–549.

Wood, Allen: »Kant's Compatiblism«, in: ders: *Self and Nature in Kant's Philosophy.* Ithaca, New York u. a.: Cornell University Press 1984, S. 73–101.

- *Kant's Ethical Thought.* Cambridge: Cambridge University Press 1999.

- *Kantian Ethics.* Cambridge u. a.: Cambridge University Press 2008.

Wundt, Max: *Kant als Metaphysiker. Ein Beitrag zur Geschichte der deutschen Philosophie im 18. Jahrhundert.* Stuttgart: Verlag von Ferdinand Enke 1924.

Yfantis, Dimitrios: *Die Auseinandersetzung des frühen Heidegger mit Aristoteles. Ihre Entstehung und Entfaltung sowie ihre Bedeutung für die Entwicklung der frühen Philosophie Martin Heideggers (1919–1927).* Berlin: Duncker & Humblot 2009 (= Philosophische Schriften. Bd. 75).

Personenverzeichnis

A

Adorno, Theodor W., 95
Allison, Henry E., 14, 37, 50, 52–54,
    59, 61, 75, 76, 80, 81, 84, 103, 105, 125,
    143–145, 153, 157, 162, 172, 173, 175, 176,
    178–180, 185
Alphéus, Karl 208, 214, 215, 233, 234
Ameriks, Karl 74, 177, 248
Apel, Karl-Otto 14, 25, 281, 335
Arendt, Hannah 73
Aristoteles 27, 46, 99, 100, 175, 188, 276,
    277, 296, 304, 307, 317, 415
Aubenque, Pierre 302, 377
Audi, Robert 249
Augustinus 127, 128, 130, 175, 299
Aurenque, Diana 278, 299, 304

B

Baas, Bernard 318, 319
Badiou, Alain 302
Baier, Lothar 310, 345, 360, 363
Bambauer, Christoph 165
Barbaras, Renaud 311, 316, 317
Baron, Marcia 14, 172, 173, 181, 182
Baum, Manfred 11, 14, 34, 52, 60, 86,
    108, 116, 134, 194–197, 208, 238, 276
Baumgarten, Alexander Gottlieb 93,
    141, 142, 202
Beck, Lewis White 14, 36, 37, 74, 84, 125,
    178
Bedorf, Thomas 26, 27, 317, 360, 361,
    363–365
Benoist, Jocelyn 18
Bernasconi, Robert 398
Bernet, Rudolf 311, 318–320, 330, 343,
    356, 358, 411
Betzler, Monika 100, 140
Bimbenet, Etienne 270, 273, 296
Birnbacher, Dieter 207, 223

Bittner, Rüdiger 56, 89, 94, 95, 122, 128,
    129, 131
Blosser, Philip 208, 226, 240
Böhme, Gernot 94
Böhme, Hartmut 94
Bojanowski, Jochen 113, 114, 119, 122, 125,
    126, 129, 136, 176
Borowski, L. E. 144
Brandt, Reinhard 37, 77, 80, 81
Brentano, Franz 217, 228

C

Caputo, John D. 187
Cassirer, Ernst 26, 296
Chalier, Catherine 359, 369, 376, 411
Cicero, Marcus Tullius 34, 35, 62, 113,
    123, 127, 406
Cobet, Thomas 228
Cohen, Hermann 26, 377
Crittenden, Paul 308, 342, 345, 360
Crowell, Steven Galt 11, 18, 250, 256,
    280–282, 284, 303

D

Darwall, Stephen 14, 25, 26, 70
Dastur, Françoise 279, 280
David, Alain 14, 41, 175, 249, 263, 276,
    279, 280, 315, 352, 369
Derrida, Jacques 240, 278, 279, 377,
    384
Descamps, Christian 368, 406
Descartes, René 30, 77, 304, 324, 345,
    366, 371, 372, 374, 376
Detmer, David 315, 352
Diamond, Cora 253, 254
Düsing, Edith 26
Düsing, Klaus 11, 26, 165, 343, 415
Duns Scotus, Johannes 304

E

Ebbinghaus, Julius 13, 35, 60, 63, 153, 233
Ebert, Theodor 157
Eggers, Michael 279
Espinet, David 139, 263
Esposito, Costantino 288
Esser, Andrea Marlen 100, 164, 165, 168, 169, 172, 189, 198, 201, 204

F

Faust, Wolfgang 380
Feron, Étienne 373, 385, 388
Fichte, Johann Gottlieb 25, 26, 55, 82, 343, 389, 415
Fischer, Norbert 367, 372, 373
Fleischer, Margot 84, 309, 324, 334
Franck, Didier 369, 396, 397
Frankfurt, Harry G. 140
Frede, Dorothea 275
Frierson, Patrick R. 17, 101, 188
Fröhlich, Günter 230
Funke, Gerhard 56, 284
Fœssel, Michaël 193

G

Gabel, Michael 238
Gadamer, Hans-Georg 44, 233
Gallagher, Shaun 328
Geniusas, Saulius 260, 285
Ginsborg, Hannah 193
Goy, Ina 195–197
Goy, Mathias 360
Gregor, Mary J. 100, 105, 107, 162, 163, 168
Grenberg, Jeanine 17
Grondin, Jean 233, 284
Grünewald, Bernward 75, 208, 212, 216, 217, 239, 240
Gruenheck, Susan 342
Guyer, Paul 192, 195, 249

H

Habermas, Jürgen 14, 25, 154
Habib, Stéphane 359
Hartmann, Nicolai 125, 209, 210, 224–228, 230, 231, 236–238, 243, 254, 314, 418
Hegel, Georg Wilhelm Friedrich 26, 27, 41, 151, 153, 155, 171, 199, 207, 243, 249, 250, 291, 295, 330, 343, 351, 354–356, 361, 380
Heidegger, Martin 15, 17–20, 27–29, 31, 44, 60, 64, 67, 125, 135, 178, 187, 188, 220–222, 230, 233, 254–308, 311, 313, 315, 322, 323, 329, 330, 332, 353, 359, 368, 371, 372, 374, 377, 378, 384, 405, 411, 412, 417
Heidemann, Ingeborg 208
Heimsoeth, Heinz 284
Heinrichs, Bert 249
Henrich, Dieter 74, 75, 77, 78, 80, 85, 178, 189, 219
Herman, Barbara 14, 41, 144, 145, 159–161, 181, 182, 184, 188, 246, 249, 416
Herrmann, Joachim 208, 235
Hetzel, Andreas 26
Hill, Thomas 173, 249
Hills, Alison 249
Hodge, Joanna 306
Höffe, Otfried 88, 132, 154, 156, 160, 177, 178, 193
Hölderlin, Friedrich 48, 303
Höwing, Thomas 190
Hoffmann, Thomas Sören 204
Honneth, Axel 26, 326, 329
Hoppe, Hansgeorg 299
Horkheimer, Max 95, 384
Hruschka, Joachim 159
Hume, David 18, 41, 175
Husserl, Edmund 14, 16–21, 24, 46, 55, 77, 115, 181, 187, 206, 215–218, 223, 227–230, 233, 235, 236, 241–247, 256, 271, 277, 280, 282, 283, 286, 294, 297, 304, 315, 368, 371, 378, 395, 417
Hutcheson, Francis 218

J

Jaran, François 284
Jeanson, Francis 308
Joas, Hans 253

K

Kant, Immanuel *passim*
Kern, Iso 18, 24, 66, 139, 149, 191, 207,
  235, 238, 271, 293, 295, 329, 336, 361, 368,
  394, 396, 401
Kerstein, Samuel J. 68
Kerszberg, Pierre 18, 35
Klemme, Heiner F. 14, 91, 177, 182
Köhl, Harald 49, 53, 57, 59, 143, 145
Köhler, Dietmar 295
Korsgaard, Christine M. 14, 17, 25, 54,
  56, 57, 60, 68–70, 145, 155, 156, 165, 224,
  249, 251–253, 280, 281, 415, 416
Krämer, Hans 415
Kraft, Bernd 38
Krijnen, Christian 208, 209
Krüger, Gerhard 64, 213
Krüger, Gerhard 405
Kühn, Manfred 175–177, 182

L

Lacan, Jacques 318–320, 343, 354, 356,
  357, 418
Larmore, Charles 325
Lee, Nam-In 187
Leibniz, Gottfried Wilhelm 41, 124, 142,
  143, 284, 307
Lenger, Hans Joachim 378, 400, 402
Leonardy, Heinz 208, 238
Levinas, Emmanuel 12, 15–17, 24, 27, 31,
  32, 55, 172, 238, 278, 279, 299, 307, 311,
  317, 326, 351, 359–361, 363–414, 416–
  418
Löwith, Karl 171, 283
Lohmar, Dieter 18, 25, 238, 381
Loidolt, Sophie 242, 417
Longuenesse, Béatrice 104, 417
Lotz, Christian 61, 187, 257, 259

Ludwig, Bernd 14, 74, 81, 82, 89, 91, 100,
  169, 177
Luft, Sebastian 16, 46, 215, 216, 241
Lévy, Benny 30, 310, 345, 359–363
Lévy, Bernard-Henri 30, 360, 365

M

Malpas, Jeff 256
Mann, Thomas 49
Marion, Jean-Luc 377, 389, 411
Marx, Werner 272, 273
McCarthy, Michael H. 80
McCarty, Richard 142, 144, 145
McDowell, John 253, 280, 415, 416
McMullin, Irene 282, 283
Meier, Georg Friedrich 80, 93
Melle, Ullrich 206, 228
Mendelssohn, Moses 34, 86
Merleau-Ponty, Maurice 14, 20, 328, 380
Meyer, Herbert 176
Mill, John Stuart 69, 207, 213
Moore, George Edward 223, 224
Mosès, Stéphane 372
Münster, Arno 308, 310, 338, 360, 378
Munzel, G. Felicitas 148

N

Nagel, Thomas 17
Nancy, Jean-Luc 240, 276, 281, 302
Narbonne, Jean-Marc 407
Natorp, Paul 26
Nietzsche, Friedrich 49, 199, 220–223,
  237, 393, 400, 401

O

O'Neill, Onora 14, 88, 144, 154, 160, 249

P

Panaitios von Rhodos 34
Paton, H. J. 13, 37, 49, 53–56, 60, 66, 69,
  74, 80, 153
Piché, Claude 35, 44
Pickert, Horst 335

Pistorius, Hermann Andreas 52, 82, 89–91
Platon 221, 276, 300, 303, 366, 406, 407
Plotin 407
Pradelle, Dominique 18, 193, 228
Prauss, Gerold 75, 125, 126
Pucciani, Oreste F. 342

Q
Quadflieg, Dirk 26

R
Rameil, Udo 34, 60, 208
Rawls, John 14, 25, 41, 52, 53, 61, 74, 75, 154, 248, 250, 251
Recki, Birgit 193, 308
Reich, Klaus 13, 34, 35, 60, 62, 153, 233
Reinach, Adolf 417
Reiner, Hans 125, 130, 202, 218–220, 222, 230–234
Reinhold, Carl Leonhard 126, 128–132, 138, 231
Reisinger, Klaus 34
Renaut, Alain 325, 389
Richir, Marc 395, 411
Ricœur, Paul 20, 26, 27, 246, 261, 277, 286, 296, 317, 415
Rinofner-Kreidl, Sonja 16, 67, 215, 217, 220, 235
Rockmore, Tom 18
Rößner, Christian 367
Rogozinski, Jacob 45, 135
Rosenzweig, Franz 26
Rybalka, Michel 342

S
Salaverría, Heidi 26
Salzmann, Yvan 346
Sartre, Jean-Paul 15, 17, 24, 27, 29–31, 55, 144, 238, 278, 306–366, 377, 381, 412, 417
Scarano, Nico 44, 177, 186, 248
Schadow, Steffi 177

Schalow, Frank 254, 279
Scheler, Max 15–18, 27, 28, 206–210, 213–215, 222–224, 226–238, 240, 243, 254, 328
Schelling, Friedrich Wilhelm Joseph 125, 137, 388
Schiller, Friedrich 121, 179, 180, 218, 219, 298
Schmid, Carl Christian Erhard 126, 128, 129, 131, 138
Schmitz, Hermann 176
Schmucker, Josef 61, 80, 175, 208, 213, 235, 236
Schneck, Stephen 240
Schneewind, Jerome B. 249, 418
Schönecker, Dieter 14, 38, 44, 49, 52, 54, 59, 67, 68, 75–78, 80, 82, 85, 94, 118, 119, 177, 178, 182, 194, 249, 250, 257
Schönwälder-Kuntze, Tatjana 318, 322, 336–338
Scholz, Gertrude 34
Schopenhauer, Arthur 48, 49, 94, 208, 235
Schwartz, Maria 145
Schwarz, Gerhard 402
Seneca, L. Annaeus 86
Sensen, Oliver 100, 195, 201
Sesta, Luciano 367
Sherman, Nancy 100, 188
Siegfried, Meike 297
Simmel, Georg 26, 237
Sirovátka, Jakub 367, 372
Sitter, Beat 276
Smith, Adam 41
Smith, William Hosmer 25
Sokrates 175
Sommer, Christian 277, 296, 302, 303
Spinoza, Baruch de 223, 345, 354, 355
Stähler, Tanja 272, 407
Steigleder, Klaus 66, 94
Stern, Robert 249–251
Strasser, Stephan 383
Strawson, Peter F. 245

Suhr, Martin 335

T
Tengelyi, László 11, 19, 20, 226, 240, 246, 247, 284, 286, 302, 304, 305, 369, 379, 384, 385, 389, 395–397, 399, 400, 411
Theunissen, Michael 345
Thurnherr, Urs 144, 145, 147
Tieftrunk, Johann Heinrich 100, 106, 107
Tietz, Udo 281
Timmermann, Jens 91, 98–100, 195, 201
Timmons, Mark 100
Töllner, Uwe 321
Trampota, Andreas 100, 195, 201, 254
Trawny, Peter 301, 304
Tugendhat, Ernst 14, 21, 25, 35, 38, 40, 49, 52, 54–56, 59, 67, 125, 154

U
Ulrich, Johann August Heinrich 128, 129

V
Velleman, J. David 14
Vollmann, Morris 357
Von Kutschera, Franz 235, 253
Von Wroblewsky, Vincent 309, 324, 334, 335, 338, 339

W
Waldenfels, Bernhard 16, 17, 317, 322, 323, 345, 359, 384, 394–398
Walker, Ralph C. S. 178
Weber, Max 221, 378
Weiper, Susanne 208, 235
Willaschek, Marcus 67, 94, 125, 144, 290
Wohlrabe, Wilhelm 204
Wolff, Christian 142–146, 174
Wolff, Michael 81, 93–95, 141, 209, 251
Wood, Allen 14, 38, 44, 49, 52–55, 59–61, 67, 68, 76–78, 80, 82, 85, 110, 248–250
Wundt, Max 284

Y
Yfantis, Dimitrios 277

Lightning Source UK Ltd.
Milton Keynes UK
UKHW010033070223
416578UK00002B/334